国家安全译丛
NATIONAL SECURITY 总策划 王吉胜

必备参考工具

国家安全与情报政策研究

美国安全体系的起源、思维和架构

RESEARCHING NATIONAL SECURITY AND INTELLIGENCE POLICY

[美] 伯特·查普曼◎著
Bert Chapman

徐雪峰 叶红婷◎译

金城出版社
GOLD WALL PRESS

图书在版编目（CIP）数据

国家安全与情报政策研究：美国安全体系的起源、思维和架构 /（美）伯特·查普曼 (Bert Chapman) 著；徐雪峰，叶红婷译 .—北京：金城出版社，2017.2
（国家安全译丛 / 朱策英主编）
书名原文 : Researching National Security and Intelligence Policy
ISBN 978-7-5155-1444-4

Ⅰ. ①国… Ⅱ. ①伯… ②徐… ③叶… Ⅲ. ①国家安全－研究－美国②情报工作－研究－美国 Ⅳ. ① D771.2

中国版本图书馆 CIP 数据核字（2016）第 297413 号

国家安全与情报政策研究
GUOJIA ANQUAN YU QINGBAO ZHENGCE YANJIU

作　　者 [美] 伯特 · 查普曼
译　　者 徐雪峰　叶红婷
策划编辑 朱策英
责任编辑 李凯丽
开　　本 710 毫米 × 1000 毫米　1/16
印　　张 35
字　　数 504 千字
版　　次 2017 年 3 月第 1 版　2017 年 3 月第 1 次印刷
印　　刷 天津旭丰源印刷有限公司
书　　号 ISBN 978-7-5155-1444-4
定　　价 98.00 元

出版发行 **金城出版社** 北京市朝阳区利泽东二路 3 号　邮编：100102
发 行 部 (010)84254364
编 辑 部 (010)64271423
投稿邮箱 gwpbooks@yahoo.com
总 编 室 (010)64228516
网　　址 http://www.jccb.com.cn
电子邮箱 jinchengchuban@163.com
法律顾问 北京植德律师事务所　（电话）18911105819

目录

前　言

2001 年 9 月 11 日的恐怖袭击，迫使美国人和国际共同体的其他成员开始思考国家安全问题。然而，有助于对国家安全政策展开实质性研究的现有参考文献非常有限。这不是一个容易探索的领域。比如，国家安全政策包括国家如何开战，为什么开战；国家如何评估本国及其对手的军事力量；什么决定了个别武器系统的能力和局限性；政策制定者的心理行为会对整个过程产生怎样的影响。

《国家安全与情报政策研究》（*Researching National Security and Intelligence Policy*）一书涵盖了这些主题，同时又进行了更深入的探讨。相比其他文本，本书从更加广阔的视角考察了构成国家安全政策的诸多因素。本书包含相关主题的资源介绍，比如对涉及大规模杀伤性武器的公共卫生事件的响应；购买军事武器系统过程中涉及的合同细节和账户明细。此外，这本参考资料阐述了：国家通过立法机构提出并引导国家安全立法的过程、实施管理条例，以执行具体法规的立法意图，以及一些法庭案件。本书还探讨了被认为威胁国家安全的敏感物品的出口管制，现役军人及其家人的卫生保健，诸如核废料等环境问题在制定国家安全政策中的角色，前沿科学技术的研究等等。

本书还涉及政府出版物和学术出版物中的许多作品，代表了各种各样的方法论、党派论和意识形态观点。其范围是全球性的，囊括了许多国家可公开访问的政府出版物和研究机构出版物，主要为英文，这些国家包括澳大利亚、印度、新加坡、南非和英国。一些出版物还来自包括欧盟和联合国在内的国际政府组织。21 世纪早期，美国拥有世界上卓越的军事力量。然而，这并不意味着，美国人和对国家安全政策研究感兴趣的其他人，只需了解美国人和美国机构对这些主题所持的各种观点，他们还应了解美国之外的一些国家对上述问题的观点。

在美国联邦托管图书馆可以得到国家安全政策方面的材料，这些资料特别有价值。这些图书馆在美国各地有 1200 多家，是“联邦政府托管图书馆计划”（Federal Depository Library Program，缩写为 FDLP）的一部分，该计划由美国政府印刷办公室（Government Printing Office，缩写为 GPO）实施。联邦政府托管图书馆计划旨在确保公众可以免费获取政府的信息资源。登录网址 www.gpoaccess.gov/libraries.html 就可以访问这些图书馆的目录信息。

登录美国政府印刷办公室的网站，可以获得另外两项有价值的查阅服务。从 1994 年 1 月到现在，美国政府印刷办公室一直向联邦政府托管图书馆发布美国政府出版物的文献目录信息，而这些信息都可在美国政府出版物目录网站 www.gpoacess.gov/cgp 中找到。此外，该网站还提供日益增多的出版物全文链接，并列出了托管图书馆馆藏副本的清单。登录新电子图书（New Electronic Titles）网站 www.access.gpo.gov/su_docs/locators/net，可以访问从 2000 年 7 月到现在，由美国政府印刷办公室收录在联邦政府托管图书馆计划之中的，美国政府出版物的电子版全文。

在民主国家，公民有知情权，而国家需要制定并执行敏感的军事和情报行动，由此，国家安全政策研究还涉及这两者之间的长期矛盾。为保护相关人员的生命，必须保密，因而采取隐蔽行动的方法，不一定总是能够找到平衡的折中方案。读者应该认识到，国家安全政策信息有许多都是加密的。这样做是为了保护制定和执行国家安全政策时用到的运作资源和方法。虽然在不同的民主国家，他们的实际做法与法定解密程序有所不同，但大部分的国家安全信息最终都会被解密，并以某种形式让公众公开访问。不过，这类解密一般在事件发生或相关政策决定接受调查后的数十年才会发生。

《国家安全与情报政策研究》一书重点描述了可以在互联网上获取的免费、高质量的国家安全政策信息。然而，本书对出版物、缩微印刷品和档案资源也进行了综述，一部分是因为互联网对历史资料的覆盖有限。本书使用并批判性地考查了一些专著。它回避了一些右翼出版物所采用的锣鼓齐鸣的方法，也回避了政治谱系 [1] 中极左的个人和组织对国家安全问题和机构所采取的目光短浅、天真和危险的敌视态度。本书并不是传播我自己或其他任何人观点的

[1] 译注：政治谱系（political spectrum）是一种通过把不同政治立场放置在一个或更多的几何坐标（geometric axes）上，以对比或形象化这些不同政治立场的方式。

"临时演说台"。相反，它的目的在于展现个体（比如学生、学者，以及对国家安全问题感兴趣的任何人）如何对这些问题展开理智而实质性的研究。它并不提倡用某种特定的方法或理论范式进行这样的研究。

本书一开始对美国的国家安全政策教育进行了历史性回顾，聚焦于军事院校、军事战争学院和联合机构。后面的章节描述了可以公开获得的由美国行政分支机构（包括国防部和陆海空三军在内）提供的国家安全政策资源，由独立的政府机构提供的资源，源自国会和国会支持机构的材料，以及政府法律和监管资源。

其他章节则探讨了国际政府组织、美国和外国研究机构提供的国家安全资源。在这些资源中，重点是关于国家安全研究、主要的学术期刊，以及一些精选的安全研究学者的著作。

我做了大量的努力来核实那些政府机构的网址链接 [uniform resource locators（URLs）] 和本书中引用的非政府资源的准确性。然而，政府机构、学术机构、私营部门组织的身份和网站管理实践都在发生变化，这就意味着其中一些网址链接可能已经变了。通常，用户会被重定向到新的网址。如果没有，可以使用搜索引擎，例如利用美国政府的 www.firstgov.gov 网址，寻找联邦机构的资源；使用商业搜索引擎，如 www.searchmil.com、www.google.com，或者你喜欢的搜索引擎，找到新的网址链接。

致　谢

对我的写作能力和出现在本书中的庞杂知识产生重要影响的人不胜枚举。感谢我的父母阿尔伯特·查普曼（Albert Chapman）和米尔德里德·查普曼（Mildred Chapman），他们以前是教师，现在都已经退休。他们在众多方面塑造并成就了现在的我，并让我和弟弟布伦特（Brent）牢记素质教育和有效沟通有多么重要。感谢许多另外的老师增强了我的批判性思维，还有将这些想法转换成文字的能力，他们是史蒂夫·霍夫曼（Steve Hoffmann）、拉里·威尔科克斯（Larry Wilcox），以及艾伦·温因斯特（Alan Winquist）等。

我还要感谢国会季刊出版社（CQ Press）的克里斯·安札隆（Chris Anzalone）、科琳·麦吉尼斯（Colleen McGuiness）、詹纽瑞·雷曼伍德（January Layman-Wood）和洛娜·诺特施（Lorna Notsch），他们精湛的专业知识指引我完成了复杂的出版之路。

身为一名专业的图书管理员，我的工作得到了许多精明能干的主管们的有效指引，比如胡安妮塔·维塞尔（Juanita Weisel）、马克·塔克（Mark Tucker）和朱迪·尼克松（Judy Nixon）。此外，我也非常有幸在普度大学（Purdue University）的人文社科和教育图书馆工作，这里学院式的氛围鼓励我在知识和学术上不断进步。在我的职业生涯中，作为一名政府文件管理员，我非常幸运地得到了许多同事坚定的支持，其中包括伯尼斯·莱斯美斯特（Bernice Lesmeister）、特瑞纳·博伊金·诺兰（Trina Boykin Nolen）、罗莉·布莱恩特（Lori Bryant）、琳达·菲达利（Linda Fidelle）、艾米·福克斯（Amy Fox）、简·格拉斯寇克（Jan Glascock）和简尼恩·麦克威廉（Janyne McWilliam）。

我还要感谢其他图书馆员为我提供了专业的支持，包括美国联邦托管图书馆的政府文献图书管理员们也做了许多工作。在此我要特别感谢帕姆·瑞巴卡克（Pam Rebarcak），虽然他不是政府文献管理员，但作为一名图书馆协理管理员，他一直特别鼓励和支持我，帮助我在专业能力上不断成长。他既是我的同事，又是我珍贵的朋友。

最重要的是，我要感谢我的妻子贝姬（Becky）。是她让我能够集中精力关注生活的重要事情，她的爱给了我在这个世界上最大的信心和安全感。

伯特·查普曼

于美国印第安纳州拉斐特市（Lafayette）

[第1章]

国家安全教育机构

除了美国之外的许多国家，比如德国、俄罗斯和英国，也创办了一些教育机构，指导军事人员和军官干部学习技能，树立价值观。他们认为，这对于培养高效的指挥官、战略家和作战人员，以实现至关重要的国家安全目标来说不可或缺。不过，美国的国家安全政策教育机构对当代专业军事教育在国内和国际都具有影响力，因此考察这些机构的历史沿革极具启发意义。人们通常认为美国与有效的民政当局保持着一种典型的政治—军事关系，因此，美国教育机构在国际上受到了高度关注。美国国家安全教育机构之所以会获得高度评价，还有另外一些激发因素，包括：它们能增强军事和民事决策者之间的互动，彰显美国的民主政治文化，在新兴民主国家中树立政治和军事权威；国外的军事人员则渴望更加深入地了解美国在战争和人道主义行动中的军事表现，以学习军事管理和军事行动中的创新性做法，并体验自由地探索创新方法，解决他们本土政治—军事制度文化中不大可能存在的作战和战略问题。[1]

美国参谋长联席会议（Joint Chiefs of Staff）的期刊《联合部队季刊》（*Joint Force Quarterly*）1998年刊登过一篇文章，下面这段话就引自该文章。针对促进美国现代专业军事教育（professional military education，缩写为PME）增长的因素，该引文提供了一些有价值的知识和历史背景。

> 19世纪末，许多事件的影响促使人们对美国国家安全政策这一主题越来越感兴趣。在1866年的普奥战争和1870年的普法战争中，普鲁士两次都毫不费力地获胜，这给人留下了深刻的印象。这两次胜

> 利支持了诸如威廉·T. 谢尔曼（William Tecumseh Sherman）[1] 和埃默里·厄普顿（Emory Upton）[2] 等改革家的观点——军事战斗力至关重要！但是，当时良好的安全环境让人们乐而忘忧，完全忽略了教育改革这一问题的紧迫性。然而，在世纪之交，两个新因素的出现加速了教育改革的步伐。第一个因素是，专业细分越来越多，比如法律、医学，以及有教育认证的工程学。官员们意识到，要想被人认为专业，他们就必须制定实质性的教育方案。第二个因素是，西美战争暴露了美国在军事组织中的重大缺陷，并提出了需要研究的帝国承诺。美国人，尤其是军队，再也不会躲在孤立主义的观念之后。[2]

军事院校

美国空军学院、美国海岸警卫队学院、美国军事学院和美国海军学院等军事院校，均在美国专业的军事教育方面发挥着重要的作用。

美国空军学院

美国空军学院（U.S. Air Force Academy，缩写为 USAFA），创办于 1954 年，位于科罗拉多州科泉市，是一所本科院校，现有学员 4000 余人。创办的宗旨是培养有空军素质和技能的航空学员。[3] 现设 19 个专业学院，30 个专业，涵盖 20 个学科，4 个分类学科，6 个交叉学科。所设专业包括，航空航天工程、史学、法学、气象学、军事战略研究、物理学、政治科学等。[4]

美国海岸警卫队学院

美国海岸警卫队学院（U.S. Coast Guard Academy，缩写为 CGA），位于康涅狄格州的新伦敦市，该校办学宗旨是向海岸警卫队输送拥有高技术技能、个性独特的男女军官。[5] 始建于 1876 年，在这一年，水陆关税队学校（School of

[1] 译注：威廉·T. 谢尔曼（William Tecumseh Sherman，1820—1891），美国南北战争时期联邦将领。

Instruction for the Revenue Marine）在马萨诸塞州的新贝德福德郡（New Bedford）附近成立。这所现代化的学院于 1915 年由海上救生队（Life Saving Service）和缉私船队（Revenue Cutter Service）合并而来。1932 年，搬迁到现在的地址，每年约有 5000 名学员申请该校。与其他军事学院不同的是，美国海岸警卫队学院不接受国会议员的推荐，只根据每年一度的国家考试成绩来录取学员。[6]

美国海岸警卫队学院会向毕业生颁发理学学士学位，其中涵盖 8 个专业：土木工程、电气工程、机械工程、造船学与海洋工程、运筹学和计算机分析、海洋环境科学、行政学和管理学等。此外，在每年 5 月份的毕业典礼上还会向 175 名左右的合格者授予海军少尉军衔。[7]

美国军事学院

美国军事学院（U.S. Military Academy，缩写为 USMA），成立于 1802 年，位于纽约州的西点，负责为学员提供本科教育和培训，是一个培养陆军少尉人才的摇篮。现有学员 4000 人，设有 22 个专业，涉及人文科学、科学和工程学等 25 个研究领域。[8]

美国军事学院在美国国家安全教育中发挥着重要的作用，校训为“责任、荣誉和国家”，该校训已在美国军事文化中根深蒂固。

美国海军学院

美国海军学院（U.S. Naval Academy，缩写为 USNA），坐落在马里兰州的安纳波利斯（Annapolis），成立于 1845 年。美国海军学院是一所美国培养海军的本科院校，办学宗旨是促进海军在校生的全面教育。在创立之初有 55 名海军学员；目前在校学员近 4000 名（包括女学员）。1976 年，学校获批开始招收女学员。会向毕业生授予学士学位，其中设有 25 个专业，包括造船学、海洋工程、海洋学、数学、史学和政治科学等。[9]

军事研究生院

在美国，有很多军事机构向美国军官和外国军官提供研究生教育和培训，向美国政府输送无军籍官员，并授予战略研究等硕士学位。这些军官和非现役文职可能在美国军队中担任重要的作战指挥职位。如果是外国军官，可能在国家军队中担任重要职务，或者是国家安全方面的重要决策人员。[10]

美国陆海空各军种都有自己的教育机构，这些机构会向自己的学员提供知识教学和作战训练，帮助他们成功地完成自己的任务。一些机构属于综合性的军事学院，而另外一些，如美国陆军指挥与参谋学院（Command and General Staff College，缩写为 CGSC）则是以特别兵种领导力为重点的专门学院。与此同时，联合军事教育也强调需要与两个或两个以上的军事部门或部队合作，来开展活动和作战。[11]

美国空军大学

美国空军大学（Air University，缩写为 AU），位于阿拉巴马州蒙哥马利市附近的麦克斯韦尔空军基地（Maxwell Air Force Base）。成立于 1946 年，办学宗旨是向军官、现役军人，以及非现役文职提供专业的军事教育、研究生教育和继续教育，以提高他们的领导、指挥、参谋和管理才能。[12]

美国空军大学下设的学院有：空军指挥与参谋学院（Air Command and Staff College，缩写为 ACSC）、空军战争学院（Air War College，缩写为 AWC）、航空航天理论研究和教育学院（College of Aerospace Doctrine, Research, and Education，缩写为 CADRE）、艾拉 · C. 埃克职业发展学院（Ira C. Eaker College for Professional Development）和美国高级航空航天研究学院等（School of Advanced Air and Space Studies，缩写为 SAASS）。

空军指挥与参谋学院（ACSC），是美国空军的一所中级专业军事教育学校。主要宗旨是，培养陆军校级军官、国际军官和美国公民，增强他们在军事方面和其他管理方面的责任心；向他们传授航空航天作战所必备的技能，使其能够完成联合作战活动，提高他们的领导力和指挥能力。空军指挥与参谋学院学术氛围浓厚，非常有利于学生自由表达思想，独立分析和创造性思考。设置的课程包括讲座、研讨会主动学习和解决问题三部分，10 个月为一学期。[13]

空军战争学院（AWC），是美国空军的一所专业高级军事院校。现有住校生 265 名，走读生 3500 名，这些走读生来自美国军队、联邦机构和 45 个国家。该学院旨在培养学生在战略环境下，特别是联合作战以及使用航空航天力量保护国家安全的领导力。同时促进了国家和国际航空问题的学习和交流。[14]

航空航天理论研究和教育学院（CADRE）的使命是通过专业教育、研究、训练，以及在《空天力量杂志》（*Air and Space Power Journal*）上刊登文章，推进航空航天力量的研究和应用。[15]

艾拉 · C. 埃克职业发展学院，其使命是向空军、国防部人员和国际军官提供专业的继续教育。现有在校学员 83 人，同时还设有面向牧师、劳动力经理、审计官、历史学者、人力资源经理和军法署署长的远程教育课程。[16]

美国高级航空航天研究学院，其使命是向军事专家传授航空航天战争艺术和科学知识。研究生课程涉及航空航天的理论、历史、应用、设计，以及冲突、威胁和战争条件下的航空航天战略、作战原则及相关政策的有效表达等内容。课程共分 48 周，每周 4 次，一次 2 小时，以学术讨论会的形式讲授。学员每周平均需要花费 6—8 小时阅读 1200—1500 页文件，为这些讨论会做准备，同时还需要写一篇论文，需采用原始文件格式。[17]

美国陆军战争学院

美国陆军战争学院（U.S. Army War College，缩写为 USAWC），坐落在宾夕法尼亚州的卡莱尔市，是一所专门帮助军人、非现役文职和国际领导人培养战略领导责任心的院校。任务是向当前领导人和未来领导人讲授地面力量发展的知识，及其在联合、多国、跨部门环境中的使用技巧；从事国家安全和军事战略方面的研究，发表该领域内的专业文章，支持陆军的战略沟通工作。[18]

美国陆军战争学院成立于 1903 年，于 1951 年迁至现在的华盛顿地区。包括战略研究所（Strategic Studies Institute，缩写为 SSI，成立于 1954 年）、军事历史研究所（Military History Institute，缩写为 MHI，成立于 1967 年）和战略领导中心（Center for Strategic Leadership，缩写为 CSL，成立于 1994 年）等机构。战略领导中心辅助美国陆军战争学院完成教学任务，于 1997 年成功送走了 321 级毕业班。只有服役年限满 16 年，但不超过 23 年的现役上校或中校才能申请该学校。[19]

战略领导中心（CSL）是教育中心和高科技实验室，研究重点主要是跨部门、战略和作战的决策过程，对美国陆军战争学院、作战指挥官和高级陆军指挥官起到辅助教学的作用。具体目标是，拓展以及细化地面力量战略应用研究和地面力量战略在联合作战中的应用，向高级陆军指挥官传授尖端技术，帮助他们解决战略问题。[20]

军事历史研究所（MHI），负责搜集以及保存军事历史资料，供国防部门、学术研究人员和公众查阅、参考，以促进人们深入理解美国陆军在美国历史和未来发展中所起的作用。[21]

战略研究所（SSI），是美国陆军分析国家安全政策和军事战略的研究机构。现有员工包括无军籍研究教授、军官和专业后勤人员。战争艺术系（Art of War Department）负责考察全球、地区和功能性的问题，并特别强调军队转型的问题。区域战略与规划系（Regional Strategy and Planning Department）负责分析区域战略问题。学术交流项目促进了与全球战略群体建立并保持良好的合作关系。[22]

除此之外，美国陆军战争学院的学术院系还包括，指挥领导管理系（Department of Command，Leadership and Management，缩写为 DCLM）、军事战略规划作战系（Department of Military Strategy，Planning，and Operations，缩写为 DMSPO）和国家安全战略系（Department of National Security and Strategy，缩写为 DNSS）。

指挥领导管理系（DCLM）通过小组学习的方式，帮助学员理解其战略领导责任，培养学员的创造性、批判性思维方式，提高学员的战略领导力、联合军队系统和流程的应用能力，以及自我批评式的评估能力，以此培养学员的战略作战能力。[23]

军事战略规划作战系（DMPSO）的主要任务是教军官把国家军事战略转换成中短期计划和项目。而这项任务可以通过制定以及开展重大战略规划、多样化军事行动规划、多国和跨部门计划和作战方针、非战争军事行动和联合陆军条例教学来实现。[24]

国家安全战略系（DNSS）的主要任务是制定并实施国家军事战略和国家安全教学计划。所设课程包括经济学、史学、国际关系、政治学、国家和国际安全策略研究，以及地区研究等，旨在为国家高级安全机构输送合格人才。[25]

美国陆军指挥与参谋学院

美国陆军指挥与参谋学院（Army Command and General Staff College，缩写为 CGSC），位于堪萨斯州的利文沃斯堡（Fort Leavenworth）。其前身是步兵与骑兵学校（School of Application for Cavalry and Infantry），1947 年更名为美国陆军指挥与参谋学院，1974 年获得议会批准，开始授予毕业生军事理学硕士学位。预计该校学员达到 33000 人，包括军官和其他官员、隶属于军队部门的非现役文职，以及来自 70 个国家的上百名国际事务官员。[26]

美国陆军指挥与参谋学院的任务是向领导人传授专业的军事技能，帮助他们建立专业的军事价值观，将他们培养成领导力发展项目的专家，教会他们制定军事理论指导方针，支持并推进军事艺术和科学的发展。主要通过设定军事艺术和科学硕士学位课程，制定、协调并实施军事领导发展行动计划；定期审核各种理论，确保计划的地位和有效性；加快发展理论概念和构想；实现军事艺术和科学进步内外一体化；开展研究、撰写并发表支持军事艺术和科学进步的论文，以实现上述这些任务。[27]

辅助美国陆军指挥与参谋学院完成其教育和研究目标的各类机构包括：美国陆军作战教训中心（CALL）、战斗研究所（CSI）、联合军兵种参谋学校（CAS3）、美军联兵研究图书馆（CARL）、指挥预修学校（SCP），以及高级军事研究学院（SAMS）。

美国陆军作战教训中心（Center for Army Lessons Learned，缩写为 CALL），负责搜集并分析与军事行动和培训相关的当前和历史源数据，针对军事指挥官、参谋，以及美国陆军指挥与参谋学院学员制定军事行动培训课程。[28]

战斗研究所（Combat Studies Institute，缩写为 CSI），负责对军事理论、战争艺术和战斗性质的演变进行考察，向人数在 18 名左右的军官讨论小组传授军事史，提倡对美国陆军训练及战略思想司令部（Training and Doctrine Command，缩写为 TRADOC）进行历史研究，组建军事历史教学支持小组和研究与出版小组。[29]

联合军兵种参谋学校（Combined Arms and Services Staff School，缩写为 CAS3），负责教育陆军初级指挥官，将其培养成合格的参谋。其教学目标是，通过为期 6 周的课程，提高这些军官分析和解决军事问题的能力；提高他们的沟通技能；加强他们作为参谋人员互动和协调的能力；加深他们对军队组织、行动和程序的理解。[30]

美军联兵研究图书馆（Combined Arms Research Library，缩写为 CARL），负责搜集并保存各种信息资源，以满足美国陆军指挥与参谋学院全体教职员工、学员和整个军队的教学研究需求，并在学院网站上公布其现有的信息和各种数字资源的链接，其中包括选修的历史类讲座资源链接 www.cgsc.army.mil/carl/resources/。[31]

指挥预修学校（School for Command Preparation，缩写为 SCP），通过开设 4 门为期 1 周的课程：初级指挥课程、指挥小组研讨会、战术指挥官高级课程和战斗指挥官高级课程，对应征入伍的现役指挥官和后备指挥官进行军队和列队等初级指挥培训。这些课程侧重于经验学习，往往借助“指挥官思维训练”、CD-ROM 等工具，以及其他形式的模拟实战训练，使战斗过程中的作战部队行动更加形象、鲜明和直观。[32]

高级军事研究学院（School of Advanced Military Studies，缩写为 SAMS），有其自身的政治目的，即设置军事艺术和军事科学这两个学科，进行研究生军官教育，为军队培养高素质的领导人才，使他们无论在和平年代还是战争时期都能凭借高度的灵活性解决各种复杂的问题。需要完成 2 门课程：高级军事研究计划（Advanced Military Studies Program，缩写为 AMSP）和高级作战艺术研究计划（Advanced Operational Arts Studies Fellowship，缩写为 AOASF）。高级军事研究计划的课程主要教授学员如何在综合条件以及跨国或跨部门情况下制定作战计划；如何备战；如何执行作战计划。该课程涉及军事历史学、军事理论和实战演习，能够帮助学员提高认知，掌握解决各种问题的技巧，从而提高他们的战术水平和作战水平，使他们能够克服实际战争中的各种困难。[33]

作为高级军事研究计划的顶尖计划，高级作战艺术研究计划是一个两年制的计划。旨在为上校级司令部、战时作战任务规划司令部，以及军种部队司令部输送高级军官。一年级学员的课程主要包括，研究生军事艺术和军事科学研究、参观司令部、特约嘉宾演讲、对抗性实战演习，以及大型作战计划的制定。两年制学员毕业后会成为美国陆军指挥与参谋学院的教员，主要负责高级军事研究计划研讨课的教学。[34]

海军陆战队大学

海军陆战队大学（Marine Corps University，缩写为 MCU），位于弗吉尼亚州的匡提科，始建于 1989 年，是目前最年轻的军事高等教育机构，但美国海军陆战队（U.S. Marine Corps，缩写为 USMC）高等教育计划却可以追溯到 1891 年应用学院（School of Application）在华盛顿特区的成立。[35] 海军陆战队大学的任务是发展并实施海军陆战队的专业军事教育，并通过驻地和远程教育课程，评估其领导力和核心竞争力，使学员能够直面当前和未来的作战难题。[36]

海军陆战队大学的教学目标由多个实体共同实现，其中包括：海军陆战队战争学院（MCWAR）、指挥与参谋学院（CSC）、高级作战学校（SAW）、远征作战学校（EWS）、从军人员专业军事教育学院（EPME）和海军陆战队空地特遣部队后勤学校 [School of Marine Air Ground Task Force（MAGTF）Logistics]。

海军陆战队战争学院（Marine Corps War College，缩写为 MCWAR）设有一年制教育课程，以培养高级军官和文职人员，使之有足够的能力在联合作战、跨部门和跨国环境作战，以及战争和军事行动中做出决策。2003 年，有 16 名学员学习了该课程。毕业的学员会参加高级领导工作，根据其所学的国家及战区军事策略和军事规划方面的知识，展开深入研究，支持国家安全政策、决策、目标和资源策略的制定。[37]

指挥与参谋学院（Command and Staff College，缩写为 CSC）2003 年的学员总数达到了 184 人。从这一年开始为美国海军陆战队陆军校级军官、其他军种的军官，以及其他国家的军官提供中级和中高级的专业军事教育，并在陆战队空地特遣部队为他们安排参谋工作，或在一些联合军事服务组织、跨国或高级军事服务组织安排任务。[38]

高级作战学校（School of Advanced Warfighting，缩写为 SAW），为期 2 年，是指挥与参谋学院的增补项目。2003 年，学员人数为 24 人。主要教授学员战役学，告诉他们如何在战役中取得胜利，如何为实现这一目标做准备。该项目的目的是通过设置动态课程、教授主动学习方法，培养拥有独立思维的优秀军官。[39]

远征作战学校（Expeditionary Warfare School，缩写为 EWS），旨在为美国海军及其他军种和国际事务官员提供职业级的专业军事教育，重点提高学员的指挥能力和控制能力、作战技巧和综合作战技能，以及陆战队空地特遣部队远征作战的能力，为作战部队输送指挥人才和参谋人才。2003 年，该课程招收了 241 名学员。[40]

从军人员专业军事教育学院（Enlisted Professional Military Education，缩写为 EPME）的主要任务是发展、实施和评估专业军事教育，并通过驻地和远程教育课程，培养学员的领导力和美国海军陆战队的核心竞争力，使学员能够直面当前和未来的作战难题。2003 年，在该项目中，分别有 903 名学员学习了士官课程；718 名学员学习了职业课程，353 名学员学习了高级课程。[41]

陆战队空地特遣部队后勤学校2003年招收了291名学员。主要任务是对尉级和校级军需官进行后勤教育，并与海军陆战队作战发展司令部（MCCDC）建立联络，制定后勤原则，教育和培养美国海军陆战队军需官，提高他们的后勤责任感。[42]

海军陆战队大学的另一个重要组成部分是海军陆战队研究中心（Marine Corps Research Center，缩写为MCRC）。该中心成立于1993年，设有档案馆、会议中心和图书馆。主要任务是通过全面存储、检索、分析和发布作战信息，支持远征作战和两栖作战研究。海军陆战队研究中心致力于为旗下的各个机构提供各种途径，使其能够及时获取书籍、期刊、历史性档案文件，以及当前学术研究信息，了解美国海军陆战队专业军事教育的流程，推动美国海军陆战队的教育培训理念、原则、战术技巧和相关程序的发展和实施。[43]

海军战争学院

海军战争学院（Naval War College，缩写为NWC），成立于1884年，位于罗德岛州的纽波特。任务包括：强化学员的专业素养，使之无论在海军作战、联合作战还是综合作战环境中，都能够做出恰当的作战、参谋和管理决策；使学员能够扎实地掌握军事策略和作战艺术；为他们灌输合作作战的思想和意识；作为研究和作战模拟中心，研发先进策略、作战和战役概念，以配合未来海军和联合军队的调度部署。[44]

海军战争学院重要的学术组成部分，包括：远程教育学院（CDE）、海军指挥参谋学院（CNCS）、海军作战学院（CNW）、海军指挥学院（NCC）和海军参谋学院（NSC）。

远程教育学院（College of Distance Education，缩写为CDE），海军指挥参谋学院的一个拓展部分，专门为一些走读军官和选中的政府人员设置的教育。通过晚间讲座和网络函授的方式进行教学。[45]

海军指挥参谋学院（College of Naval Command and Staff，缩写为CNCS），负责为美国海军海岸巡逻队（U.S. Navy and Coast Guard）的海军少校、其他军事专业学员，以及各联邦机构相应资历的非现役文职人员提供多学科综合教育，每年会招收240—260名学员。选择海军指挥参谋学院的个人会获得所选专业的学士学位，接近一半的学员会获得硕士学位。学员通过在该学院12—15年的学习，会崭露头角。学员可在海军战争学院致力于研究 3 个核心领域——联合海上作战（Joint Maritime Operations）、国家安全策略制定（National Security Decision Making）和战略与政策（Strategy and Policy）。海军指挥参谋学院所设课程的最终目标是将学员培养成为具有高度责任感的中校或上校。[46]

海军作战学院（College of Naval Warfare，缩写为 CNW），也是专门为美国海军和海岸警卫队上校或指挥官、其他军种的上校或中校，以及与各联邦机构相应资历的非现役文职人员提供多学科综合教育的机构。该机构每年会招收 200—225 名学员。选择海军作战学院的个人会获得学士学位，其中半数以上会获得硕士学位，3% 的人会获得博士学位。另外，凭借所学，学员们可在未来 15—20 年内获得出色的业绩。他们会按照下列顺序学习海军战争学院的新课程：国家安全策略制定、战略与政策，以及联合海上作战。课程的关键任务是培养具有高执行力的海军大校或上校，海军将领或将级军官。[47]

海军指挥学院（Naval Command College，缩写为 NCC），是海军战争学院（NWC）的一部分，负责为美国盟国国际海军军官提供教育服务。教学目标包括：帮助国际海军军官提高国家安全决策方面的技巧，建立战略和政策分析结构，增长作战条例方面的专业知识，加强对美国社会机构的理解，促进友好合作，提高军事指挥能力，加强以国际海事合作为基础的海洋和平利用，从而尽量减少危机，并在战争中取得胜利。[48]

海军参谋学院（Naval Staff College，缩写为 NSC），其宗旨是为国际海军军官提供培训，培养他们的专业技能和管理技巧，以承担部队内的指挥和参谋职责。该学术课程每年 1 月和 7 月开始，分为两期，每期五个半月。课程的重点是海事规划和决策，提高海军军官对海军在国际事务中扮演角色的认知。其中，参观经济、教育、政府和非政府机构，与非现役文职人员和军事领导人员进行互动，是海军参谋学院教学的一个重要部分，这样既可以商讨各种事宜，又能让人们对美国社会有个更为准确的认知。[49]

海战研究中心（Center for Naval Warfare Studies，缩写为 CNWS），是海军战争学院的重要研究机构。该机构为研究专业问题开设了一个论坛，补充了海军战争学院课程的不足。该论坛的作用在于能够为学院师生、海军，以及决策人员提供各种专业信息，还能起到一定的激励作用。从事这一专业研究的部门包括：战略研究部（Strategic Research Department）、作战分析和研究部（Warfare Analysis and Research Department）、作战模拟部（War Gaming

Department)、国际法律部（International Law Department）、高级研究计划（Advanced Research Program）、海军战争学院出版社（Naval War College Press）、海军情报分遣队办公室（Office of Naval Intelligence Detachment）、战略研究组（Strategic Studies Group）。[50]

海军研究生院

海军研究生院（Naval Postgraduate School，缩写为 NPS），位于加利福尼亚州的蒙特利市。该院当前的制度结构可追溯到 1945 年的法律，正是由于该法律的出台才使得海军研究生院以成为一个公认的研究生教育机构。海军研究生院拥有近 1500 名学员，来自 30 多个国家。这些学员均为美国各军种军官、美国和外国政府雇员。他们到这里学习的目的是应美国海军和国防部的要求，获得该院航空工程、应用物理、信息技术管理、气象学、国家安全事务和物理海洋学等方面的硕士或博士学位。[51] 除这些学位课程外，海军研究生院还设有许多研究中心，对关乎国家安全的问题进行创新性研究。例如，塞布罗斯基信息创新与信息优势研究所（CINFINIS）、军民关系中心（CCMR）、当代冲突中心（CCC）、信息系统安全研究中心（NPS CISR）、多军种电子战中心（CJSEW）、反恐与非常规战争中心（CTIW），以及航天器设计研究中心（SRDC）。

塞布罗斯基信息创新与信息优势研究所（Cebrowski Institute for Information Innovation and Superiority，缩写为 CINFINIS），致力于信息技术、信息作战和信息策略的探索性研究和教育，强调国家安全的发展和应用。这项研究由塞布罗斯基信息创新与信息优势研究所、信息安全研究中心（INFOSEC）以及移动设备和通信研究中心等下属机构执行。塞布罗斯基信息创新与信息优势研究所主要的研究领域包括：通过技术开发，推动国家技术情报机构对电磁发射信息的搜集、定位和分析；组建和利用计算资源，并根据信息的重要性和敏感性实现信息的控制和共享；指明高度组织化对手逐渐提出以及推行基础设施威胁的方法；制定各种试验方法，以便与信息敌手及其基础设施进行交流；合成、传播、处理并显示可靠的基础设施信息。[52]

军民关系中心（Center for Civil-Military Relations，缩写为 CCMR），致力于通过美国注资的各种教育和培训项目加强军民关系，为受援国提供防卫决策制定、战略规划与重组、维和与反恐行动等方面的帮助。军民关系中心项目遍布非洲、亚太、欧洲、拉丁美洲和中东等地区，该中心能够提供各种教学资源和记录其研究工作的出版物。[53]

当代冲突中心（Center for Contemporary Conflict，缩写为 CCC），负责研究已存在和新出现的问题，并将研究成果提交给美国及其盟国的决策者和军队。其研究主要集中在关键的新兴安全问题上，如恐怖主义与信息作战、大规模杀伤性武器的扩散和防扩散等非对称冲突、维和与人道主义使命等地区性不稳定因素、为威慑理论为核心的战略性核政策、指挥与控制、军备控制和导弹防御等。[54]

信息系统安全研究中心（Center for Information Systems Security Studies and Research，缩写为 NPS CISR），力争能够通过整合国防部大学的各种重要教育元素和研究元素，满足作战人员对信息的需求。鉴于此，信息系统安全研究中心做出了多方努力，如进行研究和学术推广、举办学习班和讲习班、开设信息安全课程、邀请知名权威人士做讲座。每年 400 多名学员都将获得机会进入实验室进行研究。与此同时，该中心还为毕业生论文信息保障研究提供大量支持，这是美国任何其他同领域项目无法可比的。[55]

多军种电子战中心（Center for Joint Services Electronic Warfare，缩写为 CJSEW），以工业和国防部电子战研究为重点对象，在研究仿真与建模工具和硬件研究，以国家电子战策略的同时，还能对多军种电子战项目和海军研究生院信息战争课程起到辅助作用。涉及多个研究领域，如大气建模、通信与雷达干扰、高速信号处理、信息战策略、激光雷达散射截面工程、导弹与导弹模拟监视系统，以及舰艇自防御系统。[56]

反恐与非常规战争中心（Center on Terrorism and Irregular Warfare，缩写为 CTIW），负责对现代反恐及非常规作战进行创新性、跨学科的分析。政府或次州级组织会雇佣该中心的研究人员，对国内和国际反恐战争、其他类型的非常规战争以及特殊作战方法进行分析。研究人员会着重研究此类冲突对通信和信息系统的影响，分析新出现的国家基础设施方面的威胁。某些决策流程和行动可能会对政府与次州级组织之间的交互产生影响，而通过该项研究，可制定几种正规方法，来对这种影响进行评估和模拟。[57]

航天器设计研究中心（Spacecraft Research and Design Center，缩写为 SRDC）的研究方向包括：航天系统设计、航天器测试、航天器飞行姿态和结构控制、自适应智能结构，以及太空机器人。在航天器设计研究中心的实验室中，学员和研究人员可以利用各种高科技进行航空航天的应用实验，并与海军卫星操作中心（Navy Satellite Operations Center）和海军研究实验室（Naval Research Laboratory）之类的机构展开合作项目。[58]

联合教育

个别军种的战争学院已发展形成了自己的制度传统，表明了在各自的制度历史演变过程中取得的成就和遭受的挫折。不过，其个体主义思想决定了国家安全政策和教育的孤立性和狭隘性。某些军队甚至试图通过将军费开支转移给其他军事分支机构，以从美国国防部和国会中攫取利益。严重的作战指挥问题、1983 年美国入侵格林纳达（Grenada）“紧急狂暴行动”（Operation Urgent Fury）中的争议以及美国早期的军事行动等都加剧了美国对这种问题的担忧，这促使国会在 1986 年通过了《戈德华特 – 尼科尔斯国防部改组法》（*Goldwater-Nichols reform act*）。[59]

该法案是以参议员巴里 · 戈德华特（Barry Goldwater，1953—1965，1969—1987 年在任，亚利桑那州共和党）和众议员威廉 · F. 尼科尔斯（William F. Nichols，以下简称比尔 · 尼科尔斯，1967—1988 年在任，拉巴马州民主党）命名的。该法案的其中一个目的就是为了强化参谋长联席会议（Joint Chiefs of Staff，缩写为 JCS）与包括中央司令部（Central Command，缩写为 CENTCOM）在内的联合作战司令部之间的关系。就专业军事教育而言，对高级军事教育的控制权已从个别军事组织转移到了美国参谋长联席会议等联合军事组织。如同立法要求的，战争学院和联合军事教育的责任都要求下列评定结果，需要对《戈德华特 – 尼科尔斯国防部改组法》是如何影响国家安全教育的予以说明。

《戈德华特 – 尼科尔斯国防部改组法》

1986 年通过的《戈德华特 – 尼科尔斯国防部改组法》是由亚利桑那州参议员巴里 · 戈德华特和阿拉巴马州众议员比尔 · 尼科尔斯发起的。该法案是美国国家安全政策史上重要的一环。考虑到美国军事作战中缺少军种间的协作，戈德华特和尼科尔斯致力于通过改革，强化美国军队在联合作战或多军种作战中的战斗能力。

通过这些改革，美国国防部得以重组，民间军事组织得以发展壮大，向总统、国防部长和国家安全委员会提供的军事建议得以改进；针对指定作战任务，明确分配联合司令部和特种司令部的作战指挥责任；确保赋予指挥官充分的权力，去完成指定的任务；在策略制定和紧急计划中，提高军事警觉性；有效利用国防资源；完善联合军官管理政策；在专业军事教育中强调联合作战任务的重要性；提高整体作战效率和美国国防部行政管理的能力。

例如，"沙漠风暴行动"（Operation Desert Storm）、"持久自由行动"（Operation Enduring Freedom），以及"伊拉克自由行动"（Operation Iraqi Freedom）证明了《戈德华特－尼科尔斯国防部改组法》获得了全面的成功。

这个问题不仅仅是一个学校课程问题，它可能会对军官的晋升潜力和职业道路产生影响。《戈德华特－尼科尔斯国防部改组法》大大改变了这些规定。在过去，军官们可以通过非军事渠道获得晋升的机会，而现在，他们要想进入指挥部或在事业上平步青云，首先要完成联合作战任务。在接受联合专业军事教育之后，军官们才有机会在联合作战方面担任要职，因此，无论是军官本人，还是他们所在的部队，都会为他们争取获得联合作战的认证。从此，军事学院授课的内容不再仅仅取决于学校，各个军队（如海军）也开始关注自己的队伍中有哪个军官或多少军官曾经上过军事学校。联合教育的重要性发生的这一变化代表着联合系统越来越受重视。[60]

《戈德华特－尼科尔斯国防部改组法》使得美国国防大学（NDU）及其下属的武装部队工业学院（ICAF）、联合部队参谋学院（JFSC）和海军战争学院（NWC）等联合军事教育机构的地位越来越高。

美国国防大学

美国国防大学（National Defense University，缩写为 NDU），位于华盛顿特区的麦克奈尔堡，始建于 1976 年，其前身是武装部队工业学院（ICAF）和国家战争学院（NWC）。其办学宗旨为：

1. 为国防部、国务院和其他政府机构培养军官和文职官员，为其输送跨国、跨政府和联合国家安全设置的指挥人才、管理人才和参谋人才；

2. 通过教授联合部队参谋学院的课程，培养在职军官，参与联合作战和参谋工作；

3. 通过信息资源管理学院，完善信息系统中的中高层执行用户的信息资源管理教育；

4. 通过信息资源管理学院，针对研究和作战模拟资源，召开座谈会，为国防部长、联合参谋部、国防大学和其他负责国家安全的联邦部门和机构提供服务；

5. 针对国家安全和军民事务，展开短期和长期的国家安全政策、军事策略和管理资源的研究；

6. 增进武装部队之间、政府机构与国家安全行业之间的理解与协作。[61]

美国教育部对武装部队工业学院和国家战争学院的项目进行了评估，并于 1992 年建议美国国防大学设置研究生学位。1993 年的一项法律规定，美国国防大学的校长有权授予武装部队工业学院的毕业生国家资源战略理学硕士学位，授予海军战争学院的毕业生国家安全战略理学博士学位。在 1994 年 6 月 15 日的毕业典礼上，首批美国国防大学硕士生和博士生被授予学位。1997 年，美国国防大学通过了中部各州院校高等教育审议委员会的资格认定。[62]

武装部队工业学院

武装部队工业学院（Industrial College of the Armed Forces，缩写为 ICAF），始建于 1924 年，前身为陆军工业学院（Army Industrial College），1946 年重组为现今的武装部队工业学院，并于 1976 年与另外几个学院合并组成美国国防大学。其任务是研究国家安全策略和国力资源组成，确立一种方法，将采办和后勤保障整合到国家安全策略之中，培养优秀的高层军官、文职官员和参谋人才。[63]

武装部队工业学院（ICAF）课程和研究领域设有 6 个学术部门：国防采办系、经济系、军事战略和动员、领导和信息系统、军事策略和后勤、政治学和自然力因素，以及战略领导发展中心（Strategic Leadership Development，缩写为 CSLD）。

采办系课程分为两大块：面向所有学员开放的核心采办课程和专为国防采办专业设置的国会指定课程。国防采购系的课程设置主要是为了让学员深入了解国防采办的流程，以及国防采办政策与实践对美国工业基地、经济前景和国家安全策略产生的影响。[64]

经济系的教学和研究内容包括：在相互依存的全球经济背景下，分析、制定经济政策所使用的宏观经济方法；美国经济、国防和公共部门的资源配置；受政府政策影响或调控，能够改变国民经济战略的产品和生产要素市场。[65]

战略领导发展中心致力于利用教育和信息技术为武装部队工业学院的教学、研究和拓展项目提供支持，从而推动联合战略观和跨部门战略观，以丰富武装部队工业学院的学习经验。[66]

联合部队参谋学院

联合部队参谋学院（Joint Forces Staff College，缩写为 JFSC），隶属于美国国防大学，位于弗吉尼亚州的诺福克。始建于 1946 年，其教学目的是培养联合作战规划参谋官和其他类型的领导人才，保证学员能够在联合、跨国和跨部门作战中全力协作。[67]

2001 年，752 名军官在联合部队参谋学院完成了相关学业。自 1997 年 2 月以来，该学院得到了中部各州院校大学协会的认可，2001 年 10 月受到了热捧。[68]

学员需要修习各种课程，包括联合及协同作战学院（JCWS）的中高级课程、联合指管及信息战学院（JCIWS）课程、联合规划定向课程（JPOC），以及国土安全规划课程（HLSPC）。

联合及协同作战学院（Joint and Combined Warfighting School, 缩写为 JCWS）的目的是指导联合和跨国作战人员，使其适应联合和跨国作战环境，根据参谋长联席会议指令、规划和指挥作战。课程以交互式行政研讨会的形式进行，为期 12 周。在这个过程中，要通过案例研究和电视会议等交互式教学法，来讨论和审核联合作战的各个方面，其中涉及非战争军事行动中的作战方法。[69]

联合指管及信息战学院（Joint Command, Control, and Information Warfare School, 缩写为 JCIWS）致力于为联合军队和信息战机构培养具备指挥、管理、通信、计算机和情报（C4I）能力的人才。课程作业的完成需要 4 周，涉及联合作战环境中的 C4I 理念，国防部支持 C4I 进程的方法，以及当前 C4I 系统的管理和操作。[70]

联合规划定向课程（Joint Planning Orientation Course，缩写为 JPOC）教学目的是，让学员掌握在做好高时效军事行动计划中所用到的指令、手段、程序和技术。在这些课程中，学员能够接触到和平时期和国际危机中可能用到的联合规划流程，熟悉作为参谋长联席会议（JCS）主席，制订应急计划的流程，掌握国防部联合作战计划与执行委员会（Joint Planning and Execution Committee，缩写为 JPEC）向总统或国防部长提出实时建议的流程，其中还涉及美国军事力量的可能使用等。[71]

国土安全规划课程（Homeland Security Planners Course，缩写为 HLSPC）主要以跨部门国土安全为主，为期 40 小时，结业后可颁发相应证书。该课程既招收军事学员，又招收非军事学员。国土安全规划课程会从军事角度介绍国土安全，以培养军官和文职官员参与国土安全规划和应急方案制定方面的能力。[72]

国家战争学院

国家战争学院（National War College，缩写为 NWC），建于 1946 年，前身是 1943 年建立的陆军 – 海军参谋学院（Army-Navy Staff College，缩写为 NSC）。已为美国和其他国家的军队和政府输送了 7500 名人才。[73] 通过设置高级课程，从联合作战和跨部门作战的视角，教授高级策略、指挥和参谋技能，以及国家安全政策和策略研究技能，培养军事领袖、政府官员、其他非政府机构领导人，以及优秀的外籍研究员。[74]

国家战争学院课程体系包括一门核心课程、多门选修课程，以及区域性研究课程。学员每周需要完成 0—12 课时的核心课程。核心课程体系主要包括：战略逻辑基础、军事思想和战争本质、国家安全战略流程、全球安全领域、国家安全策略的制定、战地研究和国家安全，以及一项危机决策练习年终实习。在年终实习中，强调的是主动学习。最后一项课程要求学员以小组形式，根据给出的国家安全危机情境，制定解决方案；要求学员通过分析危机状况，评估国内和国际环境，以美国利益和战略目标为出发点，评估威胁、制定策略、调动资源，解决危机。[75]

国家战争学院的核心课程、选修课程、研究课程和方案编写课程都强调：国家安全战略与政策是在出现政策变更和利益冲突的前提下制定和实施的。有限的政府资源要求政策制定者在国内利益和国际利益之间做出选择，利用道德参数限制决策行动自由，制定和实施国家安全目标和策略。其他补充性的课题则强调：在国家安全策略制定过程中，必须明确国家利益以及实现这些利益所面临的挑战；采取政策手段以应对挑战，并将这些手段结合成一项具有凝聚力的策略，以实现预期目标；制定军事策略和行动方针，要求军队组建联合作战与跨国作战文化宣传队，为军事行动的规划和成功奠定基础。[76]

斯凯尔顿小组

国际上对美国国家安全教育有很多不同的评论，但总体上说还是表示推崇的。然而，美国国家安全机构的基础设施却差强人意。不过，人们对海军战争学院课程和标准的态度还是比较一致。20 世纪 80 年代，空军和陆军战争学院并未设置考试和论文评分机制，课程和组织任务安排混乱不堪，军事和非军事课程的安排也存在冲突，因此，当时的一位重量级军事历史专家，对此持批判态度。[77]

1986 年的《戈德华特 – 尼科尔斯国防部改组法》则强调联合作战教育在美国专业军事教育中的重要性。军官必须完成联合作战教育课程，才能得到晋升或职业发展的机会。1987 年，众议院军事委员会（House Armed Services Committee）组建了一个军事教育委员会（Panel on Military Education），以考核军队对《戈德华特 – 尼科尔斯国防部改组法》的实施情况，并评估当前军事教育系统培养军事思想家、规划者和战略家的能力。[78] 当时的众议院军事委员会主席是艾克 · 斯凯尔顿（Ike Skelton，密苏里州民主党，1977 年），因此，众议院军事委员会通常被称为“斯凯尔顿小组”。1987 年末到 1988 年间，斯凯尔顿小组针对美国专业军事教育系统举办了一系列听证会，并在 1989 年 4 月 21 日发表了一篇报告，公布了其调查结果。斯凯尔顿小组认定，国防部的基本军事教育系统较为健全，可与欧洲军事院校的教育系统相媲美，美国的专业军事教育系统还有可以大幅改进的空间。[79]

斯凯尔顿小组提出了 9 项改进措施：

1. 为国防部院校建立一个专业军事教育框架，为各个专业军事教育层级制定主要教学目标，并进行详述；

2. 对法律作出适当修订，雇佣无军籍教员，提高教员素质，确保只有高素质教员才能担任学院的教员；

3. 确立一个两期联合特种军官教育项目，第一期教学在军事院校内完成，第二期教学在联合部队参谋学院完成；

4. 将国家战争学院转型为国家战略研究中心；

5. 制定国家军事战略，将主焦点放在高级军事院校上，并增加个别教育机构其他军种军事专业师生的数量；

6. 在国家战略研究中心安排实质性的顶点课程，并整合国家军事战略和国家安全策略；

7. 审核海军教育，明确海军军官进入中高级院校学习的资质，并对海军战争学院是否应设置更多课程做出批示；

8. 在参谋长联席会议主席参谋中设置军事教育主任职位，负责完成专业军事教育联合作战和军事教育协调政策的制定；

9. 要求中高级专业军事教育院校学员参加大量书面考试、撰写论文和报告，再由教员审阅试卷、论文和报告，并作出评论。[80]

斯凯尔顿小组认为，专业军事教育的关键目标是：应该由次级领导和管理层指挥战斗部队作战。该小组成员指出，由于军官需要管理大部队，因此他们就读的学校应着眼于大型战役的教育上。因此，委员会要求第一批次专业军事教育机构应将教学重点放在分支专业或战争专业上；战争学院等中级院校应帮助军官拓展知识面，掌握关于其他军种的基本知识，从联合作战的角度进行培训；而国家战争学院等高级院校则应专注于国家军事策略的研究。[81]

1991 年，斯凯尔顿小组针对专业军事教育建议的实施，召开了后续听证会，目的是审核美国审计总署（General Accounting Office，缩写为 GAO）的报告，量化国防部实施这些报告的过程。美国审计总署发现，虽然专业军事教育院校已采取了积极措施，采纳了斯凯尔顿小组 90% 的建议，但仅有海军专业军事教育院校允许其他军种教员加入，满足了委员会建议的要求。而陆军院校的军官则认为，字母等级计分制只会增大竞争，并不利于学员之间的合作。此外，该机构还列举了关于委员会建议执行情况的几个例子。[82]

美国国家安全教育系统的地位和表现仍然是讨论和审查的主题。1997 年，战略与国际研究中心（CSIS）委员会主席、前国防部长迪克·切尼（1989—1993 年在任），发表了一篇报告：《职业军事教育：和平与进步的基石》（*Professional Military Education：An Asset for Peace and Progress*）。该报告从社会人口多样性和宽容度增加的角度，对军事裁员时期的专业军事教育进行了剖析。报告强调，在专业军事教育课程中，应该注重预防性防御措施，培养学员完成维和等非常规任务的能力。报告中的其他建议包括：在专业军事教育机构中，开设道德和领导力发展必修课；注重应用科学、数学和工程学教育，使学员能够拥有强大的技术背景，还要鼓励学员学习外语、国际事务、世界史，以及冲突解决方法；保证专业军事教育拥有强大的资金基础；在招生模式中，考虑社会人口结构的变化；为各个军种设立独立的院校；增加军种间的活动和合作，推动各军事学院和预备役军官训练团等培训项目之间的协作。[83]

1997 年，众议院军事委员会主席斯凯尔顿也表示，他对专业军事教育建议的实施发展持肯定态度。他指出，1991 年，在美军针对伊朗进行的“沙漠风暴行动”中，联合规划和联合作战起到了重要的作用，不过，他仍对军事院校实现各个军种师生一体化的缓慢发展速度表示担忧。[84]

1998 年 6 月，国防部监察长在报告中对联合专业军事教育项目进行了评估，并提出了几项建议。该报告主张，空军、海军陆战队和海军人事部司理应更多地向联合部队参谋学院输送联合作战军官人才；海军应为在联合部队参谋学院接受教育的军官指派更多的联合作战任务；参谋长联席会议主席应指定一个单独的联络点，以协调最后第二学期课程替换工作；课程的缩短不得影响联合教育的质量，且应保留多军种共同发展的优势。[85]

结语

美国专业军事教育系统已经从试探性的阶段走向大型综合系统阶段，其中既包括军事院校和各军种战争学院，又包括国防大学的各级机构，这些机构旨在培训以及输送军事和文职领导人，使其具有制定国家安全决定和决策的责任心。

在对这些院校公开的纸质版和电子版教学研究资源进行评估时，有人表示，这些资源数量之大、质量之高实在令人不得不感叹。这些资源涵盖范围极广，既包括美国国家安全政策制定者在过去、现在和将来所面临的问题，又包括关于国家安全问题大量保守和激进的观点。许多在战争学院和联合作战学院学习的外籍军官也表示，这些教育机构有着很大的国际影响力，而美国国家安全教育系统在国际上也享有盛誉。

许多文献资料都对当代美国专业军事教育的优势、劣势和未来发展态势做出了评估。[86] 专业军事教育文献和美国专业军事教育质量评估会不断推陈出新，影响美国军队未来的国家安全政策信息价值。此外，美国专业军事教育文献可能还会影响美国和国外政府机构、国际政府组织、美国及国外研究机构对国家安全问题做出的分析，以及各种学术专著和刊物刊载的国家安全问题分析。

注 释

1. John A. Cope, *International Military Education and Training: An Assessment,* McNair Paper 44 (Washington, D.C.: National Defense University, Institute for National Strategic Studies,1995), 2,14–15(www.ndu.edu/inss/McNair/mcnair44.pdf), accessed November 21, 2003.
2. Leonard Holder Jr. and Williamson Murray, "Prospects for Military Education," *Joint Force Quarterly,* 18 (Spring 1998): 82. 补充的引导性背景，可参见 Russell F. Weigley, *The American Way of War* (New York: Macmillan, 1973), 77–91。专业军事教育的另一个视角 ：Scott Efflandt and Brian Reed, "Developing the Warrior Scholar," *Military Review,* 81 (4) (July/August 2001): 82–89。
3. 美国空军学院的基本法规，参见 PL 83-325, "To Provide for the Establishment of a United States Air Force Academy, and for Other Purposes," 68 *U.S. Statutes at Large,* 47–49。学院的使命参见 www.uwafa.af.mil/misvis/, accessed November 25, 2003。学院前 25 年的发展历史参见 John P. Lovell, *Neither Athens Nor Sparta? The American Service Academies in Transition* (Bloomington: Indiana University Press, 1979), 59–90。
4. 见 U.S. Air Force Academy, "Academic Major" (n.d.) 1 (www.academyadmissions.com/academics/majors/), accessed November 26, 2003; U.S. Air Force Academy, "Fact Sheet: Academics" (2003), 1 (www.usafa.af.mil/pa/factsheets/academic.htm), accessed November 26, 2003; U.S. Air Force Academy, "Fact Sheet: A Quick Look at the U.S. Air Force Academy" (2002), 1 (www.usafa.af.mil/pa/factsheets/quickloo.htm), accessed November 26, 2003。
5. U.S. Coast Guard Academy, "About the Academy" (n.d.), 1 (www.cga.edu/about/about.htm), accessed November 26, 2003.
6. U.S. Coast Guard Academy, "Academy History" (n.d.), 1 (www.cga.edu/about/ academyhistory/academy history.htm), accessed November 26, 2003. 其他历史性信息，参见 Lovell, *Neither Athens Nor Sparta?,* 34–37, 125–157。
7. 见 U.S. Coast Guard Academy, "Academics" (n.d.), 1 (www.cga.edu/academics/academics.htm), accessed November 26, 2003; and U.S. Coast Guard Academy, "About the Academy."
8. 一般历史背景，参见 Theodore J. Crackel,*West Point: A Bicentennial History* (Lawrence:University Press of Kansas, 2002); Lovell, *Neither Athens Nor Sparta?,* 16–26, 91–124。学术信息和美国西点军校（USMA）使命宣言参见 U.S. Military Academy, "About the Academy" (n.d.), 1–2 (www.usma.edu/about.asp),accessed November 26, 2003; U.S. Military Academy, "USMA Mission" (n.d.), 1 (www.usma.edu/ mission.asp), accessed November 26, 2003; and U.S.Military Academy, "Academic Development" (n.d.), 1 (www.usma.edu/admissions/prosp_acad.asp), accessed November 26, 2003。USMA 战略教育规划和预测案例，参见 U.S. Military Academy, Academic Affairs Division, Office of the Dean, *Educating Future Army Officers for a Changing World: Operational Concept for the Academic Program of the United States Military Academy* (West Point, N.Y.: U.S. Military Academy, 2002) (www.dean.usma.edu/aad/EFAOCW.pdf), accessed November 26, 2003。
9. 历史背景参见 Jack Sweetman, *The U.S. Naval Academy: An Illustrated History* (Annapolis, Md.: Naval Institute Press, 1995)。招生和课程详情，参见 U.S. Naval Academy, "About USNA" (n.d.), 1 (www.nadn.navy.mil/about.htm), accessed December 1, 2003; U.S. Naval Academy, "A Brief History of the United States Naval Academy" (n.d.), 1–2 (www.usna.edu/VirtualTour/150years/), accessed December 1, 2003; and U.S. Naval Academy, "Office of the

Academic Dean and Provost Class of 2004 Majors Programs" (2001), 1–2 (www.usna.edu/acdean/majors/2004/04majors.html), accessed December 1, 2003。

10. 关于概述，见 Thomas A. Keaney, "The War Colleges and Joint Education in the United States," in *Military Education: Past, Present, and Future,* ed. George C. Kennedy and Keith Neilson (Westport, Conn.: Praeger, 2002), 149–165。

11. U.S. Joint Chiefs of Staff, *Joint Doctrine Encyclopedia* (Washington, D.C.: U.S. Joint Chiefs of Staff, 1997), 357 (www.dtic.mil/doctrime/jrm/encyi_l.pdf), accessed December 1, 2003.

12. 参见 Air University, "Fact Sheet: Air University" (2003), 1–5 (www.au.af.mil/au/facts.html), accessed December 1, 2003。详细历史概述和分析参见 Jerome A. Ennels, A Short History of Air University, 1946–2001 (Maxwell Air Force Base, Ala.: Air University Office of History, 2001); Richard L. Davis and Frank P. Donnini, eds., Professional Military Education for Air Force Officers: Comments and Criticisms (Maxwell Air Force Base, Ala.: Air University Press, 1991) (http://aupress.au.afmil/Books/Davs_Donnini/Davis_Donnini.pdf), accessed November 25, 2003; Mark R. Grandstaff, "Muir Fairchild and the Origins of Air University, 1945–46," Airpower Journal, 11 (4) (Winter 1997): 29–39; and Wesley Phillips Newton and Jerome A. Ennels, "Air University Recovers from Vietnam and Regains Respect," Airpowe*r Journal,* 11 (4) (Winter 1997): 60–68。

13. Air University, Air Command and Staff College, "About ACSC" (2003), 1(www.acsc .maxwell.af.mil/About /about.htm), accessed December 1, 2003.

14. Air University, Air War College, "AWC Commandant's Welcome" (n.d.), 1 (www.maxwell.af.mil/au/awc/wel comes/welcome.htm), accessed December 1, 2003.

15. Air University, "Fact Sheet" (2003), 4 (www.au.af.mil/au/facts.php), accessed December 1,2003.

16. Air University, Ira C. Eaker College for Professional Development, "What We Do" (2003),1 (www.maxwell.af.mil/au/cpd/nav.htm), accessed December 1, 2003.

17. 参见 Air University, School of Advanced Air and Space Power Studies, "Mission" (n.d.), 1 (www.maxwell.af.mil/au/sass/mission.htm), accessed December 1, 2003; and Air University, School of Advanced Air and Space Power Studies, "Curriculum" (n.d.), 1–2 (www.maxwell.af.mil/au/sass/curriculum1.htm), accessed December 1, 2003。

18. U.S. Army War College, "U.S. Army War College Mission Statement" (n.d.), 2 (www.carlisle.army.mil/Stratplan.asp), accessed December 3, 2003.

19. 参见 U.S. Army War College, "History" (n.d.), 11–12 (www.carlisle.army.mil/history.htm), accessed December 3, 2003; Harry P. Ball, *Of Responsible Command: A History of the United States Army War College* (Carlisle Barracks, Pa.: Alumni Association of the United States Army War College, 1994); and Judith Hicks Stiehm, *U.S. Army War College: Military Education in a Democracy* (Philadelphia: Temple University Press, 2002), 49. For U.S. Army War College admission requirements, 见 U.S. Army War College, *Distance Education Catalogue for the Class of 2003* (Carlisle Barracks, Pa.: U.S. Army War College, Department of Distance Education, 2003), 21 (http://dde.carlisle.army.mil/catalogues/2003cat.pdf), accessed December 3, 2003.

20. U.S. Army War College, Center for Strategic Leadership, "CSL Mission" (n.d.), 1(www.carlisle.army.mil/usacsl/Mission.asp), accessed December 3, 2003.

21. U.S.Army War College,U.S.Army Military History Institute, "About MHI," (n.d.), 1 (www.carlisle.army.mil/usamhi/ 1aboutmhi.html), accessed December 3, 2003。

22. U.S. Army War College, Strategic Studies Institute, "About SSI" (n.d.), 1 (www.carlisle.army.mil/ssi/ about.html), accessed December 12, 2003.

23. U.S. Army War College, "Department of Command, Leadership, and Management" (n.d.),1 (www.

carlisle.army.mil/usawc/dclm/Welcome.html), accessed December 3, 2003.

24. U.S. Army War College, "Department of Strategy, Planning, and Operations" (n.d.),1 (www.carlisle.army.mil/usawc/dmpso/), accessed December 3, 2003.
25. U.S. Army War College, "Department of National Security and Strategy" (n.d.),1 (www.carlisle.army.mil/usawc/dnss/), accessed December 3, 2003.
26. U.S. Army, Command and General Staff College, "CGSC History and Chronology" (2003), 2, 6–7 (www.cgsc.army.mil/history.asp), accessed December 3, 2003. 更多历史背景方面的信息，请参见 Boyd L. Dastrup, *The U.S. Army Command and General Staff College: A Centennial History* (Manhattan, Kan.: Sunflower University Press, 1982); and Timothy K. Nenninger, *The Leavenworth Schools and the Old Army: Education, Professionalism, and the Officer Corps of the United States Army, 1881–1918* (Westport, Conn.: Greenwood Press, 1978)。
27. U.S. Army Command and General Staff College, "About the Command and General Staff College" (2003), 1–2 (www.cgsc.army.mil/about.asp), accessed December 3, 2003.
28. U.S. Army Command and General Staff College, Center for Army Lessons Learned, "Welcome" (2003), 1 (http://call.army.mil/mission.htm), accessed December 3, 2003.
29. U.S. Army Command and General Staff College, Combat Studies Institute, "Homepage" (2003), 1 (www.cgsc.army.mil/CSI/), accessed December 3, 2003.
30. U.S. Army Command and General Staff College, Combined Arms and Services Staff College, "About the Combined Arms and Services Staff School" (2003), 1 (www.cgsc.army.mil/cas3/about.asp), accessed December 3, 2003.
31. U.S.Army Command and General Staff College, Combined Arms Research Library, "Resources at CARL" (2003), 1 (www.cgsc.army.mil/carl/resources/), accessed December 3, 2003.
32. U.S. Army Command and General Staff College, School for Command Preparation, "Our Mission" (2003), 1–2; (www.cgsc.army.mil/scp/), accessed December 4, 2003.
33. 参见 U.S. Army Command and General Staff College, School of Advanced Military Studies, "Homepage" (2003), 1 (www.cgsc.army.mil/sams/), accessed December 4, 2003; and U.S. Army Command and General Staff College, School of Advanced Military Studies, "Advanced Military Studies Program" (2003), 1 (www.cgsc.army.mil/sams/amsp/), accessed December 4, 2003。
34. U.S. Army Command and General Staff College, School of Advanced Military Studies, "Advanced Operational Arts Studies Fellowship" (2003), 1 (www.cgsc.army.mil/sams/aoasf/), accessed December 4, 2003.
35. U.S.Marine Corps,Marine Corps University, "History" (n.d.), 1 (www.mcu.usmc.mil/mcu/History/about.htm), accessed December 4, 2003.
36. U.S.Marine Corps,Marine Corps University, "Our Mission" (n.d.), 1 (www.mcu.usmc.mil/), accessed December 4, 2003.
37. 参见 U.S. Marine Corps, Marine Corps University, *Marine Corps University Factbook 2004* (Quantico,Va.: Marine Corps University, 2003), 13 (www.mcu.usmc.mil/mcu/Staff-Sections/VPAA/MCUFactbook2003.pdf), accessed December 4, 2003。海军陆战队战争学院的使命和课程背景，参见 U.S. Marine Corps,Marine Corps University, *Marine Corps University Catalog Academic Year 2002–2003* (Quantico,Va.:Marine Corps University, 2002), 16–30 (www.mcu.usmc.mil/Catalog/MCWAR.pdf), accessed December 4, 2003。
38. 参见 U.S.Marine Corps,Marine Corps University,*Marine Corps University Factbook 2004,* 15; U.S. Marine Corps, Marine Corps University,*Marine Corps University Catalog Academic Year 2002–2003,* 31–51。
39. U.S.Marine Corps,Marine Corps University,*Marine Corps University Factbook 2004,* 18.

40. U.S.Marine Corps,Marine Corps University,*Marine Corps University Factbook 2004,* 20.
41. U.S.Marine Corps,Marine Corps University,*Marine Corps University Factbook 2004,* 23.
42. U.S.Marine Corps,Marine Corps University,*Marine Corps University Factbook 2004,* 24.
43. Marine Corps University,Marine Corps Research Center,*Marine Corps Research Center Strategic Plan 1999–2004* (Quantico,Va.:Marine Corps Research Center, 1998), 2 (www.mcu.usmc.mil/MCRCweb/abouta.htm), accessed December 4, 2003.
44. U.S. Naval War College, "NWC Mission" (n.d.), 1 (www.nwc.navy.mil/aboutnwc/mission.htm), accessed December 4, 2003. 海军战争学院的历史背景，参见 Ronald H. Spector, *Professors of War: The Naval War College and the Development of the Naval Profession* (Newport, R.I.: Naval War College Press, 1977); and John B. Hattendorf and others, *Sailors and Scholars: The Centennial History of the U.S. Naval War College* (Newport, R.I.: Naval War College Press, 1984)。
45. 参见 Naval War College, College of Distance Education, "Welcome to CDE" (n.d.), (http://cde.nwc.navy.mil/welcome.htm), accessed December 4, 2003; and Naval War College, College of Distance Education, "CDE's Mission" (n.d.), 1 (http://cde.nwc.navy.mil/mission.htm), accessed December 4, 2003。
46. Naval War College, "College of Naval Command Staff" (n.d.), 1, (www.nwc.navy.mil/academics/colleges/cncs.htm), accessed December 4, 2003.
47. Naval War College, "College of Naval Warfare" (n.d.), 1 (www.nwc.navy.mil/academics/colleges/cnw.htm), accessed December 4, 2003.
48. Naval War College, Naval Command College, "Mission" (n.d.), 1 (www.nwc.navy.mil/ncc/NCC%20mission_files/slide0002.htm), accessed December 4, 2003.
49. Naval War College, Naval Staff College, "About NSC: Facts about Naval Staff College" (n.d.), 1 (www.nwc.navy.mil/nsc/About%20NSC/facts.htm), accessed December 4, 2003.
50. Naval War College, "Center for Naval Warfare Studies" (2003), 1–2 (www.nwc.navy.mil/cnws/), accessed December 4, 2003.
51. Naval Postgraduate School, "NPS at a Glance" (Monterey, Calif.: Naval Postgraduate School Public Affairs Office, 2001), 1–2 (www.nps.navy.mil/PAO/ at_a_glance.htm), accessed December 5, 2003.
52. 参见 Naval Postgraduate School, Cebrowski Institute for Information Innovation and Superiority, "Homepage" (2003), 1 (http://i2si.nps.navy.mil/), accessed December 5, 2003; and Naval Postgraduate School, Cebrowski Institute for Information Innovation and Superiority, "Projects" (2003), 1 (http://i2si.nps.navy.mil/projects.html), accessed December 5, 2003。
53. Naval Postgraduate School, Center for Civil-Military Relations, "CCMR 2003 Program and Course Catalog" (2003), 1 (www.ccmr.org/public/library_file_proxy.cfm/lid/2049/), accessed December 5, 2003.
54. Naval Postgraduate School, Center for Contemporary Conflict, "About the CCC" (2003), 1 (www.ccc.nps.navy.mil/about.asp), accessed December 5, 2003.
55. Naval Postgraduate School, Center for Information Systems Security and Research, "Mission Statement" (2003), 1 (http://cisr.nps.navy.mil/mission.html), accessed December 6, 2003.
56. Naval Postgraduate School, Center for Joint Services Electronic Warfare, "Center for Joint Services Electronic Warfare" (n.d.), 1 (www.nps.navy.mil/cjsew/), accessed December 6, 2003.
57. Naval Postgraduate School, Center on Terrorism and Irregular Warfare, "Welcome to the Naval Postgraduate School Center on Terrorism and Irregular Warfare" (n.d.), 1 (www.nps.navy .mil/ctiw/), accessed December 6, 2003.

58. Naval Postgraduate School, Spacecraft Research and Design Center, "Introduction" (n.d.), 1 (www.aa.nps.navy.mil/~agrawal/srdc/introduction.html), accessed December 6, 2003.
59. 该法令建立的权威历史信息，请参见 James R. Locher III, *Victory on the Potomac: The Goldwater-Nichols Act Unifies the Pentagon* (College Station: Texas A&M University Press, 2002)。
60. 参见 Thomas A. Keaney, "The War Colleges and Joint Education in the United States," in *Military Education: Past, Present, and Future,* ed. George C. Kennedy and Keith Neilson (Westport, Conn.: Praeger, 2002), 158; and James R. Locher III, "Taking Stock of Goldwater-Nichols," *Joint Forces Quarterly,* 13 (Autumn 1996): 10–17。
61. National Defense University, "Mission and Vision of NDU" (n.d.) (www.ndu.edu/info/mission.cfm), accessed April 14, 2004.
62. 国防大学研究生学位授予机构，请参见 PL 103-160, "National Defense Authorization Act for Fiscal Year 1994," 107 *U.S. Statutes at Large,* 1730–1731。关于学位授予和颁发信息，见 National Defense University, "History of the National Defense University" (n.d.), 1 (www.ndu.edu/info/history.cfm), accessed December 6, 2003。
63. 参见 National Defense University, *Class of 2004 Student Handbook: ICAF History* (Washington, D.C.: Industrial College of the Armed Forces, 2003), 1 (www.ndu.edu/icaf/handbook/history.htm}, accessed December 6, 2003; and National Defense University, "ICAF Mission" (n.d.), 1 (www.ndu.edu/icaf/mission/), accessed December 6, 2003。
64. National Defense University, Industrial College of the Armed Forces, "Academic Departments: Department of Acquisition" (2003), 1 (www.ndu.edu/icaf/departments/acquisition/), accessed December 6, 2003.
65. National Defense University, Industrial College of the Armed Forces, "Department of Economics" (n.d.), 1 (www.ndu.edu/icaf/departments/econ/), accessed December 6, 2003.
66. National Defense University, Center for Strategic Leadership Development" (n.d.), 1 (www.ndu.edu/icaf/center/), accessed December 6, 2003.
67. 参见 National Defense University, Joint Forces Staff College, "History" (n.d.), 1(www.jfsc.ndu.edu/about/history.asp), accessed December 8, 2003; and National Defense University,Joint Forces Staff College, "Overview" (n.d.), 1 (www.jfsc.ndu.edu/about/overview.asp),accessed December 8, 2003。
68. 参见 National Defense University, Joint Forces Staff College, "College Demographics" (2001), 18 (www.jfsc.ndu.edu/current_students/documents_policies/documents/stakeholdersreport/2001/page18.htm), accessed December 8, 2003; and National Defense University, Joint Forces Staff College, "Accreditation" (n.d.), 1 (www.jfsc.ndu.edu/about/accreditation.asp), accessed December 8, 2003。
69. National Defense University, Joint Forces Staff College, "Overview of JCWS-S" (n.d.),1–2 (www.jfsc.ndu.edu/schools_programs/jcwss/overview.asp), accessed December 8, 2003.
70. National Defense University, Joint Forces Staff College, "Joint C4I Staff and Operations Course" (n.d.), 1 (www.jfsc.ndu.edu/schools_programs/jciws/c4i/general_info.asp), accessed December 8, 2003.
71. National Defense University, Joint Forces Staff College, "Overview of JPOC" (n.d.), 1 (www.jfsc.ndu.edu/schools_programs/jpoc/overview.asp), accessed December 8, 2003. 关于联合作战计划与执行委员会的解释和军事规划，请参见 Richard W. Goodale Jr., "Planning for War: A System," *Joint Force Quarterly,* 5 (Summer 1994): 106–110。
72. National Defense University, Joint Forces Staff College, "Homeland Security Planners Course:

Overview" (n.d.), 1 (www.jfsc.ndu.edu/schools_programs/homeland_security/ overview.asp), accessed December 8, 2003.

73. National War College, "History of the National War College" (n.d.), 1 (www.ndu.edu/nwc/ history/), accessed December 9, 2003.

74. National War College, "Mission" (n.d.), 1 (www.ndu.edu/nwc/mission/), accessed December 9, 2003.

75. National War College, "NWC Student Handbook AY 2003" (2003), 1–5 (www.ndu.edu/nwc/ handbook/studenthandbook/Part3.html), accessed December 9, 2003.

76. National War College, "NWC Student Handbook AY 2003," 2.

77. Williamson Murray, "Grading the War Colleges," *National Interest,* 6 (Winter 1986–1987):12–19.

78. U.S. Congress, House Committee on Armed Services, Panel on Military Education, *Professional Military Education,* 101st Cong., 2d sess., 1990, 1. Transcripts of this panel's hearings covering 1987–1988 contain extensive testimony, reports, and supplemental materials on the military's educational system totaling 1,464 pages.

79. U.S. Congress, House Committee on Armed Services, Panel on Military Education, *Report of the Panel on Military Education of the One Hundredth Congress,* 101st Cong., 1st sess., 1989, 2.

80. U.S. Congress, House Committee on Armed Services, Panel on Military Education, *Report of the Panel on Military Education of the One Hundredth Congress,* 2–7.

81. U.S. Congress, House Committee on Armed Services, Panel on Military Education, *Report of the Panel on Military Education of the One Hundredth Congress,* 7–8.

82. U.S. Congress, House Committee on Armed Services,Military Education Panel, *Professional Military Education,* 6, 15, 19. 斯凯尔顿委员会和委员会建议的联合专业军事教育进展情况，请参见 pp. 31–101 and 103–171. 评估报告，可参见 U.S. General Accounting Office, *Army Status of Recommendations on Officers' Professional Military Education* (Washington, D.C.: General Accounting Office, 1991)。

83. Center for Strategic and International Studies (CSIS), "CSIS Panel, Former Defense Secretary Call for Strengthening Professional Military Education to Respond to Technological Challenges, New Missions" (1997), 1–2 (www.csis.org/press/pr97_1.html), accessed December 9, 2003.

84. Ike Skelton, "JPME: Are We There Yet?" *Military Review,* 77 (1) (January/February 1997): 96–101.

85. U.S. Department of Defense, Office of Inspector General, *Evaluation Report: Joint Professional Military Education Phase II* (Washington, D.C.: Department of Defense, 1998), ii (www.dodig. osd.mil/audit/reports/fy98/98-156.pdf), accessed December 9, 2003.

86. 评估示例，请参见 Holder and Murray, "Prospects for Military Education," 81–90; Robert A Vitas, "Civilian Graduate Education and the Professional Officer," *Military Review,* 79 (3) (May/ June 1999): 47, 54–55; Steven H. Kenney, "Professional Military Education and the Emerging Revolution in Military Affairs," *Airpower Journal,* 10 (3) (Fall 1996): 53; and William F. Burns, "The Education of a Modern Major General," *Naval War College Review,* 57 (1) (Winter 2004): 20–33。

[第2章]

行政分支机构——国防部

各行政分支机构是美国国家安全政策的主要制定者，也是国家安全政策信息的主要提供者。美国宪法规定，由总统担任美国武装部队总司令，[1] 而行政分支机构直接对总统负责。国防部及其下属机构是提供国家安全政策信息的最大政府机构。[2] 点击 www.defenselink.mil/，即可查询国防部各机构机构及各军种的相关信息。[3]

国防部长办公室

从国防部长办公室（Office of the Secretary of Defense，缩写为 OSD）的网站 www.defenselink.mil/osd/ 可查询国防部长及副部长的履历资料。在该网站中，还可以查阅国防部长及副部长的演讲稿和媒体采访发言稿，以及《防卫年鉴》（*Defense Almanac*）等国防部引用的一般出版物。通过这些信息就可以详细了解国防部长办公室的组织架构及其任务。

通过国防部长办公室网站上的链接，可查询以下官员的相关信息：负责网络及信息集成的助理国防部长；负责立法事务的助理国防部长；负责公共事务的助理国防部长；负责情报监管的助理国防部长；行政管理局局长；国防研究与工程局局长；作战试验与论证局局长；项目分析评估主任；国防部执行秘书；国防部法律总顾问；总监察长；国防部副部长（审计长）；负责采购、技术与后勤的国防部副部长；负责人事与战备的国防部副部长；负责政策的国防部副部长。但是，关于军改主任（Director of Force Transformation）或净评估办公室主任的相关信息是保密的。

美国国防部

国家军事机构成立于 1947 年，是根据《1947 年国家安全法案》组建的，于 1949 年更名为国防部。美国国防部负责提供必要的军事力量，以阻止战争，保护美国的国家安全。美国国防部掌管着美国独立的武装力量，可发布联合作战命令，同时，也负责管理部门中的文职雇员。

国防部长办公室（OSD）等国防部下属机构，负责管理各个政策制定办公室，例如，以负责采购、技术与后勤的国防部副部长、负责人事与战备的国防部副部长，以及负责政策的国防部副部长为首脑的各个办公室。

美国国防部下属机构包括：国防情报局、国防安全合作署、国防威胁降低局和国家安全局。

美国的陆海空三军各有自己的制度体制。部队首脑为文职人员，由总统任命，并经参议院批准。例如，陆军部首脑为陆军部长，由监察长和助理部长辅佐。监察长负责行政工作，而助理部长则负责土木工程、设施与环境方面的工作。陆军部长还对陆军工程兵团、美国欧洲集团军和第 7 集团军等部队有统一指挥权。

负责网络及信息集成的助理国防部长

负责网络及信息集成的助理国防部长（Assistant Secretary of Defense for Networks and Information Integration）需要确保信息优势，以完成国防部的任务，使敌对方的军事作战情报工作只能望其项背。[4]《非涉密国防部计算机硬盘的处理》（*Disposition of Unclassified DoD Computer Hard Drives*，2001 年）等出版物，可从该办公室的网站 www.defenselink.mil/nii/ 获取。

负责立法事务的助理国防部长

负责立法事务的助理国防部长（Assistant Secretary of Defense for Legislative Affairs）应辅佐国防部长，与白宫方面、内阁成员、国会和国务院进行互动。[5]

该办公室网站 www.defenselink.mil/la/ 中的信息资源，包括 2001 年 5 月在各州和地区征召的、参加“持久自由行动”（阿富汗）的现役国民警卫队和预备役部队名单、各助理部长的履历资料、职位表和相关国会监督委员会成员的名单，以及在召开国会委员会和小组委员会前一周需要提供的法制办公室人员名册。

负责公共事务的助理国防部长

负责公共事务的助理国防部长（Assistant Secretary of Defense for Public Affairs），是国防部长和副部长的主要顾问和助手，应通过多种形式向公众提供国防部活动的相关信息。[6] 办公室赞助商 www.defenselink.mil 及其组成部门包括：新闻运行指挥部（为媒体和大众提供新闻稿和照片）、公开调查和分析指挥部（回答公众问题，例如如何申请安全调查或如何查找某个军人的位置）和美国军队信息局（American Forces Information Service，缩写为 AFIS），为内部军事人员提供纸质信息或通过电视、广播和网络传播的信息，其中某些信息可从办公室网站 www.defenselink.mil/pubs/almanac/asdpa.html 获取。

可在网站上获取的信息资源均为国防部主要官员或军官的采访录（包括 1994 年以来的一些音频、视频和网络广播）、这些官员在公共新闻发布会上提供的幻灯片、由独立军事组织提供的每日防务合同（价值 500 万美元以上）的相关信息，以及可通过邮件免费更新的国防部各种公告。

负责情报监管的助理国防部长

负责情报监管的助理国防部长（Assistant to the Secretary of Defense for Intelligence Oversight），应保证所有的国防部情报活动均严格遵守联邦法律、行政命令和部门指令、条例和政策。[7] 其网站 www.dod.mil/atsdio/ 上的公开资源包括：部门情报政策的国防部指令，如《国防部第 5240.1–R 号指令：对美国人产生影响的国防部情报活动之管理规程》（*DOD Directive 5240.1-R: Procedures Governing the Activities of DOD Intelligence Components that Affect United States Persons*，1982 年）、《国防部第 5240.1 号指令：国防部情报活动》（*DOD Directive 5240.1: DOD Intelligence Activities*，1988 年）和《国防部第 5148.11 号

指令：负责情报监管的助理国防部长》(*DOD Directive 5148.11: Assistant to the Secretary of Defense for Intelligence Oversight*，1994年)。

行政管理局局长

行政管理局局长（Director of Administration and Management)，对国防部副部长负责，是国防部长和副部长的主要助手和顾问，对有关国防部组织和行政管理的问题提供建议。这些问题包括：制定和维护组织章程、监管国防部管理总部项目和历史办公室项目（国防部质量管理问题的焦点)，以及分析和控制美国国防部长办公室的人力需求。[8]

行政管理局局长的网站 www.defenselink.mil/odam/ 提供的资源包括：办公室组织结构图、各国防部咨询委员会，如国防部女性军职人员咨询委员会（DACOWITS）组织章程和核武器保证大队联合咨询委员会、国防部章程，如《国防部第3150.6章程：美国核指挥和控制系统支持人员》(*DOD Directive 3150.6: United States Nuclear Command and Control System Support Staff*，2001年)，以及历史办公室出版的一些出版物[包括《国防部长威廉·J. 佩里公开声明》(*Public Statements of William J. Perry，Secretary of Defense*，1994年)、《国防部1947—1997年：组织和领导者》(*The Department of Defense 1947–1997: Organization and Leaders*，1997年）和《任务和职能指南》(*Missions and Functions Guidebook*，2002年）]。

国防研究与工程局局长

国防研究与工程局局长（Director of Defense Research and Engineering，缩写为DR&E)，必须保证能为当前和未来的军队提供掌握卓越技术的优秀作战人员，保证他们能够顺利完成任务，并在战争中获胜。[9]国防研究与工程局网站 www.defenselink.mil/ddre/ 中的公开信息包括：组织结构图、局长档案、DR&E国际技术项目办公室信息、DR&E与美国各大机构合作关系的相关信息，以及《国防科技预算和投资重点》(*Defense Science and Technology Budget and Investment Focus*，2002年）和《技术：转化基础》(*Technology: A Foundation for Transformation*，2002年）等出版物。其中，DR&E国际技术项目办公室信息对国防部国防科学与其他国家和北大西洋公约组织（NATO）等国际组织之间的关系进行了说明。

作战试验与论证局局长

作战试验与论证局局长（Director for Operational Test and Evaluation，缩写为 DOT&E），负责制定国防部作战测试以及评估政策和程序、为国防部长审核和分析重大国防部采购项目的测试结果和评估结果，还要确保国防部作战测试和评估项目的效率和战斗适用性。[10]

出于国家安全方面的考虑，作战试验与论证局网站 www.dote.osd.mil/ 的部分内容已被删除。不过，一些重要资源仍保留了下来，如《国防部国防采购趋势指标》（*Defense Acquisition Trend Metrics in the Department of Defense*，2000 年）和《2002 财年年度报告摘要》（*Fiscal Year 2002 Annual Report Extracts*，2002 年）等报告类资料、组织结构图、跳转至各军事测评网站的链接 [包括位于夸贾林环礁的罗纳德 · 里根弹道导弹防御试验基地（Ronald Reagan Ballistic Missile Test Site）和位于马里兰州阿伯丁的美国陆军阿伯丁实验中心（U.S. Army's Aberdeen Test Center）]、跳转至实弹项目文章的链接 [包括《利用“毒刺”导弹对抗 F–14 雄猫战斗机的联合实弹项目测试》（*Joint Live Fire Program Tests Full-Up Stinger Missile against F-14 Tomcat*，1999 年）]、DOT&E 人员报告，以及 2012年经审核的测评项目清单，例如，来自空军的《击败深埋地下目标的能力》（*Hard-Deeply Buried Target Defeat Capability*）和来自陆军的《战场指挥信息系统》（*Battlefield Command Information System*）。

项目分析评估主任

项目分析评估办公室（Program Analysis and Evaluation，缩写为 PA&E）主任，负责为国防部长提供各种分析性建议（例如，确定可能的替代性武器系统和部队结构、防御系统的成本效益）以及军事医疗、信息技术和国防经济等领域的建议。[11]

尽管其网站 www.pae.osd.mil/ 上的某些资源仅对军队内部开放，但是仍有很多信息可与公众共享，比如，非战争行动、武器性能分析、指挥和控制卫星分析等分析评估项目清单，以及《国防部绩效合同》（*Performance Contracting in DoD*，1998 年）和《拟议国防采办：行业和国家详情（2000—2005）》（*Projected Defense Purchases: Detail by Industry and State: Calendar Years 2000 through 2005*，2000 年）等报告。

执行秘书办公室

执行秘书办公室（Office of the Executive Secretary），负责为国防部长和副部长提供直接的行政支持。[12] 通过 www.defenselink.mil/execsec/ 网站，可获得该办公室运作以及国防部长在 1996—2001 年期间的《总统与国会年度报告》（*Annual Report to the President and Congress*）相关信息。

总监察长办公室

国防部总监察长办公室（DOD's Office of Inspector General，缩写为 DODIG），负责为国防部长和国会评估国防部项目。总监察长办公室人员需提交大量报告，记录国防部项目的执行情况。[13] 在国会监督委员会听证会召开之前，总监察长办公室的人员需通过声明形式，对记录总监察长办公室活动的相关材料进行评估。这些材料包括：总监察长办公室向总统提交的从 1996 年 10 月 1 日—1997 年 3 月 31 日期间国会记录的机构活动报告；其他军事监察长和执法部门网站的链接；总监察长办公室《信息自由法》（FOIA）电子阅览室中的文件，如《第 4630.2 号指令：互联网使用政策》（*Instruction 4630.2 Internet Use Policy*，1999 年）。

国防部总监察长办公室网站 www.dodig.osd.mil/ 上最实质性的资源是关于国防部项目的评估和审计报告，这些资源可追溯到 1990 联邦财年，从 1989 年 10 月 1 日开始对外开放。这些报告详细分析了国防部各个项目，并详述了国防部的行政政策制定流程。报告中列举的例子有：《安全调查需求的追踪》（*Tracking Security Clearance Requests*，2000 年）、《普华永道质量控制审核报告、国防合同审计局行政管理和预算局 A–133 号通知，以及麻省理工学院 1999 财年（截至 1999 年 6 月 30 日）报告》（*Report on Quality Control Review of PriceWaterHouseCoopers LLP and Defense Contract Audit Agency for Office of*

Management and Budget Circular No. A-133 Audit Report of Massachusetts Institute of Technology Fiscal Year Ended June 30，1999，2001 年)、《政府信息安全改革后国防部 2001 财年情报安全现状》(*FY 2001 DOD Information Security Status for Government Information Security Reform*，2001 年)、《欧洲战区气象和海洋保障》(*Meteorological and Oceanographic Support in the European Theater*，2001 年)、《后勤：出口韩国的国防部获得的交付与接收》(*Logistics: Delivery and Receipt of DoD Cargo Inbound to the Republic of Korea*，2001 年）和《采办：V–22 鱼鹰液压系统》(*Acquisition: V-22 Osprey Hydraulic System*，2002 年)。

国防部副部长

4 位国防部副部长（Undersecretary of Defense）也需要提供与国家安全相关的信息。

国防部副部长（审计长)，是国防部长的首席顾问，为国防部长提供部门预算、财政管理和会计问题方面的建议。[14] 通过网站 www.dtic.mil/comptroller/，可获取关于该办公室的详细信息，其中包括：含有核心人物履历信息的组织结构图、国防部财务管理规定、用于修复程序故障的详细国防开支、个别国防部项目已审核的财务报表（如囊括军队退休金和海军部门普通基金的报表）和《国防部特遣队签账卡总结报告》(*Department of Defense Charge Card Task Force Final Report*，2002 年）等个别报告。

《信息自由法》

《信息自由法》(*Freedom of Information Act*，缩写为 FOIA)，颁布于 1966 年，规定了联邦行政机构公开政府记录的义务。1996 年，《电子信息自由法》(EFOIA) 使得公众不仅可以查看政府信息，还可以获取相关的电子版记录。

该法案规定了公众向政府机构、军事部门、独立管制机构和政府控制部门索取记录的程序。但是，这些程序并不适用于总统、副总统、国会议员、联邦法官、州或地方政府、私人企业，或承包联邦项目和接受联邦拨款的个人。

从《信息自由法》和《电子信息自由法》中被豁免的信息包括：外交政策或国家安全方面的信息、调研资料、员工资料，以及含有商业信息或机密商业信息的资料。

司法部的信息和隐私办公室（Justice Department's Office of Information and Privacy）网站www.usdoj.gov/oip/oip.html，是获取联邦《信息自由法》和《电子信息自由法》政策文件的一个途径。该网站还设有其他机构《电子信息自由法》网站的链接，通过这些网站，可获取国家安全政策方面的相关报告。

负责采购、技术和后勤的国防部副部长，是国防部长的重要顾问，为国防部长提供军事采办、研发、生产和军事结构等方面的建议。[15] 通过网站www.acq.osd.mil/，可获得大量信息，通过这些信息可了解国防采办对国家安全政策制定的影响。该网站的资源包括国防部副部长的国会陈词和演讲内容，还包括国防采办相关的大量文献，如《无人机路线图（2000—2025)》(*Unmanned Aerial Vehicles Roadmap 2000–2025*，2001年)、《国防采办激励政策指南》（*Guide to Incentive Strategies for Defense Acquisitions*，2001年)、《商业大海的知识产权航行：与商业公司谈判知识产权时的问题及解决办法1.1版》[*Intellectual Property: Navigating through Commercial Waters*：*Issues and Solutions When Negotiating Intellectual Property with Commercial Companies*（*Version 1.1*)，2001年]和参考手册《国防采办案头书》(*Defense Acquisition Deskbook*，2002年)。

负责人事与战备的国防部副部长，有义务对文职和军职人员的人事政策、职业发展、培训、教育、退休金、动员计划，以及许多其他的项目负责。[16] 该办公室网站www .dod.mil/prhome/提供的内容包含大量军事人员的信息。除副部长演讲外，该网站还包括《少数族裔和女性军官的职业发展》(*Career Progression of Minority and Women Officers*，1999年)、《2000财年军队人员结构》(*Population Representation in the Military Services*，*Fiscal Year 2000*，2001年)、《人事与人力资源战略计划》(2001年)、《国防部人员和战备战略计划（2001—2006)》和《第九次军事补偿评估报告》（每四年进行一次）(*Report of the Ninth Quadrennial Review of Military Compensation*，2002年）等报告。

负责政策的国防部副部长，是国防部长的重要参谋助理，为国防部长提供国际安全政策和外交军事事务（如，北约事务、对外军事销售、军备控制和地区性安全事务）方面的建议。[17] 该办公室的网站为 www.defenselink.mil/policy/，其中提供的内容包括副部长个人履历和相关的演讲，还包括组织结构图，图中还设置了可跳转至各下属部门的网址链接，如国防部负责国际安全事务的助理部长、国防部战俘 / 失踪人员办公室（Defense Prisoner of War/Missing Personnel Office，缩写为 DPMO）、国防部安全合作署（Defense Security Cooperation Agency，缩写为 DSCA），以及负责特种作战和低强度冲突事务的助理部长。

负责国际安全事务的助理国防部长

负责国际安全事务（ISA）的助理部长，有义务为负责政策的国防部副部长提供世界各地（北约、欧洲和苏联除外）各领域国际外交军事事务的建议。[18] 通过其网站 www.defenselink.mil/policy/isa/，可获得该办公室的相关信息，可查看助理部长的照片，还可跳转至 ISA 区域办公室网站，查看非洲、亚太、近东和南亚以及西半球事务等相关信息，或跳转至 ISA 控制办公室网站，查看国防部战俘 / 失踪人员办公室、国防部安全合作署和国际谈判和地区事务办公室的相关信息。

ISA——非洲事务

该办公室负责在撒哈拉以南的非洲地区制定和实现美国国家安全利益和项目。[19] 通过该办公室网站 www.defenselink.mil/policy/isa/africa/afrindex.html 可获得相关的公开信息，如 2002 年 4 月 2 日五角大楼新闻发布会上公布的任职责任和相关内容、2002 年 7 月 25 日实时录音片段和相关内容、“美国之音”关于美国在撒哈拉以南非洲军事训练项目的报告，以及《国防部对撒哈拉以南非洲的策略》（*DOD Strategy for Sub-Saharan Africa*，2001 年）、《军人复员、非军事化和军队重整的关键因素：埃塞俄比亚、利比里亚、莫桑比克和津巴布韦分析》（*Critical Factors in Demobilization*, *Demilitarization*, *and Reintegration: An Analysis of Ethiopia*, *Liberia*, *Mozambique*, *and Zimbabwe*，2002 年）和《美国政府支持撒哈拉以南非洲军人复员、非军事化和军队重整的政策选择》（*Policy Options for United States Support to Demobilization*, *Demilitarization*, *and Reintegration in Sub-Saharan Africa*，2002 年）。

ISA——亚太事务

该办公室负责国际安全事务和亚太抵御政策的制定。通过办公室网站 www.defenselink.mil/policy/isa/asiapacific/apindex.html 可获得各个国家司务长（country desk officer）的电话号码、可跳转至其他美国政府亚洲政策资源的链接。不过，在 2004 年 4 月中旬以后，该网站中以国家安全为主题的报告和内容已取消对外公开。

ISA——近东和南非事务

该办公室负责协调美国对中东和南非的国际安全政策。从该办公室网站 www.defenselink.mil/policy/isa/nesa/ nesa_index.html 上可查询该组织的宗旨，获取跳转至这些地区的政府和非政府资源的网站链接，浏览《美国中东战略》（*United States Strategy for the Middle East*，1995 年）报告，以及军备控制和国家安全委员会（National Security Council，缩写为 NSC）颁发的克林顿政府《新世纪国家安全战略》（*National Security Strategy for a New Century*，1999 年）中的核武器防扩散条款。

ISA——西半球事务

该办公室负责协调美国对西半球的国际安全政策。从该办公室网站 www.defenselink.mil/policy/isa/western/western_ hemisphere_affairs.html 上，仅能够查看 2001 年 10 月的一个 PPT 演示文稿和国家司务长名单，了解该办公室在美国国家安全政策制定中的作用。该网站仍处于建设阶段。

国防部战俘 / 失踪人员办公室

该办公室负责在全球范围内调查和搜寻在执行任务过程中失踪的美国军人。[20] 从该办公室网站 www.dtic.mil/dpmo/ 上，可查询大量美国战俘和战斗失踪人员的相关信息。

从该网站上，可查看朝鲜战争、越南战争以及冷战时期的美国战俘和战斗失踪人员的信息。战争数据库中的资源包括：事件描述和发生日期、相关人员的名单，以及这些人员当地造成的破坏。该网站提供的其他信息包括：识别美国战俘和战斗失踪人员的 DNA 材料、从 2002—2003 年国防战俘 / 失踪人员办公室（DPMO）会议信息（更新美国战俘和战斗失踪人员家庭成员信息，以进行国防战俘 / 失踪人员办公室重建工作），国防部战俘 / 失踪人员办公室会议例程和《古拉格研究》（*The Gulag Study*）等报告，以及早前派往苏联劳改营开展工作调查的美国军人的相关信息。

国防部安全合作署

国防部安全合作署建立于 1971 年，其职责包括：指导并实施美国安全援助计划和项目，如军事援助、国家军事教育和培训，以及对外军售。[21] 在其网站 www.dsca.osd.mil/ 上可查询到大量信息，比如，该署的组织结构图，可通过上面设置的相关链接了解各国防安全合作署各部门的功能、2002 年一个名为“安全援助简介”的 PPT 演示文稿，介绍了国防部和国务院在美国安全援助项目计划中所起的作用；国防贸易安全措施信息；各种国防交易展览公告。对外公开的国防安全合作署报告，包括《美国安全援助计划客户指导》（*Customer Guide to U.S. Security Assistance Programs*，2001 年）、《直接商业合同下对外军事资助指南》（*Guidelines for Foreign Military Financing of Direct Commercial Contracts*，2001 年）和《国防采办手册》（*Defense Acquisition Deskbook*，2002 年）。

国际谈判和地区事务办公室

该办公室是 ISA 的一个组成部分，负责美国在国外军事部署的保密工作，确保这些军事力量受到法律保护。[22] 从其网站 www.defenselink.mil/policy/isa/inra/ 上可查看更多制度、2000 年 12 月 31 日美国总统比尔 · 克林顿关于美国签署国际刑事法庭条约的声明内容、2001 年 1 月 10 日前国防部长威廉 · S. 科恩（William S. Cohen）关于国家刑事法庭向当时参议院对外关系委员会主席杰西 · 赫尔姆斯（Jesse Helms，北卡罗来纳州共和党，1973—2003 年在任）提交的信函，以及与美国军方达成国际军事合作协议的国家的名单。

其他国防部门

其他几个国防部门负责制定国家安全政策，提供有用的信息资源。这些机构的职责各有不同，有的负责运送军事物资，有的负责审计国防项目，还有的负责为军事基地的所有人员提供补给或评估武器系统的科研潜力。

国防高级研究计划局

国防高级研究计划局（Defense Advanced Research Projects Agency，缩写为 DARPA）的直接领导人是负责采购、技术与后勤的国防部副部长。该局负责国防部的高级应用研发计划，开展原型项目，以备国防部或军队项目之用。[23] 国防高级研究计划局建于 1958 年，拥有 240 名员工，2001 年的年度预算近 20 亿美元。[24]

高级技术办公室、信息开发办公室和微系统技术办公室等可提供高度专业化的技术支持，负责特种作战、信息安全、生物战防御、高等数学、国家安全预警和决策、新一代计算和信息系统、传感器和传感器开发、表面目标拦截、精确杀伤性武器、低成本低技术含量航天器和导弹防御系统，以及 GPS 干扰防御系统等先进技术的专业研发。[25]

国防高级研究计划局的网站 www.darpa.mil/ 上有大量信息，包括技术人员名录、新闻稿、最近向国会提出的预算申请信息、国防高级研究计划局个别部门运营活动的信息，以及《国防高级研究计划局承包商施工现场安全指南》（*On-Site Contractor Security Guidance*，未注明出版日期）和《国防高级研究计划局技术转让》（*DARPA Technology Transition*，1997 年）等报告，这些报告从历史角度详述了国防高级研究计划局的项目及其成就。

国防物资局

国防物资局（Defense Commissary Agency，缩写为 DCA），在全球拥有近 280 个军需物资供销处，为美国现役军人、退休军人和军属提供价廉质优的各种生活用品。[26] 通过其网站 www.commissaries.com，可查看国防物资局运作的信息和各种信息资源。这些资源包括：口蹄疫及大肠杆菌情况简报、相关的新闻稿，以及提交给国防物资局总监察长的关于诈骗、滥用或军用物资浪费的报告信息。该网站的内容还包括：《视觉杂志》（*Vision Magazine*）和《文职员工手册》（*Civilian Employee Handbook*，1998 年），《局长政策：信息技术》（*Director's Policy: Information Technology*，2001 年）、《军资供应处、交易所和船店的比较》（*Comparing Commissaries, Exchanges, and Ships' Stores*，2002 年）和《美军军资供应处历史》（*History of U.S. Military Commissaries*，2002

年）等出版物的相关内容。

国防合同审计局

国防合同审计局（Defense Contract Audit Agency，缩写为 DCAA），建于 1965 年，负责国防部的合同审计，并为国防部下属的所有采购部门与合同管理部门提供会计和财务咨询服务。[27]

国防合同审计局的网站 www.dcaa.mil/ 上包括所有机构的活动信息及其会计和审计实务与程序。公开的信息包括：组织指导与记录、国防合同审计局当前的策略计划、《2002 年 7 月 1 日至 2002 年 12 月 31 日资金成本利率审计指南》（*Audit Guidance on the Cost of Money Rate for July 1, 2002, through December 31, 2002*，2002 年）等指导性审计文件和《承包商账单系统审计程序和相关的内部控制》（*Audit Program on Contractor Billing System and Related Internal Controls*，2001 年）、《国防合同审计局培训课程目录》（*DCAA Catalog of Training Courses*，2002 年）和《合同审计手册》（*Contract Audit Manual*，2002 年）等审计筹备材料。这些资源更加说明了健全的会计和审计程序在国家安全政策的制定和执行中的重要性。

国防合同管理局

国防合同管理局（Defense Contract Management Agency，缩写为 DCMA），是一个独立的国防部战斗支援部门，负责国防合同的管理，确保联邦采办项目中物资和服务都能得到及时提供，且在预算范围内还要符合国防部的职能要求。[28]

国防合同管理局的网站 www.dcma.mil/ 提供的公开资源包括：新闻稿、《国防合同管理局通信》（*DCMA Communicator*）新闻杂志和《国防合同管理局通信快讯》（*DCMA Communicator Express*）、总部员工时事通信；国防合同管理局厂房设备清理自动回收利用筛分系统（PCARSS）信息（国防合同管理局可利用该信息创造无纸化承包环境，报告、扫描和处理多余的政府承包设备），以及其他国防承包流程。

国防财务和会计局

国防财务和会计局（Defense Finance and Accounting Service，缩写为DFAS），于1990年由国防部长成立，其职责是使国防部财务和会计信息、功能和服务更加标准化。[29] 国防财务和会计局的网站 www.dfas.mil/ 上有大量关于国防会计和财务实务的信息。其中对外公开的信息包括：国会召开前，财务会计立法相关信息（如2002年7月引入的关于建立联邦会计准则咨询委员会的法案 H.R. 5094）；国防财务和会计局相关的新闻稿；该局的电子商务活动信息；为保证残疾员工访问信息技术设备的权限所做努力的相关信息。

从该网站可获得的相关出版物包括大量的报告和机构手册，如《承包商支付信息手册》（*Contractor Payment Information Handbook*，2000年）、《国防部财务和会计数据模型3.0版》（*DOD Finance and Accounting Data Model Version 3.0*，2001年）、《2001财年年度审计财务报表》（*Annual Audited Financial Statements Fiscal Year 2001*，2002年）和《2001财年年度报告》（*Annual Report FY 2001*）。通过这些出版物，人们更能够理解高质量的财务会计在制定和执行国家安全政策中的重要作用。

国防信息系统局

国防信息系统局（Defense Information Systems Agency，缩写为DISA）为原国防通信局，由国防部长建于1960年，后于1991年更名为国防信息系统局。[30] 随着信息战和信息安全在国家安全政策中的作用不断增大，国防信息系统局在各种国家机构中的作用越来越突出。

> 国防信息系统局负责规划、发展和支持指挥、控制和通信（C3），并在和平与战争时期等各种情况下为国家最高指挥部（National Command Authorities，缩写为NCA）提供必要信息。为可能对国防部长办公室、军事部、参谋长联席会议、联合参谋部主席、联合司令部、特种司令部和国防局（以下统称为“国防部下属机构”）产生影响的信息系统问题，提供C3技术和操作指导与支持。其职责还包括：能够保证全球军事指挥控制系统（WWMCCS）、国防

> 通信系统（DCS）、战区和战术指挥控制系统、北大西洋公约组织和（或）盟军的C3系统，以及影响国防信息系统局任务的国家（或）国际商业体系的互操作性。按照第12472号行政命令中的规定，它为国家通信系统（NCS）的国家安全应急通信提供了支持。[31]

这一系列职责由组织机构来共同履行。这些机构包括：白宫通信局；负责互操作性、网络服务、作战、战略规划、编程和政策的国防信息系统局官员；该局位于华盛顿特区的战地和直系组织，如国防信息技术缔约组织（Defense Information Technology Contracting Organization）、联合互操作试验中心、国防信息系统局欧洲战地司令部，以及国防信息系统局战略司令部战地办事处。[32]

通过国防信息系统局的网站 www.disa.mil/ 可获得大量的公开信息，其中包括：国防信息系统局的组织结构说明，跳转至该局下属机构的网址链接，以及国防信息系统局核心使命的说明，比如，信息安全、公共操作环境、国防信息系统网络、国防信息系统、全球作战支援系统、全球指挥控制系统和国防信息系统局电子商务活动。

国防信息系统局的出版物包括：《分布式控制系统设施物理安全措施》（*Physical Security Measures for DCS Facilities*，1983年）、《无线电频谱管理和使用》（*Radio Frequency Spectrum Management and Use*，1997年）和《卫星通信设备报告系统》[*Satellite Communications*（*SATCOM*）*Equipment Reporting System*，1998年]等信息通报。国防信息系统局网站上的其他内容包括：机构工作公告和合同清单，以及国防信息系统局实习生和工读生项目信息。

国防后勤局

国防后勤局（Defense Logistics Agency，缩写为DLA）成立于1977年，前身为国防供应局。其组织历史始于二战，那时，美国的军事人员数量庞大，需要大规模的弹药和物资采购。[33] 国防后勤局的现行行政授权是从1988年开始的。

> 国防后勤局是国防部后勤系统中的一个整体元素，负责为军事部、联合和特种司令部（战争期间与和平时期），以及其他国防部机构、联邦机构、外国政府或国际组织，提供有效的、世界范围内的后勤保障。[34]

国防后勤局网站 www.dla.mil/ 上的资源包括：国防后勤局总部和区域办事处（例如，哥伦布和俄亥俄等地的国防供应中心）的相关信息、与军队进行买卖交易的机会、1997 年至今的新闻稿档案、国防后勤局领导人的国会证词，以及下载国防后勤局“环境报告后勤系统”等软件的链接。

具体的公开出版物包括：《提交国会的战略和关键材料报告：2000 年 10 月—2001 年 9 月的战略和关键材料储备法》（*Strategic and Critical Materials Report to Congress: Operations under the Strategic and Critical Materials Stock Piling Act during the Period October 2000 through September 2001*，2002 年）等国会政策报告，以及《国防后勤局战略规划（2002—2007）》（*Defense Logistics Agency Strategic Plan 2002–2007*，2002 年）等机构宣传材料。其他公开的出版物包括：《国防部环境质量方案审查：1999 财年上半年数据请求（1998 年 10 月至 1999 年 3 月）》（*DOD Environmental Quality Program Review: Data Request for First Half of FY 1999*）等环境政策报告和《武器支援系统计划（WSSP）用户手册》[*Weapons Support System Program*（*WSSP*）*Users Handbook*，未注明出版日期]、《军事工程数据资产定位系统》（*Military Engineering Data Asset Locator System*，1987 年）、《基本军用物资的保存和包装指南》（*Instructional Guide for Basic Military Preservation and Packing*，1990 年）、《国防后勤局武器支援系统计划》（*DLA Weapons Support System Program*，1999 年）和《国防部剩余财产与国外过剩的私人财产专用贸易安全控制程序》（*Trade Security Control Procedures Applicable to Department of Defense Surplus Property and Foreign Excess Personal Property*，2001 年）等指令和手册。

此类出版物中的内容说明了对于国防后勤局等机构来说，后勤在国家安全政策执行中起着重要的作用。这些出版物还介绍了，在完成国家级外交军事领导人指派的任务中，军队和军事机构可能面临的各种复杂问题。

国防政策委员会

国防政策委员会（Defense Policy Board，缩写为 DPB）的成员包括：前政府决策者，如前副总统丹 · 奎尔（Dan Quayle，1989—1993 年在任）、前国防部长詹姆斯 · R. 施莱辛格（James R. Schlesinger，1973—1975 年在任）和哈罗德 · 布朗（Harold Brown，1977—1981 年在任），以及前众议院议长托马斯 · S.

弗利（Thomas S. Foley，华盛顿州民主党，1989—1995 年在任）和纽特 · 金里奇（Newt Gingrich，佐治亚州共和党，1995—1999 年在任）。国防政策委员会是国防部国家安全问题的非正式顾问委员会。在 2002 年夏季期间，该委员会通过兰德公司的一位官员主持了一次情况通报会，该官员将沙特阿拉伯视为敌对国家，并建议除非该国停止支持恐怖主义，否则美国必须对其采取敌对行动。[35] 国防政策委员会没有自己的网站，其会议都是秘密举行的。通过搜索国防部的网站 defenselink.mil，可以查看其相关会议。国防政策委员会有一个可公开访问的网站，为其提供了一个平台，简洁明了地介绍其所有的活动，减小沙特阿拉伯情况通报会等争议产生的影响。

国防科学委员会

国防科学委员会（Defense Science Board，缩写为 DSB），成立于 1956 年，由军事和非军事人员组成。其职责是：向国防部研究与发展副部长报告科学知识如何为尖端武器系统提供信息与知识。国防科学委员会的基本使命并未改变，当前，其成员包含 32 个授权成员和 7 个前官方委员 [陆海空三军、导弹防御局（MDA）和国防情报局顾问委员会各个成员]。之所以任命这些成员是因为他们在科学技术方面的显著成就，以及将这些技术应用在军事行动、研究、工程、制造和采购领域的成果，成员任职期为 1—4 年。[36]

许多重要的信息资源在国防科学委员会的网站 www.acq.osd.mil/dsb/ 上都能找到。这些信息资源包括国防科学委员会的组织历史和机构章程、跳转至军事科学研究中心的链接和 1998 年 2 月至今的季刊，这些季刊记录了国防科学委员会目前正在进行的活动。该网站最吸引人特点是，国防科学委员会针对不同国防科学主题作出了研究报告，如《未来的潜艇》（*Submarine of the Future*，1998 年）、《氚生产技术选择》（*Tritium Production Technology Options*，1999 年）、《美国国防部超级运算需要》（*DoD Supercomputing Needs*，2000 年）、《支持军事冲突的心理战的所有信息形式的创造与传播》[*The Creation and Dissemination of All Forms of Information in Support of Psychological Operations*（*PSYOP*）*in Time of Military Conflict*，2000 年]、《保卫家园：防御性信息行动，2000 夏季研究第二卷》（*Protecting the Homeland: Defensive Information Operations*，*2000 Summer Study Vol. II*，2001 年）、《提高武器平台燃料效率》（*Improved Fuel*

Efficiency of Weapons Platforms，2001年），以及《高能激光武器系统应用》（*High Energy Laser Weapons Systems Applications*，2001年）。

国防保密业务处

国防保密业务处（Defense Security Service，缩写为DSS），是由国防部长于1972年创建的，目前根据1985年6月14日发布的国防部第5105.42号指令运行。国防保密业务处经过授权负责管理国防部的个人安全计划，主要是针对那些为国防部工作、能接触高度机密信息的个人，确保他们对美国忠诚并拥有值得信赖的品德。[37]除通过人员安全调查计划调查这些人员的背景之外，国防保密业务处的职责还包括：国家工业安全计划和安全、教育、训练和意识计划。国家工业安全计划的责任在于保证国防承包商的设备和人员具有必要的安全许可证书。安全、教育、训练和意识计划则主要负责国防安全学院（Defense Security Service Academy）和国防部测谎研究所（DOD Polygraph Institute）的运营，提高各个部门对安全教育、训练、专业开发支持和反情报问题的认识。[38]

这些多层面的任务由美国和波多黎各将近2500名国防保密业务处的雇员完成。在这些雇员中，将近一半的是特工，这些特工负责每年约进行40万人次安全审查，此外，220名雇员是工业安全代表，负责管理和援助11000多个承包商，并为他们提供适当的建议。这些承包商都是保密合同研究与发展计划的参与者。[39]

要了解其他关于国防保密业务处及其活动的信息，可在其网站www.dss.mil/上查询。通常，这些资源都是经过分类的，包括与国防保密业务处核心任务（保证人员和工业安全）相关的信息。此外，该网站也列出了国防保密业务处工作申请程序和各种相关的新闻稿。

国防保密业务处网站的最大特色是“安全图书馆”，安全图书馆包含了与国防人员和工业安全话题相关的报告和文章。该网站上的出版物资源包括：《保密文件、设备/部件的国际运输安排》（*Arrangements for the International Hand Carriage of Classified Documents*, *Equipment*, *and/or Components*，1991年），《终结者8世：如何销毁保密材料》（*Terminator VIII: How to Destroy Your Classified Materials*，1992年），《国际工业安全要求指导附录》（*International Industrial Security Requirements Guidance Annex*，未注明出版日期），《工业安

全信件》(*Industrial Security Letters*，1955 年至今)，《安全电话装置，第三代(STU-III) I 类工业手册》(*Secure Telephone Unit*，*Third Generation* (*STU-III*) *Type I Handbook for Industry*，1997 年)，《国防部标记涉密文件指南》(*DOD Guide to Marking Classified Documents*，1997 年)，《可疑指标和针对外国搜集美国国防工业信息活动的防卫安全对策》(*Suspicious Indicators and Security Countermeasures for Foreign Collection Activities Directed against the U.S. Defense Industry*，1997 年)，《从清廉的防务公司搜集科技信息的学术方法》(*Scholarly Approaches to Collecting Scientific and Technical Information from Cleared Defense Companies*，1988 年)，《美国国防工业技术信息搜集趋势》年度报告(*Technology Collection Trends in the U.S. Defense Industry*，1997 年至今)。

国防技术信息中心

第二次世界大战结束后，为了翻译德文和日文的军事科技信息，国防技术信息中心(Defense Technical Information Center，缩写为 DTIC)得以建立。[40] 中央文件办公室于 1948 年 10 月 13 日由海军和空军部长正式成立，于 1979 年 10 月更名为国防技术信息中心。[41] 国防技术信息中心的责任包括：提供国内外科学技术报告(这些报告特别强调了国防部用于军事用途的信息资源)及管理 13 个信息分析中心。信息分析中心有经验丰富的信息科学专家，他们可以帮助使用者定位并查找公开的信息，还可以帮助有资质的用户定位并查找保密材料。[42]

国防技术信息中心的网站 www.dtic.mil/ 包含若干有用的公开信息资源。通过该网站可以找到国防技术信息中心的产品登记信息。此外，网站上还提供了一些网址链接，通过这些链接可跳转至其他军事科学技术情报(STI)的网站、国防技术信息中心的“国防虚拟图书馆”，该图书馆提供了一些技术报告文本和一些国防科学技术情报的静动态图片。该网站上还有《国防技术信息中心 2001：致我们的顾客和国防技术信息中心杂志的审查报告》(*DTIC 2001: Report to Our Customers and the journal DTIC Review*)等国防技术信息中心组织机构信息文件，报告中摘录了多种国防科学技术情报研究结果。

国防技术信息中心网站的其他部分还包含一般性参考资源，比如，定期发表和更新的《国防部规格和标准附录》(*DOD Index of Specifications and Standards*)，为各种军事产品指定技术规格。《军事关键技术列表》(*Militarily*

Critical Technologies List）描述了与定向与动能技术、信息系统技术、激光，光学和传感技术等各种科目相关的先进研究。

科学技术信息网络（STINET），是国防技术信息中心提供的先进信息资源，有许多国防承包商和军事机构组成部门提供的国防科学技术情报的内容。以国防科学技术情报研究为主题的报告有：《机载导航、车辆地面导航以及便携式平台支持的地雷探测、识别和拆除技术贸易研究报告》（*System/Design Trade Study Report for the Navigation of the Airborne, Ground Vehicular, and Man-Portable Platforms in Support of the Buried Ordnance Detection, Identification, and Remediation Technology*，1955 年）、《信息融合作战空间优势》（*Information Fusion Battlespace Dominance*，1998 年）、《美国空军无人机发展的适度过程》[*A Moderate Course for USAF（United States Air Force）UAV（Unmanned Aerial Vehicle）Development*，1998 年]、《合众为一：加强网络中心环境下的情报支援》（*E Pluribus Unum: Enhancing Intelligence Support in the Network Centric Environment*，1999 年）、《安全持续的生物增强型识别系统》（*Secure Continuous Biometric-Enhanced Authentication*，2000 年）和《士兵行动绩效可视化辅助工具》（*Soldier Performance Course of Action Visualization Aids*，2000 年）。科学技术信息网络其他值得称道的特色是，从 1996 联邦财年（1996 年 10 月 1 日—1997 年 9 月 30 日）开始研究至今，正在进行的国防科学技术情报的“研发网络”研究综述。

国防威胁降低局

国防威胁降低局（Defense Threat Reduction Agency，缩写为 DTRA），成立于 1998 年 10 月 1 日，前身为国防特种武器局。[43] 国防威胁降低局的机构职责包括：降低化学武器、生物武器、放射性武器、核武器和烈性炸药等大规模杀伤性武器的威胁，保护美国及其盟友。[44] 这些活动由国防威胁降低局人员来开展，活动重点在合作减少威胁、技术发展、现场检验、技术安全、战斗安全和全球规模的威胁控制与降低等领域。[45]

要进一步了解国防威胁降低局的行动和活动的相关信息，可查询其网站 www.dtra.mil/。上面提供的资源包括：描述国防威胁降低局活动的 Quicktime 格式视频；国防威胁降低局参与执行的各种武器控制和安全协议的相关信息，比如，美国和苏联签订的《中导条约》（INF）、与俄罗斯联邦签订的《欧洲常规武装力量条约》（CFE）、《不扩散核武器条约》（NPT），以及《裁减战略武器条约》（START）。国防威胁降低局网站的“降低威胁合作计分卡”部分列举了在国防威胁降低局开展活动的影响下，哈萨克斯坦、俄罗斯和乌克兰所销毁的核武器，以及对销毁苏联核武器进行的预测，还有对国防威胁降低局裁军活动详细程序的描述。该网站上的其他内容包括：美国特殊委员会在伊拉克的情况说明书、炸弹线路装置（BLU–118/B）热压弹头，和《威胁降低参考书目》（*Threat Reduction Bibliography*）书单，以及在某些情况下，提供降低大规模杀伤性武器扩散的期刊文章、网站和可跳转至美国政府和国际政府组织各种报告的网址链接。

国防威胁降低局的网站还提供了大量的历史报告和近期的报告，记录了国防威胁降低局的各种活动。这些报告包括：《依据 INF 条约进行现场检验：现场检验机构的历史和 INF 条约的实施，1988—1991 年》（*On-Site Inspections under the INF Treaty: A History of the On-Site Inspection Agency and INF Treaty Implementation*, *1988–1991*，1993 年）、《依据 CFE 条约进行的现场检验：现场检验机构的历史和 CFE 条约的实施，1990—1996 年》（*A History of the On-Site Inspection Agency and CFE Treaty Implementation*，*1990–1996*，1996 年）、《国防特种武器局，1947—1997 年：国民服役的前 50 年》（*Defense Special Weapons Agency 1947–1997: The First 50 Years of National Service*，1996 年）、《核武器事故响应程序》（*Nuclear Weapons Accident Response Procedures*，1999 年）、《模拟城市场景测试用顾客报告》（*Customer Report for Mock Urban Setting Test*，2002 年），以及《约翰斯顿岛的辐射控制区内金属/混凝土碎片和放射性珊瑚（13.5 皮居里/克以上）处理用纠正措施之研究/可行性研究》[*Corrective Measures Study/Feasibility Study for the Disposition of Metal/Concrete Debris and Radioactive Coral (above 13.5 pCi/g) Located in the Radiological Control Area on Johnston Island*, *Johnston Atoll*，2002 年]。

参谋长联席会议

参谋长联席会议（Joint Chiefs of Staff，缩写为 JCS），是根据《1947 年国家安全法案》的 1949 年修正案成立的。其成员包括从军队选调出来的一名主席（由总统任命并由参议院批准，任期两年，可连任两届）、美国陆军参谋长、代表美国海军的海军作战部长和空军总参谋长。参谋长联席会议对总统和国防部长负责，是总统和国防部长以及国家安全委员会在国家安全问题上的首席顾问。权利授予法中规定的参谋长联席会议的责任包括：

1. 制定战略计划，做出战略规定，为军队指明战略方向；
2. 制定联合后勤计划，并根据该计划为各个军队分配后勤任务；
3. 在战略区组建统一指挥所；
4. 依据战略和后勤计划，对主要材料和军事力量人员进行检查；
5. 制定政策，对军队展开联合训练；
6. 制定政策，协调对军人的军事教育；
7. 依据《联合国宪章》规定，在联合国军事参谋团（Military Staff Committee of the United Nations）中担任美国代表。[46]

《1947 年国家安全法案》

《1947 年国家安全法案》（*1947 National Security Act*），对 21 世纪大部分美国国家安全机构负责。它将现存的陆军部和海军部转型为由国防部长领导的国防部。由此，每一个军事部门——美国陆军、美国海军和美国空军都有其自己的服务部长。1949 年的修正案扩大了国防部长的权限，使其可以凌驾于各军队及各军部长之上。

该法案也成立了由战略情报局发展而来的中央情报局（CIA）和其他现存的情报组织。中央情报局是美国政府主要的民间情报搜集组织。

《1947 年国家安全法案》也是国家安全委员会成立的基础。国家安全委员会的成员包含：总统、副总统、国务卿和国防部长，以及中央情报局局长，负责为总统提供建议，解决美国各个政府机构提交的最新国家安全问题。

国家安全委员会依据负责国家安全事务的总统助理的指导，扩大专职人员队伍。国家安全委员会的任务和影响则根据不同的总统政府而有所不同，且受《2002 年国土安全法案》的影响。

在 1986 年《戈德华特－尼科尔斯国防部改组法》通过之前，其组织结构通常保持不变。[47]《戈德华特－尼科尔斯国防部改组法》的颁布，是应国会和政府委员对参谋长联席会议运营结构缺陷的不断关注。该法案增加了参谋长联席会议主席的权力，使其成为总统、国防部长和国家安全委员会的主要军事顾问；设立了参谋长联席会议副主席的席位；赋予军事战区总司令更大的权力；提高了联合军事司令部工作人员的名望和奖励；明确从总统到国防部长至军队总司令的军事命令链。总统可以做出批示，允许参谋长联席会议主席查询主席与国防部长和军事指挥官的通信情况。[48]

参谋长联席会议的网站 www.dtic.mil/jcs/ 和大量印刷出版物都提供了参谋长联席会议活动相关的公开文件。其在互联网的门户网站提供的资源包括：对参谋长联席会议指挥部的描述，涉及的主题有：部队结构、情报、人力、作战行动、战略计划，以及各个联合作战司令部。参谋长联席会议的网站还提供了其主席的履历资料和演讲内容；对美国军事力量免受炭疽热和恐怖主义袭击方法的综述；《戈德华特－尼科尔斯国防部改组法》的内容，以及可跳转至国防部新闻稿和新闻发布会的一些链接，还有关于联合作战条令的信息。

参谋长联席会议网站上的出版物包括：从 1993 年至今的《联合部队季刊》（*Joint Forces Quarterly*）、《基础武力发展（1989—1992)》（*The Development of the Base Force*, *1989–1992*，1993 年）、《正义事业行动——巴拿马》（*Operation Just Cause—Panama*，1995 年）、《联合司令部计划历史（1946—1993)》（*The History of the Unified Command Plan*，*1946–1993*，1995 年）、《参谋长联席会议主席》（*The Chairmanship of the Joint Chiefs of Staff*，1995 年），以及《国家军事战略：塑造、反应和准备——新时期军事战略》（*National Military Strategy: Shape*, *Respond*，*Prepare Now—A Military Strategy for a New Era*，1997 年）。上述出版物以及其他一些专著讲述了参谋长联席会议的历史，并说明了参谋长联席会议在保证各个军种执行美国国家安全政策的同时，是如何加强彼此之间合作的。

导弹防御局

导弹防御局（Missile Defense Agency，缩写为 MDA），成立于 2002 年 1 月，前身为克林顿政府期间建立的弹道导弹防御组织，该组织的目的是取代里根政府期间制定的“组织战略防御计划”（Strategic Defense Initiative Organizational）。[49]导弹防御局是负责指挥美国导弹防御项目的主要机构。国防部长唐纳德 · H. 拉姆斯菲尔德（Donald H. Rumsfeld）强调了他认为的国防部导弹防御重点。

第一，捍卫美国主权，部署武装力量、盟国和友国。

第二，采用弹道导弹防御系统（BMDS）增强防卫能力，拦截处于各个飞行阶段的导弹（例如开始、中段和末段飞行），抵御各种威胁。

第三，一旦切实可行，启用整个弹道导弹防御系统中的域元素。为实现这一目标，导弹防御局已经开始部署爱国者三型飞弹系统（2002 年），经测试成功后，作为第一道防线抵御短程导弹。

第四，为研发和测试新技术，利用标准技术和经过测试的技术，实现早期防御能力（如有必要）。如果新技术可投入实际运用，或威胁能够加速防御能力提升时，可通过引入新技术以提高部署能力效率。[50]

网站 www.acq.mil/bmdo/ 上提供了大量资源，介绍了导弹防御局是如何执行命令的。这些材料包括 RealPlayer 格式和 QuickTime 格式的导弹防御系统测试视频、新闻稿、机构预算信息、组织结构图，图上还提供了可跳转至测试与评估部门和系统与工程部门等的网址链接。此外，该网站还有一个可跳转至全国联合集成中心 www.jntf.osd.mil/ 的网址链接，该链接提供了测试、建模、模拟、弹道导弹测试分析结果和关于 MDA 各个项目的情况说明书，其中包括《机载激光测试程序》（*Airborne Laser Test Program*，2002 年）、《弹道导弹方法》（*Ballistic Missile Approach*，2002 年），《爱国者–3 导弹系统》（*Patriot Advanced Capability-3*，2002 年），《战区高空区域防御》[*Theater High Altitude Area Defense*（*THAAD*），2002 年]。

导弹防御局的网站还包含一些报告和参考来源，涵盖各方面的导弹防御信息。其中具有代表性的信息有：《弹道导弹防御术语表 3.0 版》（*Ballistic Missile Defense Glossary Version 3.0*，1997 年）、《国家导弹防御审查委员员报告》（*National Missile Defense Review Committee Report*，1999 年）、《国会对海基资产国家导弹防御利用总结报告》（*Summary of Report to Congress on Utility of Sea-Based Assets to National Missile Defense*，1999 年）、《弹道导弹防御发展简史》（*Ballistic Missile Defense: A Brief History*，2000 年）、《驾驭科技的力量：从 1983 年到 2007 年弹道导弹防御之路》（*Harnessing the Power of Technology: The Road to Ballistic Missile Defense from 1983–2007*，2000 年）、《弹道导弹和巡航导弹威胁》（*Ballistic and Cruise Missile Threat*，2000 年）、《弹道导弹防御局光纤通信技术第二部分：光开关电路》（*BMDO Fiber-Optic Technologies for*

Telecommunications Part II: Optical Switches and Circuitry，2001 年），以及《导弹防御反恐技术》（*Missile Defense Technologies to Counter Terrorism*, 2002 年）。

其他国防部门和国防部附属机构

许多机构都与国防部具有不同程度的关联性，它们可以提供大量的国家安全政策资源。此类机构包括国防大学（NDU）及其各分校等学术机构；特别规划组，包括炭疽疫苗免疫计划（Anthrax Vaccination Immunization Program，缩写为 AVIP）；咨询机构包括国防部女性军职人员咨询委员会；军事学说资源则包括联合电子图书馆（Joint Electronic Library，缩写为 JEL）；政策性较强的实体则包括太空政策理事会。

炭疽疫苗免疫计划

2001 年秋，位于美国华盛顿特区的国会和其他政府办公室里出现了炭疽菌，这为人们上了生动的一课，让人们意识到这种细菌的危险性，以及炭疽的广泛传播对国家安全产生的重大影响。炭疽疫苗免疫计划已实施多年，由于国会等地都对炭疽安全表示担忧，因此又于 2002 年 6 月 28 日重新修订了炭疽疫苗免疫计划。[51]

炭疽疫苗免疫计划的网站 www.anthrax.osd.mil/ 包含描述美国军事人员接种该疫苗项目的各种资源。网站上的资料包括制造工厂发行炭疽疫苗的批次信息、各种医疗表格，以及一些网址链接，可跳转至与炭疽相关的各种文章的全文，这些文章大都摘自疾病控制与预防中心的期刊，比如《新兴传染病》（*Emerging Infectious Diseases*）和《美国医学协会杂志》（*Journal of the American Medical Association*）。

在炭疽疫苗免疫计划的网站上可获取的出版物包括《炭疽疫苗不良反应报告政策》（*Policy for Reporting Adverse Events Associated with the Anthrax Vaccine*，1999 年），以及一些网址链接，可跳转至美国陆军战地手册《生物战剂伤亡治疗》（*Treatment of Biological Warfare Agent Casualties*，2000 年）、《生物伤亡医学管理第 4 版》（*Medical Management of Biological Casualties*，*4th ed.*，2000 年）、《与炭疽疫苗接种有关的临床问题政策》（*Policy on Clinical Issues Related to Anthrax Vaccination*，2002

年)、《与炭疽疫苗免疫项目有关的临床问题政策》(*Policy on Administrative Issues Related to the Anthrax Vaccine Immunization Program*，2002 年)，以及《预防炭疽的疫苗免疫计划》(*Vaccine Program to Protect against Anthrax*，2002 年)。

亚太安全研究中心

亚太安全研究中心（Asia-Pacific Center for Security Studies，缩写为 APCSS)，于 1995 年 9 月 4 日经《国防开支法案》授权成立。其任务是，集中研究多边方法，解决地区安全问题，建立并加强美军太平洋司令部和亚太国家武装力量之间的现有双边关系。[52]

通过网站 www.apcss.org/，可查看亚太安全研究中心计划的相关信息资源以及其他出版物。可用资源包括：安全研究学院的相关信息（来自各个亚太国家的高级军事人员和文职人员可以在这里学习地区安全问题，从他们自己的视角和国家视角，拓展反对国家安全政策的见解)；校友通信；该中心毕业生的名单及其电子邮箱；该中心在会议上所作的报告和该中心以后要召开的会议信息。

亚太安全研究中心的网站提供了许多已公开的出版物，反映了亚太地区纷繁复杂的安全问题。其中典型的资料有：《亚洲的伊斯兰教》(*Islam in Asia*，1999 年)、《中国国内挑战及其区域稳定性的意义研讨会报告》(*Report from the Seminar on China's Internal Challenges and Their Implications for Regional Stability*，2000 年)、《亚洲的核武器挑战》(*Nuclear Weapons Challenges in Asia*，2000 年)、《亚太地区空间与导弹安全问题》(*Asia-Pacific Space and Missile Security Issues*，2000 年)、《东亚国内决定因素和安全政策制定》(*Domestic Determinants and Security Policy-Making in East Asia*，2000 年)、《印度尼西亚安全政策：靠猜测还是靠运气？》(*Security Policy in Indonesia: By Guess, or by Golly?*，2001 年)、《反思中国的教育、国家安全和社会稳定》(*Rethinking Education, National Security, and Social Stability in China*，2001 年)、《9 · 11 后的东亚 / 太平洋军事合作》(*East Asia/Pacific Military Cooperation since 9/11*，2002 年)、《东亚生化武器：合作前景》(*Chemical and Biological Weapons in East Asia: Prospects for Cooperation*，2002 年）和《恐怖势力：东南亚"基地"组织网络》(*Tentacles of Terror: Al-Qaeda's Southeast Asian Network*，2002 年)，另外，该网站还附有相关的 PPT 演示文稿。

计算机安全应急响应小组

计算机安全应急响应小组（Computer Emergency Response Team），负责协调军方和国防部对计算机和信息安全紧急事件的响应。该网站主页 www.cert.mil/ 是开放的，但是网站内容只有经过授权的美国政府用户才可浏览。[53]

保卫美国

通过保卫美国的网站 www.defendamerica.mil/，可查看美国军方的反恐力度。该网站的内容包括一些网址链接，可跳转至白宫和联邦紧急事务管理署（Federal Emergency Management Agency）等相关政府机构的网站、www.defenselink.mil/ 等军事网站、个人武装部队分支机构的网站，以及红十字会和救世军等志愿者组织的网站。保卫美国的其他资源包括：一些相关的新闻报道（包括音频和视频网络广播）、军事行动的图片、阿富汗、奥萨马·本·拉登（Osama Bin Laden）和“基地”组织实况报道的背景。该网站上还包括关于五角大楼重建、特种作战和无人机、伊拉克情况的更新，向美国军方发送救援信息的方法、单兵武器系统概括介绍、9·11 死难者纪念性传记和照片。

国防部女性军职人员咨询委员会

国防部女性军职人员咨询委员会（Defense Advisory Committee on Women in the Services，缩写为 DACOWITS），为国防部长服务，帮助国防部长解决女性军职人员的招募、保留、雇佣、整合和福利等问题并制定相关政策，提供与军人招募和保留相关的家庭问题方面的建议和意见，并帮助国防部长制定相关政策。[54]

其网站 www.dtic.mil/dacowits/ 上有大量的信息资源，比如，2000 年 9 月—2001 年 9 月执行委员会的季度报告，以及一些网址链接，可跳转至女性专题军事和非军事网站和相关的新闻稿。其他内容包括：组织结构图、国防部女性军职人员咨询委员会的人员姓名、与 DACOWITS 的个人兵役联络人、1998—2001 年期间半年度会议问题簿，以及 20 世纪 70 年代至今提交至国防部长处的政策建议书。

国防环境网络与信息交换站

国防环境网络与信息交换站（Defense Environmental Network and Information Exchange，缩写为 DENIX），是负责设施和环境的副部长办公室的一部分。该办公室负责监督全球国防部设施和国防部全球环境的管理工作、职业安全和健康项目（包括现役军事基地和退役军事基地的清理、环境法规的遵守、自然和文化资源的保护、污染的预防、火灾的防范、爆炸安全和病虫害治理），并为之提供政策指导。[55]

国防环境网络与信息交换站的网站 https: //www.denix.osd.mil/ 上有很多关于国防部环境项目和活动的资源，还有一些网址链接，可跳转至某个武装部队分支机构出版的与环境相关的刊物。该网站上提供的资料还包括：该机构的组织结构图、负责设施与环境的国防部副部长的履历资料，以及可跳转至美国和外国环境法律法规的一些网址链接。

国防环境网络与信息交换站的网站上有大量与国防环境政策相关的出版物，比如：《国防部环境安全史》（*History of Environmental Security in the Department of Defense*，未注明出版日期）、《国防部指挥官关于生物多样性的指南》（*DOD Commanders' Guide to Biodiversity*，未注明出版日期）、《提交国会的国防环境质量计划年度报告（1994—2000）》（*Defense Environmental Quality Program Annual Reports to Congress*，1994—2000 财年）、《提交国会的国防环境恢复计划年度报告（1994—2001）》（*Defense Environmental Restoration Program Annual Reports to Congress*，1994—2001 财年）、《国防部第 4715.3 号指令：环境保护计划》（*DOD Directive 4715.3: Environmental Conservation Program*，1996 年）、《基地重组与关闭》（*DOD Report on Base Alignment and Closure*，1998 年）、《国防部环境、安全和职业健康》（*Environment, Safety, and Occupational Health in the Department of Defense*，2000 年）、《国防部处理可疑信件和包裹的职业健康指南》（*DOD Occupational Health Guidance for Handling Suspicious Letters and Packages*，2001 年）、《关于出现炭疽杆菌孢子释放后商业和住宅建筑的清理的临时建议》（*Interim Recommendations for Cleanup of Commercial and Residential Buildings Following Bacillus Anthracis Spore Release*，2001 年）和《国防部弹药计划报告》（*Report of the DOD Munitions Plan*，2002

年）。上述出版物以及其他的出版物都表明，在国家安全政策制定、执行和评估中，环境问题的作用越来越明显。

国防信息技术测试平台

国防信息技术测试平台（Defense Information Technology Testbed，缩写为DITT）的组织章程，是由负责指挥、控制、交流和情报（ASD–C3I）的助理国防部长在 1997 年 3 月 23 日编制的。国防信息技术测试平台的任务包括：建立一个电子记录易于维护的管理多媒体系统，和能够为国防部选择和转让适当的商业技术的检索通道。[56]

国防信息技术测试平台的网站 http://call-ditt.leavenworth.army.mil/ 位于堪萨斯州利文沃斯堡美国陆军服务器上，着重强调信息资源的管理。网站内容包括对信息生活、元数据和试验系统等国防信息技术测试平台项目的概述，以及其他军事信息资源管理活动的信息。通过该网站，还能查看《多媒体分析和档案系统》（*Multimedia Analysis and Archives System*，未注明出版日期）、《永久门户：集成、知识存取，以及企业文件和记录管理方法的利用》（*The Once and Future Portal: Integration*, *Knowledge Access*, *and Exploitation with Enterprise Document and Record Management*，2000 年）、《记录管理应用环境的功能和系统用例》（*Functional and System Use Cases for Records Management Application Environment*，2000 年），以及《国防部公共网站最终归档指南》（*Archiving Public Web Sites Final DOD Guidance*，2001 年）等出版物。

国防部《信息自由法》网站

国防部《信息自由法》网站 www.defenselink.mil/pubs/foi/ 提供了关于国防部《信息自由法》实施活动的信息。该网站上的资源包括：国防部信息自由的相关简述、国防部《信息自由法》（FOIA）指南和法规、《国防部信息自由法手册》[*Department of Defense*（*DOD*）*Freedom of Information Act Handbook*，未注明出版日期]的内容、1996—2001 年的国防部《信息自由法》项目年度报告，以及可以跳转至国防部长办公室和参谋长联席会议电子阅览室查阅更多《信息自由法》资料的链接。

国防部建模与仿真办公室

国防部建模与仿真办公室（Defense Modeling and Simulation Office，缩写 DMSO），是国防部建模与仿真（M&S）活动的正式官方代表，负责同其他联邦机构和军事部门一起协调建模与仿真活动，推动创新和示范活动，以弥补军事需求中关键技术性建模与仿真的不足，还要负责针对建模与仿真技术问题，同北大西洋公约组织国家进行联络。[57]

国防部建模与仿真办公室的网站 https: //www.dmso.mil/public/ 上有大量公开的资源，包括：相关的新闻稿、国防部建模与仿真办公室在不对称战争、联合作战和军事转型等作战领域的活动信息，以及关于国防部建模与仿真办公室重点技术领域的信息，如动态环境、绩效认定和知识集成等。

国防部建模与仿真办公室的出版物包括：《国防部第 5000.59 号指令：国防部建模与仿真管理》[*DOD Directive 5000.59: DOD Modeling and Simulation*（*M&S*）*Management*，1994 年]、《国防部建模与仿真术语表》（*DOD Modeling and Simulation Glossary*，1998 年）和《转型过程：建模与仿真是一项关键技术》（*The Transformation Process: Modeling and Simulation Is a Key Enabler*，2001 年）。

国防部表格项目部

无论是小公司、教育机构还是国防部，表格都是满足作业需求所必不可少的。国防部表格计划网站 http://web1.whs.osd.mil/icdhome/FORMTAB.HTM 上有很多国防部、国防部长、独立武装部队分支机构、国民警卫队和其他联邦机构的表格和相关信息。国防部表格是以数字顺序排列的，构成了该网站的最大板块。国防部表格包括《DD 2329：简易军事法庭审讯记录》（*DD 2329: Record of Trial by Summary Court Martial*，1984 年）、《DD 2346：官方战区伤亡名单》（*DD 2346: Official Combat Area Individual Name Listing of Casualties*，1998 年）、《DD 1879：国防部人员安全调查要求》（*DD 1879: DOD Request for Personnel Security Investigation*，1999 年）、《DD1384：运输控制和转移文件》（*DD 1384: Transportation Control and Movement Document*，2000 年）和《DD 1419：国防部工业厂房设备要求》（*DD 1419: DOD Industrial Plant Equipment*

Requisition，2000 年）。

贫化铀图书馆

贫化铀图书馆（Depleted Uranium Library）的网站 http://deploymentlink.osd.mil/du_library/ 是国防部署健康支持部（Deployment Health Support Directorate）的一部分，可提供与贫化铀相关的医学和环境信息、数据和培训资料。贫化铀包括那些用作核燃料或核武器的高放射性铀所残留的同位素，可为艾布拉姆斯坦克等军事武器提供保护。[58]

该网站包括国防部、其他美国政府机构和某些外国政府，关于军用贫化铀及其健康影响的资料。开放资源包括：Quicktime 格式和 RealPlayer 格式的贫化铀整体意识培训视频，国防部和军方人员的新闻稿、演讲和新闻发布会的内容，以及对贫化铀进行调查发现的总结，例如《贫化铀和钨合金的潜在致癌性》（*Carcinogenic Potential of Depleted Uranium and Tungsten Alloys*）。

该网站上的报告有：《美国军方使用贫化铀带来的健康和环境影响》（*Health and Environmental Consequences of Depleted Uranium Use in the U.S. Army*，1995 年）、《贫化铀或放射性物质污染设备的管理》（*Management of Equipment Contaminated with Depleted Uranium or Radioactive Commodities*，1999 年）、《贫化铀装甲中铀和其他污染物的分析》（*Analysis of Transuranics and Other Contaminants in Depleted Uranium Armor*，2000 年）和《巴尔干半岛贫化铀的环境和医疗监督》（*Depleted Uranium Environmental and Medical Surveillance in the Balkans*，2001 年）。

负责工业事务的国防副部长帮办

负责工业事务的国防部副部长帮办，应保证国防工业基础，确保军工生产符合当前、未来和紧急的需求。该副部长帮办还应为负责采购、技术与后勤的国防部副部长提供关于国防工业采购、合并和兼并等方面的建议。[59]

其网站 www.acq.osd.mil/ip/ 提供的资源包括：组织结构图（主要分为两个部分：企业合并和全球化）、工业基础的能力和准备状态、全球产业一体化方案、兼并与收购评价、国防工业财务分析和衡量标准。公开资源包括：

《国防部第 5000.60 号指令：国防工业能力评估》(DOD Directive 5000.60: Defense Industrial Capabilities Assessment，1996 年)、《国防部第 5000.60–H 号指令：评估国防工业能力》(*DOD Directive 5000.60–H: Assessing Defense Industrial Capabilities*，1996 年)、《国防部第 5000.62 号指令：大型国防部供应商的兼并与收购对国防部项目的影响》(*DOD Directive 5000.62: Impact of Mergers on Acquisition of Major DOD Suppliers on DOD Programs*，1996 年)和《提交国会的工业能力年度报告》(*Annual Industrial Capabilities Report to Congress*，2002 年至今)。

信息作战和报告指挥部、统计信息分析部

国防部统计信息分析部（Statistical Information Analysis Division，缩写为 SIAD)，负责搜集、处理和公布国防部军职和文职人员的信息，为国防部信息作战和报告指挥部的员工报告系统提供支持。[60]

从国防部统计信息分析部的网站 http://web1.whs.osd.mil/ 上，可获得各类数据报告。具体出版物包括：《各国各选定位置的人员分布》(*Distribution of Personnel by State by Selected Locations*，1994 财年至今)、《1950—2000 财年国防部现役军人的水平》(*DOD Active Duty Military Personnel Levels Fiscal Years 1950–2000*，未注明出版日期）和《全球各地的人力资源分布》（*Worldwide Manpower Distribution by Geographic Area*，2001 年)。这些出版物以及其他出版物中涉及的主题包括：按军衔、级别和地理区域划分的军职和文职人员的统计学分布；朝鲜战争至今军人的伤亡分布、国防部劳动力术语表（伤亡、入伍和作战地点等)。该网站上还曾提供过世界各地将级军官名册，但是，在 2001 年 9 月 11 日发生恐怖袭击之后，出于安全考虑，这些信息已被删除。

国防部通信和指令部

国防部通信和指令部，负责为国防部提供统一的发行和指令系统，以执行部门政策和程序。[61] 该部门的网站 www.dtic.mil/whs/directives/ 可以数字顺序浏览，查看大量的国防部政策文件，如军事委员会令、说明和指令。

该网站提供的内容包括：《特别军事法庭 1 号令：特别军事法庭在反恐战争中对非美国公民的审判程序》（*Military Commission Order No.1: Procedures for Trials by Military Commissions of Certain Non-United States Citizens in the War against Terrorism*，2002 年）和随附的情况说明书。同时，还可以参阅大量的国防部指导性文件，如《国防部第 1110.1 号指令：国防人力需求报告》（*DOD Instruction 1110.1: Defense Manpower Requirements Report*，1979 年）、《国防部第 1308.3 号指令：国防部人员身体健康和体脂计划程序》（*DOD Instruction 1308.3: DOD Physical Fitness and Body Fat Programs Procedures*，1995 年）和《国防部第 3000.4 号指令：以能力为基础的弹药需求程序》（*DOD Instruction 3000.4: Capabilities-Based Munitions Requirements Process*，2001 年）。

国防部指令，是该网站上最重要的政策文件，因为这些文件中的信息，是法律部门、总统和国防部长采取行动、进行管理和监管活动所必需的，也是国防部机构完成不同领域使命任务所必需的。[62] 该网站上的典型文件包括：《国防部第 1100.18 号指令：战时人力动员计划》（*DOD Directive 1100.18 Wartime Manpower Mobilization Planning*，1986 年）、《国防部第 3115.8 号指令：应美国执法机构要求对美国境外非美籍人员的信息搜集》（*DOD Directive 3115.8: Collection of Information on Non-U.S. Persons outside the United States at Request of U.S. Law Enforcement Agencies*，2000 年）、《国防部第 3150.2 号指令：国防部核武系统安全计划》（*DOD Directive 3150.2: DOD Nuclear Weapons System Safety Program*，1996 年）、《国防部第 5100.1 号指令：国防部功能及其主要下属机构》（*DOD Directive 5100.1: Functions of the Department of Defense and Its Major Components*，2002 年）、《国防部第 5105.68 号指令：五角大楼保安局》（*DOD Directive 5105.68: Pentagon Force Protection Agency*，2002 年）和《国防部第 5205.10 号指令：国防部条约检查准备工作计划》（*DOD Directive 5205.10: Department of Defense Treaty Inspection Readiness Program*，2001 年）。

乔治·C. 马歇尔欧洲安全研究中心

乔治 · C. 马歇尔欧洲安全研究中心（George C. Marshall Center for European Security Studies），是根据国防部第 5200.34 号指令于 1992 年 11 月建立的。[63]

该中心是以前国务卿（1947—1949 年在任）和前国防部长（1950—1951 年在任）乔治 · C. 马歇尔（George C. Marshall）的名字命名的。该中心的任务是在政治经济民主、人权和自由的大背景下，通过下列方式增加各国之间的了解和进行适当的国防合作：

1. 联络国防事务。

2. 对美国以及欧洲包括苏联解体后独立的各个国家的文职和军职人员进行国防教育。

3. 针对涉及美国、欧洲和苏联的安全问题展开研究。

4. 与美国以及欧洲和苏联的文职和军职人员共同参加会议、研讨会和信息交流活动。

5. 根据军事部门的要求，对外区官员进行语言培训。

6. 支持涉及欧洲国家和苏联事务的北大西洋公约组织活动。[64]

乔治 · C. 马歇尔欧洲安全研究中心位于德国的加米施–帕滕基兴（Garmish Partenkirchen），负责展开各种教育项目，包括国际安全研究学院和国外官员项目。通过该项目的培训，军官们可以掌握各种知识和技能，如地区性专业知识、外语技巧，以及其他国家的军政关系等，这些知识和技能能够帮助他们更好地完成政策制定和任务分析。[65]

该中心的网站 www.marshallcenter.org/ 有英文、德文和俄文版本，有大量相关材料，以及该中心全体教职人员的出版物清单。该网站也存在一个不足，那就是有几个链接已经断开。目前，通过该网站可查看的出版物包括四篇关于马歇尔中心的论文。这四篇论文均以欧洲安全为主题，包括：《欧洲新的国防理想：北约、美国和俄罗斯的含义》（*Europe's New Defense Ambitions: Implications for NATO, the U.S., and Russia*，2000 年）、《俄罗斯军事政策的转变：科索沃和车臣的教训》（*The Transformation of Russian Military Doctrine: Lessons Learned from Kosovo and Chechnya*，2000 年）、《合作安全：国际秩序新视野》（*Cooperative Security: New Horizons for the International Order*，2001 年），以及《西方团结和大西洋彼岸面临的安全挑战》（*Western Unity and the Transatlantic Security Challenge*，2002 年）。

该网站还设置了一些网址链接，可跳转至马歇尔中心校友会发表的安全研究论文，包括：《吉尔吉斯斯坦南部怪战》（*Strange War in Southern Kyrgyzstan*，未注明出版日期）和《在立陶宛的国防预算（策划、规划和预算）系统》[*Defence*

Budgeting (*Planning*, *Programming*, *and Budgeting*) *System in Lithuania*，未注明出版日期］。点击链接，可跳转至和平伙伴关系网站 www.pfpconsortium.org/。从该网站上，可查看 42 个欧美国家国防教育和研究机构的成果。

海湾战争综合征与海湾战争网站

在 1995 年 5 月 26 日发布的第 12961 号总统令中，要求组建总统咨询委员会，针对海湾战争综合征展开调查。[66] 该委员会在报告中表示，海湾战争退伍军人所患的疾病与他们在“沙漠风暴行动”中接触到的可疑化学物质有关。之后，在国防部内部，又设立了海湾战争疾病专业助理一职，旨在监督和宣传该疾病的研究与治疗。[67] 海湾战争网站（Gulflink）就是在特别助理的支持下设置的。

网站 www.gulflink.osd.mil/ 上有与海湾战争及其历史、科学和政治影响相关的大量资料和数据，可用作国家安全规划和政策制定的依据。在海湾战争网站上，有一些网址链接，可跳转至海湾战争医学研究图书馆（简称 Medsearch）。Medsearch 是国防部、卫生和公众服务部与退伍军人事务部共同合作的成果。通过 Medsearch 可查看海湾战争病当前的研究情况，还可以通过链接查看一些完整的报告和科学期刊文章。

海湾战争网站的内容还包括 1994 年以来新闻发布会的内容及其副本，以及国会委员会政府和军事官员关于海湾战争病的证词。该网站最大的特色是，上述报告给出了一些案例研究，并分析了化学物质接触对海湾战争参战人员的影响。这些报告包括：《抑制红烟硝酸》（*Inhibited Red Fuming Nitric Acid*，1999 年）、《海湾战争中使用的疫苗》（*Vaccine Use during the Gulf War*，2000 年）、《环境暴露报告：油井大火》（*Environmental Exposure Report: Oil Well Fires*，2000 年）、《伊拉克在战后可能针对平民使用的化学战剂》（*Possible Post-War Use of Chemical Warfare Agents against Civilians by Iraq*，2000 年）、《环境暴露报告：杀虫剂》（*Environmental Exposure Report: Pesticides*，2001 年）、《案例陈述：海军陆战队第 11 号最终报告》（*Case Narrative: 11th Marines Final Report*，2001 年）、《案例陈述：朱拜勒、沙特阿拉伯最终报告》（*Case Narrative: Al Jubayl, Saudia Arabia Final Report*，2001 年）、《乌海迪尔弹药库氮芥释放的可能性》（*Possible Mustard Release at Ukhaydir Ammunition Storage Depot*，2001 年）、《案例陈述：穆罕默德－阿

叶提弹药库化学战剂释放最终报告》（*Case Narrative: Chemical Warfare Agent Release at Muhammad-iyat Ammunition Storage Site Final Report*，2002 年），以及《技术报告：美国爆破行动组在 Khamisiyah 坑的建模和风险度特征分析》（*Technical Report: Modeling and Risk Characterization of U.S. Demolition Operations at the Khamisiyah Pit*，2002 年）。

该网站的其他内容包括海湾战争中解密的情报和作战文件。

联合全资产可视化系统

联合全资产可视化系统（Joint Total Asset Visibility，缩写为 JTAV），是负责采购、技术和后勤的副部长办公室的一部分，前身为 1995 年 11 月的"国防全资产可视度实施计划"。联合全资产可视化系统的任务是提供"及时、精确的，关于作战单元、人员、设备和用品的位置、移动、状态和身份的信息"，以辅助国防部后勤工作。[68]

要了解联合全资产可视化系统项目的详细信息，可参见其网站 www.defenselink.mil/acq/jtav/。该网站提供的内容含有背景历史资料、新闻发布会和一些出版物，比如，《国防部全资产可视化计划》（*Defense Total Asset Visibility Plan*，1995 年）、《联合总资产可视化系统架构》（*Joint Total Asset Visibility System Architecture*，1997 年）、《联合总资产可视化策略计划》（*Joint Total Asset Visibility Strategic Plan*，1999 年）、《联合总资产可视化项目基线和经济分析》（*Joint Total Asset Visibility Program Baseline and Economic Analysis*，2001 年）、《地面控制卫星系统（GCSS）系统族更新简述》[*Ground Control Satellite System*（*GCSS*）*Family of Systems Update Brief*，2001 年] 和《联合全资产可视化系统信息简述》（*JTAV Information Brief*，2001 年）。

《2020 年联合构想》

《2020 年联合构想》（*Joint Vision 2020*）反映的是参谋长联席会议对各军种联合作战的概念，构建在其前身《2020 年联合构想》的基础上，可用于为美军的技术性和操作性改革提供指导。[69]《2010 年联合构想》的策略计划文件做出了下列声明，以作为体制基础。

> 如果我们的军队想在2020年变得更迅速、更具杀伤力、更精准，那么我们必须在发展军事能力方面继续投入资金……正如《2010年联合构想》所述，在信息革命的推动下，当前的机动、袭击、后勤和防护能力会发展为主导机动、精确交战、集中后勤和全维防护。联合部队的灵活性和响应能力仍然是在未来作战中取得胜利的关键。联合军队的能力取决于各军种核心竞争力的协同作用，而总军事力量（现役、预备役、警卫队和文职人员）的应用则可以为指挥官提供更多选择，并增加敌方的选择难度。如果想在2020年组建更加高效的军事力量，我们必须全面联合起来，无论是在情报、作战、组织、理论方面，还是在技术方面。[70]

要了解与《2020年联合构想》相关的更多信息，及其对未来战争本质的概念思维，请访问 www.dtic.mil/jv2020/。其中提供的资料包括：简述《2020年联合构想》理论特性的幻灯片，如全方位优势；可跳转至各军种联合军事行动构想的一些网址链接，可跳转至联合电子图书馆及其联合作战理论文件的一些链接，以及可跳转至《2010年联合构想》和《未来联合作战概念》（*Concept for Future Joint Operations*，1997年）等各联合构想历史文件的链接。

国防大学

国防大学（National Defense University，缩写为NDU）及其下属部门的目的是，培养可制定国家安全政策的军职和文职人员。[71] 美国国防大学的研究任务是宣传和增进人们对美国国际安全问题的理解。[72] 美国国防大学网站 www.ndu.edu/ 上传了关于美国国防大学项目的各种信息，以及非洲战略研究中心（ACSS）、防扩散研究中心（CCR）和国家战略研究所（INSS）等机构的国家安全政策研究信息。

非洲战略研究中心

非洲战略研究中心（Africa Center for Strategic Studies，缩写为ACSS），负责向非洲输送高级文职和军职领导人，加强非洲民主管理，开展严格的军民关系学术项目、国家安全策略和国防经济学教育。非洲战略研究中心的其他目标包括：强调民主化进程中的文职人员管理和军事专业化的重要性，明确军民关系在国家安全策略制定和实施中的作用，维持参与者在非洲战略研究中心项目中的持续长期互动。[73]

通过非洲战略研究中心网站 www.africacenter.org/，可查看该中心的活动信息，包括会议和项目数据、非洲战略研究中心领导人履历信息和学术造诣，以及可跳转至美国政府机构和非洲学术研究站的链接。在不久的将来，该网站还会增加非洲战略研究中心教员的演示、研究论文和演讲信息。

防扩散研究中心

防扩散研究中心（Center for Counterproliferation Research，缩写为 CCR），负责研究并开展教育项目，对美国在处理和防止大规模杀伤性武器（核武器和生化武器）方面所做的努力进行评估。防扩散研究中心的研究项目的目的是：让军事领导人和国防文职人员能意识到大规模杀伤性武器扩散对国防政策、项目和军事作战的影响。[74]

通过防扩散研究中心的网站 www.ndu.edu/centercounter/，可查看关于该中心使命的信息，网站上还有一些网址链接，可跳转至该研究中心的人员所发表的出版物，如《放射性散布装置：跨国威胁的评估》（*Radiological Dispersal Devices: Assessing the Transnational Threat*，1998 年）、《核武器以及生化武器的威慑和防御》（*Deterrence and Defense in a Nuclear*，*Biological*，*and Chemical Environment*，1999 年）、《生物恐怖主义和生物犯罪：1900 年以来生物制剂的非法使用》（*Bioterrorism and Biocrimes: The Illicit Use of Biological Agents since 1900*，2001 年）、《防扩散势在必行：应对明天的挑战》（*The Counterproliferation Imperative: Meeting Tomorrow's Challenges*，2001 年）、《敌军核生化武器的使用：一个被忽视的挑战》（*Adversary Use of NBC Weapons: A Neglected Challenge* ，2001 年），以及《生物、化学、放射性和核恐怖主义：当前的公开文献》（*Chemical*，*Biological*，*Radiological*，*and Nuclear Terrorism: The Threat According to the Current Unclassified Literature*，2002 年）。

半球防务研究中心

1995 年，南北美洲国防部长在弗吉尼亚州的威廉斯堡会面，对他们各自国家中军事和国防文职人才凋零的问题表示忧虑。美国前国防部长威廉 · J. 佩里（William J. Perry，1994—1997 年在任）提出，在 1996 年召开阿根廷巴瑞洛契国防部长会议时，建立一个中心机构，专门解决这些问题。半球防务研究中心（Center for Hemispheric Defense Studies，缩写为 CHDS）由此建立。其任务是开设专业课程，对文职人员进行安全规划和管理教育，让他们更加熟悉各种专业军事问题，研究全方位的国防政策制定程序。[75]

半球防务研究中心的网站 www3.ndu.edu/chds/ 有英文版、葡萄牙文版和西班牙文版。通过该网站可查看该中心的任务和研究情况。公开的资料包括：校历、2000 财年年度报告，在职研究员的姓名、国籍、相关新闻稿和履历信息、该中心全体员工的专业信息，以及一些网址链接，可跳转至拉丁美洲研究中心的网站。

相关的研究资源包括该中心电子期刊《安全和国防研究》（*Security and Defense Studies*）的议题，该研究中包含的文章有：《1992 年后的加拿大军队和媒体》（*The Military and Media in Canada since 1992*，2001 年）、《加勒比海的安全、主权和公共秩序》（*Security*，*Sovereignty*，*and Public Order in the Caribbean*，2002 年），以及《任务重配、环境变化和牙买加安全部队重配》（*Mission Reconfiguration*，*Environmental Change*，*and the Reconfiguration of the Jamaican Security Forces*，2002 年）。该网站上另一个值得注意的内容还有 2001 年在华盛顿特区举办的和 2002 年在巴西首都巴西利亚举办的国防安全研究与教育研讨会文件。2002 年研讨会英文版文件包括：《美洲情报专业主义》、《9 · 11 后美洲国家组织在反恐方面做出的努力》、《巴西亚马逊监视系统（SIVAM）：推动合作，反对国际犯罪和恐怖主义》、《智利在南极大陆的角色、任务和活动》、《新民主，旧安排：福克斯领导下的军民关系》和《美国—巴西在国际空间站上的安排：解释和应用》。

中国军事研究中心

中国军事研究中心（Center for the Study of Chinese Military Affairs），是美国国防大学国家策略研究所的一个组成部分，最初由国会于 1999年作为 2000 财年国防开支法案的一部分而成立。[76] 作为多学科研究和信息交换资源，该研究中心的任务是，对中国国家目标和策略态势进行研究，并对中国为实现该目标会如何发展和部署军事力量进行分析，并向国防部官员、其他联邦政策制定者和国会报告其发现，并积极开展外展计划，使美国和国际分析家掌握更多关于中国军事事务的信息。[77]

通过该中心的网站 www.ndu.edu/inss/China_Center/CSCMA_frames.htm，可查看其工作情况和相关的出版物。该网站上的公开资料包括：中国人民解放军国外行军媒体报道的翻译、中国军事读物推荐清单，以及关于中国军事和军事活动的研究报告，比如，《南海：东南亚未来繁荣或冲突的根源》（*The South China Sea: Future Source of Prosperity or Conflict in Southeast Asia*，1996年）、《中国人民解放军："臂短足慢"》（*The Chinese People's Liberation Army: "Short Arms and Slow Legs"*，1999年）、《中国军事能力》（*China's Military Capabilities*，2000年）、《中国军事发展评估：重要问题及其相关性标准》（*Assessing Chinese Military Development: What Are the Important Questions? A Criteria of Relevance*，2000年）和《关于中国人民解放军发展情报打击联合作战的空战维度问题》（*Questions about the Air Battle Dimension of the PLA's Developing Information Strike Combine*，2000年）。

技术与国家安全政策中心

技术与国家安全政策中心（Center for Technology and National Security Policy，缩写为 CTNSP），建于2001年，是美国国防大学的一部分，目的是分析和评估国家安全政策应用科技的发展。[78] 该中心的网站 www.ndu.edu/ctnsp/ 提供的内容涉及与国家安全政策相关的大量有用资源，其中包括该中心全体人员的信息、该中心国土安全研究活动的说明、信息技术研究、国防部实验室表现、计算科学建模、生物技术、军事转型研究。此外，该网站还上传了一些新事件的信息，如2002年9月美国国防大学和马里兰大学联合主办的"国土安全：军民关系维度会议"。

技术与国家安全政策中心还提供了很多公开报告（国防地平线系列报告中的一部分），比如《后工业时代转型的复苏》（*Resurrecting Transformation for the Post-Industrial Era*，2001年）、《海事访问：防御者能稳操胜券吗？》（*Maritime Access: Do Defenders Hold All the Cards?*，2001年）、《微观安全因素：纳米技术和未来防御》（*Small Security: Nanotechnology and Future Defense*，2001年）、《转型时代步兵的再现》（*Rediscovering the Infantry in a Time of Transformation*，2002年）、《机载激光武器的理论到现实》（*The Airborne Laser from Theory to Reality*，2002年）、《生物武器：走向威胁降低策略》（*Biological*

Weapons: Toward a Threat Reduction Strategy，2002 年）和《虚拟边界：阻止海运集装箱恐怖主义》（*The Virtual Border: Countering Seaborne Container Terrorism*，2002 年）。

武装部队工业学院

武装部队工业学院（Industrial College of the Armed Forces，缩写为 ICAF），建于 1924 年，前身为陆军工业学院（Army Industrial College），1946 年更名为武装部队工业学院，并于 1976 年并入美国国防大学。[79] 武装部队工业学院的制度使命是为高级领导层和参谋工作输送优秀的军官和文职人员，针对国家安全策略和工业资源展开研究生研究和附属研究，致力于将采购和联勤整合到制定国家安全策略之中。[80]

武装部队工业学院的网站 www.ndu.edu/icaf/ 中包括其他与学院项目和研究相关的信息。该网站还提供了一些网址链接，可跳转至武装部队工业学院的各个学术部门（采购、经济、大策略和调动、领导和信息策略、军事策略和后勤，以及政治学和国力元素）。点击这些部门的网址链接，可查看武装部队工业学院所设课程的说明，如 NATO 欧洲、地中海沿岸、经济与信息技术、经济与国家安全、国家安全战略宏观经济学、经济外交和经济战、I 号收购政策和国内应急操作。

在武装部队工业学院网站上，值得一提的是 2000—2003 年间武装部队工业学院学员对各个国防工业的详细分析。2000 年的国防行业研究包括电子学、信息系统、陆战能力和战略学；2001 年的国防行业研究包括农业综合企业、航天器、造船术、太空和运输系统。《武装部队工业学院 2003 级手册》（*ICAF Handbook Class of 2003*，2002 年）中包括了该学院网站上的所有出版物，能够帮助国家安全政策专业的学员理解工业后勤、工业调动和工业生产在实施国家安全政策目标中的重要作用。

信息资源管理学院

美国国防大学的信息资源管理学院（Information Resources Management College，缩写为 IRMC），是国防部审计长和美国国防大学校长在国会授权下，于 1988 年 11 月 10 日共同创建的一所研究生学院，目的是培养信息资源管理方面的军事领导人。信息资源管理学院的任务是，培养熟练掌握计算机和信息技术的军事领导人才来管理和分配资源，获得战略优势。课程和研究重点包括：业务流程重组、信息资源管理政策、信息技术、信息安全、采购改革和采购管理流程。[81] 从信息资源管理学院的网站 www.ndu.edu/irmc/ 上，还可查看与学院任务和课程相关的其他信息。目前的课程安排随附在课程说明中，包括信息基础设施的保障；关键信息系统技术；制定企业安全策略、指南和政策；国土安全；网络环境下的信息安全管理。

国家战略研究所

国家战略研究所（Institute for National Strategic Studies，缩写为 INSS）始建于 1984 年。主要使命如下：

1. 为参谋长联席会议、国防部长办公室、联合指挥部和其他美国政府机构，提供政策研究支持，分析支持和其他支持，以制定并推动国家安全策略和国防政策的实施；

2. 通过提供地区性 / 功能性专业知识和顶尖策略博弈和模拟练习，为美国国防大学教育使命、其他专业的军事教育机构和跨部门培训项目提供支持；

3. 外展工作，包括大量的出版活动和研讨会活动，可提供美国及国外关于国家安全和国防政策的讨论内容。[82]

国家战略研究所分为几个部分，包括防扩散研究中心和中国军事研究中心。此外，还包括负责分析全球战略趋势，进行国防战略研究评估这些战略趋势的研究部；负责主持全球和地区性安全问题会议的会议部，以及负责出版国家安全政策相关图书和论文的出版部。国家战略博弈中心（NSGC）也是国家战略研究所的下属机构。[83] 通过网站 www.ndu.edu/ inss/insshp.html，可查看国家战略博弈中心的相关资源。该网站的内容包括演示文稿或各部门座谈会节选，比如，1998 年欧洲研讨会主题“北约 2010：战略构想”、2001 年太平洋研讨会主题“通过新多边倡议加强区域合作”、1999 年专题研讨会主题“科索沃战争后：美国战略和联合作战的含义”、2001 年联合作战研讨会主题“9 · 11 后：战略、转型和国土安全的含义”，以及 2002 年联合作战研讨会主题“国土安全：军民关系维度”。

出版部可提供国防大学出版社出版的相关书籍和其他信息资源。从该部门的网站 www.ndu.edu/inss/press/nduphp.html 上，可查看或订阅美国国防大学出版社产品的信息，以及许多其他材料的完整内容。这些出版物包括：个人研究、麦克纳尔系列论文等专著丛书，以及对国家安全政策问题的简单分析，如策略论坛丛书 。

这些出版物反映了美国国防大学出版社的出版物丰富多样，包括：年度《1995—1999 年战略评估》（*Strategic Assessment*，1995—1999 年）、《熊已过山：苏联在阿富汗的战术》（*The Bear Went over the Mountain: Soviet Combat Tactics in Afghanistan*，1996 年）、《信息防御战》（*Defensive Information Warfare*，1996 年）、《震撼与威慑：实现快速制敌》（*Shock and Awe: Achieving Rapid Dominance*，1996 年）、《现代美国军民关系：剑气逼人》（*Modern U.S. Civil-Military Relations: Wielding the Terrible Swift Sword*，1997 年）、《参谋长联席会议主席战略征文竞赛》（*Chairman of the Joint Chiefs of Staff Strategy Essay Competition*，1998 年至今）、《美俄伙伴关系：迎接新千年》（*U.S.-Russian Partnership: Meeting the New Millennium*，1999 年）、《中国对未来安全环境的辩论》（*China Debates the Future Security Environment*，2000 年）、《布什政府面临的战略挑战》（*Strategic Challenges for the Bush Administration*，2001 年）、《中国崛起构成的挑战：亚洲观点》（*Asian Perspectives on the Challenges of China*，2001 年）、《农业生物恐怖主义：面对威胁制定的联邦策略》（*Agricultural Bio-Terrorism: A Federal Strategy to Meet the Threat*，2002 年）、《超越遏制：捍卫美国在波斯湾的权益》（*Beyond Containment: Defending U.S. Interests in the Persian Gulf*，2002 年），《朝鲜半岛的预期战略》（*Anticipating Strategic Surprise on the Korean Peninsula*，2002 年）以及《哥伦比亚战争：走向新政策》（*Colombia's War: Toward a New Strategy*，2002 年）。

联合电子图书馆

联合电子图书馆（Joint Electronic Library，缩写为 JEL）网站 www.dtic.mil/doctrine/ 中的内容包括：与各军种军事政策相关的信息，以及军队联合协作的所有理论和操作方法。在国防技术信息中心（DTIC）的支持下成立的联合电子图书馆中有大量信息，可用于提高美国军队的联合作战意识，改善联合作战管理，加强联合作战、跨部门和跨国作战能力，从而提高整体军事作战能力。[84]

因此，通过联合电子图书馆网站，可查看关于军事策略、教育和培训的大量资源、《联合部队季刊》等出版物资料，以及《美国军民关系：新问题和持续问题》（*American Civil–Military Relations: New Issues*，*Enduring Problems*，

1995 年）等军事专著。

联合电子图书馆的特别之处在于它收藏的那些出版物。这些出版物描述了在军事作战中，如何令两个以上军种协同合作，完成任务，实现目标。例如：《联合出版物 3–01.5：联合战区导弹防御准则》（*Joint Publication 3-01.5: Doctrine for Joint Theater Missile Defense*，1996 年）、《联合军事行动史料》（*Joint Military Operations Historical Collection*，1997 年）、《联合出版物 3–07.2：联合战术、技术和反恐程序》（*Joint Publication3-07.2: Joint Tactics*, *Techniques*, *and Procedures for Antiterrorism*，1998 年）、《联合出版物 2.0：联合作战情报支持准则》（*Joint Publication 2.0: Doctrine for Intelligence Support to Joint Operations*，2000 年）、《城市联合作战手册》（*Handbook for Joint Urban Operations*，2000 年）和《联合出版物 3–02：两栖作战联合准则》（*Joint Publication 3-02: Joint Doctrine for Amphibious Operations*，2001 年）。

联合电子图书馆中还有各军种的优秀准则性出版物。美国空军准则性出版物包括《空军准则文件（AFDD）2–1.7：作战区航空航天控制》[*Air Force Doctrine Document*（*AFDD*）*2-1.7: Aerospace Control in the Combat Zone*，1998 年] 和《AFDD 航空航天力量的组织与应用》（*AFDD Organization and Employment of Aerospace Power*，2000 年）。美国陆军出版物包括：《战场手册（FM）100–7：决定性力量：战区作战的陆军》[*Field Manual*（*FM*）*100-7: Decisive Force: The Army in Theatre Operations*，1995 年] 和《FM 100–8：跨国作战的陆军》（*FM 100-8: The Army in Multinational Operations*，1997 年）。海军陆战队部分包括：《海军陆战队准则性出版物（MCDD）1：作战》[*Marine Corps Doctrinal Publication*（*MCDD*）*1: Warfighting*，1997 年] 和《MCDD 3：远征作战》（*MCDD 3: Expeditionary Operations*，1998 年）。美国海军准则性出版物包括：《海军准则出版物（NDP）6：海军指挥与控制》[*Navy Doctrine Publication*（*NDP*）*6: Naval Command and Control*，1995 年]，以及《海军准则出版物 4：海军后勤》（*NDP 4: Naval Logistics*，2001 年）。

联合部队参谋学院

联合部队参谋学院（Joint Forces Staff College，缩写为 JFSC），始建于 1946 年，位于弗吉尼亚州的诺福克。[85] 其任务是为联合作战规划和作战培养参谋官和其他领导人才，培养他们在联合作战、跨国作战和跨部门作战中的协同合作精神、态度和观点。[86]

从联合部队参谋学院网站 www.jfsc.ndu.edu/ 上，可获取关于其任务、课程体系和项目的进一步信息。该网站提供的内容包括联合参谋官学校、联合作战学校和联合指挥、控制和信息战学校的相关信息；联合部队参谋学院司令官推荐的联合作战专业读物清单，以及亨利·霍夫海默（Henry Hofheimer）关于安东尼·津尼（Anthony Zinni）和艾克·斯凯尔顿（密苏里州民主党，众议院军事委员会主席，1977—　）国家安全政策制定的系列讲座。

联合部队参谋学院网站上的其他信息包括："跨国作战研讨会"（2000 年）、课程描述和其他特定出版物，比如，《联合参谋军官指南》（2000 年）和《联合部队参谋学院 2001 级利益相关者报告：培养 21 世纪的联合作战人才》（*Joint Forces Staff College 2001 Stakeholders Report: Educating Joint Warriors for the 21st Century*，2001 年）。

美国国防大学图书馆

美国国防大学图书馆（National Defense University Library），藏有 50 多万册印刷版和微缩版图书，以及关于国家安全策略、国际关系、管理、国家资源调动和其他美国国防大学军事教育任务的 5 万多份机密文件。[87]

美国国防大学图书馆网站 www.ndu.edu/library/library.html 上的资源可供国家安全政策研究方向的学员和学者之用。不对称战争、信息安全、未来后勤及资源调动、亚太地区军事力量和小型战争等主题，均可供美国国防大学图书馆人员作为主题书目。参考书目中列明了各种书籍和文章，还提供了可跳转至网络主题资源的一些链接。

美国国防大学图书馆网站的突出特色是，它可以提供国家安全政策制定历史材料的电子版，其中包括：20 世纪 80 年代总统国防管理特别工作委员会（帕卡德委员会）的资料、1986 年《戈德华特－尼科尔斯国防部改组法》资源（包括 1981—1986 年间关于该法案的大多数国会委员会听证会和报告）、1995—1999 年间国家战争学院（NWC）的学员论文，以及 1924—1965 年间武装部队工业学院将近 2100 篇的演讲稿。

国家安全教育计划

国家安全教育计划（National Security Education Program，缩写为 NSEP），是于 1991 年 12 月根据《国家安全教育法案》（*National Security Education Act*）

建立的。[88] 该法案确立了国家安全教育计划、国家安全教育基金和国家安全教育信托基金，用于管理并实施国家安全教育计划的目标。这些目标包括：为美国人提供学习非普遍使用外国语的机会，从而让美国始终能参与到全球安全问题中；为（接受国际关系教育，并拥有在国外工作和学习经历的）未来国家领导人打下坚实的基础；培养一批高技能专业人士，让他们能够掌握外国文化的精华知识，帮助制定国家安全政策；增强美国教育机构的制度能力，扩大这些机构的人员队伍，使更多的美国公民有机会接受相关教育，以实现这些目标。[89]

国家安全教育计划，是由国防部长联合国家安全教育委员会共同管理的。该机构包括 13 名成员，其中 7 位来自能源部等总统内阁级机构，其余 6 名则由总统任命，并经参议院确认。该委员会旨在为那些对国家安全感兴趣，并即将进入联邦机构，参与国家安全政策制定的美国大学学员提供奖励。[90]

其他关于国家安全教育计划项目的信息，可通过其网站 www.ndu.edu/nsep/ 获取。可用资源包括：1994—2001 年间机构资助授予者名单、2000 年国家安全教育计划项目简报、本科生奖学金和研究生奖学金信息，以及《国家安全教育项目》（*National Security Education Program*，2001 年）和《语言和国家安全通报会》（*National Briefing on Language and National Security*，2002 年）等报告。

国家战略博弈中心

国家战略博弈中心（National Strategic Gaming Center，缩写为 NSGC），是国防大学国家战略研究所的一部分，负责设计、开发和执行军事演习、模拟和操练，使美国国防大学有机会获得更多经验和学习机会，支持国防部和其他联邦机构的研究和外展工作。[91]

国家战略博弈中心的网站 www.ndu.edu/inss/nsgc_internet_site/ 可提供一些限制性资源，包括：军事演习和模拟操练中会用到的计算机系统和软件信息；班级和课程描述，如 2002 年 6 月 25 日，由 15 名国会成员 [包括国防部长唐纳德 · H. 拉姆斯菲尔德（Donald H. Rumsfeld）和农业部长安 · M. 维尼曼（Ann M.Veneman）] 参与的“静谧草原操练”(Silent Prairie exercise)；与其他联邦国家安全政策制定机构合作的项目信息；访问者信息；可跳转至其他军事建模与仿真网站的网址链接。

国家战争学院

国家战争学院（National War College，缩写为 NWC），建于 1946 年，前身为 1943 年建立的陆军－海军参谋学院。国家战争学院为美国国内外的军队和政府输送了 7500 多名优秀毕业生。[92] 国家战争学院的使命是培养未来的军事领导人、国务院官员，以及其他非军事政府机构领导人，通过设置各种高级课程和研究工作，教授学员（美国国内外的合格学员）制定国家安全政策和策略，让他们有机会在高级政策、指挥和参谋部门任职。[93]

通过国家战争学院网站 www.ndu.edu/nwc/，可获得关于学院制度使命的大量信息。该网站还有关于各个课程的描述，比如，战略逻辑基础、战争本质、国家军事战略的制定和国家安全战略机构；美国和外国军事标志的剪切图集影像图库；军事装备图片；机构徽章；国家战争学院教职员工的履历资料，以及他们各自擅长的研究领域。

国家战争学院的公开出版物包括：《军官专业军事教育政策》（*Officer Professional Military Education Policy*，2000 年）和《2003 学年学员手册》（*Student Academic Handbook—Academic Year 2003*，2002 年）。国家战争学院网站最突出的特色是学员的研究论文，这些论文反映了国家战争学院课程的多样性。具有代表性的论题有："关于加密技术出口政策的争议：在信息时代寻求和平"（*The Encryption Export Policy Controversy: Searching for Balance in the Information Age*，2000 年）、"马汉的海权要素在空间力量发展中的应用"（*Mahan's Elements of Sea Power Applied to the Development of Space Power*，2000 年）、"萨达姆·侯赛因与两伊战争"（*Saddam Hussein and the Iran-Iraq War*，2001 年）、"以色列地缘政治安全分析"（*Geostrategic Security Analysis of Israel*，2001 年）、"政治马前卒：科林·鲍威尔针对基地军力进行的跨部门活动"（*Political Foot-Soldier: Colin Powell's Interagency Campaign for the Base Force*，2002 年）、"从入侵成功到战争失败：苏联 1979—1989 年在阿富汗的军事策略分析"（*From Successful Invasion to Failed War: An Analysis of Soviet Military Strategy in Afghanistan, 1979–1989*，2002 年）、"约旦河流域水资源冲突：战略家需要掌握何种信息？"（*Water Conflict in the Jordan River Basin: What Should Strategists Ask?*，2002 年），以及"威胁分析：朝鲜核计划"（*Threat Analysis: North Korean Nuclear Program*，2002 年）。

近东南亚战略研究中心

附属于美国国防大学的近东南亚战略研究中心（Near East-South Asia Center for Strategic Studies，缩写为 NESA–CSS），于 2000 年组建。参与该中心项目的国家从阿特拉斯山脉延伸到喜马拉雅山脉的各个国家，比如，阿尔及利亚、孟加拉国、印度、以色列和摩洛哥。[94] 近东南亚战略研究中心的使命是，为解决地区性安全问题创造一个有利的学术环境，促进各国间的相互理解，建立伙伴关系，改善安全相关的决策效力，增强美国和 NESA–CSS 成员国军民安全专家间的合作，从而提高近东和南亚的稳定性。[95]

通过近东南亚战略研究中心的网站 www.ndu.edu/nesa/，可获得关于该研究中心活动的各种信息。可用资源包括：该研究中心教职人员名册、新闻稿和活动议程表。在该网站上，还可以查看有限的出版物，包括该研究中心教职人员发表的期刊文章，如《剑与盾：中东和南亚地区的弹道导弹与防御》（*Swords and Shields: Ballistic Missiles and Defenses in the Middle East and South Asia*，2002 年）和《战争和伊拉克困境：面对残酷的现实》（*War and the Iraq Dilemma: Facing Harsh Realities*，2002 年）。此外，该网站还上传了一篇研究报告：《水和安全政策：土耳其案例》（*Water and Security Policy: The Case of Turkey*，2002 年）。

国家安全行政教育学院

附属于美国国防大学的国家安全行政教育学院（School for National Security Executive Education，缩写为 SNSEE），负责教育国防部文职人员，目的在于培养国家安全环境意识，促进政府机构之间的交流，提高劳动力的教育程度和灵活性，使其能够在各种国家安全威胁环境中做出适当的响应。[96]

其他关于国家安全行政教育学院的信息，请参见其网站 www.ndu.edu/snsee/。虽然该网站上并没有国家安全行政教育学院教职人员发表的研究报告，却有关于其教职人员的信息及其所授课程的描述，包括地缘政治学、国防政策、国家安全决策、领导能力，以及国家安全。

防扩散和生物防御办公室

防扩散和生物防御办公室（Office of Counterproliferation and Biological Defense）负责人是负责防扩散和生化防御项目的国防部长副助理。该办公室是国防部的一个分支机构，负责监管、协调和整合生化防御、防扩散支持、化学非军事化，以及已组装化学武器评估（ACWA）项目。[97]

该办公室的网站 www.acq.osd.mil/cp/ 上有许多关于防扩散和生物防御办公室的公开信息，包括《生物和基因工程：新型战剂开发的含义》（*Biological and Genetic Engineering: Implications for the Development of New Warfare Agents*，1996 年）、《关于打击核扩散和核生化恐怖主义活动和项目的报告概要》[*Report on Activities and Programs for Countering Proliferation and Nuclear*，*Biological*，*and Chemical*（*NBC*）*Terrorism: Executive Summary*，1994—2002 年]、《提交国会的国防部生化防御项目年度报告》（*DOD Chemical and Biological Defense Program Annual Report to Congress*，1997—2003 年）、《联合军种生化防御项目概述》（*Joint Service Chemical and Biological Defense Program Overview*，2000—2002 年）、《生化防御基础》（*Chemical and Biological Defense Primer*，2001 年），以及《集成生化防御研究、开发和收购计划：化学与生物点检测和净化》（*Integrated Chemical and Biological Defense Research*，*Development*，*and Acquisition Plan*: *Chemical and Biological Point Detection and Decontamination*，2002 年）。

经济调节办公室

1992 年 1 月 15 日，乔治 · H. W. 布什总统签署总统令，要求建立一个跨部门经济调节机构，为那些受国防部项目变更消极影响的社区、地区和州提供帮助。[98] 该经济调节机构后来发展为经济调节办公室（Office of Economic Adjustment，缩写为 OEA），设于国防部长办公室内部。经济调节办公室负责根据主要国防部项目的变更，来管理和指导国防经济调节项目，比如，基地扩大、关闭或重组；主要国防合同的变更导致的大规模工人下岗；其他人员减少或增加。经济调节办公室负责帮助受影响社区和地区评估问题，识别并评估可能的解决办法，判定解决这些问题的需求，帮助社区和地区制定策略和行动计划展开自助。[99]

通过经济调节办公室的网站 http://oea.osd.mil/，可查看经济调节办公室大量活动的相关资料。该网站的内容包括对4个项目领域的描述：基地重组和关闭、联合土地使用、国防工业调整和国际项目。基地调整和关闭部分列明了州和军队关闭的军事基地和军事设施清单；联合土地使用部分，主要负责为军队和临近本地的社区制定土地合作使用规划，以满足军事需求和地方政府的发展需求；国防工业调整部分，负责为受影响社区提供直接经济援助；国际项目部分，对那些寻求削减军费的国家官员进行了简要的说明。

经济调节办公室的公开出版物包括《国防基地关闭和重组委员会提交总统的报告》(*Defense Base Closure and Realignment Commission Report to the President*，1995年)、《应对基地关闭和国防工业裁员的人为因素：社区指导手册》(*Coping with the Human Aspects of Base Closure and Defense Industry Downsizing: Community Guidance Manual*，1996年)、《环境复原活动相关土地使用控制政策》(*Policy on Land Use Controls Associated with Environmental Restoration Activities*，2001年）和《基地复用成功案例》(*Base Reuse Success Stories*，2002年)。

净评估办公室

净评估办公室（Office of Net Assessment，缩写为ONA)，负责根据美国军事能力的现状和前景，制定和协调净评估方法，进行客观分析，提供军事政策、原则、策略、目标和宗旨等方面的建议。[100] 净评估办公室没有建立自己的网站，而且大部分工作都是保密的。该办公室可以追溯到1954年，当时国防部长办公室成立了净评估能力小组委员会。[101] 然而，1997年国防部官方历史记载，净评估办公室建于梅尔文·莱尔德（Melvin Laird）任国防部长期间（1969—1973年在任)。[102]

在乔治·W.布什政府早期，媒体极其关注净评估办公室及净评估办公室主任在军事事务改革和布什国家安全政策规划中发挥的作用。[103] 除其机密性质外，净评估办公室还在美国国家安全政策制定方面扮演重要的角色。《纽约时报》和《华盛顿邮报》上关于净评估办公室的文章，都是了解该办公室影响的重要资料。

公钥基础设施项目管理办公室

公钥基础设施项目管理办公室（Public Key Infrastructure Program Management Office），是负责指挥、控制、通信和情报的副部长办公室的一部分，于1999年4月9日组建，由ASD–C3I负责记录。[104]公钥基础设施（PKI）可通过公钥证书，支持重要的国防部应用程序。这些应用程序可提供通信和网络交易的授权，并保证通信和网络交易的安全性，还能验证数据完整性和此类交易的不可否认性。[105]

要了解公钥基础设施项目的详细信息，可参见其网站www.c3i.osd.mil/org/sio/ia/pki/。该网站内容包括：组织结构图、核心人员的资料、注意事项，以及一些网址链接，可跳转至其他政府公钥基础设施项目。不过，仅国家标准与技术研究院的公钥基础设施项目网站可公开访问。公钥基础设施项目的出版物包括：《智能卡的实施与应用》（*Smart Card Adoption and Implementation*，1999年）、《公钥启用的国防部应用程序、网络服务器和网络》（*Public Key Enabling of Applications, Web Servers, and Networks for the Department of Defense*，2001年）、《国防部目标公钥基础设施操作要求文件》（*Department of Defense Target Public Key Infrastructure Operational Requirements Document*，2001年）和《国防部密钥恢复策略2.0版》（*DOD Key Recovery Policy for the Department of Defense Version 2.0*，2002年）。

太空政策理事会

太空政策理事会（Space Policy Directorate，缩写为SPD），是ASD–C3I的一部分，负责制定、协调和实施美国政府和国防部空间活动的政策指南，还是国防部长办公室中太空政策方面的主要联系人。[106]

太空政策理事会的网站www.c3i.osd.mil/org/c3is/spacepol/提供的内容包括：组织结构图、机构常见问答链接、各种美国政府政策文件的链接，以及国际公约和国防部关于合理利用外太空的政策文件。这些资料包括：《关于各国探索和利用包括月球和其他天体的外层空间活动所应遵守原则的条约》（*Treaty on the Principles Governing the Activities of States in the Exploration and Use of Outer Space, Including the Moon and Other Celestial Bodies*，1967年）、《关于使用苏联太空运载火箭推进力的国防部政策》(*DOD Policy on the Use of Former Soviet Union Propulsion in Space Launch Vehicles*, 1995 年),以及《国防部、联邦航空管理局和国家航空航天局关于联邦政府与发射场运营商交互合作协定书》(*Memorandum of Agreement among DOD, Federal Aviation Administration, and National Aeronautics and Space Administration on Federal Interaction with Launch Site Operators*, 1997 年)。

其他关于 A3D–C3I 项目的信息,可通过网站 www.defenselink.mil/nii/org/c3is/ 获取,其中包括一些网址链接,可跳转至美国太空司令部、空军指挥和控制作战实验室等军事指挥机构,以及《信息优势投资策略》(*Information Superiority Investment Strategy*, 1999 年)和《无人机路线图(2000—2025)》[*Unmanned Aerial Vehicles (UAV) Roadmap 2000—2025*, 2001 年]等专题报告。

美国军队医疗系统

美国军队医疗系统(TriCare),是国防部为现役军人、退役军人,及其家属提供的全球卫生保健系统,用于替代之前的武装部队文职人员保健医疗计划(CHAMPUS)。[107] 美国军队医疗系统由国防部长办公室管理,可为军事人员及其家属提供各种卫生保险选项和承包范围。

美国军队医疗系统项目和服务的详细信息,可参见其网站 www.tricare.osd.mil/,其中的可用资源包括:相关的新闻稿、受益者和保险公司的信息、美国军队医疗系统管理活动评估、免费电话和合格设施的位置。

该网站上还有大量的情况说明书和报告,如《美国军队医疗系统利益相关者报告》(*Tricare Stakeholders Reports*, 1995—2002 年)、《美国军队医疗系统成本和工作量报告》(*Tricare Cost and Workload Reports*, 1995—2001 年)、《美国军队医疗系统国外报告》(*TriCare Foreign Country Reports*, 1998—2002 年)、《统计图鉴》(*Chartbook of Statistics*, 1998—2002 年)和《美国军队医疗系统政策手册》(*TriCare Policy Manual*, 2002 年)。

这些报告及其他报告都记录了军队医疗系统提供的工作和服务,同时还证明了健康和福利的重要性,以及服务质量对军队士气的影响。反过来,军队士气也是政策制定者实施国家安全政策,以及学员和学者研究国家安全政策时需要考虑的重要因素。

西半球安全合作机构

西半球安全合作机构（Western Hemisphere Institute for Security Cooperation，缩写为 WHINSEC），位于佐治亚州的本宁堡，是根据《2001 年国防授权法案》建立的。[108] 该机构的使命包括下列原则。

1. 为军职人员、执法人员和文职人员提供专业教育和培训，以支持西半球的民主原则。

2. 帮助成员国建立良好关系，保证西半球的和平与稳定。

3. 推广民主价值观，尊重人权，增强人们对美国风俗和传统的认识与了解。[109]

要了解更多关于西半球安全合作机构的信息，请参见网站 www.benning.army.mil/whinsec/。公开资料包括：机构建筑描述；注重人权的西半球安全合作机构的课程；该机构西班牙语官方杂志《西半球》（*El Hemispherico*）的相关信息；众议院国际关系委员会主席、众议员亨利 · 海德（Henry Hyde，伊利诺伊州共和党，1975—2007 年在任）2001 年的演讲；西半球安全合作机构不定期论文集；学术会议论文摘要。

西半球安全合作机构网站上没有提供完整的文本报告或学员的论文，不过却有详细的课程说明，如关于民事军事行动、民主政治维持、人权指导、国际行动法、反毒品行动和工兵军事行动等课程的说明。

通过这些课程，可以看出西半球安全合作机构旨在教授学员归国后如何继续发扬民主和人权原则，此外，这些课程还表明，国防部及其他军事机构极其重视对美国和外国军官的高质量教育。

注　释

1. 参见 U.S. Constitution, Article II, Section 2, Clause 1 是总统任命总司令；Article II, Section 1, Clause 1 是总统行政令；Article II, Section 2, Clause 2 是总统任命令。
2. 国防部（DOD）单卷本历史，请参见 Roger R. Trask and Alfred Goldberg, *The Department of Defense, 1947–1997: Organization and Leaders* (Washington, D.C.: Office of the Secretary of Defense, Historical Office, 1997)。DOD 制度行程和演化相关关键文献材料内容，参见 Alice C. Cole and others, eds., *The Department of Defense: Documents on Establishment and Organization, 1944–1978*(Washington, D.C.: Office of the Secretary of Defense, Historical Office, 1979)。

3. 国防部长办公室自 1947 年建立到 1960 年间的历史，在阿尔弗雷德·戈德堡主编的官方四卷本资料中有详尽记载。参见 Steven L. Rearden, *History of the Office of the Secretary of Defense: The Formative Years, 1947–1950* (Washington, D.C.: Office of the Secretary of Defense, Historical Office, 1984); Doris M. Condit, *History of the Office of the Secretary of Defense: The Test of War, 1950–1953* (Washington, D.C.: Office of the Secretary of Defense, Historical Office, 1988); Richard M. Leighton, *History of the Office of the Secretary of Defense: Strategy, Money, and the New Look, 1953–1956* (Washington, D.C.: Office of the Secretary of Defense, Historical Office, 2001); and Robert J.Watson, *History of the Office of the Secretary of Defense: Into the Missile Age, 1956–1960* (Washington, D.C.: Office of the Secretary of Defense, Historical Office, 1997)。
4. *U.S. Government Manual, 2003–2004* (Washington, D.C.: National Archives and Records Administration, 2003), 155.
5. U.S. Department of Defense, Office of the Assistant Secretary of Defense for Legislative Affairs, "About the Office of the Assistant Secretary of Defense for Legislative Affairs," 1 (www.defenselink.mil/la/aboutosdlamain.htm), accessed November 17, 2003.
6. U.S. Department of Defense, "Assistant Secretary of Defense for Public Affairs—OASD(PA)" (2001) (www.defenselink.mil/pubs/almanac/asdpa.html), accessed November 17, 2003.
7. U.S. Department of Defense, "Assistant to the Secretary of Defense for Intelligence Oversight" (n.d.), 2 (www.dtic.mil/atsdio/mission.html), accessed November 17, 2003.
8. U.S. Department of Defense, "Director of Administration and Management" (n.d.), 1 (www.defenselink.mil/odam), accessed November 17, 2003.
9. U.S. Department of Defense, "Defense Research and Engineering:Mission" (n.d.), 1(www.defenselink.mil/ddre/aboutus/mission.htm), accessed November 17, 2003.
10. U.S. Department of Defense, Office of Director, Operational Test and Evaluation, "About DOT&E" (n.d.), 1 (www.dote.osd.mil/about.html), accessed November 17, 2003.
11. U.S. Department of Defense, Office of the Director, Program Analysis and Evaluation, "An Introduction to PA&E" (n.d.), 1 (www.pae.osd.mil/paeIntroduction.asp), accessed November 17, 2003.
12. U.S. Department of Defense, "Office of the Executive Secretary" (n.d.), 1 (www.defenselink.mil/execsec/about.html), accessed November 17, 2003.
13. U.S. Department of Defense, Department of Defense Inspector General, "Department of Defense Inspector General" (n.d.) (www.dodig.osd.mil/), accessed November 18, 2003.
14. Tony Mellor, ed., *Congressional Quarterly's Federal Staff Directory: The Executive Branch of the U.S. Government,* 30th ed. (Washington, D.C.: CQ Press, 1999), 179.
15. Mellor, *Congressional Quarterly's Federal Staff Directory,* 169.
16. Mellor, *Congressional Quarterly's Federal Staff Directory,* 182.
17. Mellor, *Congressional Quarterly's Federal Staff Directory,* 174.
18. Mellor, *Congressional Quarterly's Federal Staff Directory,* 176.
19. U.S. Department of Defense, Office of African Affairs, Assistant Secretary for International Security Affairs, "Mission" (n.d.), 1 (www.defenselink.mil/policy/isa/africa/mission.html), accessed November 17, 2003.
20. Information contained in statement on this agency's homepage (www.dtic.mil/dpmo/), accessed November 17, 2003.
21. Mellor, *Congressional Quarterly's Federal Staff Directory,* 211.
22. U.S. Department of Defense, Office of International Negotiations and Regional Affairs, "Our Mission" (n.d.), 1 (www.defenselink.mil/policy/isa/inra/), accessed November 17, 2003.

23. Mellor, *Congressional Quarterly's Federal Staff Directory,* 200.
24. U.S. Defense Advanced Research Projects Agency, "DARPA over the Years" (2001), 1 (www.darpa.mil/body/overtheyears.html), accessed November 17, 2003.
25. U.S. Defense Advanced Research Projects Agency, "DARPA Technical Offices" (2002), 1–3(www.darpa.mil/body/darpaoff.html), accessed November 17, 2003.
26. U.S. Defense Commissary Agency, "Inside DCA" (n.d.), 1 (www.commissaries.com/insidedeca.htm), accessed November 17, 2003.
27. Mellor, *Congressional Quarterly's Federal Staff Directory,* 201.
28. U.S. Defense Contract Management Agency, "Welcome" (n.d.), 1 (www.dcma.mil/), accessed November 17, 2003.
29. Mellor, *Congressional Quarterly's Federal Staff Directory,* 202.
30. Mellor, *Congressional Quarterly's Federal Staff Directory,* 203.
31. U.S. Department of Defense, *Department of Defense Directive 5105.19* (1991), 1–2.
32. 国防信息系统局（DISA）的完整组织结构图，以及跳转至 DISA 下属部门网页的链接，请参见 U.S. Defense Information Systems Agency, "DISA Organizational Structure" (n.d.), 1–2 (www.disa.mil/main/disaorga.html), accessed November 17, 2003。
33. 历史性概述，参见 U.S. Defense Logistics Agency, "History of the Defense Logistics Agency" (n.d.), 1, 4 (www.dla.mil/history/history.htm), accessed November 17, 2003。后勤在军事作战中所起到的历史作用，请参见 David C. Rutenberg and James S. Allen, ed., *The Logistics of Waging War: American Logistics 1774–1985, Emphasizing the Development of Airpower* (Gunter Air Force Station, Ala.: Air Force Logistics Management Center, 1996); Roland G. Ruppenthal, *Logistics and the Broad-Front Strategy* (Washington, D.C: U.S. Army Center of Military History, 1990);Martin Van Creveld, *Supplying War: Logistics from Wallenstein to Patton* (New York: Cambridge University Press,1980); and Charles R. Shrader, ed., *United States Army Logistics, 1775–1992: An Anthology,* 3 vols. (Washington, D.C.: U.S. Army Center of Military History, 1997)。
34. U.S. Department of Defense, *Department of Defense Directive 5105.22* (1988), 1.
35. 关于国防政策委员会的最近媒体报道，参见 Thomas E. Ricks, "Partisan Defense? Democrats Removal from Pentagon Boards Criticized," *Washington Post,* April 18, 2002, A19; Thomas E. Ricks, "Briefing Depicted Saudis as Enemies: Ultimatum Urged to Pentagon Board," *Washington Post,* August 6, 2002, A1; and U.S. Department of Defense, "News Transcript: Secretary Rumsfeld Town Hall Meeting," August 6, 2002, 6–7 (www.defenselink.mil/news/Aug2002/t08062002_t0806townhall.html), accessed November 17, 2003。
36. U.S. Defense Science Board, "The Defense Science Board Was Established in 1956 in Response to Recommendations of the Hoover Commission" (n.d.), 1–2 (www.acq.osd.mil/dsb/history.htm), accessed November 19, 2003. The Defense Science Board is part of the Office of Under Secretary of Defense for Acquisition, Technology, and Logistics.
37. Mellor, *Congressional Quarterly's Federal Staff Directory,* 211.
38. 参见 U.S. Defense Security Service, "Our History" (2003), 1–3 (www.dss.mil/aboutdss/history.htm), accessed February 27, 2004; and *U.S. Government Manual,* 196。
39. U.S. Defense Security Service, "DSS," 1.
40. Lane E.Wallace, *The Story of the Defense Technical Information Center: 1945–1995* (Fort Belvoir,Va.: Defense Technical Information Center, 1995), 10–15.
41. Wallace, *The Story of the Defense Technical Information Center,* 15, 46.
42. U.S. Defense Technical Information Center, "Who We Are" (n.d.), 1 (www.dtic.mil/), accessed November 17, 2003.

43. U.S. Defense Threat Reduction Agency (DTRA), "Vienna Document 1994 of the Negotiations on Confidence and Security Building Measures" (1999), 2(www.dtra.mil/news/his_mat/factsheets/nw_vdoc_94.html), accessed November 17, 2003. DTRA 前身的官方历史，参见 U.S. Defense Special Weapons Agency, *Defense Special Weapons Agency, 1947– 1997: The First 50 Years of National Service* (Washington, D.C.: Defense Special Weapons Agency, 1996)(www.dtra.mil/news/his_mat/dswa/dswa2_tabcon.pdf), accessed November 17, 2003. DTRA 及其前身的官方历史，参见 U.S. Defense Threat Reduction Agency, *Defense's Nuclear Agency 1947–1997* (Washington, D.C.: DTRA, 2002)。
44. U.S. Defense Threat Reduction Agency, "About DTRA—Mission" (2001), 1 (www.dtra.mil/about/ab_mission.html), accessed November 17, 2003.
45. U.S. Defense Threat Reduction Agency, "About DTRA—Welcome" (2001), 1 (www.dtra.mil/about/ab_index.html), accessed November 17, 2003.
46. PL 81-216, "To Reorganize Fiscal Management in the National Military Establishment to Promote Economy and Efficiency, and for Other Purposes," 63 *U.S. Statutes at Large,* 578–592. Section 211 of this law (63 *U.S. Statutes of Large,* 582) contains the text of the statutory directions and the requirement that the Joint Chiefs of Staff (JCS) chairman receive Senate confirmation. JCS 曾是大量历史分析的主题。美国政府官方 JCS 历史是一套七卷历史集，涵盖了 1960 年以来的全部历史。参见 James F. Schnabel, *History of the Joint Chiefs of Staff: The Joint Chiefs of Staff and National Policy,* vol. 1: *1945–1947* (Washington, D.C.: Joint Chiefs of Staff, Historical Division, 1996); Kenneth W. Condit, *History of the Joint Chiefs of Staff: The Joint Chiefs of Staff and National Policy,* vol. 2: *1947–1949* (Washington, D.C.: Joint Chiefs of Staff, Historical Division, 1996); James F. Schnabel and Robert J.Watson, *History of the Joint Chiefs of Staff,* vol. 3: *1951–1953: The Korean War,* 2 vols. (Washington, D.C.: Joint Chiefs of Staff, Historical Division, 1998);Walter S. Poole, *History of the Joint Chiefs of Staff: The Joint Chiefs of Staff and National Policy,* vol. 4: *1950–1952* (Washington, D.C.: Joint Chiefs of Staff, Historical Division, 1998); Kenneth W. Condit, *History of the Joint Chiefs of Staff: The Joint Chiefs of Staff and National Policy,* vol. 5: *1955–1956* (Washington, D.C.: Joint Chiefs of Staff, Historical Division, 1986); and Byron R. Fairchild and Walter S. Poole, *History of the Joint Chiefs of Staff: The Joint Chiefs of Staff and National Policy,* vol. 6: *1957–1960* (Washington, D.C.: Joint Chiefs of Staff, Historical Division, 1992). JCS 历史演变的分析，包括 Lawrence J. Korb, *The Joint Chiefs of Staff: The First Twenty-Five Years* (Bloomington: Indiana University Press, 1976); and Amy B. Zegart, *Flawed by Design: The Evolution of the CIA, JCS, and NSC* (Stanford, Calif.: Stanford University Press, 1999)。JCS 主席履历资料，参见 U.S. Office of the Chairman of the Joint Chiefs of Staff, Joint History Office, *The Chairmanship of the Joint Chiefs of Staff 1949–1999* (Washington, D.C.: Joint Chiefs of Staff, Joint History Office, 2000)。
47. PL 99-433, "Goldwater-Nichols Department of Defense Reorganization Act of 1986," 100 *U.S. Statutes at Large,* 992–1075.
48. U.S. Office of the Chairman of the Joint Chiefs of Staff, Joint History Office, *Chairman of the Joint Chiefs of Staff 1949–1999,* 39.
49. 参见 U.S. Secretary of Defense, "Missile Defense Program Direction" (2002), 1–5 (www.defenselink.mil/news/Jan2002/d20020102mda.pdf), accessed November 17, 2003。关于负责情报监督的副部长助理的信息和弹道导弹防御组织的起源，参见 U.S. Secretary of Defense, *Harnessing the Power of Technology:The Road to Ballistic Missile Defense from 1983–2007* (2000), 3, 5, 29 (www.acq.osd.mil/bmdo/bmdolink/pdf/power.pdf), accessed November 17, 2003。美国导弹防御计划的历史性概述，参见 Donald R. Baucom, *The Origins of SDI, 1944–1983* (Lawrence:

University Press of Kansas, 1992)。

50. U.S. Secretary of Defense, "Missile Defense Program Direction," 1.
51. 备忘录内容，参见 U.S. Department of Defense, Deputy Secretary of Defense, "Reintroduction of the Anthrax Vaccine Immunization Program (AVIP)" (2002), 1–2(www.anthrax.osd.mil/media/pdf/resumptionpolicy.pdf), accessed November 17, 2003。国会关于该项目的关注点，参见 U.S. Congress, House Committee on Armed Services, Subcommittee on Military Personnel, *Department of Defense Anthrax Vaccine Immunization Program (AVIP),* 107th Cong., 1st sess., 2001; U.S. Congress, House Committee on Government Reform, *The Anthrax Vaccine Immunization Program—What Have We Learned?,* 107th Cong., 1st sess., 2001; U.S. Congress, House Committee on Government Reform, *The Department of Defense Anthrax Vaccine Immunization Program: Unproven Force Protection: Fourth Report by the Committee on Government Reform Together with Dissenting and Supplemental Views,* H Rept 106-556, 106th Cong., 2d sess., 2000; and U.S. General Accounting Office, *Medical Readiness: DOD Faces Challenges in Implementing Its Anthrax Vaccine Immunization Program* (Washington, D.C.: General Accounting Office, 1999)。
52. 参见 PL 103-335, "Making Appropriations for the Department of Defense for the Fiscal Year Ending September 30, 1995, and for Other Purposes," 108 *U.S. Statutes at Large,* 2599–2662; and Asia-Pacific Center for Security Studies, "History and Seal of the APCSS" (n.d.), 1 (www.apcss.org/History/hist.html), accessed November 17, 2003。
53. U.S. Department of Defense, Computer Emergency Response Team, "FTP Access Requirements" (n.d.), 1 (www.cert.mil/misc/access.htm), accessed November 17, 2003.
54. U.S. Defense Advisory Committee on Women in the Services, "About DACOWITS" (2002), 1 (www.dtic.mil/dacowits/tableabout_subpage.html), accessed November 17, 2003.
55. U.S. Department of Defense, "DuBois to Lead Defense Installations and Environment Office" (2001), 1 (www.defenselink.mil/news/Jun2001/b06082001_bt258-01.html), accessed November 17, 2003.
56. U.S. Defense Information Technology Testbed, "About the Defense/Digital Information Technology Testbed (DITT)" (n.d.), 1 (http://call-ditt.leavenworth.army.mil/docs/aboutDITT.htm), accessed November 17, 2003.
57. U.S. Defense Modeling and Simulation Office, "DMSO Role and Responsibilities" (2002),1 (https://www.dmso.mil/public/roles/), accessed November 17, 2003.
58. 参见 U.S. Department of Defense, Deployment Health Support Directorate, "DU Library: Depleted Uranium Information Page" (n.d.), 1 (http://deploymentlink.osd.mil/du_library), accessed November 17, 2003; and U.S. Department of Defense, Deployment Health Support Directorate, "Depleted Uranium" (n.d.), 1 (http://deploymentlink.osd.mil/du_library/intro/ faqs/faq_17apr.shtml), accessed November 17, 2003。
59. U.S. Department of Defense, Office of the Deputy Under Secretary of Defense for Industrial Policy, "Our Mission . . ." (n.d.), 1 (www.acq.osd.mil/ip/), accessed November 17, 2003.
60. U.S. Department of Defense, Communications and Directives Directorate, Directives and Records Division "About DoD Issuances," 1.
61. U.S. Department of Defense, Statistical Information and Analysis Division, "Mission Statement" (n.d.), 1 (http://web1.whs.osd.mil/mmid/mmidfunc.htm), accessed November 17, 2003.
62. U.S. Department of Defense,Washington Headquarters Services, Executive Services and Communications Directorate, Directives and Records Division, "DOD Issuances and OSD Administrative Instructions" (n.d.), 1 (www.dtic.mil/whs/directives/), accessed November 17, 2003. 不同国防部政策的详细说明，参见 U.S. Department of Defense, Communications and

Directives Directorate, Directivesand Records Division "About DoD Issuances" (n.d.), 1–2 (www.dtic.mil/whs/directives/general .html), accessed November 17, 2003。

63. George C.Marshall European Center for Security Studies, "History of the George C. Marshall Center" (2003), 1 (www.marshallcenter.org/site-graphic/lang-en/page-mc-about-1/xdocs/mc/factsheets/ history/01-center.htm), accessed November 17, 2003.
64. U.S. Department of Defense, *DOD Directive 5200.34: George C.Marshall European Center for Security Studies* (1992), 1–2. 乔治 · C. 马歇尔的传记和生平分析，参见 Forrest C. Pogue, *George C.Marshall: Statesman, 1945–1959* (New York: Penguin Books, 1989)。马歇尔在其政治军事生涯中，对各个问题的看法，参见 Larry I. Bland, ed., *The Papers of George Catlett Marshall,* 4 vols. (Baltimore,Md.: Johns Hopkins University Press, 1981–1996)。
65. George C.Marshall European Center for Security Studies, "FAO Program Overview" (2003), 1 (www.marshallcenter.org/site-text/lang-en/page-coll-fao-1/xdocs/fao/resource-menudocs/01-fao-overview.htm), accessed November 17, 2003.
66. "Executive Order 12961: Presidential Advisory Committee on Veterans Illnesses," 60 *Federal Register,* 60, no. 104 (May 31, 1995), 28505–28508.
67. 政府文献中，有大量关于海湾战争病的记载，也在海湾战争老兵和联邦政策制定者之间引起过激烈的讨论。Examples of the literature are U.S. Presidential Advisory Committee on Gulf War Veterans Illnesses, *Presidential Advisory Committee on GulfWar Veterans Illnesses: Final Report* (Washington, D.C.: Government Printing Office, 1996); U.S. Congress, Senate Committee on Veterans Affairs, Special Investigation Unit on Gulf War Illnesses, *Report of the Special Investigation Unit on GulfWar Illnesses* (Washington, D.C.: Government Printing Office, 1998); and U.S. Congress, House Committee on Government Reform, Subcommittee on National Security,Veterans Affairs, and International Relations, *GulfWar Veterans Illnesses: The Current Research Agenda* (Washington, D.C.: Government Printing Office, 2000)。
68. U.S. Department of Defense, Under Secretary of Defense for Acquisitions, Technology, and Logistics, Joint Total Asset Visibility, "History" (2001), 1 (www.defenselink.mil/acq/jtav/ewhistory.htm), accessed November 17, 2003.
69. Joint Chiefs of Staff, *Joint Vision 2020* (2000), 1 (www.dtic.mil/jointvision/jv2020a.pdf), accessed November 17, 2003.
70. Joint Chiefs of Staff, *Joint Vision 2020,* 2.
71. National Defense University, *National Defense University Catalogue 1996–1998* (Washington, D.C.: National Defense University, 1996), 4.
72. National Defense University, "Mission and Vision of NDU" (n.d.) (www.ndu.edu/info/mission.cfm), accessed April 14, 2004.
73. Africa Center for Strategic Studies, "About the Africa Center" (2002), 1 (www.africacenter.org/Dev2 Go.web?Anchor-ACSS_about&rnd=18864), accessed November 17, 2003.
74. National Defense University, Center for Counterproliferation Research, "Our Mission" (2002), 1 (www.ndu.edu/centercounter/prolif_mission.htm), accessed November 17, 2003.
75. National Defense University, Center for Hemispheric Defense Studies, "The Center's Origin" (n.d.), 1 (www3.ndu.edu/chds/English/History/History.htm), accessed November 18, 2003.
76. PL 106-65, "An Act to Authorize Appropriations for Fiscal Year 2000 for Military Activities of the Department of Defense for Military Construction, and for Defense Activities of the Department of Energy, to Prescribe Personnel Strengths, for Such Fiscal Year for the Armed Forces, and for Other Purposes," 113 *U.S. Statutes at Large,* 512, 721, 779–782.
77. National Defense University, Center for the Study of Chinese Military Affairs, "Mission" (2000),

1 (www.ndu.edu/inss/China_Center/CSCMA_main.htm), accessed November 18, 2003.
78. National Defense University, Center for Technology and National Security Policy, "About CTNSP" (n.d.), 1 (www.ndu.edu/ctnsp/about.html), accessed November 18, 2003.
79. National Defense University, Industrial College of the Armed Forces, "History" (2003), 1 (www.ndu.edu/icaf/handbook2003/history.htm), accessed November 18, 2003.
80. National Defense University, Industrial College of the Armed Forces, "ICAF Mission" (n.d.), 1 (www.ndu.edu/icaf/mission/mission.htm), accessed November 18, 2003.
81. National Defense University, Information Resources Management University, "IRM College: Who We Are" (n.d.), 1 (www.ndu.edu/irmc/about.html), accessed November 18, 2003.
82. National Defense University, Institute for National Strategic Studies, "About INSS" (2002), 1 (www.ndu.edu/inss/aboutinss.html), accessed November 18, 2003.
83. National Defense University, Institute for National Strategic Studies, "About INSS," 2.
84. U.S. Defense Technical Information Center, Joint Electronic Library, "Mission Statement" (n.d.), 1 (www.dtic.mil/doctrine/mission_statement.htm), accessed November 17, 2003.
85. National Defense University, Joint Forces Staff College, "History" (2002), 1 (www.jfsc.ndu.edu/about/history.asp), accessed November 18, 2003.
86. National Defense University, Joint Forces Staff College, "Overview" (2000), 1 (www.jfsc.ndu.edu/about/overview.asp), accessed November 18, 2003.
87. National Defense University Library, "About NDU Library" (2002), 1 (www.ndu.edu/library/about.html), accessed November 18, 2003.
88. PL 102-183, "Intelligence Authorization Act for Fiscal Year 1992," 105 *U.S. Statutes at Large,* 1271.
89. National Defense University, National Security Education Program, "National Security Education Program: Developing the Nation's International Capacity" (2002), 2 (www.ndu.edu/nsep/), accessed November 18, 2003.
90. National Defense University, National Security Education Program, "National Security Education Program," 2–5.
91. National Defense University, National Strategic Gaming Center, "About the NGSC" (2002), 1 (www.ndu.edu/inss/nsgc_internet_site/), accessed November 18, 2003.
92. National Defense University, National War College, "History of the National War College" (n.d.), 1 (www.ndu.edu/nwc/history/), accessed November 18, 2003.
93. National Defense University, National War College, "Mission" (n.d.), 1 (www.ndu.edu/ nwc/mission/), accessed November 18, 2003.
94. National Defense University, Near East South Asia Center for Strategic Studies, "History" (n.d.), 1 (www.ndu.edu/nesa/info/), accessed November 18, 2003.
95. National Defense University, Near East South Asia Center for Strategic Studies, "Mission Statement" (n.d.), 1 (www.ndu.edu/nesa/mission.html), accessed November 18, 2003.
96. National Defense University, School for National Security Executive Education, "Director's Message" (n.d.), 1 (www.ndu.edu/snsee/), accessed November 18, 2003.
97. Office of the Deputy Assistant to the Secretary of Defense for Chemical and Biological Defense Programs, "OSD CP CBD Mission Statement" (n.d.), 1 (www.acq.osd.mil/cp/mission.html), accessed November 18, 2003.
98. "Executive Order 12788: Defense Economic Adjustment Program," *Federal Register,* 57 (January 21, 1992), 2213–2215.
99. U.S. Department of Defense, Office of Economic Adjustment, "About the Office of Economic

Adjustment" (n.d.), 1 (http://oea.osd.mil/), select "Profile," accessed November 18, 2003.

100. U.S. Secretary of Defense, *Defense Reform Initiative Report* (1997), 55 (www.defenselink.mil/pubs/dodreform/fullreport.pdf), accessed November 18, 2003.

101. Leighton, *History of the Office of Secretary of Defense,* vol. 3, 277.

102. Trask and Goldberg, *The Department of Defense,* 86.

103. 马歇尔传略，参见 Mellor, *Congressional Quarterly's Federal Staff Directory,* 1276。Examples of media coverage received by Marshall and the Office of Net Assessment during 2001 and 2002 include John Barry and Evan Thomas, "The Pentagon's Guru," *Newsweek,* May 21, 2001, 41; Nicholas Lemann, "Dreaming about War," *New Yorker,* July 16, 2001, 32–38;Marty Kauchak, "FY02 Bush Defense Budget Delivered," *Armed Forces Journal International,* 138 (April 2001): 12; and Bill Keller, "The Fighting Next Time," *New York Times,* March 10, 2002, section 6, 32–44。

104. U.S. Department of Defense, Assistant Secretary of Defense for Command, Control, Communications, and Intelligence, "About the PKI PMO" (n.d.), 1 (www.c3i.osd.mil/org/sio/ia/pki/), accessed November 18, 2003.

105. U.S. Department of Defense, Assistant Secretary of Defense for Command, Control, Communications, and Intelligence, "About the PKI PMO."

106. U.S. Department of Defense, Space Policy Directorate, "Mission" (n.d.), 1 (www.c3i.osd.mil/org/c3is/spacepol/), accessed November 18, 2003。

107. 参见 U.S. Office of the Secretary of Defense, "Tricare: The Basics," (2002), 1 (www.tricare.osd.mil/factsheet,cfm?id=1273), accessed November 18, 2003; and U.S. Army, *Tricare and More on the Quality of Life* (Washington, D.C.: U.S. Army, 1996), 2.

108. U.S. Army,Western Hemisphere Institute for Security Cooperation, "History of the Institute" (2001), 1 (www.benning.army.mil/whinsec2/about.asp?id=31), accessed November 17, 2003.

109. U.S. Army,Western Hemisphere Institute for Security Cooperation, "Mission" (2003), 1 (www.benning.army.mil/whinsec2/about.asp? id=13), accessed November 18, 2003.

[第 3 章]

其他行政分支机构

除国防部以外，商务部、能源部、卫生及公共服务部、国土安全部、司法部、国务院、运输部、财政部和总统行政办公室等诸多行政分支机构也负责国家安全政策的制定，并提供与国家安全相关的信息资源。生成这些资源的权威机构是根据宪法和不断扩大的国家安全政策而组建的，国家安全政策源于处于演变中的国际安全环境和国会的授权。应该注意的是，2002 年的相关法律已将许多提供国家安全政策信息资源的机构，合并为一个单独的执行部门——国土安全部。[1]

商务部

商务与劳工部设立于 1903 年，并在 1913 年分立为商务部（Department of Commerce）和劳工部。设立商务部的目的是鼓励和促进美国的国家贸易、经济增长和科技进步。[2] 提供国家安全相关信息的商务部下属机构包括：工业与安全局（BIS）、关键基础设施保障办公室（CIAO）、国家标准技术研究所（NIST）、国家技术信息服务部（NTIS）和总监察长办公室（OIG）。

工业与安全局

商务部于 1987 年设立出口管理局。[3] 后于 2002 年更名为工业与安全局（Bureau of Industry and Security，缩写为 BIS）。[4] 工业与安全局处理出口许可证的申请，并负责实施出口管制法，以确保美国出口的商品不会危及国家安全；建立强大的美国国防工业基地；实施国家计算机加密策略；调查涉嫌违反美国出口管制法的行为；实施预防性执法行动杜绝这些违规行为；帮助其他国家加强本国出口管制体系，减少大规模杀伤性武器的扩散。[5]

商务部的网站 www.bis.doc.gov/，有反映该机构广泛制度授权的各种资源。比如，商品分类一般说明、出口许可要求、违反美国出口管制法的个人和公司的列表、涉嫌违反化学武器公约者的工业检测信息，以及与联邦出口管制条例相关的内容，比如，《对出口管理条例中加密控制的修正和说明——两用物品和其他技术清单里的瓦森纳协定第 2 部分第 5 类（信息安全）中变更的实施》。该条例于 2002 年 6 月 6 日在《联邦公报》上发表。

工业与安全局的网站及其《电子信息自由法》章节包含对试行条例的公众意见、对可能违反出口管制法的公司发出的警告信，以及关于正在进行的研究项目的信息，比如：控制输送系统和船厂供应基地的相关信息。在该网站上还可获取各种报告的全文，比如：《向国会提交的外交政策报告》（*Foreign Policy Report to Congress*，2001、2002 年）、《防务贸易中作出的努力：向国会提交的年度报告》（*Efforts in Defense Trade: An Annual Report to Congress*，1996—2001 年）和工业领域的分析报告，包括：《原油和精炼石油产品进口对国家安全的影响》（*The Effect on the National Security of Imports of Crude Oil and Refined Petroleum Products*，1999 年）、《对中国的技术转让》（*Technology Transfer to China*，1999 年）、《高性能炸药和高性能组件工业的国家安全性评估》（*National Security Assessment of the High Performance Explosives and High Performance Components Industries*，2001 年）及《国家安全的影响：铁矿和半成品钢的进口调查》（*The Effect of National Security: Investigation of Imports of Iron Ore and Semi-Finished Steel*，2001 年）。工业与安全局的资源展示了经济会如何影响国家安全政策。

关键基础设施保障办公室

关键基础设施保障办公室（Critical Infrastructure Assurance Office，缩写为 CIAO），是根据 1998 年 5 月颁布的第 63 号总统令成立的，目的是调整联邦政府关键基础设施保障计划。[6] 该文件对关键基础设施的说明如下。

> 关键基础设施指的是那些以物理和网络为基础的系统，这些系统对

> 于最小规模的经济运行和政府来说至关重要。包括但不限于政府和私人的电信、能源、银行和金融、交通、水系统和紧急服务系统。[7]

关键基础设施保障办公室与公共部门和私人部门合作，共同提高美国关键基础设施的安全性，提供大量与国家安全相关的资源，其中，大部分都能通过关键基础设施保障办公室的网站 www.ciao.gov/ 获得。这类资源包括：关键基础设施保障办公室人员的国会证词；联邦文职机构优化关键基础设施保障项目的 PPT 项目和幻灯片；总统令；一些相关的出版物，比如，《脆弱性评估框架 1.1》（*Vulnerability Assessment Framework 1.1*，1998 年）、《黑客行为的第三方责任》（*Third Party Liability for Hacking*，2000 年）、《捍卫美国网络空间：国家信息系统保护计划 1.0 版：邀请对话》（*Defending America's Cyberspace: National Plan for Information Systems Protection Version 1.0: An Invitation to Dialogue*，2000 年）和《美国总统关于联邦关键基础设施保护活动状态的报告》（*Report of the President of the United States on the Status of Federal Critical Infrastructure Protection Activities*，2001 年）等。

2002 年，关键基础设施保障办公室并入国土安全部信息分析和基础建设保护理事会。[8]

国家标准与技术研究院

国家标准局于 1901 年成立，后根据 1988 年的法律更名为国家标准与技术研究院（National Institute of Standards and Technology，缩写为 NIST），负责提高美国国际经济的整体竞争实力。[10]

国家标准与技术研究院的主要工作是开发和应用电子、电气和制造工程、化学科学与技术、材料科学、建筑物与火灾研究和信息技术等方面的技术、测量方法和标准，以增强美国的经济实力。[11]

国家标准技术与研究院工作由计算机安全资源中心（CSRC）、计算机系统安全与隐私咨询委员会（CSSPAP）、联邦信息系统安全教育工作者协会（FISSEA）和国家标准技术与研究院其他特定科目研究和发展中心共同完成，比如，在国土安全研究领域中，要研究更为安全的结构、威胁侦测和保护、执法工具、紧急响应和生物统计学等。通过国家标准与技术研究院的网站 www.nist.gov/，可以查看该院大多数国家安全相关的尖端技术研究。

国家标准技术与研究院网站上的国家安全资源有：2002年6月24日的RealPlayer格式和Windows Media格式的网络广播音频；关于2001年9月11日世贸中心大楼恐怖袭击的调查报告；1995年至今《国家标准与技术研究院研究杂志》(*Journal of Research of the National Institute of Standards and Technology*) 中一些文章的全文；火灾动态模拟器和多区域气流和污染物运移分析软件等可下载软件包。

火灾动态模拟器 (Fire Dynamic Simulator)，可用于再现造成消防人员死亡的建筑物火灾，预测世贸中心等高层建筑发生火灾的可能性。多区域气流和污染物运移分析软件，则可以用于预报建筑物中的气流和通风情况，以及气载污染物的扩散情况，还能预测建筑物内受到炭疽菌等污染物感染的人数。

该网站上关于国家安全政策的具体出版物包括：《国家安全电信和信息系统安全咨询备忘录 (NSTISSAM)：COMPUSEC/1–99：可信任计算机系统评估标准向信息技术安全评估国际通用标准的过渡》[*National Security Telecommunications and Information Systems Security Advisory Memorandum* (*NSTISSAM*)*: COMPUSEC/1-99: Transition from the Trusted Computer Systems Evaluation Criteria to the International Common Criteria for Information Technology Security Evaluation*，1999年]、《拒绝服务限制入侵检测体系》(*A Denial of Service Restraint Intrusion Detection Architecture*，2000年)、《联邦组织关于已测试/已评估产品的安全保障及采购/使用指南——国家标准技术研究院建议》(*Guidelines to Federal Organizations on Security Assurance and Acquisition/Use of Tested/Evaluated Products—Recommendations of the National Institute of Standards and Technology*，2000年)、《常见的生物计量学交换文件格式》(*Common Biometric Exchange File Format*，2001年) 和《计算机系统安全与隐私咨询委员会就政府隐私政策设置和管理的发现与建议》(*Computer System Security and Privacy Board Findings and Recommendations on Government Privacy Policy Setting and Management*，2002年)。

国家技术信息服务部

出版物委员会于1945年成立，负责管理成千上万的技术报告的发表，比如，被俘德国人的文件和二战后涉密美国工业技术报告。出版物委员会在商务部几经更名，进行了多次组织变更，直到1970年，正式成为国家技术信息服务部

（National Technical Information Service，缩写为 NTIS）。国家技术信息服务部的机构目的是，简化并强化对联邦机构及其合约商提供的各种数据文件和科技报告的访问。国家技术信息服务部不接受任何国会拨款，也不会因公众搜集、摘录、保存、复制或出售其信息，而收取公众的任何费用。[12]

其网站 www.ntis.gov/ 提供了关于国家技术信息服务部机构目的、产品和服务的详细信息。该网站还列出了关于订购产品的信息，并详细介绍了信息搜索的方法。国家安全政策领域的学生和学者感兴趣的国家技术信息服务部资源有：国土安全信息中心 www.ntis.gov/hs/、可搜索的军事手册集、精选政府出版物全文，以及对国家技术信息服务部 250 多万个主题的说明。

总监察长办公室

商务部总监察长办公室（Office of Inspector General，缩写为 OIG），是根据《1978 年监察长法案》建立的。[13] 商务部总监察长办公室以提高经济效益为原则，负责检测和预防部门项目和操作中出现的浪费、欺诈、滥用和管理不当。[14]

通过网站 www.oig.doc.gov/，可查询总监察长办公室提供的关于商务部各下属机构国家安全计划的报告。这些报告，包括总监察长办公室提交给国会的半年度报告，对工业与安全局和国家标准与技术研究院等机构负责的特定项目进行了概述。该网站还提供了与国家安全相关的两份政策报告：《改善项目设计的必要：避免敏感技术向有关国家的转让》（*Improvements Are Needed in Programs Designed to Protect against the Transfer of Sensitive Technologies to Countries of Concern*，2000 年）和《改善商业管制清单和相关流程管理》（*Management of the Commerce Control List and Related Processes Should Be Improved*，2001 年）。此类由联邦总监察长出具的研究和审计报告，对国家安全政策项目管理和行政工作有着重大的探索意义。

能源部

能源部（Department of Energy，缩写为 DOE），是国家安全政策信息的主要提供者，因为石油和核能等商品是国家安全政策制定的关键影响因素，且能源部需负责美国核武器库的生产和维护工作。[15]《1977 年能源部组织机构法》

规定，由能源部取代之前的能源研究和开发管理局和原子能委员会，希望新的内阁可以制定出更为集中有效的联邦能源政策。[16]

由于大量履行能源部职责的实验室和办事处的设立，能源部对华盛顿特区总部，以及美国与全球各地分部均造成了较为明显的影响。许多能源部机构都参与了国家安全政策相关研究和政策的制定。

阿贡国家实验室

阿贡国家实验室（Argonne National Laboratory，缩写为 ANL），是第一个美国国家实验室，于 1946 年获得官方特许。1942 年 12 月 2 日，恩里科 · 费米（Enrico Fermi）[1] 及其同事在芝加哥大学进行了世界上第一次受控核链式反应，这是促成阿贡国家实验室建立的一个重大前提。[17] 阿贡国家实验室位于伊利诺伊州的阿贡，其在爱达荷福尔斯附近拥有一套卫星设备，由芝加哥大学为能源部运营。阿贡国家实验室拥有 4000 多名员工，包括 1400 多名科学家和工程师。年运营预算在 4.75 亿美元以上，为大约 200 个科研项目提供支持，项目领域涉及基础科学、科学设施、能源和环境管理。[18]

但是，阿贡国家实验室从来都不是核武器工厂，其研发项目包括三个重大的国家安全领域。[19]

1. 防核武扩散、条约核查、武器控制和反恐技术。
2. 国内基础设施保障。
3. 生化反恐科技。[20]

阿贡国家实验室国家安全政策研究的许多方面都保密，但是从其网站 www.anl.gov/ 上仍然能搜索到大量相关的信息。例如，季刊《逻格斯》（*Logos*）记录了阿贡国家实验室 1998 年至今的所有研究活动；简报《技术转让集锦》（*Tech Transfer Highlights*）介绍了 1997 年至今阿贡国家实验室所有的技术创新和科学进步；《阿贡国家实验室出口指南》（*ANL Guide to Exporting*，2002 年）说明了避免敏感技术和材料从美国非法出口的流程。

[1] 译注：恩里科 · 费米（Enrico Fermi，1901 年 9 月 29 日—1954 年 11 月 28 日），美籍意大利裔物理学家，1938 年诺贝尔物理学奖获得者。他对理论物理学和实验物理学方面均有重大贡献，首创了 β 衰变的定量理论，负责设计建造了世界首座受控核链式反应，发展了量子理论。

阿贡国家实验室的网站上还有其他值得关注的国家安全政策资源，包括下列出版物：《尖端科技助力保卫国家安全》（*Cutting-Edge Science and Technology Help Safeguard National Security*，2002 年）、《防核扩散、条约核查、军备控制与反恐》（*Nuclear Nonproliferation*，*Treaty Verification*，*Arms Control*，*and Counterterrorism*，2002 年）、《国土基础设施保障》（*Homeland Infrastructure Assurance*，2002 年）、《阿贡实验室全力支持生化反恐》（*Argonne Provides Full Support against Chemical and Biological Terrorism*，2002 年）和《严抓核走私》（*Nabbing Nuclear Smugglers*，2002 年）。

布鲁克黑文国家实验室

布鲁克黑文国家实验室（Brookhaven National Laboratory，缩写为 BNL），位于纽约长岛阿普顿，建于 1947 年。布鲁克黑文国家实验室由能源部布鲁克黑文科学学会（Brookhaven Science Associates for DOE）负责，共有科学家、工程师、技术员和后勤人员 3000 多人，负责核物理和高能物理、物理、材料化学、环境和能源研究，防扩散、神经科学和医学成像以及结构生物学研究。[21]

关于布鲁克黑文国家实验室项目的更多信息，可参见该实验室的网站 www.bnl.gov/。该实验室开展的与国家安全相关的工作由美俄安全项目部门以及保障和军控部门负责。美俄安全项目部与俄罗斯合作，协助能源部材料保护、控制和审计项目紧急合作国际办公室，保护各个地区的核材料免于盗窃。保障和军控部门，则顺应美国政策，减少核武扩散和降低核生化武器的危险。[22]

布鲁克黑文国家实验室的网站上的公开资源包括：《布鲁克黑文反恐行动》（*Counterterrorism Initiatives at Brookhaven*，2002 年）的内容简介；电缆车辆拦挡（用于防止汽车炸弹进入美国空军爆炸警戒停车场）测试视频和“摩尔曼斯克行动”（Murmansk Initiative，美俄两国合作，防止核废料流入海洋）的视频；布鲁克黑文国家实验室与国际原子能机构合作的安全机制（确保核电站的安全）的相关信息。

化学和生物防御计划

化学和生物防御计划（Chemical and Biological Defense Program，缩写为

CBDP)，在位于华盛顿里奇兰的能源部西北太平洋实验室（PNL）进行，可以提供各种炭疽杆菌、肉毒杆菌和沙门氏菌等生物病原体的基本信息。网站 www.pnl.gov/chembio 提供了用于检测化学和生物武器攻击，并作出响应的方法。另外，该网站还设置了一些网址链接，可以跳转至疾病控制与预防中心（CDC）等可靠生化武器方面的资源。

能源部环境管理办公室

能源部环境管理办公室（DOE Office of Environmental Management)，负责为能源部提供相关信息，解释能源部在美国核武器制造中扮演的重要角色，以及核武器制造对周围环境产生的重要影响。网站 http://legacystory.apps.em.doe.gov/ 提供了说明核武器制造对环境产生影响的历史评估信息，包括《原子分裂拉下帷幕》(*Closing the Circle on the Splitting of the Atom*，1996 年）和《遗产链接：冷战核武器生产过程与其造成的环境后果》(*Linking Legacies: Connecting the Cold War Nuclear Weapons Production Processes to Their Environmental Consequences*，1997 年)。

指令、条例、政策和标准

与其他大型组织一样，能源部制定了大量的条例，以及用来执行和实现组织任务的其他文件。点击网站 www.directives.doe.gov/ 上的相关链接，即可访问能源部的指令、命令和相关行政文件。该网站上公开的指令有：《第 5610.3 号令：能源部 / 国防部联合核武器系统、安全性和控制活动》(*Order 5610.3: Joint Department of Energy/Department of Defense Nuclear Weapons System*，*Safety*，*Security*，*and Control Activities*，1990 年)、《第 5530.2 号令：核紧急事态搜寻队》(*Order 5530.2: Nuclear Emergency Search Team*，1991 年）和《第 5639.8A 号令：外国情报信息安全和敏感保密信息设施》(*Order 5639.8A: Security of Foreign Intelligence Information and Sensitive Compartmented Information Facilities*，1993 年)。

其他可用的能源部管理资料有：技术标准《STD 1104–96：核设施安全基础文件的审核与批准（记录的安全分析和技术安全要求)》[*STD 1104-96: Review and*

Approval of Nuclear Facility Safety Basis Documents（*Documented Safety Analyses and Technical Safety Requirements*），2002 年] 和《STD 1105：氚设施放射性培训》（*STD 1105: Radiological Training for Tritium Facilities*，2002 年）。该网站上还提供了《能源部 F 284：核材料转让报告》（*DOE F 284: Nuclear Material Transfer Report*，1988 年）和《能源部 F 471.1：安全事故通知报告》（*DOE F 471.1: Security Incident Notification Report*，1999 年）。

能源部政策法规有任何变化，都会提前通过电子邮件通知用户，并在网站上公布关于这些变更的评论。

能源部驻国防核设施安全委员会代表

能源部驻国防核设施安全委员会（Defense Nuclear Facilities Safety Board，缩写为 DNFSB）代表，负责提出与能源部核设施的安全和操作条件相关的建议。代表的任务包括：

1. 在与国防核设施安全委员会的交互中，代表能源部部长；
2. 为能源部部长和其他能源部高层管理者提供有关国防核设施安全委员会优先级、关注点、行动和计划方面的建议；
3. 推动能源部和国防核设施安全委员会之间的交流与合作；
4. 维护能源部和国防核设施安全委员会共享的中央资料库，并向能源部和能源部合约商发送这些信息。[23]

网站 www.deprep.org/ 介绍了能源部与国防核设施安全委员会的关系。该网站上可用的资源包括：国防核设施安全委员会提交给能源部的建议书清单；能源部对国防核设施安全委员会提供建议的后续评估；《与国防核设施安全委员会的配合》（*Interface with the Defense Nuclear Facilities Safety Board*，2001 年）、《国防核设施安全委员会 2000–2 号建议实施计划中“重要安全系统”术语解释》（*Clarification of the Term "Vital Safety System" under Implementation Plan for DNFSB Recommendation 2000-2*，2001 年）等出版物。

能源信息管理局

能源信息管理局（Energy Information Administration，缩写为 EIA），是能

源部分支，成立于1977年，是中央国家能源信息的来源。[24] 能源信息管理局负责为国家政策制定者和美国公民提供报告、统计汇编、演讲和其他材料，帮助他们了解能源政策的趋势和发展，及其最终如何形成国家能源政策，以及在制定国家安全政策时，能源所起的作用。

能源信息管理局的网站 www.eia.doe.gov/ 上的可用资源包括：美国及其他国家能源开发定性评估；石油、天然气、电力和核能等特定能源商品行业活动分析；能源活动领域发展的定量统计；一些相关的出版物，比如《国际能源年刊》（*International Energy Annual*，1993—2000年）、《国际石油月刊》（*International Petroleum Monthly*，1996年至今）、《国情分析简报》（*Country Analysis Briefs*，对里海、哈萨克斯坦、利比亚、沙特阿拉伯、中国南海和委内瑞拉等国家和地区能源情况评估的定期更新）、《石油进口依赖评估》（*Measures of Oil Import Dependence*，1998年）、《电力行业重组对燃料供应商带来的挑战》（*Challenges of Electric Power Industry Restructuring for Fuel Suppliers*，1998年）、《外国对美国能源的投资》（*Foreign Investment in U.S. Energy*，1999—2000年）、《世界石油运输瓶颈》（*World Oil Transit Chokepoints*，2001年）、《美国核能发电对温室气体排放的影响》（*The Impact of U.S. Nuclear Generation on Greenhouse Gas Emissions*，2001年）、《与能源法相关的运输用燃料问题的综合分析》（*Summary Analysis of Selected Transportation Fuel Issues Associated with Proposed Energy Legislation*，2002年）、《美国从OPEC和波斯湾的进口》（*U.S. Imports from OPEC and the Persian Gulf*，最近几个月）和《能源供应安全》（*Energy Supply Security*，未注明出版日期）。

环境、安全和健康研究人员工作站

环境、安全和健康研究人员工作站（Environment，Safety，and Health Researchers Workstation），是一个检索工具，可查询能源部及其前身机构——能源研究和开发管理局和原子能委员会，在美国核能和核武器研究和制造活动中关于环境、安全和健康方面的各种记录。

网站 http: //tis.eh.doe.gov/workstation/ 上的信息对能源部及其下属机构资料检索工具进行了说明。该网站上的文件包括："核武器测试中放射性沉降物资料搜集指南"、"原子能委员会历史"以及"能源部制度起源：军事应用办公室"。

爱达荷国家工程和环境实验室

爱达荷国家工程和环境实验室（Idaho National Engineering and Environmental Laboratory，缩写为 INEEL），位于爱达荷州爱达荷福尔斯，由柏克德公司管理，自 1949 年起，就负责在环境、能源、科学和国防方面为能源部提供支持。在国家安全政策方面，爱达荷国家工程和环境实验室负责在威胁消除领域（例如，化学品非军事化、指挥与控制、爆炸、软件工程和违禁品材料检测等）开展研究、开发和部署。[25]

关于爱达荷国家工程和环境实验室所开展项目的详细信息，请参见网站 www.inel.gov/。该网站提供的与国家安全相关的资源包括：2002 年 7 月 10 日，爱达荷国家工程和环境实验室主任比利 · 西普（Billy Shipp）对美国能源和自然资源委员会发表的关于国土安全的公开声明；一些相关的出版物，比如，《爱达荷国家工程和环境实验室中的钚》（*Plutonium at the Idaho National Engineering and Environmental Laboratory*，1999 年）、爱达荷国家工程和环境实验室国家安全部门简报《须知》（*Need to Know*，2000 年 10 月至今）和《爱达荷国家工程和环境实验室情报简报》（*INEEL Intelligence Newsletter*，2001 年 7 月至今）。

防扩散倡议

防扩散倡议（Initiatives for Proliferation Prevention，缩写为 IPP），由位于新墨西哥的洛斯阿拉莫斯国家实验室发起，是能源部和国家核能安全管理局（NNSA）的防扩散项目。防扩散倡议的目的是，与苏联核武器科学家、工程师和技术人员合作，利用他们在销毁核武器和其他大规模杀伤性武器方面的经验，增强美国国家安全保障，推动和平和可持续商业活动的发展。

网站 http: //ipp.lanl.gov/ 提供了防扩散倡议的机构指令，并列出了能源部设施的项目联系人。从该网站还可跳转至“项目数据库”和“项目快照”的网页，但只有能源部的员工可以浏览。[26]

国际核安全计划

国际核安全计划（International Nuclear Safety Program，缩写为 INSP），由

位于华盛顿州里奇兰的西北太平洋国家实验室负责，目的是提高苏联在东欧和中亚国家设计的核电厂的安全性。27 该计划致力于改善物理操作条件，安装安全设备，推动安全规程的改良，建立反应堆操作人员训练中心，进行详细的安全评估，制定适当的制度和监管体系，处理1986年切尔诺贝利核事故[1]导致的各种尖锐问题，以提高这些设施的安全性，降低风险。28

关于国际核安全计划开展活动的详细信息，请访问网站 http: //insp.pnl.gov/。该网站上公开的资料包括：苏联成员国核设施照片、指示核设施位置的地图，以及当前操作环境方面的信息。该网站提供的出版物包括：《活动报告》（*Activity Reports*，1996年至今）、《会议记录：美国－乌克兰核贸易合作会议》（*Proceedings: U.S-Ukraine Conference on Nuclear Trade Cooperation*，1998年）、《俄罗斯核临界事故简史（1953—1997）》（*A Brief History of Nuclear Criticality Accidents in Russia: 1953–1997*，1999年）、《苏联设计核电站概况》（*Soviet Designed Nuclear Power Plant Profiles*，2000年）、《2000年状态报告：提高苏联设计核电站的安全性》（*2000 Status Report: Improving the Safety of Soviet-Designed Nuclear Power Plants*，2000年），以及关于切尔诺贝利核电站国际核安全计划活动的报告和介绍。

堪萨斯城工厂

堪萨斯城工厂（Kansas City Plant，缩写为KCP），位于密苏里州的堪萨斯城，负责美国核武器用非核机械、电子和工程材料零件的制造。堪萨斯城工厂以及位于新墨西哥阿尔伯克基的科特兰工厂，负责生产高能激光点火系统、微波混合型微型电路等材料，以及大到半挂车牵引拖车，小到微型机电装置的相关产品。29

堪萨斯城工厂建于1949年，由原子能委员会（Atomic Energy Commission）决定成立，并由本迪克斯公司（Bendix Corporation）负责管理。1993年，能源部将堪萨斯城工厂指定为生产非核核武器零件的官方场地。1999年，堪萨斯城工厂的管

[1] 译注：切尔诺贝利核事故，1986年4月26日凌晨1点23分，苏联统治下乌克兰境内的切尔诺贝利核电厂第四号反应堆发生了爆炸，并引发大火，散发出的大量高能辐射物质涵盖了大面积区域，造成大概2000亿美元的损失。该事故被认为是历史上最严重的核电事故，也是首例被国际核事件分级表评为第七级事件的特大事故。

理工作由霍尼韦尔公司（Honeywell Corporation）接管。[30]

更多关于堪萨斯城工厂运作的信息，请访问网站 www.kcp.com/。该网站还提供了一些招聘信息和活动信息。截至 2004 年 3 月，该网站与国家安全相关的出版物均停止访问。

诺尔斯原子能实验室

诺尔斯原子能实验室（Knolls Atomic Power Laboratory，缩写为 KAPL），由洛克希德 · 马丁公司（Lockheed Martin Company）经营。诺尔斯原子能实验室是一个研发共同体，负责支持美国海军核动力推进计划。该计划包括：研发先进的核动力推进技术，为当前海军反应堆的安全和可靠操作提供技术支持，训练海军人员操作舰艇和船艇设备。诺尔斯原子能实验室的主要工厂位于纽约州的尼什卡纳和西弥尔顿，共有 2600 多名员工。其他诺尔斯原子能实验室人员均在康涅狄格、夏威夷、新罕布什尔、弗吉尼亚和华盛顿州的造船厂工作。[31]

要了解更多关于诺尔斯原子能实验室的信息，可参见其网站 www.kapl.gov/。该网站提供了关于其开展的训练计划的说明和一些招聘信息。该网站上并无公开出版物的相关信息，但是诺尔斯原子能实验室的《核素表》（*Chart of the Nuclides*）是公开的，该表是原子元素及其同位素核特性的参考来源。此外，该网站还给出了这一纸质出版物的订购信息。

劳伦斯伯克利国家实验室

劳伦斯伯克利国家实验室（Lawrence Berkeley National Laboratory，缩写为 LBNL），建于 1931 年，是由回旋加速器发明者欧内斯特 · 奥兰多 · 劳伦斯（Ernest Orlando Lawrence，1907—1958 年）建立的，回旋加速器在推动粒子物理的发展和核武器的早期研制方面有着重大作用。[32] 该实验室位于加利福尼亚州的伯克利，由能源部和加利福尼亚大学共同运营。劳伦斯伯克利国家实验室是一个多学科实验室，从事先进材料、生命科学、探测器和加速器方面的研究，拥有近 4000 名员工。[33]

关于劳伦斯伯克利国家实验室活动的详细信息，请访问其网站 www.lbl.gov/。该网站的公开资源包括：该实验室在物理和工程方面的研究说明；1989

年至今，该实验室的在线目录以及关于目录的报告；《LBL 研究综述》（LBL Research Review，1993 年至今）期刊、《LBL 生物安全性手册》（*LBL Biosafety Manual*，未注明出版日期）和 I> 血液传播病原体接触控制计划（未注明出版日期）等出版物的内容；员工辐射训练课程信息。劳伦斯伯克利国家实验室另一个可用的资源是“关于建筑物防生化袭击的建议”（http://securebuildings.lbl.gov/），该资源针对此类攻击提供特定的防御建议。

劳伦斯利弗莫尔国家实验室

劳伦斯利弗莫尔国家实验室（Lawrence Livermore National Laboratory，缩写为 LLNL），建于 1952 年 9 月，位于加利福尼亚州的利弗莫尔，是一个核武器设计实验室，由加利福尼亚大学管理运作，推动美国核武库的创新设计。劳伦斯利弗莫尔国家实验室开展顶尖的科学研究，研究领域涵盖了能源、生物医学和环境科学等学科。在国家安全政策方面，其研究主要聚焦于防扩散、军备控制、反恐、生物制剂检测和老化核武器监管等领域，由全球安全研究中心等实验室部门管理。[34]

劳伦斯利弗莫尔国家实验室的网站 www.llnl.gov/ 上有用的一般信息包括：《创造实验室的未来——劳伦斯利弗莫尔国家实验室战略》（*Creating the Laboratory's Future—A Strategy for Lawrence Livermore National Laboratory*，1997 年）。此外，该网站上还有与国家安全政策相关的各种资源，包括《冷战后多余核料的处理》（*Dealing with a Dangerous Surplus from the Cold War*，1997 年）、《法医地震学支持全面禁止核试验条约》（*Forensic Seismology Supports the Comprehensive Test Ban Treaty*，1998 年）、《生物武器公约特定监察检验程序》（*Inspection Procedures for Compliance Monitoring of the Biological Weapons Convention*，1998 年）、《1998 年 5 月 18 日地震识别，NIL 站（巴基斯坦尼罗里）印度核试验地区短期数据》[*Seismic Discrimination of the May 11，1998，Indian Nuclear Test with Short-Period Regional Data from Station NIL*（*Nilore*，*Pakistan*），1999 年]、《核武器储存管理和全面禁止核试验条约》（*Stockpile Stewardship and a Comprehensive Test Ban*，1999 年）、《模拟战争：这不是电视游戏》（*Simulating Warfare: It's No Video Game*，2000 年）、《揭开生物恐怖主义》（*Uncovering Bioterrorism*，2000 年）、《防止核扩散：冷战后的挑战》

（*Preventing Nuclear Proliferation: The Post-Cold War Challenge*，2000 年）和《从危机到过渡：基于核物理学家为焦点小组的俄罗斯科学现状》（*From Crisis to Transition: The State of Russian Science Based on Focus Groups with Nuclear Physicists*，2001 年）。

洛斯阿拉莫斯国家实验室

洛斯阿拉莫斯国家实验室（Los Alamos National Laboratory，缩写为 LANL），位于新墨西哥州的洛斯阿拉莫斯，成立于 1943 年 4 月 15 日，当时，加利福尼亚大学和曼哈顿工程特区开始在洛斯阿拉莫斯为美国军队研发原子弹。在随后的几十年中，洛斯阿拉莫斯国家实验室成为美国核武器制造的主要场地。[35] 该实验室负责核武器储存管理项目，以保证那些未经测试的美国核武器的可靠性；研发核武器防扩散支持技术；确保国际核材料的安全性；提供识别和检测核生化武器的方法；对反恐需求做出回应；推动尖端科技的发展，以满足国家安全需求。[36]

洛斯阿拉莫斯国家实验室的网站 www.lanl.gov/worldview/ 对该实验室核武器的设计活动、建制史进行了说明，还提供了一些网址链接，可跳转至该实验室下属部门和项目办公室（例如，那些负责降低威胁和保障安全的机构）。在该网站上可查看的出版物包括：《中国能源：2015 年预测》（*China's Energy: A Forecast to 2015*，1996 年）、《城市建模：洛斯阿拉莫斯城市安全倡议》（*Modeling Cities: The Los Alamos Urban Security Initiative*，2000 年）和《洛斯阿拉莫斯研究季刊》（*Los Alamos Research Quarterly*，2002 年秋）创刊号。文章涉及的方面包括：通过小型实验室试验，对核武器性能进行计算机模拟；洛斯阿拉莫斯国家实验室生物实验室研究员研发适当的工具，利用分子标签检测、识别和跟踪生物威胁制剂；使用声音作为诊断工具，降低生化威胁；该实验室人员组成核紧急事态搜寻队（NEST），防止美国内部核武器紧急事件的发生。

国家核安全管理局

考虑到洛斯阿拉莫斯国家实验室等能源部设施的严重安全漏洞，国会 1999

年决定成立国家核安全管理局（National Nuclear Security Administration，缩写为NNSA），将之并入能源部。国家核安全管理局负责核武器研发和国防核武器防扩散，及确保美国核武库的安全。[37]

关于国家核安全管理局及其使命的资料，见网站 www.nnsa.doe.gov/。该网站提供的内容包括：组织结构图、组织法令内容；主要领导人的履历资料；政策制定者的讲话；国会证词；国家核安全管理局各个领域内活动的说明，如核武器防扩散、海军反应堆和能源部防御计划；2002 年 10 月 21 日的新闻稿；乌兹别克斯坦核设施安全升级完整声明。该网站上的其他资源包括：《提交给国会的报告：关于组织国家核安全管理局》（*Report to Congress on the Plan for Organizing the National Nuclear Security Administration*，2001 年）和《提交给国会的报告：国家核安全管理局的组织和运行》（*Report to Congress on the Organization and Operation of the National Nuclear Security Administration*，2002 年）。

国家核废料项目办

国家核废料项目办（National Spent Nuclear Fuel Program，缩写为 NSNFP），由位于爱达荷州福尔斯的能源部下属机构爱达荷国家工程和环境实验室负责。国家核废料项目办的责任范围包括：与能源部共同实现核废料的安全和有效管理，准备处置材料。与相关联邦、州、地方官员和机构合作，处置核废料，该项工作涉及材料生产燃料、海军核动力推进燃料、研究用反应堆燃料、专用燃料（如用于太空项目的燃料）和商用核电反应堆燃料的处置。[38]

国家核废料项目办的网站 http: //nsnfp.inel.gov/ 提供了核废料的说明，核废料站的位置图，以及核废料处理的经验教训总结。该网站上的出版物包括：核废料的情况说明书，比如，《运输桶系统》（*Transportation Cask System*，2000 年）、《核废料包装标准》（*Packaging Standard for Spent Nuclear Fuel*，2000 年）、《材料老化》（*Materials Aging*，2000 年）和《核废料数据库》（*Spent Nuclear Fuel Database*，2001 年）。该网站提供的报告和文件有：《爱达荷州、能源部和美国海军关于核废料的清偿协议》（*Settlement Agreement on Spent Nuclear Fuel between the State of Idaho*，*Department of Energy*，*and the U.S. Navy*，1995 年）和《加速清理：关闭之路》（*Accelerating Cleanup: Paths to Closure*，1998 年）。

国家运输项目办

国家运输项目办（National Transportation Program，缩写为 NTP）的参与人员包括在华盛顿特区、阿尔伯克基、新墨西哥州、爱达荷州爱达荷福尔斯的能源部办公室工作的员工。国家运输项目办负责：协调危险材料所有非涉密发货的运输活动，如放射性和混合性废物；确保为能源部计划提供安全、稳当、有效的交通服务；维护实施这些计划所需的工具和资源。[39] 国家运输项目办通过多种方式运输材料，比如，使用商船和个人船只。在联邦 1997 年财年（1996 年 10 月 1 日—1997 年 9 月 30 日），77% 的货物采用空运，22% 的货物采用汽车运输，1% 的货物采用托运。在同一财年，能源部运输了 43 万船非国防材料——41.2 万船无危险材料，1.8 万船有害材料，其中 5200 船材料为放射性材料。能源部向美国核能管理委员会、运输部、州政府和地方政府等提供了正式的受控放射性材料运输公路路线通告。能源部没有通知当地政府有关运输路线事宜，但是州政府可以按需通知当地官员。[40]

更多有关国家运输项目办的方案和活动，请登录网站 www.ntp.doe.gov/。可公开获取的材料包括：运输情况说明书，比如，《放射性材料海运条例》（*Radioactive Materials Shipping Regulations*，1999 年）、《放射性材料国际运输》（*International Transportation of Radioactive Materials*，1999 年）和《能源部汽车运输评价方案》（*DOE's Motor Carrier Evaluation Program*，2001 年）。可访问的方案报告包括：《运输操作手册》（*Transportation Operations Manual*，1999 年）、《运输合规性评估援助计划：2000 财年年度报告》（*Transportation Compliance Evaluation Assistance Program: Fiscal Year 2000 Annual Report*，2000 年）和《能源部运输风险评估资源手册》（*A Resource Handbook on DOE Transportation Risk Assessment*，2002 年）

内华达州事务办公室

内华达州事务办公室，坐落于拉斯维加斯市，主要负责管理能源部在本州的活动。内华达试验场（Nevada Test Site，缩写为 NTS）是此类活动中有史以来最重要的一个。1950 年 12 月 18 日，哈里 · S. 杜鲁门（Harry S. Truman）总统批准将680平方英里（约1761平方千米）的内尔尼斯空军射击场和轰炸训练场作为测试美国核武器军械库的安全场地。1955年，这一场地正式更名为内华达试验场。[41]

内华达试验场坐落于农村地区，距离拉斯维加斯北部65英里（约104.6公里），紧邻内尔尼斯空军射击场。[42]内华达试验场40多年来一直作为核武器试验陆地试验场，直到1992年颁布禁止美国核武器测试的法令。在能源部的支持下，当前内华达测试基地开展的活动包括：危险化学药品泄漏测试、应急响应训练、常规武器测试、废物管理和环境技术研究。[43]内华达州事务办公室和内华达试验场的众多资源已登在网站www.nv.doe.gov/上。这些资源包括：参观内华达试验场的信息、如何订购解密核武器测试影片的信息、与这些电影相关的RealPlayer格式视频片断，以及根据《信息自由法》的规定提供的拉斯维加斯公共阅读设备的相关信息。

内华达测试基地的主要价值是：提供该基地的历史和当前活动概况介绍和报告。概况介绍包括：《地下水和内华达试验场》（*Groundwater and the Nevada Test Site*，2000年）、《大规模爆炸性实验装置》（*Big Explosives Experimental Facility*，2001年）、《设备装配装置》（*Device Assembly Facility*，2001年）、《内华达试验场综述》（*Overview of the Nevada Test Site*，2001年）和《储备管理项目》（*Stockpile Stewardship Program*，2001年）。大量的报告包括：《从美国大陆测试中释放的民用放射性废物：从1961到1992年》（*Radiological Effluents Released from U.S. Continental Tests: 1961 through 1992*，1996年）、《密封放射源的表征和恰当处理意见书》（*Position Paper on the Proper Characterization and Disposal of Sealed Radioactive Sources*，1997年）、《内华达试验场起源》（*Origins of the Nevada Test Site*，2000年）、《美国核测试：1945年7月到1992年9月》（*United States Nuclear Tests: July 1945 through September 1992*，2000年）、《内华达试验场中“宇宙神”再布置和操作：最终环境评估》（*Atlas Relocation and Operation at the Nevada Test Site: Final Environmental Assessment*，2001年）、《辐射应急反应健康和安全手册》（*Radiological Emergency Response Health and Safety Manual*，2001年）、《核火箭研究》（*Nuclear Rocket Research*，2001年）和《纳瓦霍族保留地废弃铀矿高空辐射概况》（*An Aerial Radiological Survey of Abandoned Uranium Mines in the Navajo Nation*，2001年）。

新布伦士威克实验室

新布伦士威克实验室（New Brunswick Laboratory，缩写为 NBL），坐落于伊利诺伊州的阿贡（国家实验室），由原子能委员会于 1949 年在美国新泽西州的新布伦士威克市建立。新布伦士威克实验室的初始目的是协助联邦政府，为美国原子能方案测试含铀材料。该实验室在 1975—1977 年期间从新泽西州搬迁到阿贡国家实验室，目前是一个美国政府认证机构，负责审核核参考资料，提供技术人员和实验室资源，在保障措施和防扩散功能保护下，进行核材料测量，在本地区为多个政府方案主办单位提供支持。[44]

关于新布伦士威克实验室的信息较为有限，可在网站 www.nbl.doe.gov/ 上找到。可查阅的资料包括：新布伦士威克实验室的宗旨、简史、新布伦士威克实验室方案区描述，比如，核安全措施和防扩散支持方案，以在线手册的形式呈现。网站上关于新布伦士威克实验室或其员工的报道、文件或参考资料并未公开。

核能、科学与技术办公室

核能、科学与技术办公室（Nuclear Energy，Science，and Technology Office）的职责包括：推进核能发展，在美国境内促进核理工科教育发展。[45] 多种核能资料已刊登在其官网 www.nuclear.gov/ 上，包括：组织结构图、领导人履历、国会证词、新闻稿和方案活动信息，比如，医药科学同位素办公室和大学方案。

公开可查阅的报告包括：《太空核动力》（*Nuclear Power in Space*，1978 年）、《低级核废物基础》（*Low-Level Radioactive Waste Basics*，未注明出版日期）、《核电站安全设计和计划：了解辐射》（*Nuclear Power Plant Safety Design and Planning: Understanding Radiation*，1986 年）、《战略规划 2000：美国核技术未来》（*Strategic Plan 2000: America's Nuclear Technology Future*，2000 年）、《高校核工程项目以及高校研究与教学反应堆的未来》（*The Future of University Nuclear Engineering Programs and University Research and Training Reactors*，2000 年）和《全球民用核电系统加强防扩散技术机会》（*Technological Opportunities to Increase the Proliferation Resistance of Global Civilian Nuclear*

Power Systems，2000年）。

核爆监测、研究与工程项目

核爆监测、研究与工程项目（Nuclear Explosion Monitoring, Research, and Engineering Program，缩写为NEMRE），负责向政府机构开发、演示及传输技术和系统，比如，美国空军技术应用中心，主要负责执行美国有关检测和描述核爆炸的监测要求和政策。[46] 网站 www.nemre.nn.doe.gov/nemre/ 提供该方案研究领域的信息，包括地震监测、放射性核素监测、水声监测、次生监测、自动化数据加工、天基监测和机构任命概述。公开可查阅的报告包括：《核爆监测、研究与工程项目的战略计划》（*Nuclear Explosion Monitoring, Research, and Engineering Program Strategic Plan*，2002年）、《国家核能安全管理知识基础核心表计划文件》（*National Nuclear Security Administration Knowledge Base Core Table Schema Document*，2002年）和《合并核爆研究结果和国家核安全管理知识基础的整合过程》（*The Integration Process for Incorporating Nuclear Explosion Research Results into the National Nuclear Security Administration Knowledge Base*，2002年）。

橡树岭国家实验室

橡树岭国家实验室（Oak Ridge National Laboratory，缩写为ORNL），坐落于田纳西州的橡树岭，邻近诺克斯维尔市，建立于1943年。作为“曼哈顿计划”的一部分，橡树岭国家实验室负责生产和分离钚。橡树岭国家实验室随后成为物理学中核能与相关研究重要的国际中心。在20世纪70年代，橡树岭国家实验室转向研究能源的生产、运输和保存。[47]

21世纪早期，橡树岭国家实验室已拥有3800位员工，拥有将近3000多位客座研究员，他们每年花费两周以上时间在实验室研究、学习。其联邦政府2004财年的项目资助预计超过10亿美元。从2000年4月起，橡树岭国家实验室成为田纳西大学和巴特尔公司的合作伙伴。[48]

有关橡树岭国家实验室的活动和研究信息，可在网站 www.ornl.gov/ 上查询。在国家安全政策方面，通过加强核武器生产者（如苏联）的材料保护、控制和核算系统，橡树岭国家实验室将核武器防扩散计划纳入减少核武器扩散风险范围内；保护武器和直接使用武器；和俄国核研究所合作，提升其安全和保障措施；对国际原子能机构（IAEA）进行培训和评估；为能源部在国外和美国境内实施国际原子能机构保护提供技术支持。[49]

橡树岭国家实验室还在美国和海外实施防扩散活动和军备控制活动。这些活动包括：设计、开发和示范军备控制条约检测系统；为美国本土核出口控制机构提供技术支持；保护美国核技术资产和能源部高风险资产；为核出口控制和相关附属材料提供边境安全保护技术；为多边出口控制体制提供技术支持；为涉密情报人员提供安全工作场所。[50]

橡树岭国家实验室出版的与国家安全相关的出版物包括：《美国就视差项目下运送混合氧化物（MOX）燃料的运输计划》[*United States Transportation Plan for MOX (Mixed Oxide) Fuel Shipments under Project Parallex*，1999 年]、《支持使用 HELIOS1.6 版本研究钚处理的质量保证计算》(*Quality Assurance Calculations to Support Use of HELIOS Version 1.6 for Plutonium Disposition Studies*，2001 年）和《关于武器级别钚在核燃料循环设备临界性安全分析的现存实验中使用的调查和建议》(*Investigations and Recommendations on the Use of Existing Experiments in Criticality Safety Analysis of Nuclear Fuel Cycle Facilities for Weapons Grade Plutonium*，2002 年)。

橡树岭国家实验室下属的另一项重要设施为 Y–12 国家安全中心。这项设施建于 1944 年，在战时保密，制造了第一批核武器。在随后几十年，美国所有的核武器部件均在 Y–12 国家安全中心内制造。[51]

虽然美国不再生产核武器，但是 Y–12 国家安全中心活动参与了储备管理项目，该项目负责确保美国核威慑力量的可靠性。一份 2002 年的文件列举出 Y–12 国家安全中心下列主要任务。

1. 拆卸老化武器；
2. 根据要求修改、修理或替换次品；
3. 通过拆卸、检查和记录发现物，监视武器；
4. 生产硬件，来支持储备认证所要求的实验室测试，
5. 管理和储存核材料；
6. 管理所要求的技术、关键技能和实物资产。[52]

有关 Y–12 国家安全中心操作活动的选定信息已刊登在网站 www.y12.

doe.gov/ 上。可查阅的资料包括：对 Y–12 国家安全中心中国家核安全管理局活动的说明、Y–12 含铀设备的介绍和 Y–12 方案的相关信息，如（核武器）储备管理、核材料管理及存储、武器拆卸及处理和核包装系统。其他内容包括：对 Y–12 国家安全中心国际减少威胁中心（CITR）如何实施国内和国际方案，来减少由大规模杀伤性武器带来的威胁、美国和国际原子能机构的互动方案、美国与俄国合作的减少核威胁活动，以及 2000 年到目前的 CITR 快讯。

民用放射性废物管理办公室

民用放射性废物管理办公室（Office of Civilian Radioactive Waste Management，缩写为 OCRWM），是根据《1982 年核废物政策法》建立的。[53] 职责包括：培养和管理一个特定系统，来处理所有商业核反应堆所耗核燃料和防护核活动中产生的高水平核废物。根据《1987 年核废物政策法修正案》，能源部选定内华达州的尤卡山，作为处理所耗核燃料和高水平核废物的最终储存区。

民用放射性废物管理办公室的网站 www.rw.doe.gov/ 提供了该办公室开展活动的附加信息，比如，核废物管理过程描述、国会证词和该办公室领导人的公共演讲、由民用放射性废物管理办公室参加的重要常规活动，以及由一些机构（如，核能管理委员会）确立的有关联邦核废物的规定。该网站上可查阅的资料包括：情况说明书，如《乏核燃料》（*Spent Nuclear Fuel*，未注明出版日期）和《乏核燃料运输》（*Transportation of Spent Nuclear Fuel*，未注明出版日期）。公开可查阅的报告包括：民用放射性废物管理办公室的《国会年度报告》（*Annual Report to Congress*，1996 年至今）、《有关地质储存所的会议录：面对日常挑战》（*Proceedings of the Conference on Geologic Repositories: Facing Common Challenges*，1999 年）、《分摊民事和防卫高水平废物核废物处理费用》（*Allocating Nuclear Waste Disposal Costs for Civilian and Defense High-Level Wastes*，2002 年）和《基地推荐总系统生存期费用书面报告》（*Total System Life Cycle Cost for Site Recommendation Letter Report*，2002 年）。除此之外，可查阅的报告还包括：民用放射性废物管理办公室在美国附近的基地有关多位废物承包商的审计报告。

环境管理办公室

环境管理办公室（Office of Environmental Management，缩写为 EM），创建于 1989 年，目标在于减少由核武器生产（例如，对环境造成的危险）和研究（例如，生产大量污染废物、土壤污染，并在千年内保持放射性结构）造成的危险。[55]

环境管理办公室的网站 www.em.doe.gov/ 给出了一些信息资源，这些信息资源对能源部环境恢复和整治活动进行了描述，其中包括：处理长期环境管理工作、项目管理、健康和安全的业务机构的描述，污染材料的集成和处理，以及办公室组织结构图等。其他的基本参考信息包括：新闻稿、项目预算信息、工程造价和评估、缩略词表、环境术语 [如《国家优先级表》（*National Priorities List*）和超铀废物] 等术语定义，以及州内及国内的环境管理活动描述。

可查阅的报告包括：《关闭之路现状报告》（*Status Report on Paths to Closure*，2000 年）、《美国能源部设备掩埋超铀元素污染废物信息》（*Buried Transuranic Contaminated Waste Information for U.S. Department of Energy Facilities*，2000 年）、《萨瓦那河峡谷核材料认证研究》（*Savannah River Site Canyons Nuclear Material Identification Study*，2001 年）、《卧式储罐遥控操作潜水艇（ROV）系统》（*Remotely Operated Vehicle*（*ROV*）*System for Horizontal Tanks*，2001 年）、《能源部废物管理方案决议修订：超铀废物处理和储存》（*Revision to the Record of Decision for the Department of Energy Waste Management Program: Treatment and Storage of Transuranic Waste*，2001 年）和《能源部基地最优化地下水反应活动指南》（*Guidance for Optimizing Ground Water Response Activities at Department of Energy Sites*，2002 年）。

独立监督和性能保证办公室

独立监督和性能保证办公室（Office of Independent Oversight and Performance Assurance），负责独立地评估能源部保障措施和安全政策的有效性。这些政策包括：保护特殊核材料、涉密信息和敏感信息，为海外人士参观美国能源部设备提供安全保障。该办公室负责能源部安全方案的常规评价和评估，提出评论和建议，来确保设备失效时能及时实施纠正措施。[56]

网站 www.oa.doe.gov/ 提供了对保障措施和安全评估办公室、网络安全和特殊评论办公室、应急管理监督办公室、管理和信息资源办公室以及环境、安全和健康评估办公室的相关描述。公开可查阅信息资源包括：2000年4月至今的《内部监督》(*Inside Oversight*) 快讯、2001年12月10日至今的《一周要闻》(*Weekly Highlights*)，以及《2000财年规划：保障措施和安全评估办公室》(*FY 2000 Program Plan: Office of Safeguards and Security Evaluation*，1999年)、《物理安全系统监察员指南》(*Physical Security Systems Inspectors Guide*，2000年）和《监察员指南：密件保护和控制》(*Inspectors Guide: Classified Matter Protection and Control*，2002年）等报告。该网站还提供了所有涉密又非公开可查阅报告清单。

总监察长办公室

能源部总监察长办公室（Office of Inspector General，缩写为OIG）是依照《1978年监察长法案》创建的。[57]总监察长办公室目标包括寻找降低消费、加强能源部方案操作效率，并通过民事和刑事调查把资金转换到能源部和美国国库的方法。[58]

其网站 www.ig.doe.gov/ 公布了一项热线，能源部下属的机构实体或承包商通过该热线可以举报违法或金融违法行为。其他的网站内容包括：总监察长办公室官员在国会的证词、组织机构图、职位要求和当前职位空缺列表。该网站还提供有若干可查阅的出版物，包括1995年至今的国会半年期报告（介绍了总监察长办公室的全部活动)。

该网站上还有关于能源部国家安全政策发展研究的重点资料，是从1995年至今所有的审计和检测文本。一些相关的报告包括：《能源部基地保障措施和安全计划审计》(*Audit of Department of Energy Site Safeguards and Security Plans*，1995年)、《战略石油储备安置条件审计》(*Audit of Staffing Requirements for the Strategic Petroleum Reserve*，1995年)、《托诺帕试验场选择性测试审计》(*Audit of Alternatives to Testing at the Tonopah Test Range*，1998年)、《有关能源部事故调查方案的主要问题的审查》(*Inspection of Selected Issues Regarding the*

Department of Energy Accident Investigation Program，1999 年）、《机器人与智能机项目国防计划办公室》（*Office of Defense Programs Robotics and Intelligent Machines Projects*，1999 年）、《阿尔伯克基操作办公室安全调查流程和洛斯阿拉莫斯国家实验室自我评估安全操作公开检测总结报告》（*Summary Report on Inspection of Allegations Relating to Albuquerque Operations Office Security Survey Process and the Security Operations Self-Assessments at Los Alamos National Laboratory*，2000 年）、《核武器产品基础设施管理》（*Management of the Nuclear Weapons Production Infrastructure*，2000 年）、《敏感人员信息的网络安全标准检测》（*Inspection of Cyber Security Standards for Sensitive Personnel Information*，2001 年）、《提供给外国的核材料密封源说明》（*Accounting for Sealed Sources of Nuclear Materials Provided to Foreign Countries*，2002 年）和《Y–12 国家安全中心废弃铀操作》（*Depleted Uranium Operations at the Y-12 National Security Complex*，2002 年）。

政策和国际事务办公室

政策和国际事务办公室（Office of Policy and International Affairs，缩写为 PI），由负责政策和国际事务的助理部长负责，同时也是负责国内和国际政策规划和实施的能源部长的主要政策顾问。政策和国际事务办公室负责向能源部决策者提供一些客观建议，这些建议是基于以往可靠性数据和分析做出的，来发展并领导能源部和其他国内或国际组织之间的双边或多边科技合作、调查和贸易活动。[59]

政策和国际事务办公室下属的办公室包括：核材料管理政策办公室；能源应急办公室；电气和天然气分析办公室；处理新独立国家、俄国和中东事务的办公室；其他促进美国能源政策国内和国际互动的实体。其中，核材料管理政策办公室，负责评估能源部国家安全政策管理；能源应急办公室，担任能源部应急准备与响应协调员；电气和天然气分析办公室，为电力市场、全球气候变化，和影响能源使用与生产的环境规则等领域提供经济分析；处理新独立国家、俄国和中东事务的办公室，负责为这些区域确立美国能源政策目标。[60]

与政策和国际事务办公室的计划区域和信息资源相关的信息，已刊登在网站 www.pi.energy.gov/ 上。可查阅的资料包括：该办公室在国会上的证词；负责能源政策和国际事务助理部长的公开演讲；美国与各个国家、国际政府组织签订的能源条约和协议清单；美国国内和国际能源政策倡议描述。

可查阅报告有：《能源部研发项目：国家安全》(*Department of Energy Research and Development Portfolio: National Security*, 2000 年)、《综合核材料长期管理战略方法》(*A Strategic Approach to Integrating the Long-Term Management of Nuclear Materials*, 2000 年)、《电力市场重组中的水平市场力》(*Horizontal Market Power in Restructured Electricity Markets*, 2000 年)、《美国能源部国际协议手册》(*United States Department of Energy International Agreements Handbook*, 2000 年)、《提交国会的清洁能源技术出口(CETE)倡议下当前和拟办活动现状报告》[*Status Report to Congress on Current and Proposed Activities under the Clean Energy Technology Exports (CETE) Initiative*, 2001 年] 和《北美：能源图》(*North America: The Energy Picture*, 2002 年)。

科技信息办公室

能源部科技信息办公室（Office of Scientific and Technical Information，缩写为 OSTI)，坐落于田纳西州的橡树岭，前身为 1946 年创建的原子能委员会，及 1947 年颁布的技术信息方案。科技信息办公室成为科学和技术信息的主要生产商，在 20 世纪 90 年代，成为将能源部员工和承包商提供的大量重要信息数字化的领导者。[61]

关于科技信息办公室的更多信息、与其相关的可查阅的报告，可登录网站 www.osti.gov/ 查询。该网站有三个显著的版块，即能源部“信息桥”（www.osti.gov/bridge/)、“Eprint 网络”（www.osti.gov/eprint/）和“能源文献”（www.osti.gov/energycitations/)。“信息桥”提供 1995 年至今与能源主题相关的可查阅的研发报告全文；“Eprint 网络”提供正式出版前的刊物访问方式，这些出版物包括源于美国或其他国家的 34 万篇科研文章和论文；“能源文献”提供 1948 年至今由能源部及其前身机构（如原子能委员会以及能源研究和开发管理局）发布的文献（部分是全文)，以及有关的报告内容。[62]

科技信息办公室提供的其他资源包括：《能源部防扩散实验重大结果：化学爆炸和核爆炸比较》(*Seismic Results from DOE's Nonproliferation Experiment: A Comparison of Chemical and Nuclear Explosions*, 1995 年)、《苏联和平使用核爆炸修订方案 1》(*The Soviet Program for Peaceful Uses of Nuclear Explosions*

Revision 1，1996 年）、《基地外环境监测报告：1996 年美国核能可测试区辐射监测》（*Offsite Environmental Monitoring Report: Radiation Monitoring around United States Nuclear Test Areas*, *Calendar Year 1996*，1997 年）、《科学储备管理高储能材料调查》（*Investigation of High Energy Density Matter for Science-Based Stockpile Stewardship*，1998 年）、《打击核走私培训选修课》（*Training Options for Countering Nuclear Smuggling*，1999 年）和《ENTNEA：加强东北亚建立核透明度理念》（*ENTNEA: A Concept for Enhancing Nuclear Transparency for Confidence Building in Northeast Asia*，1999 年）。

站点关闭办公室

站点关闭办公室（Office of Site Closure，缩写为 OSC），属于能源部环境管理办公室的一部分，于 1989 年建立。站点关闭办公室负责关闭会造成环境污染的防卫性核设施。该办公室希望在 2006 年能实现这一目标。[63]

登录网站 http: //apps.em.doe.gov/closure/，可以获取更多关于站点关闭办公室活动的信息。这些信息包括：被清理和要求关闭的站点列表；考虑关闭的核武器零件设计和建造特殊站点的相关信息；2000 年和 2001 年的新闻稿。该网站上可查阅的报告包括：《议定书：山区工厂从防卫方案到环境管理办公室的职责转变》（*Memorandum of Agreement: Transfer of Responsibilities for the Mount Plant from Defense Programs to the Office of Environmental Management*，1995 年）、《团体过渡活动草案和规划指南》（*Draft Policy and Planning Guidelines for Community Transitional Activities*，1999 年）、《理解、沟通和实现站点关闭》（*Understanding*，*Communicating*，*and Achieving Site Closure*，2000 年）和《能源部站点关闭办公室：迈向 2006 年》（*DOE's Office of Site Closure: Progress Towards 2006*，2001 年）。

开放网络

1994 年 6 月 27 日，能源部长黑兹尔·奥利里（Hazel O'Leary）做出声明，公布了大量与美国核武器测试相关的记录，并计划解密本次测试产生的多方面影响。[64] 开放网络（OpenNet）的目标是解密并公开发布所有对国家安全无威胁的能源部信息，实施公开政策来制定更高级别的政府问责制和政府的公共信任度，支持实现美国防核武扩散目标。[65]

开放网络的网站是 www.osti.gov/opennet/。该网站公开的资料包括：内华达试验场核武器测试的历史影片，“人体放射性实验”数据库，该数据库对原子能委员会开展的人体实验进行了描述，以及一些网址链接（可跳转至能源部及其前身机构参与核武器发展和测试的历史资料），以及获得纸质版资料的方法。

通过访问该网站，可查阅的资源还包括：能源部呈交给国会的报告，如：《第 12958 号总统令：非计划公布的受限数据和当前受限数据》（*Inadvertent Releases of Restricted Data and Formerly Restricted Data under Executive Order 12958*，1999 年至今）和《特殊历史记录回顾计划》（*Special Historical Records Review Plan*，2000 年）。

西北太平洋实验室

西北太平洋实验室（Pacific Northwest Laboratory，缩写为 PNL），位于华盛顿州的里齐兰市。它的起源要追溯到 1965 年，当时白特尔公司（Battelle Corporation）与原子能委员会签订了一份在华盛顿州东南部汉福德核基地进行研究和开发的合同。[66] 西北太平洋实验室的国家级安保工作，帮助美国政府遏制了大量破坏性武器的扩散和大规模杀伤性武器配送系统的形成。在西北太平洋实验室每年 6 亿美元的研发预算中，大约有三分之一被用于国家安全领域，用来开发美国陆军艾布拉姆斯坦克寿命的诊断方法、创造新技术来加强遵守《全面禁止核试验条约》、适当帮助朝鲜保护储罐中的核废料，并对美国和外国边境执法人员进行培训。[67]

西北太平洋实验室的网站为 www.pnl.gov/。该网站提供的国家安全方面的相关资源包括：实验室杂志《突破》（*Breakthroughs*）、国家安全项目领域概述，例如，高科技犯罪、遥感、病原体侦测、个人安全扫描器、西北国家安全分析小组、信息安全资源中心和针对全球安全的西北太平洋中心的相关信息。可查看的出版物有：《互惠外汇信贷——维护俄罗斯关闭核城市经济和社会稳定的工具》（*Debt Swapping as a Tool for Economic and Social Stabilization in Russia's Closed Nuclear Cities*，2000 年）、《经济全球化和核复兴》（*Economic Globalization and a Nuclear Renaissance*，2001 年）、《核废料池的反应特性》(*Reactive Behavior of K-Basin Spent Nuclear Fuel*，2002 年)。

潘太克斯工厂

潘太克斯工厂（Pantex Plant，缩写为 PP），位于德克萨斯州的阿马里洛附近，是美国唯一的核武器装配和拆卸地。它由承包商 BWXT Pantex 公司、陆军工程兵团和能源部的桑迪亚国家实验室（SNL）管理，在 2001 年 1 月，该工厂大约雇佣了 3200 名员工。潘太克斯工厂建于 1942 年，全名潘太克斯陆军军械工厂。[68]

潘太克斯工厂的核心任务是装配与拆卸核武器，评估美国核武器的可靠性，研发高爆炸性炸药，监督钚元素的临时深坑储存。[69]

关于潘太克斯工厂的任务和活动的其他信息，可登录其网站 www.pantex.com 查看。该网站提供的资料包括：潘太克斯工厂官员的公开会议文件；该工厂领域性活动，例如，采购和环境领域；1998 年至今的各期快讯《潘太克斯人》等。其他可访问的文件，包括：《潘太克斯现场环境报告》(*Pantex Site Environmental Reports*，1995—2000 年)、《环境监控季度报告》(*Environmental Monitoring Quarterly Reports*，1998 年至今）和《1999 年潘太克斯核武器设施周围空气监控年度报告》(*Pantex Nuclear Weapons Facility Ambient Air Monitoring Annual 1999 Report*，2000 年)。

桑迪亚国家实验室

1945 年，洛斯阿拉莫斯国家实验室在新墨西哥州的阿尔伯克基创建了一个集条例、设计、测试和装配的部门。该部门于 1948 年迁址至阿尔伯克基的桑迪亚，并以该地地名重新命名为桑迪亚国家实验室（Sandia National Laboratories，缩写为 SNL)。从 1949 年到 1993 年，桑迪亚国家实验室和位于加利福尼亚的利弗莫尔的辅助设施都是由美国电话电报公司（AT&T）来管理。后来，能源部把桑迪亚国家实验室的管理权转交给了洛克希德 · 马丁公司。桑迪亚国家实验室拥有 7600 名员工，每年管理费用达 18 亿美元。[70]

桑迪亚国家实验室开展的国家安全和国土安全活动包括：为公共健康和其他机构研究反恐分析工具；制定陆军生化净化计划；评估易遭生化袭击建筑的缺陷；保

护关键基础设施；检测机场爆炸物；开发拆弹机器人；培训美国防弹小组。[71]

桑迪亚国家实验室的网站 www.sandia.gov/ 提供了关于该实验室程序的信息。可访问的出版物包括：情况说明书《能源基础设施担保》(*Energy Infrastructure Surety*，2001 年）和《改进航空运输安全性》(*Improved Air Transportation Safety*，2001 年)。该网站最有价值的资料是国家安全报告和该实验室出版的期刊，如《桑迪亚技术：季度研发杂志》(*Sandia Technology: A Quarterly Research and Development Journal*，1999 年至今)，《桑迪亚观点》(*Sandia Perspectives*) 和《年度报告》(*Annual Reports*，1997 年至今)，《为 21 世纪制定新的核武器政策》(*Pursuing a New Nuclear Weapons Policy for the 21st Century*，2001 年）和《总统委员会关于桑迪亚国家实验室功能支持的关键基础设施保护的建议书》(*Capabilities of Sandia National Laboratories to Support the Recommendations of the President's Commission on Critical Infrastructure Protection*，未注明出版日期)。

此外，在能源部阅览室也可查看桑迪亚国家实验室所提供的一些资料，该阅览室由新墨西哥大学齐默尔曼图书馆政府信息部门创建。相关服务信息可访问网站 http://elibrary.unm.edu/doe/。

萨瓦那河核工厂

萨瓦那河位于南卡罗来纳州的艾肯，将佐治亚州和南卡罗来纳州分隔开来，萨瓦那河核工厂（Savannah River Site，缩写为 SRS）就坐落于此。1950 年，原子能委员会建立了 SRS，用于为美国核武库存生产钚和氚。[72] 1950 年，杜邦公司负责设计、建设和管理萨瓦那河核工厂，直到 1987 年，向能源部宣告终止其管理职责。西屋萨瓦那河公司在 1989 年接手管理萨瓦那河核工厂。[73]

现在的萨瓦那河核工厂主要负责核武器储备管理和核材料管理。核武器存储管理的活动包括：确保氚资源的可靠和安全运输、回收利用和管理；管理整个武器储备项目；在美国恢复核武器测试后，协助大型矿井开发生产能力。核材料管理的活动包括：管理多余的核材料以及这些材料的运输、稳化、存储和处理，以实现防核武器扩散的目标。该项目中的主要核材料包括：拆卸后的武器部件、武器加工活动边角料、核废料和其他核环境遗留的材料。[74]

其网站 www.srs.gov/ 公开了大量关于萨瓦那河核工厂活动的资源。这些资料包括：历史年表、相关的新闻稿、萨瓦那河核工厂的业务和招聘信息，以及萨瓦那河核工厂所开展活动的介绍。可查看的历史和当代出版物有：《核爆炸强辐射脉冲中氯仿的辐解》（*Radiolysis of Chloroform in the Intense Radiation Pulse from a Nuclear Explosion*，1967 年）、《钚燃烧》（*Plutonium Burning*，1968 年）、《一家强大的美国核企业加强了全球的核扩散管理》（*A Strong U.S Nuclear Enterprise Enhances Global Nuclear Proliferation Management*，2001 年）、《美国核协会特别委员会防扩散活动》[*Activities of the ANS (American Nuclear Society) Special Committee on Nonproliferation*，2001 年]、《萨瓦那河核工厂核废料的接收和存储安全》（*Safety Aspects of Receipt and Storage of Spent Nuclear Fuel at the Savannah River Site*，2001 年）、《拟议萨瓦那河核工厂环境管理项目绩效管理和计划》（*Proposed Savannah River Site Environmental Management Program Performance Management and Plan*，2002 年）和《国防废物处理设施操作经验概述》（*Overview Defense Waste Processing Facility Operating Experience*，2002 年）。

更多资料，可从位于南卡罗来纳艾肯的南卡莱罗纳大学格雷格－格兰尼特维利（Gregg-Graniteville）图书馆的能源部公共阅览室中查询。更多信息，请咨询该图书馆政府文件部。对于描述萨瓦那河核工厂资料所有权的网页 www.sc.edu/library/pubserv/gdsrs.html 由位于南卡罗来纳州哥伦比亚的南卡罗来纳大学库珀图书馆政府文件部维护。

战略石油储备库

战略石油储备库（Strategic Petroleum Reserve，缩写为 SPR），是国会于 1975 年成立的，目的是提高美国在能源供应中断严重情况下的应对能力。战略石油储备库可在石油供应受限或出现短期石油中断时提供保护。[75] 战略石油储备库的原油储备在路易斯安那州和德克萨斯州海岸线上的盐穴中。这些盐穴呈圆柱形，直径为 200 英尺（约 61 米），高约为 2000 英尺（约 610 米），可储存 1000 万桶原油。[76]

项目管理办公室（Project Management Office）网站 www.spr.doe.gov/ 上介绍了战略石油储备库的燃油存储和工作报告。更多详细信息，可参见能源部化石能源石油储备库网站 www.fe.doe.gov/facilities/sprpmo/。该网站提供的资料包括：战略石油储备库简述及其存储地点、储备库的现有储备、克林顿政府 2000 年关于启用储备石油的决议信息，以及一些网址链接，点击这些链接可以查看能源部所有的海军石油储备和东北部家用燃油储备资源。

由于安全原因，战略石油储备库年度报告已经被删除，但是可查看的与战略石油储备库相关的文件包括，某些国家的化石能源概述、《捷克褐煤高级电源评估，卷 1》（*Advanced Power Assessment for Czech Lignites*，*Volume I*，1995 年）、《提交国会的建立战略石油储备取暖油组件的可行性报告》（*Report to Congress on the Feasibility of Establishing a Heating Oil Component to the Strategic Petroleum Reserve*，1998 年）、《满足日益增长的天然气需求给国家带来的挑战》（*Meeting the Challenges of the Nation's Growing Natural Gas Demand*，1999 年）、《相连岩石洞中天然气储存的商业潜力》（*Commercial Potential of Natural Gas Storage in Lined Rock Caverns*，1999 年）、《战略石油储备计划 6 号修订案——东北地区馏分油储备》（*Petroleum Reserve Plan Amendment No. 6—Regional Distillate Reserve in the Northeast*，2002 年）和季刊《天然气进出口》（*Natural Gas Imports and Exports*）。

尤卡山项目

尤卡山项目（Yucca Mountain Project，缩写为 YMP）的实施地在内华达州的奈县，西北距拉斯维加斯约 100 英里（约 161 公里）。《1982 年核废料政策法》正式确立了解决核废料处理问题的国家政策过程。随后，在 1985 年的能源部报告中，总统罗纳德·里根选定了汉福德、华盛顿、戴夫史密斯县、德克萨斯州和尤卡山作为候选的核废料存储库。《1987 年核废料政策法修正案》规定，要求能源部将尤卡山作为美国独有的核废料存储地点进行研究。[77]

2002 年 7 月，国会批准了尤卡山作为美国的核废料存储库。[78] 尤卡山之所以能中选，是因为科学家们认为这个地点的岩石可以将放射性废料隔绝数千年，保持或降低未开采的铀矿石造成的公共风险。其他原因还包括，尤卡山与人口密集中心之间有一定的物理隔离，气候干燥，年降雨量少于 6 英寸（约 150 毫米），水位极深，比其他潜在储藏库水平线以下 800 英尺至 1000 英尺（约 244 米至 305 米）。[79]

关于尤卡山项目运作和活动的大量信息资源，可参见网站 www.ymp.gov/。

可用的材料包括：对美国核废料政策的历史概述；对尤卡山项目研究领域和项目的描述；记录美国核废料政策发展的历史时间轴、当前时间轴以及预计时间轴；尤卡山项目概览。网站上公开的尤卡山项目的项目情况说明包括：《尤卡山存储库可行性评估》（*Viability Assessment of a Repository at Yucca Mountain*，1997 年）、《核燃料和核废料是什么？》（*What Is Nuclear Fuel and Waste?*，2000 年）、《尤卡山存储中的热管理》（*Managing Heat in a Repository at Yucca Mountain*，2000 年）、《德国的放射性废弃物管理计划》（*Germany's Radioactive Waste Management Program*，2001 年）和《研究岩石的运动和地震》（*Studying the Movement of Rock and Earthquakes*，2001 年）。

此外，网站 www.ymp.gov/ 还刊登了各种技术报告，比如定期发布的选址鉴定报告：《对于地质储存库在内华达州奈县尤卡山的核废料和高放射性核废料处理最终环境影响声明》（*Final Environmental Impact Statement for a Geologic Repository for the Disposal of Spent Nuclear Fuel and High-Level Radioactive Waste at Yucca Mountain*，*Nye County*，*Nevada*，2002 年）、《尤卡山同行评审小组关于火成岩后果的中期报告》（*Yucca Mountain Igneous Consequences Peer Review Panel: Interim Report*，2002 年）、《尤卡山选址适宜性评估》（*Yucca Mountain Site Suitability Evaluation*，2002 年）和《2001 年现场环境报告：内华达州奈县尤卡山试验场》（*Site Environmental Report for Calendar Year 2001: Yucca Mountain Site Nye County*，*Nevada*，2002 年）。

环境保护署

环境保护署（Environmental Protection Agency，缩写为 EPA）自 1970 年成立以来一直负责指导联邦环境政策。[80] 关于环境保护署整体操作范围和任务的信息可在其网站 www.epa.gov/ 上找到。

大规模杀伤性武器的威胁越来越大，且越来越多地被用在美国平民身上，这就加重了环境保护署作为国家安全政策制定者的责任重担。环境保护署有许多与国家安全相关的资源，请参见其网站 www.epa.gov/ebtpages/emercounter-terrorism.htm 上公开发表的反恐章节。

这些资源涉及的领域包括：事故调查及预防、大规模杀伤性武器灾难应急预案、应对策略和施毒方法。网站上的公开出版物有：《环境保护署的应急反应组织结构》(*EPA's Emergency Response Organizational Structure*, 1998年)、《概述：反恐现状报告》(*Overview: Counter-Terrorism Status Report*, 1998年)、《环境保护署的职责：应对核生化恐怖主义》[*EPA Capabilities: Responding to Nuclear-Biological-Chemical* (*NBC*) *Terrorism*, 2000年]、《环境保护署辐射应急反应计划》(*Environmental Protection Agency Radiological Emergency Response Plan*, 2000年)和《当地应急计划委员会专门文件：在当地紧急救援计划中打击恐怖主义活动》(*Local Emergency Planning Committees and Deliberate Releases: Addressing Terrorist Activities in the Local Emergency Plan*, 2001年)。

卫生及公共服务部

1979年，卫生、教育和福利部被分立为卫生及公共服务部（Department of Health and Human Services，缩写为HHS）与教育部。卫生及公共服务部负责管理美国政府的医疗卫生项目和各种社会救助项目。[81] 卫生及公共服务部广泛的组织任务由医疗保健和医疗补助服务中心、疾病控制与预防中心（CDC）、美国国立卫生研究院（NIH）、公共卫生署和药物滥用及精神健康服务管理局等来执行。卫生及公共服务部获取国家安全方面信息的来源包括：疾病控制与预防中心、食品及药品管理局（FDA）、总监察长办公室、国家过敏症和传染病研究所（NIAID）、医学生物安全和生物恐怖国家图书馆，以及国家灾难医疗系统（NDMS）。

疾病控制应急准备与响应中心

疾病控制应急准备与响应中心（Centers for Disease Control Emergency Preparedness and Response）的总部设在佐治亚州的亚特兰大，旨在通过预防和控制疾病、伤害和残疾，提高民众的健康和生活质量。疾病控制应急准备与响应中心负责研究并实施疾病预防策略，主张创造安全和健康的环境，并与公共和私营部门合作。[82] 与疾病控制应急准备与响应中心相关的整体信息，包括大量信息资料，可查询其网站www.cdc.gob/。

对于研究国家安全政策的人员来说，疾病控制应急准备与响应中心的生物恐怖主义资源网站www.bt.cdc.gov/非常有帮助。该网站上可用的材料包括：对肉毒毒素和皮肤炭疽等生化战剂的介绍；生物恐怖主义声明、网络广播、临床试验和实验数据的融资信息；紧急情况下可联系的官员信息；疾病控制应急准备与响应中心期刊《新发传染病和发病率及死亡率周报》（*Emerging Infectious Diseases and Morbidity and Mortality Weekly Reports*）的相关文章。

该网站上公开的情况说明书和出版物有：《生物恐怖主义准备计划：卫生保健设施范例》（*Bioterrorism Readiness Plan: A Template for Healthcare Facilities*，1999 年）、《关于炭疽的真相》（*Facts about Anthrax*，2001 年）、《炭疽技术信息》（*Technical Information about Anthrax*，2001 年）、《以公共卫生应对生化恐怖主义：对国家公共卫生官员的临时计划指导》（*The Public Health Response to Biological and Chemical Terrorism: Interim Planning Guidance for State Effects*，2002 年）、《在辐射突发事件中就地避难》（*Sheltering in Place during a Radiation Emergency*，2002 年）和《天花响应计划和指南》（*Smallpox Response Plan and Guidelines*，2002 年）。

食品及药品管理局反恐怖主义

食品及药品管理局（Food and Drug Administration，缩写为 FDA），成立于 1931 年，成立之初隶属于美国农业部（USDA）。[83] 食品及药品管理局的使命是：确保食品的安全、健康和卫生，食品标签正确，对药品和化妆品实施相同级别的监管审查，从而保护公共卫生。[84]

关于食品及药品管理局的信息可在其网站 www.fda.gov/ 上找到。该网站还提供了反恐信息交换中心的相关信息，点击 www.fda.gov/oc/opacom/hottopics/bioterrorism.html 即可。网站提供了食品及药品管理局关于生物恐怖主义的信息，以及可跳转至美国政府其他生物恐怖主义资源的链接，例如美国农业部赞助创建的 www.foodsafety.gov/site 网站链接。

食品及药品管理局创建的生物恐怖主义网站上的资料包括：新闻稿、食品及药品管理局执法行动、《2002 年公共卫生安全和生物恐怖主义预防和应对法》信息，以及《接触吸入型炭疽后批准使用盐酸环丙沙星制剂》（*Approval of Cipro for Use after Exposure to Inhalational Anthrax*，2000 年）、《对抗生物恐怖主义的常见问题》（*Countering Bioterrorism: Frequently Asked Questions*，2001 年）、《食品及药品管理局致未经批准出售外国环丙沙星网站的信件》（*FDA*

Issues Cyber Letters to Web Sites Selling Unapproved Foreign Ciprofloxacin，2001年)、《关于食品安全和恐怖主义常见的消费问题》(*Frequently Asked Consumer Questions about Food Safety and Terrorism*，2001年)和《炭疽疫苗：有效性测试和免疫替代标记研讨会》(*Anthrax Vaccines: Efficacy Testing and Surrogate Markers of Immunity Workshop*，2002年)等出版物。

国家灾难医疗系统

国家安全决策第47号指令于1982年7月组建了国家灾难医疗系统(National Disaster Medical System，缩写为NDMS)，负责该系统的管理工作。在卫生及公共服务部里面，国家灾难医疗系统负责管理和协调联邦卫生、医疗和社会服务，应对重大紧急事件和联邦政府宣布的灾难，例如恐怖主义、重大交通事故、技术灾难和自然灾难。[85]国家灾难医疗系统负责建立综合的医疗反应机制，帮助州和地方官员处理和平时期重大医疗灾难带来的影响，同时支持军队和退伍军人健康管理局的医疗系统，照顾在海外执行任务受伤并被送回美国的伤员。[86]

其网站http: //ndms.dhhs.gov/提供了关于国家灾难医疗系统活动的信息，例如，介绍国家灾难医疗系统历史的PPT演示文稿、其使命、结构、不同国家灾难医疗援助团队网站的链接，以及《联邦协调中心指南》(*National Disaster Medical System*，1999年)等文件。

国家过敏症和传染病研究所

国家过敏症和传染病研究所(National Institute of Allergy and Infectious Diseases，缩写为NIAID)，是国立卫生研究院的一部分。自1887年成立以来，国立卫生研究院已发展成美国一流的医学和行为研究中心。[87]国家过敏症和传染病研究所前身也成立于1887年，它在1995年更名为国家过敏症和传染病研究所。该研究所的使命是，研究过敏症和传染病，并为此类研究提供相关的支持，增进人们对世界范围内传染、免疫和过敏性疾病的了解，并提高治疗这些疾病的能力。[88]

要了解该研究所与国家安全政策相关的内容，请参见其生物防御网页www.niaid.nih.gov/publications/bioterrorism.htm。可用的资料包括：生物防御研究资助机会方面的信息，国家过敏症和传染病研究所发起的生物防御会议的网络广播，以及优先开发的生物防御产品清单。检索报告包括：《国家过敏症和传染病研究所对生物防御研究的战略计划》（*NIAID Strategic Plan for Biodefense Research*，2002 年）、《国家过敏症和传染病研究所生物防御 A 类药剂研究议程》（*NIAID Biodefense Research Agenda for Category A Agents*，2002 年）、和《国家过敏症和传染病研究所蓝带小组对生物恐怖主义及其对医疗研究的影响的研究概要》（*NIAID Blue Ribbon Panel on Bioterrorism and Its Implications for Medical Research: Summary*，2002 年）和《国家过敏症和传染病研究所专家小组就免疫和生物防御汇总》（*Summary of the NIAID Expert Panel on Immunity and Biodefense*，2002 年）。

国家医学图书馆生物安全和生物恐怖

国家医学图书馆（National Library of Medicine）的网站 www.nlm.nih.gov/medlineplus/biodefenseandbioterrorism.html，提供了关于生物战的医疗信息。这些信息包括：炭疽、天花、鼠疫、肉毒菌、兔热病和其他的生物疾病等内容。该网站还介绍了疾病控制应急准备与响应中心的国家战略储备计划，该计划的目的是确保充足数量的医药、设备和物资供应，以应对发生在美国的生化武器攻击。该网站还提供了一些网址链接，可跳转至生物战医学方面的引文、摘要和文章，以及来自于国家医学图书馆的《联邦医学文献分析和检索系统》（*Medline*）的医学文献索引。[89]

总监察长办公室

卫生及公共服务部总监察长办公室（Office of Inspector General，缩写为 OIG），负责为卫生及公共服务部长和国会评估卫生及公共服务部项目的绩效，发布报告，提出项目改善建议。[90]

关于该办公室活动和报告的信息，可参见网站 http: //oig.hhs.gov/。该网站提供了几份与国家安全相关的报告，包括：《子女抚养与军队》（*Child Support and the Military*，1993 年）和《疾病控制与预防中心数据处理操作的物理安全》（*Physical Security over Data Processing Operations at the Centers for Disease*

Control and Prevention，1994 年）。

然而，2002 年 3 月 5 日，卫生及公共服务部总监察长珍妮特 · 伦奎斯特（Janet Rehnquist）通知国会委员会，该办公室在检查疾病控制与预防中心、食品及药品管理局、国立卫生研究院和大学实验室的安全控制，查看这些机构如何指派特定人员处理指定机构的访问等问题。伦奎斯特还提及，总监察长办公室正与州和地方卫生部门合作，评估他们对生物恐怖主义事件的侦测、应对能力与敏捷性。[91]

国土安全部

2001 年 9 月 11 日恐怖袭击后，国土安全部（Department of Homeland Security，缩写为 DHS）于 2002 年 11 月成立。[92] 它的创立是自《1947 年国家安全法案》以来联邦国家安全机构最大的一次重组，该法案是针对国防部、中央情报局和国家安全委员会（NSC）等机构颁布的。国土安全部合并了多个现有的联邦部门机构和办事处。例如，移民暨归化局（INS）从司法部转移而来；海岸警卫队和运输安全管理局从运输部转移而来；海关服务部从财政部转移而来。[93]

国土安全部取代了之前的国土安全办公室，该办公室曾由总统执行办公室负责。国土安全办公室的网站是 www.whitehouse.gov/deptofhomeland/，2003 年 2 月更改为 www.dhs.gov。该网站上公开的信息资源包括：总统国土安全预算工作重点、政策文件、相关的新闻稿、国土安全联系人员名单和国家机构网站清单以及跳转至这些网站的链接，以及对国土安全部在一些问题上的管辖权的描述，比如，边境交通安全问题；化学、生物、放射和核对策问题；应急整备和反应问题；信息分析和基础设施保护问题。

动植物卫生检验署

动植物卫生检验署（Animal and Plant Health Inspection Service，缩写为 APHIS），是 1997 年根据农业部长发布的美国农业部内部重组备忘录而成立的。[94] 其使命是：保护美国动植物资源免遭农业病虫害和食物供应威胁；应对其他国家动植物卫生的进口要求；保护生态系统免遭害虫和病原体的入侵。[95] 2003 年，国土安全部承担了美国农业部关于农业进口和入境检查的任务。[96]

动植物卫生检验署的网站 www.aphis.usda.gov/ 提供的内容包括：《在全球环境下保护美国农业》（*Safeguarding U.S. Agriculture in the Global Environment*，2001 年）、《内陆检验计划：保护美国农业免遭入侵物种的危害》（*Inland Inspection Program: Safeguarding American Agriculture against Invasive Species*，2001 年）、《炭疽——临床症状和诊断》（*Anthrax–Clinical Signs and Diagnosis*，2001 年）和《应急反应：口蹄疫和其他外来动物疾病》（*Emergency Response: Foot-and-Mouth Disease and Other Foreign Animal Diseases*，2002 年）等。该网站上的其他内容有：植物保护和检疫信息、入侵物种和各种流行病学趋势的描述。

国土安全部

2003 年 1 月 24 日，国土安全部依据《2002 年国土安全法》得以成立，其最高领导为国土安全部秘书长。国土安全部负责在人口、货物和贸易跨境自由流动有所保障的条件下预防恐怖袭击活动。

国土安全部的组织机构包括：边境与交通安全委员会（BTSD）、应急整备与反应司（EPRD）、信息分析和基础设施保护司（IAIPD）、管理司（MD）和科学技术司（STD）。

边境与交通安全委员会（Border and Transportation Security Directorate，缩写为 BTSD），负责保护国家边境和运输系统的安全、强制实施联邦移民法律；应急整备与反应司（Emergency Preparedness and Response Directorate，缩写为 EPRD），负责与第一反应者协调联邦应急和恢复策略，使美国做好应对自然灾害或恐怖分子袭击的准备；信息分析和基础设施保护司（Information Analysis and Infrastructure Protection Directorate，缩写为 IAIPD），旨在识别并评价计算机网络等重要基础设施中存在的现有威胁和即将出现的威胁；管理司（Management Directorate，缩写为 MD）的职责包括：部门预算、人力资源、设施、设备和绩效测量活动；科学技术司（Science and Technology Directorate，缩写为 STD），旨在集中国家的科技资产来防止或杜绝针对美国和其同盟国的恐怖主义活动，确定反恐措施。

此外，国土安全部的组织框架还包括美国海岸警卫队和美国特勤局。

美国公民及移民服务局

国土安全部成立后，美国移民暨归化局（Immigration and Naturalization Service，缩写为INS）被一分为二，两部分都转移到新的部门：公民及移民服务局（Bureau of Citizenship and Immigration Services，缩写为BCIS）负责处理移民事务；边境与交通安全委员会（BTSD）负责移民法律的实施工作。[97]美国移民暨归化局成立于1891年，旨在保障游客和移民能够以合法途径进入美国；为那些寻求庇护、申请临时或永久性居民身份的人提供帮助；防止非法移民进入境内或接受非法移民的贿赂；逮捕并遣返非法进入美国或非法滞留美国，或在居住期间对公众造成危害的外国人士；对破坏或共谋破坏联邦移民法的人（其中包括对故意雇佣非法团伙工作的雇主）实施制裁。[98]

更多有关公民及移民服务局的信息，可登录网站http: //uscis.gov/查看。登录该网站可以查看的其他资料包括：公民及移民服务局办事处地址和联系方式；最新的相关法律、法规信息；公民及移民服务局办公人员的国会证词；新的空缺职位和招聘信息；美国移民暨归化局并入到国土安全部的信息。该网站上公开的专有资源包括：《入境事务处三年期综合报告》（*Triennial Comprehensive Report on Immigration*，1999年和2002年）、《美国移民暨归化局统计年鉴》（*Statistical Yearbook of the Immigration and Naturalization Service*，1996—2002年）、最新的《月统计报告》（*Monthly Statistical Report*）、《高技能外籍工人申请H–1B签证报告》（*Report on H-1B Petitions for high-skill foreign workers*，2000年至今）、《特殊职业工人（H–1B）特点报告》（*Report on Characteristics of Specialty Occupation Workers(H-1B)*，2000—2001年），以及学生与交换访问者信息系统（Exchange Vistor Informantion System，缩写为SEVIS），使用该系统可以追踪并监控在美国的非移民学生。

美国海岸警卫队

美国海岸警卫队（U.S. Coast Guard，缩写为USCG），始于1790年，其前身是水陆关税队，1915年更名为海岸警卫队，1967年改属运输部管辖，2003年又改属到国土安全部。[99] 美国海岸警卫队的职能包括：安装和维护美国的导航设备，比如信号灯、浮标和海上无线电信标等；制定并指导实施航海安全计划；出台行政法规，监管美国通航水域内桥梁和堤道程度建造、维护和运行。[100]

通过强制实施联邦法律和走私、贩毒等方面的国际海运协定以及与港口安全相关的规则和法规，美国海岸警卫队负责监管货物装卸作业，进行海港巡逻，检查岸边设施，并在战争时期作为美国海军的分支机构。[101]

登录网站www.uscg.mil/，可了解更多关于美国海岸警卫队的运作和活动信息。该网站可用的资源包括：美国海岸警卫队和运输部官员就海岸警卫队国土防御任务所做的演讲，以及《海岸警卫队封锁移民》（*Coast Guard Migrant Interdictions*，1982年至今）、《封锁外国移民》（*Alien Migrant Interdiction*，1999年）、《跨部门工作小组关于海岸警卫队的角色与任务的报告》（*Interagency Task Force Report on Coast Guard Roles and Missions*，1999年）、《加勒比海毒品走私问题》（*The Drug Smuggling Problem in the Caribbean*，2000年）、《战争时期的海岸警卫队》（*The Coast Guard at War*，2002年）和《港口安全委员会和美国港口安全计划要求准则》（*Guidelines for Port Security Committees and Port Security Plans Required for U.S. Ports*，2002年）等出版物。

美国海关与边境保护局

1789年，美国第一届国会宣布成立了关税区，授权海关人员向美国进口材料征收关税。之后在1927年，海关局成立，作为美国财政部单独的机构，1973年又更名为海关总署。2003年，与国土安全部合并，更名为美国海关与边境保护局（U.S. Customs and Border Protection，缩写为CBP）。[102]

美国海关与边境保护局的职能包括：强制实施海关法和相关法律；征收进口产品税；保护美国人不受国际恐怖主义袭击；拦截并缴获麻醉剂和其他毒品等违禁品；强制实施《银行保密法》和《出口管制法》；拦截非法高科技和武

器的出口。[103]

登录网站 www.cbp.gov/，可以查看不同媒体报道的美国海关与边境保护局的活动信息、如何举报走私活动信息、举报方式、美国海关与边境保护局执法活动的信息，以及毒品禁运与缴获统计信息。该网站公布的其他资源包括："海关－商贸反恐联盟"、"集装箱安全计划"和"海关电子公告板"等网页，以及大量的《海关公告》(*Customs Bulletin*)系列出版物（2000年6月至今）。这些出版物记录了美国海关与边境保护局就海关问题做出的决策、制定的条例和法规。此外，该网站还提供了《美国进口要求》(*U.S. Import Requirements*，未注明出版日期)、《2000—2005财年美国海关服务战略计划》(*U.S. Customs Service Strategic Plan: Fiscal Years 2000–2005*，未注明出版日期）和《美国机构驻外人员》(*Foreign Assembly of U.S. Components*，2001年）等出版物。

联邦执法培训中心

联邦执法培训中心（Federal Law Enforcement Training Center，缩写为FLETC)，成立于1970年，隶属于财政部，负责向70多个联邦执法组织提供跨部门培训资源。此外，该培训中心还负责制定高级计划，以满足反恐计划、举办先进的执法摄影展、负责海上执法工作、开展国际银行业务、严厉打击洗黑钱行为等普通联邦执法需求，为特定州、地方和国家执法人员制定高级培训计划。[104]

联邦执法培训中心的网站 www.fletc.gov/ 刊登了其制定的计划和开展的活动信息。该网站还列出了《培训课程目录（2001—2002年）》(*Training Programs Catalog 2001–2002*，2001年）等出版物和先进的执法摄影培训课程、重大事件反应培训课程、关键基础设施培训课程、陆运反恐培训课程、海港安全反恐培训课程、小型飞机培训课程、反伏击车培训课程，以及大规模杀伤性武器培训课程等信息。

国内防备办公室

国内防备办公室（Office for Domestic Preparedness，缩写为ODP)，由美国国会于1998年组建，隶属美国司法部司法项目办公室管辖。2003年，改属国土安全部管辖。组建国内防备办公室的目的在于：加强州政府和地方政府应对其管辖区域内恐怖事件的能力；减轻恐怖事件造成的后果。国会组建该办公室的主要意图是，授权司法部长帮助州和地方公共安全人员获取专用的设备和培训，以应对和处理大规模杀伤性武器等恐怖主义事件。[105]

国内防备办公室的网站 www.ojp.usdoj.gov/odp/ 提供的信息资源包括：相关的新闻稿、培训和技术辅助信息、设备采购补助计划等详情、申请补助的信息和程序，以及州行政机构和联系人的名单。国内防备办公室的出版物包括：《危机事故协议——公私合作》（*Critical Incident Protocol: A Public and Private Partnership*，2000 年）、《努恩－鲁加－多明尼西 2001 财年国内应急防备装备计划指南和应用工具》（*Fiscal Year 2001 Nunn-Lugar-Domenici Domestic Preparedness Equipment Program Guidelines and Application Kit*，2000 年）、《消除大规模伤亡：马萨诸塞州快速反应系统》（*State and Local Approaches Mass Casualty Decontamination: Massachusetts Rapid Response System*，2001 年）和国内防备办公室《课程目录》（*Course Catalog*，2001 年）。该目录包括：恐怖主义应急反应基本概念等课程，大规模杀伤性武器事件的基本概念和《大规模杀伤性武器事件应急反应培训课程（活病原）》[*WMD Emergency Response Training Course*（*Live Agent*）] 等公报、《第 51 号信息公报：国家援助计划》（*Information Bulletin 51: State Assistance Plans*，2002 年）；《第 64 号信息公报：危机信息管理软件特性比较报告》（*Information Bulletin 64：Crisis Information Management Software Features Comparison Report*，2002 年）和《应急反应指南》（*Emergency Responder Guidelines*，2002 年）。

普拉姆岛动物疾病研究中心

普拉姆岛动物疾病中心（Plum Island Animal Disease Center，缩写为 PIADC），位于长岛和康涅狄格河之间的大西洋上，1954 年该中心由美国陆军改属农业部管辖，1956 年正式归入农业部。该中心最初的建立要源于二战后几年，当时加拿大和墨西哥爆发了口蹄疫，联邦决策者为防止此疾病在美国爆发，而成立了普拉姆岛动物疾病研究中心。[106]

普拉姆岛动物疾病研究中心的任务是：

1. 制定新策略，预防以及控制外来或新兴动物疾病的流行；全面深入理解病原体的性质、易感动物的发病机制、宿主免疫应答；研发新疫苗；研发以及完善诊断性检测方法；

2. 与动物健康国际组织合作，对美国或其他国家中容易感染外来或新兴动物疾病的动物进行诊断性调查；

3. 对进口动物和动物制品进行检测，确保它们无外来动物疾病病原；

4. 评估从爆发流行外来动物疾病的国家进口动物和动物制品的风险；

5. 生产以及维护外来动物疾病诊断性检测使用的材料；

6. 检测以及评估外来动物疾病疫苗，维护北美口蹄疫疫苗库；

7. 对普拉姆岛动物疾病研究中心和其他国内、国外兽医和动物健康专家进行外来动物疾病诊断和识别培训。[107]

普拉姆岛网站 www.ars.usda.gov/plum/ 提供了普拉姆岛动物疾病研究中心行动信息。从该网站上可以查看的资料包括：口蹄疫研究说明、非洲马瘟病毒研究说明、非洲猪瘟病毒研究说明、外来动物疾病和实验室安全规程。

美国特勤局

美国特勤局（U.S. Secret Service）成立于1865年，隶属财政部管辖，主要任务是：预防和调查对美元和债券的伪造，保护总统、副总统及其直系亲属、前总统、美国来访贵宾和在国外执行特别任务的美国官方代表的安全。为美国白宫、总统和副总统其他住宅以及外国驻美外交公寓提供安全保障。[108]

特勤局网站 www.secretservice.gov/ 列出了该机构的发展历程、新闻稿和一些关于特勤局开展的保护、司法和侦查活动信息；列出了代理办事处的名单和联系方式。此外，登录该网站还可下载司法部国家司法研究所开展的一些相关研究，如《威胁评估：预防针对性暴力事件的方法》(*Threat Assessment: An Approach to Prevent Targeted Violence*，1995年)、《保护性情报威胁评估调查：州、地方执法人员指南》(*Protective Intelligence Threat Assessment Investigations: A Guide for State and Local Law Enforcement Officials*，1998年）和一些学术期刊论文，比如，《美国暗杀事件：近期杀手、攻击者和致命人员刺杀研究》(*Assassination in the United States: An Operational Study of Recent Assassins, Attackers, and Near-Lethal Approachers*，1999年）和《目标团体暴力威胁评价：社会心理学的作用》(*Assessing Threats of Targeted Group Violence: Contributions from Social Psychology*，1999年)。

运输安全管理局

运输安全管理局（Transportation Security Administration，缩写为TSA）成立于2001年，隶属于美国运输部，是为应对“9·11恐怖袭击事件”而成立的。[109] 运输安全管理局旨在为美国航空公司的乘客和货物提供安全，2003年3月1日它被移交给国土安全部管辖。[110]

www.tsa.dot.gov/ 网站上提供了大量有关运输安全管理局使命和任务的信息。从该网站可以查看的资源包括：航空客运允许品和违禁品清单、旅行准备小贴士、招聘信息、业务承包商机会、航空安全法律法规一览表、新闻稿和运输安全管理局官员的声明与演讲。

可获得的美国运输部和美国联邦航空管理局（FAA）制定的文件包括，《航空犯罪行为》（*Criminal Acts against Aviation*，1996—2001年）、1997年美国白宫委员会提交的航空安全报告选辑、《提交国会的空运货物安全报告》（*Report to Congress on Air Cargo Security*，1998年）、《航空安全咨询委员会会议记录》（*Aviation Security Advisory Committee Meeting Transcripts*，1995年至今）和运输安全管理局满足国会规定目标的进展更新。

美国司法部

美国司法部（Department of Justice，缩写为DOJ）成立于1870年，其部门长官为司法部长，美国司法部任务是，保障美国法律的施行，在预防犯罪和破坏活动方面发挥重要作用。[111] 登录 www.usdoj.gov/ 网站可以查看美国司法部资源信息和其下属部门信息。

美国司法部中一些负责国家安全政策的部门，如美国公民及移民服务局和国内防备办公室，在2002年末2003年初被转交给了国土安全部。对于其他与国家安全相关的部门仍归美国司法部管辖，这些部门包括计算机犯罪与知识产权局（CCIPS）、缉毒局（DEA）、移民审查执行办公室（EOIR）、联邦调查局（FBI）、总监察长办公室、国家毒品情报中心（NDIC）和情报政策和审查办公室（OIPR）。

计算机犯罪与知识产权处

司法部计算机犯罪与知识产权处（Computer Crime and Intellectual Property Section，缩写为CCIPS）的网站为www.cybercrime.gov。其职责包括，关注计算机与知识产权犯罪、向联邦检察官和执法机构提供建议、提出以及评论相关立法、协调方案以打击国际计算机犯罪以及对执法小组进行培训。计算机犯罪与知识产权处人员应掌握的专业知识包括：加密、电子隐私法规、对计算机的搜查扣押、电子商务、黑客调查和知识产权犯罪。[112]

www.cybercrime.gov/网站上提供的资源包括：司法部长简介视频、联邦计算机犯罪法规链接、最近指控的计算机犯罪法庭判例汇总、新闻稿、计算机犯罪与知识产权处人员所做的演讲和国会证词、网络犯罪举报方式和国际方面打击计算机犯罪所采取的详细活动。

可下载的报告案例有《电子前沿：非法利用互联网的挑战》(*The Electronic Frontier: The Challenge of Unlawful Conduct Involving the Use of the Internet*，2000年)、《计算机记录和联邦证据规则》(*Computer Records and the Federal Rules of Evidence*，2001年)、《〈2001年美国爱国者法案〉中新政府就与计算机犯罪和电子证据相关的现场指导》(*Field Guidance on New Authorities and Obtaining Electronic Evidence in Criminal Investigations in the USA Patriot Act of 2001*，2002年)、《不是纯属娱乐也不是"战争游戏"——青少年与计算机犯罪》(*It's Not Just Fun and "War Games"—Juveniles and Computer Crime*，2001年)、《犯罪调查中搜捕、获取计算机与电子证据》[*Searching and Seizing Computers and Obtaining Electronic Evidence in Criminal Investigations* (2002)]。

反间谍处

反间谍处（Counterespionage Section，缩写为CS)，隶属于美国司法部的刑事局，负责调查涉及国家安全、外国关系、军需品和战略品出口和技术的案件，对这些案件提出诉讼。反间谍处有权起诉涉及间谍、破坏、中立和原子能等刑事犯罪案件。反间谍处负责向美国联邦检察官办公室和侦查机构提供88部影响国家安全的联邦法规，如《涉密案件程序法》和《外国代理人登记法》。[113]

网站www.usdoj.gov/criminal/iss.html提供了ISS活动信息。该网站可用的

资源包括，外国代理人登记法问答和外国代理人登记法规定的《半年度报告》（*Semiannual Report*，1997—2002 年）。

美国缉毒局

美国缉毒局（Drug Enforcement Administration，缩写为 DEA）成立于 1973 年，负责联邦毒品和管制物法律、法规的实施工作。美国缉毒局的主要任务是，侦查各州之间和国际的主要贩毒活动；稽缴毒品贩运所得资产和用于毒品贩运的资产；管理国家毒品情报系统；与联邦、州和地方执法机构协调开展禁毒执法行动；与国外缉毒机构合作打击贩毒活动；交流培训、科学研究和支持贩毒控制与防治信息。[114]

美国缉毒局网站 www.dea.gov/ 提供了此机构制订的方案以及开展的活动信息。网站上提供的资料包括，联邦主要禁毒法，如《管制物品法》；最新案例和主要活动名单；详细的美国缉毒局计划内容说明，如外国合作侦查、取证、情报、洗钱和西南边境行动计划；新闻稿；美国缉毒局官员所做的演讲与国会证词。

美国缉毒局情报报告对于那些致力于研究国际贩毒对国家安全影响的人员帮助特别大。登录美国缉毒局网站可以查看以下相关报告：《香港在贩毒中角色的转变》（*Hong Kong's Changing Role in Drug Trafficking*，1999 年）、《墨西哥海洛因贸易》（*The Mexican Heroin Trade*，2000 年）、《东南亚海洛因价格动态》（*Price Dynamics of Southeast Asian Heroin*，2001 年）、《加勒比海毒品贸易威胁评估》（*The Drug Trade in the Caribbean: A Threat Assessment*，2002 年）、《阿富汗国家概要》（*Afghanistan Country Brief*，2002 年）、《哥伦比亚毒品贸易威胁评估》（*The Drug Trade in Colombia: A Threat Assessment*，2002 年）和《毒品和恐怖主义：一种新视角》（*Drugs and Terrorism: A New Perspective*，2002 年）。

移民审查执行办公室

1983 年，移民审查执行办公室（Executive Office for Immigration Review，缩写为 EOIR）经过美国司法部内部重组而成立，此办公室把移民上诉委员会与移民法官融为一体，归美国公民及移民服务局管辖。[115] 移民审查执行办公室负责管理以及解读联邦移民法律、法规，进行移民法庭审理、上诉审查和个人案件行政听审。这些职责由移民上诉委员会（负责听取对移民法官、美国公民及移民服务局区主任和其他移民官员所做判决的上诉）；移民大法官办事处负责监督美国所有移民法庭和诉讼；首席行政听证官办公室负责受理雇主制裁、文件欺诈和移民就业歧视等案件。[116]

有关移民审查执行办公室活动详情可登录 www.usdoj.gov/eoir/ 网站查询。从该网站可获取的资源包括：法律判决书、模板、招聘信息、新闻稿和当地移民法庭名单以及这些法庭的审理程序。出版物包括，《难民统计资料》（*Asylum Statistics*，分国籍，1997—2001 财年）、《移民法庭诉讼涉密信息》（*Classified Information in Immigration Court Proceedings*，1998 年）、《统计年鉴》（*Statistical Yearbook*，2000—2001 财年）和《移民上诉委员会实践手册》（*Board of Immigration Appeals Practice Manual*，2002 年）。

联邦调查局

联邦调查局（Federal Bureau of Investigation，缩写为 FBI）由美国司法部长于 1908 年成立，司法部长想把美国司法部调查任务交给内部员工处理。联邦调查局除了通过立法或行政举措，明确授权其他联邦机构调查联邦法律违法行为外，自己也负责调查违反联邦法律行为。联邦调查局的职责包括监督各种领域的刑法和民法以及《1947 年国家安全法案》的施行。特别是反恐、反间谍、网络犯罪、国际和国家有组织犯罪、贩毒和金融犯罪等领域法律的实行。除此以外，联邦调查局还负责向地方、州和国外执法机构提供合作服务，如指纹鉴定、取证、警务培训和执法社区在线交流与信息服务等。[117]

《爱国者法案》

该法案是在“9·11 恐怖袭击事件”发生后不久，即在 2001 年 10 月颁布的，法案全名为：《使用适当手段阻止或避免恐怖主义以团结并强化美国的法案》，简称《爱国者法案》（*USA PATRIOT Act*）。颁布此法案旨在预防此类事件再次发生。

《爱国者法案》涉及的内容包括，追踪和搜集刑事调查、外国情报调查和洗钱过程中的通信信息。本法案中的一些刑事规定，允许执法人员注册、捕捉以及追踪电子邮件等电子通信信息；允许相关机构拦截向计算机系统入侵者发送或发出的通信信息；将《1978 年外国情报监视法》中的法官人数由 7 人增至 11 人；允许法庭下令查看营业记录外的任何有形文件；允许财政部颁布法规，证券经纪人和其他财务顾问必须依据此法规上报可疑活动；采取措施打击外国洗钱活动；制定最低的客户身份标准和记录保存要求；鼓励金融企业和执法机构分享疑似洗钱和恐怖活动信息；允许司法部搜集任何联邦罪犯或恐怖主义罪犯 DNA 样本。

《爱国者法案》支持者认为，该法案已进一步成功制止了美国的恐怖袭击活动，但是，反对者却抱怨道，该法案有损公民自由。有关此法案和规定的争论，并不影响此法案的效力。

联邦调查局网站 www.fbi.gov/ 给出了有关 2001 年美国华盛顿地区发生的炭疽攻击事件调查信息、局长及其他官员的国会证词、新闻稿、招聘信息和头号通缉犯的照片与履历资料。

国家安全相关信息资源包括《美国的恐怖主义》（*Terrorism in the United States*，1996—1999 年）、《CONPLAN：美国政府针对国内恐怖主义的机构间行动计划理念》（*CONPLAN: United States Government Interagency Domestic Terrorism Concept of Operations Plan*，2001 年）和《美国国务院认定 35 个国外恐怖组织名单》（*The 35 Groups on the U.S. State Department's Designated Foreign Terrorist Organization List*，2002 年）等出版物。

联邦调查局网站其他值得关注的信息包括，《信息自由法》（*FOIA*，http://foia.fbi.gov/），《信息自由法》章节记录了历史上著名的刑事案件和调查结果。其中在 1999 年发布的记录性资料，如从英国叛逃到苏联的间谍盖伊 · 伯吉斯（Guy Burgess）、唐纳德 · 麦克林（Donald MacLean）和金 · 菲尔比（Kim Philby）的间谍调查报告；关于从美国叛逃到苏联的间谍欧文 · 拉铁摩尔（Owen Lattimore）的相关资料；宝特（Bowtie）调查信息。在本次调查中，英国国防大臣约翰 · 波夫莫（John Profumo）与一名妓女的暧昧关系大白于天下，因该交际花同时还与苏联海军武官有往来，这导致约翰 · 波夫莫在 1963 年断送了自己的政治生涯。此外，《信息自由法》网站还提供了联邦调查局在 2001 年发布的有关大韩航空 007 号航班机在 1983 年遭击落的详细信息。

国家毒品情报中心

国家毒品情报中心（National Drug Intelligence Center，缩写为 NDIC）位于宾夕法尼亚州约翰斯顿，成立于 1993 年。美国总统克林顿在 2000 年签署了一份《一般反毒品情报计划》（*The General Counterdrug Intelligence Plan*），该计划规定国家毒品情报中心为国内战略性反毒品情报的主要中心。该中心的任务是，向国家决策者提供国内战略性反毒品情报，支持法律的实施，支持情报界的反毒行动，制定国家、地区和州毒品威胁评估报告。[118]

有关国家毒品情报中心的信息和其出版物可登录 www.usdoj.gov/ndic/ 网站查看。在线可查询出版物有《三个城市的海洛因分布》（*Heroin Distribution in Three Cities*，2000 年）、《2002 年国家毒品威胁评估》（*National Drug Threat Assessment* 2002，2001 年）、《美加边境毒品威胁评估》（*United States–Canada Border Drug Threat Assessment*，2001 年）、《加州南部地区毒品威胁评估》（*California Southern District Threat Assessment*，2001 年）、《夏威夷毒品威胁评估》（*Hawaii Drug Threat Assessment*，2002 年）和《情报摘要：国家毒品威胁评估——大麻最新情况》（*Intelligence Brief: National Drugs Threat Assessment: Marijuana Update*，2002 年）。

总监察长办公室

司法部总监察长办公室（Office of Inspector General，缩写为 OIG）的任务在于提高美国司法部的经济效益和效率，通过调查在美国司法部项目和业务管理过程中涉嫌金融犯罪、违反合同或刑事犯罪的个人和组织来强制实施民法、刑法、法规和道德标准。[119]

登录 www.usdoj.gov/oig/ 网站可以下载总监察长办公室信息和该办公室做的报告。国家安全相关报告包括，《西南边境巡逻禁毒行动》（*Border Patrol Drug Interdiction Activities on the Southwest Border*，1998 年）；《司法部高层管理挑战》（*Top Management Challenges in the Department of Justice*，2000—2002 年）；《IDENT/IAFIS 集成状态》（*Status of IDENT/IAFIS Integration*，2001 年），其主要针对联邦调查局和美国公民及移民服务局指纹鉴定系统；《机构间主要基础设施保

护计划——基础设施建设保护》(*Departmental Critical Infrastructure Protection Planning for the Protection of Physical Infrastructure*，2001 年)；《边境巡逻，提高北部边境安全的后续报告》(*Follow-Up Report on the Border Patrol's Efforts to Improve Northern Border Security*，2002 年)；《联邦调查局对武器和笔记本电脑的控制》(*The Federal Bureau of Investigation's Control over Weapons and Laptop Computers*，2002 年)；《联邦调查局反恐方案审核：威胁评估、战略规划和资源管理》(*A Review of the Federal Bureau of Investigation's Counterterrorism Program: Threat Assessment, Strategic Planning, and Resource Management*，2002 年)；《国际事务办公室在引渡逃犯方面的作用审查》(*Review of the Office of International Affairs Role in the International Extradition of Fugitives*，2002 年)。

情报政策和审查办公室

情报政策和审查办公室（Office of Intelligence Policy and Review，缩写为 OIPR)，负责向司法部长提供美国国家安全活动方面的建议。情报政策和审查办公室负责依据《1978 年外国情报监视法》编写电子监视和实地搜查应用程序，向其他政府部门提供国家安全法律和政策建议，代表美国司法部组建跨部门委员会，评论影响情报的立法、向司法部长和中央情报局、国防部和联邦调查局等机构提供与国内外情报行动相关的法律、法规和程序问题意见。[120]

情报政策和审查办公室网站 www.usdoj.gov/oipr/ 提供了与该办公室相关的信息和与《向国会提交的年度国外情报监视法报告》(*Annual Foreign Intelligence Surveillance Act Report to Congress*，1996—2001 年）的链接，列明了外国情报监视法庭要求的使用的搜查应用程序数量。

国际事务办公室

国际事务办公室（Office of International Affairs，缩写为 OIA)，负责向司法部长和美国司法部其他高级官员提供国际刑事案件建议，帮助他们处理国际刑事案件；协助调查国际逃犯引渡活动、搜集国际证据；与国务院合作协商国际刑事条约、公约和协议；加入各种联合国委员会和其他国际组织，解决全球执法问题，如贩毒、有组织犯罪、网络犯罪、恐怖主义和洗钱等问题；与选定的外国政府执法机构交换方案。[121]

网站 www.usdoj.gov/criminal/oia.html 给出了国际事务办公室的活动信息、《跨部门国际逃犯前景》等具体方案和与美国司法部出版物的链接，这些出版物包括《司法部对恐怖袭击或与互联网上公布的站外后果分析信息相关的其他犯罪活动的风险增加评估》(*Department of Justice Assessment of the Increased Risk of Terrorist or Other Criminal Activity Associated with Posting Off-Site Consequence Analysis Information on the Internet*，2000 年)。

国务院

1789 年 7 月 27 日，第一届国会宣布成立外交部，后于 1789 年 9 月 15 日，更名为国务院（Department of State）。国务院的职能是，建议总统制定以及实施美国外交政策，保障美国长期安全，提升国际社会的幸福感。美国国务院通过与美国民众、国会和其他美国政府部门不时地进行互动来履行上述职责；与国外政府组织和国际政府组织谈判条约和协议；代表美国参加联合国和其他国际论坛活动。有关国务院项目信息可登录 www.state.gov/ 网站查看。[122]

国务院除了履行传统的外交职能外，还具有制定以及实施国家安全政策的职能。这些政策和描述这些政策的信息资源通常由国务院下属机构，如军备控制局（BAC）、外交安全局（BDS）、国际毒品暨强制法事务局（INL）、防核武扩散局（BN）、外交军事事务局（BPMA）、确认和承诺局（BVC）、反恐协调办公室（CT）、档资办公室、总监察长办公室、防务贸易控制局（DDTC）和战犯议题办公室（OWCI）等来制定。

军备控制局

军备控制局（Bureau of Arms Control，缩写为 BAC），负责制定关于常规武器、生化、核武器等方面的美国外交政策；支持军备控制谈判；实施现有的军备控制协议；向国务卿提供国家安全问题，如核试验和导弹防御等方面的建议。[123]

登录军备控制局网站 www.state.gov/t/ac/ 可以查看更多关于军备控制局的信息。该网站提供的信息资源包括，军备控制和国际安全副国务卿所做的演讲，《导弹防御和威慑力》(*Missile Defense and Deterrence*，2001 年)、《禁止化学武器公约缔约国和签署国》(*Chemical Weapons Convention State Parties and Signatories*，2002 年)、《禁止生物武器公约缔约方和签署方》(*Parties and Signatories of the Biological Weapons Convention*，2003 年 11 月 17 日签署最新公约）和《防御生物恐怖主义》(*Defending against Biological Terrorism*，2002 年）等概括介绍。此外，该网站还包括，常规军备控制办公室、生化武器公约办公室、国际安全谈判办公室、战略防御和战区防御办公室、战略谈判和实施办公室、战略过渡办公室与公共事务和外交办公室等说明。

军备控制局的网站还提供了美国坚持的最新双边军备控制协议和多边军备控制协议，包括《减少核危机中心协议》(*Nuclear Risk Reduction Centers Agreement*，1988 年)、《弹道导弹发射通知协定》(*Ballistic Missile Launch Notification Agreement*，1988 年)、《欧洲常规武装力量条约》(*Convention Forces in Weapons Convention*，1990 和 1996 年)、《禁止化学武器公约》(*Chemical Weapons Convention*，2002 年)、《美俄战略防御削减条约》(莫斯科条约，2002 年)、克林顿政府 1997—2002 年间管理军备控制活动档案和《坚持及遵守军备控制协议》(*Adherence to and Compliance with Arms Control Agreements*，1996—1998 年）与《世界军费开支与武器转让报告》(*World Military Expenditures and Arms Transfers*，1996—1998 年）等报告。

外交安全局

外交安全局（Bureau of Diplomatic Security，缩写为 BDS)，负责保护美国驻世界各地外交机构工作人员、国务卿、美国驻联合国大使和访美外国政要（国家元首除外）的安全，为国内 90 多家国务院机构提供安全保障。 除了上述职责外，外交安全局还负责调查护照和签证欺诈行为、开展人事安全调查、向驻美外国大使馆和领事馆提供帮助，向其下属机构和工作人员提供安全保障。外交安全局自 1916 年由国务卿罗伯特 · 兰辛（Robert Lansing）成立以来一直在从事这方面的活动。[124]

外交安全局网站 www.state.gov/m/ds/ 上提供了很多关于外交安全局计划和行动方面的信息与海外安全顾问委员会网站 www.ds-osac.org/ 的链接。该委员会促进了美国政府与海外经营私营部门、美国公司之间的安全信息交流。外交安全局网站上列举的出版物有，《针对美国人的政治暴力》(*Political*

Violence against Americans，1988—2002年)、《美国人海外事务应急规划指引》(*Emergency Planning Guidelines for American Business Abroad*，1994年)、《全球犯罪问题》(*Issues in Global Crime*，1998年)、《反恐：美国海外企业代表安全建议》(*Countering Terrorism: Security Suggestions for U.S. Business Representatives Abroad*，1999年)和《美国应对生化威胁的策略》(*Responding to a Chemical-Biological Threat in the U.S.*，2001年)。

国际毒品暨强制法事务局

国际毒品暨强制法事务局(Bureau of International Narcotics and Law Enforcement Affairs，缩写为INL)，负责向总统、国务卿、国务院其他部门和美国其他政府部门提供关于政策和方案制定方面的建议，以实现打击国际贩毒和犯罪活动。国际毒品暨强制法事务局的任务是支持国务院动议，减少美国进口非法毒品，最大限度地降低国际犯罪活动对美国和美国公民的影响。除此之外，国际毒品暨强制法事务局制定的反毒品和预防犯罪方案，通过加快实施现代化，要求国外负责反恐活动的刑事司法机构和执法机构支持作战活动，来进行反恐战争。[125]

国际毒品暨强制法事务局网站www.state.gov/g/inl/列举的资源包括，国务院官员提供的国会预算申请和证词、美国国际反毒政策发展通告和新闻稿。信息资源包括以下概括介绍：《跨国有组织犯罪公约和补充协议》(*Convention against Transnational Organized Crime and Supplementary Protocols*，2001年)、《为什么美国人应该关注哥伦比亚计划》(*Why Americans Should Care about Plan Colombia*，2001年)和《贩毒与恐怖主义间的关系》(*The Nexus between Drug Trafficking and Terrorism*，2002年)。国际毒品暨强制法事务局报告包括，年度《国际禁毒策略》(*International Narcotics Control Strategy*，1996—2001年)、《秘鲁调查报告：2001年4月20日秘鲁飞机被击落事件》(*Peru Investigation Report: The April 20, 2001, Peruvian Shootdown Incident*，2001年)、《哥伦比亚航空根除非法可可作物》(*Aerial Eradication of Illicit Cocoa in Colombia*，2002年)和《2001年终端使用监控报告》(*End-Use Monitoring Report 2001*，2002年)，该报告对美国依据国际禁毒工作计划开展的禁毒活动进行了总结。

防核武扩散局

防核武扩散局（Bureau of Nonproliferation，缩写为 BN），在美国预防大规模使用杀伤性武器，如核武器、生化武器和武器导弹运载系统等方面发挥着主导作用；保障了苏联核材料的安全；促进了国际上核安全和材料保护。此外，防核武扩散局还领导美国各部门提高国际常规性武器和军民两用敏感技术转让的监管责任，使国际常规性武器的使用与军民两用敏感技术的转让更加透明化，限制国际常规性武器的使用、限制军民两用敏感技术的转让，赋予美国各部门在处理防核武扩散问题上的跨部门联邦领导权，召集其他国家参与主要防核武扩散谈判和讨论、与国际社会一同参与所有防核武扩散对话。[126]

网站 www.state.gov/t/np/ 提供了防核武扩散局工作人员的演讲和国会证词、防核武扩散政策制定的新闻、美国坚持的主要防核武扩散协议和克林顿执政期间的官方网站链接。同时还提供大量的防核武扩散问题概括介绍，其中包括《不扩散核武器条约：全球性成功》（*The Treaty on the Non-Proliferation of Nuclear Weapons: A Global Success*，2001 年）、《非洲无核武器区》（*African Nuclear Free Weapons Zone*，2001 年）、《高性能产品的出口管制》（*Export Controls on High Performance*，2001 年）、《导弹科技控制度》（*Missile Technology Control Regime*，2001 年）、《核供应国集团》（*Nuclear Suppliers Group*，2001 年）、《防御生物恐怖主义》（*Defending against Biological Terrorism*，2002 年）、《俄罗斯联邦领土内武器——可用裂变材料积累产生的核武扩散风险国家应急计划的持续性》（*Continuation of the National Emergency with Respect to Risk of Nuclear Proliferation Created by the Accumulation of Weapons—Usable Fissile Material in the Territory of the Russian Federation*，2002 年）和美国审计总署提交的报告——《防核武扩散：加强多边出口管制制度的策略》（*Nonproliferation: Strategy Needed to Strengthen Multilateral Export Control Regimes*，2002 年）。

外交军事事务局

外交军事事务局（Bureau of Political-Military Affairs，缩写为 BPMA）负责制定区域安全政策、提供安全援助、开展军备转让、建立信任和安全感、制定人道主义排雷方案、保护主要基础设施、责任分担、开展复杂的应急行动、制定应急规划。外交军事事务局通过管理双边政治—军事关系、与30多个国家开展正式的安全交往活动、维护美国武装部门全球访问权、控制重要军事技术的获取、管理防务贸易控制措施来促进美国国防贸易、向国会报告防御责任分担问题，与其他政府部门和军事机构合作协调，应对军事行动和部署事宜，来推动美国国家安全目标的实现。[127]

更多外交军事事务局活动信息，可登录外交军事事务局网站 www.state.gov/t/pm/ 了解。网站上所列的内容包括，外交军事事务局国际安全事务办公室、应急规划和维护和平办公室、排雷行动计划与合作办公室等部门简介和外交军事事务局官员所做的演讲、新闻稿和1997—2000年间外交军事事务局的活动档案。此外，该网站还提供了以下概括介绍资源：《美洲国家禁止非法制造和贩运火器、弹药、爆炸物及其他有关材料公约》（*The Inter-American Convention against the Illicit Manufacturing of and Trafficking in Firearms*, *Ammunition*, *Explosives*, *and Other Related Materials*，2002年）和《联合国军事支出报告制度》（*United Nations Instrument for Reporting Military Expenditures*，2002年）。可查阅的报告有《安全行走：美国人道主义排雷承诺》（*To Walk the Earth in Safety: The United States Commitment to Humanitarian Demining*，1999—2002年）、《外国军事训练和国防部参与的感兴趣活动》（*Foreign Military Training and DOD Engagement Activities of Interest*，2000—2002年）、《一般性政治报告—军事计划模板：多边复杂应急行动》（*Generic Political Reports Military Plan Format: Multilateral Complex Contingency Operation*，2001年）、《美国防轻武器扩散的方法》（*The U.S. Approach to Combatting the Spread of Small Arms*，2001年）和《美国在中东的人道主义排雷行动：6年进展报告》（*U.S. Humanitarian Mine Action in the Middle East: A Six-Year Progress Report*，2002年）。

确认和承诺局

确认和承诺局（Bureau of Verification and Compliance，缩写为BVC），由国会于2000年成立。确认和承诺局的任务是支持国务卿和副国务卿识别、协商、实施、评估承诺，优化确认军备控制和防核武扩散协议与承诺，完成军备控制和维护国际安全的目标。[128]

登录 www.state.gov/t/vc/ 网站可以查看更多确认和承诺局活动信息。该网站上还给出了军备控制协议和福斯特同行访问学者项目（Foster Fellows Visiting Scholars Program）信息，该项目为生物、工程、历史和军事行动分析领域的学者提供了为国务院工作解决军备控制问题的机会。网站上提供的信息资源包括，副国务卿约翰 · 博尔顿（John Bolton）在 2002 年 11 月 1 日所做的关于“国际上的恐怖主义和大规模杀伤性武器”演讲；最新版《1999—2000 年世界军事开支和军备转让》（*World Military Expenditures and Arms Transfers*, *1999–2000*, 2001 年）；《世界军费开支和武器转让报告》（*World Military Expenditures and Arms Transfers*）档案资料（1996—1998 年）、《坚持及遵守军备控制协议》（*Adherence to and Compliance with Arms Control Agreements*，1996—1998 年）和《军备控制、防核武扩散与裁军研究：向国会提交的年度报告》（*Arms Control*, *Nonproliferation*, *and Disarmament Studies: Annual Report to Congress*，1998—1999 年）。

反恐协调办公室

反恐协调办公室（Coordinator for Counterterrorism，缩写为 CT），负责协调美国所有政府部门的工作、加强这些部门与外国政府部门、负责协调应对国际重大恐怖事件的反恐应急工作小组和国务院反恐工作小组主席之间的合作、制定和实施美国反恐政策。[129]

www.state.gov/s/ct/ 网站上提供了关于美国开展的反恐活动信息，其中包括美国和其他国家重大政策行动公告、司法悬赏计划信息，该计划旨在抓获国际恐怖分子和战争罪犯、美国决策者做的恐怖主义演讲和《第 13224 号总统令：恐怖组织名单》（*Comprehensive List of Terrorist Groups Identified under Executive Order 13224*，2001 年）、《对外应急支援小组》（*Foreign Emergency Support Team*，2002 年）、《外国恐怖组织》（*Foreign Terrorist Organizations*，2002 年）、《禁止恐怖主义方案》（*Terrorist Interdiction Program*，2002 年）和《也门：打击恐怖分子经济成本》（*Yemen: The Economic Costs of Terrorism*，2002 年）。

在反恐协调办公室支持下制定的报告有《21 世纪美国的海外军事力量》（*America's Overseas Presence in the 21st Century*，1999 年）、《责任审查委员会就 1998 年 8 月 7 日在内罗毕和达累斯萨拉姆大使馆爆炸事件的报告》（*Report of the Accountability Review Boards on the Embassy Bombings in Nairobi and Dar es*

Salaam on August 7，*1998*，1999 年）、《外国恐怖组织报告》（*Report on Foreign Terrorist Organizations*，1999 年和 2001 年）、《2000—2001 年全球恐怖主义的格局》（*Patterns of Global Terrorism 2000 and 2001*，2001—2002 年）、《全球反恐战争：前 100 天》（*The Global War on Terrorism: The First 100 Days*，2001 年）和《美国提交联合国反恐委员会的报告》（*U.S. Report to the United Nations Counterterrorism Committee*，2001 年）。

防务贸易控制理事会

防务贸易控制理事会（Directorate of Defense Trade Controls，缩写为 DDTC），隶属于国务院外交军事事务局，主要负责控制美国军火清单（USML）中防御物品和防御物资的出口和临时进口，其中各种军火、坦克和军用车辆、核武设计与测试的设备等武器种类均在此清单中。防务贸易控制理事会的首要任务包括，最后决定防务贸易出口许可申请、处理防务贸易合规性和实施性问题、管理以及报告《军备出口管制法》和《国际武器贸易条例》等规定。[130]

www.pmdtc.org/ 网站上给出了各类防务贸易控制理事会活动信息，其中包括新制定的影响国际武器销售、防御产品许可和相关登记表等公告。公开的信息资源包括：据美国政府《美国联邦法规》中制定的《国际武器贸易条例》（*International Trafficking in Arms Regulations*）、《向美国盟友提供商用卫星通信设备、系统、零件、配件和相关技术资料：出口许可申请表编制指南》（*Commercial Communications Satellite Components*，*Systems*，*Parts*，*Accessories*，*and Associated Technical Data to U.S. Allies: Guidelines for Preparing License Applications for Exports*，2000 年）、《防务贸易控制——1988 年 7 月至 2002 年 3 月公布的被拒贸易方名单》（*Defense Trade Controls—List of Debarred Parties July 1988–March 2002*，2002 年）和《国家禁运参考图表》（*Country Embargo Reference Chart*，2002 年）。

档资办公室

国务院下属的档资办公室（Historian's Office）负责编制和出版《美国外交关系》（*Foreign Relations of the United States*，缩写为 FRUS），该书记录了美国外交政策的官方文件。档资办公室还负责研究以及汇总国务院、其他联邦决策者和公众的外交历史研究结果。[131]

档资办公室网站 www.state.gov/r/pa/ho/ 列出了《美国外交关系》各卷的文本和美国国家安全政策研究人员感兴趣的著作。其中可下载的《美国外交关系》包括,《1945—1950：情报机构的产生》(*1945–1950: Emergence of the Intelligence Establishment*, 1996 年)、《1961—1963 年：第 14 卷 1961—1962 年柏林危机》(*1961—1963: Volume XIV Berlin Crisis*, *1961–1962*, 1993 年)、《1964—1968 年：第 10 卷国家安全政策》(*1964–1968: Volume X National Security Policy*, 2001 年)和《1964—1968 年：第 20 卷 1967—1968 年阿拉伯—以色列争端》(*1964–1968: Volume XX Arab-Israeli Dispute*, *1967–1968*, 2001 年)。

其他国家安全信息资源包括,《克林顿执政期间国务院历史(1993—2001)》(*History of the Department of State during the Clinton Presidency*, *1993–2001*, 2001 年)、《重大恐怖活动简明年表(1961—2001)》(*Significant Terrorist Incidents*, *1961–2001: A Brief Chronology*, 2001 年)和《美国和全球反恐联盟简明年表(2001 年 9 月—12 月)》(*The United States and the Global Coalition against Terrorism*, *September–December 2001: A Brief Chronology*, 2001)。

总监察长办公室

国务院下属的总监察长办公室(Office of Inspector General)属于国务院行动和活动的独立、客观评估部门。此办公室除了致力于推动实施国务院高效、低成本方案和活动外,还负责调查这些方案的舞弊、浪费和渎职事件,并负责将这些事件上报给国务卿和国会。[132]

登录 http: //oig.state.gov/ 网站可以查看更多审计办、监察室、情报安全监管办和调查办公室信息。公布的国家安全议题报告示例有《国务院总部保护涉密文件》(*Protecting Classified Documents at State Department Headquarters*, 1999 年)、《重要基础设施保护：该部门可以加强自己的国际领导力和网络安全》(*Critical Infrastructure Protection: The Department Can Enhance Its International Leadership and Its Own Cybersecurity*, 2001 年)、《涉密联系计划：问题和挑战》(*Classified Connectivity Program: Problems and Challenges*, 2002 年)和《非移民签证签发政策和程序审核》(*Review of Non-Immigrant Visa Issuance Policies and Procedures*, 2002 年)。

战犯议题办公室

战犯议题办公室（Office of War Crimes Issues，缩写为 OWCI），负责向国务卿提供有关美国尝试解决世界各地严重的国际人权暴力事件的建议。这些暴力事件包括反人道罪、灭绝种族和战争犯罪等各类暴行事件。战犯议题办公室协调美国为卢旺达和前南斯拉夫国际刑事法庭提供支援，帮助这些国家建立以及维护其他法庭或司法系统，使违反国际人道主义法的罪犯受到司法制裁。[133]

战犯议题办公室网站 www.state.gov/s/wci/ 列举了很多战犯议题办公室开展的活动信息。其中可下载的资料包括，新闻稿、战犯议题办公室人员所做的演讲和《国际刑事法庭》（*The International Criminal Court*，2002 年）与《头号通缉战犯海报》（*War Crimes Wanted Poster*，2002 年）等概括介绍。从战犯议题办公室克林顿执政档案网站可下载的报告包括《被抹杀的历史：科索沃种族清洗》（*Erasing History: Ethnic Cleansing in Kosovo*，1999 年）和《科索沃种族清洗清单》（*Ethnic Cleansing in Kosovo: An Accounting*，1999 年）。

运输部

运输部（Department of Transportation，缩写为 DOT）成立于 1966 年。主要任务是调整以及有效管理联邦运输计划、制定国家运输政策和计划，实现快速、安全、方便、低成本运输目标。[134]

登录运输部 www.dot.gov/ 网站可以查看更多运输部部门信息。虽然运输部的一些国家安全部门，如海岸警卫队已转交给国土安全部管辖。但是其他部门，如联邦航空管理局、总监察长办公室、海事管理局（MARAD）和负责航空和国际事务的助理部长办公室仍归运输部管辖。

联邦航空管理局

联邦航空管理局，成立于 1958 年，1967 年更名为联邦航空管理局（Federal Aviation Administration，缩写为 FAA），并被划归为运输部。联邦航空管理局的职责包括：保护、维护以及加强航空运输的安全；以加强安全，满足国防需求的方式管理贸易；控制通航空域的使用，以及管理民事和军事航空行动，保证这些活动的安全和效率；开发以及操作军民通用航空管理导航系统；协助执法机构实施管制物品法律、法规，使其符合航空安全要求；管理美国商用空间运输活动。[135]

联邦航空管理局网站 www.faa.gov/ 给出了联邦航空管理局所做的演讲、国会证词以及采取的监管、政策行动信息。此外，还提供了大量的航空安全和国际航空报告和资料，其中包括联邦航空管理局民航通告系列文集，如《AC 108–3：负责筛选美国涉密资料的人员》（*AC 108-3: Screening of Persons Carrying U.S. Classified Material*，1982 年）、《AC 210–5B：军事飞行行动》（*AC 210-5B: Military Flying Activities*，1990 年）和《AC 431.35–1：商业太空发射和再入行动预计伤亡计算》（*AC 431.35-1: Expected Casualty Calculation for Commercial Space Launch and Reentry Missions*，2000 年）。

海事管理局

海事管理局（Maritime Administration，缩写为 MARAD），负责组建和维护美国均衡的商船，支持美国境内外水运业务、鼓励商船在战时作为海军军用船只或执行国家应急任务、确保美国有充足的造船设施、维修设施、高效港口、水陆联运系统和充分的应对全国紧急任务的储备运输能力。[136]

登录 www.marad.dot.gov/ 网站可以查看更多海事管理局计划和活动信息。用户登录该网站还可访问美国船舰安全公告、海事管理局部门职能描述、申请港口安全补贴信息、海事管理局部门最近收到的补贴和款项列表和美国各个港口处理的货物统计资料等资源。详细的出版物包括，《美国海运业务》（*U.S. Waterborne Commerce*，可选择年份）、《海事安全报告》（*Maritime Security Reports*，1995—2001 年）、《国家港口装卸网络》（*National Port Readiness Network*，1997 年）、《1996—1997 年间向国会提交的美国开放港口现状报告》（*A Report to Congress on the Status of the Public Ports of the United States 1996–1997*，1998 年）、《美国海洋运输系统评估》（*An Assessment of the U.S. Marine Transportation System*，1999 年）、《美国对外水上交通》（*U.S. Foreign Waterborne Traffic*，2000—2001 年）、《海事管理局 2001 年年度报告》（*MARAD Annual Report 2001*，2001 年）、《截至 2001 年 4 月 1 日在建的军舰》（*Military Ships under Construction as of April 1, 2001*，2001 年）

和《后备舰队手册》(*Reserve Fleet Manual*，2002 年)。

负责航空和国际事务的助理部长办公室

负责航空和国际事务的助理部长办公室（Office of Assistant Secretary for Aviation and International Affairs）负责制定、审核以及协调国际运输政策、允许美国和外国航空公司参与国际航空运输、对美国现役航空进行航空适应度评价、制定政策支持运输部与外国政府部门开展的双边、多边航空海事谈判工作、制定各种国际运输问题政策、与外国政府部门签订、协调协议，交流最新的科技资料。[137]

登录负责航空和国际事务的助理部长办公室的网站 http: //ostpxwcb.dot.gov/aviation/intro.htm 可以查看更多有关该办公室和办公室行动信息。可查看的资料包括各种国内航空业发展与竞争资源和类似的国际航空资料。代表性样本有《放松大西洋两岸的管制——联盟网络的效应》(*Transatlantic Deregulation: The Alliance Network Effect*，2000 年)、《美国国际航空客货统计资料》(*U.S. International Air Passenger and Freight Statistics*，2000—2001 年)、美国与外国和国际政府组织签订的双边与多边开放领空协议样本、美国参与签订的国际航空协议列表和国内航空业现状与竞争程度资料。

总监察长办公室

运输部总监察长负责审计和调查运输部计划与行动，监督审计和调查工作的执行，预防以及阻止在这些计划中出现舞弊、浪费和滥用职权的行为，审核现行影响运输部的法律、法规以及提供法律、法规建议，确保国会和运输部长全面了解与运输部计划和行动相关的问题。[138]

www.oig.dot.gov/ 网站提供的资料包括，新闻稿、持续调查报道、总监察长办公室官员所做的国会证词和最近向国会提交的半年报告。总监察长办公室制定的国家安全相关报告有《联邦空警计划》(*Federal Air Marshall Program*，1997 年)、《美国海岸警卫队客运枢纽与船舶安全》(*Security for Passenger Terminals and Vessels*，*U.S. Coast Guard*，1998 年)、《国家航空安全检查计划》(*National Aviation Safety Inspection Program*，1999 年)、《总部计算机网络安全》(*Head-Quarters Computer Network Security*，2000 年)、《美国海岸警卫队操作系统中心计算机安全和控制系统》(*Operations Systems Center Computer Security and Controls*, *U.S. Coast Guard*, 2001 年)和《运输部信息安全计划报告》等(*Report on Information Security Program*, *Department of Transportation*, 2002 年)。

财政部

财政部(Department of the Treasury)成立于 1789 年 9 月 2 日,是美国历史最久的联邦行政部门之一。财政部职责涉及各种国内、国际经济问题,包括制定以及提出国内、国际金融、经济和税收政策;管理公债;发行货币;控制受限制国家、个人和美国组织的资产。[139] 登录 www.treas.gov/ 网站可以详细查阅财政部资源。财政部下属的涉及国家安全信息资源的部门包括执行办公室(OE)、海外资产控制办公室(OFAC)和总监察长办公室。

执行办公室

执行办公室(Office of Enforcement,缩写为 OE)由财政部执行副部长领导,负责财政部法律、法规的施行和强化工作。该办公室执行的任务范围包括,反恐融资、反恐、洗钱和金融犯罪、假冒伪造、禁毒、暴力犯罪、经济制裁、培训、关税和贸易执法。[140]

执行办公室网站 www.treas.gov/offices/enforcement/ 给出了组织结构图;与罚没财产执行办公室、金融犯罪执法网和海外资产控制办公室的链接;第 13224 号总统令《阻止恐怖袭击造成资产损失和外国恐怖组织名单》(*Blocking Terrorist Property and Designation of Foreign Terrorist Organizations*, 2001 年至今)的文本;反恐融资悬赏计划信息和《国家反洗钱策略》(*National Money Laundering Strategy*, 2001—2002 年)等报告。

海外资产控制办公室

海外资产控制办公室(Office of Foreign Assets Control,缩写为 OFAC),隶属于财政部执行办公室,美国总统杜鲁门在 1950 年 12 月依据《敌国贸易法》宣布国家进入紧急状态,阻止中国和朝鲜资产进入美国领土时成立。[141] 在接下来的半个世纪中，海外资产控制办公室肩负的责任越来越多。现在肩负的责任包括，管理以及实施经济贸易制裁，将经济贸易制裁视为美国对外政策和国家安全政策目标的一部分，防止某些国外国家、恐怖分子、贩毒者、个人和组织参与大规模杀伤性武器扩散活动。海外资产控制办公室的权力来自战时和国家紧急状态下总统的权力，和国会施加贸易控制和冻结美国境内的外国资产的立法权。许多制裁均是基于联合国或其他国际规定，与盟友政府部门密切合作制定的，这些制裁政策包括多边范围。[142]

海外资产控制办公室网站 www.ustreas.gov/offices/enforcement/ofac/ 给出了详细的美国对外制裁政策信息。提供的资源有海外资产控制办公室冠名即将举办的外国制裁研习；电子邮件订阅服务，通知用户美国制裁政策、法律、法规的变化；表单；对试行条例的评价能力。

此外，还提供了大量的文件资源，包括《伊拉克：应该了解的美国禁运政策》(*Iraq: What You Need to Know about the U.S. Embargo*，1999 年)、《根据许可采购，支付伊拉克原产石油指南》(*Guidance Payments for Iraqi-Origin Petroleum Pursuant to Licensed Purchase*，2000 年)、《防核武扩散：应该了解财政部的限制》(*Nonproliferation: What You Need to Know about Treasury Restrictions*，2001 年)、《毒品：应该了解美国对贩毒者的制裁政策》(*Narcotics: What You Need to Know about U.S. Sanctions against Drug Traffickers*，2002 年)、《金融界外国资产控制法规》(*Foreign Assets Control Regulations for the Financial Community*，2002 年)、《2001 年恐怖分子资产报告：向国会提交的年度报告——恐怖主义国家在美国的资产和国际恐怖主义计划被选定者》(*Terrorist Assets Report Calendar Year 2001: Annual Report to the Congress on Assets in the United States of Terrorist Countries and International Terrorism Program Designees*，2002 年)、《特别指定国民和受封锁人员》(*Specially Designated Nationals and Blocked Persons*，2003 年)、《恐怖主义：应该了解的美国制裁政策》(*Terrorism: What You Need to Know about U.S. Sanctions*，2003 年)和《美国经济制裁：对水手的关注》(*U.S. Economic Sanctions: Concerns for Mariners*，2003 年)。

总监察长办公室

财政部下属的总监察长办公室（Office of Inspector General，缩写为 OIG）

是依据《1988 年总监察长法案修正案》于 1989 年成立的。总监察长办公室负责审计和调查财政部计划，监督审计工作和调查工作的执行，提高这些计划和行动的经济效益、效率和效力，预防以及查处舞弊和滥用职权行为，确保财政部长和国会了解存在的舞弊和滥用职权等问题和缺陷。[143]

www.treas.gov/offices/inspector-general/ 网站上提供了总监察长办公室行动描述信息、举报滥用职权、舞弊或浪费行为办公室热线、国会证词和空缺职位信息。此外，还提供大量的有关国家安全主题的报告，如《美国海关司的诚信监督审查》（*Integrity Oversight Review of the United States Customs Service*，2000 年）、《洗钱：金融犯罪执法网运用人工智能打击洗钱活动之评论》（*Money Laundering: Review of Financial Crimes Enforcement Network's Use of Artificial Intelligence to Combat Money Laundering*，2001 年）、《金融管理：美国特勤局 2001 财年禁毒资金年度报告中包含的声明评论》（*Financial Management: Review of Assertions Included in the United States Secret Service's Fiscal Year 2001 Annual Report of Drug Control Funds*，2002 年）、《禁毒：未实现的远程视频监控系统部署目标》（*Narcotics Interdiction: Remote Video Inspection System Deployment Goals Have Not Beenarch*）。

总统行政办公室

美国宪法授权美国总统为国家武装部队的统帅。[144] 最新 10 年，总统不断通过其总统行政办公室（Executive Office of the President，缩写为 EOP）行使自己在军事和其他问题上的权力，这些办事机构包括，白宫决策机构，如国家安全委员会、公共与预算管理办公室（OMB）、国家毒品控制政策办公室（ONDCP）、科学技术政策办公室（OSTP）、总统关键基础设施保护理事会（PCIPB）和白宫军事办公室（WHMO）。[145] 登录白宫网站 www.whitehouse.gov/ 可以查看更多总统开展的活动和制定的政策信息，登录克林顿总统档案项目网站 www.clinton.archives.gov/ 可以查看克林顿政府活动和政策信息，该网站现由国家档案和记录管理局负责维护。

总统演讲、宣言和总统令

对于研究国家安全政策或各届总统政府其他方面的人员而言，总统演讲、宣言和总统令是非常重要文件。总统演讲会在全国电视直播，演讲内容包括在总统办公室所做的演讲或国会联席会议前所做的年度国情咨文演讲、每周六早晨无线广播演讲、新闻发布会上发表的评论、在到访国家不同地方发表的评论或世界听众前面发表的评论等。乔治 · W. 布什总统所做的国家安全方面的演讲有《总统在联合国大会上就伊拉克的评论》（*President's Remarks at the United Nations General Assembly on Iraq*，2002 年）和《众议院第 H.R.5055 号令：〈2002 年国土安全法〉时发表的评论》（*Remarks by the President at the Signing of H.R. 5005*，*The Homeland Security Act of 2002*，2002 年），这些演讲内容可从白宫网站上下载。总统演讲内容有文字记录和 RealAudio 格式音视频剪辑供公众收听或查看。总统宣言通常都是承认个人、组织和事件历史意义和当代意义的通告，是没有法律效力的。

总统宣言除了在白宫网站上公布外，还会刊登在《联邦公报》（*Federal Register*）上，《联邦公报》由国家档案和记录管理局每周发行一次。最新的总统宣言包括，《2001 年国防运输日和国家运输周》（*National Defense Transportation Day and National Transportation Week*，*2001*，2001 年）、《2002 年普瓦斯基将军纪念日》（*General Pulaski Memorial Day*，*2002*，2002 年）和《2002 年国家雇主支援卫兵和预备役周》（*National Employer Support of the Guard and Reserve Week*，*2002*，2002 年）。

总统令是总统做出的指示，有法律效力，但不需要国会批准。总统令通常针对的是行政分支机构，发布这些总统令旨在履行宪法和法律赋予总统的管理以及领导联邦政府行政分支机构的责任。[146] 总统令也同时公布在《联邦公报》和白宫网站上。总统令包括《关于恐怖主义融资的总统令》（*Executive Order on Terrorist Financing*，2001 年）、《阿富汗战区总统令》（*Afghanistan Combat Zone Executive Order*，2001 年）、《第 10173 号总统令进一步修订与美国船舶、港口和岸边设施安全相关的法规》（*Executive Order Further Amending Executive Order 10173*，*as Amended*，*Prescribing Regulations Relating to the Safeguarding of Vessels*，*Harbors*，*and Waterfront Facilities of the United States*，2002 年）和《国土安全委员会总统令》（*Home Security Council Executive Order*，2002 年）。

白宫网站上列出的其他国家安全出版物有《十年欺瞒与违抗：萨达姆 · 侯赛因对联合国的违抗》（*A Decade of Deception and Defiance: Saddam Hussein's Defiance of the United Nations*，2002 年）、《国土安全国家战略》（*National*

Strategy for Homeland Security，2002 年）、《保护美国人：天花疫苗接种计划》（*Protecting Americans: Smallpox Vaccination Program*，2002 年）和《重建阿富汗》（*Rebuilding Afghanistan*，2002 年）。

国家安全委员会文件

国家安全委员会（NSC）发布的文件是美国国家安全政策的主要资料源。这些文件为联邦机构和部门制定以及实施国家安全政策提供了指导。

由于国家安全委员会直到 1947 年才成立，导致很多文件因名称不同而丢失。在肯尼迪和约翰逊执政期间这些文件被称为国家安全行动备忘录（NSAM）、在里根执政期间被称为国家安全决策指令（NSDD）、在克林顿执政期间被称为总统令（PDD）。在乔治 · W. 布什执政期间这些文件被称为国家安全总统指令（NSPD）和本土安全总统指令（HSPD）增补文件。

国家安全委员会文件一般按总统执政时间编号。很多原稿均可在国家档案或总统图书馆以及相关网站中找到。一些资料或许在纸质《联邦公报》或电子版“美国政府印刷办公室准入网站”上也可找到。美国科学家联盟在其网站 www.fas.org/irp/offdocs/direct.htm 上公布了很多总统国家安全文件，其中包括历史上比较著名的一些文章，如《国家安全委员会第 68 号文件：美国目标和计划》（*NSC 68: United States Objectives and Programs*，1950 年），此篇文章注明了美国在冷战时期拟用对抗苏联的战略。

国家安全委员会

国家安全委员会（National Security Council，缩写为 NSC）依据《1947 年国家安全法案》创建，《1947 年国家安全法案》亦创建了中央情报局和国防部。[147] 国家安全委员会成员包括：担任国家安全委员会主席的总统；副总统；国防部长；国务卿和财政部长。参谋长联席会议主席是国家安全委员会的法定军事顾问。担任国家安全委员会情报顾问和总统国家安全事务助理的中央情报总监[1]也是国家安全委员会的成员。国家安全委员会及其专职人员与总统高级国家安全顾问和内阁成员，共同组成了总统审查国家安全和国外政策事务的首要顾问团。该顾问团对于执行美国国家安全政策给予建议和支持，它也是总统协调这些政策和各种政府机构的主要机构。这主要是通过国家安全决策指令等文件实施的。[148]

国家安全委员会网址为 www.whitehouse.gov/nsc/。可利用的信息包括：机构介绍、国家安全顾问个人简介和《国家安全委员会历史（1947—1997）》（*History of the National Security Council*, *1947–1997*，1997 年）、《美国国家安全战略报告》（*National Security Strategy of the United States of America*，2002 年）、《反击大规模杀伤性武器的国家战略》（*National Strategy to Combat Weapons of Mass Destruction*，2002 年）等报告。克林顿政府的国家安全委员会网址 http: //clinton5.nara.gov/WH/EOP/NSC/html/NSC_Documents.html 上提供了若干信息资源的使用权，如《克林顿政府对关键基础设施保护的政策》（*The Clinton Administration's Policy on Critical Infrastructure Protection*，1998 年）、《新世纪美国国家安全战略》（*A National Security Strategy for a New Century*，1999 年）、《信息系统保护国家战略》（*National Plan for Information Systems Protection*，2000 年）、《国际犯罪威胁评估》（*International Crime Threat Assessment*，2000 年）。克林顿国家安全委员会网站的另一个显著特色是，从 1947 年到 1992 年以时间顺序安排国家安全委员会会议议程主题。

行政管理和预算局

行政管理和预算局（Office of Management and Budget，缩写为 OMB），是根据联邦政府的重组计划于 1939 年在总统行政办公室内部成立的。行政管理和预算局负责审查、规划和协调联邦政府部门和机构中的行政管理项目和项目目标，控制管理联邦政府预算，并为总统提供关于预算草案制定和相关立法颁布的建议。除编制预算草案外，行政管理和预算局还负责协助总统

[1] 编注：在 2005 年 4 月前，中央情报总监是中央情报局的实际领导人；然而“9 · 11 恐怖袭击事件”调查报告显示，美国情报体系需进行整合，因此在 2005 年 4 月 21 日设立国家情报总监，职权范围全面覆盖中央情报总监之责，中央情报总监一职就此废除，降职为中央情报局局长。

清算对拟议立法案的投入、协调机构及各部门投入到拟议立法案工作中，制定监管改革和削减文书工作提案，协助拟议行政命令的编制和批准工作，计划和开发信息系统，为总统提供项目性能数据，提高政府项目经济效益和效率，节省开支。[149]

关于行政管理和预算局的更多信息和其项目与责任可以在网站www.whitehouse.gov/omb/上找到。网站上的材料包括：组织结构图、关于政府监管事宜的信息、统计项目，关于机构运作、信息政策和信息技术的指导方针和决议，来自行政管理和预算局的电子政府信息和监管事务办公室、新闻稿、行政管理和预算局官员的演讲、通告等政策文件和各种预算文件。

许多与国家安全相关的资源和数据都是行政管理和预算局提供的。这些材料中给出了各机构用于武器系统或各种政策指导等项目的预算支出总额。预算支出总额按照联邦财年列出，联邦财年自10月1日至次年9月30日。资料包括：《2005财年美国政府预算》（*Budget of the U.S. Government: Fiscal Year 2005*，2004年）和历史版本，以及1996财年的相关工作，这些资料可在www.gpo.gov/usbudget/上查看；《分析角度：2005财年美国政府预算》（*Analytical Perspective: Budget of the U.S. Government*，*Fiscal Year 2005*，2004年）；《历史表格：2005财年美国政府预算》（*Historical Tables: Budget of the U.S. Government*，*Fiscal Year 2005*，2004年）；《向国会提交的关于联邦政府信息安全改革的2001财年报告》（*Fiscal Year 2001 Report to Congress on Federal Government Information Security Reform*，2001年）；《向国会提交的打击恐怖主义的年度报告》（*Annual Report to Congress on Combatting Terrorism*，2001—2002年）；《应急反应基金支出报告》（*Report on Expenditures from the Emergency Response Fund*，2002年至今），其包括2001年恐怖袭击恢复的紧急追加拨款；《行政管理和预算局向总统和国会提交的2003统计年度最终封存报告》（*OMB Final Sequestration Report to the President and Congress for Statistical Year 2003*，2002年）；《备忘录02–14：2004财年预算的海外打击恐怖主义和国内安全的其他信息要求》（*Memorandum 02-14: Additional Information Requirements for Overseas Combatting Terrorism and Homeland Security for the Fiscal Year 2004 Budget*，2002年）；《备忘录03–04：组织国土安全部决定命令》（*Memorandum 03-04: Determination Orders for Organizing the Department of Homeland Security*，2003年）。

国家毒品管制政策办公室

国家毒品管制政策办公室（Office of National Drug Control Policy，缩写为ONDCP），是根据《1988年国家反毒品法案》建立的。国家毒品管制政策办公室主任由总统任命，并由参议院批准。国家毒品管制政策办公室和其主任的职责包括：为美国毒品控制项目制定政策、目标、重点，并进行性能测试；制定国家毒品控制策略；为总统提供关于参与禁毒行动的联邦机构的组织、管理、预算的和人事变更的建议。[150]

国家毒品管制政策办公室的网站 www.whitehousedrugpolicy.gov/ 上，提供了关于办公室项目和大量报告信息。网站内容包括：需求降低办公室、州和地方事务办公室，以及负责减少供应的副主任的介绍；禁毒媒体活动信息，包括视频剪辑和跳转至 www.theantidrug.com/ 网站（网站上上传了各种电视公益广告）的链接；可卡因和海洛因等毒品影响的概况和描述。网站上公开的信息资源包括：情况说明书和报告，如《使命完成：先进技术已日渐成熟》（*Mission Accomplished: Advanced Technology Pursuit Boat Becomes Operational*，2011 年）、《评估毒品走私的执法行动的威慑作用（1991—1999）》（*Measuring the Deterrent Effect of Enforcement Operations on Drug Smuggling，1991–1999*，2001 年）、《解瘾药和反暴行》（*Counterdrug and Counterterror*，2002 年）、《反毒品和恐怖主义训练》（*Training against Drugs and Terror*，2002 年）、《国家毒品控制战略》（*National Drug Control Strategy*，2002 年）、《可卡因可用性估计（1996—2000）》（*Estimations of Cocaine Availability*，2002 年）、《美国－哥伦比亚倡议》（*U.S.-Colombia Initiative*，2002 年）、《阻断海洛因供应来源》（*Breaking Heroin Sources of Supply*，2002 年）、《国际洗钱和资产没收》（*International Money Laundering and Asset Forfeiture*，2002 年）、《与玻利维亚的双边合作》（*Bilateral Cooperation with Bolivia*，2002 年）和《禁止运营》（*Interdiction Operations*，2002 年）。

国家毒品管制政策办公室网站上还提供了跳转至其他美国政府机构、外国政府和国际政府组织出台毒品政策报告的链接。这些资源介绍了毒品滥用和毒品政策对当地社区和社团及外国的影响，以及个别国家和国际社区的国家安全政策。国家毒品管制政策办公室资源可用于调查毒品交易和国际恐怖主义间的周期性关系。[151]

科学技术政策办公室

科学技术政策办公室（Office of Science and Technology Policy，缩写为OSTP），是依据《1976年国家科技政策、机构和优先领域法》在行政管理和预算局内部建立的。科学技术政策办公室的目的是为总统提供关于联邦计划、政策和项目方面的科学、工程和技术分析。建议覆盖多领域，如国家安全、外交关系、卫生、经济和环境科学等。科学技术政策办公室还协助总统，加强在联邦研究和发展项目的领导力。[152]

科学技术政策办公室网站www.ostp.gov/上提供的信息有：总统科学技术咨询委员会（PCAST）和国家科学技术委员会（NSTC）相关信息、科学技术政策办公室主任演讲和国会证词、联邦研发预算申请文件和活动安排表。国家安全相关的报告或其他资料有：《总统科学技术咨询委员会关于关键基础设施保护的函件》（*PCAST Letter on Critical Infrastructure Protection*，1998年）、《推动联邦实验室发展，迎接21世纪的挑战》（*Improving Federal Laboratories to Meet the Challenges of the 21st Century*，1999年）、《航空安全、安全、效率和环境兼容性国家研发计划》（*National Research and Development Plan for Aviation Safety, Security, Efficiency, and Environmental Compatibility*，1999年）和《联邦邮件管理者与联邦邮件中心急救员备忘录：炭疽菌检测技术的购入》（*Memorandum for Federal Mail Managers and First Responders to Federal Mail Centers: Purchase of Anthrax Detection Technologies*，2002年）。

总统关键基础设施保护理事会

总统关键基础设施保护理事会（President's Critical Infrastructure Protection Board，缩写为PCIPB），是根据2001年10月第13231号总统令成立的，是行政部门网络空间安全的重点部门，负责保证克林顿政府在该领域开展行动。[153]根据总统令要求，总统关键基础设施保护理事会的责任包括：举荐政策、协调项目，保护关键信息系统，使之与紧急备战、通信和实物资产支持系统等美国基础设施兼容。总统关键基础设施保护理事会还负责与私人部门以及地方、州和联邦政府机构合作，共同实现目标。[154]其网站www.whitehouse.gov/pcipb/提供了《网络空间国家安全战略》（*The National Strategy to Secure Cyberspace*，2003

年）和《基础设施和主要资产国家实物保护战略》（*The National Strategy for the Physical Protection of Critical Infrastructure and Key Assets*，2003 年）。

白宫军事办公室

白宫军事办公室（White House Military Office，缩写为 WHMO），与马里兰州的总统休假地戴维营一起成立于 1942 年，同时成立的还有白宫通信局（负责保证总统通信设施的安全性和可靠性）。在随后的几十年里，白宫军事办公室的下属机构大大增多，责任范围也有所扩大，基本上可以概括为：为总统在国内外的活动提供军事支持。[155]

白宫军事办公室相关信息，可从 www.whitehouse.gov/whmo/ 网站获取。尽管该网站上并无公开的白宫军事办公室活动报告，但是白宫军事办公室下属机构活动信息，以及空军一号、戴维营、海军陆战队一号总统直升机、白宫通信局、白宫医疗队和白宫交通局等机构的信息，都是可查看的。

注　释

1. PL 107-296, "To Establish the Department of Homeland Security, and for Other Purposes," 116 U.S. Statutes at Large, 2135–2232.
2. 参见 *U.S. Government Manual, 2002–2003* (Washington, D.C.: National Archives and Records Administration, 2002), 134; and PL 57-87, "An Act to Establish the Department of Commerce and Labor," *32 Statutes of the United States of America, 825*。
3. 出口管理局组织声明，请参见 "Commerce Department Organization Order 10–16," *Federal Register*, 53 (June 7, 1988), 20881–20882。
4. U.S. Department of Commerce, Bureau of Industry and Security, "Commerce Department Renames Agency 'Bureau of Industry and Security,'" (April 18, 2002) (www.bis.doc.gov/news/2002/commercerenames agencybis.htm), accessed November 13, 2003.
5. *U.S. Government Manual, 2001–2002* (Washington, D.C.: National Archives and Records Administration, 2001), 137–138.
6. U.S. Critical Infrastructure Assurance Office, "About Us" (2002), 1 (www.ciao.gov/publicaffairs/about.html), accessed November 13, 2003.
7. U.S. Critical Infrastructure Assurance Office, "White Paper: The Clinton Administration's Policy on Critical Infrastructure Protection: Presidential Decision Directive 63" (1998), 1 (www.ciao.gov/publicaffairs/pdd63.html), accessed November 13, 2003.
8. U.S. Department of Homeland Security, Information Analysis and Infrastructure Protection

Directorate, "The Critical Infrastructure Assurance Office Has Moved to the Department of Homeland Security" (2003), 1 (www.ciao.gov/), accessed November 13, 2003.

9. PL 56-735, "An Act to Establish the National Bureau of Standards," 31 *U.S. Statutes at Large*, 1449–1450.
10. PL 100-418, "To Enhance the Competitiveness of American Industry, and for Other Purposes," 102 *U.S. Statutes at Large*, 1427–1432.
11. *U.S. Government Manual, 2001–2002*, 150.
12. Joe Morehead, *Introduction to United States Government Information Sources*, 6th ed. (Englewood, Colo.: Libraries Unlimited, 1999), 374–375.
13. PL 95-452, "To Reorganize the Executive Branch of the Federal Government and Increase Its Economy and Efficiency by Establishing Offices of Inspector General within the Departments of Agriculture, Commerce, Housing and Urban Development, Interior, Labor, and Transportation, and within the Community Services Administration, the Environmental Protection Agency, the General Services Administration, the National Aeronautics and Space Administration, the Small Business Administration, and the Veterans Administration, and for Other Purposes," 92 *U.S. Statutes at Large*, 1101–1109.
14. U.S. Department of Commerce, Office of Inspector General, "Our Mission" (n.d.), 1 (www.oig.doc. gov/Mission/body_mission.html), accessed November 13, 2003. 对政府总监察长责任的更加详细的说明，将其公开报告，请参见 Thelma Friedes, "Inspector General Reports as Instruments of Government Accountability," *Government Information Quarterly*, 9 (1) (1992): 53–64。
15. 能源部（DOE）简要历史背景，请参见 Terrence R. Fehner, *Department of Energy, 1977–1994: A Summary History* (Washington, D.C.: DOE, 1994)。关于能源部及其下属机构在美国核武库开发中所起作用的官方历史观，请参见 Charles R. Loeber, *Building the Bomb: A History of the Nuclear Weapons Complex* (Albuquerque, N.M.: Sandia National Laboratories, 2002)。
16. PL 95-91, "To Establish a Department of Energy in the Executive Branch by Reorganization of Energy Functions within the Federal Government in Order to Secure Effective Management to Assure a Coordinated National Energy Policy, and for Other Purposes," 91 *U.S. Statutes at Large*, 565.
17. U.S. Department of Energy, Argonne National Laboratory, "America's First National Laboratory" (n.d.), 1 (www.anl.gov/OPA/vtour/ovw.htm), accessed November 13, 2003. 关于阿贡国家实验室的历史概述，请参见 Jack M. Holl, *Argonne National Laboratory, 1946–96* (Urbana: University of Illinois Press, 1997)。
18. U.S. Department of Energy, Argonne National Laboratory, "America's First National Laboratory," 1–2.
19. U.S. Department of Energy, Argonne National Laboratory, "America's First National Laboratory," 1.
20. U.S. Department of Energy, Argonne National Laboratory, "Cutting-Edge Science and Technology Help Safeguard National Security" (2002), 1 (www.anl.gov/OPA/factsheets/e1-02.htm), accessed November 13, 2003.
21. U.S. Department of Energy, Brookhaven National Laboratory, "About Brookhaven" (2002), 1 (www.bnl.gov/bnlweb/about_BNL.htm), accessed November 13, 2003. 布鲁克黑文国家实验室历史，请参见 Robert P. Crease, *Making Physics: A Biography of Brookhaven National Laboratory, 1946–1972* (Chicago: University of Chicago Press, 1999)。
22. Brooking National Laboratory, "Divisions" (2001), 1 (www.bnl.gov/nns/divisions.asp), accessed

November 13, 2003.

23. U.S. Department of Energy, Departmental Representative to the Defense Nuclear Facilities Safety Board, "About Us:Mission and Functions" (n.d.), 1–2 (www.deprep.org/office/), accessed November 13, 2003.
24. PL 95-91, 572–74. 关于能源信息管理局及其出版物的更多背景信息，请参见 Bert Chapman, "Serials of the Energy Information Administration," *Serials Review*, 19 (3) (1993): 53–62; and U.S. Congress, Joint Economic Committee,*Maintaining the Quality* of *Energy Statistics for Economic and Energy Analysis: Studies*, 97th Cong., 2d sess., 1982。
25. U.S. Department of Energy, Idaho National Engineering and Environmental Laboratory, "About the Idaho National Engineering and Environmental Laboratory" (2002), 1, 4 (www.inel.gov/about/), accessed November 13, 2003.
26. U.S. Department of Energy, Los Alamos National Laboratory (LANL), Initiatives for Proliferation Prevention, "Welcome to the Program" (n.d.), 1 (http://ipp.lanl.gov/ipp/ippext.nsf/Welcome?OpenPage), accessed November 13, 2003.
27. U.S. Department of Energy, Pacific Northwest National Laboratory, International Nuclear Safety Program, "Improving the Safety of Soviet-Designed Nuclear Power Plants—Overview" (1999), 1 (http://insp.pnl.gov/?info/brochure/progbroch98a), accessed November 13, 2003.
28. U.S. Department of Energy, Pacific Northwest National Laboratory, International Nuclear Safety Program, "Improving the Safety of Soviet-Designed Nuclear Power Plants."
29. U.S. Department of Energy, Kansas City Plant, "Products and Services" (n.d.), (www.kcp. com/servlet/Content/about/products.ep), accessed November 13, 2003.
30. U.S. Department of Energy, Kansas City Plant, "History" (n.d.), 2 (www.kcp.com/servlet/Content/about/history.ep), accessed November 13, 2003.
31. U.S. Department of Energy, Knolls Atomic Power Laboratory, "Knolls Atomic Power Laboratory" (n.d.), 1 (www.kapl.gov/), accessed November 13, 2003.
32. 关于劳伦斯的描述，见 George B. Kauffman, "Lawrence, Earnest Orlando," in *American National Biography*, vol. 13, ed. John A. Garraty and Mark C. Carnes (New York: Oxford University Press, 1999), 279–282。关于劳伦斯伯克利国家实验室历史起源和历史沿革的概述和分析，请参见 J. L. Heilbron and Robert W. Seidel, *Lawrence and His Laboratory: A History of the Lawrence Berkeley Laboratory* (Urbana: University of Illinois Press, 1989)。
33. U.S. Department of Energy, Lawrence Berkeley National Laboratory, "About Berkeley Lab" (n.d.), 1 (www.lbl.gov/LBL-PID/LBL-Overview.html), accessed November 13, 2003.
34. U.S. Department of Energy, Lawrence Livermore National Laboratory (LLNL), "About the Lab" (2002), 1 (www.llnl.gov/llnl/001index/02about-index.html), accessed November 13, 2003. 劳伦斯利弗莫尔国家实验室历史背景信息，请参见 U.S. Department of Energy, Lawrence Livermore National Laboratory, "About the Lab: Laboratory History" (2002), 1 (www.llnl.gov/llnl/02about-llnl/history.html), accessed November 13, 2003; and Hugh Gusterson, *Nuclear Rites: A Weapons Laboratory at the End of the Cold War* (Berkeley, Calif.: University of California Press, 1996). Examples of congressional oversight of LLNL operations include U.S. Congress, House Committee on Science, Space, and Technology, Subcommittee on Investigations and Oversight, *Administration and Implementation of the Management and Operating Contract for the Lawrence Livermore National Laboratory and the Lawrence Berkeley Laboratory*, 102d Cong., 1st sess., 1991; and U.S. Congress, House Committee on Commerce, Subcommittee on Oversight and Investigations, *Results of Security Inspections at the Department of Energy's Lawrence Livermore National Laboratory*, 106th Cong., 2d sess., 2000。

35. U.S. Department of Energy, Los Alamos National Laboratory, "You Know What They're Doing Down in Los Alamos? UC's First Contract to Operate the Laboratory" (2001), 1 (www.lanl.gov/worldview/ welcome/history/15_uc-contract.html), accessed November 13, 2003. 洛斯阿拉莫斯国家实验室历史，请参见 Jo Ann Shroyer, *Secret Mesa: Inside Los Alamos National Laboratory* (New York: John Wiley and Sons, 1998)。20 世纪 90 年代末期，洛斯阿拉莫斯国家实验室和其他能源部设施的安全故障范围，请参见 U.S. Congress, House Committee on Armed Services, *Security Failures at Los Alamos National Laboratory*, 107th Cong., 1st sess., 2001; U.S. Congress, House Committee on Armed Services, Subcommittee on Military Procurement, *Results of the Department of Energy's Inspector General Inquiries into Specific Aspects of the Espionage Investigation at the Los Alamos National Laboratory*, 106th Cong., 2d sess., 2000; and U.S. Congress, Senate Select Committee on Intelligence, *Loss of National Security Information at* the Los *Alamos National Laboratory*, 107th Cong., 1st sess., 2001. The status of the University of California's stewardship of Los Alamos was uncertain following the late 2002 resignation of lab director John C. Browne, a letter sent from Energy Secretary Spencer Abraham to University of California system president Richard C. Atkinson warning that the university's association with LANL was in jeopardy, and DOE inspector general and congressional committee investigations of financial improprieties by LANL employees, as reported in Edward Walsh, "Los Alamos Lab Chief Quits Amid Criticism," *Washington Post*, January 3, 2003, A17. University of California president Robert Dynes announced in February 2004 that DOE would continue letting the university compete for the Los Alamos contract scheduled to expire September 30, 2005, according to University of California, *Lab Update*, no. 13 (February 27, 2004), 1 (www.universityofcalifornia.edu/news/losalamos/feb04_labupdate.pdf), accessed March 10, 2004。
36. U.S. Department of Energy, Los Alamos National Laboratory, "Message from the Director" (2001), 1–2 (www.lanl.gov/worldview/news/releases/archives/01-062.shtml), accessed November 13, 2003.
37. PL 106-65, "National Defense Authorization Act for Fiscal Year 2000," 113 U.S. *Statutes at Large*, 954–971. 对国家核能安全管理局机构指令的当前描述，请参见 U.S. Department of Energy, National Nuclear Security Administration, "About NNSA" (n.d.), 1 (www.nnsa.doe.gov/about.asp), accessed November 13, 2003。
38. U.S. Department of Energy, National Spent Nuclear Fuel Program, "Mission of the National Spent Nuclear Fuel Program" (2000), 1–2 (http://nsnfp.inel.gov/mission.asp), accessed November 13, 2003.
39. U.S. Department of Energy, National Transportation Program, "Transportation of Radioactive Materials by DOE" (n.d.), 1–5 (http://www.ntp.doe.gov/question_answers.html), accessed November 13, 2003.
40. U.S. Department of Energy, National Transportation Program, "Transportation of Radioactive Materials by DOE," 2–3.
41. U.S. Department of Energy, Nevada Operations Office, "Overview of the Nevada Test Site" (2001), 1 (www.nv.doe.gov/news&pubs/dirpdfs/DOENV705_Overview.pdf), accessed November 13, 2003.
42. U.S. Department of Energy, Nevada Operations Office, "More about the Nevada Test Site" (2000), 1 (www.nv.doe.gov/nts/more.htm), accessed November 13, 2003.
43. U.S. Department of Energy, Nevada Operations Office, "Nevada Test Site" (2002), 1(www.nv.doe.gov/ nts/default.htm), accessed November 13, 2003. 内华达州试验场地环境、安全和健康活动方面的概述 U.S. Department of Energy, U.S. Department of Energy Environment, Safety, and

Health Progress Assessment of the Nevada Test Site (Washington, D.C.: DOE, 1992)。关于美国核武器试验历史概述，请参见 A. Costandina Titus, *Bombs in the Backyard: Atomic Testing and American Politics* (Reno: University of Nevada Press, 1986)。关于内华达州测试场地的图片资料，请参见 Peter Goin, *Nuclear Landscapes* (Baltimore,Md.: Johns Hopkins University Press, 1991)。

44. U.S. Department of Energy, New Brunswick Laboratory, "Our Mission" (n.d.), 1 (www.nbl.doe.gov/ mission/mission.htm), accessed November 13, 2003.
45. U.S. Department of Energy, Office of Nuclear Energy, Science, and Technology, "From the Director:Welcome" (n.d.), 1 (www.nuclear.gov/home/welcome1.html), accessed November 13, 2003.
46. U.S. Department of Energy, Nuclear Explosion Monitoring, Research and Engineering Program, "General Information" (2001), 1–2 (www.nemre.nn.doe.gov/nemre/general_info.htm), accessed November 13, 2003.
47. U.S. Department of Energy, Oak Ridge National Laboratory, "Oak Ridge National Laboratory Fact Sheet" (2002), 1 (www.ornl.gov/ornlhome/fact.pdf), accessed November 13, 2003. 橡树岭国家实验室历史及其运作信息，请参见 Leland Johnson and Daniel Schaffer, *Oak Ridge National Laboratory: The First Fifty Years* (Knoxville: University of Tennessee Press, 1994)。
48. U.S. Department of Energy, "Department of Energy FY 2005 Congressional Budget Request: Laboratory Table" (2003), 6 (www.mbe.doe.gov/budget/05budget/content/labtable/ labtable.pdf), accessed March 8, 2004.
49. U.S. Department of Energy, Oak Ridge National Laboratory, "Nuclear Nonproliferation Program" (n.d.), 1–3 (http://ntr.ornl.gov/programs.html), accessed November 13, 2003.
50. U.S. Department of Energy, Oak Ridge National Laboratory, "Nuclear Science and Technology Division:Mission and Vision" (2002), 1 (www.ornl.gov/sci/nuclear_science_technology/), accessed November 13, 2003.
51. U.S. Department of Energy, Y–12 National Security Complex, "Y–12 Defense Programs" (2002), 1 (www.y12.doe.gov/bwxt/y12/y12-defense.html), accessed November 13, 2003.
52. U.S. Department of Energy, "Today at the Y–12 National Security Complex" (2002), 1 (www.y12.doe. gov/ bwxt/y12/y12-today.html), accessed November 13, 2003.
53. PL 97-425, "An Act to Provide for the Development of Repositories for the Disposal of High-Level Radioactive Waste and Spent Nuclear Fuel, to Establish a Program of Research, Development, and Demonstration Regarding the Disposal of High-Level Radioactive Waste, and Spent Nuclear Fuel, and for Other Purposes," 96 U.S. *Statutes at Large*, 2201.
54. U.S. Department of Energy, Office of Civilian Radioactive Waste Management, "Office of Civilian Radioactive Waste Management" (n.d.), 1 (www.rw.doe.gov/), accessed November 13, 2003.
55. U.S. Department of Energy, Office of Environmental Management, "Learn about the Environmental Management Program" (2002), 1 (www.em.doe.gov/learn.html), accessed November 13, 2003.
56. U.S. Department of Energy, Office of Independent Oversight and Performance Assurance, "Mission and Functions" (n.d.), 1 (www.oa.doe.gov/sase/mission.html), accessed November 14, 2003.
57. PL 95-452, 1101–1109.
58. U.S. Department of Energy, Office of Inspector General, "Welcome to the OIG Web Site" (n.d.), 1 (www.ig.doe.gov/), accessed November 13, 2003.
59. U.S. Department of Energy, Office of Policy and International Affairs, "Office of Policy and

International Affairs" (n.d.), 1 (www.pi.energy.gov/orgsummaries.html), accessed November 13, 2003.

60. U.S. Department of Energy, Office of Policy and International Affairs, "Office of Policy and International Affairs," 2–5.
61. U.S. Department of Energy, Office of Scientific and Technical Information, "Short History of OSTI" (n.d.), 1–3 (www.osti.gov/osthist.html), accessed November 13, 2003.
62. U.S. Department of Energy, Office of Scientific and Technical Information, "Short History of OSTI," 2–3.
63. 参见 James J. Fiore and others, DOE's Office of Site Closure: Progress toward 2006 (Washington, D.C.: Office of Site Closurc, 2001), 1–2 (http://apps.em.doe.gov/closure/Documents/ Publications/ speakers _Papers/fiore-wm01-jan18.pdf), accessed November 13, 2003; and U.S. Department of Energy, Office of Environmental Management, "Site Closure Vision" (n.d.), 1 (http://apps.em.doe.gov/closure/vision.cfm), accessed November 13, 2003。
64. U.S. Department of Energy, Office of Scientific and Technical Information, "Documents Provided at the Secretary's June 27, 1994, Press Conference" (n.d.), 1 (www.osti.gov/html/osti/opennet/document/fulltext. html), accessed November 13, 2003.
65. U.S. Department of Energy, Office of Scientific and Technical Information, "Office of Nuclear and National Security Information Mission Statement" (n.d.), 1 (www.osti.gov/opennet/odmissio.html), accessed November 13, 2003.
66. U.S. Department of Energy, Pacific Northwest Laboratory, "History" (2002), 1 (www.pnl.gov/main/welcome/history.html), accessed November 13, 2003. 关于从抨击性社会文化角度看待西北太平洋实验室参见 Paul Rogat Loeb, *Nuclear Culture: Living and Working in the World's Largest Atomic Complex* (Philadelphia: New Society, 1986)。
67. U.S. Department of Energy, Pacific Northwest Laboratory, "National Security" (2002), 1(www.pnl.gov /main/sectors/national.html), accessed November 13. 2003.
68. 参见 U.S. Department of Energy, Pantex Plant, "Pantex Plant: General Description" (n.d.),1(www.pantex. com/ds/pxgeng.htm), accessed November 13, 2003。关于潘太克斯工厂的背景信息，请参见 A. G.Mojtabai, *Blessed Assurance at Home with the Bomb in Amarillo, Texas* (Albuquerque: University of New Mexico Press, 1986), 47。对潘太克斯工厂运营的管理评估，请参见 W. R. Peters,*Weapons Evaluation Test Laboratory at Pantex: Testing and Data Handling Capabilities of Sandia National Laboratories at the Pantex Plant* (Washington, D.C.: DOE, 1993)。
69. U.S. Department of Energy, Pantex Plant, "Mission Statement" (n.d.), 1–2 (www.pantex.com/ds/pxgend1. htm), accessed November 13, 2003.
70. 参见 U.S. Department of Energy, Sandia National Laboratories, "About Sandia: History" (2002), 1 (www.sandia.gov/about/history/), accessed November 13, 2003; and U.S. Department of Energy, Sandia National Laboratories, "About Sandia: President's Welcome" (2002), 1 (www.sandia.gov/about /welco me/), accessed November 13, 2003。桑迪亚国家实验室历史，请参见 Leland Johnson, *Sandia National Laboratories: A History of Exceptional Service in the National Interest* (Albuquerque, N.M.: Sandia National Laboratories, 1997)。能源部关于实验室管理实务的考评，请参见 U.S. Department of Energy, Office of Environment, Safety, and Health, *Tiger Team Assessment of the Sandia National Laboratories* (Washington, D.C.: DOE, 1991)。
71. U.S. Department of Energy, Sandia National Laboratories, "Capabilities: Homeland Security" (2002), 1 (www.sandia.gov/capabilities/homeland-security/links.html), accessed November 13, 2003.

72. U.S. Department of Energy, Savannah River Site (SRS), "Inside Savannah River" (2002), 1 (http://sro. srs.gov/inside1.htm), accessed November 13, 2003. 关于 SRS 的历史，参见 William P. Bebbington, *History of DuPont at the Savannah River Plant* (Wilmington, Del.: E. I. DuPont de Nemours and Co., 1990). 关于 20 世纪 80 年代 SRS 管理问题的国会调查参见 U.S. Congress, House Committee on Armed Services, Subcommittee on Procurement and Military Nuclear Systems, *P–Reactor Operations at Savannah River,* 100th Cong., 2d sess., 1988; and U.S. Congress, Senate Committee on Armed Services, Subcommittee on Strategic Forces and Nuclear Deterrence, *Reactors at the Savannah River Plant,* 100th Cong., 2d sess., 1988。
73. U.S. Department of Energy, Savannah River Site, "Historical Highlights @ SRS" (2002),1–3 (www.srs.gov/general/about/hilits.htm), accessed November 13, 2003.
74. U.S. Department of Energy, Savannah River Site, "Inside Savannah River," 1–2.
75. PL 94-163, "To Increase Domestic Energy Supplies and Availability; to Restrain Energy Demand; to Prepare for Energy Emergencies; and for Other Purposes," 89 *U.S. Statutes at Large,* 881–890. 各种关于战略石油储备的文献资料，请参见 U.S. Department of Energy, *Technical Safety Appraisal of the Strategic Petroleum Reserve,West Hackberry, Big Hill, New Orleans* (Washington, D.C.: DOE, 1989); U.S. Congress, House Committee on Commerce, Subcommittee on Energy and Power, *Strategic Petroleum Reserve: A Closer Look at the Drawdown,* 106th Cong., 2d sess., 2000; and U.S. Congress, Senate Committee on Energy and Natural Resources, *Strategic Petroleum Reserve: Hearing before the Committee on Energy and Natural Resources, United States Senate, One Hundred Sixth Congress, Second Session, to Conduct Oversight on the Department of Energy's Recent Decision to Release 30 Million Barrels of Crude Oil from the Strategic Petroleum Reserve and the Bid Process Used to Reward Contracts Regarding Same,* 107th Cong., 1st sess., 2001。
76. U.S. Department of Energy, Office of Fossil Energy, Strategic Petroleum Reserve, "Strategic Petroleum Reserve: Crude Oil Assays" (2003), 1 (www.spr.doe.gov/reports/Crude_ Oil_Assays. htm), accessed November 13, 2003.
77. U.S. Department of Energy, Yucca Mountain Project, "History of Nuclear Waste Program" (n. d.), 1 (www.ocrwm.doe.gov/about/history.shtml), accessed November 13, 2003. 关于尤卡山和美国核废料处理的其他背景信息，请参见 U.S. Department of Energy, Yucca Mountain Site Characterization Project, *Why Are Scientists Studying Yucca Mountain?* (Las Vegas, Nev., and Washington, D.C.: Yucca Mountain Site Characterization Project and Government Printing Office, 1995); U.S. Department of Energy, Office of Civilian Radioactive Waste Management, *Yucca Mountain Preliminary Site Suitability Evaluation* (Las Vegas, Nev.: U.S. Department of Energy, Office of Civilian Radioactive Waste Management, 2001); James Flynn and others, *One Hundred Centuries of Solitude: Redirecting America's High-Level Nuclear Waste Policy* (Boulder, Colo.:Westview Press, 1995); and Gerald Jacob, *Site Unseen: The Politics of Siting a Nuclear Waste Repository* (Pittsburgh: University of Pittsburgh Press, 1990)。
78. U.S. Department of Energy, "Abraham Praises U.S. Senate Approval of Yucca Mountain" (July 9, 2002), 1 (www.energy.gov/engine/content.do?PUBLIC_ID=12990&BT_CODE=PR_PRESSRELEASES&TT_ CODE=PRESSRELEASE), accessed November 13, 2003.
79. U.S. Department of Energy, Yucca Mountain Project, "Why Yucca Mountain?" (n.d.), 1(www. ocwr .doe.gov/ymp/about/why.shtml), accessed November 13, 2003.
80. 参见 Tony Mellor, ed., *Congressional Quarterly's Federal Staff Directory: The Executive Branch of the U.S. Government,* 30th ed. (Washington, D.C.: CQ Press, 1999), 887; and U.S.Environmental Protection Agency, *The Guardian: Origins of the EPA* (Washington, D.C.: U.S.

Environmental Protection Agency, 1992)。

81. PL 96-88, "To Establish a Department of Education and for Other Purposes," 93 *U.S. Statutes at Large,* 695.
82. U.S. Department of Health and Human Services, Centers for Disease Control and Prevention (CDC), "About CDC" (2002), 1 (www.cdc.gov/aboutcdc.htm#mission), accessed November 13, 2003. 关于 CDC 的历史，参见 Elizabeth W. Etheridge, *Sentinel for Health: A History of the Centers for Disease Control* (Berkeley: University of California Press, 1992)。
83. PL 71-272, "An Act Making Appropriations for the Department of Agriculture for the Fiscal Year Ending June 30, 1931, and for Other Purposes," 46 *U.S. Statutes at Large,* 422–423. 食品药品监督管理局信息，请参见 Oscar Edward Anderson, *The Health of a Nation: Harvey W.Wiley and the Fight for Pure Food* (Chicago: University of Chicago Press, 1958)。
84. U.S. Department of Health and Human Services, Food and Drug Administration, "FDA's Mission" (1998), 1 (www.fda.gov/opacom/morechoices/mission.html), accessed November 13, 2003。
85. 关于国家灾难医疗系统（NDSM）机构指令介绍的信息，请参见 the NDMS homepage (http://ndms. dhhs.gov/), accessed November 14, 2003。
86. 参见 OEMS homepage (http://ndms.dhhs.gov/)。
87. 国立卫生研究院（NIH）任务简介，请参见 U.S. Department of Health and Human Services, National Institutes of Health, "The NIH Almanac" (2002), 1 www.nih.gov/about/almanac/), accessed November 13, 2003。国立卫生研究院建制历史，请参见 Victoria Angela Harden, *Inventing the NIH: Federa Biomedical Research Policy, 1887–1937* (Baltimore,Md.: Johns Hopkins University Press, 1986)。
88. U.S. Department of Health and Human Services, National Institute of Allergy and Infectious Diseases, "Overview" (2002), 1 (www.niaid.nih.gov/facts/overview.htm), accessed November 11, 2003.
89. U.S. Centers for Disease Control and Prevention, National Center for Environmental Health, "Strategic National Stockpile" (2003), 1–4 (www.bt.cdc.gov/stockpile/), accessed November 11, 2003.
90. U.S. Department of Health and Human Services, Office of Inspector General, "OIG Mission" (n.d.), 1 (http://oig.hhs.gov/organization/OIGmission.html), accessed November 13, 2003.
91. U.S. Department of Health and Human Services, Office of Inspector General, "Department of Health and Human Services Office of Inspector General Fiscal Year 2003 Budget Request" (2002), 3 (http://oig.hhs.gov/testimony/docs/2002/020305fin.pdf), accessed November 13, 2003.
92. P.L. 107–296, "An Act to Establish the Department of Homeland Security, and for Other Purposes," 116 *U.S. Statutes at Large,* 2135–2321.
93. 国土安全部建制组织内容，请参见 President of the United States, *Department of Homeland Security Reorganization Plan* (2002), 1–16 (www.whitehouse.gov/news/releases/2002/11/reorganization_plan.pdf), accessed November 13, 2003。
94. U.S. Animal and Plant Health Inspection Service, "A 25-Year Retrospective of the Animal and Plant Health Inspection Service" (1997), 3 (www.aphis.usda.gov/oa/pubs/aphis_25yrretro.html), accessed March 9, 2004.
95. U.S. Department of Agriculture, Animal and Plant Health Inspection Service, "Welcome to the Animal and Plant Health Inspection Service Website!" (n.d.), 1 (www.aphis.usda.gov/lpa/about/welcome.html), accessed November 13, 2003.
96. President of the United States, *Department of Homeland Security Reorganization Plan,* 4.

97. President of the United States, *Department of Homeland Security Reorganization Plan,* 2–3.
98. *U.S. Government Manual, 2002–2003,* 268。
99. *U.S. Government Manual, 2002–2003,* 309. 参见 Paul A. Powers, *They That Go Down to the Sea: A Bicentennial Pictorial History of the United States Coast Guard* (Springfield,Va.: U.S. Coast Guard Chief Petty Officers Association, 1990). 海岸警卫队作战历史，请参见 *Record of Movements: Vessels of the United States Coast Guard: 1790–December 31, 1933* (Washington, D.C.: U.S. Coast Guard, Office of the Assistant Commandant, 1989).
100. *U.S. Government Manual, 2002–2003,* 310
101. *U.S. Government Manual, 2002–2003,* 310–311.
102. *U.S. Government Manual, 2002–2003,* 340. 美国海关历史，请参见 Carl E. Prince and Mollie Keller, *The U.S. Customs Service: A Bicentennial History* (Washington, D.C.: Department of the Treasury, U.S. Customs Service, 1989); and U.S. Customs Service, *U.S. Customs Service: Protectors of Independence since 1789* (Washington, D.C.: Department of the Treasury, U.S. Customs Service, 1998)。
103. *U.S. Government Manual, 2002–2003,* 340–341.
104. *U.S. Government Manual, 2002–2003,* 342.
105. U.S. Department of Justice, Office of Justice Programs, Office for Domestic Preparedness, "About ODP" (2002), 1 (www.ojp.usdoj.gov/odp/about/overview.htm), accessed November 13, 2003.
106. U.S. Department of Agriculture, Agricultural Research Service, "USDA Research at the Plum Island Animal Disease Center" (1995), 1–3 (www.ars.usda.gov/plum/forum1295.htm), accessed November 13, 2003.
107. U.S. Department of Agriculture, Agricultural Research Service, "Mission at Plum Island" (n.d.), 1–2 (www.ars.usda.gov/plum/USDAmission.html), accessed November 13, 2003.
108. *U.S. Government Manual, 2002–2003,* 345. 美国特勤局历史性概述，请参见 Marcia Roberts, *Moments in History* (Washington, D.C.: Department of the Treasury, U.S. Secret Service, 1990); and Philip H. Melanson, *Secret Service: The Hidden History of an Enigmatic Agency* (New York: Carroll and Graf Publishers, 2002)。特勤局历史时间轴（包括 1901 年，在威廉 · 麦金莱总统暗杀事件后，开始承担保护总统的职责），参见 U.S. Secret Service, "Secret Service History—Timeline" (2002), 1(www.secretser vice.gov/history.shtml), accessed November 13, 2003。
109. PL 107-71, "To Improve Aviation Security, and for Other Purposes," 115 *U.S. Statutes at Large,* 597–647.
110. President of the United States, *Department of Homeland Security Reorganization Plan,* 3–4.
111. *U.S. Government Manual, 2002–2003,* 258.
112. U.S. Department of Justice, Computer Crime and Intellectual Property Section, "What Does CCIPS Do?" (2002), 1 (www.cybercrime.gov/ccips.html), accessed November 13, 2003.
113. U.S. Department of Justice, Criminal Division, "Counterespionage Section" (n.d.), 1(www.usdoj.gov/ criminal/iss.html), accessed November 13, 2003.
114. *U.S. Government Manual, 2002–2003,* 269. 美国缉毒局活动评估，请参见 U.S. Congress, House Committee on Government Reform, *The Drug Enforcement Administration: Were Criminal Investigations Swayed by Political Considerations?,* 107th Cong., 1st sess., 2001; and U.S. General Accounting Office, *Seized Drugs and Weapons: DEA Needs to Improve Certain Physical Safeguards and Strengthen Accountability* (Washington, D.C.: U.S. General Accounting Office, 1999。
115. U.S. Department of Justice, Executive Office for Immigration Review, "Background Information"

(n.d.), 1 (www.usdoj.gov/eoir/background.htm), accessed November 13, 2003.

116. U.S. Department of Justice, Executive Office for Immigration Review, "Responsibilities" (n.d.), 1 (www.usdoj.gov/eoir/responsibilities.htm), accessed November 13, 2003.

117. 联邦调查局（FBI）简介，请参见 *U.S. Government Manual, 2002–2003,* 266; and U.S. Department of Justice, Federal Bureau of Investigation, *FBI Facts and Figures: A Compendium of General Information about the Federal Bureau of Investigation* (Washington, D.C.: FBI, 1996)。

118. U.S. Department of Justice, National Drug Intelligence Center, "About NDIC" (n.d.), 1–4(www.usdoj. gov/ ndic/tri1.htm), accessed November 13, 2003.

119. U.S. Department of Justice, Office of the Inspector General, "Introduction" (n.d.), 1 (www.usdoj.gov/ oig/igintro.htm), accessed November 13, 2003.

120. U.S. Department of Justice, Office of Intelligence Policy and Review, "Office of Intelligence Policy and Review" (2002), 1 (www. usdoj.gov/oipr/), accessed November 13, 2003.

121.U.S. Department of Justice, Criminal Division, Office of International Affairs, "Office of International Affairs" (n.d.), 1 (www.usdoj.gov/criminal/oia.html), accessed November 13, 2003.

122. *U.S. Government Manual, 2002–2003,* 289. 历史背景信息，请参见 Elmer Plischke, *U.S. Department of State: A Reference History* (Westport, Conn.: Greenwood Press, 1999); and David F. Trask, *A Short History of the U.S. Department of State, 1781–1981* (Washington, D.C.: U.S. Department of State, Bureau of Public Affairs, 1981)。

123. U.S. Department of State, Bureau of Arms Control, "Bureau of Arms Control" (n.d.), 1(www.state. gov/t/ac/), accessed November 13, 2003.

124. 外交安全历史渊源，请参见 U.S. Department of State, Bureau of Diplomatic Security, "Overview: Keeping American Diplomacy Safe" (n.d.), 1(www.state.gov/m/ds/about/overview/), accessed November 13, 2003; and U.S. Department of State, Bureau of Diplomatic Security, "A Brief History" (n.d.), 1 (http://www.state.gov/m/ds/about/history/), accessed November 13, 2003。

125. U.S. Department of State, Bureau of International Narcotics and Law Enforcement Affairs, "Bureau of International Narcotics and Law Enforcement" (n.d.), 1 (www.state.gov/g/inl/), accessed November 13, 2003.

126. U.S. Department of State, Bureau of Nonproliferation, "Bureau of Nonproliferation" (n.d.), 1 (www. state.gov/t/np/), accessed November 13, 2003.

127. U.S. Department of State, Bureau of Political-Military Affairs, "Bureau of Political-Military Affairs," (n.d.), 1 (www.state.gov/t/pm/), accessed November 13, 2003.

128. U.S. Department of State, Bureau of Verification and Compliance, "Bureau of Verification and Compliance" (n.d.), 1 (www.state.gov/t/vc/), accessed November 13, 2003.

129. U.S. Department of State, Counterterrorism Office, "Counterterrorism Office" (n.d.), 1 (www. state.gov/s/ct/), accessed November 13, 2003.

130. U.S. Department of State, Office of Defense Trade Controls, "Defense Trade Controls— Who We Are" (n.d.), 1 (www.pmdtc.org/whoweare.htm), accessed November 13, 2003.

131. U.S. Department of State, Office of the Historian, "Office of the Historian" (n.d.), 1 (www.state. gov/r/pa/ho/), accessed November 13, 2003.

132. U.S. Department of State, Office of Inspector General, "OIG's Mission" (n.d.), 1(http:// oig.state. gov/about/), accessed November 13, 2003.

133. U.S. Department of State, Office of War Crimes Issues, "Office of War Crimes Issues" (n.d.), 1 (www.state.gov/s/wci/), accessed November 13, 2003.

134. *U.S. Government Manual, 2002–2003,* 306. 关于运输部（DOT）的其他背景信息，请参见 U.S. Department of Transportation, Bureau of Transportation Statistics, *The Changing Face of Transportation* (Washington, DC: U.S. Department of Transportation, Bureau of Transportation Statistics, 2000); and Donald Robert Whitnah, *U.S. Department of Transportation: A Reference History* (Westport, Conn.: Greenwood Press, 1998)。
135. *U.S. Government Manual, 2002–2003,* 312.
136. U.S. Department of Transportation,Maritime Administration, "MARAD's Mission" (n.d.), 1 (www.marad.dot.gov/Offices/mission.html), accessed November 13, 2003.
137. *U.S. Government Manual, 2002–2003,* 306, 308.
138. U.S. Department of Transportation, Office of Inspector General. *Semiannual Report to Congress: April 1, 2001–September 30, 2001* (Washington, D.C.: DOT, 2001), 5.
139. *U.S. Government Manual, 2002–2003,* 336. 关于财政部及其运作更多的信息，参见 Gene and Clare Gurney, *The United States Treasury: A Pictorial History* (New York: Crown, 1978); and U.S. Congress, House Committee on Ways and Means, Subcommittee on Oversight, *Department of the Treasury's Efforts to Address Money Laundering,* 104th Cong., 1st. sess., 1995。
140. U.S. Department of the Treasury, Office of Enforcement, "Mission" (n.d.), 1(www. treas.gov/offices/enforcement/), accessed November 13, 2003.
141. U.S. Department of the Treasury, Office of Foreign Assets Control, "Frequently Asked Questions" (2002), 2 (www.treas.gov/offices/enforcement/ofac/faq/), accessed November 13, 2003.
142. U.S. Department of the Treasury, Office of Foreign Assets Control, "Mission" (n.d.), 1(www. ustreas.gov/offices/enforcement/ ofac/), accessed November 13, 2003.
143. U.S. Department of the Treasury, Office of the Inspector General, "Mission" (n.d.), 1(www.treas. gov/offices/inspector-general/), accessed November 13, 2003.
144. United States Constitution, Article II, Section 2, Clause 1.
145. 很多学术评估项目都将总统权力的执行和分析作为主题，且这种项目的数量也越来越多。例如，参见 Lyn Ragsdale and John J. Theis III, "The Institutionalization of the American Presidency, 1924–1992," *American Journal of Political Science,* 41 (4) (1996): 1280–1318; Peri Arnold, *Making the Managerial Presidency:Comprehensive Reorganization Planning, 1905–1980* (Princeton, N.J.: Princeton University Press, 1986);Michael A. Genovese, *The Power of the American Presidency: 1789–2000* (New York: Oxford University Press, 2001); Forrest McDonald, *The American Presidency: An Intellectual History* (Lawrence: University Press of Kansas, 1994); and Sidney M.Milkis, *The American Presidency: Origins and Development, 1776–1990* (Washington, D.C.: CQ Press, 1990)。
146. U.S. National Archives and Records Administration, Office of the Federal Register, *The Federal Register: What It Is and How to Use It* (Washington, D.C.: Government Printing Office,1992), 32.
147. PL 80-253, "To Promote the National Security by Providing for a Secretary of Defense; for a National Military Establishment; for a Department of the Army, a Department of the Navy, and a Department of the Air Force; and for the Coordination of the Activities of the National Military Establishment with Other Departments, and Agencies of the Government Concerned with the National Security," 61 *U.S. Statutes at Large,* 495–499. 其他历史背景信息和国家安全委员会活动评论，请参见 U.S. Department of State, Office of the Historian, *History of the National Security Council, 1947–1997* (Washington, D.C.: U.S. Department of State, Office of the Historian, 1997) (www.whitehouse.gov/nsc/history.html), accessed November 13, 2003; U.S. Central Intelligence Agency, *Organizational History of the National Security Council during*

the Truman and Eisenhower Administrations (Washington, D.C.: National Security Council, 1988); Bromley K. Smith, *Organizational History of the National Security Council during the Kennedy and Johnson Administrations* (Washington, D.C.: Central Intelligence Agency, 1988); and Mark M. Lowenthal, *The National Security Council: An Organizational History* (Washington, D.C.: Library of Congress, Congressional Research Service, 1978). For a nongovernmental perspective, see John Prados, *Keepers of the Keys: A History of the National Security Council from Truman to Bush* (New York:Morrow, 1991)。

148. U.S. National Security Council, "Establishment of the National Security Council" (n.d.)(www.whitehouse.gov/nsc/), accessed November 13, 2003.

149. *U.S. Government Manual, 2002–2003,* 96, 98. 更多关于管理和预算办公室的背景和分析信息，请参见 U.S. Congress, Senate Committee on Governmental Affairs, *Office of Management and Budget: Evolving Roles and Future Issues,* 99th Cong., 2d sess., 1986; Richard Rose,*Managing Presidential Objectives* (New York: Free Press, 1976); Larry Berman, *The Office of Management and Budget and the Presidency, 1921–1979* (Princeton, N.J.: Princeton University Press, 1979); and Frederick C.Mosher, *A Tale of Two Agencies: A Comparative Analysis of the General Accounting Office and the Office of Management and Budget* (Baton Rouge: Louisiana State University Press, 1984)。

150. *U.S. Government Manual, 2002–2003,* 99.

151. 国会对这种关联的最新探索，请参见 U.S. Congress, House Committee on International Relations, *International Global Terrorism: Its Links with Illicit Drugs as Illustrated by the IRA and Other Groups in Colombia,* 107th, 2d sess., 2002。

152. *U.S. Government Manual, 2002–2003,* 101. 参见 Daryl E. Chubin, *Peerless Science: Peer Review and U.S. Science Policy* (Albany: State University of New York Press, 1990); Hugh Davis Graham and Nancy Diamond, *The Rise of American Research Universities: Elites and Challengers in the Postwar Era* (Baltimore,Md.: Johns Hopkins University Press, 1997); Alfred K.Mann, *For Better or for Worse: The Marriage of Science and Government in the United States* (New York: Columbia University Press, 2000); and Gregg Herken, *Cardinal Choices: Presidential Science Advising from the Atomic Bomb to SDI* (Stanford, Calif.: Stanford University Press, 2000)。

153. U.S. President's Critical Infrastructure Protection Board, *National Strategy to Secure Cyberspace* (Washington, D.C.: President's Critical Infrastructure Protection Board, 2003), 2(www. white house .gov/pcipb/cyberspace_strategy.pdf), accessed November 13, 2003.

154. President of the United States, "Executive Order on Critical Infrastructure Protection" (2002), 1–2 (www.whitehouse.gov/news/releases/2001/10/20011016-12.html), accessed November 13, 2003.

155. U.S.White House Military Office, "History of White House Military Office" (n.d.), 1 (www.whitehouse.gov/whmo/history.html), accessed November 13, 2003

[第 4 章]

军事机构

军事出版物是国家安全政策非常重要的资料来源。这些出版物是军队联合作战司令部、美国空军（USAF）、美国陆军、美国海军陆战队（USMC）和美国海军（USN）等独立军种，以及武装部队下属组织出版的。这些资料来源包括：武器系统说明、图片、音视频短片、军事条令和策略声明、军事问题和国际安全趋势分析、预算数据、统计分析、致死毒素的医学治疗，以及科学研究发现等。

在联邦政府托管图书馆和军事网站上，有美军提供的大量出版资料。但“9 · 11 恐怖袭击事件”发生之后，出于安全考虑，有些信息已被删除。[1] 虽然网站上列出了一些军事机构，但有些信息并未对外公开，只有 .gov 或 .mil 域名的网站才可以访问。此外，“https”可用来访问某些网站，而“www”却不能，这是那些使用安全套接层（Secure Sockets Layer，缩写为 SSL）的军事机构，为了增强其网站的安全性而采取的措施。在某些情况下，用户需要在访问这些网站前匿名注册，以确保其计算机带有必备的 SSL 保护功能。

联合作战司令部

联合作战司令部（Unified Combatant Commands），负责美国战斗部队的作战控制。它是依据地理位置组织而成的独立司令部，其成员应来自两个或两个以上的军种，承担各种大型持续任务。该司令部属于国家指挥系统（以总统为首，国防部长和联合总司令共同参与领导）。总统和国防部长发布命令和其他指示，通过参谋长联席会议主席传达给司令。[2]

自 2004 年初开始，已设置 9 个联合司令部：中央司令部（CENTCOM）、欧洲司令部（USEUCOM）、联合部队司令部（USJFCOM）、北方司令部（NORTHCOM）、太平洋司令部（PACOM）、南方司令部（SOUTHCOM）、特种作战司令部（SOCOM）、战略司令部（STRATCOM）和运输司令部（TRANSCOM）。这些司令部分布在全球各地。联合司令部计划于 2002 年组建，目的是更好地协调各个司令部之间的工作。

军事缩略词

军事科学中的各个方面会用到很多缩略词，如组织机构、武器系统、战略、规划文件，以及其他方面。这些军事缩略词包括：

AAIFF——空对空敌友识别

CFE——欧洲常规武装力量条约；通信前端

JSTARS——联合监视目标攻击雷达系统

MCR——军事指挥部

NAVSPAWAR——海军空间与海上作战系统司令部

在印第安纳大学与普渡大学印第安纳波里斯联合分校图书馆的网站 www.ulib.iupui.edu/subjectareas/gov/military.html 上，有一些关于军事缩略词词汇表的链接。

中央司令部

中央司令部（CENTCOM）位于佛罗里达州坦帕市的麦克迪尔空军基地，由军事人员组建而成，其触角从中亚地区一直延伸到非洲之角。中央司令部于 1983 年 1 月 1 日正式开始运营，目的是加强区域稳定性，保证区域安全。这些目标的实现依靠的是战斗训练 [比如，每两年与埃及军队进行“灿烂之星”（Bright Star）演习]、各种人道主义和安全援助计划，以及对该地区各国军事人员进行的综合培训和教育。[3]

中央司令部的网站 www.centcom.mil/ 上传了关于 2003 年 1 月五角大楼的一个幻灯片，简要讲述了萨达姆 · 侯赛因破坏伊拉克油田的意图，还包括一些相关的新闻稿、美国对阿富汗采取的“持久自由行动”（Operation Enduring Freedom）和“伊拉克自由行动”（Operation Iraqi Freedom）的资料，阿富汗

“森蚺行动”(Operation Anaconda)战斗视频片段，以及中央司令部指挥官演讲和新闻发布会等内容。

欧洲司令部

欧洲司令部（European Command，缩写为 USEUCOM）成立于 1952 年，责任区为欧洲和地中海 12 个国家以及当时分裂的柏林。[4] 在随后的 50 年中，欧洲司令部的势力范围扩大到非洲和欧洲大部分。目前，其管辖区包括 91 个国家，八万英里长的海岸线，面积超过 1400 万平方英里（约 2253 万平方千米，从挪威到南非）。[5] 欧洲司令部位于德国的斯图加特市，网站 www.eucom.mil/ 提供了相关活动的说明，还有一些网址链接，可跳转至其势力范围内各个国家的资料。具体的公开出版物包括：《参谋部备忘录 55–1：欧洲司令部总部战斗参谋作战》（*Staff Memorandum 55-1: HQ USEUCOM Battle Staff Operations*，1997 年）、《指令 40–5：国际情报联系和安排》（*Directive 40-5: International Intelligence Contacts and Arrangements*，2000 年）、《安全意识》（*Security Awareness*，2001 年）、《美国武装部队在欧洲和非洲缔约活动名录》（*Directory of United States Armed Forces Contracting Activities in Europe and Africa*，2002 年）、《2002 年美国欧洲指挥部备战和参展策略》（*2002 United States European Command Strategy of Readiness and Engagement*，2002 年）和《2003 财年欧洲司令部态势报告》（*FY 2003 US EUCOM Posture Statement*，2002 年）。

联合部队司令部

联合部队司令部（Joint Forces Command，缩写为 USJFCOM）位于弗吉尼亚州的诺福克，它作为美军转型实验室，发展和测试理念、协助军事领导人进行培训，提升武装力量，以增强美军联合作战能力方面起着关键的作用。[6] 大西洋司令部建于 1947 年，责任区为环大西洋地区，1999 年 10 月更名为联合部队司令部，以突出其在美国军事力量转型方面所起的主导作用。[7]

通过其网站 www.jfcom.mil/，可查看联合部队司令部的历史渊源和持续不断的发展情况，以及一些相关的新闻稿、《联合部队司令部术语表》（*Joint Forces Command Glossary*）等出版物、联合部队司令部研发的全球指挥控制系统——集成智能化与整合化的作战净评估工具、战区医疗信息规划系统、联合自动化单一防御方案，以及特殊侦察用的自动化地面传感系统。

北方司令部

北方司令部（Northern Command，缩写为 NORTHCOM）位于科罗拉多州科泉市的彼得森空军基地，负责保护通往美国、加拿大和墨西哥的海陆空航道及周围海域（向外延伸 500 英里，包括墨西哥湾、波多黎各和美国维尔京群岛）不受军事袭击。[8] 北方司令部的起源可追溯到 1946 年，并于 2002 年 10 月 1 日确定了其现在的职责和形式。[9]

北方司令部网站 www.northcom.mil 中的内容提供了该司令部相关活动的信息（比如，在美国出现天灾人祸时，北方司令部第一个做出反应），还有国土安全活动方面的资料。北方司令部的下属机构还包括：北美空防司令部（North American Aerospace Defense Command，缩写为 NORAD，该司令部由美国和加拿大共同组建，负责保护北美大陆不受敌对军事行动的袭击）和北美空防司令部夏延山指挥作战中心，可访问网站 www.cheyennemountain.af.mil/。

太平洋司令部

太平洋司令部（Pacific Command，缩写为 PACOM）成立于 1947 年 1 月 1 日，位于夏威夷的檀香山，是最大的、历史最悠久的美国联合司令部。[10] 其责任范围覆盖了大半个地球（美国本土西海岸到非洲东海岸、北极和南极地区），其中包括 43 个国家、20 个特区和属地、10 个美国领地，以及中国、俄罗斯、印度、朝鲜和韩国的武装部队。太平洋司令部的总任务是，加强亚太地区的安全，推动亚太地区的经济和平发展。[11]

其网站 www.pacom.mil/ 提供的内容包括：太平洋司令部核心人员的履历资料、与亚太国家盟军（如菲律宾）进行的军事演习说明、1999 年至今的新闻稿、太平洋司令部领导人的演讲，以及美国军事人员在亚太国家受到的恐怖威胁信息。可查看的出版物包括：《亚太防务论坛》（*Asia-Pacific Defense Forum*，1999 年至今）和《亚太经济最新报道》（*Asia-Pacific Economic Update*，2000、2002 年）等期刊。

南方司令部

南方司令部（Southern Command，缩写为 SOUTHCOM）位于佛罗里达州的迈阿密，起源可追溯到 1903 年美国海军陆战队首次到达巴拿马，保护联通至大西洋和太平洋的巴拿马铁路，以保证巴拿马运河的施工。1963 年 1 月 6 日，更名为当前使用的南方司令部，以反映其在美国中部和南部对美国军事活动的指挥责任。[12] 南方司令部的责任区域包括：墨西哥湾、加勒比海及其岛屿国家和大西洋的一小部分。[13]

通过南方司令部的网站 www.southcom.mil/，可查看该司令部制度使命的更多相关信息。此外，该网站上还有一些新闻稿、下属机构的介绍、飓风来临的提示，以及《南方之星》（*Southern Star*）报纸（1999 年至今）和《南方司令部战区战略》（*US SOUTHCOM's Theater Strategy*，2002 年）等出版物。

特种作战司令部

特种作战司令部（Special Operations Command，缩写为 SOCOM）是根据 1987 年的一项法令成立的，目的是纠正美国在各方面的能力缺陷，以更好地承担特殊作战的任务，参与低强度冲突行动。[14] 此外，负责特种作战与低强度冲突的助理部长办公室也是根据该法令成立的，目的是为国防部特种作战和低强度冲突活动提供资源和政策支持。特种作战司令部的成员来自各个军种。其主要任务是：打击恐怖主义、防扩散、特种侦察、心理作战和非常规作战。特种作战司令部在 2000 年态势报告中对美国特种部队的使命作了较为详细的说明。

> 特种作战的特点是：在直接或间接的军事行动中，使用小型作战部队重点实现战略和作战目标。这些行动要求：作战部队必须拥有经过专业培训和掌握战术技巧的专业人才、各种专业设备，而这些能力远远超过常规作战的要求。[15]

其网站 www.socom.mil/ 提供的内容包括特种作战司令部采购和商业活动的少量信息。从 www.defenselink.mil/pubs/sof/ 上和国防部总监察长办公室提交的《2002 财年美国特种作战司令部预算估算》(*FY 2002 Budget Estimate United States Special Operations Command*，2002 年）中，可获得特种作战司令部 1998 年和 2000 年的态势报告，其中还包括特种作战司令部相关的其他资料。要了解与特种作战司令部相关的其他信息，可从国会委员会针对国防部预算申请每年召开的听证会上获取。

战略司令部

战略司令部（Strategic Command，缩写为 STRATCOM）位于内布拉斯加州的奥福特空军基地，是美国战略部队的指挥控制中心，负责监督军事空间作战、计算机网络、信息战、战略警报和情报的评估，以及全球战略规划。战略司令部的责任还包括：预先警报和传统远程攻击防御、导弹攻击和大规模杀伤性武器扩散的防御。[16]

美国空军战略空军司令部成立于 1946 年 3 月，位于奥福特空军基地，其轰炸机部队是美国新兴核威慑力量的基础，主要任务是抵制苏维埃社会主义共和国联盟核武库的不断扩大。1992 年 6 月 1 日苏联解体后，战略司令部正式替代战略空军司令部。这个新组织负责将美国战略部队的规划、目标制定和战时雇佣任务交由一个指挥官指挥，而部队的日常训练和设备维护则仍由空军和海军司令部负责。当时，还存在一个独立的太空司令部，后来，该太空司令部于 2002 年 10 月 1 日也并入了战略司令部。[17]

其网站 www.stratcom.mil/ 上有相关领导人的履历和照片、战略司令部各种作战属性的情况说明，如《空中指挥所》(*Airborne Command Post*，未注明出版日期)、《B–2 轰炸机》(*B–2 Bomber*，未注明出版日期)、《计算机网络作战》(*Computer Network Operations*，未注明出版日期)、《军事航天部队》(*Military Space Forces*，未注明出版日期)、《国家空中指挥中心》(*National Airborne Operations Center*，未注明出版日期）和《RC–135 侦察机》(*RC–135 Reconnaissance Aircraft*，未注明出版日期)。

运输司令部

运输司令部（Transportation Command，缩写为 TRANSCOM）系统成立于

1987 年，位于伊利诺伊州的斯科特空军基地。它负责协调军队的人力和交通资产，保证美国军队随时都能够行军，进行持久作战，完成必要的作战任务。美国运输司令部的下属机构包括：空军机动司令部（是其下属的空军机构）、军事海运司令部（负责实现高效的国际海洋运输）和军事运输管理司令部（是运输司令部的陆路运输部门和交通管理部门）。[18]

其网站 www.transcom.mil/ 提供了关于运输司令部使命和作战的其他信息。可访问的信息包括：运输司令部现役人员的照片、核心领导人的履历和照片、军用设备的相关介绍（比如，C–5 银河运输机）、组织机构的相关介绍（比如，军事运输管理司令部），以及一些新闻稿。公开的出版物包括：《志愿联合海运协议和海上运输调动计划》（*Voluntary Intermodal Sealift Agreement and the Sealift Mobilization Programs*，1998 年）和《新千禧年的运输，2002 财年战略方针和对国防运输系统的理解》（*Transportation for a New Millennium, Strategic Guidance FY 2002, and Understanding the Defense Transportation System*，2002 年）。

联合司令部计划

网站 www.defenselink.mil/specials/unifiedcommand/ 上有关于联合司令部计划（Unified Command Plan）的一些信息，2002 年 10 月 1 日对这些信息作了最后的修订。该网站的信息还包括：相关的媒体简报、对联合司令部计划的特色介绍、联合司令部覆盖范围的地图、各司令部的网站链接，以及一些相关的新闻稿（记录了影响各个司令部相关事件的最新信息）。

美国空军

美国空军（U.S. Air Force，缩写为 USAF），是根据《1947 年国家安全法案》成立的，是国防部下属的一个军事部门。美国空军由空军部长领导，在国防部长的授权、指导和指挥下运作。空军部长负责根据总统和国防部长的指示，对美国空军进行组织、训练、后勤保障、行政管理、研发和其他活动。美国空军的总任务是通过控制和利用空天力量，来捍卫美国的主权。[19]

空军新闻：空军新闻局

空军新闻局（Air Force News Agency，缩写为 AFNA），位于德克萨斯州圣安东尼奥市的凯利空军基地，其前身是 1978 年建立的空军信息和新闻中心。其使命是向空军人员发送真实的即时信息。目前，其责任范围已扩大，需要向国内和国际范围的空军人员提供新闻和娱乐服务，为美国大众提供与美国空军活动相关的新闻和信息。[20]

其网站 www.afnews.af.mil/ 提供了与空军新闻局活动相关的信息，包括空军新闻处、陆军和空军本土新闻处、空军广播站，以及通信和信息系统部的详细信息。此外，该网站上还有音视频网络广播和《飞行员杂志》（*Airman Magazine*，1995 年至今）等出版物。

空军网站链接

美国空军网站链接（Air Force Link）www.af.mil/，是个一站式访问点。通过该网站，可访问所有的美国空军资源，从华盛顿特区空军总部部长到美国空军各个作战部队和组织机构，应有尽有。该网站上还有关于美国空军高级领导层、新闻稿和美国空军预算数据等信息。

空军网站链接上值得浏览的资源就是上述特殊的研究部分 www.af.mil/library/studies.asp。该部分包括各种政策文件和与空军战略思想和规划相关的研究性学习。对外开放的资源有：《航空航天力量：在 21 世纪捍卫美国》（*The Aerospace Force: Defending America in the 21st Century*，未注明出版日期）、交互式研究《空军 2025》（*Air Force 2025*，1996 年）、《制空权：持久的需求》（*Control of the Air: The Enduring Requirement*，1999 年）、《空军态势报告》（*Air Force Posture Statement*，1999—2000 年）和《美国空军远程攻击战机白皮书》（*U.S. Air Force White Paper on Long-Range Strike Aircraft*，2001 年）。

空战司令部

空战司令部（Air Combat Command，缩写为 ACC），位于弗吉尼亚州的兰利空军基地，负责为联合作战司令部提供空中作战部队。空战司令部可以为空军提供战斗管理、轰炸机、指挥、控制、通信和情报等系统；侦查；救援和战区空运飞机。空战司令部负责战备军队的组织、培训、保障和维护工作，能够实现快速部署，使用并采取措施，确保战略空防部队能够实现和平时期的空中管制和战时的空防需求，以在全球范围内落实国家政策。[21]

访问空战司令部的网站 www2.acc.af.mil/，可查看与空战司令部的使命和活动相关的其他资料。可用资源包括：新闻稿、空军基地的地图、相关网站的链接、《飞行员》月刊（*Airman*，1995 年至今）等出版物，以及关于 A–10 雷霆二式攻击机、E–8 联合星预警机、F–117A 夜鹰隐形战机 / 轰炸机、AIM–9 响尾蛇空对空导弹和 RQ–1 捕食者无人机等空军武器系统的介绍。

空军指挥与参谋学院

空军指挥与参谋学院（Air Command and Staff College，缩写为 ACSC），隶属于位于阿拉巴马州麦克斯韦尔空军基地的空军大学，是空军中级专业军事学校，负责为军事机构和其他政府机构培养各个军种的校级军官、国际事务官和无军籍人员。所开设课程的重点在于教授学生航空作战的各种必备技能，以支持联合军事行动。从 1931—1942 年，该学院名为美国陆军航空兵战术学校（U.S. Army's Air Corps Tactical School），位于阿拉巴马州的麦克斯韦尔，后于 1954 年更名为空军指挥与参谋学院，并开始声名远播。[22]

其网站 www.acsc.maxwell.af.mil/ 上有 1995—2001 年的毕业生名单、《2004 财年空军指挥与参谋学院学生手册》（*Air Command and Staff College AY-2004 Student Guide*，2003 年），以及空天作战、空中实力研究、国家规划系统、国家及国际安全研究等专项课程的相关信息。

空军国民警卫队

空军国民警卫队（Air National Guard，缩写为 ANG），是空军下属的预备役部队。尽管在一战和二战之间存有 29 个国民警卫队航空观察中队，但空军国民警卫队的正式成立还要算在 1947 年 9 月 18 日。[23] 其网站 www.ang.af.mil/ 上有空军国民警卫队的相关信息。网站上的可用资源包括：组织简介、招聘信息列表，以及空军国民警卫队各个附属单位的网站链接。

空军大学

空军大学（Air University，缩写为 AU），位于阿拉巴马州的麦克斯韦尔空军基地。自 1946 年成立以来，空军大学就一直以向军官、参军人员和无军籍人员提供专业军事教育、研究生教育和成人教育，教会他们掌握领导、指挥、参谋和管理等方面的技能为宗旨。除需要完成教学任务外，空军大学还负责在航空航天教育、领导和管理等方面展开研究，此外，空军大学在制定与测试空军条令、理念和策略方面也扮演着重要的角色。这些教学和研究任务由空军战争学院、空军指挥与参谋学院、航空航天理论研究和教育学院、高级航空航天研究学校和空军大学出版社负责。[24]

空军大学的网站 www.au.af.mil/ 上有与其相关的一般信息及其下属部门的相关信息。可用的信息资源包括：课程介绍和空军大学优秀教职员出版的作品清单。该网站最大的特色是能够访问空军大学师生大量学术出版物的全文。有些学生论文甚至可以追溯到 1992 年，包括《高能射频武器：美国隐形和巡航导弹技术的潜在挑战》（*High Power Radio Frequency Weapons: A Potential Counter to U.S. Stealth and Cruise Missile Technology*，1999 年）、《B–52：它能一直飞到 2050 年吗？》（*The B-52: Can It Fly Until 2050?*，2000 年）、《禁飞区：成本、效益和条件》（*No Fly Zones: Costs*，*Benefits*，*and Conditions*，2001 年）和《9 · 11 事件后的中亚各国：美国应如何改变其参与战略》（*The Central Asian Republics after September 11*，*2001: How Should the U.S. Alter Its Engagement Strategy*，2002 年）。

其他研究资源包括：学术期刊《空天力量杂志》（*Air and Space Power Journal*，1987 年至今）和《无人机：军事行动的含义》（*Unmanned Aerial Vehicles: Implications for Military Operations*，2000 年）、《新兴生物巡航威胁评估》（*Assessment of the Emerging Biocruise Threat*，2000 年）、《计算机网络和信息战：军事行动的含义》（*Computer Networks and Information Warfare: Implications for Military Operations* ，2000 年）、《天基全球打击：理解战略和军事意义》（*Space-Based Global Strike: Understanding Strategic and Military Implications*，2001 年）、《战术航空兵用红外系统：军事事务的演化？》（*Infrared Systems for Tactical Aviation: An Evolution in Military Affairs?*，2002 年）和《生物战风暴的集结》（*The Gathering Biological Warfare Storm*，2002

年）等报告。

空军大学的出版机构是空军大学出版社 http: //aupress.au.af.mil/，出版了大量关于航空理论和航空学说的学术材料。可查看的出版物包括：《美国需要天基武器吗？》（*Does the United States Need Space-Based Weapons?*，1999 年）、《美国主导的东北亚合作战区导弹防御：挑战与问题》（*Led Cooperative Theater Missile Defense in Northeast Asia: Challenges and Issues*，2000 年）、《识别并减轻驾驶舱自动化风险》（*Identifying and Mitigating the Risks of Cockpit Automation*，2001 年）、《中国的太空探索：民用和军事发展》（*China in Space: Civilian and Military Developments*，2001 年）、《外科手术式打击的长期探究：精确的武器弹药和军事事务中的变革》（*The Long Search for a Surgical Strike: Precision Munitions and the Revolution in Military Affairs*，2001 年）、《战斗勇士和美国作战部队的未来》（*Employee Warriors and the Future of the American Fighting Force*，2002 年）和《高压政治：冷战后冲突的强制性制空权理论》（*The Politics of Coercion: Toward a Theory of Coercive Airpower for Post-Cold War Conflict*，2002 年）。

空军学院

美国空军学院（Air Force Academy，缩写为 AFA），位于科罗拉多州的科泉市，负责为航空官员提供本科教育，使他们能够掌握领导美国空军所需的相关知识，遵守相关纪律，提高他们的积极性。[25] 美国空军学院于 1954 年在国会授权下成立，目前已拥有 4000 名学员（1976 年开始招收女学员）。[26]

访问美国空军学院的网站 www.usafa.af.mil/，可以获取报考该学院的相关信息、在线浏览、课程介绍和体能训练、休闲活动、最新的《空军学院》（*Air Force Academy*）目录和期刊《飞行员学者》（*Airman-Scholar*，1997—2001 年）等出版物，以及一些网址链接，可以跳转至诸如国家安全研究所之类的空军学院下属部门。

国家安全研究所

国家安全研究所（Institute for National Security Studies，缩写为 INSS），成立于 1992 年，是在空军学院副院长和空军学院总部核能与防扩散理事会政策部的共同努力下成立的。国家安全研究所的任务是，在支持空军国家安全教育项目的同时，推动国防部在军事学术界的国家安全研究。在建立之初的6年中，国家安全研究所在对军事大学和民办大学的研究中投入的资金超过130万美元。[27]

访问其网站 www.usafa.af.mil/inss/，可查看国家安全研究所活动的相关信息，还能够阅览大量的报告，这些报告是在研究所支持下撰写的。可以浏览的资料包括：年报、精选的会议记录，以及《恐怖主义的威胁和美国政府的反应：作战和组织因素》（*The Terrorism Threat and United States Government Response: Operational and Organizational Factors*，2001年）、《非战略核武器的控制：障碍与机会》（*Controlling Non-Strategic Nuclear Weapons: Obstacles and Opportunities*，2001年）和《战略军备控制的里程碑（1945—2000）：美国空军的角色与条令》（*Milestones in Strategic Arms Control*，*1945–2000: United States Air Forces Roles and Doctrines*，2002年）等书籍。

该网站的一个重要特点是提供了国家安全研究所不定期论文的全文。这些论文都是关于国家安全的，包括1994年至今所有的国际政治主题，例如《水：中东和北非冲突的水力参数》（*Water: The Hydraulic Parameter of Conflict in the Middle East and North Africa*，2000年）、《城市战中的航天力量：当心马蜂窝》（*Aerospace Power in Urban Warfare: Beware the Hornet's Nest*，2001年）、《美国军事天地：进入21世纪》（*United States Military Space: Into the Twenty-first Century*，2002年）、《化圆为方：安全合作和军事行动》（*Squaring the Circle: Cooperative Security and Military Operations*，2002年）、《战术核武器：揭穿神话》（*Tactical Nuclear Weapons: Debunking the Mythology*，2002年）、《东方视角：阿拉伯对美国参与的看法与政策》（*View from the East: Arab Perceptions of United States Presence and Policy*，2003年）和《没有军备控制的军备控制：禁止生物武器公约的失败和抵制生物武器威胁的新范例》（*Arms Control without Arms Control: The Failure of the Biological Weapons Convention Protocol and a New Paradigm for Fighting the Threat of Biological Weapons*，2003年）。

空军审计局

空军审计局（Air Force Audit Agency，缩写为AFAA）于1948年作为第

1030 空军审计长小组而成立，1978 年并入空军部长办公室，由空军部副部长（财务管理）直接监管。空军审计局的使命是通过提供独立、客观和高质量的审计服务，专注于审核以及推动经济计划、提高运作效率、评估和改善财务管理、提高财务报告准确度来实现空军管理。[28]

通过空军审计局网站 www.afaa.hq.af.mil/，可查看更多关于该机构活动信息，包括招聘信息、美国和国际办公室位置清单、审计服务描述、空军审计局报告用《信息自由法》制定说明和《空军审计局战略计划（2003—2007 财年）：未来展望》（*Air Force Audit Agency Strategic Plan Fiscal Years 2003–2007: Vision for the Future*，2002 年）。

空军指挥、控制、情报、监视与侦察中心

空军指挥、控制、情报、监视与侦察中心（Air Force Command and Control and Intelligence，Surveillance，and Reconnaissance Center，缩写为 AFC2ISRC），建于 20 世纪 90 年代，位于弗吉尼亚州的兰利空军基地，于 1998 年 12 月 31 日正式成立。[29] 该中心的任务是将不同系统整合为一个综合的指挥控制战斗信息系统，以增加空军信息的发布量，满足作战人员的信息需求，减少重复工作。[30] 通过访问其网站 www.afc2isrc.af.mil/，可以查看组织结构图、中心历史、相关活动的视频片段、空军演习办公室和空军指挥控制作战实验室等下属部门的相关信息，以及对 2004 年联合远征军事演习、B–52 近距离空中增援、视频成像能力增强项目，以及联邦评估和目标提高等项目的说明；此外，还可查看《2001 年先进工艺和技术实验》（*Advanced Process and Technology Experiment 2001*，2001 年）等资料介绍。

空军通信局

空军通信局（Air Force Communications Agency，缩写为 AFCA），位于伊利诺伊州的斯科特空军基地。其前身是于 1938 年建立的陆军航路通信系统局。[31] 空军通信局的任务是为美国空军士兵提供最佳的音频、数据、视频和信息服务，帮助他们完成空天指挥控制任务。其目的是促进部队内部的信息交流，实现信息规划、空军通信设施的优化利用，开展测试和培训，以提高信息战作战能力。[32]

访问空军通信局的网站 www.usaf.com/orgs/3.htm，可以看到图片库、该局领导人的相关资料、该局的历史背景、《军事无线电系统》（*Military Affairs Radio System*，2002 年）、《哈默自适应通信元素》（*Hammer Adaptive Communications Element*，2002 年）和《技术和互操作设施》（*Technology and Interoperability Facility*，2002 年）等资料介绍、2001 年至今的《内部通信装置》（*Intercom*）杂志、著名的空军通信局展厅成员名单，以及空军通信局的组织机构描述等。

空军条令中心

空军条令中心（Air Force Doctrine Center，缩写为 AFDC），用于存储美国空军在各个军事行动中做出的声明，囊括了军事使命的战略战术部分。网站 www.e-publishing.af.mil/pubs/unit.asp?unit=AFDC 上有这些文件的代表性样本，包括：《作战区空域控制》（*Airspace Control in the Combat Zone*，1998 年）、《战区空对地系统的多服务程序》（*Multiservice Procedures for the Theater Air-Ground System*，1998 年）、《空中机动支持》（*Air Mobility Support*，1999 年）、《情报、监视和侦察行动》（*Intelligence*，*Surveillance*，*and Reconnaissance Operations*，1999 年）、《空战》（*Air Warfare*，2000 年）、《非战争军事行动》（*Military Operations Other Than War*，2000 年）、《太空行动》（*Space Operations*，2001 年）和《核生化环境中的卫生服务支持》（*Health Service Support in Nuclear*，*Biological*，*and Chemical Environments*，2002 年）。

空军飞行试验中心

空军飞行试验中心（Air Force Flight Test Center，缩写为 AFFTC），位于加利福尼亚州的爱德华兹空军基地（Edwards Air Force Base），始建于 1933 年，其前身是一个爆炸测试场。第二次世界大战期间，爱德华兹被用作轰炸机训练基地。在随后的几年里，该基地发生了很多飞行试验的里程碑事件，比如，1947 年，查克·叶格（Chuck Yeager）冲破声障。[33]

空军飞行试验中心的网站 www.edwards.af.mil/ 上有大量历史性的飞行试验行动的信息资源。可浏览的资源包括：基地年度开放日信息；相关的新闻稿；在该试验中心测试过的旧式和新式飞机的介绍（如 X–15 超音速试验飞机、

YB–40 飞翼轰炸机和 F–22 猛禽战机）；空军试飞驾驶员学校信息；无人机说明；合同信息。此外，还可以查看大量作战方面的出版物，比如，《机组人员作战》（*Aircrew Operations*，2000 年）、《空军飞行试验中心优先事项》（*AFFTC Priorities*，2000 年）和《武器射程管理：航空机关枪统一射程》（*Weapons Range Management Aircraft Gun Harmonization Range*，2002 年）。

空军历史研究局

空军历史研究局（Air Force Historical Research Agency，缩写为 AFHRA），位于阿拉巴马州的麦克斯韦尔空军基地，是美国空军的历史文件资源库。该资源库最初建于华盛顿，后来于 1949 年迁至麦克斯韦尔。空军历史研究局可以为专业军事教育中心、教员、访问学者和普通民众提供研究设施。在空军历史研究局 1955 年以前存储的资料中，有 90% 以上都是公开的，可供大众浏览。[34]

空军历史研究局的网站 www.maxwell.af.mil/au/afhra/ 上还有亨利 · H. 阿诺德（Henry “Hap” Arnold）和柯蒂斯 · 李梅（Curtis Lemay）等空军名人的个人论文、历史研究列表、美国空军作战部队历史手稿的详细资料、古典和现代空军纹章信息、照片库，以及《陆军航空兵统计摘要：第二次世界大战》（*Army Air Forces Statistical Digest: World War II*，1946 年）和《美国空军战时空战胜利记录》（*USAF Wartime Aerial Victory Credits*，2000 年，这些文件记录了第一次世界大战到 1999 年期间美国军队的空战大捷）等出版物的电子版本。

空军历史支持局

空军历史支持局（Air Force History Support Office，缩写为 AFHSO），位于华盛顿特区的波林空军基地，负责为美国空军领导人及其下属职员提供历史信息、历史分析和历史观察视角，支持他们的规划、政策制定和决策工作。空军历史支持局的情报服务人员由历史学家、图书管理员和志愿者组成，他们的职责是，满足民间组织、政府机构和大众的信息需求。[35]

要了解更多关于该部门使命的信息，请访问空军历史支持局的网站 www.airforcehistory.hq.af.mil/。该网站上公开的资料包括：寻找失踪飞行员的报告、葬身异乡的美国军人的相关信息、研究空军人员记录的方法，以及各种类型飞机的单独介绍。此外，通过该网站还可以查看大量出版物的全文，如《新兴防护盾：空军和陆地防空的演化，1945—1960 年》（*The Emerging Shield: The Air Force and the Evolution of Continental Air Defense, 1945–1960*，1991 年）、《战略轰炸案例研究》（*Case Studies in Strategic Bombardment*，1998 年）、《空军在国际外层空间法发展中的角色》（*The Air Force Role in Developing International Outer Space Law*，1999 年）和《制空权：持久需求》（*Control of the Air: The Enduring Requirement*，1999 年）。

空军信息战中心

空军信息战中心（Air Force Information Warfare Center，缩写为 AFIWC），负责培养信息战能力，以满足空间战和联合作战的军事需求，探索并论证信息战能力、测试武器、制定战术，以及评估信息作战中空军作战部队和作战系统的攻守漏洞。[36]

空军信息战中心位于德克萨斯州圣安东尼奥市的拉克兰空军基地，是凯利空军基地所属的空军情报局的一部分，它可追溯到 1953 年 7 月 1 日第 6901 号特别通信中心的建立。1975 年 7 月 1 日，第 6901 号特别通信中心被重新指定为空军电子战中心。在“沙漠风暴行动”（Operation Desert Storm）中，第 6901 号特别通信中心之所以能够实现完美的指挥控制，其专业技术功不可没。因此，决策者们意识到，在指挥控制战中也需要完整的信息频谱，需按照信息战的方法作战。由此，空军信息战中心 1993 年 9 月 10 日应运而生，并将空军密码支持中心的安全委员会（Air Force Cryptologic Support Center’s Securities Directorate）的专业技术应用到其任务中。[37]

空军信息战中心的网站 http: //afiwcweb.lackland.af.mil/ 上详细介绍了其下属部门任务系统部；计划、需求和资源部；作战支持部；需求和解决方案分析部。其他公开信息还包括：与空军信息战中心达成合作研发协议的要求，一些网址链接，可跳转至空军信息战作战实验室以及《空军信息战的定义和相应需求》（*Air Force Information Warfare Definitions and Corresponding Validated Requirements*，未注明出版日期）等出版物。

空军技术学院

空军技术学院（Air Force Institute of Technology，缩写为 AFIT），位于俄亥俄州代顿市的赖特－帕特森空军基地，是空军大学的一部分。空军技术学院是美国空军研究生工程管理学校和专业技术进修机构。[38] 空军技术学院的前身是 1919 年在代顿麦库克机场建立的空军应用学校（Air School of Application）。1947 年，美国空军成为独立军种，该学校更名为空军技术学院。自建立 80 多年来，空军技术学院已为 26.6 万多名国防部人员提供了教育机会。[39]

空军技术学院的网站 www.afit.edu/ 上提供了该机构多层面计划的相关信息。可用的资源包括：系统与后勤学院及土木工程服务学院的相关介绍、学校课程、远程教育项目清单、在线浏览，以及 1996—1997 年至今的《研究生名单》（*Graduate Catalog*）、《指令 31–102：不动产安全》（*Instruction 31-102: Real Property Security*，1996 年）、《指令 10–206：作战报告》（*Instruction 10-206: Operational Reporting*，1998 年）和《指令 31–101：信息安全》（*Instruction 31-101: Information Security*，2001 年）等出版物。

空军科学研究办公室

空军科学研究办公室（Air Force Office of Scientific Research，缩写为 AFOSR），总部位于华盛顿特区，并在世界各地设有分部。空军科学研究办公室建于 1951 年，位于当时的空军研究和开发司令部总部。科学、技术和空军作战的密切联系促进了空军科学研究办公室的成立。空军科学研究办公室主持了一项尖端科学研究，协助空军完成了作战规划。[40]

网站 www.afosr.af.mil/ 上有关于空军科学研究办公室各理事会的介绍，包括航天科学与材料科学理事会、航空器理事会、数学和空间科学理事会以及物理和电子学理事会。此外，还有一些公开的出版物，比如，《研究集锦》（*Research Highlights*，1995 年至今）简报、《高能半导体激光器的发展》（*High-Powered Semiconductor Laser Development*，1998 年）、《星火光学试验场》（*Starfire Optical Range*，2001 年），以及《机载激光系统简史》（*A Brief History of the Airborne Laser*，2002 年）等。

空军科学研究办公室的附属单位科学咨询委员会（Scientific Advisory Board,

缩写为 SAB)，负责推动美国空军和美国科学界之间的科技信息交流，增强空军完成任务的能力。[41] 科学咨询委员会的网站 https: //www.sab.hq.af.mil/ 上有该机构活动的相关信息，比如，当前正在研究的项目清单和 1994—2003 年该委员会提供的一些建议，包括：《全球空中导航系统》(*Global Air Navigation Systems*，1997 年)、《21 世纪航天部队空间路线图》(*A Space Roadmap for the 21st Century Aerospace Force*，1998 年)、《确保商用现成系统在空军系统中的成功应用》(*Ensuring Successful Implementation of Commercial Off-the-Shelf Systems in Air Force Systems*，1999 年)，以及《在非常规战争作战中利用航天力量的技术方案》[*Technology Options to Leverage Aerospace Power in Operations Other Than Conventional War* (*OOTCW*)，1999 年]。

空军研究实验室

空军研究实验室（Air Force Research Laboratory，缩写为 AFRL)，位于俄亥俄州的赖特 – 帕特森空军基地，拥有 5400 名员工，其中既有军事人员又有非军事人员，负责美国空军的科技预算工作。空军研究实验室的总任务是在美国航空部队作战技术的挖掘、发展和整合工作中发挥领导作用。[42]

访问空军研究实验室的网站 www.afrl.af.mil/，可查看关于实验室工作的各种说明，包括《空军独立研发项目》(*Air Force Independent Research and Development Program*，1998 年）和《空军小企业创新研究》(*Air Force Small Business Innovation Research*，1999 年）等资料介绍、空军研究实验室的简讯（1999 年至今)、空军研究实验室月度总结报告（2001 年至今）和《空军研究实验室对联军行动的应急支持》(*Air Force Research Laboratory's Contingency Support to Operation Allied Force*，未注明出版日期)。

空军安全中心

空军安全中心（Air Force Safety Center，缩写为 AFSC)，位于新墨西哥州的科特兰空军基地，负责研发、测试和评估空军航空武器、地面武器和核武器；增强战备能力；提高安全意识；指导并加强对安全和作战风险的管理。20 世纪 50 年代，空军安全中心隶属于美国空军总监察长办公室。空军安全和监察中心正式成立于 1971 年 12 月 31 日，从 1996 年 1 月 1 日开始负责空军安全作战行动。[43]

其网站 http: //afsafety.af.mil/ 提供了关于空军安全中心及航空安全部、地面安全部、安全问题理事会，以及武器、空间和核安全部等下属部门的介绍。公开的信息资源包括：各种空军安全和事故统计、《飞行安全》(*Flying Safety*，1997 年至今）和《道路与休养：空军职业、休养和行驶安全》(*Road and Rec: The Air Force Journal of Occupational*，*Recreational*，*and Driving Safety*，1997 年至今）等期刊，以及《飞机航线—地面作战和活动》(*Aircraft Flight Line-Ground Operations and Activities*，1998 年)、《核武器和系统担保》(*Nuclear Weapons and Systems Surety*，1999 年)、《美国攻击机安全准则》(*Safety Rules for U.S. Strike Aircraft*，2000 年)、《美国空军安全部署和应急宣传册》(*USAF Safety Deployment and Contingency Pamphlet*，2001 年）和《核安全评论及应用放射性物质和核系统的空间武器或导弹的启用批准》(*Nuclear Safety Review and Launch Approval for Space or Missile Use of Radioactive Material and Nuclear Systems*，2002 年）等出版物。

空军高级领导层

在网站 www.af.mil/lib/afchain.shtml 上，上传了美国空军领导人员，包括空军部长、空军参谋长、空军历史研究局历史学家、空军立法联络处处长，以及空军装备司令部和美国空军司令部司令员等的照片和履历资料。

空军太空司令部

空军太空司令部（Air Force Space Command，缩写为 AFSC)，总部位于科罗拉多州的彼得森空军基地，在国内外设有多个分部。空军太空司令部的使命是保护美国不会受到来自地面或地球同步轨道 22300 英里（约 35888 公里）高度以内的军事袭击。自 1982 年正式成立以来，空军太空司令部就开始执行各种任务，而在完成这些任务的过程中，卫星起到了至关重要的作用。[44]

访问空军太空司令部的网站 www.peterson.af.mil/hqafspc/，可以查看关于空军太空司令部活动的大量公开信息。网站上的资料还包括：相关的新闻稿；空军太空司令部下属机构的网址链接；《太空战中心》(*Space Warfare Center*，未注明出版日期)、《"宇宙神 2" 号运载火箭》(*Atlas II Launch Vehicle*，2002 年)、《导航之星 GPS》（*NAVSTAR Global Positioning System*，2002 年）和《太空和导弹系统中心》（*Space and Missile Systems Center*，2003 年）等项目资料介绍；《2002 年业绩计划》（*2002 Performance Plan*，未注明出版日期）和《2004 财年及之后的总体战略计划》（*Strategic Master Plan FY04 and Beyond*，2002 年）等出版物。

负责国际事务的空军副部长

负责国际事务的空军副部长（Deputy Undersecretary of the Air Force-International Affairs）在五角大楼办公，旨在通过海外军售、教育和培训，以及与美国政府、国外合伙人和行业合伙人签订合作研发协议等方式，促进美国空军及其他国家安全目标的实现。[45]

访问网站 www.safia.hq.af.mil/，可查看外国军官计划的信息，以及技术转让和外国军售等领域相关活动的介绍。

太空和导弹系统中心

太空和导弹系统中心（Space and Missile Systems Center，缩写为 SMSC），位于加利福尼亚州的洛杉矶空军基地。其任务是生产高质量的太空和导弹产品，以满足美国航天战士的需求。[46]

通过访问太空和导弹系统中心的网站 www.losangeles.af.mil/，可查看一些相关的新闻稿、航天发射和卫星发射及控制具体程序的信息、各种资料介绍，以及《历史概述：太空和导弹系统中心（1954—1995）》（*Historical Overview: Space and Missile Systems Center 1954–1995*，1996—1997 年）、《美国空军空间计划的起源（1945—1956）》（*Origins of the USAF Space Program: 1945–1956*，1997 年再版）和《国防宣传项目办公室业绩记录》（*Defense Dissemination Program Office Record of Achievement*，1998 年）等出版物的全文。

美国陆军

1775 年 6 月 14 日召开的大陆会议宣布组建美国大陆军；1789 年 8 月 7 日召开的第一届国会宣布成立战争部；于《1947 年国家安全法案》继而宣布成立

以陆军部长为首的陆军部。[47]

美国陆军的使命包括：组织、培训和保障现役部队和储备陆军部队，以保护美国的主权，同时承担保护环境、改善水道航行条件、抗击洪水和海岸侵蚀，为联邦、州和地方政府机构提供军事援助和自然灾害救援等任务。[48]

美国陆军的网站 www.army.mil/ 提供的内容包括：相关的新闻稿、关于部队内部活动的信息，以及网址链接，点击链接可跳转至美国陆军的国内网站和国际网站。

阿伯丁试验场

阿伯丁试验场（Aberdeen Proving Ground，缩写为 APG），建于 1917 年 10 月 20 日，位于马里兰州的哈佛郡，占地面积 72500 多英亩（约 293 平方千米）。阿伯丁试验场拥有 7500 多名文职人员和 3900 多名军职人员，是进行实验室研究、陆军装备测试和军事训练的中心。其组织机构包括：美国陆军士兵和生物化学司令部、防化医药研究所和军械中心。[49]

关于阿伯丁试验场活动的信息，可访问其网站 www.apg.army.mil/。该网站公开的资源包括："最新动态"页面、相关的新闻稿、公共事务人员联系簿，以及《环境评估：通过大气监测阿伯丁试验场污染物排放限制的和埃奇伍德试验靶场军火消耗量》（*Environmental Assessment: Prescribed Burns at Aberdeen and Edgewood Area Test Ranges for Air Monitoring of Range Fire Emissions*，1999 年）和《阿伯丁试验场撤军行动用的帐篷和泡沫弹道测试前的环境测试》（*Environmental Testing for Ballistics Testing of Tent and Foam for Use in Removal Actions at Aberdeen Proving Ground*，未注明出版日期）等出版物。

美英加澳陆军计划

美英加澳陆军计划（American，British，Canadian，and Australian Armies Program，缩写为 ABCA），始于 1947 年，当时美国和英国军队的领导人达成了一项协议，要求英美两国和英联邦国家在第二次世界大战后继续合作。正式协议于 1949 年由美国、英国和加拿大共同制定。1963 年，澳大利亚加入。美英加澳陆军计划的目标是加强这些国家陆军之间的合作、协作和规范化，增强互操作性，以便在联合行动中更加有效地整合这些国家的军事能力。[50]

美英加澳陆军计划的网站 http: //abca.hqda.pentagon.mil/ 提供的内容包括：关于这些国家陆军合作事项的信息，参加过的演习清单，以及各种出版物，比如，《联合航空控制手册》（*Coalition Airspace Control Manual*，2000 年）、《数字化互操作计划》（*Digitization Interoperability Plan*，2001 年）、《联合医疗互操作性手册》（*Coalition Medical Interoperability Handbook*，未注明出版日期）和《情报手册》（*Intelligence Handbook*，未注明出版日期）。

装甲兵学校

装甲兵学校（Armor School），隶属于装甲兵中心，位于肯塔基州的诺克斯堡。该中心的任务是根据现代作战战局，训练装甲兵、通过专业训练提高他们的武力投射能力，从而培养未来的装甲部队。[51]

装甲兵学校的网站 http: //knox.www.army.mil/school/ 上有 M1A2 坦克指挥官认证和装甲队长职业准备等课程清单，可跳转至骑兵战争大学（University of Mounted Warfare）和期刊《装甲兵》（*Armor*，1995 年至今）等装甲兵中心下属组织的网址链接，和《基地反恐 / 部队保护计划》（*Installation Anti-Terrorism/ Force Protection Program*，2001 年）、《诺克斯堡信息安全计划》（*Fort Knox Information Security Program*，2002 年）和《政策备忘录 1–03 M1 系列（艾布拉姆斯）坦克安全》[*Policy Memo 1-03 M1 Series*（*Abrams*）*Tank Security*，2003 年] 等出版物。

陆军化学兵学校

陆军化学兵学校（Army Chemical School，缩写为 ACS），位于密苏里州普瓦斯基县的伦纳德伍德堡，负责保护陆军军队，保证他们不受核生化威胁。在执行任务期间，陆军化学兵学校一直致力于发展核生化防卫系统理论、设备和培训能力。此外，陆军化学兵学校还会为军队提供在作战中的防烟、迷魂烟雾和火焰的使用技巧。[52]

陆军化学兵学校的网站 www.wood.army.mil/usacmls/ 上提供了学员的相关信息、生物防御和核生化侦察等课程的介绍、2001—2003 年的《陆军化学评论》(*Army Chemical Review*)等期刊名录(出于安全考虑，并未全文登载)、《隐蔽目标》(*Obscuration Targeting*，2000 年)等理论性草稿文件，以及《2010 年化学制品愿景》(*Chemical Vision 2010*，1999 年)和《第 19 届世界化学大会会议录》(*Proceedings of Worldwide Chemical Conference XIX*，2002 年)的全文。

陆军指挥部

在网站 www.army.mil/leaders/ 上有主要陆军官员的履历信息，如陆军部长、陆军参谋长、陆军副部长和陆军副参谋长等。

陆军山地作战学校

陆军山地作战学校(Army Mountain Warfare School，缩写为 AMWS)，致力于为陆军制定和实施基础和高级山地作战训练计划，教授寒冷天气中的战术技能，培训山地搜索和救援队。[53] 陆军山地作战学校位于弗蒙特州的杰里科。

其网站 www.benning.army.mil/AMWS/ 提供了陆军山地作战学校夏季和冬季课程的相关介绍，还有精选的训练场景的照片和《陆军山地战学校信息函》(*Army Mountain Warfare School Information Letter*，2002 年)，该函件的内容充满了对新生的欢迎之情，同时也指明了学校的要求。

陆军国民警卫队

陆军国民警卫队(Army National Guard，缩写为 ANG)，主要由兼职的文职人员组成。州长可以指挥国民警卫队参与地方和州内紧急事件的处理，而总统则可以将陆军国民警卫队派往世界任何地方，去完成联邦任务。[54]

其网站 www.arng.army.mil/ 上有关于陆军国民警卫队的历史和任务的信息。该网站公开的资源还包括：美国宪法对国民警卫队的规定；招聘信息；地方国民警卫队清单，以及《国民警卫队态势报告》(*National Guard Posture Statements*，1997—2004 财年)和《年度财务报告》(*Annual Financial Report*，1998—2003 财年)等出版物。

陆军的报纸

陆军的报纸内容涵盖了美国和全球的事务，通过这些报纸可窥见各地对重要军事和国际事件的反应（比如，2003 年美国针对伊拉克采取行动，并进行军力部署）。网站 www4.army.mil/ocpa/resources/armynewspapers.php 提供了陆军基地的大量新闻。同一事件在不同报纸上占有不同的版面。这些报纸的名称及发行地包括：《陆军飞行员》（*Army Flier*，阿拉巴马州拉克堡）、《炮兵》（*Cannoneer*，奥克拉荷马州锡尔堡）、《佐治亚州国民警卫队士兵》（*Georgia Guardsman*，佐治亚州亚特兰大佐治亚州国民警卫队）、《夸贾林环礁沙漏》（*Kwajalein Hourglass*，马绍尔群岛）、《五角星》（*Pentagram*，弗吉尼亚州迈尔斯堡）、《侦察兵》（*Scout*，亚利桑那州华楚卡堡）和《大厦时报》（*Tower Times*，伊利诺伊州罗克岛陆军工程兵团）。

陆军行为和社会科学研究所

1917 年，哈佛大学实验心理学家开会讨论了应用心理学和科学方法来强化国防的方法。1917 年 8 月，美国战争部长在陆军内部成立了人事分类委员会，该委员会对科技人员的管理成果负责。后来，该委员会更名为陆军行为和社会科学研究所（Army Research Institute for the Behavioral and Social Sciences，缩写为 ARI）。该机构位于弗吉尼亚州的亚历山大市，将继续提供数据和研究，以提高陆军的训练能力和领导能力。[55]

陆军行为和社会科学研究所的任务包括：研究新技术，以满足陆军人员的需求和迎接训练挑战；进行研究和分析以解决短期问题，对影响陆军行动的新趋势做出反应；为影响陆军组织、人员和新兴技术的关键问题提供技术支持。[56]

更多关于陆军行为和社会科学研究所的信息和信息资源的访问路径，请登录网站 www.ari.army.mil/。该网站上的资料包括：最新产品的信息、当前研究主题和研究报告。可访问的公开研究报告包括：《如何在海外部署过程中为军属提供支持：现役军人原始资料》（*How to Support Families during Overseas Deployments: A Sourcebook for Service Providers*，1996 年）、《前线支援营战斗行动计划（战场功能 18）第 1 卷：功能分析》[*Plan for Combat Operations*

（*Battlefield Function 18*）*as Accomplished by a Forward Support Battalion Volume 1: Function Analysis*，1998 年]、《1998 年步兵态势认知研讨会文件》（*Papers from the 1998 Infantry Situation Awareness Workshop*，1999 年）、《数字化部队的结构化激励训练计划：方法、设计和功能需求（第 1 卷）》（*Structured Stimulation-Based Training Program for a Digitized Force: Approach*，*Design*，*and Functional Requirements Volume 1*，1999 年）、《虚拟沙盘：野战炮兵训练智能辅导》（*The Virtual Sandtable: Intelligent Tutoring for Field Artillery Training*，2001 年）、《远程教育：士兵视角》（*Distance Learning: The Soldier's Perspective*，2002 年）和《网络协作学习：问题产生方法评估》（*Web-Based Collaborative Learning: An Assessment of a Question-Generation Approach*，2003 年）。

陆军研究实验室

陆军研究实验室（Army Research Laboratory，缩写为 ARL），是美国陆军装备司令部的一部分，于 1992 年正式投入工作，施展其陆军科技研究能力。总部位于新墨西哥的白沙导弹靶场，在美国大陆的其他几个地点设有前哨站。陆军研究实验室是陆军的主要战斗装备实验室。陆军研究实验室通过与其行业和学术伙伴合作，生产出一些程序和设备，为参战士兵提供技术和分析支持，保证他们能够在战场上获得胜利。[57]

陆军研究实验室的网站 www.arl.army.mil/ 提供的内容包括：实习和签约机会等方面的信息、相关的新闻稿，还有武器和装备研究部、传感器和电子设备部、计算和信息科学部、生存性和杀伤性部和车辆技术部等组织机构实体正在进行的研究的说明。该网站的亮点是 1999 年至今的技术报告，代表性样本有：《XLCB：新的密闭爆发器数据采集和降低计划》（*XLCB: A New Closed-Bomb Data Acquisition and Reduction Program*，2001 年）、《常规炸药爆炸电磁辐射评估》（*Estimates of the Electromagnetic Radiation from Detonation of Conventional Explosives*，2001 年）、《确定引爆用弹药所需临界速度的计算研究》（*A Computational Study to Determine the Critical Velocity Required to Initiate Explosively Loaded Munitions*，2002 年）、《应对自动推进武器的电磁轨道炮的临界速度》（*Critical Velocity of Electromagnetic Rail Gun in Response to Projectile Movement*，2002 年）和《强体力活动对认知能力的影响》（*The Effects of*

Physical Exertion on Cognitive Performance，2002 年）。

陆军科学委员会

陆军科学委员会（Army Science Board，缩写为 ASB），成立于 1977 年，是陆军部的高级科学顾问组织，负责为陆军部长、陆军参谋长、负责采购、后勤与技术的陆军助理部长、陆军参谋部和主要陆军指挥官提供与科技人员相关的建议和意见。其成员包括来自私营部门、学术界和政府机构的个体精英，并无国防部（代表着不同的学科视角）人员。[58]

陆军科学委员会的网站 https: //webportal.saalt.army.mil/sard-asb/ 上有关于该委员会活动的介绍，以及一些网址链接，可跳转至《战场可视化》（*Battlefield Visualization*，1998 年）、《快速决定性战略机动的实现》（*Enabling Rapid and Decisive Strategic Maneuver*，1999 年）、《适应未来无线技术》（*Adapting Future Wireless Technologies*，2002 年）和《类人机器人接口问题》（*Human Robot Interface Issues*，2002 年）等研究。

陆军战争学院

美国陆军战争学院（Army War College，缩写为 USAWC），坐落于宾夕法尼亚州的卡莱尔兵营，是陆军的研究生教育机构。该地区的军事史可追溯到 1794 年以前，当时，乔治 · 华盛顿总统建议将其作为联邦军事学院的所在，但该建议最终未获通过。美国陆军战争学院成立于 1903 年的华盛顿特区，早期知名的毕业生包括：约翰 · J. 潘兴（John J. Pershing）[1]、德怀特 · D. 艾森豪威尔（Dwight D. Eisenhower）[2] 和奥马尔 · 布莱德雷（Omar Bradley）[3]。

---

[1] 译注：约翰 · J. 潘兴（1860—1948），美国第一次世界大战的军事将领，外号“杰克老黑”，为美国的陆军参谋长。

[2] 译注：德怀特 · D. 艾森豪威尔（1890—1969），美国第 34 任总统，第二次世界大战期间，他担任盟军在欧洲的最高指挥官；二战时期，负责计划和执行监督 1944 年至 1945 年里进攻维希法国和纳粹德国的行动。1951 年又出任北大西洋公约组织武装力量最高司令。

[3] 编注：奥马尔 · 布莱德雷（1893—1981），美国著名军事家、统帅、陆军五星上将（1950）。第二次世界大战期间美军在北非战场和欧洲战场的主要指挥官。

1951 年，美国陆军战争学院迁至卡莱尔兵营，经过进一步发展，目前包括战略研究所（1954 年成立）、军史研究所（1967 年成立）和战略领导中心（1994 年成立）在内的多个下属机构，能够实施最先进的军事演习训练。[59] 美国陆军战争学院的网站 www.carlisle.army.mil/ 中有与国家安全相关的大量宝贵信息。网站提供的战略领导中心出版物包括：《环境安全和预防性防御》（*Environmental Security and Preventative Defense*，1997 年）、《浩劫之后：陆军在战后的伊拉克》（*The Day After: The Army in Post-Conflict Iraq*，2002 年）、《应对恐怖主义：美国陆军战争学院后果管理座谈会报告》（*Responding to Terror: A Report of the U.S. Army War College Consequence Management Symposium*，2002 年）和《以巴冲突国际干预规划注意事项》（*Planning Considerations for International Involvement in the Israeli-Palestinian Conflict*，2003 年）。

维和学院的出版物包括：《飓风米奇事后回顾会议报告》（*Hurricane Mitch after Action Review Conference Report*，1999 年）和《在以波斯尼亚研究为基础的法治规则创造安全环境中获得的稳定部队经验》（*SFOR Lessons Learned in Creating a Secure Environment with Respect for the Rule of Law Based on a Study of Bosnia*，2000 年）。此外，在该网站上还可以查阅 1996 年至今美国陆军战争学院的学术季刊《参数》（*Parameters*）。

美国陆军战争学院战略研究所 1993 年至今的出版物和相关的实质性工作包括：《陆军专业主义、军事伦理和 21 世纪的军官》（*Army Professionalism, the Military Ethic, and Officership in the 21st Century*，1999 年）、《与众不同的年代：军官中的无名一代和婴儿潮一代》（*Generations Apart: Xers and Boomers in the Officer Corps*，2000 年）、《哥伦比亚民兵：罪犯还是政治力量？》（*Colombia's Paramilitaries: Criminals or Political Force?*，2002 年）、《中国日益增长的军事力量：安全观点、弹道导弹和常规战力》（*China's Growing Military Power: Perspectives on Security, Ballistic Missiles, and Conventional Capabilities*，2002 年）、《2020 年的南亚：未来的战略平衡和战略联盟》（*South Asia in 2020: Future Strategic Balances and Alliances*，2002 年）和《重建伊拉克：军队在战后背景下的见解、挑战和任务》（*Reconstructing Iraq: Insights, Challenges, and Missions for Military Forces in a Post-Conflict Scenario*，2003 年）。

尽管美国陆军战争学院的学生研究论文尚未公开，但却可以通过关键字查询。这些论文的论题涵盖了国家安全方面的大量主题，比如：《陆军工兵部队在国土安全中起到的作用》（*The Role of the Corps of Engineers in Homeland Security*，2002 年）、《国防部和生物武器国内应急预案：它有所帮助吗？》（*DOD and the Biological Weapons Domestic Response Plan: Does It Contribute?*，2002 年）、《信息战和非对称战争：我们准备好了吗？》（*Information Operations and Asymmetric Warfare: Are We Ready?*，2002 年）、《2010 年陆军愿景：整合测量和特征信号情报》（*Army Vision 2010: Integrating Measurement and Signature Intelligence*，2002 年）、《挫败激进的伊斯兰教极端分子》（*Defeating Militant Islamic Extremists*，2002 年）和《阿尔及利亚的伊斯兰教和恐怖主义》（*Islamism and Terrorism in Algeria*，2002 年）。自 1998 年 9 月开始，这些论文还可以通过访问国防科技信息中心科学与技术信息网（STINET）网站 http: //stinet.dtic.mil/ 获得。[60]

负责采购、后勤与技术的陆军助理部长

负责采购、后勤与技术的陆军助理部长 [Assistant Secretary of the Army（Acquisition，Logistics，and Technology）]，又被称为 ASA（ALT），负责履行军队的采购职能和采购管理职能、监督军队的后勤管理功能和操作、审查陆军，国际事务计划中的安全援助部分、执行军队的研发功能、指导陆军科学委员会（ASB）保证武器系统生产随时处于备战状态、监督军队的工业基础和备战计划，以及支持陆军部的空间和战略收购计划。[61]

负责采购、后勤与技术的陆军助理部长的网站 https: //webportal.saalt.army.mil/ 上提供了：研究与技术、国防出口与合作、综合后勤保障部门的相关信息，以及各部门的宗旨和合同信息。该网站上公开的出版物包括：《陆军后勤》（*Army Logistician*，1969 年至今）和《陆军采购、后勤与技术》杂志（*Army Acquisition，Logistics，and Technology Magazine*，1995 年至今），此外，还有《陆军装备政策》（*Army Equipping Policy*，1999 年）、《国防采购案头书》（*Defense Acquisition Deskbook*，2002 年）、现行版的《美国陆军武器系统》（*United States Army Weapons Systems*）和《陆军经济分析：简明教程》（*Army Economic Analysis: A Brief Tutorial*，未注明出版日期）等文件。

陆军经验教训中心

陆军经验教训中心（Center for Army Lessons Learned，缩写为 CALL），建于 1985 年，坐落在堪萨斯州的利文沃斯堡，负责总结加州国家训练中心在“紧急暴怒行动”（Operation Urgent Fury，格林纳达，1983 年）等作战行动中获得的经验教训。陆军经验教训中心的下属机构包括：实际作战分支机构、战斗训练中心分支机构、信息系统部和研究部，它们负责搜集训练和战斗中获得的信息，并将这些信息传输给各个陆军部队，以提高他们未来的表现。[62]

通过访问陆军经验教训中心的网站 http: //call.army.mil/，可查看美国陆军训练的相关资料。该网站上的项目介绍和相关出版物包括：《“持久自由行动”：战术、技术和程序手册第 2–8 号》（*Operation Enduring Freedom: Tactics*，*Techniques*，*and Procedures Handbook No. 2-8*，2002 年）和陆军经验教训中心外军研究局（负责研究外军和跨国安全趋势和发展）的相关资料。除此之外，外军研究局的网站 http: //fmso.leavenworth.army.mil/ 上还包括《中国的防火长城背后：军事改革一瞥 /1996—1998 年的信息战理论》[*Behind the Great Firewall of China: A Look at Revolution in Military Affairs*（*RMA*）*/Information Warfare*（*IW*）*Theory from 1996–1998*，1998 年]、《信息技术：美国 / 俄罗斯对军事政治合作的观点与可能性》（*Information Technology: U.S./Russian Perspectives and Potential for Military- Political Cooperation*，1999 年）和《结构转变和新安全环境中普京领导的俄罗斯》（*Tectonic Shifts and Putin's Russia in the New Security Environment*，2002 年）等出版物。

军事历史中心

1864 年，美国国会授权陆军部搜集内战军事记录，并在 1880—1901 年期间出版了《起义战争官方记录》（*Official Records of the War of the Rebellion*），它表明了美国军事史编撰的重要性。军事历史中心（Center for Military History，缩写为 CMH）的名称始于 1973 年，自 1989 年 3 月开始，成为陆军参谋长办公室的实地活动机构，负责出版和记录军队活动和作业。[63]

从军事历史中心的网站 www.army.mil/cmh-pg/ 上可下载图片、照片、屏保、研究指南、出版物清单和各项历史研究的全文，如《朝鲜战争中的美国陆军——政策和方向：第一年》（*United States Army in the Korean War—Policy and Direction: The First Year*，1992 年）、《旋风战："沙漠盾牌行动"和"沙漠风暴行动"中的美国陆军》（*The Whirlwind War: The United States Army in Operations Desert Shield and Desert Storm*，1995 年）和《第二次世界大战中的美国陆军：黑人部队的启用》（*United States Army in World War II: The Employment of Negro Troops*，2000 年）。

中心鉴定实验室

中心鉴定实验室（Central Identification Laboratory，缩写为 CLLHI），位于夏威夷的希卡姆空军基地，负责搜寻、修复和鉴定第二次世界大战、朝鲜战争、越南战争和冷战中失踪的美国军事人员的遗骸。[64]

其网站 www.cilhi.army.mil/ 上传了中心鉴定实验室相关项目的信息，包括其成立的相关信息、图片，法医实验室的工作介绍，以及一些相关的新闻稿。

指挥与参谋学院

骑兵与步兵战术应用学校（School of Application for Cavalry and Infantry），建于 1882 年 1 月 6 日，又于 1947 年更名为指挥与参谋学院（Command and General Staff College，缩写为 CSGC），1974 年获得国会授权，为其毕业生授予军事科学硕士学位。[65] 指挥与参谋学院位于堪萨斯州的利文沃斯堡，以培养领导人的专业军事价值观和实践能力为己任，是实施美国陆军领导力发展项目的主要机构，负责编写军队理论指南，促进和支持军事艺术和军事科学的发展。[66]

指挥与参谋学院网站 www.cgsc.army.mil/ 上提供了关于该学院的信息，如教学理念、资格认证、课程安排、美军联兵研究图书馆在线目录，以及战斗研究所、高级军事研究学院、指挥预修学校和联合作战与参谋学校等下属机构的信息。

访问该网站，可查看的出版物有期刊《军事评论》（*Military Review*，1922 年至今），报告有《战斗指挥研究》（*Studies in Battle Command*，1995 年）、《尖角：世纪末的城市战》（*Sharp Corners: Urban Operations at Century's End*，2001 年）和《未来战争的预想》（*Envisioning Future War*，未注明出版日期）。

陆军工程兵团

美国陆军工程兵团（U.S Army Corps of Engineers，缩写为USACE），于1779年正式成立。1802年，为培养军事工程师，建立了美国军事学院（USMA），而美国陆军工程兵团就在此时得以重建。[67] 美国陆军工程兵团负责在战时与和平时期提供工程、施工管理和环境服务。其职责和活动包括：领航、减少洪水灾害、陆军和空军设施建设、部队保护、军事应急援助和战略机动。[68]

通过访问其网站www.usace.army.mil/，可查看与美国陆军工程兵团的组织相关的信息（包括华盛顿总部和各地区办事处）、领导人员的简介和招聘信息。一般性和技术性出版物包括：《炸药库工程设计杂志》（*Engineering and Design: Explosives Storage Magazines*，1995年）、《指挥、控制、计算机、情报、监视和侦察设施的接地及连接》（*Grounding and Bonding in Command, Control, Computers, Intelligence, Surveillance, and Reconnaissance Facilities*，2002年）、《路面施工中土工格栅的使用》（*Use of Geogrids in Pavement Construction*，2003年）和《武器和炸药以及有害、有毒和放射性废弃物场地的概念模型》（*Conceptual Site Models for Ordnance and Explosives and Hazardous, Toxic, and Radioactive Waste Products*，2003年）。

野战炮兵学校

野战炮兵学校（Field Artillery School，缩写为FAS），位于奥克拉荷马州的锡尔堡，负责培养陆军士兵和海军陆战队士兵，帮助他们掌握战术、作战技巧和作战程序，在执行军事任务时熟练应用炮火支援系统。1907年，陆军对炮兵部队进行了重组，当时，锡尔堡拥有1.5万英亩的空地，可用于射击练习，且地形多样，可用于不同类型的战术训练，因此被认为是最佳的炮兵训练地。[69]

要了解更多指挥活动方面的信息，请访问野战炮兵学校的网站http: //sill-www.army.mil/TNGCMD/tc.htm。此外，该网站上还有关于训练与条令司令部、深度共时进攻作战实验室的介绍，野战炮兵学校活动的PPT演示文稿、课程介绍、战斗训练概述，以及105 mm轻型牵引榴弹炮等各炮兵支持系统和M270

多管火箭系统的介绍。

该网站上还有《野战炮兵》（*Field Artillery*，2000 年至今）等专业期刊和《FM6–20：空降作战火力支援》（*FM 6-20: Fire Support in the Airland Battle*，1988 年）和《FM 3–09.31：联合部队指挥官战术、作战技巧和作战程序火力支援》（*FM 3-09.31: Tactics*，*Techniques*，*and Procedures for Fire Support for the Combined Army Commander*，2002 年）等陆军炮兵条令性野战手册。

丹尼斯·J. 赖默上将训练与条令数字图书馆

丹尼斯·J. 赖默上将训练与条令数字图书馆（General Dennis J. Reimer Training and Doctrine Digital Library），其网站为 www.adtdl.army.mil/，是以 1995—1999 年美国陆军参谋长的名字命名的。该图书馆可提供各种（经批准的）陆军训练和条令材料的信息检索。尽管有些信息仅限于 .mil 域名用户访问，但是仍有大量的管理和培训资源以及条令出版物是对外公开的。特别值得注意的是，那些国家安全政策的研究性资料，如野战手册等，记录了陆军在战场上的各种应用理论和作战信息，如《FM 1–112：武装直升机作战》（*FM 1-112: Attack Helicopter Operations*，1997 年）、《FM 20–3：伪装、隐蔽和圈套》（*FM 20-3: Camouflage*，*Concealment*，*and Decoys*，1999 年）、《FM 3–34.230：地形学作战》（*FM 3-34.230: Topographic Operations*，2000 年）、《FM 4–30.13：弹药手册：弹药手战术、作战技巧和作战程序》（*FM 4-30.13: Ammunition Handbook: Tactics*，*Techniques*，*and Procedures for Munitions Handlers*，2001 年）、《FM 3–11.21：过程管理中的核生化战术、作战技巧和作战程序》（*FM 3-11.21: Multiservice Tactics*，*Techniques*，*and Procedures for Nuclear*，*Biological and Chemical Aspects of Consequence Management*，2001 年）和《FM 3–3.07：稳定与支援行动》（*FM 3-3.07: Stability and Support Operations*，2003 年）。

人力资源司令部

人力资源司令部（Human Resources Command，缩写为 HRC），成立于 1973 年，原为美国军队人事中心，2003 年更名为人力资源司令部。其使命是管理弗吉尼亚州亚历山大总部的军人和文职人员的职业生涯。[70]

人力资源司令部的网站 https: //www.hrc.army.mil/ 上提供了人员记录、入伍军人和军官的资料、退休人员服务等信息，以及对伤亡和纪念事宜运作中心等部门的介绍，还有《陆军法规 290–5：陆军国家公墓》（*Army Regulation 290-5: Army National Cemeteries*，1980 年）、《陆军法规 190–8：战俘、相关人员、被拘平民和被扣押者》（*Army Regulation 190–8: Enemy Prisoners of War*，*Related Personnel*，*Civilian Internees*，*and Detainees*，1997 年）和《陆军法规 600–85：陆军滥用药物计划》（*Army Regulation 600-85: Army Substance Abuse Program*，2001 年）等出版物。

步兵学校

步兵学校（Infantry School，缩写为 IS），位于佐治亚州的本宁堡，负责训练和培养步兵领导人，制定并总结步兵条令，为军队提供条令性联合作战经验。[71] 步兵学校的网站 www.infantry.army.mil/ 上提供了学校的项目和机构的相关信息，比如，基本战斗训练旅、联合作战和战术部，以及游骑兵团等介绍。该网站上还上传了一些课程信息、《步兵杂志》（*Infantry Magazine*，1982 年至今）上某些文章的目录和全文，以及一些网址链接，可以跳转至赖默数字图书馆中收纳的《FM 7–20：步兵营》（*FM 7-20: The Infantry Battalion*，1992 年）、《FM 23–10：狙击训练和部署》（*FM 23-10: Sniper Training and Deployment*，1994 年）和《FM3–25.26：地图读图和陆地导航》（*FM 3-25.26: Map Reader and Land Navigation*，2001 年）等关于陆军步兵条令的出版物。

防化医学研究所

美国陆军防化医学研究所（U.S. Army Medical Research Institute of Chemical Defense，缩写为 USAMRICD），位于马里兰州的阿伯丁试验场。防化医学研究所隶属于陆军医学研究和装备司令部，负责针对化学战剂制定医学救治措施，培训医务人员学会处理化学损伤。最初，防化医学研究所是陆军医务部的一部分，负责抵制在第一次世界大战中使用的化学武器。1922 年 10 月，在埃基伍德兵工厂组建了医学研究部，后在 20 世纪 60 年代成为美国陆军生物实验室，

1981 年更名为防化医学研究所。[72]

访问美国陆军防化医学研究所的网站 http: //usamricd.apgea.army.mil/，可查看该机构训练活动的相关信息、化学武器医学网站的链接，以及从 1980 年到 2003 年期间员工出版物文献的引文，还有《技术公报 296：硫芥子气、胆碱酯酶抑制剂、沙林毒气、梭曼、GF 和氰化物接触检验技术》（*Technical Bulletin 296: Assay Techniques for Detection of Exposure to Sulfur Mustard*，*Cholinesterase Inhibitors*，*Sarin*，*Soman*，*GF*，*and Cyanide*，1996 年）、《美国陆军防化医学研究所生物武器伤亡医学管理手册》（*USAMRICD's Medical Management of Biological Casualties Handbook*，2001 年）和《生物医学样本获取、处理和运输的标准作业程序》（*Standard Operating Procedure for Obtaining*，*Handling*，*and Shipment of Biomedical Samples*，未注明出版日期）等报告。

美国军事学院

美国军事学院（U.S. Military Academy，缩写为 USMA），建于 1802 年 3 月 16 日，又名西点军校。目前已有 4000 名军训队成员被提名为国会议员或陆军部成员。美国军事学院的办学宗旨是：提供本科教育，以及为那些已从西点军校毕业的有理想、有抱负的陆军少尉军官提供培训的机会。[73]

从美国军事学院的网站 www.usma.edu/ 上可以浏览到该学院的历史、课程体系和活动信息，还有关于亚洲战争史、中东战争史、战争与战争理论家，以及 20 世纪伟大战略等课程的介绍。此外，还有一些网址链接，可跳转至历史部数字地图图书馆，以及美国军事学院提名信息和美国军事学院研究中心（包括绩效提升中心、信息技术和作战中心、机械工程研究中心）等。

国家仿真中心

国家仿真中心（National Simulation Center），位于堪萨斯州的利文沃斯堡，负责在现场、虚拟和建设性训练环境中提高建模和仿真能力，为美国陆军备战提供支持。[74] 国家仿真中心的网站 www.leavenworth.army.mil/nsc/ 对其下属的建设部、后勤部、作战部和虚拟部做了简要的介绍。在该网站上还可以下载相关的 PPT 演示文稿。出于安全考虑，大部分资料并没有完全对外公开。

陆军国际事务办公室

陆军国际事务办公室（Office of Army International Affairs，缩写为 AIA），负责制定陆军国际事务计划，是陆军参谋长的外交军事参谋；可代表陆军处理国际政策问题；监视国际军队组织的发展、合作和政策的实施。陆军国际事务办公室还负责协调多国部队的兼容性，推进民主和人权，参与维和，提供人道主义和军民紧急事件规划援助等。[75]

访问陆军国际事务办公室网站 http: //international.army.mil/，可以查看更多关于该处的活动信息，包括组织结构图、人员履历和照片、功能介绍，以及《陆军国际事务政策》（*Army International Affairs Policy*，2000 年）等文件。

陆军部官方出版物及表格

对于任何组织来说，管理性的出版物、表格和技术手册都至关重要。网站 www.army.mil/usapa/ 上有已分门别类的陆军部出版物和表格，比如，技术设备类、工程类和管理类。该网站上的很多资料都是 PDF 格式的，比如，表格《核生化 3：对预测的污染和危险区的直接警告》（*NBC 3: Immediate Warning of Predicted Contamination and Hazard Areas*，1992 年）、技术手册《MIL–PRF–63033》（MIL–PRF–63033）、性能规格手册《技术：多余军事项目的非军事化和筹备》（*Technical: Demilitarization of Surplus Military Items*，*Preparation of*，1997 年）和表格《85–R：M249、M60/M240B 机关枪计分卡》（*85-R: Scorecard for M249*，*M60/M240B Machine Guns*，2002 年）。

军械部队

军械部队（Ordnance Corps，缩写为 OC），总部位于马里兰州的阿伯丁试验场，在其他地区均设有分部。1812 年 5 月 14 日，国会宣布建立军械部队，准备与英国开战。[76] 军械部队的使命是支持武器系统的发展、生产、采购和维持，负责爆炸性军械处理，保证美国陆军的战斗优势。[77]

访问军械部队的网站 www.goordnance.apg.army.mil/，可查看军队领导人的资料、职业生涯信息，以及可跳转至火炮博物馆的网址链接。该网站上的出版物包括：最新出版的《军械报告》（*Ordnance Reports*），培训材料有《为作战/运动准备 AH–64（阿帕奇战斗直升机）》[*The AH-64*（*Apache Helicopter*）*for Operation/Movement*，2001 年] 和《修复发射管》（*Repair the Launch Tube*，2003 年）。

陆军士兵和生物化学司令部

陆军士兵和生物化学司令部（Soldier and Biological Chemical Command，缩写为 SBCCOM），有 8 个存储点，遍布美国各地，其中包括马里兰州的埃奇伍德、印第安纳州的纽波特和犹他州的图埃勒等。陆军士兵和生物化学司令部的主要任务是，支持生化武器的研发和准备。其开展的活动主要包括：应急准备和响应；生化武器的安全存储；与其他团体、行业和政府机构合作，共同开发生化武器防御系统，从而最大限度地保护美国主权；监督禁止生物武器公约的遵守情况；为化学武器的废除提供直接支持。

1917 年 10 月 16 日，美国陆军军械部批准，在马里兰州的甘鲍德奈克（Gunpowder Neck）成立美国第一个壳牌化学品灌装厂。1918 年 6 月 28 日，战争部正式成立了化学战部队。美国化学战项目经历了多次政策的演变（其中包括 1969 年美国化学武器生产暂停等）和制度变更（比如，1998 年 10 月 1 日，军队主要化学武器权威陆军士兵和生物化学司令部的成立）。[79]

要了解更多关于陆军士兵和生物化学司令部及其活动的详细信息，请参见其网站 www.sbccom.army.mil/，其中包括 2003 年 10 月 9 日发布的机构重组公告。该网站上的其他公开信息还包括：合同信息、服装和设备、口粮和战地供给、遮蔽物及去污净化、城镇战、材料测试和分析、国土防卫，以及建模和仿真。

该网站上还包括大量出版物，比如，最新出版的《CB 季刊和 e 催化剂》（*CB Quarterly and e-Catalyst*，2000 年至今）和《生物化学制剂快速参考表》（*Biological and Chemical Agent Quick Reference Tables*，2002 年）等参考资料。此外，还有很多研究报告，如《化学和生物防御计划年度报告》（*Chemical and Biological Defense Plan Annual Report*，1998 年）、《化学和生物探测器、警报和报警系统历史》（*History of Chemical and Biological Detectors*，*Alarms*，*and*

Warning Systems，2000 年）、《埃奇伍德化学生物中心年度报告》（*Edgewood Chemical Biological Center Annual Report*，2000 年）、《急症监护中心：生物恐怖主义大规模伤亡事件护理策略》（*Acute Care Center: A Mass Casualty Care Strategy for Biological Terrorism Incidents*，2001 年）、《化学制剂恐怖主义事件中执法人员个人防护用品使用指南》（*Guidelines for Use of Personal Protective Equipment by Law Enforcement Personnel during a Terrorist Chemical Agent Incident*，2001 年）、《化学制剂恐怖主义事件中寒冷天气大规模净化指南》（*Guidelines for Cold Weather Mass Decontamination during a Terrorist Chemical Agent Incident*，2002 年）、《使用负压防毒面罩的优势》（*The Advantages of Using a Negative Pressure Respirator Hood*，2002 年）和《陆军防毒面具的历史》（*History of the Army's Protective Mask*，未注明出版日期）。

空间与导弹防御司令部

空间与导弹防御司令部（Space and Missile Defense Command，缩写为 SMDC），建于 1992 年 8 月，由美国陆军太空司令部和美国陆军导弹防御司令部合并而来，总部位于阿拉巴马州的亨茨维尔。不过，美国陆军参与太空活动可追溯到 20 世纪 60 年代早期完成的第一次洲际弹道导弹（1962 年）和轨道卫星（1963 年）拦截，以及激光和粒子束等定向能量武器的研发，还实现了虚拟现实战术和战略战场的尖端模拟。[80] 空间与导弹防御司令部是美国战略司令部的组成部分，负责指挥和控制陆军太空部队、综合导弹防御系统，以及计算机网络对抗。[81]

空间与导弹防御司令部的网站 www.smdc.army.mil/ 上有各种信息资源，包括缩写词汇表、一些相关的新闻稿，以及《空中拦截技术》（*Atmospheric Interceptor Technology*，未注明出版日期）、《战场军械意识》（*Battlefield Ordnance Awareness*，未注明出版日期）、《低轨卫星位置和报告装置》（*Low-Earth Orbit Position and Reporting Device*，未注明出版日期）和《太空和导弹防御作战实验室》（*Space and Missile Defense Battle Lab*，未注明出版日期）等资料介绍。其他出版物包括：《第九鹰团》（*The Eagle*，1998 年至今）、《夸贾林环礁沙漏》（*The Kwajalein Hour Glass*，1999 年至今）和《陆军空间》（*Army Space Journal*，2001 年至今）等期刊。

训练与条令司令部

训练与条令司令部（Training and Doctrine Command，缩写为 TRADOC），位于弗吉尼亚州的门罗堡，负责陆军训练，确定美国陆军的标准和战斗发展需求。训练与条令司令部建于 1973 年 7 月，在这期间美国国防政策动荡不安，不断变化。20 世纪 70 年代和 80 年代，训练与条令司令部对训练、武器、设备、军队现代化和陆军条令等方面进行了持续改革，使军队彻底转型，更能满足国际安全需求。[82]

训练与条令司令部的网站 www.tradoc.army.mil/ 提供了赖默数字图书馆的链接、新资源清单、《军队作战准备：陆军训练与条令司令部历史概述（1973—1998）》（*Prepare the Army for War: A Historical Overview of the Army Training and Doctrine Command 1973–1998*，1998 年）等历史出版物，以及大量的管理性出版物，比如《宣传册 525–05：第 21 部队作战》（*Pamphlet 525-05: Force XXI Operations*，1994 年）、《宣传册 525–80：陆军航空兵作战理念》（*Pamphlet 525-80: Army Aviation Warfighting Concept of Operation*，1998 年）、《军规 525–13：部队保护计划》（*Regulation 525-13: Force Protection Program*，1997 年）、《军规 95–5：航空飞行操作》（*Regulations 95-5: Aviation Flight Operations*，2000 年）和《军规 350–50–3：战斗指挥训练计划》（*Regulation 350-50-3: Battle Command Training Program*，2002 年）。

美国海军陆战队

1775 年 11 月 10 日，大陆会议宣布成立美国海军陆战队（U.S. Marine Corps，缩写为 USMC）。美国海军陆战队是一支海上部队，其主要任务是从海上调兵至陆地参加战斗，但只要国会批准，美国海军陆战队既可以参加陆地作战，又可以参加空战和海战。如果美国受到攻击，美国海军陆战队是第一指派部队，负责保护美国的利益，镇压海外针对美国人的政治暴力，提供灾难救助和人道主义援助，完成美国公民在国外的疏散。[83]

访问美国海军陆战队的网站 www.usmc.mil/，可查看关于海军陆战队历史、相关的新闻稿、关键人员的资料信息，以及可跳转至其他网站和资源的一些链接。

美国海军陆战队总部

访问网站 www.hqmc.usmc.mil/，可访问美国海军陆战队的各个机构。该网站上有：征兵信息、海军陆战队指挥官和其他主要官员的履历和照片、可跳转至彭德尔顿营和海军陆战队第 11 远征军等下属机构的网址链接，以及《海军陆战队在线杂志》(*Marines Online*，1996 年至今)、《海军陆战队战略 21》(*Marine Corps Strategy 21*，2000 年）和《远征机动作战》(*Expeditionary Maneuver Warfare*，2001 年）等出版物。

计划、政策和作战部

计划、政策和作战部（Plans，Policies，and Operations Department，缩写为 PP&O），是海军陆战队与其他军队、参谋长联席会议、联合作战总司令、盟国及外国国防机构交流的重点，它负责协调海军陆战队的结构和部署。[84]

计划、政策和作战部的网站 http: //hqinet001.hqmc.usmc.mil/pp&o/ 上有一些网址链接，可跳转至作战处、战略和计划处、安全处、战略行动组和非致命武器管理局等机构，还有相关的活动介绍和计划、政策和作战部重要人员的资料。

生化事故响应部队

生化事故响应部队（Chemical Biological Incident Response Force，缩写为 CBIRF)，建于 1996 年，位于马里兰州的印第安黑德，负责为 1996 年在佐治亚州举行的亚特兰大夏季奥运会、1998 年国情咨文演说，以及为 1999 年在华盛顿特区举办的北大西洋公约组织 15 周年纪念峰会等事件提供支持。生化事故响应部队的使命是，在生物、化学、烈性炸药、核或放射性恐怖事件中，为地方、州和联邦机构或具体的军事指挥官提供帮助，为事故受害者提供战剂探测、能力识别、伤亡搜索、人员营救和卫生处理紧急治疗等服务。[85]

网站 www.lejeune.usmc.mil/4thmeb/cbirf.htm 提供了关于生化事故响应部队的背景、人才实力和组织等信息。

历史和博物馆处

历史和博物馆处（History and Museums Division，缩写为 HMD）的任务是：搜集、记录、保存并出版美国海军陆战队的总体作战和制度经验，利用历史知识辅助司令部决策，教育和训练海军陆战队。86 历史和博物馆处的网站 http: //hqinet001.hqmc.usmc.mil/HD/ 提供了关于海军陆战队历史的各种资源（包括“新动态”部分）、军队风俗传统介绍（包括“海军陆战队赞歌”的视频片段）、约翰·勒热讷（John Lejeune）[1] 等海军陆战队名人的履历、历史影像，以及 1920 年至今历史和博物馆处历史出版物的清单。

设施和后勤部

设施和后勤部（Installations and Logistics Departments，缩写为 I&LD），由负责设施和后勤的副司令率领，旨在支持现代物流程序、应用成熟技术和最佳实践方法、制定适当的绩效标准，以提高海军陆战队空地特遣部队（MAGTF）的杀伤力。87

网站 www.hqmc.usmc.mil/ilweb.nsf 的内容包括设施和后勤部办公室介绍、合同信息和《美国海军陆战队作战计划》（*United States Marine Corps Campaign Plan*，2001 年）和《美国海军陆战队后勤计划》（*United States Marine Corps Logistics Plan*，2002 年）等报告。

后勤司令部

美国海军陆战队后勤司令部（Logistics Command，缩写为 LOGCOM），在佐治亚州的奥尔巴尼、加利福尼亚州的巴斯托，以及佛罗里达州的杰克逊维尔分别设有分部。其任务是对海军陆战队地面武器系统、设备、弹药和信息系统进行生命周期管理，保证这些系统随时处于备战状态。88

[1] 编注：约翰·勒热讷（1867—1942 年），美国海军陆战队中将司令、军内文化的首创者和两栖作战的改革者。

网站 www.matcom.usmc.mil/ 提供了后勤司令部的作战信息，包括一些相关的新闻稿、指令内容、合同信息，以及后勤司令部浪费、欺诈和滥用物资的举报热线。

人力与后备事务部

人力与后备事务部（Manpower and Reserve Affairs，缩写为 MRA），负责帮助美国海军陆战队指挥官部署、指挥、协调和监督现役和后备役部队。[89]

人力与后备事务部的网站 www.manpower.usmc.mil/ 上有关于海军陆战队在后备事务、人力管理、人事计划、个人和家庭备战，以及财务管理方面的政策信息。通过该网站还可以查看人力与后备事务部重要领导人的履历资料。

海军陆战队空地特遣部队参谋训练计划中心

海军陆战队空地特遣部队参谋训练计划中心（Marine Air Ground Task Force Staff and Training Program），位于弗吉尼亚州的匡提科，旨在对联合部队进行作战技巧训练，以提高高级指挥官及其参谋官的作战技巧。[90]

www.mstp.quantico.usmc.mil/ 网站提供了关于海军陆战队空地特遣部队参谋训练计划中心各部分的信息，如演习设计和地面作战元素、课程介绍，以及一些网址链接，可跳转至《海军陆战队令 1500.53A：海军陆战队空地特遣部队参谋训练计划》（*Marine Corps Order 1500.53A: Marine Air-Ground Task Force Staff Training Program*，2002 年）、《宣传册 6–0.2：美国海军陆战队指挥控制系统指南》（*Pamphlet 6-0.2: Guide to U.S.Marine Corps Command and Control Systems*，1998 年）、《宣传册 2–0.2：作战空间情报准备》（*Pamphlet 2-0.2: Intelligence Preparation of the Battlespace*，2001 年）和《宣传册 6-0.2：部队保护》（*Pamphlet 6-0.2: Force Protection*，2002 年）等出版物。

海军陆战队航空兵

航空部位于五角大楼内，负责帮助军队指挥官完成美国海军陆战队航空单位和设施内组织、设备、人力和支援，以及培训的规划和协调事宜。[91]

http: //hqinet001.hqmc.usmc.mil/AVN/ 网站上提供了关于部队航空活动的信息，其中公开信息包括：航空指挥与控制分部、航空后勤支援分部，以及航空武器分部等航空部门实体的介绍。该网站还贴出了美国海军陆战队航空计划中所用飞机（如 AH–1W 超级眼镜蛇直升机和 EA–6B 徘徊者式电子作战机和 FA–18D 大黄蜂战斗机）的照片和介绍。公开文件有《航空实施计划》（*Aviation Implementation Plan*，未注明出版日期）和《航空作战计划》（*Aviation Campaign Plan*，2002 年）。

海军陆战队作战发展司令部

海军陆战队作战发展司令部（Marine Corps Combat Development Command，缩写为 MCCDC），位于弗吉尼亚州匡提科的海军陆战队基地。其任务是发展美国海军陆战队的作战概念、确定条令、组织、设备、训练和辅助设施方面的能力需求，确保海军陆战队具备战场战备能力。[92]

访问海军陆战队作战发展司令部的网站（https: //www.mccdc.usmc.mil/，可查看重要领导人的相关资料，以及指挥与控制集成部门、能力评估部门、研究与分析部门和未来作战部门等下属机构的相关介绍。该网站上有与海军陆战队作战发展司令部相关的大量公开资源，包括 PPT 演示文稿“21 世纪海军陆战队的作战概念”（未注明出版日期）以及《海上作战机动》（*Operational Maneuver from the Sea*，1996 年）、《河战概念》（*A Concept for Operations in a Riverine Environment*，1997 年）、《未来城市地形军事行动概念》（*A Concept for Future Military Operations on Urban Terrain*，1997 年）、《反装甲作战概念》（*A Concept for Antiarmor Operations*，1998 年）、《海军陆战队空地特遣部队连续岸上作战》（*The MAGTF in Sustained Operations Ashore*，1998 年）和《海军陆战队空地特遣部队航空作战和海上作战机动》（*MAGTF Aviation and Operational Maneuver from the Sea*，1999 年）等研究文件。

海军陆战队条令部

美国海军陆战队条令部（Marine Corps Doctrine Division）的任务是：协调、制定、维护以及出版军队条令材料；协调海军陆战队在联合和多军种军事条令中所起的作用；参与有关标准化、术语和其他战斗发展系统程序等事宜。[93]

网站 https: //www.doctrine.usmc.mil/ 上的出版物都是关于作战、情报工作、训练，以及地面和空间战的。此外，网站上还上传了一些条令出版物。

网站上的资源包括影响海军陆战队和海军陆战队条令出版物（MCDP）的国防部指令，如《MCDP1：作战》（*MCDP1: Warfighting*，1997年）和《MCDP3：远征作战》（*MCDP3: Expeditionary Operations*，1998年）。其他的海军陆战队作战和理论资源有：《直升机作战战术基础》（*Tactical Fundamentals of Helicopter-Borne Operations*，1991年）、《侦察报告指南》（*Reconnaissance Reports Guide*，1998年）、《宗教事务部对海军陆战队的支持》（*Religious Ministry Support in the U.S. Marine Corps*，2001年）、《多军种作战程序战区导弹防御系统战场情报准备》（*Multiservice Procedures for Theater Missile Defense Intelligence Preparation of the Battlespace*，2001年）和《火炮作战》（*Artillery Operations*，2002年）。

海军陆战队学院

海军陆战队学院（Marine Corps Institute，缩写为MCI），位于华盛顿特区，负责海军陆战队员的教育和培训，重在提高海军陆战队士兵的绩效、强化专业军事教育、提供晋升机会。海军陆战队学院自1920年成立以来，一直在从事这些项目和活动。[94]

海军陆战队学院的网站 https: //www.mci.usmc.mil/ 提供了该学院课程的相关信息，比如，海军陆战队的领导基础、海军陆战队的恐怖主义意识、游击队打击行动和城镇战。该网站上还包括简报《热线》（*Hotline*，2000年4月至今）和《阿富汗：国家与国民简介》（*Afghanistan: An Introduction to the Country and People*，2004年）和《伊拉克：国家与国民简介》（*Iraq: An Introduction to the Country and People*，2004年）等报告。

海军陆战队系统司令部

海军陆战队系统司令部（Marine Corps Systems Command，缩写为MCSC），位于弗吉尼亚州的匡提科，负责海军陆战队作战部队的装备事宜。海军陆战队系统司令部可始终及时地提供高质量的系统和装备，在系统和装备的使用周期内对其进行管理，采用高效和创新的商业实践。[95]

海军陆战队系统司令部的网站 www.marcorsyscom.usmc.mil/ 上有很多其所提供服务的相关信息，如详尽的缩略词表、缔约机会、一些相关的新闻稿，以及海军陆战队系统司令部活动的 PPT 演示文稿。

海军陆战队大学

海军陆战队大学（Marine Corps University，缩写为 MCU），于 1989 年 8 月 1 日，在海军陆战队司令员阿尔弗雷德 · 格雷（Alfred Gray）将军的命令下成立。不过，海军陆战队的教育史可追溯到 1891 年应用学校在华盛顿特区的成立。[96] 海军陆战队大学坐落在弗吉尼亚州的匡提科，负责为海军输送、提供专业的军事教育，并对专业军事教育进行评估，通过住校和远程教育课程重点培养学生的领导能力和核心竞争力，让学生能够做好充分的准备迎接当前和未来作战中遇到的挑战。[97]

海军陆战队大学的网站 www.mcu.usmc.mil/ 上有校长以及全体军职和文职人员的履历资料、为方便学生进行课堂讨论而为其推荐的阅读清单；关于指挥与控制学院、远征作战学院、战争计划法学院和海军陆战队战争学院等海军陆战队大学下设学院的信息；关于作战艺术基础、作战规划和未来战争等课程的信息；海军陆战队大学的月度简讯（2001 年至今）和最新的《大学名录》（*University Catalog*）。

海军陆战队战争实验室

海军陆战队战争实验室（Marine Corps Warfighting Laboratory，缩写为 MCWL），建于 1995 年，坐落在弗吉尼亚州的匡提科，是海军陆战队作战发展计划的一部分。海军陆战队战争实验室的使命是提高海军陆战队各个对抗级别的作战部队在当前和未来的海上远征作战能力。[98]

海军陆战队战争实验室的网站 www.mcwl.quantico.usmc.mil/ 提供了更多关于实验室活动的信息，包括新兴威胁和能力中心、实验计划部、实验作战部和科技集成办公室等部门。此外，该网站还提供了实验室的研究情况，如《下马战斗识别技术》(*Dismounted Combat Identification*，未注明出版日期)、《指挥与控制集成》(*Command and Control Integration*，2002 年）和《勃朗宁 M3M50mm 口径机枪》(*M3M .50 Caliber Machine Gun*，2002 年)。网站上公开的研究报告资源有《恶魔在世：恐怖主义的心态和根源，以及如何应对》(*When Devils Walk the Earth: The Mentality and Roots of Terrorism*，*and How to Respond*，2001 年）、《娃娃兵对美国军队的启示》(*Child Soldiers: Implications for U.S. Forces*，2002 年）和《矩阵战：21 世纪竞争和冲突的新面孔》(*Matrix Warfare: The New Face of Competition and Conflict in the 21st Century*，2002 年)。

项目和资源部

项目和资源部（Programs and Resources Department，缩写为 P&R)，是海军陆战队司令员的首要参谋机构，负责开发和维护海军陆战队需求、政策和项目。项目和资源部可制定相关的政策和原则，以实现对海军陆战队所有财政和预算运作的有效控制和监督。[99]

其网站 http: //hqinet001.hqmc.usmc.mil/p&r/ 提供了更多关于项目和资源部各部门活动的信息。该网站公开的资源包括：项目部、财政部和特种作战部三个部门的活动信息、核心人员的名单、海军陆战队预算编制程序说明，以及年度出版物《海军陆战队概念与计划》(*Marine Corps Concepts and Programs*，2000—2004 年)。

安全处

安全处（Safety Division，缩写为 SD)，负责海军陆战队员、海员和文职人员的教育和装备工作，以管理风险，减少事故，增强海军陆战队的备战情况。自 1993 年 7 月成立之日起，安全处就开始履行这些指责。[100]

安全处的网站 www.hqmc.usmc.mil/safety.nsf/ 上有海军陆战队安全项目的相关信息，包括 1990 财年至今的飞行事故统计、1988 年至今的地面死亡统计、飞机故障统计和本年的《月度死亡事故总结和海军陆战队安全策略计划》(*Monthly Fatality and Accident Summary*，*and Marine Corps Safety Strategic Plan*，未注明出版日期)。

训练和教育司令部

训练和教育司令部（Training and Education Command，缩写为 TECOM），负责制定、调整、实施以及评估教育和训练材料、计划和项目，以确保海军陆战队在目前和未来的作战环境中能够更好地迎接作战挑战。[101]

训练和教育司令部的网站 www.tecom.usmc.mil/ 提供了关键人员、课程发展和远程教育计划方面的信息，海军陆战队山地战训练中心的相关信息，以及《两栖突击载具训练和备战手册》（*Training and Readiness Manual for Assault Amphibian Vehicles*，1999 年）、《步兵训练和备战手册》（*Infantry Training and Readiness Manual*，2002 年）、《海军陆战队体能测试和机构组成程序手册》（*Marine Corps Physical Fitness Test and Body Composition Program Manual*，2002 年）和《海军陆战队水战生存训练》（*System for Marine Combat Water Survival Training*，2002 年）等训练材料的内容。

美国海军

根据 1775 年 10 月 3 日的大陆会议指示，决议成立美国革命大陆海军。依据相关法规规定，海军部和海军部长办公室于 1798 年 4 月 30 日成立；根据《1949 年国家安全法案修正案》，又成立了国防部当前的海军部。美国海军的使命是通过有效的海战（占领或防守海军基地、为所有美国军队提供支持、维护海上自由），来保护美国不受外来侵犯。[102]

海军信息资源来自各个实体，如海军作战部长（Chief of Naval Operations，缩写为 CNO）、海军历史中心（Naval Historical Center，缩写为 NHC）、海军战争学院（Naval War College，缩写为 NWC）和海军研究办公室（Office of Naval Research，缩写为 ONR）。访问海军门户网站 www.navy.mil/，可查看与海军相关的各种资源。

海军作战部长

海军作战部长，是海军部的高级军官，通常为四星上将，直接对海军部长负责。海军作战部长的责任范围包括：指挥、部署资源，提高海军作战和海岸活动的效率。

海军作战部长是参谋长联席会议的一员，是总统和海军部长在海军作战方面的关键顾问，带领下属军官组成海军作战部长办公室（Office of the Chief of Naval Operations，缩写为 OPNAV）。[103]

网站 http: //chinfo.navy.mil/navpalib/cno/ 上的资料包括：现任海军作战部长的履历资料、相关的新闻稿、国会证词、题为“21 世纪的海军强国：突出的和决定性的联合军事能力”（2002 年）的文章和《五大优先级——2002 年海军作战部长指南态势报告》（*Top Five Priorities—A Status Report on CNO Guidance for 2002*，2002 年）和《成为 21 世纪的海军强国：2003 年海军作战部长指南》（*Achieving Sea Power 21!: CNO's Guidance for 2003*，2003 年）等报告。

信息自由法在线

网站 http: //foia.navy.mil/ 上公开的信息有：《电子信息自由法》（EFOIA）和跳转至海军陆战队及美国海军《电子信息自由法》的网站链接。此外，总顾问办公室和美国大西洋舰队等机构的网站上，也有跳转至《电子信息自由法》资源的链接。该网站上的可用资源包括：《海军清偿审查委员会概要》（*Naval Discharge Review Board Dockets*，1997—2002 年）和《海军航空站法伦（内华达州）公共自来水系统年度消费者报告》[*Annual Consumer Report on the Quality of Tap Water Naval Air Station Fallon (NV) Public Water System*，2002 年]。

军事海运司令部

军事海运司令部（Military Sealift Command，缩写为 MSC），负责提供海洋运输设备、燃料、物资和弹药，以在和平时期或战时为驻扎在世界各地的美国军队提供支援。军事海运司令部是美国运输司令部的海洋运输单位。军事海运勤务处成立于 1949 年，是国防部唯一的海洋运输需求管理部门，1970 年更名为军事海运司令部。[104]

访问军事海运司令部的网站 www.msc.navy.mil/，可查看军事海运司令部相关的服务信息。网站上的开放资源包括：指挥舰介绍、有关军事海运司令部工程问题的讨论、一些相关的新闻稿，以及《快速海运船》（*Fast Sealift Ships*，2001 年）、《航行补给船》（*Underway Replenishment Oilers*，2001 年）和《军火船》（*Ammunition Ships*，2002 年）等资料介绍。此外，该网站上公开的报告有《作战安全计划》（*Operations Security Plan*，2000 年）、《年度报告回顾》（*Year in Review Annual Report*，2001—2002 年）和《军事海运司令部任务能力评估》（*Military Sealift Command Mission Capability Assessment*，2002 年）。

美国海军学院

美国海军学院（U.S. Naval Academy，缩写为 USNA），坐落在马里兰州的安纳波利斯，由当时的海军部长乔治 · 班克罗夫特（George Bancroft）于 1845 年建立，是美国海军本科教育机构的一部分，致力于加强海军学校学员的道德、心理和身体教育。[105]

美国海军学院的网站 www.nadn.navy.mil/ 提供了关于学院办学宗旨的信息资源，包括新生（陆海军官学校的一年级学员）数量统计特征概况、1997—2000 年各部门研究活动的说明、可跳转至美国海军学院图书馆的网址链接，以及专业军事伦理研究中心和教学中心等美国海军学院下属研究中心的介绍。其他内容包括课程说明，比如，船体结构、海岸工程、船舶设计分析应用、美国海军传统、近代海军历史，以及信息技术、国家安全和国际关系等。该网站还有其他的内容，包括：本年的《目录》（*Catalog*）、前越战战俘詹姆斯 · 斯托克代尔（James Stockdale）海军上将题为“斯托克代尔的斯多葛哲学 I：斯多葛战士的三元体系——平静、无畏和自由”（1995 年）的讲座，以及《2002 年自主水下载具小组期刊论文》（*Autonomous Underwater Vehicle Team 2002 Journal Paper*，2002 年）。

海军航空航天医学研究实验室

海军航空航天医学研究实验室（Naval Aerospace Medical Research Laboratory，缩写为 NAMRL），位于佛罗里达州的彭萨科拉，自 1939 年以来，一直负责研究和开发航空医学，以改善美国海军和海军陆战队人员的健康、安全和备战能力。海军航空航天医学研究实验室的研究项目主要集中在空间定位、人员绩效和航空医学标准等领域。[106] 实验室的网站 www.namrl.navy.mil/ 提供的内容包括：现任指挥官的履历，以及当前研究项目的说明，比如，冲击加速度损伤数据库、夜视敏度测试仪和触觉感知系统等。

海军航空系统司令部

海军航空系统司令部（Naval Air Systems Command，缩写为 NAVAIR）的总部位于马里兰州的帕图森特河，其他分部遍布美国大陆各地，主要负责协调和使用海军航空和相关技术，满足美国国家安全目标的需求。[107] 海军航空系统司令部的网站 www.navair.navy.mil/ 上有很多资源，如一些相关的新闻稿、缔约机会和海军飞机系统（包括 V–22 鱼鹰式航空运输机、F–18 大黄蜂战斗机和无人机）的相关信息。网站上还设置了一些网址链接，可以跳转至海军航空系统司令部的各个下属机构，比如，位于加利福尼亚中国湖基地的武器和系统开发能量测试场（www.nawcwpns.navy.mil./）、位于新泽西莱克赫斯特基地的飞机发射和回收设备支持设施（www.lakehurst.navy.mil/），以及位于佛罗里达州奥兰多的训练系统和教学系统设施（www.ntsc.navy.mil/）。

海军成本分析处

海军成本分析处（Naval Cost Analysis Division，缩写为 NCAD），负责引导、指导和加强海军部的成本分析；针对开发、购买和操作军事系统所用资源进行可靠的成本分析；为海军部长和海军作战参谋长提供武器系统成本评估方面的建议；对海军武器和信息系统进行成本分析。[108] 海军成本分析处位于华盛顿特区。

网站 www.ncca.navy.mil/ 上有对海军成本分析处分析的海军项目的说明、成本分析方法介绍、报告搜索库，以及对成本研究和操作处、经济研究处、平台项目支持处和成本分析工具处等下属机构的介绍。网站上公开的资源还包括："船舶生命周期成本报告"（未注明出版日期）和"飞机总成本 / 生命周期成本组成"（未注明出版日期）等图表，以及《政策手册》（*Policy Manual*，2001 年）和《战略业务规划》（*Strategic Business Plan*，2001 年）等文件。但海军成本分析处的网站上并没有上传重要的分析报告。

海军设施工程司令部

海军设施工程司令部（Naval Facilities Engineering Command，缩写为 NAVFAC），负责为世界各地的海军机构规划、设计和建造海岸设施。海军设施工程司令部的年业务量在 80 亿美元以上，拥有 16000 名军职和文职人员，可以提供各种服务，比如，基地开发、规划和设计；基地重组和关闭；美国和欧洲战场部门的军事行动和应急工程。[109]

其网站 www.navfac.navy.mil/ 上涉及的信息包括：海军设施工程司令部的工作、合同信息，以及《岸上设施检查》（*Inspection of Shore Facilities*，1993 年）、《机场路面设计》（*Pavement Design for Airfields*，2001 年）、《设计：一般建筑要求》（*Design: General Building Requirements*，2002 年）和《策略规划（2003—2009）》（*Strategic Plan 2003–2009*）等出版物。

海军历史中心

1800 年，美国总统约翰 · 亚当斯（John Adams）成立了海军部图书馆，后来它逐渐演变成现在的海军历史中心。该中心包括一个博物馆、一个美术馆、一个研究图书馆、多个档案馆和多个研究与写作计划。海军历史中心位于华盛顿特区，负责为海军历史中心和美国大众保存、分析并解释美国海军历史。[110]

海军历史中心的网站 www.history.navy.mil/ 上还提供了更多关于该中心开展项目和活动的信息。该网站上公开的资料包括：自 18 世纪 90 年代以来，在战斗和恐怖事件中，海军和海军陆战队的人员伤亡名单；保存在图书馆的海军历史手稿清单；介绍海军政府和非政府历史著作的说明目录；历史图画和照片；“太平洋战争中的阿拉斯加” 等线上资源；海军历史中心访客信息和以历史为主题（包括水下考古）的报告。

海军医学在线

海军医学在线（Naval Medicine Online，缩写为 NMO），负责支持当前的海军作战需求，同时为现役和退休的海军和海军陆战队人员及其家属提供优质且实惠的卫生医疗服务。[111] 海军医学在线成立于 1842 年 8 月 31 日，成立之初，海军医学在线属于海军部重组的一部分。后来，经过 1989 年 8 月 4 日海军医学司令部的解散和重新建立，成为了现在的海军医学在线。[112]

海军医学在线的网站 http: //navalmedicine.med.navy.mil/ 提供了该机构所开展活动的相关信息，包括指令和命令的内容、一些相关的新闻稿、领导人的履历资料、世界各地海军医疗设施的网站链接，以及《放射卫生保防手册》（*Radiation Health Protection Manual*，2001 年）等出版物的内容。

美国海军天文台

美国海军天文台（U.S. Naval Observatory，缩写为 USNO），位于华盛顿特区，于 1830 年作为航图与仪器站而建，负责海军天文台表、图表和导航设备的维护工作。美国海军天文台当前的责任包括：测量天体的位置和运动；观察地球运动；跟踪精确时间；为美国海军和其他国防部部门提供航海、精确定位，以及指挥、控制和通信用天文和定时数据；保证这些数据对其他政府机构和一般大众可用；针对这些主题进行研究。[113]

美国海军天文台的网站 www.usno.navy.mil/ 对其下属的各个天体学测量部门、天文应用、地球定向、亚利桑那州的弗拉格斯塔夫设施、图书馆馆藏和服务进行了介绍。该网站上的其他信息包括：美国海军天文台主时钟（美国政府官方计时器）的相关说明；搜索和计算美国及其他地区月出和日出的能力；美国海军天文台所研究的活动的相关信息。美国海军天文台出版物（与英国航海天文历编制局共同出版）包括：年度《航空历》（*Air Almanac*）、《天文历》（*Astronomical Almanac*）和《航海天文历》（*Nautical Almanac*）等。该网站并未上传这三本出版物的全文，但可以查看补充性的最新信息。

海军研究生院

当前的海军研究生院（Naval Postgraduate School，缩写为 NPS）可追溯到 1945 年，在当时法律的规定下，海军研究生院成为公认的研究生院校。1951 年，海军研究生院迁至目前所在的位置，即加利福尼亚州的蒙特利。[114] 海军研究生院拥有大约1500名来自美国各个军种和近30个国家的军官学员。其中，入学者中还有从美国政府中挑选出来的优秀职员。在这里，学生可以申请国家安全事务、航空工程、气象学和物理海洋学、信息技术管理和应用物理等专业的硕士学位和博士学位，以满足海军和国防部研究的需求。[115]

海军研究生院的网站www.nps.navy.mil/上有一些相关的新闻稿、教职员工的相关信息、学校政策和程序，以及一些网址链接，可跳转至自主水下载具研究中心、军民关系中心、当代冲突中心、信息系统安全研究中心和恐怖主义和非常规战争中心等海军研究生院下属的教育研究中心。

该网站上还提供航空系统动力学、空气动力学分析、直升机稳定性和控制、美国中东政策，以及中国政府和安全等课程的介绍和教学大纲。

此外，海军研究生院的网站上还有该院教职员工大量的研究报告和一些案例研究，如《蒙古国军队的民主控制：蒙古议会》（*The Democratic Control of the Mongolian Armed Forces: The State Ih Hural*，2000年）、《武装抵抗的未来：网络恐怖主义？大规模破坏？》（*The Future of Armed Resistance: Cyberterror? Mass Destruction?*，2000年）、《多载具机械扫雷控制程序的应用》（*Application of Formation Control for Multi-Vehicle Robotic Minesweeping*，2001年）、《国防预算和民间监督》（*Defense Budgets and Civilian Oversight*，2001年）、《关于特定安全系统数据完整性能力的重要指示》（*A Cautionary Note Regarding the Data Integrity Capacity of Certain Secure Systems*，2001年）、《军事信息革命：亚洲的前景》（*The Information Revolution in Military Affairs: Prospects for Asia*，2002年）、《德国、日本和伊拉克“肃清复兴社会党”》（*Germany，Japan，and the "De-Baathification" of Iraq*，2003年）和《战后的伊拉克：前景和问题》（*Post-War Iraq: Prospects and Problems*，2003年）。

海军研究实验室

海军研究实验室（Naval Research Laboratory，缩写为NRL），位于华盛顿特区，并在全国范围内设有分支。海军研究实验室成立于1923年，[116]主要从事各个领域与科技发展相关的多学科研究，比如，材料技术的海上应用、大气和空间科学等领域的科技发展多学科研究，以及其他项目的多学科研究，以协助海军研究办公室完成海军行动。[117]

关于海军研究实验室及其项目的其他信息，可参见其网站 www.nrl.navy.mil/。与海军研究实验室组织机构工作相关的资源包括：海军空间科学和纳米科学研究中心、相关的新闻稿、缔约机会和《海军研究实验室评论》（*NRL Review*）等出版物、《海军研究实验室概况》（*NRL Factbook*，2001 年）等参考文章和《海军研究实验室主体设施》（*Naval Research Laboratory's Major Facilities*，2001 年）。

海军海上系统司令部

海军海上系统司令部（Naval Sea Systems Command，缩写为 NAVSEA），总部位于华盛顿特区的华盛顿海军工厂，在国内外其他地区也设有分部。海军海上系统司令部负责建造、设计以及支持美国军舰和战斗系统，它管理着 130 多个项目，项目预算接近 200 亿美元。[118]

海军海上系统司令部的网站 www.navsea.navy.mil/ 上包含了该司令部的历史信息、可搜索到的船舶可用性数据库（包括造船厂）、合同信息、介绍司令部活动的 Quicktime 格式视频文件、海军海上系统司令部在环绕型稳定航行系统和水密外壳用垫圈等领域的研究说明，以及一些网址链接，可跳转至海军水面战中心和海军水下战中心等海军海上系统司令部的下属机构。

海军水面战中心

海军水面战中心（Naval Surface Warfare Center，缩写为 NSWC），总部位于华盛顿特区，在美国各地设有分部。海军水面战中心是海军海上系统司令部的一部分，其任务包括：研究、发展、测试、评估和设计，为海军水面舰艇和海军水面站中使用的攻防系统提供技术支持。[119] 海军水面战中心的网站 www.nswcdc.navy.mil/ 提供了该中心所开展活动的相关信息，包括一些网址链接，可跳转至该中心各分部（例如，位于马里兰州的卡德洛克、印第安纳州的克伦、加利福尼亚州的科洛纳，以及其他地区的分部）。这些机构提供的信息包括：各自研究领域的相关介绍、缔约机会、合同信息、招聘信息、统计学，以及《海军水面战中心克伦分部的影响评估》（*Impact Assessment of Crane Division of Naval Surface Warfare Center*）、《海军海洋系统指挥部：南印第安纳商业联盟》（*Naval Sea System Command: A Report to the Southern Indiana Business Alliance*，2000 年）等报告。

海军条约实施部

在海军部的主持下，海军条约实施部（Naval Treaty Implementation Program，缩写为 NTIP）制定了计划和程序，以确保各项活动符合非战略国际条约和协议。海军条约实施部的人员组成包括：掌握了条约实施、合规性规划、条约核实政策和准备等专业知识的高级军事和非军事人员。[120]

海军条约实施部的网站 www.nawcwpns.navy.mil/~treaty/ 提供了关于该部门活动的信息，包括军备控制条约和协议 [《禁雷公约》、《海底军备控制条约》、《军备透明度协定》和《裁减战略武器谈判条约》] 实施情况的概述，以及海军在这些条约中所占的重要位置。该网站上公开的资源包括：《条约时代》（*Treaty Times*）简报现刊和《国防部指令第 2060.1 号：军控协议的实施与遵从》（*DOD Directive 2060.1: Implementation of*，*and Compliance with*，*Arms Control Agreements*，2001 年）。

海军水下战中心

海军水下战中心（Naval Undersea Warfare Center，缩写为 NUWC），位于罗得岛州的纽波特和华盛顿州的基波特，是海军海上系统司令部的一部分。1992 年 1 月 2 日，海军水下战中心正式成立，是美国海军主要的研发、测评、工程和舰队支持组织，可提供水下战使用的潜艇、独立水下系统和攻守武器系统。[121]

海军水下战中心的网站 www.nuwc.navy.mil/ 提供了罗得岛州海军的历史信息、一些网址链接，可跳转至纽波特和基波特部门的主页，以及海军水下战中心各部门的工作说明，比如，亚特兰大水下测评中心、水下声音参考部（Underwater Sound Reference Division）和水下航行器小组。该网站公开的出版物包括：《战略规划》（*Stratetic Plan*，1998 年）和《海军水下战中心年度回顾》（*NUWC Year in Review*，2000 年）。

海军舰艇注册名录

海军舰艇注册名录（Naval Vessel Register，缩写为 NVR），是记录美国海军保管的所有舰艇和勤务艇的官方名录。该名录可追溯至 19 世纪 80 年代，由海军海上系统司令部的造船支持办公室和海军作战部长的后勤、支援整备和现代化部共同管理。海军舰艇注册名录仅有电子格式，每周都会进行维护和更新。每年都会处理 6500 多个独特的记录交易，并将其添加到官方文档之中。海军舰艇注册名录包括了可用的舰艇和勤务艇最新清单，这些舰艇有的处于建设中，有的转让给了军事海运司令部。海军舰艇注册名录中的信息包括：舰级、舰艇排班、船名、船龄、船籍港、规划船厂、船体与机械设备说明、造船商、关键建造日期、战斗行动和状态条件。[122]

海军舰艇注册名录的网站 www.nvr.navy.mil/ 上有一份现役舰艇 [比如，“斯坦尼斯”号（John Stennis）航空母舰和“达拉斯”号（Dallas）核潜艇] 和退役军舰 [比如，“爱荷华”号（Iowa）战舰和“弗农”号（Vernon County）坦克登陆舰] 清单。

海军战争学院

海军战争学院，位于罗德岛州的纽波特，可为海军军官提供研究生教育。自 1884 年成立以来，海军战争学院一直以提高学员的专业能力，帮助他们在海洋环境、联合作战环境和综合环境下制定健全的作战、参谋和管理定位策略；让学员扎实掌握军事策略和作战艺术；向他们灌输联合作战的态度和观点；作为研究和模拟中心，为将来海军和联合部队的部署制定高级战略性战斗和作战理念为己任。[123]

要了解海军战争学院及其活动信息，可参见其网站 www.nwc.navy.mil/。该网站对海战研究中心、战略研究部、决策策略部、战争博弈部、国际法部、海军战争学院出版社，以及战略研究组等下属机构以及课程资料进行了详细的说明。此外，该网站上还上传了一些相关的新闻稿、图书馆资源信息、著名访问学者的演讲和海军战争学院博物馆等相关信息。

该网站上值得一提的出版物有：海军战争学院的学术杂志《海军战争学院评论》（*Naval War College Review*，1996 年秋至今）上的一些文章，和《战区海上弹道导弹防御：海事机构指挥官问题》（*Theater Ballistic Missile Defense from the Sea: Issues for the Maritime Component Commander*，1998 年）、《国际环境法和海军战争：海事安全和污染协定在国际武装冲突中的作用》（*International Environmental Law and Naval War: The Effect of Marine Safety and Pollution Conventions during International Armed Conflict*，2000 年）、《亚洲和

太平洋地区：美国战略传统和地区现实》(*Asia and the Pacific: U.S. Strategic Traditions and Regional Realities*，2001 年）和《政策制定和实施的案例研究》（*Case Studies in Policy Making and Implementation*，2002 年）等报告。

海军国际项目办公室

海军国际项目办公室（Navy International Programs Office，缩写为 NIOP)，负责为美国的各个盟国提供帮助，为他们提供美国法律指导、国防部政策和国会指导。海军国际项目办公室开展的项目包括：对外军售、出租、防卫品补助、合作项目、关键防卫技术、为可转让的技术指定让与机构、教育和培训。[124]

海军国际项目办公室的网站 https: //www.nipo.navy.mil/ 上有该机构的组织结构图、出口许可部门、国际协议部门和安全援助部门的相关信息、关于各论题的幻灯片，以及可跳转至国防安全合作署等政府安全援助机构的网站链接。

该网站上的出版物包括：海军国际项目办公室现版简报、《项目设计官员数据交换指南》(*Data Exchange Guidelines for Technical Project Officers*，1997 年)、《海军部国际项目战略计划（1999—2003)》(*Department of the Navy Strategic Plan for International Programs 1999–2003*，1998 年）和《安全援助战略计划(2001—2003)》(*Security Assistance Strategic Plan 2001–2003*，2001 年)。

海军人员调查研究技术部

海军人员调查研究技术部（Navy Personnel Research，Studies，and Technology，缩写为 NPRST)，位于田纳西州的米灵顿，是海军人力和人员研究实验室。该部门主要聚焦于新技术、方法和管理过程的研究、开发和确定，以增强海军的战备能力和人员保留能力，提高海军陆战队人员的绩效和生活质量。[125]

其网站 www.nprst.navy.mil/ 提供的信息包括：该机构的组织结构图；海军人员战备能力和社群支持部，人员发展、绩效和安全部等部门的清单；人员保留测量与监控系统，以及人员分配和调配的电子商务技术等研究领域的相关介绍。公开的研究报告包括：《虚拟环境工程培训：资料准备评估》(*Virtual Environment Training for Engineering: Material Readiness Assessment*，1998 年)、《海军陆战队生活质量评估对备战能力、绩效和人员保留的作用（第 11 卷)：

先导测试结果》(*Assessment of USMC Quality of Life Program Contributions to Readiness*，*Performance*，*and Retention*，*Volume 11: Pilot Test Results*，1999年)，以及《海军价值社群进度检查：1998年海军核心价值观调查报告》(*A Progress Check on the Navy Values Community: Report on the 1998 Navy Core Values Survey*，1999年)。

海军作战发展司令部

海军作战发展司令部（Navy Warfare Development Command，缩写为NWDC）的使命是将新观点引入舰队作战，开展对话，探索这些观点的优点，合作开展项目，以实现这些观点，使海军能够了解这些新观点带来的作战效益，并参与其中。[126] 海军作战发展司令部位于罗德岛州的纽波特。

海军作战发展司令部的网站 www.nwdc.navy.mil/ 提供了关于该司令部活动的其他信息，比如，对其下属部门海上作战中心、行动处和条令部的介绍，以及海军作战发展司令部已经召开和即将召开的会议的详细情况。该网站上公开的出版物包括：概念草图文件《高速船：联合部队的适应性、模块性和灵活性》(*High Speed Vessel: Adaptability*，*Modularity*，*and Flexibility for the Joint Force*，未注明出版日期)、《海军条令出版物1：海上战争》(*Naval Doctrine Publication 1: Naval Warfare*，1994年)、《海军条令出版物6：海军的指挥与控制》(*Naval Doctrinal Publication 6: Naval Command and Control*，1995年)、《海军基本任务清单发展手册》(*Naval Mission Essential Task List Development Handbook*，2000年）和《海军条令出版物4：海军后勤学》(*Naval Doctrinal Publication 4: Naval Logistics*，2001年)。

网络核心创新中心

网络核心创新中心（Network Centric Innovation Center，缩写为NCIC)，位于加利福尼亚州的圣地亚哥，始建于1999年。网络核心创新中心一直致力于研究、探寻和创造一些利于美国海军网络核心战的解决方案。在履行其任务过程中，网络核心创新中心与其他海军部门和私人部门密切合作，研究出最佳作战实践，满足海军作战的需求。[127]

网络核心创新中心的网站 www.ncic.navy.mil/ 提供了更多关于该中心活动和工作的信息。该网站的内容包括：每月的活动清单（2001 年 7 月至今）和“海军—海军陆战队内联网进度报告”（2002 年）、“构建一个安全的可信计算 Windows 平台”（2002 年）和“舰队创新”（2002 年）等 PPT 演示文稿。

海军研究办公室

海军研究办公室（Office of Naval Research，缩写为 ONR)，负责与学校、大学、政府实验室和非盈利与盈利组织合作，协调、执行和推动美国海军和海军陆战队的科技项目。海军研究办公室位于华盛顿特区，还可以为海军作战部长和海军部长提供技术方面的建议，与同行业合作，改进工艺生产流程。[128] 该办公室于 1946 年起开始办公。

该办公室的网站 www.onr.navy.mil/ 提供了海军研究办公室工作机会的清单、关于远征作战、信息电子以及海洋、大气和空间监测等部门的介绍、合同信息，以及一些相关的新闻稿。海军研究办公室的其他资料包括：《战场准备用自主水下载具》（*Battlespace Preparation Autonomous Underwater Vehicle*，未注明出版日期)、《未来的海军能力：独立作战》（*A Future Naval Capability: Autonomous Operations*，未注明出版日期)、《滨海反潜战》（*Littoral Antisubmarine Warfare*，未注明出版日期)、《半自主水道侦察车》（*Semi- Autonomous Hydrographic Reconnaissance Vehicle*，未注明出版日期）和《作战人员的保护》（*Warfighter Protection*，未注明出版日期）等资料介绍，以及《支持海上作战机动的两栖扫雷和除障需求》（*Amphibious Counter-Mine and Counter-Obstacle Requirements in Support of Operational Maneuver from the Sea*，未注明出版日期）等报告。

空间与海战系统司令部

空间与海战系统司令部（Space and Naval Warfare Systems Command，缩写为 SPAWAR)，于 1966 年组建，目的是支持美国海军和海军陆战队的电子系统、设备、指挥、控制和通信。空间与海战系统司令部的总部位于加利福尼亚州的圣地亚哥，自 1997 年开始，分别在美国其他地区设立了分部，空间与海战系统司令部的员工数量已超过 8000 人，主要负责为作战人员传授有效的、集成的指挥、控制和通信、计算机智能、监视和侦察、信息技术和空间系统能力等方面的专业知识。[129]

空间与海战系统司令部的网站 www.spawar.navy.mil/ 提供了一张组织结构图，还有该司令部主要领导人的资料、一些相关的新闻稿、有效合约的电子表格。其他可用的资料包括：《采购项目结构指南》（*Acquisition Program Structure Guide*，2002 年）、《超高频改进计划》（*Ultra High Frequency Follow-On Program*，1999 年）、《高级漂浮电缆天线项目》（*Advanced Buoyant Cable Antenna Program*，2001 年）和《海军空间监测系统》（*Naval Space Surveillance System*，2002 年）等出版物。

水面战指挥部

水面战指挥部（Surface Warfare Directorate，缩写为 SWD），隶属于海军作战部长办公室。其责任范围包括：确定部队级别、船只和相关支援需求，以及巡洋舰、驱逐舰、物流舰和辅助舰等主要项目的特征。后期责任范围则有所扩大，包括：提高水面作战的战备战性、安全性和生存能力，加强水面作战的行动训练；实施海军造船和转型计划；执行水面作战任务，比如，参与和支援机动作战、战区空域占领、海域占领，以及海军水面作战联合指挥、控制、计算机、信息监督和侦察。[130]

网页 http: //chinfo.navy.mil/navpalib/cno/n76/ 介绍了水面战指挥部的使命，提供了一张组织结构图、船舶描述、雷战信息、各种武器系统描述（先进的火炮系统、先进的战斧飞弹控制系统和海军火力控制系统）。此外，该网页还提供了一些出版物，比如，《水面战指挥官会议报告》（*Surface Warfare Commanders Conference Report*，2001—2002 年）和《水面战》杂志（*Surface Warfare*，2002 年至今）等。

注 释

1. U.S. Government Printing Office, "About the Federal Depository Library Program (FDLP)" (2003), 1 (www.gpoaccess.gov/fdlp.html), accessed November 24, 2003.
2. U.S. Department of Defense, *Defense Almanac* (Washington, D.C.: Department of Defense, n.d.), 1 (www.defenselink.mil/pubs/almanac/almanac/organization/Combatant_Commands.html), accessed

November 11, 2003.

3. U.S. Central Command, "About Centcom" (n.d.), 1–2 (www.centcom.mil/aboutus/centcom.htm), accessed November 11, 2003.
4. U.S. European Command, "Unified Command Plan Changes in USEUCOM since 1952" (n.d.), 1 (www.eucom.mil/AOR/history.htm), accessed November 11, 2003.
5. U.S. European Command, "2002 U.S. European Command Strategy of Readiness and Enlargement" (n.d.), 1 (www.eucom.mil/Command/Strategy/strategic-environment.htm), accessed November 11, 2003.
6. U.S. Joint Forces Command, "About Us" (n.d.), 1 (www.jfcom.mil/about/about1.htm), accessed November 11, 2003.
7. U.S. Joint Forces Command, "In the Beginning" (n.d.), 1 (www.jfcom.mil/about/History/abthist1.htm), accessed November 11, 2003; and U.S. Joint Forces Command, "New Name, Future Focus" (n.d.), 1 (www.jfcom.mil/about/History/abthist6.htm), accessed November 11, 2003.
8. U.S. Northern Command, "Who We Are" (n.d.), 1(www.northcom.mil/ index. cfm?fuseaction=s.whoweare&section=4), accessed November 11, 2003. 美国国土安全历史性概述，请参见 Stetson Conn, Rose C. Engelman, and Byron Fairchild, *Guarding the United States and Its Outposts* (Washington, D.C.: U.S. Army Center for Military History, 2000)。
9. U.S. Northern Command, "Who We Are—Mission" (n.d.), 1 (www.northcom.mil/index.cfm?fuseaction=s.who_mission), accessed November 11, 2003.
10. U.S. Pacific Command, "About U.S. Pacific Command" (n.d.), 1 (www.pacom.mil/about/history.shtml), accessed November 11, 2003.
11. U.S. Pacific Command, "About U.S. Pacific Command" (n.d.), 1–2 (www.pacom.mil/about/pacom.shtml), accessed November 11, 2003.
12. U.S. Southern Command, "U.S. Southern Command History" (n.d.), 1–2 (www.southcom.mil/pa/Facts/History.htm), accessed November 11, 2003.
13. U.S. Southern Command, "U.S. Southern Command Profile" (n.d.), 1 (www.southcom.mil/pa/Facts/Profile.htm), accessed November 11, 2003.
14. 参见 U.S. Special Operations Command, *Special Operations Posture Statement 2000* (Washington, D.C.: U.S. Special Operations Command, 2000), 1 (www.defenselink.mil/pubs/ sof/organize.pdf), accessed November 11, 2003; and PL 99-661, "To Authorize Appropriations for Fiscal Year 1987 for Military Activities of the Department of Defense, for Military Construction, and for Defense Activities, of the Department of Energy, to Prescribe Personnel Strength for Such Fiscal Year for the Armed Forces, to Improve the Defense Acquisition Process, and for Other Purposes," 100 *U.S. Statutes at Large,* 3816, 3983–3986。
15. U.S. Special Operations Command, *Special Operations Posture Statement 2000,* 4.
16. U.S. Strategic Command, "USSTRATCOM Headquarters" (n.d), 1 (www.stratcom.mil/), accessed November 11, 2003.
17. U.S. Strategic Command, "Fact File: U.S. Strategic Command History," 1–2 (www.stratcom.mil/factsheetshtml/history.htm), accessed November 11, 2003. 更多历史背景信息，请参见 Harry R. Borowski, *A Hollow Threat: Strategic Air Power and Containment Before Korea* (Westport, Conn.: Greenwood Press, 1982); and J. C. Hopkins and Sheldon A. Goldberg, *The Development of Strategic Air Command, 1946–1986: The Fortieth Anniversary History* (Offutt Air Force Base, Nebraska: Headquarters Strategic Air Command, Office of the Historian, 1986)。
18. U.S. Transportation Command (TRANSCOM), Office of Public Affairs, "United States Transportation Command" (n.d.), 1 (www.transcom.mil/history/summary.htm), accessed

November 11, 2003. 更多关于TRANSCOM历史性概述的详细信息，请参见U.S. Transportation Command, “United States Transportation Command: A Short History” (2002), 1–2 (www.transcom.mil/history/history.html), accessed November 11, 2003; and James K. Matthews and Cora J. Holt, *So Many, So Much, So Far, So Fast: United States Transportation Command and Strategic Deployment for Operation Desert Shield/Desert Storm* (Washington, D.C.: Joint History Office, Office of the Chairman of the Joint Chiefs of Staff and U.S. Transportation Command, Research Center, 1999)。

19. *U.S. Government Manual, 2002–2003* (Washington, D.C.: National Archives and Records Administration, 2002), 167. 美国空军正史，请参见 Stephen L.McFarland, *A Concise History of the United States Air Force* (Washington, D.C.: Air Force History and Museums Program, 1998); and Warren A. Trest, *Air Force Roles and Missions: A History* (Washington, D.C.: Air Force History and Museums Program, 1998)。空军历史性条令和战略思想，请参见 Robert Frank Futrell, *Ideas, Concepts, and Doctrine: Basic Thinking in the United States Air Force,* 2 vols. (Maxwell Air Force Base, Ala.: Air University Press, 1989)。
20. AFNEWS: The Air Force News Agency, “History of AFNEWS” , (n.d.), 1 (www.afnews.af.mil/about/history.htm), accessed November 11, 2003.
21. U.S. Air Force, Air Combat Command, “Air Combat Command Mission” (2002), 1 (www2.acc.af.mil/library/mission/), accessed November 11, 2003.
22. U.S. Air Force, Air Command and Staff College, “About ACSC” (2002), 1 (http://www.acsc.maxwell.af.mil/About/about.htm), accessed November 11, 2003.
23. U.S. Air National Guard, “Forging the Air National Guard” (2003), 1 (www.ang.af.mil/ history/forging.asp), accessed November 11, 2003.
24. 参见 U.S. Air University, “Welcome to the Air University (AU) Home Page” (2003), 3(www.au.af.mil/about_max_gun.html), accessed November 11, 2003; U.S. Air University, “Air University: Home of Air Force Professional Military Education” (2002), 1–2 (www.au.af.mil/au/facts.html), accessed November 11, 2003; and Jerome A. Ennels, *A Short History of Air University, 1946–2001* (Maxwell Air Force Base, Ala.: Air University Office of History, 2001)。
25. U.S. Air Force Academy, “Mission and Vision” (n.d.), 1 (www.usafa.af.mil/misvis/), accessed November 11, 2003.
26. U.S. Air Force Academy, “Academy History” (2001), 1–2 (www.usafa.af.mil/pa/factsheets/history.htm), accessed November 11, 2003. 参见 PL 83-325, “To Provide for the Establishment of a United States Air Force Academy, and for Other Purposes,” 68 *U.S. Statutes at Large,* 47–49。参见 U.S. Air Force Academy, *The United States Air Force Academy's First Twenty-five Years: Some Perceptions* (Colorado Springs, Colo.: U.S. Air Force Academy, 1979); and John P. Lovell, *Neither Athens Nor Sparta? The American Service Academies in Transition* (Bloomington: Indiana University Press, 1979)。
27. U.S. Air Force Academy, Institute for National Security Studies, “USAF Institute for National Security Studies” (n.d.), 1 (www.usafa.af.mil/inss/longdesc.htm), accessed November 6, 2003.
28. 参见 U.S. Air Force Audit Agency, “AFAA History” (2002), 1 (www.afaa.hq.af.mil/ organization/history.htm), accessed November 11, 2003; and U.S. Air Force Audit Agency, “Our Mission” (2000), 1 (www.afaa.hq.af.mil/index2.shtml), accessed November 11, 2003。
29. U.S. Air Force Command and Control and Intelligence, Surveillance, and Reconnaissance Center, “AFC2ISRC History” (n.d.), 1 (www.afc2isrc.af.mil/History.asp), accessed November 11, 2003.
30. U.S. Air Force Command and Control and Intelligence, Surveillance, and Reconnaissance Center, “AFC2ISRC Mission” : (n.d.), 1 (www.afc2isrc.af.mil/Mission.asp), accessed November 11, 2003.

31. U.S. Air Force Communications Agency, "The Air Force Communications and Information History Office Online" (n.d.), 1 (https://public.afca.scott.af.mil/public/history/), accessed November 11, 2003. 美国空军通信局正史，请参见 Larry R.Morrison, *Flares to Satellites: A Brief History of Air Force Communications* (Scott Air Force Base, Ill.: U.S. Air Force Communications Agency, Office of History, 1997)。
32. U.S. Air Force Communications Agency, "About AFCA Communications and Information" (n.d.), 1 (http://public.afca.af.mil/about.htm), accessed March 12, 2004.
33. U.S. Air Force Flight Test Center, "About Edwards—History" (2002), 1 (www.edwards .af.mil/history/), accessed November 11, 2003. 历史性概述，请参见 Steve Pace, *Edwards Air Force Base Experiment Flight Test Center* (Osceola,Wis.:Motorbooks International, 1994)。
34. U.S. Air Force Historical Research Agency, "About the Agency" (2002), 1 (www.maxwell.af.mil/au/afhra/about.html), accessed November 11, 2003.
35. U.S. Air Force History Support Office, "The AFHSO Research and Analysis Division" (n.d.), 1 (www.airforcehistory.hq.af.mil/AboutAFHSO/aboutHOR.htm), accessed November 11, 2003.
36. U.S. Air Force Information Warfare Center, "Mission" (n.d.), 1 (http://afiwcweb.lackland .af.mil/organization/mission.cfm), accessed November 11, 2003.
37. U.S. Air Force Information Warfare Center, "History of AFIWC" (n.d.), 1 (http://afiwcweb.lackland.af.mil/organization/history.cfm), accessed November 11, 2003.
38. U.S. Air Force Institute of Technology, "What Is AFIT?" (n.d.), 1 (www.afit.edu/about/what_is_afit.cfm/), accessed November 11, 2003.
39. U.S. Air Force Institute of Technology, "AFIT History" (n.d.), 1–2 (www.afit.edu/about/history.cfm), accessed November 11, 2003. 其他关于美国空军在俄亥俄州代顿市进行的科学研究的历史背景信息，请参见 James F. Aldridge,*Wright from the Start: The Contributions of Dayton's Science and Engineering Community to American Air Power in the Twentieth Century* (Wright-Patterson Air Force Base, Ohio: Air Force Material Command, Aeronautical Systems Center, History Office, 1997)。
40. U.S. Air Force Office of Scientific Research, "The History of AFOSR" (n.d.), 1–3 (www.afosr.af.mil/afrhistory.htm), accessed November 11, 2003. 美国空军科学研究成果，参见 Dwayne A. Day, *Lightning Rod: A History of the Air Force Chief Scientist's Office* (Washington, D.C.: U.S. Air Force, Chief Scientist's Office, 2000)。
41. U.S. Air Force, Scientific Advisory Board, "Mission" (n.d.), 1 (https://www.sab.hq.af.mil/mission/), accessed November 11, 2003.
42. U.S. Air Force Research Laboratory, "Fact Sheet: Air Force Research Laboratory" (n.d.), 1 (www.afrl.af.mil/factsht/afrlfactsheet.htm), accessed November 11, 2003.
43. U.S. Air Force Safety Center, "Mission" (n.d.), 1–2 (http://safety.kirtland.af.mil/AFSC/organization.html), accessed November 11, 2003.
44. U.S. Air Force Space Command, "Almanac" (n.d.), 2 (www.peterson.af.mil/hqafspc/library/almanac/pg2/almanac_2.htm), accessed November 11, 2003. 空军司令部运作管理，请参见 U.S. General Accounting Office, *Defense Computers: U.S. Space Command's Management of Its Year 2000 Operational Testing* (Washington, D.C.: General Accounting Office, 1999)。历史渊源，请参见 U.S. Air Force Space Command, "The Heritage of Air Force Space Command" (n.d.), 1–7 (www.spacecom .af.mil/hqafspc/history/heritage.htm), accessed November 11, 2003。
45.U.S.Air Force, Deputy Under Secretary of the Air Force—International Affairs, "Vision— Mission" (n.d.), 1 (www.safia.hq.af.mil/ia/internet/CoreInit2.htm), accessed November 11, 2003.
46. U.S. Air Force, Space and Missile Systems Center, "Our Mission" (n.d.), 1 (www.losangeles.

af.mil/mission.htm), accessed November 11, 2003.

47. 参见 *U.S. Government Manual,* 174; and PL 1-7, “An Act to Establish an Executive Department, to Be Denominated the Department of War,” 1 *U.S. Statutes at Large,* 49–50. Additional historical background is provided by David W. Hogan Jr., *225 Years of Service: The U.S. Army, 1775– 2000* (Washington, D.C.: U.S. Army Center of Military History, 2000); and Russell F. Weigley, *History of the United States Army* (Bloomington: Indiana University Press), 1984。
48. *U.S. Government Manual.*
49. U.S. Army, Aberdeen Proving Ground, “Aberdeen Proving Ground” (n.d.), 1 (www.apg.army.mil/aberdeen_proving_ground.htm), accessed November 11, 2003.
50. Australian, British, Canadian, and Australian Armies Program, “ABCA: Introduction to the Program” (n.d.), 1 (http://abca.hqda.pentagon.mil/Introduction/background.html), accessed October 30, 2003.
51. U.S. Army, Armor Center, “Our Mission” (n.d.), 1 (www.knox.army.mil/center/mission.htm), accessed November 11, 2003.
52. U.S. Army Chemical School, “Mission” (n.d.), 1 (www.wood.army.mil/usacmls/mission.htm), accessed November 11, 2003.
53. U.S. Army,Mountain Warfare School, “Welcome” (n.d.), 1 (www.benning.army.mil/AMWS/), accessed November 11, 2003.
54. U.S. Army National Guard, “About Us” (n.d.), 1 (www.arng.army.mil/About_Us/), accessed November 11, 2003. 历史性概览，请参见 Michael D. Doubler, *Civilian in Peace, Soldier in War: The Army National Guard, 1636–2000* (Lawrence: University Press of Kansas, 2003)。
55. U.S. Army Research Institute for the Behavioral and Social Sciences, “ARI: A Brief History” (n. d.), 1 (www-ari.army.mil/history.htm), accessed November 11, 2003. 组织历史，请参见 Joseph Zeidner and Arthur J. Drucker, *Behavioral Science in the Army: A Corporate History of the Army Research Institute* (Washington, D.C.: U.S. Army Research Institute for the Behavioral and Social Sciences, 1987)。
56. U.S. Army Research Institute for the Behavioral and Social Sciences, “ARI Mission” (n.d.), 1 (www.ari.army.mil/about/mission.htm), accessed November 11, 2003.
57. U.S. Army Research Laboratory, *The Genealogy of ARL* (Adelphi,Md.: U.S. Army Research Laboratory, 1997), inside cover, 1.
58. U.S. Army Science Board, “The Army Science Board” (n.d.), 1 (https://webportal.saalt.army.mil/sard-asb/Descript.htm), accessed November 12, 2003.
59. PL 57-132, “An Act Making Appropriations for the Support of the Army for the Fiscal Year Ending June Thirtieth, Nineteen Hundred and Four,” 32 *U.S. Statutes at Large,* 927; U.S. Army War College, “History” (n.d.), 5, 12 (www.carlisle.army.mil/history.htm), accessed November 11, 2003; Harry P. Ball, *Of Responsible Command: A History of the United States Army War College* (Carlisle Barracks, Pa.: Alumni Association of the United States Army War College, 1994); and Judith Hicks Stiehm, *U.S. Army War College: Military Education in a Democracy* (Philadelphia: Temple University Press, 2002).
60. Reference librarian, U.S. Army War College, telephone conversation with author,March 10, 2003.
61. U.S. Department of the Army, “Assistant Secretary of the Army for Acquisition, Logistics, and Technology:Missions, Functions, and Responsibilities” (n.d.), 1–2 (https://webportal.saalt.army.mil/mission.cfm), accessed November 12, 2003.
62. 参见 U.S. Army, Center for Army Lessons Learned, “History of the Army’s Lessons Learned System,” in *A Guide to the Services and Gateway of the Center for Army Lessons Learned: Handbook 97-13*

(Fort Leavenworth, Kan.: Center for Army Lessons Learned, 1997) (http://call .army.mil/products/handbook/97-13/history.htm); and U.S. Army, Center for Army Lessons Learned, “Introduction to CALL,” in *A Guide to the Services and Gateway of the Center for Army Lessons Learned: Handbook 97-13* (Fort Leavenworth, Kan.: Center for Army Lessons Learned, 1997) (http://call.army.mil/products/handbook/97-13/intro.htm)。

63. Terrence J. Gough, *The U.S. Army Center of Military History: A Brief History* (Washington, D.C.: U.S. Army Center of Military History, 1996), 1, 3–4 (www.army.mil/cmh-pg/reference/History/gough.htm), accessed November 11, 2003.

64. U.S. Army, Central Identification Laboratory, Hawaii, “Mission and History” (n.d.), 1 (www.cilhi.army.mil/eBrochure.htm), accessed November 11, 2003.

65. U.S. Army, Command and General Staff College, “History and Chronology” (2002), 6–7 (www.cgsc.army.mil/history.asp), accessed November 12, 2003. For an overall history, see Boyd L. Dastrup, *The U.S. Army Command and General Staff College: A Centennial History* (Manhattan, Kan.: Sunflower University Press, 1982).

66. U.S. Army, Command and General Staff College, “About the Command and General Staff College” (2002), 1 (www.cgsc.army.mil/about.asp), accessed November 12, 2003.

67. 历史性概述，请参见 U.S. Army Corps of Engineers, *The History of the U.S. Army Corps of Engineers* (Washington, D.C.: U.S. Army Corps of Engineers, 1986), 3–4; and Todd A. Shallat, *Structures in the Stream: Water, Science, and the Rise of the U.S. Army Corps of Engineers* (Austin: University of Texas Press, 1994)。

68. *U.S. Government Manual,* 177.

69. U.S.Army, Field Artillery School, “Homepage” (2003), 2–3 (http://sill-www.army.mil/TNGCMD/tc.htm), accessed November 12, 2003. 司令部在 1991 年海湾战争中扮演的角色，请参见 Boyd L. Dastrup, *The Come-as-You-Are War: Fort Sill and Operations Desert Shield and Desert Storm* (Fort Sill, Okla.: U.S.Army Field Artillery Center, 1997)。炮兵在美国陆军中的地位，请参见 Janice E.McKenney, *Field Artillery: Regular Army and Army Reserve* (Washington,D.C.: U.S.Army Center of Military History, 1992)。

70. U.S. Army, Human Resources Command, “About the U.S. Army Human Resources Command” (2003), 1 (https://www.hrc.army.mil/AboutUs.asp), accessed November 12, 2003. 相关历史背景，请参见 U.S. Army, Center of Military History, *The Personnel Replacement System in the United States Army* (Washington, D.C.: U.S. Army, Center of Military History, 1988); and John C. Sparrow, *History of Personnel Demobilization in the United States Army* (Washington, D.C.: U.S. Army, Center of Military History, 1994)。

71. U.S. Army Infantry, “Combined Arms and Tactics Directorate (CATD) Mission” (2003), 1 (www.infantry.army.mil/CATD/hq/mission.htm), accessed November 12, 2003. 关于步兵在美国陆军中所起作用的历史背景信息，请参见 Kenneth Finlayson, *An Uncertain Trumpet: The Evolution of U.S. Army Infantry Doctrine, 1919–1941* (Westport, Conn.: Greenwood, 2001); Charles T. Lanham, *Infantry in Battle,* 2nd ed. (Washington, D.C.: U.S. Army Center for Military History, 1934, 1996); and Scott R.McMichael, *A Historical Perspective on Light Infantry* (Fort Leavenworth, Kan.: U.S. Army Command and General Staff College, Combat Studies Institute, 1991)。

72. U.S. Army Medical Research Institute of Chemical Defense, “Mission” (n.d.), 1 (http://usamricd.apgea.army.mil/), accessed November 12, 2003. 历史性总结，请参见 U.S. Army Medical Research Institute of Chemical Defense, “Our Past and Present” (n.d.), 1 (http://usamrid.apgea.army.mil/history/history.asp), accessed November 12, 2003。军事化学武器医疗实践专题概述，请参见 Richard A. Rettig,*Military Use of Drugs Not Yet Approved by the FDA for CW/BW*

Defense: Lessons from the GulfWar (Santa Monica, Calif.: RAND Corporation, 1999) (www.rand.org/publications/MR/MR1018.9/), accessed November 12, 2003。

73. 参见 U.S.Military Academy, "About the Academy" (n.d.), 1–2 (www.usma.edu/about.asp), accessed November 12, 2003; and U.S.Military Academy, "USMA Mission" (n.d.), 1 (www.usma.edu/mission.asp), accessed November 12, 2003。完整历史信息，请参见 Theodore J.Crackel,*West Point: A Bicentennial History* (Lawrence: University Press of Kansas, 2002)。
74. National Simulation Center, "Mission" (n.d.), 1 (www.leavenworth.army.mil/famsim/), accessed November 12, 2003.
75. U.S. Army, Office of Army International Affairs, "Army International Affairs Organization and Functions," (2003), 1 (http://international.army.mil/AboutAIA/AIAorg.htm), accessed March 15, 2004.
76. PL 12-83, "An Act for the Better Regulation of Ordnance," 2 *U.S. Statutes at Large,* 732–734. 历史性概述，请参见 Keir B. Sterling, *Serving the Line with Excellence: The Development of the U.S. Army Ordnance Corps* (Aberdeen Proving Ground,Md.: U.S. Army Ordnance Center and School, 1987)。
77. U.S. Army Ordnance Corps, "Mission" (1998), 1 (www.goordance.apg.army.mil/odmission.htm), accessed November 12, 2003.
78. U.S. Army, Soldier and Biological Chemical Command, "U.S. Army Soldier and Biological Chemical Command [SBCCOM]" (2002), 1–2 (www.sbccom.army.mil/about/sbccom.htm), accessed November 12, 2003.
79. Jeffrey K. Smart, "History of the U.S. Army Soldier and Biological Chemical Command" (n.d.), 1, 3, 5 (www.sbccom.army.mil/about/historySBCCOM.pdf), accessed November 12, 2003.
80. U.S. Army, Space and Missile Defense Command, *Strategic Plan 2002* (Huntsville, Ala.: U.S. Army, Space and Missile Defense Command, 2002), 4 (www.smdc.army.mil/MAIN/StratPlan.pdf), accessed November 12, 2003. 关于陆军太空角色的其他讨论，请参见 Leslie Lewis, *The Army's Role in Space: Strategies for Achieving Future Objectives* (Santa Monica, Calif.: RAND Corporation, 1997)。
81. U.S. Army, Space and Missile Defense Command, "USASMDC: The U.S. Army Service Component to the U.S. Strategic Command" (n.d.), 1 (www.smdc.army.mil/FactSheets/SMDCFACT.pdf), accessed November 12, 2003.
82. 参见 U.S. Army, Training and Doctrine Command, "Mission" (n.d.), 1 (www.tradoc.army.mil/mission2.htm), accessed November 12, 2003; and Anne W. Chapman and others, *Prepare the Army for War: A Historical Overview of the Army Training and Doctrine Command: 1973–1998* (Fort Monroe,Va.: U.S. Army, Training and Doctrine Command,Military History Office, 1998), 1 (www.tradoc.army.mil/historian/pubs/TRADOC25/chap1.htm), accessed November 12, 2003. For more historical background, see Susan Canedy and others, *TRADOC Support to Operations Desert Shield and Desert Storm: A Preliminary Study* (Fort Monroe,Va.: U.S. Army. Training and Doctrine Command, Office of the Command Historian, 1992); Anne W. Chapman, *The Army's Training Revolution, 1973–1990: An Overview* (Fort Monroe,Va: U.S. Army, Training and Doctrine Command, Office of the Command Historian, 1991); and William E. Dupuy, *Changing an Army: An Oral History of General William E. DePuy, USA Retired* (Washington, D.C., and Carlisle Barracks, Pa.: U.S. Army Center of Military History and U.S. Military History Institute, 1988)。
83. *U.S. Government Manual,* 190. 美国海军陆战队历史事件示例，请参见 Allen R. Millett, *Semper Fidelis: The History of the United States Marine Corps* (New York:Macmillan Publishing

Company, 1980); and Kenneth J. Clifford, *Progress and Purpose: A Developmental History of the United States Marine Corps, 1900–1970* (Washington, D.C.: U.S.Marine Corps, History and Museums Division, 1973)。

84. U.S.Marine Corps, Plans, Policies, and Operations Department, "PP&O Mission/Functions" (n.d.), 1 (http://hqinet001.hqmc.usmc.mil/pp&o/), accessed November 12, 2003.
85. U.S.Marine Corps, *USMC Concepts and Issues 2000: Leading the Pack in a New Era* (Washington, D.C.: U.S.Marine Corps, 2000), 46; and U.S.Marines Corps, 4th Marine Expeditionary Brigade (Anti-Terrorism), "Chemical Biological Incident Response Force" (n.d.), 1 (www.lejeune.usmc.mil/4thmeb/cbirf.htm), accessed November 12, 2003.
86. U.S.Marine Corps, History and Museums Division, "Mission" (n.d.), 1 (http://hqinet001 .hqmc.usmc.mil/HD/Contents/Mission.htm), accessed November 12, 2003.
87. U.S.Marine Corps, Installations and Logistics Department, "Installations and Logistics Department" (2003), 1 (www.hqmc.usmc.mil/ilweb.nsf/Header?OpenPage&BaseTarget=Info), accessed November 12, 2003.
88. U.S.Marine Corps, Logistics Command, "MCLB Barstow History" (2000), 1 (https:// www.bam.usmc.mil/history.htm), accessed November 12, 2003.
89. U.S.Marine Corps,Manpower and Reserve Affairs, "Manpower and Reserve Affairs Home" (n.d.), 1 (www.manpower.usmc.mil/), accessed November 12, 2003.
90. U.S.Marine Corps,Marine Air Ground Staff Training Program, "Mission" (n.d.), 1 (www.mstp.quantico.usmc.mil/), accessed November 12, 2003.
91. U.S.Marine Corps, Headquarters Marine Department of Aviation, "Marine Aviation Implementation Plan" (n.d.), 1 (http://hqinet001.hqmc.usmc.mil/AVN/aip.htm), accessed November 12, 2003.
92. U.S.Marine Corps,Marine Corps Combat Development Command, "Mission" (2003), 1 (https://www.mccdc.usmc.mil/), accessed November 12, 2003.
93. U.S.Marine Corps,Marine Corps Doctrine Division, "Welcome to Our Home Page" (n.d.), 1 (https://www.doctrine.usmc.mil/), accessed November 12, 2003.
94. 参见 U.S.Marine Corps,Marine Corps Institute, "MCI Mission Statement" (n.d.), 1 (www.mci.usmc.mil/misc/mission_statement.asp), accessed November 12, 2003; and U.S. Marine Corps, "History of MCI" (n.d.), 1–2, (www.mci.usmc.mil/aboutmci/history.asp), accessed November 12, 2003。
95. U.S.Marine Corps,Marine Corps Systems, "Marine Corps Systems Command MCSC" (2003), 1–2 (www.marcorsyscom.usmc.mil/vision/missionvision.asp), accessed November 12, 2003.
96. U.S.Marine Corps,Marine Corps University, "History" (n.d.), 1 (www.mcu.usmc.mil/ mcu/History/about.htm), accessed November 12, 2003.
97. U.S.Marine Corps,Marine Corps University, "Our Mission" (n.d.), 1 (www.mcu.usmc.mil/) accessed November 12, 2003.
98. U.S.Marine Corps,Marine Corps Warfighting Laboratory, "Marine Corps Warfighting Laboratory" (n.d.), 1 (www.mcwl.quantico.usmc.mil/), accessed November 12, 2003.
99. U.S.Marine Corps, Programs and Resources Department, "Programs and Resources Department Mission" (2003), 1 (http://hqinet001.hqmc.usmc.mil/p&r/main/mission.htm), accessed November 12, 2003.
100. U.S.Marine Corps, Safety Division, "Safety Division Mission Statement" (n.d.), 1 (www.hqmc.usmc.mil/safety.nsf/), accessed November 12, 2003.
101. U.S.Marine Corps, Training and Education Command, "Our Mission" (n.d.), 1 (www.tecom.usmc.mil/), accessed November 12, 2003.

102. *U.S. Government Manual,* 185, 187. 美国海军历史，请参见 Stephen Howarth, *To Shining Sea: A History of the United States Navy, 1775–1991* (New York: Random House, 1991)。
103. U.S. Navy, Chief of Naval Operations, "Responsibilities of the Chief of Naval Operations" (n.d.), 1 (http://chinfo.navy.mil/navpalib/people/cno/cno-resp.html), accessed November 12, 2003. 历史背景信息，请参见 Thomas Hone, *Power and Change: The Administrative History of the Office of the Chief of Naval Operations, 1946–1986* (Washington, D.C.: Department of the Navy, Naval Historical Center, 1989)。
104. U.S. Navy,Military Sealift Command, "MSC Mission" (n.d.), 1 (www.msc.navy .mil/N00P/mission.htm), accessed November 12, 2003. 历史和评估性考核信息，请参见 James K.Matthews and others, ed., *United States Transportation Command the National Defense Reserve Fleet and the Ready Reserve Force: A Chronology* (Washington, D.C., and Scott Air Force Base, Ill.: United States Transportation Command Research Center, 1999); and U.S. General Accounting Office, *Strategic Mobility: Later Deliveries of Large,Medium Speed Roll-On/Off Ships* (Washington, D.C.: General Accounting Office, 1997)。
105. U.S. Naval Academy, "About USNA" (n.d.), 1 (www.nadn.navy.mil/about.htm), accessed November 12, 2003. 参见 Jack Sweetman, *The U.S. Naval Academy: An Illustrated History* (Annapolis,Md.: Naval Institute Press, 1995)。
106. U.S. Navy, Naval Aerospace Medical Research Laboratory, "Homepage" (2003), 1 (www.namrl.navy.mil/), accessed November 12, 2003.
107. U.S. Navy, Naval Air Systems Command, "About NAVAIR" (n.d.), 1 (www.navair.navy .mil/index.cfm?fuseaction=about.default), accessed November 12, 2003.
108. U.S. Navy, Naval Cost Analysis Division, "NCAD Mission" (n.d.), 1 (www.ncca.navy.mil/about/mission.cfm), accessed November 12, 2003.
109. U.S. Navy, Naval Facilities Engineering Command, "NAVFAC Facts" (2000), 1 (www.navfac.navy.mil/facts.htm), accessed November 12, 2003.
110. U.S. Navy, Naval Historical Center, "Origins of the Naval Historical Center" (2002), 1–2 (www.history.navy.mil/ branches/origin.htm), accessed November 12, 2003.
111.U.S.Navy,Naval Medicine Online, "About Navy Medicine" (n.d.), 1 (http://navymedicine .med.navy.mil/nav_about_us.asp), accessed November 12, 2003.
112. U.S. Navy, Naval Medicine Online, "Naval Medicine" (n.d.), 2, 6 (http://navymedicine.med.navy.mil/med09h/bumed_history.cfm), accessed November 12, 2003. 参见 Harold D. Langley, *A History of Medicine in the Early U.S. Navy* (Baltimore,Md.: Johns Hopkins University Press, 1995)。
113. 历史背景信息，参见 Steven J. Dick, *Sky and Ocean Joined: The U.S. Naval Observatory, 1830–2000* (New York: Cambridge University Press, 2003)。使命简介，请参见 U.S. Naval Observatory, "The Mission of the Naval Observatory" (Washington, D.C.: U.S. Naval Observatory (n.d.), 1 (www.usno.navy.mil/mission.shtml), accessed November 12, 2003。
114. U.S. Navy, Naval Postgraduate School, "A Short History of the Naval Postgraduate School" (2001), 1 (www.nps.navy.mil/PAO/history/history.htm), accessed November 12, 2003.
115. U.S. Navy, Naval Postgraduate School, "NPS at a Glance" (2001), 1–2 (www.nps.navy.mil/PAO/at_a_glance.htm), accessed November 12, 2003.
116. U.S. Navy, Naval Research Laboratory, "History" (n.d.), 1 (www.nrl.navy.mil/content .php?P=HISTORY), accessed November 12, 2003. 其他历史背景信息，请参见 Ivan Amato, *Pushing the Horizon: Seventy-five Years of High Stakes Science and Technology at the Naval Research Laboratory* (Washington, D.C.: U.S. Naval Research Laboratory, 1998); and U.S. Naval Research Laboratory, *Highlights of NRL's First 75 Years, 1923–1998* (Washington,

D.C.:U.S. Naval Research Laboratory, Technical Information Division, 1999)。

117. U.S. Navy, Naval Research Laboratory, “Mission: We Are the Navy’s Corporate Laboratory” (n. d.), 1–2 (www.nrl.navy.mil/content.php?P=MISSION), accessed November 12, 2003.
118. U.S. Navy, Naval Sea Systems Command, “About NAVSEA” (n.d.), 1 (www.navsea.navy. mil/ aboutnav sea.asp), accessed November 12, 2003.
119. U.S. Navy, Naval Surface Warfare Center, “The Nation’s Center of Excellence for Surface Warfare” (n.d.), 1 (www.nswcdc.navy.mil/), accessed November 12, 2003.
120. U.S. Navy, Naval Treaty Implementation Program, “Naval Treaty Implementation Program” (n. d.) (www.nawcwpns.navy.mil/~treaty/progovw.html), accessed November 12, 2003. 其他关于海军军备控制条约活动的背景信息，请参见 Michael Krepon and Dan Caldwell, eds., *The Politics of Arms Control Treaty Ratification* (New York: St. Martin’s Press, 1991); and Emily O. Goldman, *Sunken Treaties: Naval Arms Control between the Wars* (University Park: Pennsylvania State University Press, 1994)。
121. U.S. Navy, Naval Undersea Warfare Center, “NUWC Overview” (n.d.), 1 (www.nuwc.navy.mil/ hq/overview/ verview.html), accessed November 12, 2003. For a history of the Naval Undersea Warfare Center’s predecessor organization between 1970 and 1991, see John Merrill and Lionel D.Wyld,*Meeting the Submarine Challenge: A Short History of the Naval Underwater Systems Center* (Washington, D.C.: Department of the Navy, 1997).
122. U.S. Navy, Naval Vessel Register, “History: Naval Vessel Register” (n.d.), 1 (www.nvr.navy.mil/ nvrhist), accessed November 12, 2003. 书面名录，请参见 Navy Department, Naval History Division, Office of the Chief of Naval Operations, *Dictionary of American Naval Fighting Ships* (Washington, D.C.: Government Printing Office, 1959–1981 and 1991–)。
123. U.S. Navy War College, “NWC Mission” (n.d.), 1 (www.nwc.navy.mil/aboutnwc/mission.htm), accessed November 12, 2003. 更多历史背景信息，请参见 Ronald H. Spector, *Professors of War: The Naval War College and the Development of the Naval Profession* (Newport, R.I.: Naval War College Press, 1977); and John B. Hattendorf and others, *Sailors and Scholars:The Centennial History of the U.S. Naval War College* (Newport, R.I.: Naval War College Press,1984)。
124. U.S. Navy International Programs Office, “Mission” (n.d.), 1 (https://www.nipo.navy.mil/mission. cfm), accessed November 12, 2003.
125. U.S. Navy Personnel Research, Studies, and Technology, “Navy Personnel Research, Studies,and Technology” (n.d.), 1 (https://www.nprst.navy.mil/), accessed November 12, 2003.
126. U.S. Navy Warfare Development Command, “NWDC Organization” (n.d.), 1 (www.nwdc.navy. mil/Organization.asp), accessed November 12, 2003.
127. U.S. Navy, Network Centric Innovation Center, “What Is NCIC?” (n.d.), 1 (www.ncic.navy.mil/ whoisNCIC.asp), accessed November 12, 2003.
128. 海军研究办公室（ONR）的起源，请参见 U.S. Navy, Office of Naval Research, “Homepage” (n.d.), 1 (www.onr.navy.mil/), accessed November 12, 2003。ONR 使命，请参见 U.S. Navy, Office of Naval Research, “About ONR” (2003), 1 (www.onr.navy.mil/onr/), accessed November 12, 2003。历史综述分析，请参见 Harvey M. Sapolsky, *Science and the Navy: The History of the Office of Naval Research* (Princeton, N.J.:Princeton University Press, 1990)。
129. U.S. Navy, Space and Naval Warfare Systems Command, “About SPAWAR” (n.d.), 1(http:// enterprise.spawar.navy.mil/about.cfm), accessed November 12, 2003.
130. U.S. Navy, Surface Warfare Directorate, “Surface Warfare:What We Do” (2003), 1 (http://chinfo. navy.mil/navpalib/cno/n76/n76do.html), accessed November 12, 2003.

[第5章]

独立机构

除行政部门、独立的军事部门和其他内阁实体外，一些独立的联邦政府机构在国家安全政策制定与实施和国家安全信息传播方面，也起着非常重要的作用。国会建立这些机构，是出于公共政策或政治方面的原因，他们的制度规定虽然不直接涉及国家安全，但是会触及国家安全决策的利益，比如，环境保护、草案登记实施和从事钢铁、计算机软件和电子装置等产品和资源生产行业的竞争地位，因为这些产品和资源会影响国家安全。

化学品安全与危害调查局

化学安全与危害调查局（Chemical Safety and Hazard Investigation Board），是根据《1990年清洁空气法修正案》（*Clean Air Amendments of 1990*）建立的，但是直到1998年才获得资金支持。[1] 作为一个非常规的科研机构，化学安全与危害调查局主要研究化学事故、判定起因，并负责推荐一些方法防止此类化学事故再次发生。[2] 随着恐怖分子对化学武器的使用，人们越来越关注化学安全与危害调查局开展的活动。

化学品安全与危害调查局的网站 www.chemsafety.gov/ 提供了一些信息资源，包括一些网址链接，可跳转至其他联邦政府化学事故数据的资源，这些数据资源由环境保护署（EPA）、海岸警卫队、职业安全和健康管理局（OSHA）、运输部和美国消防管理局提供。此外，可访问的资源还包括：该调查局五年战略计划、化学事故报告中心的相关信息、该中心提供的化学事故新闻报告、精选的调查报告，比如，《丙烷气罐爆炸：爱荷华州阿尔伯特市韩起澜兄弟羽溪农场（1998年4月9日）》（*Propane Tank Explosion: Honig Brothers Feather Creek*

Farm, *Albert City*, *Iowa–April 9*, *1998*，1998 年）和《冶炼厂火灾：加利福尼亚州马丁内斯市多思科雅芳冶炼厂（1999 年 2 月 23 日）》（*Refinery Fire Incident*: *Tosco Avon Refinery*，*Martinez*，*California–February 23*，*1999*，2001 年）、《安全专讯》（*Safety Bulletin*）等期刊，以及有关化学事故的报道信息和一些相关的新闻稿。

国防核设施安全委员会

为了应对能源部防卫核设施（比如，华盛顿州的汉福德工厂、科罗拉多州的岩石平地航空站、南卡罗来纳州的萨瓦那河核工厂和德克萨斯州的潘太克斯工厂）的安全条件问题，美国国会在 1988 年宣布成立国防核设施安全委员会（Defense Nuclear Facilities Safety Board，缩写为 DNFSB）。[3] 国防核设施安全委员会的职责包括：监督美国能源部防卫核设施的经营和安全问题，调查在这些设施中发生的可能会危害公共安全和健康的事件和行动，向能源部长推荐一些必要措施，以加强生产设备操作和公共安全。[4]

国防核设施安全委员会网站是 www.dnfsb.gov。国防核设施安全委员会已完成了对美国能源部防卫核设施的检测，并提出了改善经营质量的建议。其中一些建议，比如，《稳定核材料优化》（*Prioritization for Stabilizing Nuclear Materials*，2000 年）和《萨瓦那河核工厂高级废物管理》（*High-Level Waste Management at the Savannah River Site*，2001 年）等都可在网站上查看。

除此之外，该网站还提供了国防核设施安全委员会的一些报告，包括从 1991—2004 年的向国会所做的年度报告，比如，《汉福德钚加工工厂电气检测仪和控制系统》（*Electrical Instrumentation and Control Systems at Hanford's Plutonium Finishing Plant*，2002 年）等有关各个美国能源部防卫核基地员工报告，《潘太克斯工厂非灵敏性易爆武器部件的安全处理》（*Safe Handling of Insensitive High Explosive Weapon Subassemblies at the Pantex Plant*，1999 年）、《美国能源部防卫核设施应急管理现状》（*Status of Emergency Management at Defense Nuclear Facilities of the Department of Energy*，1999 年）、《美国能源部防卫核设施临界安全》（*Criticality Safety of Department of Energy Defense Nuclear Facilities*，2001 年）和《防卫核设施火灾防护》（*Fire Protection of Defense Nuclear Facilities*，2001 年）等技术报告。

该网站还提供了各种资源，如 2001 年 8 月 15 日国防核设施安全委员会的窗口媒体网站广播、公共会议、就业信息、赋权法例文本、机构顾客服务方针，以及华盛顿特区的公共阅览室信息。

联邦紧急事务管理署

联邦紧急事务管理署（Federal Emergency Management Agency，缩写为 FEMA），是根据 1979 年的总统令成立的，目的是加强联邦机构处理紧急方案的能力。[5] 联邦紧急事务管理署之前直接对白宫负责，主要负责对天灾和人祸提供联邦资金援助。其机构职责主要集中在国家安全问题上，包括对重大自然灾害或人为事故作出反应，并协调其恢复工作；制定安全管理计划；处理危险物质；保证大型水坝的安全；处理商用核电厂事故和美国军用化学品储存基地事故；在国家安全响应期间，保证联邦政府工作的连续性，协调联邦政府打击重大的恐怖主义事件。[6]

联邦紧急事务管理署出版过一些关于自然灾害响应及应对的出版物，还发行过关于国家安全问题的多种出版物。联邦紧急事务管理署和附属机构（如美国消防局）发行的出版物包括：《世界贸易中心爆炸案：报告和分析》（*The World Trade Center Bombing: Report and Analysis*，1993 年）、《典型国家水坝安全方案》（*Model State Dam Safety Program*，1998 年）、《联邦响应计划》（*Federal Response Plan*，1999 年）、《放射性材料运输：关于事故响应的问题和回答》（*Transport of Radioactive Materials: Questions and Answers about Incident Response*，2000 年）和《世贸中心大楼性能研究》（*World Trade Center Building Performance Study*，2000 年）。这些信息和其他相关信息资源都刊登在联邦紧急事务管理署的网站 www.fema.gov）上。

联邦紧急事务管理署于 2003 年 3 月并入国土安全部。[7]

联邦海事委员会

联邦海事委员会（Federal Maritime Commission，缩写为 FMC），是根据 7 号改组计划于 1961 年成立的，负责协调美国水上海外贸易。[8] 联邦海事委员会在广泛司法授权下的特殊职责包括：保证美国对外贸易对所有国家都公平；防止美国水上贸易中发生非授权活动和非法活动。联邦海事委员会监督轮船会议和公用水上承运人，根据《1984 年航运法》（*1984 Shipping Act*）订立的关于促进美国轮船经济、高效的运行协议对个人进行审核，以满足国家的安全需求。除此之外，联邦海事委员会还强制执行一些规定，严禁对美国船只和运输者存在各种歧视行为和做法，并确保能承担足够的经济责任，以保护那些受歧视行为和做法影响的乘客的利益。[9]

联邦海事委员会的出版物描述了该委员会开展的活动，介绍了这些活动对国家安全政策带来了怎样的影响。当前出版物包括：联邦海事委员会的《年度报告》（*Annual Report*）、《联邦海事委员会决定》（*Decisions of the Federal Maritime Commission*，1996 年至今）、《美国可能存在的歧视待遇和效力于巴西交易的第三方运输者》（*Possible Discriminatory Treatment of U.S. and Third Flag Carriers Serving the Brazil Trades*，1997 年）、《中华人民共和国航运限制、要求和实施》（*Shipping Restrictions，Requirements，and Practices of the People's Republic of China*，2000 年）、《1998 年海运改革法案的影响》（*The Impact of the Ocean Shipping Reform Act of 1998*，2001 年）和《美日贸易中的港口限制和要求》（*Port Restrictions and Requirements in the United States/Japan Trade*，2001 年）。这些和其他可查阅的信息资源已上传到联邦海事委员会的网站 www.fmc.gov 上。

总务管理局

总务管理局（General Services Administration，缩写为 GSA），是根据《1949 年联邦财产与行政服务法》（*1949 Federal Property and Administrative Services Act*）建立的。[10] 总务管理局负责对政府财产和记录，包括建筑施工和运营，进行经济和效益管理。[11]

最初，总务管理局是一家财产管理机构。但是，在组织结构的保护伞下，总务管理局成为联邦防护署，其任务是保障法律的强制执行，保障联邦拥有或租赁的 8000 多座建筑物的安全，保障 100 万左右的联邦员工、建筑和游客的安全。联邦计算机事故响应中心，能够保障联邦政府经受信息资源的攻击和关键信息基础设施的攻击，并能够进行自我恢复。[12]

由总务管理局发布的国家安全信息的资源包括：1997 财年起的国会年度报告、《生化威胁》（*Chemical/Biological Threat*，未注明出版日期）、《保障联邦建筑物的安全》(*Making Federal Buildings Safe*, 2001 年)、《辐射性邮件简报》(*Briefing on Irradiated Mail*, 2002 年)、《打开辐射性邮件指南》(*Guidelines for Opening Irradiated Mail*, 2002 年)和《邮件中心管理者安全指南》(*Mail Center Manager's Security Guide*, 2002 年)。这些资料和其他相关材料已刊登在总务管理局的网站 www.gsa.gov 上。

美国和平研究所

美国和平研究所(U.S. Institute of Peace,缩写为 USIP),是一个独立的无党派机构,成立于 1984 年。该机构提倡以预防、和平方式解决和管理国际矛盾。美国和平研究所实施多种教育和培训方案,来达到其目标。[13]

访问其网站 www.usip.org/,可查看该研究所发起事件的综述(1996 年至今)、专家名单及其履历资料、研究所图书馆馆藏信息和《和平关注》简报(*Peace Watch*, 1996 年至今)。可查阅的报道包括:《布隆迪防止种族灭绝》(*Preventing Genocide in Burundi*, 1998 年)、《不信任与朝鲜半岛:误算危机》(*Mistrust and the Korean Peninsula: Dangers of Miscalculation*, 1998 年)、《北约 50 年:新的挑战和未来不确定性》(*NATO at Fifty: New Challenges, Future Uncertainties*, 1999 年)、《非洲艾滋病与暴力冲突》(*AIDS and Violent Conflict in Africa*, 2001 年)、《从革命性国际主义到保守性民族主义:中国军队后毛泽东时代关于国家安全和身份的论述》(*From Revolutionary Internationalism to Conservative Nationalism: The Chinese Military's Discourse on National Security and Identity in the Post-Mao Era*, 2001 年)、《以色列军事和以色列对巴勒斯坦的政策:从奥斯陆到阿克萨群众起义》(*The Israeli Military and Israel's Palestinian Policy: From Oslo to the Al Aqsa Intifada*, 2002 年)、《伊斯兰对和平和暴力问题看法》(*Islamic Perspectives on Peace and Violence*, 2002 年)和《拉丁美洲边界问题争论》(*Boundary Disputes in Latin America*, 2003 年)。

国际贸易委员会

美国国际贸易委员会(U.S. International Trade Commission,缩写为 ITC),创建于 1916 年,创立之初的名字为美国关税委员会(U.S. Tariff Commission),

后根据《1974 年贸易法案》（*1974 Trade Act*）更改为现名。[14] 美国国际贸易委员会负责调查美国和其他国家的海关法律；研究进口产品的量，对国内产品及消费进行比较；分析国外产业和美国国内产业竞争的条件、起因和影响，并调查影响美国产品和国外进口产品之间国际贸易竞争的相关事项。[15] 这些多方职责由美国国际贸易委员会办公室实施，包括产业、调查、操作、关税事务和贸易协议、集中于商品（如矿物、金属、机械、能源、化工、服务、电子和交通）的不公平进口调查，以及美国国际贸易委员会各部门的分工。[16]

美国国际贸易委员会的报道主要以美国生产的重要战略性商品，比如，钢铁、软件或电子等产业拥有的国际经济竞争力为重点，这种竞争力可能会受到外国公司和外国政府的破坏。美国国际贸易委员会出版的以国际安全经济影响主题的出版物包括：对《1930 年关税法》（*1930 Tarift Act*）第 332 节的研究，这些研究成果后来被用于检测美国本土产业和外国产业的竞争条件，比如，《美国制裁古巴的经济影响》（*The Economic Impact of U.S. Sanctions with Respect to Cuba*，2001 年）和《美国大型民用飞机航空结构产业的竞争评估》（*Competitive Assessment of the U.S. Large Civil Aircraft Aerostructures Industry*，2001 年）。[17]

在其网站 www.usitc.gov/ 上，可查阅美国国际贸易委员会其他的报道，包告《第 201 节调查内容——某些钢铁产品和 2001 年 6 月 22 日请求函中指出的美国进口产品》（*Section 201 Investigation— Certain Steel Products*，*U.S. Imports of Products Indicated in a Request Letter of June 22*，*2001*，2001—2002 年）。这项报告备受关注，导致乔治 · W. 布什政府在 2002 年 3 月开始对从不同国家进口的钢铁征收关税。此外，可查阅的资源还包括：《影响美国信息技术产品的贸易和运输：计算机设备、移动通信设备和半导体》工作文件（2002 年）、期刊《工业、贸易和技术评论》（*Industry*，*Trade*，*and Technology Review*）和美国国际贸易委员会进行中调查的信息等。[18] 该网站还提供了可跳转至电子在线文件系统的链接。

美国国家科学院

美国国家科学院（National Academy of Sciences，缩写为 NAS），于 1863 年由国会根据政府机构要求创建，它的任务是“调查、考察和报道与科学或艺术相关的所有话题”。[19] 美国国家科学院负责向美国政府提出关于科学技术问题的建议，其最初的授权范围已经扩大，将国家研究委员会、美国国家工程院和医学研究所等机构包括在内。这些机构共雇佣将近1100名员工。美国国家科学院属于民间的、非营利的、科学家的荣誉性自治组织，不接受联邦的直接拨款。不过，其研究项目的资金支持，主要来源于单个联邦机构的拨款。[20]

美国国家科学院关于国家安全的出版物涵盖各种科学技术问题，比如，网络安全、爆炸物识别和核扩散。公开的国家安全出版物，可以通过访问网站 www.nap.edu/ 获得，其中包括《支持全面禁止核试验条约监控所需的研究》（*Research Required to Support Comprehensive Nuclear Test Ban Treaty Monitoring*，1997年）、《扩散问题：美国在控制苏联核材料和其他危险材料方面所做努力的评估》（*Proliferation Concerns: Assessing U.S. Efforts to Help Contain Nuclear and Other Dangerous Materials and Technologies in the Former Soviet Union*，1997年）、《黑色粉末和无烟粉末：寻找炸弹和炸弹制造者的技术》（*Black and Smokeless Powders: Technologies for Finding Bombs and the Bomb Makers*，1998年）、《控制非法爆炸威胁：标志、标记、显示惰性和许可爆炸物及其前体的整体国家战略》（*Containing the Threat from Illegal Bombings: An Integrated National Strategy for Marking，Tagging，Rendering Inert，and Licensing Explosives and Their Precursors*，1998年）、《改善对化学或生物恐怖主义事件的民用医疗响应：关于性能为的临时报告》（*Improving Civilian Medical Response to Chemical or Biological Terrorist Incidents: Interim Report on Capabilities*，1998年）、《为改善航空安全而部署的技术评估：第一份报告》（*Assessment of Technologies Deployed to Improve Aviation Security: First Report*，1999年）、《保护俄国核武器材料》（*Protecting Nuclear Weapons Material in Russia*，1999年）、《网络安全规划会议和涉密信息内部威胁之讨论总结》（*Summary of Discussions at a Planning Meeting on Cyber-Security and the Insider Threat to Classified Information*，2000年）、《实验室中的火力：消除传染性疾病和生物恐怖主义的自动化操作》（*Firepower in the Lab: Automation in the Fight against Infectious Diseases and Bioterrorism*，2001年）、《今天和明天的网络安全：现在还是以后偿还》（*Cybersecurity Today and Tomorrow: Pay Now or Pay Later*，2002年）和《生物威胁和恐怖主义：评估科学和响应能力：研究会总结》（*Biological Threats and Terrorism: Assessing the Science and Response Capabilities: Workshop Summary*，2002年）。

国家档案和记录管理局

国家档案和记录管理局（National Archives and Records Administration，缩写为NARA），创建于1934年，负责管理、保存美国政府记录政策，以及程序的制定工作。[21]1984年，国家档案和记录管理局成为一个独立的机构。[22]国家档案和记录管理局帮助联邦机构记录活动，并为活动撰写文件；查询、安排、描述、保存以及访问三大政府机构提供的主要文件；管理总统图书馆系统；颁布联邦法律、条例、总统文件和其他文件；帮助信息安全监督办公室管理联邦保密政策和解密政策。[23]

国家档案和记录管理局负责保存由国家安全政策制定机构提供的记录。不过，只有有资质的研究人员才能登录www.archives.gov/网站查阅这些记录，由于某些记录可能包含敏感信息，因此，这些资料在某段时间内是不可查阅的。如果过早解密，可能会威胁到国家安全或者影响到与国家安全相关的工作。

20世纪90年代中期，国家档案和记录管理局拥有170万立方英尺的文本记录、近30万张缩微胶卷、220万张地图和图表，280万张建筑和工程平面图、920万张航空照片、12.3万张电影盘、3.3万个录像制品、17.8万个录音资料、7000个计算机数据集、740万张静止图片。这些记录保存在华盛顿特区的国家档案和记录管理局、位于马里兰州的学院园的总部和附属机构，以及美国的其他地方。[24]

国家档案和记录管理局的记录由记录组（RG）安排编号。这些记录包括："空军记录"（RG18，1903—1964年）、"美国海岸警卫队记录"（RG26，1785—1988年）、"海军作战部长办公室记录"（RG38，1875—1985年）、"美国参议院委员会关于国防的记录"（RG46.5，1816—1988年）、"海军军区和海岸线制定记录"（RG181，1784—1981年）、"美国参谋长联席会议记录"（RG218，1941—1978年）、"总统委员会关于支援武装力量记录"（RG220.15.2，1969—1979年）、"美国战略爆炸调查记录"（RG243，1928—1947年）、"美国中央情报局记录"（RG263，初始1947—1974年）和"国家安全委员会记录"（RG273，1947—1969年）。[25]该网站上传的国家档案和记录管理局出版的参考手册包括：《美国陆军部陆军工程兵团的记录管理：国家档案和记录管理局评估》（*Records Management in the U.S. Army Corps of Engineers, Department of the Army: A NARA Evaluation*，1995 年）、《德国海军最高指挥部记录（1935—1945）：德国海军缩微胶卷记录指南（1850—1945）》（*Records of the German Naval High Command 1935–1945*: *Guides to Microfilmed Records of the German Navy, 1850–1945*，1999 年）和《第一次世界大战战后到朝鲜战争非裔美国人军事机构记录》（*Records of Military Agencies Relating to African Americans from the Post-World War I Period to the Korean War*，2000 年）。

该网站还提供了一些关于该机构的馆藏、公共展览和档案记录政策和程序等方面的信息。国家档案信息定位系统（NAIL）及其替代品——档案研究名录（ARC），可查阅国家档案和记录管理局的很多资源，其中包括一些数字资源。其网址是 www.archives.gov/research_room/arc/。[26]

信息安全监督办公室

信息安全监督办公室（Information Security Oversight Office，缩写为 ISOO），直接向总统汇报，并接受国家安全委员会（NSC）的指导。信息安全监督办公室制定了监督联邦政府安全检查系统和国家产业安全方案的方针。其权力源于 1993 年第 12829 号总统令和 1995 年第 12958 号总统令，主要负责国家产业安全方案和涉密国家安全信息的处理工作。[27] 信息安全监督办公室负责提供并实施涉密和解密政府信息的指令和指示，加强与对应机构的联系，保证检测机构与联邦安全涉密程序相一致；为总统搜集、分析和报告相关统计数据；通过国家安全委员会，向总统推荐安全等级变化。[28]

信息安全监督办公室下设三个监督组织，负责执行机构职责，这三个组织分别为：定密管理委员会（CMC）、跨部门安全加密上诉委员会（ISCAP）和国家产业安全方案方针咨询委员会（NISPPAC）。定密管理委员会负责协调、规划以及评估加密和解密管理方针，并在定密管理方针和程序问题上为联邦机构提供帮助。[29]

根据第 12958 号总统令中第 1.9 节的规定，跨部门安全加密上诉委员会决定授权个人去完成对定密异议的上诉；第 12958 号总统令中第 3.4（d）节，跨部门安全加密上诉委员会可对强制性解密机构免除情况进行证明、否认或修订；如果第 12958 号总统令第 3.6 节否决了未达到机构水平的解密要求的上诉，则跨部门安全加密上诉委员会可做出决定，进行强制性解密审查上诉。[30]

国家产业安全方案方针咨询委员会已被指定，根据第 12829 号总统令第 103 节为国家工业安全方案（NISP）方针事件提供建议，对国家工业安全方案作出更改，并充当讨论会，讨论对参与政府机构和非政府的承包商、许可证持有人和受让人存在影响的争议性政策问题。[31]

信息安全监督办公室及其实体发布了大量的信息资源，来解释其活动，以实现各自的目标。信息安全监督办公室的网站 www.archives.gov/isoo/ 上公开的出版物包括：1993 年总统令和 1995 年总统令的文本；《美国联邦法规》（*Code of Federal Regulations*）第 2004 部分第 32 篇、"维护国家安全信息" 指令；《涉密信息保密协议简册（标准形式 312）》[*Classified Information Nondisclosure Agreement*（*Standard Form 312*）*Briefing Booklet*，2001 年] 和《标记册：第 12958 号总统令涉密国家安全信息》（*Marking Booklet*: *Executive Order 12958 Classified National Security Information*，2001 年）。

总统图书馆

总统图书馆（Presidential Libraries）及其记录都很重要，有时又在研究国家安全政策上是争议来源。[32] 总统图书馆系统始于 1939 年，当时的总统富兰克林 · D. 罗斯福把全部个人文件捐献给联邦政府，并申请将纽约市海德公园的部分土地用于图书馆建设。就在那时，他的朋友成立了一个非盈利性社团，来为建设图书馆和博物馆设施筹款。罗斯福要求国家档案和记录管理局承担保管文件和管理图书馆的责任，这一命令在 1941 年 6 月 30 日生效。[33]

为创建和维护总统图书馆系统（包括从赫伯特 · 胡佛开始的每一位总统的图书馆和档案）制定了三项法律。《1955 年总统图书馆法案》正式宣布建立总统图书馆系统，明确其受国家档案和记录管理局的管辖，确保美国大众可查阅总统文件，并要求个人或非联邦机构为建设图书馆筹款。[34]

无论法律如何规定，总统和许多学者都认为，即使总统离任后，由该总统及下属书写的文件也属国家财产。[35] 不过，理查德 · M. 尼克松对此却持相反观点，围绕他并拒绝把自己的总统文件交给国家档案馆的争议，从而促进了《1978 年总统纪录法》的颁布。[36] 这项法规明确规定，所有关于宪法中规定的总统职责以及总统的法定和礼仪职责的记录，均应为美国政府所有，并且在总统离职后，这些记录应从总统手中转移到美国档案馆加以保管。这项法规于 1981 年 1 月 20 日生效。在这项法规下，总统有权对公众获知这些记录提出附加限制，这些限制条件可在 12 年内有效。这些记录包括与国家安全、任命、商业秘密和金融、医药和个人事件相关的各种信息。[37]

总统图书馆的持续扩大和设备维修费用的持续增加——从 1955 年的 63745 美元到 1985 年的 1573.4 万美元，推动了《1986 年总统图书馆法案》的颁布。[38] 该法案要求，在该图书馆成为总统图书馆之前，美国档案馆应确保非联邦捐款可承担图书馆 20% 的费用；保证这项捐款收入全部用于支付图书馆持续运营和维修费用；确保这项捐款是总统图书馆扩建（超过 1985 年 1 月 20 日总统选举后所订的 7 万平方英尺的面积限制）的唯一资金来源。[39]

2001 年，乔治 · W. 布什发布第 13233 号总统令，赋予了前任总统更大的权利，即前总统有权阻止《1978 年总统记录法案》规定外的总统文件的发布。[40] 但是史学组织和图书馆均反对白宫的这一举措。后来，在第 107 届和第 108 届国会上颁布了相关法律，废除了这一总统令。[41] 到 2004 年初为止，没有任何一项立法超出委员会的规定。

虽然与第 13233 号总统令相悖，但总统图书馆为研究从胡佛政府到克林顿政府的国家安全政策规定和活动，提供了很好的可用资源。随着网络的发展，大量重要的政府信息资源被解密，总统图书馆网站上提供了各种资料，为那些不能亲自到总统图书馆的学者打开了方便之门。

富兰克林 · 德拉诺 · 罗斯福总统图书馆和博物馆

富兰克林 · 德拉诺 · 罗斯福总统图书馆和博物馆（Franklin Delano Roosevelt Presidential Library and Museum），坐落在纽约市的海德公园，包括罗斯福总统在职期间（1933—1945 年），即大萧条及第二次世界大战期间的文件。数字化的国家安全问题资源包括 1.3 万份文件，内容涉及对德国战争的军事通信、美国和英国外交通信、罗斯福总统军事通信在白宫的安全记录，以及美国驻梵蒂冈大使迈伦 · 泰勒（U.S. Vatican envoy Myron Taylor）写给罗斯福总统的信件，这些信件记录了迈伦 · 泰勒与罗马教皇庇护十二世的谈话。

在罗斯福总统图书馆网站 www.fdrlibrary.marist.edu 上可查阅的资料包括：1941 年 7 月 16 日英国海军对抗德国的情报报告；1942 年 2 月 8 日道格

拉斯·麦克阿瑟（Douglas MacArthur）将军写给陆军参谋长乔治·C. 马歇尔（George C.Marshall）的关于菲律宾军事情况的信件；1944 年 9 月 5 日作战部长亨利·史汀生（Harry Stimson）写的有关德国未来恢复问题的一系列建议信。

杜鲁门总统博物馆和图书馆

杜鲁门总统博物馆和图书馆（Truman Presidential Museum and Library），坐落在密苏里州的独立城，它包括了哈里·S. 杜鲁门总统在职期间（1945—1953 年），包括冷战期间，美国国家安全政策发展的记录资料。该图书馆及其网站 www.trumanlibrary.org 收藏了一些文件，记载的是对日本投放原子弹的决定、美国加入北大西洋公约（NATO）、美国对柏林空运的行为、承认以色列为主权国家、美国在朝鲜战争中的行为和其他的国家安全政策活动。

在该网站上可查阅关于柏林空运的文件，包括：中央情报局的报告《苏联限制美国在柏林地位的影响》（*Effect of Soviet Restrictions on the U.S. Position in Berlin*，1948 年）、国家安全委员会的备忘录“苏联对柏林空运可能造成的干扰”（1948 年）和国务院历史政策研究部的绝密历史性分析草稿“柏林危机”（1949 年）。

有关第二次世界大战的可查阅资料包括：1945 年 6 月 18 日有关原子弹测试的白宫会议记录；美国战略轰炸调查局（USSBS）的报告《广岛和长崎原子弹爆炸事件的影响》（*The Effects of the Atomic Bombings of Hiroshima and Nagasaki*，1946 年）和《日本力争结束战争》（*Japan's Struggle to End the War*，1946）等。关于朝鲜战争可查阅的文件包括：1950 年 6 月 24 日国务院发给杜鲁门总统的电报，通知他朝鲜军队已入侵韩国；1950 年 6 月 25 日有关国防部和麦克阿瑟远东命令的记录（讨论朝鲜军事现状和韩国如何回应北方的入侵）；1950 年 7 月 31 日麦克阿瑟从参谋长联席会议得到的消息（会议主要讨论为对抗朝鲜而在关岛上投放的原子弹的位置）。

网站上还上传了杜鲁门总统的演讲与采访的部分音频文件，可以使用 RealPlayer 播放器播放。这些音频文件包括：1945 年 5 月 8 日杜鲁门总统向美国民众宣布德国投降的广播，以及 1951 年杜鲁门接受采访的内容，在那次采访中，杜鲁门透露了罢免麦克阿瑟美国驻朝鲜军队总司令的消息。

德怀特·D. 艾森豪威尔图书馆和博物馆

德怀特·D. 艾森豪威尔图书馆和博物馆（Dwight D. Eisenhower Library and

Museum)，位于堪萨斯州的阿比林市，提供了德怀特·艾森豪威尔总统在职期间（1953—1961 年）的信息、生活和工作方面的其他内容。艾森豪威尔政府经历了苏维埃社会主义共和国联盟支持的 1956 年匈牙利革命、1956 年英法争夺苏伊士运河事件、1957 年苏联发送人造卫星事件、1960 年有关苏联 U–2 侦察机事件和其他国家安全问题。虽然艾森豪威尔图书馆的网站 www.eisenhower.utexas.edu/ 不像其他总统图书馆那样提供了总统的全部资料，但是它却包括了 1957 年 10 月 16 日艾森豪威尔及其科学顾问参加的美国科学教育与苏联人造卫星会议备忘录；1957 年 10 月 11 日国家安全委员会会议纪要（会议讨论了苏联发射人造卫星对美国安全及洲际弹道导弹和中程弹道导弹项目的影响）；1958 年 2 月 6 日由艾森豪威尔及其科学顾问参加的美国导弹项目进展会议。

此外，通过访问该网站还可查阅有关 U–2 侦察机事件的数字文件，比如，1960 年 5 月 5 日的国务院声明；艾森豪威尔于 1954 年 11 月 24 日授权生产 30 架 U–2 飞机的文件；1960 年 5 月 10 日美国驻莫斯科大使馆致国务卿的电报（提供苏联对 U–2 飞机坠毁反应的译文）；1960 年 5 月 26 日艾森豪威尔和两党国会领导人关于 U–2 事件及相关情报和间谍问题的对话。

约翰·F. 肯尼迪总统图书馆和博物馆

约翰·F. 肯尼迪总统图书馆和博物馆（John F. Kennedy Library and Museum)，坐落于马萨诸塞州的波士顿市，收藏了肯尼迪总统 35 年的生活、政治经历和任期（1961—1963 年）的相关资料。其网站 www.jfklibrary.org/ 刊登了部分演讲和会议视频摘录，其中包括：1962 年 10 月 18 日约翰·F. 肯尼迪总统和其国家安全顾问针对古巴导弹危机，可能引起军事反应而召开的会议摘录。

该图书馆的网站上包含 200 多份国家安全行动备忘录（NSAM)，这些备忘录总结了肯尼迪政府做出的国家安全政策决定。由于一些国家安全行动备忘录是从比较薄的半透明纸复件复印出来的，所以它们的可视质量和分辨率并不理想。在该网站上可查阅的信息包括：《反游击军队发展》（*Development of Counterguerrilla Forces*，NSAM 2，1961 年）、《越南军队》（*Forces in Vietnam*，NSAM 12，1961 年）、《北约改善核武器安全》（*Improving the Security of Nuclear Weapons in NATO*，NSAM 26，1961 年）、《对潜在的柏林危机的军事规划》（*Military Planning for a Possible Berlin Crisis*，NSAM 41，1961 年）、《美国对法国的核援助指南》（*Guidance on U.S. Nuclear Assistance to France*，NSAM

148，1962年)、《古巴》(*Cuba*，NSAM 181，1962年)、《太空单独军备控制措施》(*A Separate Arms Control Measure for Outer Space*，NSAM 192，1962年)、《地下核试验》(*Underground Nuclear Tests*，NSAM 210，1962年)、《澳大利亚采购法国幻影战机和澳大利亚未来可能从美国进行军事采购》(*Australian Procurement of French Mirage Aircraft and Possible Future Military Purchases by Australia from the United States*，NSAM 242，1963年)、《高收益核武器》(*High Yield Nuclear Weapons*，NSAM 245，1963年)、《禁止核试验协定》(*Test Ban Agreement*，*NSAM 254*，1963年) 和《与苏联就空间事宜的合作》(*Cooperation with the USSR on Outer Space Matters*，NSAM 271，1963年) 等。

该网站还上传了国务院《美国外交关系》(*Foreign Relations of the United States* 系列纪录片 (古巴导弹危机及波以独立章节加以说明)，和肯尼迪与苏联领导人赫鲁晓夫的通信。

林登·贝恩斯·约翰逊图书馆和博物馆

林登·贝恩斯·约翰逊图书馆和博物馆 (Lyndon Baines Johnson Library and Museum) 位于德克萨斯州的奥斯汀中心，德克萨斯大学校园内，它包含林登·贝恩斯·约翰逊总统 (LBJ) 在职期间 (1963—1969年) 的文件。LBJ 图书馆网站 www.lbjlib.utexas.edu/ 上列出的文件包括：《越南》(*Vietnam*，NSAM 274，1963年)、《大西洋联盟的核防御讨论指导方针》(*Guidelines for Discussions on the Nuclear Defense of the Atlantic Alliance*，NSAM 322，1964年)、《在越南加强和扩大心理操作活动》(*Intensified and Expanded Psychological Operation Activities in Vietnam*，NSAM 330，1965年)、《美国在巴基斯坦的情报设施》(*U.S. Intelligence Facilities in Pakistan*，NSAM 337，1965年)、《印度核武器问题》(*Indian Nuclear Weapons Problem*，NSAM 351，1966年) 和《情报信息处理系统》(*Intelligence Information Handling System*，NSAM 368，1968年)。

图书馆网站同样包括约翰逊政治联盟或约翰逊政府个人采访记录，特别值得一提的是，国防部长罗伯特·S. 麦克纳马拉 (Roberts. McNamara)、国家安全顾问沃尔特·罗斯托 (Walt Rostow)、国务卿迪安·腊斯克 (Dean Roask) 和威廉·E. 科尔比 (Wiuiam E. Colby，之后成为 CIA 局长) 等个人采访记录。

这一总统图书馆藏有约翰逊与同事及政府官员的通话记录。网站提供卫星公共事务网络（C-SPAN）网站 www.cspan.org/lbj/ 的链接。相关示例包括：1965 年 12 月 27 日约翰逊和麦斯威尔 · 泰勒将军就越南的国内政治问题开展的对话；1965 年 8 月 19 日约翰逊和国家安全顾问麦克乔治 · 邦迪的对话；1965 年 8 月 2 日约翰逊和迪安 · 腊斯克针对多项越南问题开展的对话；1965 年 7 月 26 日参议院军事委员会主席理查德 · B. 罗素（佐治亚州民主党）关于处理越南北部空中导弹基地问题的对话和 1965 年 8 月 18 日约翰逊和前总统艾森豪威尔在越南问题和其他问题上的对话。

尼克松总统资料管理员

尼克松总统资料管理员（Nixon Presidential Materials Staff）位于马里兰州国家档案和记录管理局的学院公园内，收藏有尼克松总统的文件。www.archives.gov/ 网站上给出了尼克松在职期间（1969—1974 年）信息的检索工具和公开的新资料检索工具。但是，该网站上并没有提供与尼克松总统电子版文件，包括与国家安全政策问题相关电子版文件的链接。尼克松任职前后职业资料可能珍藏在加利福尼亚州亚柏林达市的理查德 · 尼克松图书馆。www.nixonfoundation.org/ 网站上包括有关图书馆事件的信息和尼克松政府《总统公开文件》（*Public Papers of the President*）中所有文件。其中《总统公开文件》包括尼克松总统在职期间与国家安全问题相关的公告和总统令。

杰拉尔德 · R. 福特图书馆和博物馆

杰拉尔德 · R. 福特图书馆和博物馆（Gerald R. Ford Library and Museum），坐落于密歇根州安阿伯市的密歇根大学，收藏了杰拉尔德 · R. 福特总统在职期间（1974—1977 年）的档案记录。杰拉尔德 · R. 福特总统博物馆则位于密歇根州的大急流城，收藏有可公开查阅的福特总统生活和职业生涯方面的信息。福特图书馆的网站 www.ford.utexas.edu/ 汇编了国家安全政策的数字化文件，其中包括南越衰落、核军备控制，以及古巴在非洲的军事活动等文件。该网站还包括了国家安全委员会 1974—1977 年的会议记录，但是由于进行了节选修订（涂抹），有些部分的会议记录无法查阅。具有超文本标记语言（HTML）和可移植文档格式（PDF）的可查阅会议记录包括：《涉密文件泄露：战略武器限制会谈》（*Leaks of Classified Documents: Strategic Arms Limitation Talks*，1974 年 10 月 7 日）、《柬埔寨捕获美国“马亚圭斯”号船》（*Seizure of American*

Ship Mayaguez *by the Cambodians*，1975 年 5 月 12—15 日）、《黎巴嫩、古巴人在南非》（*Lebanon*，*Cubans in Southern Africa*，1976 年）、《美国国防政策和军事态势》（*U.S. Defense Policy and Military Posture*，1976 年）和《情报界半年审查》（*Semi-Annual Review of the Intelligence Community*，1977 年）。与会者包括国务卿亨利 · 基辛格、白宫办公厅主任唐纳德 · H. 拉姆斯菲尔德（Donald H. Rumsfeld），以及国家安全顾问布伦特 · 斯考克罗夫特（Brent Scowcroft）。

福特政府的国家安全研究备忘录（NSSM）和国家安全决策备忘录（NSDM）同样可在该网站上查看。国家安全研究备忘录指导国家安全委员会对此特殊问题进行了研究，国家安全决策备忘录指出了福特政府决议和活动。[42] 可查阅的文件包括：《美国安全援助中华民国》（*U.S. Security Assistance to the Republic of China*，NSSM 212，1974 年）、《发布维护核材料的程序和数据的国家安全方面》（*National Security Aspects of Releasing Safeguard Procedures and Data on Nuclear Materials*，NSSM 216，1975 年）、《涉密国家安全信息管理评审》（*Review of the Management of Classified National Security Information*，NSSM 229，1975 年）、《美国关于波斯湾政策》（*U.S. Policy toward the Persian Gulf*，NSSM 238，1976 年）、《国防政策和军事态势》（*National Defense Policy and Military Posture*，NSSM 246，1976 年）；《土耳其鸦片生产》（*Turkish Opium Production*，NSDM 267，1974 年）、《维也纳共同力量和平衡力量削减会谈说明 》（*Instructions for the Mutual and Balanced Force Reduction Talks*，*Vienna*，NSDM 269，1974 年）、《毒气战 1925 年日内瓦公约批准》（*Ratification of the Geneva Protocol of 1925 on Gas Warfare*，NSDM 281，1974 年）、《美国对巴基斯坦和印度军事供应政策》（*U.S. Military Supply Policy to Pakistan and India*，NSDM 289，1975 年）、《SALT 日内瓦会谈说明》（*Instructions for the SALT Talks in Geneva*，NSDM 301，1975 年）、《巴拿马运河条约谈判》（*Panama Canal Treaty Negotiations*，NSDM 302，1975 年）、《1976 年下半年度和预算年度变更时的衔接期地下核试验方案》[*Underground Nuclear Test Program for the Second Half of FY 1976 and the Transition Quarter*（*ANVIL II*），NSDM 319，1976 年]、《美国对泰国政策》（*U.S. Policy toward Thailand*，NSDM 327，1976 年）、《美国港口安全方案》（*U.S. Port Security Program*，NSDM 340，1976 年）和《海军造船方案》（*Navy Shipbuilding Program*，NSDM 344，1977 年）。

福特图书馆网站刊登的其他资料还包括国家安全和外交事务对话记录。

其中，这些对话记录包括福特总统、福特政府中其他的国家安全政策决策人、外国领袖和国会代表团之间的对话记录。相关的对话包括：1975年1月4日福特和中央情报局前总监理查德·海默斯（Richard Helms）在有关中央情报局国内活动问题上的对话；1975年4月15日福特总统和基辛格就越南议题召开的会议；1975年7月5日福特、基辛格和印度尼西亚总统穆罕默德·苏哈托（Mohamed Suharto）之间的会谈；1975年12月10日召开的有关总统与共和党国会领袖远东行程的会议。

吉米·卡特图书馆和博物馆

吉米·卡特图书馆和博物馆（Jimmy Carter Library and Museum），坐落于佐治亚州的亚特兰大市，它提供第39届总统的生活、政治生涯和任期（1977—1981年）等方面的信息。从该图书馆的网站www.jimmycarterlibrary.org/上可查看数字化的国家安全政策资料，包括卡特政府国家安全委员会员工的人员地址录。通过国家档案和记录管理局的国家档案信息定位系统（NAIL）服务器，可查看关于1980年伊朗人质救援失败事件的报告，那是参谋长联席会议委托审查小组为白宫法律顾问劳埃德·卡特勒（Lloyd Cutler）编制的。其他可查阅的数字化资料包括：国家安全委员会的卡特总统指令（PDs），以及卡特和其他员工就《巴拿马运河条约》（*Panama Canal Treaty*）的通信。尽管部分资料进行了节选修订，但仍可查阅以下资料：《南非》（*Southern Africa*，PD 5，1977年）、《防止核扩散》（*Nuclear Nonproliferation*，PD 8，1977年）、《美苏关于常规武器限制会谈》（*U.S.-USSR Talks on Conventional Arms Restraint*，PD 36，1978年）、《美中科学和技术关系》（*U.S.-China Scientific and Technological Relationships*，PD 43，1978年）、《向北约承诺弹道导弹潜艇》（*Ballistic Missile Submarine Commitments to NATO*，PD 48，1979年）、《国家安全通信政策》（*National Security Telecommunications Policy*，PD 53，1979年）、《核武器使用政策》（*Nuclear Weapons Employment Policy*，PD 59，1980年）和《美国国家战略条款修订》（*Modifications in U.S. National Strategy*，PD 62，1981年）。

关于《巴拿马运河条约》可查阅的文件包括：1977年7月5日，由美国退伍军人协会全国指挥官威廉·J. 罗杰斯（William J. Rogers）写给卡特的信件；1977年9月7日，国家安全委员会拉丁美洲专家罗伯特·帕斯特（Robert A. Pastor）寄给新闻秘书迪·鲍威尔（Jody Powell）的备忘录；1977年10月4

日，负责公共事务的助理国务卿哈丁 · 卡特三世（Hodding Carter III）递交给国务卿赛勒斯 · 万斯（Cyrus Vance）的备忘录；1978 年 4 月 26 日，卡特写给众参议员的信件。

罗纳德 · W. 里根总统图书馆和博物馆

罗纳德 · W. 里根总统图书馆和博物馆（Ronald W. Reagan Presidential Library and Museum），坐落于加利福尼亚州的西米谷市，该图书馆收藏有罗纳德 · 里根总统任职期间（1981—1989 年）的文件资料。少量外交政策资料已进行数字化处理，发布在网站 www.reagan.utexas.edu/ 上。该网站设置了检索工具，用来记录里根总统执政期间为其服务的一些人和机构。该图书馆至少一半以上的资料是开放的，可供研究。这些资料包括：反恐怖主义国务院大使罗伯特 · 奥克利（Robert Oakley，1986—1988 年）、国家安全顾问约翰 · 波因德克斯特（John Poindexter）和科林 · 鲍威尔（Colin L. Powell）、白宫战情室（1985—1989 年）和国家安全规划小组（1981—1987 年）的相关介绍。

里根政府出台的国家安全决策指令（NSDD）包括里根总统图书馆中部分解密文件和可查阅的文件。相关文件包括：《美国国家安全战略》（*U.S. National Security Strategy*，NSDD 32，1982 年）、《在黎巴嫩的下一步计划》（*Next Steps in Lebanon*，NSDD 64，1982 年）、《核导弹技术转让政策》（*Nuclear Capable Missile Technology Transfer Policy*，NSDD 70，1982 年）、《美苏关系》（*U.S. Relations with the USSR*，NSDD 75，1983 年）、《中美洲：促进民主、经济发展与和平》（*Central America: Promoting Democracy*，*Economic Improvement*，*and Peace*，NSDD 124，1984 年）和《反对利比亚支持国际恐怖主义行动》（*Acting against Libyan Support of International Terrorism*，NSDD 205，1986 年）。

该网站还刊登可逐月点击的《总统公文》（*Public Papers of the President*），除此以外，还包括里根总统的演讲、公告和总统令。

乔治 · 布什总统图书馆和博物馆

乔治 · 布什总统图书馆和博物馆（George Bush Presidential Library and Museum），坐落于德克萨斯州大学城的德克萨斯州农工大学校园内。该图书馆收藏了乔治 · H. W. 布什总统的职业生涯，即 1989—1993 年担任总统期间的各种资料。在布什总统图书馆的网站 http: //bushlibrary.tamu.edu/ 上可查阅部分数字化的国家安全政策资料。

这些资料包括《总统公文》，可根据月份浏览，还有根据《信息自由法》制成的检索工具，可以检索墨西哥和中美洲移民问题、海湾战争、北约国家元首峰会（1991年11月7日—8日）、正义事业行动（巴拿马）和战略石油储备等主题。

此外，通过访问该网站，还可查阅一些国家安全审查指令（NSR）和国家安全指令（NSD），例如：《美国军备控制政策综述》（*Review of U.S. Arms Control Policies*，NSR 14，1989年）、《反情报与安全对策》（*Counterintelligence and Security Counter-Measures*，NSR 18，1989年）、《1992—2005年情报能力》（*Intelligence Capabilities 1992–2005*，NSR 29，1991年）、《国家安全委员会系统组织》（*Organization of the National Security Council System*，NSD 1，1989年）、《美国对尼加拉瓜的政策与尼加拉瓜的反抗》（*U.S. Policy toward Nicaragua and Nicaraguan Resistance*，NSD 8，1989年）、《可卡因非法交易》（*Cocaine Trafficking*，NSD 13，1989年）、《组织军备控制现场检测管理》（*Organizing to Manage On-Site Inspection for Arms Control*，NSD 41，1990）、《跨部门评审和由商务部签发的出口控制许可证配置》（*Interagency Review and Disposition of Export Control Licenses Issued by Department of Commerce*，NSD 53，1990年）、《应对伊拉克侵略海湾地区》（*Responding to Iraqi Aggression in the Gulf*，NSD 54，1991年）、《美国港口安全方案》（*U.S. Port Security Program*，NSD 57，1991年）、《民防组织》（*Civil Defense*，NSD 66，1992年）和《美国在20世纪90年代对撒哈拉以南非洲策略》（*American Policy toward Sub-Saharan Africa in the 1990s*，NSD 75，1992年）。

威廉·克林顿总统材料项目

威廉·克林顿总统图书馆材料项目（William Clinton Presidential Materials Project），坐落在阿肯色州的小石城，现在正处于建设中。但是，国家档案和记录管理局已经建立了克林顿总统图书馆材料项目网站 http: //clinton.archives.gov/。由于克林顿政府是第一个使用网络并建立白宫网站的政府，克林顿总统材料项目网站包括各个版本的克林顿白宫网站。国家安全委员会关于网站的报道包括：《克林顿政府管理复杂应急行动的政策》（*The Clinton Administration's Policy on Managing Complex Contingency Operations*，1997年）、《克林顿政府对关键基础设施的保护政策》(*The Clinton Administration's Policy on Critical Infrastructure Protection*，1998 年)、《国际犯罪控制战略》(*International Crime Control Strategy*，1998 年)、《国家安全战略报告》(*National Security Strategy Report*，1999 年)、《信息系统保护国家计划》(*National Plan for Information Systems Protection*，2000 年)和《国际犯罪威胁评估》(*International Crime Threat Assessment*，2000 年)。

该网站可查阅的资料还包括：总统演讲、公告和总统令（这些文件收录在《总统公文》中，按时间顺序编写）；总统外交情报顾问委员会在美国能源部实验室就安全条件所做的《科学之利，安全之弊》(*Science at Its Best*，*Security at Its Worst*）报告，以及来自克林顿白宫网站“虚拟图书馆”的白宫新闻秘书简报。

核能管理委员会

核能管理委员会（Nuclear Regulatory Commission，缩写为 NRC)，是根据 1974 年颁布的一项法律成立的。在该项法律下，成立了能源研究和发展管理局（能源部前身)，关闭了负责核能的研究和开发工作的原子能委员会。[43] 核能管理委员会特许商业核设施的构建、操作和关闭；特许核材料的占有、处理、加工、使用和出口；特许核电和非核电测试及研究反应堆；检查特许核设施及其活动；调查核事故，并指控有关核能管理委员会的事件；搜集、分析并宣传有关反应堆操作安全的信息；发展与参与反应堆操作和核材料安全的那些国家的良好工作关系。[44] 核能管理委员会的责任由其下属部门来执行，比如，核安全和核事故紧急应变署、调查署、核反应堆法规办公室、核材料安全和安全保障办公室、国际交流项目办公室、反应堆安全防卫咨询委员会、核废料安全咨询委员会和其他核能管理委员会实体，包括在费城、亚特兰大、芝加哥和德克萨斯州阿灵顿办事处。[45]

通过核能管理委员会的网站 www.nrc.gov/，公众可查看各种信息资源和机构内文件访问和管理系统（ADAMS)。核能管理委员会或其承包商与国家安全相关的出版物包括：《电网可靠性简报》(*Briefing on Electric Grid Reliability*，1997 年)、《美国核材料管理和保护系统》(*U.S. Nuclear Materials Management and Safeguard System*，未注明出版日期)、《反应堆监督过程》

（*Reactor Oversight Process*，2000 年）、《乏核燃料运输包装性能研究问题报告》（*Spent Nuclear Fuel Transportation Package Performance Study Issues Report*，2001 年）、《核安全公约国家报告》（*National Report for the Convention on Nuclear Safety*，2001 年）、《9 · 11 事件后全世界的核能安全问题：保障人身安全、安全和可靠性》（*Nuclear Energy Security Issues in the Post-September 11 World: Physical Security*，*Safety*，*Reliability of Supply*，2001 年）、《准备和评估辐射应急反应计划标准和支持核电厂建设准备工作：最终报告》（*Criteria for Preparation and Evaluation of Radiological Emergency Response Plans and Preparedness in Support of Nuclear Power Plants: Final Report*，2002 年）和《防止国土安全敏感信息外泄》（*Withholding Sensitive Homeland Security Information from the Public*，2002 年）。

核废物技术审查委员会

核废物技术审查委员会（Nuclear Waste Technical Review Board，缩写为 NWTRB），创建于 1987 年，负责审查美国能源部科学技术管理和美国商业乏核燃料的处置情况[46]。其拥有的 11 名成员均为理工科资深专家，经美国国家科学院推荐，由总统任命。核废物技术审查委员会主要以核废物管理和处置活动为工作重点。因为核废物管理和处置活动都要在内华达州的尤卡山进行，而这一地区是美国能源部指定的美国核废物仓库。这些乏核燃料包括包装及交通商业乏核燃料和高级防御核废物。[47]

核废物技术审查委员会所开展活动的相关文件都上传到了网站 www.nwtrb.gov/ 上。除此以外，该网站上可查阅的资料还包括：《美国核废物管理：核废物技术审查委员会观点》（*Nuclear Waste Management in the United States: The Nuclear Waste Technical Review Board's Perspective*，1996 年）、《越过尤卡山的可行性评估》（*Moving beyond the Yucca Mountain Viability Assessment*，1999 年）、核废物技术审查委员会自 1990 年至今向国会和能源部长呈交的年度报告，以及美国能源部针对尤卡山科学技术调查所做的报告。

除此之外，该网站还刊登了核废物技术审查委员会的战略计划、美国能源部官员和国会议员的通信、该委员会成员在国会监督委员会前公开陈述的证词、一些相关的新闻稿、华盛顿特区委员会会议记录，以及内华达委员会成员的履历资料。2002 年 2 月 14 日，能源部长斯潘塞·亚伯拉罕（Spencer Abraham）将尤卡山指定为美国永久性的核废物仓库。人们对这一决定一直存在争议，而这使得核废物技术审查委员会的报告一直以核废料对国土安全的影响为主题。[48]

选征兵役制

选征兵役制（Selective Service System，缩写为 SSS），建于 1948 年，主要用于对准备服兵役的美国公民和 18 到 26 周岁的在美男青年（已服役人员和非移民外国人除外）进行登记。[49]

在该制度的网站 www.sss.gov/ 上可查阅的资料包括：选征兵役制委员会的名单、相关的新闻稿、获得注册者相关信息的指南、在线注册表格，当前可用的军事草案与越南战争时期军事草案的不同、选征兵役制在 1996—2001 年间向国会提交的年度报告、从 1998 年到现在的《注册》快讯（*Register*）、《2001 年度选征按州逐一登记报告单》（*Calendar Year 2001 Selective State by State Registration Compliance Report Card*，2002 年）、登记手册草案和“选征兵役指南”的 PPT 演示文稿（2000 年）。

注 释

1. PL 101-549, “To Amend the Clean Air Act to Provide for Attainment and Maintenance of Health Protective National Ambient Air Quality Standards, and for Other Purposes,” 104 *U.S. Statutes at Large,* 2565–2574.
2. U.S. Chemical Safety and Hazard Investigation Board, “CSB Mission and History” (n.d.), 1 (www.chemsafety.gov/mission_history/index.cfm?ID=1), accessed November 6, 2003.
3. PL 100-456, “To Authorize Appropriations for Fiscal Year 1989 for Military Activities of the Department of Defense, for Military Construction, and for Defense Activities of the Department of Energy, to Prescribe Personnel Strengths, for Such Fiscal Year for the Armed Forces, and for Other Purposes,” 102 *U.S. Statutes at Large,* 1918.
4. *U.S. Government Manual, 2001–2002* (Washington, D.C.: National Archives and Records Administration, 2001), 382. 对于国防核设施安全委员会的初始运作年份，参见 Bert Chapman, “The Defense Nuclear Facility Safety Board’s First Decade,” *Journal of Government Information,* 27 (3) (2000): 345–383。
5. “Executive Order 12127: Federal Emergency Management Agency,” *Federal Register,* 44(April 3,

1979), 19367–19368.

6. *U.S. Government Manual,* 409.

7. U.S. Federal Emergency Management Agency, "About FEMA: FEMA History" (2003), 1(www.fema.gov/about/history.shtm), accessed November 6, 2003.

8. "Reorganization Plan No. 7 of 1961," 75 *U.S. Statutes at Large,* 840–843.

9. *U.S. Government Manual,* 418. For 1984 Shipping Act provisions, 参 见 40 USC app. 1701, *U.S. Code* (Washington, D.C.: Government Printing Office, 1994), 1348。

10. PL 81-152, "To Simplify the Procurement, Utilization, and Disposal of Government Property, to Reorganize Certain Agencies of the Government, and for Other Purposes," 63 *U.S. Statutes at Large,* 377– 403.

11. *U.S. Government Manual,* 437–438.

12. U.S. General Services Administration, "GSA Administrator Commends Bush's Homeland Security Proposal" (2002), 1–2 (www.gsa.gov/Portal/gsa/ep/contentView.do?contentType= GSA_BA SIC &contented=9501&contentType-GSA_BASIC), accessed November 6, 2003.

13. 参 见 PL 98-525, "Department of Defense Authorization Act 1985," 98 *U.S. Statutes at Large,* 2649–2660; and U.S. Institute of Peace, "About Us" (n.d.), 1 (www.usip.org/aboutus/), accessed October 16, 2003。

14. *U.S. Government Manual,* 546.

15. *U.S. Government Manual,* 546.

16. *U.S. Government Manual,* 546.

17. U.S. International Trade Commission, "General Factfinding Reports" (2002), 1 (www.usitc.gov/332s/332index.htm), accessed November 6, 2003.

18. 对于文章，参见 "Proclamation 7529: To Facilitate Positive Adjustment to Competition from Imports of Certain Steel Products," *Federal Register,* 67 (March 7, 2002), 10551–10592。

19. PL 37-326, "An Act to Incorporate the National Academy of Sciences," 12 *U.S. Statutes at Large,* 806–807.

20. U.S. National Academy of Sciences, "Organization of the National Academies" (2002), 1–4(www.nas.edu/about/faq1.html), accessed November 6, 2003. 对于历史审查，参见 Rexmund Canning Cochrane, *The National Academy of Sciences: The First Hundred Years, 1863–1963* (Washington,D.C.: National Academy of Sciences, 1978)。参见 Stephen Hilgartner, *Science on State: Expert Advice as Public Drama* (Stanford, Calif.: Stanford University Press, 2000)。

21. PL 73-432, "To Establish a National Archives of the United States Government and for Other Purposes," 48 *U.S. Statutes at Large,* 1122–1124. 对于历史概述，参见 Timothy Walch, ed., *Guardian of Heritage: Essays on the History of the National Archives* (Washington, D.C.: National Archives and Records Administration, 1985)。

22. PL 98-497, "To Establish the National Archives and Records Administration, and for Other Purposes," 98 *U.S. Statutes at Large,* 2280–2295.

23. *U.S. Government Manual,* 453–54.

24. Robert B.Matchette and others, comp., *Guide to Federal Records in the National Archives of the United States,* vol. 1 (Washington, D.C.: National Archives and Records Administration, 1995): xi–xv.

25. 对于可用类记录的详解，参见 Matchette and others, *Guide to Federal Records in the National Archives of the United States,* 1:18-1–18-8 (Army Air Force); 1:26-1–26-12 (U.S. Coast Guard); 1:38-1–38-7 (Office of the Chief of Naval Operations); 1:46-2–46-3 (U.S. Senate Committees Relating to Defense); 2:181-1–181-13 (naval districts and shore establishments); 2:218-1–218-

2 (Joint Chiefs of Staff); 2:220–24 (President's Commission on an All-Volunteer Armed Force); 2:243-1–243-2 (U.S. Strategic Bombing Survey); 2:263-1–263-2 (Central Intelligence Agency); and 2:273-1–273-2 (National Security Council)。

26. U.S. National Archives and Records Administration, "About ARC" (n.d.), 1 (www.archives.gov/research_room/arc/), accessed November 6, 2003.

27. "Executive Order 12829: National Industrial Security Program," *Federal Register,* 58(January 8, 1993), 3479–3483; and "Executive Order 12958: Classified National Security Information," *Federal Register,* 60 (April 20, 1995), 19825–19843.

28. U.S. National Archives and Records Administration, Information Security Oversight Office, "Mission and Functions" (n.d.), 1) (www.archives.gov/isoo/about_isoo/mission_and_functions.html), accessed November 6, 2003. 对于政府分类近期发展范围，参见 Harold C. Relyea, "Security Classification Reviews and the Search for Reform," *Government Information Quarterly,* 16 (1) (1999): 5–27。

29. U.S. National Archives and Records Administration, "Classification Management Committee" (n.d.), 1 (www.archives.gov/isoo/oversight_groups/cmc.html), accessed November 6, 2003.

30. U.S. National Archives and Records Administration, "Interagency Security Classification Appeals Panel" (n.d.), 1 (www.archives.gov/isoo/oversight_groups/iscap.html), accessed November 6, 2003.

31. U.S. National Archives and Records Administration, "National Industrial Security Policy Program Advisory Committee" (n.d.), 1 (www.archives.gov/isoo/oversight_groups/nisppac.html), accessed November 6, 2003.

32. 对于总统图书馆的历史回顾和有关这些设施的议题分析，参见 Richard J. Cox, "America's Pyramids: Presidents and Their Libraries," *Government Information Quarterly,* 19 (1) (2002): 45–75。

33. U.S. National Archives and Records Administration, "A Brief History" (n.d.), 1–2(www.archives.gov/presidential_libraries/about/history.html), accessed November 6, 2003.

34. PL 84-373, "To Provide for the Acceptance and Maintenance of Presidential Libraries, and for Other Purposes," 69 *U.S. Statutes at Large,* 695–697.

35. U.S. National Archives and Records Administration, "A Brief History" (n.d.), 1–2 (www.archives.gov/presidential_libraries/about/history.html), accessed November 6, 2003.

36. 关于理查德 · M. 尼克松拒绝把总统记录递交给国家档案和记录管理局，促使法律进入总统记录，促进了 1978 年总统记录法案的诞生，参见 Don W.Wilson, "Presidential Records: Evidence for Historians or Ammunition for Prosecutors," *Government Information Quarterly,* 14 (4) (1997): 339–342。参见 PL 95-951, "To Amend Title 44 to Insure the Preservation of and Public Access to the Official Records of the President, and for Other Purposes," 92 *U.S. Statutes at Large,* 2523–2528。

37. U.S. National Archives and Records Administration, "A Brief History" (n.d.), 1–2(www.archives.gov/presidential_libraries/about/history.html), accessed November 6, 2003. 对于总统可影响其文件的限制范围，参见 Cox, "America' s Pyramids: Presidents and Their Libraries," 52。

38.U.S. Congress, Senate Committee on Governmental Affairs, *Presidential Libraries Act of 1985: Report to Accompany H.R. 1349,* S Rept 99-257 (Serial 13672), 99th Cong., 2d sess., 1986, 2.

39. PL 99-323, "Presidential Libraries Act of 1986," 100 *U.S. Statutes at Large,* 495–498. 对于未来总统图书馆经济条件细目，参见 U.S. Congress, Senate Committee on Governmental Affairs, "Presidential Libraries Act of 1985," 2–3。

40. "Executive Order 13233: Further Implementation of the Presidential Records Act," *Federal*

Register, 68 (November 5, 2001), 56025–56029.

41. HR 4187 was introduced in the 107th Congress; HR 1493 and S 1517, in the 108th Congress.
42. U.S. National Archives and Records Administration, Gerald R. Ford Library and Museum, "The National Security Council System and the Use of National Security Decision Memorandums and Study Memoranda" (1998), 1 (www.ford.utexas.edu/library/document/nsdmnssm/backgrou.htm), accessed November 6, 2003.
43. PL 93-438, "An Act to Reorganize and Consolidate Certain Functions of the Federal Government in a New Energy Research and Development Administration and in a New Nuclear Regulatory Commission in Order to Promote More Efficient Management of Such Functions," 88 *U.S. Statutes at Large,* 1233–1254.
44. *U.S. Government Manual,* 488–489. 关于核管理委员会和美国政府核能法规的其他历史背景，参 见 J. Samuel Walker, *A Short History of Nuclear Regulation, 1946–1999* (Washington, D.C.: Nuclear Regulatory Commission, 2000); George T.Mazuzan and J. Samuel Walker, *Controlling the Atom: The Beginnings of Nuclear Regulation, 1946–1962* (Berkeley, Calif.: University of California Press, 1984); and J. Samuel Walker, *Containing the Atom: Nuclear Regulation in a Changing Environment, 1963–1971*(Berkeley, Calif.: University of California Press, 1992)。
45. U.S. Nuclear Regulatory Commission, "Nuclear Regulatory Commission Organization Chart" (2002) (www. nrc.gov/who-we-are/organization/nrcorg.pdf), accessed November 6, 2003.
46. PL 100- 203, "Nuclear Waste Policy Amendments Act of 1987," 101 *U.S. Statutes at Large,* 1330-27–1330-251, 1330–253, 1330–255.
47. U.S. Nuclear Waste Technical Review Board, "What Is the Nuclear Waste Technical Review Board?" (1999), 1 (www.nwtrb.gov/nwtrb.pdf), accessed November 6, 2003.
48. 对于斯潘塞•亚伯拉罕的公告，参见 U.S. Department of Energy, "Secretary Abraham Recommends Yucca Mountain Site to President Bush Citing 'Sound Science' and 'Compelling National Interests' " (2002), 1–3 (www.energy.gov/engine/content.do?PUBLIC_ID=12962&BT_CODE=PR_PRESSRELEASES&TT_CODE=PRESSRELEASE), accessed November 10, 2003。尤卡山项目的信息活动可参见 www.ymp.gov/. For opposition to Yucca Mountain' s designation, see State of Nevada, Agency for Nuclear Projects (www.state.gov/nucwaste/), accessed November 6, 2003; Sen. Harry Reid (D-Nev.) website (www.senate.gov/~reid/), accessed November 10, 2003; and Sen. John Ensign (R-Nev.) website (www.senate.gov/~ensign/), accessed November 10, 2003。
49. PL 80-759, "To Provide for the Common Defense by Increasing the Strength of the Armed Forces of the United States, Including the Reserve Components Thereof, and for Other Purposes," 62 *U.S. Statutes at Large,* 604–644; and *U.S. Government Manual,* 518.

[第 6 章]

情报机构

情报机构是国家安全政策信息的重要提供者。情报机构的工作具有保密性质，这就要求其对外保密，以保护获取信息的个人以及所使用的技术的安全，而这就意味着情报信息需要过很长时间才能对外公布。然而，在纸质资料和电子版资料中有大量的情报信息。对此，一些情报机构，如中央情报局，对其搜集、分析的大量情报负有广泛的法律责任，其他机构，如国家安全局等，在这方面也有严格的制度规定。

中央情报局

中央情报局（Central Intelligence Agency，缩写为 CIA），是美国最大的政府情报机构，也是大多数国家安全政策信息的提供者。《1947 年国家安全法案》（*1947 National Security Act*）宣布成立中央情报局。[1]《1947 年国家安全法案》为美国中央情报机构的成立提供了法律依据。中央情报局的职能包括：协调政府的对外情报活动；通过各种方式搜集外国的情报信息，及时评估并解释信息；将国家情报分发给总统和相应的政府部门与机构；保护搜集情报过程中所使用的资源和方法；制定全面的安全政策，推动安全政策的实施，以保护涉密信息；执行其他相关的情报职能等。[2] 中央情报局有过辉煌，也经历过失败，一直备受争议。[3]

中央情报局自成立以来，产生了大量不为公众所知的信息。然而，在 20 世纪 90 年代，中央情报局及其下属部门开展了一些解密行动，结果导致大量重要的国家安全政策信息外泄。《世界概况》（*World Factbook*）和《外国政府国家元首和内阁成员》(*Chiefs of State and Cabinet Members of Foreign Governments*)等纸质出版物多年来被分发给联邦政府托管图书馆保存。其他出版物也在中央情报局的网站 www.odci.gov/ 上公布。

情报界

情报界(Intelligence Community,缩写为 IC)由美国行政机构组成,这些机构与其他机构合作或独立地开展情报工作,为美外国交政策和国家安全提供服务。情报界由中央情报总监领导,由中央情报局、国防情报局、国家安全局,以及国务院和能源部等内阁级机构的情报搜集组织和军事情报搜集组织组成。

1981 年 12 月 4 日,罗纳德·里根总统发布了第 12333 号总统令,首次对情报界当前的制度结构进行了定义。之后,也就是 1992 年 10 月 24 日,乔治·H. W. 布什总统又在《情报授权法》(*Intelligence Authorizatibn Act*)中对情报界进行了法定定义。

公布的出版物包括:《中央情报总监向美国情报界做的年度报告》(*Director of Central Intelligence Annual Report for the United States Intelligence Community*,1997 年至今)、《中央情报局督察长调查报告:约翰·M. 多伊奇对涉密信息的不当处理》(*CIA Inspector General Report of Investigation: Improper Handling of Classified Information by John M. Deutsch*,2000 年)、《美国国家情报评估:全球性传染病威胁及其对美国的影响》(*National Intelligence Estimate: The Global Infectious Disease Threat and Its Implications for the United States*,2000 年)、《全球人口结构长期变化趋势:重新塑造地缘格局》(*Long-Term Global Demographic Trends: Reshaping the Geopolitical Landscape*,2001 年)、《到 2015 年外国导弹的发展和弹道导弹威胁》(*Foreign Missile Developments and the Ballistic Missile Threat through 2015*,2001 年)、《向国会提交的获取大规模杀伤性武器和先进常规弹药技术的非保密报告》(*Unclassified Report to Congress on the Acquisition of Technology Relating to Weapons of Mass Destruction and Advanced Conventional Munitions*,2002 年)和《向国会提交的有关俄罗斯核武设施和军事力量安全的年度报告》(*Annual Report to Congress on the Safety and Security of Russian Nuclear Facilities and Military Forces*，2002 年）等。[4]

情报处

中央情报局下属的情报处（Directorate of Intelligence，缩写为 DI），是中央情报局的分析机构，负责对美国面临的国家安全威胁和外交政策问题进行及时、准确和客观的情报分析。[5] 情报处在俄罗斯、欧洲、拉丁美洲、亚太、南亚和非洲等世界各地均设有发展分析办公室，以及专门负责分析防核武扩散和禁毒问题的部门。[6] 情报处公开的出版物包括：《分析工具套件》（*Analytic Toolkit*，1995—1997 年）、《1997 年国际恐怖主义统计预览》（*International Terrorism in 1997: A Statistical View*，1998 年）、《科索沃：巴尔干半岛热点地区历史》（*Kosovo: History of a Balkan Hotspot*，1998 年）和《全球反海洛因活动》（*Heroin Movement Worldwide*，2000 年）。情报处的网站 www.odci.gov/cia/di/ 提供可跳转至这些资源和其他情报处资源的网址链接。

科学技术处

科学技术处（Directorate of Science and Technology，缩写为 DS&T），用技术和间谍进行国家情报工作。成立科学技术处的目的在于满足信息技术、开放媒体收购和传播、技术搜集和支援、卫星技术和研发领域的国家情报要求，以支持公开情报和秘密情报的搜集工作。[7]

中央情报局

中央情报局，是美国最重要的情报机构之一。作为一家独立的机构，中央情报局主要负责搜集外国的情报信息，按照总统的指示协助总统、国家安全委员会和负责制定与实施美国国家安全政策的人员开展反情报活动和国家安全相关活动。中央情报局设有两个国会监督委员会，对美国公众负责。中央情报局与外国其他政府情报机构进行严密合作，合法制止搜集美国个人信息，除非有证据显示，这个人涉嫌间谍或恐怖袭击活动。

1963年，多个机构的科学和技术部门合并，成立了中央情报局的科学技术处。[8]科学技术处的工作优势是保密，但是该部门的网站www.odci.gov/cia/dst）却公布了该部门开展的一些活动、招聘，以及一些出版物的信息。这些出版物大都与科学技术处及前身所做的历史研究有关，其中包括：20世纪50、60年代实施的代号为“科罗纳”（Corona）的卫星侦察计划等重要信息、《太阳与地球之间：太空中美国国家侦察局的第一只侦察眼》（*Between the Sun and Earth: The First NRO Reconnaissance Eye in Space*，1997年），以及美国地质调查局网站上解密的“科罗纳计划”的图片链接等。

情报研究中心

情报研究中心（Center for the Study of Intelligence，缩写为CSI），负责推动情报学术研究和历史研究工作，以加深公众对情报行动和分析结果的理解，同时还负责举办学术专家会议，出版与中央情报局和情报史等相关的出版物。[9]

情报研究中心编著的期刊《情报研究》（*Studies in Intelligence*）是中央情报局主要的情报行动历史研究期刊，很多联邦政府托管图书馆均藏有该期刊。登录情报研究中心的网站www.odci.gov/csi，也可下载该期刊。此外，还有大量的出版物可供下载，比如，《谢尔曼·肯特和国家评估委员会文集》（*Sherman Kent and the Board of National Estimates: Collected Essays*，1994年）、《科罗纳：美国第一个卫星计划》（*Corona: America's First Satellite Program*，1995年）、《中央情报局对苏联的评估：记录与费用》（*CIA Assessments of the Soviet Union: The Record versus the Charges*，1996年）、《意图和能力：1950—1983年苏联战略部队之评估》（*Intentions and Capabilities: Estimates on Soviet Strategic Forces, 1950–1983*，1996年）、《总统候选人之中央情报局简报》（*CIA Briefings of Presidential Candidates*，1996年）、《与立法者共享机密信息：作为情报用户的国会》（*Sharing Secrets with Lawmakers: Congress as a User of Intelligence*，1997年）、《独立战争中的情报》（*Intelligence in the War of Independence*，1997年）、《中央情报局和U–2计划（1954—1974）》（*The CIA and the U-2 Program: 1954–1974*，1998年）、《冷战前线：关于柏林情报战的文件》（*On the Front Lines of the Cold War: Documents on the Intelligence War in Berlin*，1999年）、《冷战结束：美国在1989—1991年期间搜集的苏联和东欧情报》（*At Cold War's*

End: U.S. Intelligence on the Soviet Union and Eastern Europe，*1989—1991*，1999 年)、《战略情报局：美国第一情报局》(*The Office of Strategic Services: America's First Intelligence Agency*，2000 年)、《中央情报：起源和演变》(*Central Intelligence: Origin and Evolution*，2001 年)和《美国情报和波兰危机(1980—1981)》(*U.S. Intelligence and the Polish Crisis*，*1980–1981*，2001 年)。

情报缩略词

在情报这个神秘的世界里，会使用到大量的缩略词，用来描述情报分析和行动。情报缩略词包括：

CCJ2——美国中央司令部情报局(U.S. Central Command Intelligence Directorate)

CESM——加密电子站支援手段(Cryptologic Elctronic Warfare Supportiueasures)

IMINT——图像情报(Imagery Intelligence)

NIE——国家情报评估(National Intelligence Estimate)

NRO——国家侦察局(National Reconnaissance Office)

国防大学联合军事情报学院出版了《国防和情报缩略语和缩略词》(*Defense and Intelligence Abbreviations and Acronyms*)，帮助研究者理解情报缩略词。登录网站 www.dia.mil/Public/Foia/abbrev_acron.pdf 可下载此书。

《电子信息自由法》

《电子信息自由法》(*Electronic Freedom of Information Act*，缩写为 EFOIA)规定，根据《信息自由法》(FOIA)，可以访问中央情报局的解密信息。该部门搜集了重要的、有争议的中央情报局行动记录，这些都是人们经常查询的内容。例如，该部门已解密的猪湾事件、越南战争中的美国战俘和在战争中的失踪人员、1954 年危地马拉阿尔本斯政权垮台事件、拉丁美洲人权、朱利叶斯与艾瑟尔·罗森堡夫妇(Julius and Ethel Rosenberg)原子弹间谍案件、苏联军事情报官员奥列格·彭柯夫斯基(Oleg Penkowsky)陆军中校在古巴导弹危机过程中向美国提供具有重要价值的信息，以及弗朗西斯·加里·鲍尔斯（Francis Gary Powers）与 U–2 飞机等文件。

登录《电子信息自由法》的网站 www.foia.cia.gov/，可以查阅《中央情报局督察长就其内部调查猪湾事件的报告》(*CIA Inspector General Report of the CIA's Internal Probe of Bay of Pigs Affair*，1996 年)、《国家安全委员会就中苏在拉丁美洲的较量的简报》(*National Security Council briefing Sino-Soviet Campaign in Latin America*，1959 年)、《在柬埔寨战俘集中营中的越共囚犯》(*Viet Cong Prisoner of War Camps in Cambodia*，1969 年)、《越共军事基地 Tri-Thien-Hue 隔离营中的美国囚犯》(*U.S. Prisoners of War at Viet Cong Military Region Tri-Thien-Hue Detention Camp*，1970 年)、《秘密行动：美国与危地马拉（1952—1954)》(*Operation PBSuccess: The United States and Guatemala 1952–1954*，1994 年)、《中央情报局和危地马拉暗杀行动（1952—1954)》(*CIA and Guatemala Assassination Proposals 1952–1954*，1995 年)、《无题：罗森堡夫妇租赁的莫顿街 65 号公寓》(*Untitled: The Rosenbergs Rented an Apartment at 65 Morton Street*，1953 年)、《亲共罗森堡行动拥戴者》(*Supporters of Communist Pro-Rosenberg Campaign*，1955 年）和《无题：苏联特工在非美活动委员会前提供的证词》(*Untitled Blank Admitted Soviet Agent Testified before the Committee on Un-American Activities*，1966 年)。

登录《信息自由法》的网站 www.foia.cia.gov/specical_collections.asp，可以查看“特藏”。该网站包含了情报处关于苏联的报告，这些报告直到普林斯顿大学在 2001 年 3 月召开的会议上才被解密，并对外公布。该网站列举的出版物有：《苏联原子防御》(*Atomic Defense in the USSR*，1954 年)、《苏联议会活动和卫星计划》(*Paramilitary Activity in the USSR and the Satellites*，1954 年)、《苏联向英国提供的机械》(*Soviet Machinery Offered to Britain*，1963 年)、《苏联在古巴、东德和伊拉克新部署的反坦克导弹系统》(*Soviet Antitank Guided Missile Systems Now Deployed in Cuba*，*East Germany*，*and Iraq*，1963 年)、《苏联的石油出口》(*Soviet Oil Exports*，1975 年)、《苏联：油、气和一次能源的生产和消费》(*USSR: Production and Consumption of Oil*，*Gas*，*and Primary Energy*，1975 年）和《苏联集团的铝业》(*The Soviet Bloc Aluminum Industry*，1984 年)。很多报告的复印件在国家档案和记录管理局（NARA）均有保存，“特藏”的网站提供了访问这些复印件信息的链接。

国家情报委员会

国家情报委员会（National Intelligence Council，缩写为 NIC），负责与情报界的工作人员和其他政府部门、学术部门与私营部门的专家合作，编制国家安全政策方面的报告。国家情报委员会的国家情报官遍布非洲、东亚、欧洲、拉丁美洲、近东和南亚、俄罗斯和欧亚大陆等地理区域，涉及的主题有常规军事问题、经济和全球问题、科技、战略与核计划，以及潜在的国家安全危机预警等。

国家情报委员会编制的诸多报告在网站 www.odci.gov/nic/ 上均可找到，其中包括：《俄罗斯环境展望》（*The Environmental Outlook in Russia*，1999 年）、《全球军用市场和工业的变革：对未来战争的影响》（*Transformations in Global Defense Markets and Industries: Implications for the Future of Warfare*，2000 年）、《拉丁美洲信息革命的未来》（*The Future of the Information Revolution in Latin America*，2001 年）、《2015 年全球趋势：与非政府专家关于未来的对话》（*Global Trends 2015: A Dialogue about the Future with Nongovernment Experts*，2001 年）、《战争对美国在中东反恐政策某些方面的影响》（*Impact of the War on Terror on Certain Aspects of U.S. Policy in the Middle East*，2001 年）、《全球移民的增长及其对美国的影响》（*Growing Global Migration and Its Implications for the United States*，2001 年）和《朝鲜的参与——视角、前景和影响》（*North Korea's Engagement— Perspectives*，*Outlook*，*and Implications*，2001 年）。

国家情报委员会研究的领域包括：未来军事冲突；逐渐发展的国家—州机构；军事力量的性质及其来源变化；美国与世界上的信息技术、生物技术、材料技术和纳米技术之间相互作用日益增加产生的影响；能源地缘政治；全球教育。[10]

外国广播信息中心

1941 年，外国广播监听服务处成立，隶属于美国联邦通信委员会。第二次世界大战期间，该部门划归到战争部总参谋部军事情报处。1974 年，它又被划归为中央情报局，并更名为外国广播信息中心（Foreign Broadcast Information

Center，缩写为 FBIS），负责为美国情报界提供外国广播信息监督、记录、转录以及分析等服务。[11]

《国家情报评估》

《国家情报评估》（*National Intelligence Estimates*，缩写为 NIE），是由中央情报总监编写的国家安全问题评估文件。这些文件包括外国国家的优劣势和可能采取的政策，这些都对美国的国家利益至关重要。《国家情报评估》由中央情报局国家情报委员会与情报界以外的专家合作编写。

《国家情报评估》主要以假想为判断对象，其中包括备选方案、反对意见和情报界不确定的信息等。中央情报局于 2002 年 10 月编写的《国家情报评估》在 2003 年受到了强烈争议，涉及的内容：伊拉克大规模杀伤性武器计划，布什政府是否错误地使用本文件中的信息作为光明正大侵犯伊拉克的理由。

中央情报局或其他组织最终会解密《国家情报评估》，并向公众公布。《国家情报评估》是非常宝贵的历史资料。但是，需要指出的是，《国家情报评估》是根据情报分析员和决策者在某段时间提供的最佳信息做出的评估。他们会根据后续信息进行更改，以证实或反驳原始评估所依据的假设。

外国广播监听服务处负责翻译这些广播信息，转录的大量广播信息均可在联邦政府托管图书馆中找到。通过商业部国家技术信息局（NTIS）国际新闻网，即可登录万维网在线查看这些资料。由于这些信息都来自有版权的新闻源，所以，个人和组织只有向国际新闻网付费订阅，才能浏览。其中在国际新闻网上列举的国家安全政策新闻报道包括：来自哥伦比亚首都波哥大《观察报》的报道《麦德林和哥伦比亚强大的游击队准军事部队：哥伦比亚革命武装力量有 40 人在轰炸中死亡空军报告》（*Colombia: Strong Guerrilla Paramilitary Presence in Medellin and Colombia: Air Force Reports 40 FARC Believed Dead in Bombing*）、来自莫斯科国际文传电讯社的报道《哈萨克斯坦扩大与北大西洋公约组织间的合作》（*Kazakhstan Expands Cooperation with NATO*）、来自俄罗斯伊塔社的报道《俄罗斯国防部长反对加入北大西洋公约组织成为军事组织》（*Russian Defense Minister against Joining NATO as Military Organization*）、来自北京新华社的报道《杜铁环领导中国军方代表团向赞比亚表达良好祝愿》（*Du Tiehuan Leads Chinese Military Delegation to Zambia for Goodwill Visit*）和来自香港中国通讯社的报道《ZTS：中国、俄罗斯和美国的联合调停努力将避免印巴战争》（*ZTS: Joint Chinese，Russian-U.S.Mediation Efforts Will Avert Indo-Pakistani War*）等，这些报告均由外国广播监听服务处翻译。

要查看国际新闻网的内容和订阅信息，详见国家技术信息局创建的网站 http: //wnc.fedworld.gov/。

国防情报局

第二次世界大战后，军事机构搜集的情报多有重复，这引起了人们的关注。在艾森豪威尔和肯尼迪执政期间，都出台了不同的方案来改变这种局面，但是直到 1961 年 2 月国防部长罗伯特 · 麦克纳马拉（Robert McNamara）在参谋长联席会议（JCS）上提出建议之后，建立统一的国防情报局（Defense Intelligence Agency，缩写为 DIA）的工作才开始着手。1961 年 7 月，参谋长联席会议完成了国防情报局的概念规划，并在国防部第 5105.21 号指令中做出了说明。1961 年 10 月 1 日，国防情报局正式成立。[12]

《总统每日简报》

《总统每日简报》（*President's Daily Briefing*，缩写为 PDB），是指中央情报局的个人或集体每天早晨向总统呈交的情报信息。《总统每日简报》包括：进行中情报行动、总统或执政政府成员感兴趣的重要情报动态或发展结果等。《总统每日简报》以及采用《总统每日简报》格式呈交的资料会因不同总统的期望和总统的国家安全顾问的需求不同而有所不同。《总统每日简报》还包括情报界工作人员向总统做的口头简报。总统或总统的国家安全顾问可以口头形式向简报人员发问，或提出书面问题，要求他们及时作出回答。

《总统每日简报》属于机密文件，总统政府一直强烈反对对外公开这些《总统每日简报》。然而，乔治·W. 布什政府于 2004 年 4 月解密，向美国恐怖袭击事件全国调查委员会公开了《总统每日简报》(2001 年 8 月 6 日)，《总统每日简报》描述了奥萨马·本·拉登（Osama bin Laden）在美国预谋发动的恐怖袭击事件。

国防情报局通过参谋长联席会议向国防部长报告。[13] 要了解该机构的任务和职责，详见罗纳德·里根总统在 1981 年 12 月 4 日颁布的第 12333 号总统令，主要包括以下 ；

1. 搜集、制造或通过任务协调向国防部长、参谋长联席会议、其他国防部门和相应的非国防部门提供军事情报和与军事相关的情报 ；

2. 搜集军事情报，并提供给国家对外情报和反情报机构 ；

3. 协调国防部确定搜集情报的要求 ；

4. 管理防御专员系统 ；

5. 按照参谋长联席会议的要求，提供对外情报和反情报人力支援。[14]

国防情报局及其下属部门，包括联合军事情报学院，已在联邦政府托管图书馆或网上对外公布了它们的出版物。这些出版物包括《朝鲜 ：军事力量的基础》（*North Korea: The Foundations for Military Strength*，1991 年）、《图像侦察和相关事宜的精选书目》（*A Selective Bibliography on Imagery Reconnaissance and Related Matters*，1993 年）、《情报培训课程》（*Intelligence Training Courses*，1993 年）、《多边决定和行动情报》（*Intelligence for Multilateral Decision and Action*，1997 年）和《情报工作基础知识》（*Intelligence Essentials for Everyone*，1999 年）。

网站 www.dia.mil/ 上的内容提供了国防情报局的历史背景、任务和征募新兵等相关信息。该网站还给出的《信息自由法》章节也包含有其他的信息资源。

军事情报机构

美国各个军种均设有情报机构，来负责执行情报行动和分析任务，以满足各自的任务需求。

空军情报——空军情报局

美国空军安全勤务处（U.S. Air Force Security Service，缩写为 USAFSS）成立于 1948 年 10 月 20 日。[15] 在美国空军情报参谋长助理的指挥下，单一集中式空军情报局（Air Intelligence Agency，缩写为 AIA）于 1993 年 10 月 1 日成立，在此之前，空军情报行动经历了不同程度的变化。[16]

根据空军情报局的任务说明，空军情报局负责“美国空军和国家的全方位信息行动……获取、利用、保护和攻击信息，以确保作战人员、国家决策者和现代部队拥有空中、空间和信息优势”。[17] 空军情报局的组织机构包括：位于俄亥俄州代顿市赖特－帕特森空军基地（AFB）的国家空军情报中心；位于德克萨斯州圣安东尼奥市拉克兰空军基地的空军信息战中心；位于拉克兰空军基地的第 67 信息战联队；位于马里兰州米德堡的第 70 情报联队；位于拉克兰空军基地的联合信息作战中心。[18]

国家空军情报中心，是国防部外国空军情报的主要提供者，主要负责分析外国航空武器系统，确定它们的性能特征、能力、缺陷和用途。该中心人员都曾参与过美国武器条约的谈判和核查协议签署等工作。

空军信息战中心的主要任务是开发、维护以及部署信息战能力，为军事行动、行动规划、采购和测试提供支援，并为计算机和通信安全处提供专业的技术知识。[19]

第 67 信息战联队的责任包括：协助空军机构设计概念、开展培训，以及调用空军情报局部队支援应急任务、低强度冲突、禁毒和特殊作战活动等。

第 70 情报联队主要负责向国家决策者、战术战区指挥官、各军种作战人员提供定制的实时军事服务信息；计划并指示其下属部门集合起来，形成战区或当地作战队，测试并验证战时能力，协助指挥官确定其对产品和服务的需求。

联合信息作战中心负责协助规划、协调并开展信息行动，以协助实现规划和军事行动实施过程中的行动安全、心理战、军事欺诈、电子战和破坏行动一体化的目标。[20]

空军情报局的网站 http: //aia.lackland.af.mil/ 上的内容包括：空军情报局的历史发展背景、当代使命、组织结构、一些相关的新闻稿，以及机构招聘信息等。公开的资料有：《机载维护标准与评估》（*Airborne Maintenance Standardization and Evaluation Program*，1996 年）、《美国空军图像制作设施的标准、评估和质量保障》（*Standardization，Evaluation，and Quality Assurance for U.S. Air Force Imagery Production Facilities*，1997 年）、《空军信息战中心的任务指令》（*Air Force Information Warfare Center Mission Directive*，1998 年）、《空军情报局的网络基础设施和计算机系统管理》（*Headquarters Air Intelligence Agency Networks Infrastructure and Computer Systems Management*，1999 年）和《空军情报局检测系统指南、程序和职责》（*Air Intelligence Agency Inspection System Guidance，Procedures，and Responsibilities*，2000 年）。

陆军情报

军事信息处成立于 1885 年，隶属于陆军副官长办公室杂务分支机构军事保留处（Military Reservations Division，Miscellaneous Branch of the Army's Adjutant Generals Office）。[21] 直到 1962 年，陆军情报和安全分局成立，陆军情报处才被划归为美国陆军独立的专业机构。1987 年，军事情报部队整合了所有的军事情报人员，组成了一个单独的组织。[22]

陆军情报学校

陆军情报学校（Army Intelligence School），成立于 1971 年，坐落在亚利桑那州的华楚卡堡，主要负责为陆军培训情报人员。[23] 浏览陆军情报学校的网站 http: //usaic.hua.army.mil/ 时，需要安装网络浏览器和 Macromedia Flash 插件。该网站上发布的信息包括情报位置说明，比如，图像分析员、密码分析员和合法授权的最新职位编号等。

此外，该网站还列举了陆军情报学校所开设的课程、重要军事情报专家的相关信息，比如，现代军事情报之父阿瑟 · L. 瓦格纳（Arthur L.Wagner）、空中侦察先驱乔治 · M. 戈达德（George M. Goddard）和第二次世界大战时东南亚战区司令部约瑟夫 · 沃伦 · 史迪威上将（Gen. Joseph Stilwell）等人物。在该网站上还能看到《军事情报专业通告》（*Military Intelligence Professional Bulletin*）等文章，以及一些课程的描述，其中包括反恐情报、情报官基本课程、地面监视雷达操作人员、军事信息系统安全监控器等描述。此外，该网站还提供了与各个情报机构主页的网址链接，比如，如第 112 军事情报团和第 306 军事情报营。

陆军情报与安全司令部

陆军情报与安全司令部（Army Intelligence and Security Command，缩写为 INSCOM），成立于 1977 年 1 月 1 日，负责向美国陆军提供单一组织来完成综合情报、安全行动和军团级以上电子作战任务，针对陆军要求制造完整情报信息。[24] 陆军情报与安全司令部坐落在弗吉尼亚州的贝尔沃堡。陆军情报与安全司令部的任务说明描述了其管辖情报行动的多个领域。

> 陆军情报与安全司令部负责向作战人员提供秘密情报，帮助他们理解战场情况、关注并利用战斗力；负责搜集所有情报信息、开展广泛的信息制造活动，包括从战场情报准备到局势发展、信号情报分析、图像利用，以及科技情报生产活动等。除了上述职责外，陆军情报与安全司令部还具有反情报和部队保护、电子战和信息战、支持部队现代化和培训等责任。[25]

陆军情报与安全司令部可公开访问的网站 www.inscom.army.mil/ 提供了几个信息资源。这些信息资源包括：《陆军情报与安全司令部视野：情报简报》（*INSCOM Insight: The Intelligence Newsletter*）、最新的《陆军情报与安全司令部期刊》（*INSCOM Journal*）、陆军情报与安全司令部历史概述、任务说明、该部人员，比如，首席信息管和督察长等的职能描述，以及一些跳转至陆军情报与安全司令部单位部门网页的链接，包括跳转至“联合监听目标攻击雷达系统网页”（JSTARS）的链接。

陆军部副参谋长

负责情报的陆军副参谋长办（代号 G–2）负责协助陆军部制定政策、做好规划、预算和管理、监督员工、评估和监督情报活动等；负责协调整个陆军图像情报、信号情报、人员情报、测量与特征信号情报和反情报与安全措施的制定工作。[26]

该部门的网站 www.dami.army.pentagon.mil/ 提供了 2002 年 3 月 6 日所做的关于清剿阿富汗“基地”组织的“蟒蛇行动”有线电视新闻网简报、招聘政策文件、2002 年 4 月举办的“国内城市恐怖主义：避免马奇诺防线的出现”和“非对称作战：对美国工业、社会和陆军的影响”等非对称作战会议的幻灯片讲义。

除此以外，该网站上的内容还包括：陆军情报总体规划讲义；陆军情报转型计划；负责外国泄密和民用国防情报信息工作的 G–2 反情报、外国泄密和安全理事会在 2002 年 2 月赞助举办的会议记录；对外联络委员会印制的《军事参谋指南》（*Military Attaché Guide*），该指南详细描述了美国陆军与定居美国的外国政府军事人员之间的关系；G–2 组织结构图。最后，该网站还选取了《行业安全计划》（*Industrial Security Program*，陆军军规 380–49，1982 年）和《人员安全计划》（*Personnel Security Program*，陆军军规 380–6，1988 年）等陆军情报规定。

海军陆战队情报部

2000 年 4 月 27 日，司令官詹姆斯 · L. 琼斯（James L. Jones）成立了海军陆战队情报部（Marine Corps Intelligence Department），来继续完成美国海军陆战队的情报设施、教育和培训工作。[27] 海军陆战队情报部，由海军陆战队司令部情报参谋长领导，其主任担任海军陆战队联合情报官，参与电子战策略的制定工作，发起研发活动和情报、加密以及地面电子战等研究项目。[28]

海军陆战队情报部隶属于海军陆战队总部，它下设的部门包括：预留情报特遣队，它负责提供培训合格的人员，教授他们情报知识，以增强国防部或其他政府对情报行动的时间敏感性；情报计划和预算部，负责指导情报总监做好海军陆战队总部的资源规划、计划和预算工作，例如，在司令部年度国会证词中做好情报预算简报；情报计划和政策部，负责代表海军陆战队总部监督情报资源规划、计划、地理空间、加密和电子战等计划的实施进度；图像和地理计划与政策部，负责制定与协调海军陆战队的图像情报计划和地理情报计划；情报计划和政策 / 战术国家能力小组，负责提供为海军陆战队军队提供情报支援，协调制定精选的情报计划文件。[29]

信号情报和科学司令部计划和政策部（Signals Intelligence and Science Commands Plans and Policy Branch）开展的活动除了包括海军陆战队参与国防部加密活动、信号情报和信息系统安全监控外，还要服务于情报总监，为他提供电子战联络资源、情报支援信息，帮助他解决情报系统结构问题。反情报或人工情报计划和政策部，负责制定并实施海军陆战队反情报和人力资源情报政策。情报评估机构，负责汇编完整的情报信息，向指挥官和参谋长传播这些情报信息，同时充当参谋长联席会议和美国其他情报机构的联络人；情报行动和人力资源部，负责管理海军陆战队的情报人员机构、培训和职业发展计划等；特殊安全局或特殊情报委员会，负责管理各类情报机构的通信安全计划。[30]

网站 http: //hqinet001.hqmc.usmc.mil/DirInt/ 提供了主要官员的履历、组织结构图和主管任务描述等方面的信息。

海军情报

海军情报局（Office of Naval Intelligence，缩写为 ONI）和海军犯罪调查局（Naval Criminal Investigative Service，缩写为 NCIS）负责完成美国海军的情报行动和分析任务。

海军情报局

海军情报局（ONI），是美国海军的主要情报机构。1882 年 3 月 23 日，海军部长威廉 · H. 亨特（William H. Hunt）颁布了第 292 号将军令，宣布成立海军情报局，“负责搜集和记录战争时期与和平时期对其有用的信息”。直到 1899 年，国会向海军情报局划拨 1900 财年的资金用于雇佣 5 名职员、1 名翻译官、1 名绘图助理和 1 名实验员，此时海军情报局才获得正式认可。[31] 海军部长亨特的继任者，威廉 · E. 钱德勒（William E. Chandler），1882 年 7 月 25 日向海军情报局第一位局长西奥多勒斯 · B. M. 梅森（Theodorus B. M. Mason）上尉呈交了一封信件，在信中指明了海军情报局成立的目的。海军情报局负责搜集巡航舰队的信息、外国海军的情况、外国港口防御性武器、外国政府的运输设施、外国人员和供给品着陆海岸和港口设施、外国航运公司提供的航线、获取海岸和供给品的全球设施、美国海岸防御，以及美国海军官员职业发展强化等资料。[32]

海军情报局位于马里兰州休特兰的国家海事情报中心（National Maritime Intelligence Center，缩写为 NMIC）内。国家海事情报中心，是美国历史最久的持续运营情报机构。该中心旨在让海军领导人和国家文职决策者了解基本的战争信息，确保海军能够击败所有挑战美国利益的外国海军部队。此外，国家海事情报中心还负责向美国海岸警卫情报协调中心和海军信息作战部提供援助。[33]

海军情报局的出版物包括《美国海军情报百年史》(*A Century of U.S. Naval Intelligence*，1996年)，此书详细描述了海军情报局的历史背景和机构发展历程。此外，还有一本定期更新的《海军情报局军事信息手册》(*ONI Military Information Handbook*)，该手册包含了海军情报局的工作信息。海军情报局的网站 www.nmic.navy.mil/ 提供了该局的历史背景和现在的任务、招聘信息，以及可跳转至海军《信息自由法》网站的链接。

海军犯罪调查局

海军犯罪调查局（NCIS)，是国际联邦法律执行机构，负责保护美国海军和海军陆战队人员及其亲属的安全，向他们提供必要的服务，并向武装部队分支机构提供反情报、犯罪调查和执法等服务。海军犯罪调查局共有大约1600名员工，其中包括850名文职特工，这些特工分布在世界150多个地方，其中一些人驻扎在一些船只和航空母舰上。有些员工是调查员、犯罪实验室技术人员、技术信息专员和安全专家等执法专业人员。[34]

海军犯罪调查局，成立于1915年，与海军情报局一样肩负有调查第一次世界大战期间发生的间谍活动和破坏活动任务。海军犯罪调查局的人员由军官构成，但在第二次世界大战后，其人员结构发生了变化，文职人员成为海军犯罪调查局的中流砥柱。这种文职人员的影响在1992年成立最新的海军犯罪调查局组织机构，赋予文职人员总监通过海军总顾问向海军部长进行报告的职责时表现得最为明显。[35]

海军犯罪调查局的网站 www.ncis.navy.mil/ 提供的资源包括：海军犯罪调查局开展的犯罪调查和一般犯罪调查活动的相关描述、禁毒计划、经济犯罪、铁证悬案（对搁置、未破的杀人案进行调查)、犯罪情报和机构技术服务活动，如法医学、隐形相机、摄影、装甲车辆、警察通信和测谎仪检查等服务和活动。[36] 此外，该网站还提供了海军犯罪调查局领导的履历信息、个人电脑保护手册、可跳转到总部和外地办事处网站的链接、海军犯罪调查局忠诚调查裁定过程、失踪海军人员和在逃海军人员的照片与履历信息、炭疽处理指南，以及海军犯罪调查局内部事业信息等。

国家地理空间情报局

2003 年 11 月 24 日，在《2004 财年国防授权法》签署生效时，国家地理空间情报局（National Geospatial-Intelligence Agency，缩写为 NGA）成立。其前身为成立于 1972 年的国防测绘局（Defense Mapping Agency，缩写为 DMA），是一个有军事历史的机构。1996 年，国防测绘局更名为国家图像和测绘局（National Imagery and Mapping Agency，缩写为 NIMA）。[37] 国家地理空间情报局的任务是，准确及时地提供相关的地理空间情报，支持白宫、国会、军事指挥官、执法人员和民间领袖，以保护美国的国家安全。[38]

国家地理空间情报局、国家图像和测绘局与国防测绘局的出版物，包括地图、地图册和图表，多个联邦政府托管图书馆中均可找到。这些出版物包括：《数字化未来》（*Digitizing the Future*，1990 年）、《军用规范：有坐标格网机场照片》（*Military Specifications: Gridded Airfield Photographs*，1994 年）、《照片解读入门手册》（*Photo Interpretation Student Handbook*，1996 年）、《海上战术数据的性能说明——O 级》（*Performance Specification Tactical Ocean Data—Level O*，1998 年）和《数字地形数据的性能说明》（*Performance Specification Digital Topographic Data*，1999 年）。

网站 www.nima.mil/ 提供了国家图像和测绘局开展的活动信息，以及可跳转到机构出版物的一些网址链接。国家图像和测绘局 2002 年战略规划文件表明，图像、图像情报和地理空间数据在制图、情报搜集搜集和分析过程中的重要性日益突出。[39]

国家安全局

国家安全局（National Security Agency，缩写为 NSA），成立于 1952 年，是美国主要的密码组织。国家安全局的任务是，向美国国家安全方面的决策者和作战人员提供从密码破解过程中搜集到的情报信息，并保护美国的信号和信息系统不被美国的敌人利用。[40]

虽然国家安全局高度敏感的工作性质决定了要严禁对外公布保密信息，然而，近年来，国家安全局向公众公布的信息量却在不断增加。其中公布的信息包括：《外部团队报告：对国家安全局局长的管理评审》（*External Team Report: A Management Review for the Director NSA*，1999 年）、《新企业团队的建议：局长的工作计划变动》[*New Enterprise Team*（*NETeam*）*Recommendations: The Director's Work Plan for Change*，1999 年]。很多出版物从国家安全局的网站 www.nsa.gov/ 上均可获取。

更重要的是，最近还发布了一些关于国家安全局和美国政府密码机构前身的历史发展背景资料。《开门》（*OpenDoor*）——国家安全局的解密方案，解密了一些涉密资料。这些信息可在国家档案和记录管全理局获取，也能在国家安全局网站 www.nsa.gov/programs/opendoor/ 上找到。此外，该网站还包含有国家安全局及其前身开展的各种活动的文件与图片。

国家安全局发布了一部论文集——《维诺那计划》（*Project Venona*），详细描述了国家安全局在第二次世界大战期间和之后追踪苏联在美国的间谍的过程。41《专题论文 2：纽约—莫斯科克格勃[1]信息（1942—1943）》（*Monograph #2: The 1942–43 New York-Moscow KGB Messages*，1995 年）就是《维诺那计划》论文集中的一篇文章，登录国家安全局的网站，即可查看该文章。

此外，该网站还举办了朝鲜战争中美国密码情报和信号情报行动纪念活动。纪念活动代表性的出版物有：《国家安全局举办的 1950—1953 年朝鲜战争纪念活动》（*NSA Korean War 1950–1953 Commemoration*，2000 年）、《朝鲜战争：信号情报的背景》（*The Korean War: The SIGINT Background*，2000 年）和《数字革命的开端：第二次世界大战中 SIGSALY 安全数字语音通信》（*The Start of the Digital Revolution: SIGSALY Secure Digital Voice Communications in World War II*，未注明出版日期）。

有关古巴导弹危机的信息，详见国家安全局的网站。国家安全局现在发布的其他有用的公开资料都与信息安全和计算机系统计划安全措施有关。

---

[1] 编注：克格勃（俄文 Комитет Государственной Безопасности，缩写为 КГБ），是此三个俄文字母的简写，即苏联国家安全委员会，是 1954 年 3 月 13 日至 1991 年 11 月 6 日期间苏联的情报机构。克格勃的职权领域大致与美国的中央情报局和联邦调查局的反间谍部门相当。冷战期间，克格勃的职能过大，涉及国内所有领域，凌驾于苏联党和政府之上。

国家反情报执行局

国家反情报委员会（National Counterintelligence Council，缩写为 NACIC），是依据总统决策指令 /NSC–24 号文件在 1994 年成立的。该委员会由来自各个联邦部门和机构的反情报专家和安全专家组成，通过与政府部门和私营部门合作，编写了与外国情报机构关注的美国工业与技术秘密有关的情报和开源报告。国家反情报委员会设计的一些方法对美国商业秘密安全起到了保护作用，保护美国商业人员不会受到威胁。[42]

2001 年，国家反情报委员会根据第 75 号总统决策指令进行了重组，将名字变更为国家反情报执行局（National Counterintelligence Executive，缩写为 NCIX）。这项决策指令规定，国家反情报执行局必须向美国政府提供决策领导力，这样才能加强美国的反情报能力，制定出具有连续性的计划和政策。

> 国家反情报执行局通过识别国家最关键的资产（有形和无形资产）、进行反情报策略分析、开展国家威胁评估、制定国家反情报策略、做好反情报综合预算和计划审核与评估安排等方式实现上述目标。采用这些方法需要与决策者和私营部门进行直接交流，采纳新的理念，加强情报部门、执法部门、安全部门和反情报部门之间的合作、协调与沟通。[43]

国家反情报执行局的网站 www.ncix.gov 提供了一些公开的资源，通过国家反情报委员会的网站 www.nacic.gov 也可查看这些信息资源。国家反情报执行局的网站还列举了一些最新的四维企业股份有限公司庭审信息，该公司被指控密谋偷窃商业秘密，此案件是依据《1996 年经济间谍法》审理的第一个案件。

国家反情报执行局的网站上公布了《向国会提交的外资经济搜集和工业间谍年度报告》（*Annual Report to Congress on Foreign Economic Collection and Industrial Espionage*，1995—2003 年）、外国商业秘密情报搜集及如何应对这些活动的警示手册、其他反外国工业间谍情报资源和《内部叛徒：保护贸易行业的机密》（*Insider Betrayal: Protecting Trade Industry Secrets*）视频订购信息。

国家侦察局

国家侦察局（National Reconnaissance Office，缩写为NRO），负责美国情报机构的卫星监听和军事行动。国家侦察局始建于1961年。[44]但是，直到1992年9月18日，国防部副部长按照中央情报总监的建议对外公布国家侦察局的存在，国家侦察局才为公众所知。[45]

国家侦察局的任务是，确保美国有一定的技术和星载资产（Space-borne asset），以维护它在全球信息方面的优势。国家侦察局一直在通过研发、购买和运行国家情报卫星来实现这项任务。国家侦察局搜集的情报支持了提示与警告、军控协议和军事演习监控、自然灾害或其他环境事故追踪等功能。[46]

虽然国家侦察局高度敏感的工作性质决定了要严禁对外公布保密信息，但是近年来，重大的国家侦察局运营历史资料已被解密。例如，1995年2月22日，比尔·克林顿总统颁布了一项总统令，允许国家侦察局公开发行“科罗纳计划”中的卫星1960年8月至1972年5月拍摄到的图片。[47]在该总统令生效的18个月内，这些图片被传送给了国家档案和记录管理局与美国地质调查局。[48]登录国家侦察局的网站www.nro.gov可以查看“科罗纳计划”的一些图片，包括1962年卫星拍摄的苏联洲际弹道导弹发射计划的照片、1967年拍摄的车里雅宾斯克苏联核弹发射基地照片，以及在核武器试验4天后拍摄的中国罗布泊核武试验场图片。

此外，国家侦察局的网站还提供了国家侦察局局长的照片和履历、关于“科罗纳计划”的视频和音频剪辑信息（采用Windows媒体软件）、国家侦察局最新发展的结果公告、1995年至今一些相关的新闻稿、国家侦察局局长在专业组织和国会委员会听证会开场陈述前所做的演讲，以及由加州范登堡空军基地提供的1996年国家侦察局发射卫星的视频。国家侦察局刊登《信息自由法》的网页上注明了申请国家侦察局《信息自由法》记录的个人名单和申请使用这些记录用途。

美国能源部情报局

美国能源部（DOE）主要负责管理美国核武器库，下设三个机构：情报办公室、反情报办公室和安全办公室，这三个机构负责开展情报和反情报工作。

情报办公室，通过充分利用联邦情报资源，旨在支持全球核武器的研发、防扩散、核能和其他形式能源的生产与消费等信息搜集工作。反情报办公室，负责制定并实施反情报计划，以识别、抵消并制止针对美国能源部计划、人员、设施、技术和涉密或敏感信息的外国政府或工业情报活动。1998 年，随着第 61 号总统决策指令的出台，这两个机构进行了重组。[49] 由于这两个机构都没有可公开访问的网站，所以它们的出版物非常少。[50]

安全办公室，负责管理华盛顿地区美国能源部设施的安全运行；制定政策，保护国家安全和委托给美国能源部的其他重要资产；与联邦、州、地方执法机构保持直接沟通，解读国内威胁信息；确保美国能源部信息的安全，确保安全人员经过适当的培训；制定政策和程序，以为外国人访问以及分配到美国能源部实验室和基地提供指南；确保美国能源部总部编制的所有文件经过适当分析后能够反映出它们包含的印刷信息分类。[51]

安全办公室的职责由其下设的各个机构执行，包括：安全政策设计办公室；总部安全运营办公室；外国来访、分配和旅行办公室、涉密信息和受控信息审查办公室。钚和特殊材料库存办公室，则负责根据国内库存和转移到外国库存的特殊控制和核算程序，让美国能源部的资料保持最新、可靠和完整。[52]

安全办公室的网站 www.so.doe.gov/ 上的内容包含该办公室开展的行动和活动的信息，并列举了美国能源部安全政策等相关的监管文件，如《美国法典》（*United States Code*）第 29 章注明的《员工测谎保护》（*Employee Polygraph Protection*，1994 年）；《1974 年隐私法》，该法案描述了联邦机构员工的个人隐私权；第 12968 号总统令《访问机密信息》（*Access to Classified Information*，1995 年）；第 12958 号总统令《国家安全机密信息》（*Classified National Security Information*，1995 年）；摘自 1999 年 12 月 17 日《联邦公报》（*Federal Register*）中的美国能源部《测谎仪检测条例》（*Polygraph Examination Regulation*）。除此之外，该网站还提供了最新的《联邦公报》公告——关于访问机密信息或特殊核武材料的资质条件、安全办公室主任约瑟夫 · 马哈雷（Joseph Mahaley）就美国能源部应对 2001 年 12 月 5 日恐怖威胁事件所做的开庭陈述和众议院预算委员会听证会的公告。

国务院情报研究局

国务院情报研究局（Department of State Bureau of Intelligence and Research），负责协调美国情报机构的活动，确保美国情报机构的海外行动符合美国的外交政策目标和利益。国务院情报研究局会组织召开情报决策者主题研讨会，密切注视并分析外国公众和媒体的意见。[53] 除了上述职责外，国务院情报研究局还分析地理边界和国际边界问题。[54]

国务院情报研究局的网站 www.state.gov/s/inr/ 上公开的资源包括，专供 12 年级的学生学习国际地理问题的“地理学习网站”；《非洲武装与冲突》（*Arms and Conflict in Africa*，2001 年）；《1983 年苏联 – 东欧研究和培训法案》中规定的第 7 章酌情补助金项目信息，该项目旨在学习俄罗斯、欧亚大陆、中东欧等先进研究、语言和研究培训等专业知识；2001—2003 财年第 7 章补助金受益人名单。

运输部情报安全局

《1990 年航空安全法》规定，在运输部（DOT）内部成立情报安全局（Office of Intelligence and Security，缩写为 OIS）。[55] 运输部情报安全局的职责是，向负责国内和国际情报与安全事宜的运输部长提供建议、协调制定并实施长期的战略计划，因为这些计划会影响货物和旅行者的安全，并充当运输部主要的情报和安全政策部门。[56]

网站 www.dot.gov/ost/ois/ 提供了情报安全局的一些任务信息、可跳转到美国政府和私营部门运输安全组织网站的链接、研发部与情报安全局的战略计划汇总，以及可跳转到联邦航空管理技术中心的链接、“文件 / 产品库”（截至 2002 年 4 月正处于开发中），以及可跳转到 2002 年 6 月国家货物安全委员会会议信息的网页链接。

国家网络安全办公室

为了响应总统委员会就关键基础建设保护提出的意见，1998 年 2 月 26

日，司法部和联邦调查局（FBI）联合成立了国家基础设施保护中心（National Infrastructure Protection Center，缩写为 NIPC）。国家基础设施保护中心的成立深受处理非法入侵的政府部门和私营部门计算机系统经验的影响。[57] 2003 年 6 月 6 日，基础设施保护中心与国土安全部信息分析和基础建设保护理事会合并为国家网络安全办公室（National Cyber Security Division，缩写为 NCSD）。[58]

国家网络安全办公室和其前身一样，也是由政府部门和私营部门合并而来的，其成员来自联邦、州、政府部门。国家网络安全办公室作为联邦政府中央机构具有评价和应对威胁或保护国家重点基础设施，如电信、能源、银行金融、水系统、政府运营和应急机构等不会遭到攻击等职能。[59]1998 年 5 月 22 日，第 62 号和第 63 号总统令的颁布解决了该机构的授权问题。第 62 号总统令强调，美国面临的网络恐怖主义、化学、放射性武器和生化武器等非常规安全问题日益突出。鉴于此，国家网络安全办公室一直在开发一种系统方法，来解决这些问题。第 63 号总统令强调，要保护美国的关键基础设施，保护它们不受到外国政府、国内外恐怖组织、国内外犯罪组织的实体攻击和网络攻击。[60]

在国家网络安全办公室的网站 www.nipc.gov/ 上可以查看大量的信息资源。还可下载以下出版物：《电子支票》（*Cybernotes*），有关病毒和漏洞等计算机安全问题的双月简报（1999 年至今）；《聚焦》（*Highlights*）；决策者对 2001—2002 年计算机网络安全问题的看法等月报；《信息公报》（*Information Bulletins*，2002 年）中“在墨西哥发现的被劫持氰化钠运输牵引式挂车和丢失的货物”、“恐怖袭击汽车装运炸弹的识别标志”等文章。2001 年和其他年份在国家网络安全办公室网站上公布的计算机安全问题评论文章有：《各版本微软 IE 浏览器的多重漏洞》（*Multiple Vulnerabilities in Microsoft Internet Explorer—All Versions*）、《红色代码提示和分类》（*Code Red Reminder and Clarification*）和《安娜·库尔尼科娃病毒，即“VBS/SST”VBS 病毒》（*Anna Kournikova Also Known as “VBS/SST” VBS Virus*）。2002 年公布的计算机安全建议包括：《最新的通用即插即用漏洞》（*Update Universal Plug and Play Vulnerabilities*）、《微软互联网信息服务多重远程漏洞》[*Multiple Remote Vulnerabilities in Microsoft’s Internet Information Services*（*IIS*）]、《每日报告》（*Daily Reports*，2003 年至今），《家庭用户的持续威胁》（*Continuing Threats to Home Users*，2004 年）和《Microsoft Outlook 2002 漏洞》（*Vulnerability in Microsoft Outlook 2002*，2004 年）。

此外，该网站还包含有其他资料，包括：国家基础设施保护中心和电气工业的资源共享活动；关于计算机安全法规的信息和文本；机构活动的相关新闻稿；一般安全指南，如《信任但要核查：使用电子邮件通信指南》（*Trust But Verify: A Guide to Using E-mail Correspondence*，2001 年）、《反恐战争网络抗议活动》（*Cyber Protests Related to the War on Terrorism: The Current Threat*，2001 年）、《口令保护 101 招》（*Password Protection 101*，2001 年）和《网络抗议活动：对美国信息基础设施的威胁》（*Cyber Protests: The Threat to the U.S. Information Infrastructure*，2001 年）；主要计算机犯罪调查和“我爱你”病毒制造者、“黑手党男孩”，以及布莱恩 · 韦斯特（Brian West）等罪犯信息。点击与政府部门和私营部门计算机和网络安全资源相关链接，可下载计算机或网络安全袭击等事故的报告单。

总统外国情报顾问委员会

1956 年，德怀特 · 艾森豪威尔总统颁布了第 10656 号总统令，宣布成立负责外国情报活动的总统顾问委员会（President's Board of Consultants on Foreign Intelligence Activities）。[61] 在肯尼迪执政期间，该部门更名为总统外国情报顾问委员会（PFIAB），自此以后开始为所有总统服务，但吉米 · 卡特除外。该部门现有 16 名成员，他们都来自非政府部门。[62]

总统外国情报顾问委员会负责向总统提供专业、客观的美国对外情报活动意见。总统外国情报顾问委员会的成员与情报决策者在其下属的情报监督委员会中会晤、接受重要简报、参观情报设施。[63] 总统外国情报顾问委员会一直在不断地努力寻找情报搜集、分析和汇报过程中存在的不足；避免不必要的职能重复；确保重大计划与决策者的需求相符合，且情报技术为最高水平。[64]

虽然总统外国情报顾问委员会高度敏感的工作性质决定了要对外保密，但是，1999 年，总统外国情报顾问委员会却对外公开了《科学之利，安全之弊环境：美国能源部就安全问题的报告》（*Science at Its Best*, *Security at Its Worst: A Report on Security Problems at the U.S. Department of Energy*）。其现在的网站 www.whitehouse.gov/pfiab/ 也提供了总统外国情报顾问委员会所有主席的背景资料和名单。此外，该网站还列出了以总统外国情报顾问委员会主席兼前参议员沃伦 · 罗德曼（Warren B. Rudman，新罕布什尔州共和党，1890—1993 年）命名的《罗德曼报告》和报告附录，这些资料从联邦政府托管图书馆中也能找到。存档的电子版《罗德曼报告》和报告附录还可以从克林顿总统资料项目网站 http: //clinton1.nara.gov/WH/EOP/pfiab/pfiab_report.pdf 和 http: //clinton2.nara.gov/WH/EOP/ pfiab/appendix.pdf 上下载。

注 释

1. PL 80-253, "To Promote the National Security by Providing for a Secretary of Defense; for a National Military Establishment; for a Department of the Army, a Department of the Navy, and a Department of the Air Force; and for the Coordination of the Activities of the National Military Establishment with Other Departments, and Agencies of the Government Concerned with the National Security," 61 *U.S. Statutes at Large,* 495–499.
2. U.S. Department of State, *Foreign Relations of the United States, 1945–1950: Emergence of the Intelligence Establishment,* C. Thomas Thorne Jr., David S. Patterson, and Glenn W. LaFantasie, eds. (Washington, D.C.: Government Printing Office, 1996), 545. This volume provides valuable documentary coverage on the origins of the Central Intelligence Agency (CIA) and the modern intelligence community.
3. 有关中央情报局起源和发展实质性、可靠性评价举例，参见 John Ranelagh, *The Agency: The Rise and Decline of the CIA from Wild Bill Donovan to William Casey* (New York: Simon and Schuster, 1986); Arthur B. Darling, *The Central Intelligence Agency: An Instrument of Government to 1950* (University Park: Pennsylvania State University Press, 1990); Loch Johnson, *America's Secret Power: The CIA in a Democratic Society* (New York: Oxford University Press, 1989); and David F. Rudgers, *Creating the Secret State: The Origins of the Central Intelligence Agency, 1943–1947* (Lawrence: University Press of Kansas, 2000)。
4. 有关这些发展报道，参见 Christopher Andrew, *For the President's Eyes Only: Secret Intelligence and the American Presidency from Washington to Bush* (New York: Harper-Collins, 1995), 535。有关分析员如何看待大量情报解密的重要评价，参见 Thomas Patrick Carroll, "The Case against Intelligence Openness," *International Journal of Intelligence and Counterintelligence,* 14 (4) (2001): 559–574。
5. U.S. Central Intelligence Agency, Directorate of Intelligence, "About The DI: Organization" (n.d.), 1 (www.odci.gov/cia/di/mission_section.html), accessed November 5, 2003.
6. U.S. Central Intelligence Agency, "Directorate of Intelligence Organizational Components" (n.d.), 1 (www.odci.gov/cia/di/org/_chart_section.html), accessed November 5, 2003.
7. U.S. Central Intelligence Agency, Directorate of Science and Technology, "Who Are We?" (2002), 1 (www.odci.gov/cia/dst/about.html), accessed November 5, 2003.
8. Jeffrey T. Richelson, *The Wizards of Langley: Inside the CIA's Directorate of Science and Technology* (Boulder, Colo.:Westview Press, 2001): 293.
9. U.S. Central Intelligence Agency, Center for the Study of Intelligence, "About CSI" (n.d.), 1 (www.odci.gov/csi/about.html), accessed November 5, 2003.
10. U.S. Central Intelligence Agency, National Intelligence Council, "Research Supported by the NIC" (n.d.), 1 (www.odci.gov/nic/NIC_researchsupported.htm), accessed March 23, 2004.
11. Robert B.Matchette and others, comp., *Guide to Federal Records in the National Archives of the*

United States, Vol. II: *Record Groups 171–515* (Washington, D.C.: National Archives and Records Administration, 1995), 262–1.

12. U.S. Defense Intelligence Agency, "DIA History: 40 Years of History" (2002), 1 (www.dia .mil/History/40years/intro.html), accessed November 5, 2003.
13. U.S. Defense Intelligence Agency, "DIA History."
14. "United States Intelligence Activities," *Federal Register,* 46 (December 8, 1981), 59947.
15. U.S. Air Intelligence Agency, "History Retrospective: 1940s" (2002), 1 (http://aia.lackland.af.mil/homepages/ho/40s-2.cfm), accessed November 6, 2003. 有关其他历史背景，参见 Dennis F. Casey and Gabriel G.Marshall, *USAFSS to AIA: A Brief History of the Air Intelligence Agency and Its Predecessor Organizations* (San Antonio, Texas: Air Intelligence Agency History Office, 2000)。
16. U.S. Air Intelligence Agency, "History Retrospective 1990s (2002), 3 (http://aia.lackland .af.mil/homepage/ho/90s-2.cfm), accessed November 6, 2003.
17. U.S. Air Intelligence Agency, "Mission and Vision" (2002), 1 (http://aia.lackland.af.mil/homepages/pa/missionvision.cfm), accessed November 6, 2003.
18. U.S. Air Intelligence Agency, "About AIA Fact Sheet" (2001), 1–3 (http://aia.lackland.af.mil/homepages/pa/fact_sheets/aiafact.cfm), accessed November 6, 2003.
19. U.S. Air Intelligence Agency, "About AIA Fact Sheet," 1–2.
20. U.S. Air Intelligence Agency, "About AIA Fact Sheet," 2–3.
21. John Patrick Finnegan,*Military Intelligence* (Washington, D.C.: Center of Military History United States Army, 1998), 7.
22. Finnegan,*Military Intelligence,* foreword.
23. Finnegan,*Military Intelligence,* 161.
24. U.S. Army Intelligence and Security Command, "INSCOM Mission" (2003), 1 (www.inscom.army.mil/mission.asp), accessed November 6, 2003.
25. U.S. Army Intelligence and Security Command, "INSCOM Mission."
26. U.S. Army Department, Deputy Chief of Staff G-2, "G-2 Vision and Mission" (n.d.), 1 (www.dami.army.pentagon.mil/vision-mission.asp), accessed November 6, 2003.
27. U.S.Marine Corps, "All Marine Messages (ALMAR) 021/00" (2000) (www.usmc.mil/almars/almar2000.nsf), accessed November 6, 2003.
28. U.S.Marine Corps Intelligence Department, "Mission and Functions" (n.d.), 1 (http://hqinet001.hqmc.usmc.mil/DirInt/mission.html), accessed November 6, 2003.
29. U.S.Marine Corps Intelligence Department, "Organization" (n.d), 1 (http://hqinet001.hqmc.usmc.mil/DirInt/organizational_chart.html), accessed November 6, 2003.
30. U.S.Marine Corps Intelligence Department, "Organization."
31. Wyman H. Packard, *A Century of U.S. Naval Intelligence* (Washington, D.C.: Department of the Navy, Office of Naval Intelligence and Naval Historical Center, 1996), 2, 9.
32. Packard, *A Century of U.S. Naval Intelligence.* 3. For a contemporary synopsis of the Office of Naval Intelligence's mission and activities, see Office of Naval Intelligence, "Our Mission" (n. d.), 1–2 (www.nmic.navy.mil/mission.htm), accessed November 6, 2003.
33. Office of Naval Intelligence, "Our History" (n.d.), 3–4 (www.nmic.navy.mil/history.htm),accessed November 6, 2003.
34. 参见 U.S. Naval Criminal Investigative Service, "About NCIS" (n.d.), 1 (www.ncis.navy.mil/aboutNCIS.html), accessed November 6, 2003; and *U.S. Government Manual, 2001–2002*(Washington, D.C.: National Archives and Records Administration, 2001), 186。

35. U.S. Naval Criminal Investigative Service, "NCIS History" (n.d.), 1–3 (www.ncis.navy.mil/aboutNCIS/history.html), accessed November 6, 2003.
36. U.S. Naval Criminal Investigative Service, "General Crimes" (2003), 1–2 (www.ncis.navy.mil/activities/GenCrim/GenCrim.html), accessed November 6, 2003.
37. 参见 National Geospatial Intelligence Agency, "NGA History" (n.d.), 1–2 (www.nga.mil/StaticFiles/OCR/nga_history.pdf), accessed April 15, 2004; and PL 104-201, "To Authorize Appropriations for Fiscal Year 1997 for Military Activities of the Department of Defense, for Military Construction, and for Defense Activities of the Department of Energy, to Prescribe Personnel Strengths for Such Fiscal Year for the Armed Forces, and for Other Purposes," 110 *U.S. Statutes at Large,* 2421, 2678–2688. For Defense Mapping Agency (DMA) statutory codification,see 10 U.S.C. 2791; 有关国防测绘局 1972 年授权，参见 Donna Batten, ed., *Guide to U.S. Government Publications* (Farmington Hills,Mich.: Gale Group, 2000), 228. For information on National Imagery and Mapping Agency and DMA publications, see Joe Morehead, *Introduction to United States Government Information Sources,* 6th ed。 (Englewood, Colo.: Libraries Unlimited, 1999), 410–411。有关国家图像和测绘局与国防测绘局刊物信息，参见 Mary Lynette Larsgaard,*Map Librarianship: An Introduction,* 3rd ed. (Englewood, Colo.: Libraries Unlimited, 1998)。
38. U.S. National Imagery and Mapping Agency, "NIMA Statement of Strategic Intent January 2002" (2002), I–ii. (www.nima.mil/ast/fm/aca/strategicintent.pdf), accessed November 5, 2003.
39. U.S. National Imagery and Mapping Agency, "NIMA Statement of Strategic Intent January 2002," ii.
40. 参见 *U.S. Government Manual,* 200–201. For statutory information on the National Security Agency (NSA), see PL 86-36, "To Provide Certain Administrative Authorities for the National Security Agency, and for Other Purposes," 73 *U.S. Statutes at Large,* 63–64. For a historical portrait of the NSA, see James Bamford, *Body of Secrets: Anatomy of the Ultra-Secret National Security Agency from the Cold War through the Dawn of a New Century* (New York: Doubleday, 2001)。
41. 有关《维诺那计划》历史意义和实践意义汇总与分析，详见 John Earl Haynes and Harvey Klehr, *Venona: Decoding Soviet Espionage in America* (New Haven, Conn.: Yale University Press, 1999)。
42. U.S. Counterintelligence Executive, "What Is the NACIC" (1995), 2–3 (www.ncix.gov/ nacic/news/1995/nov95.htm), accessed November 6, 2003.
43. U.S. Counterintelligence Executive, "About NCIX" (2001), 1 (www.nacic.gov/info/ about.html), accessed November 6, 2003.
44. 有关国家侦察局历史背景（NRO），详见 Dwayne A. Day, John M. Logsdon, and Brian Latell, eds. *Eye in the Sky: The Story of the Corona Spy Satellites* (Washington, D.C.: Smithsonian Institution Press, 1998), 147; and Jeffrey T. Richelson, "Undercover in Outer Space: The Creation and Evolution of the National Reconnaissance Office, 1960–1963," *International Journal of Intelligence and Counterintelligence,* 13 (3) (2000): 301–344。
45. U.S. National Reconnaissance Office, "Who We Are" (n.d.), 1 (www.nro.gov/index1.html), accessed November 6, 2003. 有关国家侦察局历史背景信息，参见 U.S. National Commission for the Review of the National Reconnaissance Office, *Report of the National Commission for the Review of the National Reconnaissance Office* (Washington, D.C.: National Reconnaissance Commission, 2000), 115–120。
46. U.S. National Reconnaissance Office, "Who We Are" (n.d.), 1 (www.nro.gov/index1.html), accessed March 23, 2004.
47. "Executive Order 12951: Release of Imagery Acquired by Space-Based National Intelligence Reconnaissance Systems," *Federal Register* 60, no. 39 (February 28, 1995), 10789–10790.

48. “Release of Imagery Acquired by Space-Based National Intelligence Reconnaissance Systems.” 有关“科罗纳（Corona）计划”历史概览信息，详见 Kevin C. Ruffner, ed., *Eye in the Sky: The Story of the Corona Spy Satellites* (Washington, D.C.: Central Intelligence Agency, Center for the Study of Intelligence, 1995); and Kevin C. Ruffner, ed., *Corona: America's First Satellite Program* (Washington, D.C.: Central Intelligence Agency, Center for the Study of Intelligence, 1995)。
49. 有关解密的指令文件，参见 U.S. Department of Energy, Office of Security, “Counterintelligence Capabilities” (1998), 1–2 (www.so.doe.gov/documents/pdd61.pdf), accessed November 6, 2003。
50. *U.S. Government Manual,* 215.
51. U.S. Department of Energy, Office of Security, “About the Office of Security” (n.d.), 1–2 (www.so.doe.gov/index.cfm?fuseaction=home.aboutSO), accessed November 6, 2003.
52. 有关安全办组织结构图，详见 U.S. Department of Energy, Office of Security, “Programs” (n.d.), 1 (www.so.doe.gov/index.cfm?fuseaction= home.programs), accessed November 6, 2003。参见 U.S. Department of Energy, Office of Security, “Office of Plutonium, Uranium, and Special Materials Inventory (SO-62)” (n.d.), 1 (www.so.doe.gov/index.cfm?fuseaction=home.SO62), accessed November 6, 2003。
53. *U.S. Government Manual,* 297.
54. U.S. Department of State, “Bureau of Intelligence and Research” (n.d.), 1 (www.state.gov/s/inr), accessed November 6, 2003.
55. PL 101-604, “An Act to Promote and Strengthen Aviation Security, and for Other Purposes,” 104 *U.S. Statutes at Large,* 3066–3068.
56. *U.S. Government Manual,* 311, 313.
57. U.S. Federal Bureau of Investigation, “History of the FBI: The Rise of a Wired World (1993–2001),” 2 (www.fbi.gov/libref/historic/history/wiredworld.htm), accessed November 6, 2003.
58. U.S. Computer Emergency Readiness Team, “Ridge Creates New Division to Combat Cyber Threats” (2003), 1–2 (www.us-cert.gov/press_room/ncsd-announced.html), accessed March 22, 2004.
59. U.S. Federal Bureau of Investigation, “Congressional Statement before the Senate Judiciary Subcommittee on Technology, Terrorism, and Government Information, June 10, 1998” (1998), 1–7 (www.fbi.gov/congress/congress98/vatis0610.htm), accessed November 6, 2003.
60. U.S. Federal Bureau of Investigation, “Congressional Statement before the Senate Judiciary Subcommittee on Technology, Terrorism, and Government Information.”
61. “Executive Order 10656: Establishing the President's Board of Consultants on Foreign Intelligence Activities,” *Federal Register,* 21, no. 26 (February 8, 1956), 859.
62. President's Foreign Intelligence Advisory Board (PFIAB), “President's Foreign Intelligence Advisory Board” (2001), 1–2 (www.whitehouse.gov/pfiab/), accessed November 6, 2003. 有关总统外国情报顾问委员会所有主席名单，参见 President's Foreign Intelligence Advisory Board, “PFIAB Chairpersons” (n.d.), 1 (www.whitehouse.gov/pfiab/chairpersons.html), accessed November 6, 2003。
63. President's Foreign Intelligence Advisory Board, “President's Foreign Intelligence Advisory Board,” 1–2. 有关总统情报监督委员会成立信息和指令，参见 “Executive Order 12334: President's Intelligence Oversight Board,” *Federal Register,* 46, no. 235 (December 8, 1981), 59955–59956。
64. President's Foreign Intelligence Advisory Board, “President's Foreign Intelligence Advisory Board,” 1–2.

[第7章]

国会与国会支持机构

根据宪法规定，行政部门、政府机构的工作必须获得国会的批准和资助。这些机构包括：国防部等行政部门、防御核设施安全委员会等独立机构、中央情报局等情报机构，这些机构是国家安全政策信息的主要制造者。[1]鉴于这个原因，一个人要想完全理解影响美国国家安全政策制定的因素，必须先理解并使用美国国会及其支持机构提供的资料。众议院和参议院的各个成员、国会委员会和工作小组、国会支持机构，如美国国会图书馆国会研究服务部（CRS）等，都是国家安全政策信息的制造者和其他公共政策问题的提出者。

国会议案和决议案

在每届国会会议上（两年召开一次），众议员和参议员都会提出数以千计的议案和无数个决议案，这些议案和决议案涉及各个领域的主题。议案和联合决议案具有法律效力，需要获得总统的批准。共同决议案和普通决议案不具有法律效力，无需总统批准。大多数议案和决议案都是在国会最后即将休会时提出的，没有完整的立法程序。因为在向国会提交议案和决议案并请求审批时，议员们经常会改变议案和决议案的书写语言，这样一来，立法程序中就会有不同的声音要求建立不同版本的法案。[2]直到20世纪90年代中期，当互联网资源，如“美国政府印刷办公室准入网站”（www.gpoaccess.gov/）和国会“托马斯图书馆”（Thomas，http: //thomasn.loc.gov/）变得逐渐普遍时，定位和检索不同版本的法案才越来越容易。

一项议案通常由众议院或参议院提名（是指提交议案的议院——众议院或

参议院），按照提出的顺序编号。例如，S 1534 即《2001 年国土安全法》，就是参议院在第 107 届国会会议上提出的第 1534 号议案。[3] 印刷议案的扉页上包括以下内容：国会和会议、议案编号、议案目的、提交议院、提交日期、提出议案的成员姓名、在议员席上阅读议案时的注意事项和阅读次数、使用议案做进一步参考的国会委员会等。扉页全用大写的粗体字书写，例如“A BILL”，注明议案的一般目的。第二页是议案规定，例如，《美国法典》（*United States Code*）哪章需要修改、打算划拨多少钱款、哪些刑事处罚不合法、哪个部门和机构有权实施本议案的规定、具体机构的地点、实施议案的规定需要多少人员、行政机构需向国会提交什么报告等。法案从一两段、到几百页，甚至几千页，篇幅不等。

在立法过程中，对议案所做的修改一般都是口头的，需要资金规划。网络资源，如“美国政府印刷办公室准入网站”和“托马斯图书馆”等均给出了最初使用缩略词的变化，例如（ih）表示由众议院提出，（is）表示由参议院提出。

如果一项立法被终止，但在后来的国会上又重新考虑该项立法，那么这项立法就需要被重新提出并重新编号。在联邦政府托管图书馆特定的微缩胶卷上，可以查阅以往国会议案的复件。此外，从国会法律图书馆和众参议院图书馆也可以获取这些议案的复件。[4]

国会委员会听证会

一旦提出一项议案，就必须立即将该议案提交给有相关学科立法管辖权的国会委员会或其小组委员会审核。大多数国家安全政策法案，都由众参议院军事委员会负责审核。因为国家安全政策涉及很多委员会的管辖权，所以只有负责外交关系、能源、情报和司法的委员会才能举办立法听证会。

在国会委员会的听证过程中，必须由立法支持者和反对者提出证词。听证人由其他政府部门、军事和研究机构的学科专家、学者、商界领袖或工人领袖和平民组成。大多数听证会都是对外公开的，并会通过新闻发布会或委员会的网页提前公告。

听证人负责回答委员会成员提出的问题、提交报告和其他材料，这些报告和材料将被收入委员会的听证记录。因主题性质的不同，一些委员会成员和听证人之间的审问会像委员会成员在辩论一样。大多数听证会的记录，包括几百乃至几千页，都会在几个月之内以纸质或微缩胶卷的格式存档，并存放在许多联邦政府托管图书馆之中。现登录“美国政府印刷办公室准入网站”或国会委员会的网站，就可以下载一些电子版的听证会记录。国会委员会的很多网站都提供国会成员和听证人在24小时听证会上所做的开场陈述，前提是这些电子版的开场陈述已提交给了委员会。大众卫星有线电视公司（C-SPAN）就直播过国会委员会的很多听证会，其网站www.cspan.org/还公布了一些听证会的网络直播存档。

国会对国家安全政策的监督权

国会在监督美国国家安全政策方面发挥着重要作用。美国《宪法》第一章第8节就赋予了国会提供共同防御服务、借债、宣战、为军事计划融资以及颁布法定的计划指南的权力。

国会对国家安全政策的监督权主要由众议院和参议院军事委员会（House and Senate Armed Services Committees）和其各自小组委员会执行。在这些委员中担任职务的众议员和参议员，可向委员会成员和委员会人事办公室职员请教法案编写专业知识，而这些法案会影响美国军事活动的各个方面。同时，这些议员还具有监督联邦军事计划的权力。在工作期间，委员会成员可以了解很多美国军事计划方面的实质性知识。

拨款委员会和众议院政府改革委员会等，也可赋予国会监督权，监督国家安全计划。国会支持机构［如国会预算办公室（CBO）、国会研究服务部（CRS）和美国审计总署（GAO）等］提供的资料有助于审核其他国会安全政策。

国会预算办公室的出版物会对国家安全计划的预算进行分析。国会研究服务部的出版物会对国家安全政策，如伊拉克战争中的死亡人数和个人武器系统性能等进行公正的、无偏见的分析。美国审计总署的出版物会对军事健康福利等项目的财务状况和弹道导弹承包商的绩效进行分析。

委员会成员要对从听证会上搜集到的议案信息进行审议、修改，之后再决定是否批准此项立法案（proposed legislation）。很多立法案没有通过委员会的批准，但是议案却通过了批准，并转交给了议员席，请求充分的审议。在这种情况下，委员会通常会提交一份关于审议立法案的报告。[5]

国会委员会报告

国会委员会通常会提交一些有关拟立议案的报告（Congressional Committee Reports）。但是，偶尔议会也会提交一份立法案否决报告（或者发送不予推荐的议案给议员席）。委员会报告是非常重要的文件，因为委员会成员在这些报告中明确注明了其欲通过的立法案。

国会委员会报告首先规定，由委员会主席提交报告给众参两院审议，其次指明了议案审议过程中发生的事件、议案的法律要求和违法处罚、提议的筹资水平、立法专门执行机构所在地，以及国会预算办公室所做的立法支出预算等。报告还可包括其他相关的信息，比如，关于委员会唱名表决议案的描述。

很多国会委员会报告都会一次性通过委员会成员的批准，但有些报告却遭到了众议员或参议员的反对，因为个别议员或全体议员认为这些报告不支持委员会的决策。一些报告包括委员会成员的评论，他们虽然同意报告中的大部分内容，但是却希望在评估报告意义的时候能够重点解决不同的问题。

在正常情况下，众参两院会在议员席上对各自委员会上报的议案进行审议、辩论，甚至修改立法案。如果众参两院传递的立法案版本完全相同，则此项立法案会被提交给总统签字或表决。如果两个版本有任何差异，而又无法正式达成一致，则需要召开会议讨论该立法案。

如果发生这种情况，众参两院的领导人会授权协商委员会解决这两种版本议案存在的差异。协商委员会由众议员和参议员组成，通常，协商委员会的特别成员负责汇报立法案。如果协商委员会的成员能够成功汇报立法案，他们会提交一份协商委员会报告，请求众议员和参议员的批准，得到了众议员和参议员的批准之后，立法案才会被移交给总统。如果一项立法案成为法律，协商委员会报告将被视为此项议案的授权立法文档。（因为协商委员会报告不是法律文件，所以一些法律专家和法官对其持反对意见。但也有人认为，这类报告不容忽视，否则有违法律规定。）如果失败，此项议案可能会在特殊国会会议上遭到否决。[6]

国会委员会报告，包括协商委员会提交的报告，由国会按照发布的顺序编号。例如，众议院报告 107–194 是指，众议院委员会在第 107 届国会上提交的第 194 号委员会报告。除了立法报告外，众参两院还会提交相关主题的报告，这些报告构成众参两院文件。众议院委员会负责提交国际条约草案报告。(《宪法》规定，对于由美国政府提议与国外政府或国际政府组织达成的条约，必须获得众议院通过。)

1995 年以后，登录“美国政府印刷办公室准入网站”和“托马斯图书馆”，可以在线查看国会文件和报告。在很多联邦政府托管图书馆中，也可查阅之前的文件和报告。

立法议程

委员会每年或每两年公布一次国会委员会议程，国会委员会议程描述了当年或国会会议上审议的立法案，按照编号列举了议案发起人和联合主办人。国会委员会议程还包括立法状态信息。除了国会委员会议程外，众参两院每天还会公布他们的会议议程，会议议程中会注明众参两院在每天立法会议上审议的立法案。

委员会活动报告

各个监督委员都会为每届国会发布一份立法活动报告。这份报告包含，委员会和其小组委员会成员名册、联邦计划和委员会管辖机构名单、委员会的历史背景、委员会审议的议案、提交报告依据的立法、委员会听证时间和主题，以及出席作证的听证人、联邦机构领导提名函和确认函、军事宣传活动（针对参议院监督委员会)、委员会的规章制度程序，以及委员会成员的姓名等。以下是一些报告，包括：《第 106 届国会众议院特别情报委员会活动调查报告——众议院报告 106–1054》(*Survey of Activities of the Permanent Select Committee on Intelligence*，*During the 106th Congress*，*House Report 106–1054*，2001 年）和《第 106 届国会一次会议和二次会议中美国参议院军事中心委员会活动报告——众议院报告 107–32》(*Report on the Activities of the Committee on Armed Services United States Senate 106th Congress First and Second Sessions*，*Senate*

Report 107-32，2001 年）等。

议员席辩论

自 1873 年以来，《国会记录》（*Congressional Record*）已成为美国国会议员席辩论的官方记录。与流行观点相反，《国会记录》不是逐字记录，且国会议员可在出版前编辑他们的评论。除了议员席辩论外，《国会记录》还随附立法提议和修订内容，注明委员会报告的提交时间，列出议案和决议案的联合主办人，报告提名状态，包含所有记录在案的议员席投票结果。评论增补章节注明了众议院成员在结束日常工作后所做的演讲，众议员会把这些评论填写在《国会记录》中，不另行公布。

1995 年后，登录"美国政府印刷办公室准入网站"便可查看《国会记录》，1989 年后，登录"托马斯图书馆"网站也可查看《国会记录》。很多联邦政府托管图书馆也收藏了这些出版物。美国政府印刷办公室出版了一份《国会记录》的索引，为检索众议员或参议员就某项立法案发表演讲的时间或提出立法案的时间提供了便利。商业性数据库，如律商联讯的《国会资料数据库》等也植入了《国会记录》和其他国会文件的检索功能。

国会国家安全委员会

很多国会委员会及其附属的委员会对国家安全问题和计划都有管理权。虽然众参两院的军事委员会有主要管理权，但是美国的国家安全政策的多学科性质需要其他委员会和小组委员会共同参与管理。

众议院拨款委员会

实力雄厚的众议院拨款委员会（House Appropriations Committee）成立于 1865 年，在第 108 届国会期间（2003—2005 年），该委员会由 65 名成员组成，主要负责批准所有联邦计划的开支。[7] 众议院拨款委员会下设的小组委员会，比如，国防小组委员会、能源水利开发小组委员会、对外业务和军事建设小组委员会，对国家安全问题负有监督责任。国防小组委员会下辖国防部所有军事分支机构（军事建设部除外）、国防机构、中央情报局和情报部门员工。能源水利开发小组委员会，则涉及能源部和国防部陆军工程兵团、防御核设施安全委员会、美国核能管理委员会和美国核废物技术审查委员会等诸多领域。[8]

对外业务、出口融资和相关计划附属委员会负责管理国家安全外国援助计划，比如，国务院防核武扩散、反恐和排雷计划、外国军事融资计划、国际军事教育和培训、军事援助计划和国防特殊采办基金。军事建设小组委员会，负责监督现役部队和预备役部队的军事建设、国防机构、军人家属住宅、国防部基地注销账户、北大西洋公约组织安全投资计划和其他相关计划。[9]

众议院拨款委员会出版的国家安全政策刊物有年度拨款听证会，如《2003年军事建设划拨款项：第1—5部分》（*Military Construction Appropriations for 2003: Parts 1–5*，2003年），军事力量完好性等国防主题调查报告、美国空军F–22战斗机项目、陆军主战坦克升级计划、国防部化学武器非军事化计划和国防部防御健康计划等。一些信息资源可从众议院拨款委员会的网站 www.house.gov/appropriations/ 获取。[10]

众议院军事委员会

众议院军事委员会（House Armed Services Committee）成立于1947年1月2日，该委员会由1882年成立的独立军事和海军事务委员会（separate committees on military and naval affairs）合并而来。[11] 军事委员会的管理范围包括，弹药库、堡垒和军械库；共同防御；海军石油储备的用途、存储和发展；国防部；陆海空三军；洋际交通运河；美国商船学院和州海事学院；核能军事用途；战术情报和国防部情报活动；商船舰队的国家安全问题；武装人员优惠和福利，如工资、宣传和招聘；军事机构开展的有力的科学研发活动；义务兵役制；军事分支机构的规模和构成；士兵和水手家庭情况；国防必备战略物资和重要物资；国际军备控制与裁军和军人家属教育等。[12]

众议院军事委员会在第108届国会期间（2003—2005年）由61名成员组成，下设5个小组委员会。[13] 军事设施小组委员会，负责管理军事建设、不动产交易和处理、住房保障和基地关闭等工作。军事人员小组委员会，负责管理武装力量、发挥编制人员的优势、使现役部队和预备役部队更加团结、制定人力政策、补偿和优惠政策。军事采购小组委员会，负责批准每年军事武器系统和武器装配件的采购计划和核能的军事应用。军事完好性小组委员会，负责监督年度操作与维护预算的批准过程，以及军事完好性与准备工作。军事研究和发展小组委员会，负责军事研究和发展工作。[14]

军事委员会主席任命调查小组，对多个小组委员会的活动展开调查。调查小组向军事委员会汇报。[15] 在第 107 届国会（2001—2003 年）期间，军事委员会下设 4 个调查小组：恐怖主义特别监督小组、能源部重组特别监督小组、商船小组，以及士风、福利与文艺小组（Morale，Welfare，and Recreation Panel）。[16] 众议院军事委员会的国家安全政策出版物有：《2000 财年国防授权听证会——众议院第 1401 号议案与之前获批计划的监督》（*Hearings on National Defense Authorization for Fiscal Year 2000—H.R. 1401 and Oversight of Previously Authorized Programs*，1999 年）、《美国军事基地反恐安全活动》（*Security against Terrorism on U.S.Military Bases*，2001 年）、《2001 财年能源部预算申请（防御计划）和相关事宜》[*Department of Energy Budget Request*（*Defense Programs*）*for Fiscal Year 2001 and Related Matters*，2001 年] 和《国防部炭疽疫苗免疫计划（AVIP）》（*Department of Defense Anthrax Vaccine Immunization Program*，2001 年）。很多最新的历史资源可从众议院军事委员会的网站 www.house/gov/hasc/ 找到。

众议院预算委员会

《1974 年国会预算暨截留控制法案》宣布成立众议院预算委员会（House Budget Committee），在第 108 届国会期间，该委员会由 43 名成员组成。该委员会负责采取措施，设定美国政府的预算水平、修改国会预算流程，以及关注联邦预算特殊控制协议，包括超出预算外联邦机构的特殊控制协议的签订、延期和实施。[17]

众议院预算委员会最近的国家安全政策出版物有《克林顿防御计划：井然有序还是杂乱无章？》（*Clinton Defense Plan: Shipshape or Treading Water?*，1999 年）和《2002 财年国防部的预算优先权》（*Defense Department Budget Priorities for Fiscal Year 2002*，2001 年）。该委员会制定的年度联邦预算批准报告中包括国防开支信息和国防政策计划。此外，该委员会的网站 www.house.gov/budget/ 还提供了听证会和委员会中民主党人和共和党人所做的预算信息。

众议院能源和商务委员会

众议院能源和商务委员会（House Energy and Commerce Committee），负责各类生物医学研究、消费者保护、国家能源政策制定、能源部管理、国内核能法规、电信和公共卫生等工作。[18] 众议院能源和商务委员会成立于1795年，它有极其广泛的监督权，以至于前主席约翰 · D. 丁格尔（John D. Dingell，密歇根州民主党，1981—1995年在任）曾经宣布，众议院能源和商务委员会管辖领域涉及"所有已售或易燃的可移动物品"。[19] 在第108届国会期间，该委员会由57名成员组成。能源和电力小组委员会和监督与调查小组委员会直接处理国家安全政策问题，特别是与能源部相关的问题。

能源和商务委员会及其小组委员会最近与国家安全政策听证会有关的出版物包括：《生物恐怖主义和反生物恐怖主义提案》（*Bioterrorism and Proposals to Combat Bioterrorism*，2002年）、《保护美国关键基础建设：政府的计算机系统有多安全？》（*Protecting America's Critical Infrastructure: How Secure Are Government Computer Systems?*，2001年）、《拉德曼报告：科学之利，安全之弊》（*The Rudman Report: Science at Its Best*，*Security at Its Worst*，1999年）和《网络上公布的化学"终极"警戒帖子：恐怖分子路线图》（*Internet Posting of Chemical "Worst Case" Scenarios: A Roadmap for Terrorists*，1999年）等。登录众议院能源和商务委员会的网站 http: //energycommerce.house.gov/ 可以下载一些资源。

众议院政府改革委员会

众议院政府改革委员会（House Government Reform Committee）始建于1816年。[20] 之后，也就是1927年，负责美国政府部门开支的11个委员会合并到一起，组成了现在的众议院政府改革委员会。[21] 该委员会有44名成员，负责监督联邦公务员；哥伦比亚特区的管理；政府运作和活动的总体经济、效率和管理；公共信息和记录；联邦—州—地方政府之间的关系；行政分支机构的重组等事宜。[22]

国家安全、退伍军人事务与国际关系小组委员会，以及技术与采购政策小组委员会是国家安全政策信息的主要制定者。它们的管辖范围包括国内外反恐工作。国家安全小组委员会最近与听证会有关的出版物包括：《反恐：威胁评估、风险管理、确定优先性》（*Combatting Terrorism: Assessing Threats*，*Risk Management*，*and Establishing Priorities*，2001 年）、《F–22 成本控制：能否节约产品成本？》（*F-22 Cost Controls: Will Product Cost Savings Materialize?*，2001 年）、《国家导弹防御：检测失败和技术开发》（*National Missile Defense: Test Failures and Technology Development*，2001 年）和《炭疽疫苗不良反应》（*Anthrax Vaccine Adverse Reactions*，2000 年）等。技术和采购政策小组委员会最近与国家安全问题听证会相关的出版物包括：《帮助联邦机构实现其国土安全任务：私营部门政策如何应用到公共部门问题中》（*Helping Federal Agencies Meet Their Homeland Security Missions: How Private Sector Policies Can Be Applied to Public Sector Problems*，2002 年）和《反生物恐怖活动：为什么地方—州—联邦政府之间及时共享信息对保护公共卫生至关重要？》（*Battling Bioterrorism: Why Timely Information-Sharing between Local*，*State*，*and Federal Governments Is the Key to Protecting Public Health*，2002 年）等。

登录众议院政府改革委员会的网站 www.house.gov/reform，可下载听证会信息、报告和听证人的开场陈述。

众议院特别情报委员会

众议院特别情报委员会（House Permanent Select Intelligence Committee）成立于 1977 年，主要负责监督美国政府的情报活动与计划，以及与情报相关的活动与计划。这些活动与计划需进行持续性的研究，并向众议院汇报，并最终提交给众议院进行相应立法。[23] 该委员会的监督权涉及国家外交情报计划，监督范围包括中央情报局、国防部、国防情报局、国家安全局、国家侦察局、国家图像和测绘局、军事中心、国务院、财政部、能源部和联邦调查局等机构进行的相关情报活动。[24]

在第 108 届国会期间，该委员会由 20 名成员组成，下设 4 个小组委员会：反恐与国土安全小组委员会；人工情报、分析与反情报小组委员会；技术和战术情报小组委员会；情报政策与国家安全小组委员会。[25] 尽管特别情报委员会审议工作的敏感性限制了部分出版物的公开，但该委员会仍编写了重要的监督活动文件。最近召开的与听证会有关的出版物包括：《众议院第3829号情报部门告密人保护法案听证过程记录》（*Record of Proceedings on H.R. 3829, the Intelligence Community Whistleblower Protection Act*，1999年）、《国内应对恐怖袭击的准备计划和应急计划》（*Domestic Preparedness and Emergency Response to Terrorist Attacks*，2001年）、《保护国土不受非对称/非常规威胁的伤害》（*Protecting the Homeland from Asymmetric/Unconventional Threats*，2001年）等。网站http: //intelligence.house.gov/提供了众议院特别情报委员会的活动信息（2001年至今），网站www.access.gpo.gov/congress/house/house22.html上提供了第105届国会（1997—1999年）的活动信息。

众议院国际关系委员会

1775年11月29日，大陆会议的召开宣布成立一个委员会，该委员会隶属宾夕法尼亚代表本杰明·富兰克林的管辖，主要负责美国独立战争盟友的联络和通信工作。1822年，众议院正式将该委员会指定为常设委员会。[26]

众议院国际关系委员会对国务院计划和行动具有监督权力。在这广泛的管辖范围中，该委员会还担任与国外政治领导人会晤、监督维和行动等国际安全问题、解决无赖政府为寻求大规模杀伤性武器造成的安全威胁、审核常规军事力量和核武条约、处理影响外交政策行动的恐怖主义和情报问题、修改美国对外政策等责任。[27]

在参议院外交关系委员会的合作和国会图书馆国会研究机构的支持下，众议院国际关系委员会出版了《外交关系法规》（*Legislation on Foreign Relations*），该书共分为5卷，讲述了现有的外交法律、条约、行政协定和行政指令，该书在每届国会都会更新一次。[28]众议院国际关系委员会最近与听证会有关的出版物包括：《1999年后美国安全与巴拿马禁毒益处》（*Post-1999 U.S. Security and Counter-Drug Interests in Panama*，1999年）、《欧洲共同外交、安全与国防政策：对美国和大西洋同盟的影响》（*European Common Foreign, Security, and Defense Policies: Implications for the United States and the Atlantic Alliance*，1999年）、《军火清单出口许可问题》（*Munitions List Export Licensing Issues*，2000年）、《2001年ILSA（伊朗/利比亚制裁法）延长法案》[*The ILSA*（*Iran/Libya Sanctions Act*）*Extension Act of 2001*，2001年]、《“基地”组织和全

球恐怖主义》（*Al Qaeda and the Global Reach of Terrorism*，2001 年）、《美国在反恐战争中的外交努力》（*The U.S. Diplomatic Efforts in the War against Terrorism*，2001 年）和《与巴基斯坦总统帕维兹·穆沙拉夫上将的会晤》（*Meeting with the President of Pakistan，H. E. General Pervez Musharraf*，2002 年）。

众议院国际关系委员会的网站 www.house.gov/international_relations/ 提供了该委员会的听证会记录、听证人开场陈述，以及听证会网络广播等信息。

众议院司法委员会

众议院司法委员会（House Judiciary Committee）成立于 1813 年。[29] 其管辖范围包括：各种联邦诉讼程序、破产、间谍、反间谍、公民权利、宪法修订、移民与归化、知识产权等法律和影响美国内部安全的颠覆活动。[30]

众议院司法委员会作为移民、内部安全和公民自由等国会监督委员会，具有重要的历史价值，为国家安全研究提供了重要的信息资源。此外，在"9·11恐怖袭击事件"之后，美国政府随即出台了应对政策，如冻结"基地"组织支持者的金融资产、在军事法庭中审判自称为恐怖分子的人员等，来加强合法活动和国家安全政策之间的关系。

众议院司法委员会在第 108 届国会期间由 37 名成员组成。下设的移民和索赔小组委员会与犯罪、恐怖主义和国土安全小组委员会主要负责国家安全政策的制定工作。移民和索赔小组委员会最近与听证会有关的出版物包括：《美国和加拿大边境执法问题——毒品走私、非法移民和恐怖主义等问题》（*Law Enforcement Problems at the Border between the United States and Canada Focusing on the Issues of Drug Smuggling，Illegal Immigration，and Terrorism*，1999 年）、《使用信息技术维护美国边境安全：INS 的规划和实施问题》（*Using Information Technology to Secure America's Borders: INS Problems with Planning and Implementation*，2001 年）、《司法部移民羁留政策评论》（*A Review of Department of Justice Immigration Detention Policies*，2001 年）和《INS 在 2002 年 3 月发布的有关更改恐怖劫持者穆罕默德·阿塔和马尔万·谢西飞行员训练状态的通知》（*The INS' March 2002 Notification of Approval of Change of Status for Pilot Training for Terrorist Hijackers Mohammed Atta and Marwan Al-Shehhi*，2002 年）。

犯罪、恐怖主义和国土安全小组委员会最近召开的听证会包括：《在联邦机构和机场违反安全的行为》（*Breaches of Security at Federal Agencies and Airports*，2000 年）、《有组织犯罪、贩毒和恐怖活动猖獗构成的威胁》（*Threat Posed by the Convergence of Organized Crime, Drug Trafficking, and Terrorism*，2000 年）、《立法听证和众议院第 3275 号议案的审定、打击恐怖主义融资活动的国际公约实施情况》（*Legislative Hearing and Markup on H.R. 3275, Implementation Legislation for the International Convention for the Suppression of the Financing of Terrorism*，2001 年）和《众议院第 3482 号议案——2001 年网络安全加强法案》（*Markup of H.R. 3482, the Cyber Security Enhancement Act of 2001*，2002 年）。

众议院司法委员会的网站 www.house.gov/judiciary 提供了该委员会和小组委员会的活动和审议意见方面的信息。

众议院国土安全特别委员会

众议院国土安全特别委员会（House Select Committee on Homeland Security）成立于 2003 年，主要负责管理《2002 年国土安全法》（PL 107–296）的相关事宜。[31] 众议院国土安全特别委员会在第 108 届国会期间由 50 名成员组成，下设 5 个小组委员会：基础设施和边境安全小组委员会；条例小组委员会；应急准备和响应小组委员会；网络安全、科学和研发小组委员会；情报与反情报小组委员会。

众议院国土安全特别委员会的网站上 http: //hsc.house.gov/ 提供了该委员会的活动信息，包括 2003 年听证会上听证人的开场陈述。

参议院拨款委员会

参议院拨款委员会（Senate Appropriations Committee）成立于 1867 年，虽然传统上认为参议院拨款委员会的职能不如众议院拨款委员会大，但是该委员会主要负责制定联邦机构年度拨款议案。[32]

参议院拨款委员会在第 108 届国会期间主要由 29 名成员组成，下设 4 个小组委员会，负责国家安全政策计划的制订工作。[33] 其中，国防小组委员会，对弹道导弹防御组织、中央情报局、国防部和军事部门，以及北大西洋公约组织享有管辖权；能源水利开发小组委员会，负责审核能源部防御核武计划和核管理委员会；对外业务、出口融资和相关计划小组委员会主要负责审核国务院反恐计划和国防部国际军事教育与培训计划；军事建设小组委员会，负责管理国防后勤局和所有军事建设活动。[34]

参议院拨款委员会的主要出版物，含联邦部门年度审核表和项目预算申请表。最近召开的听证会上的出版物包括：《1999 财年科索沃行动补充拨款》（*Kosovo Operations Supplemental Appropriations for FY 1999*，1999 年）、《生物恐怖主义——国内大规模杀伤性武器》（*Bioterrorism—Domestic Weapons of Mass Destruction*，*1999* 年）和《国土防御》（*Homeland Defense*，2002 年）等。登录参议院拨款委员会的网站 www.senate.gov/~appropriations，可以了解更多有关该委员会开展的活动和听证会。

参议院军事委员会

跟众议院军事委员会一样，参议院军事委员会（Senate Armed Services Committee）也是依据《1946 年立法重组法》成立的。该法律是针对军事和海军事务委员会颁布的。[35] 参议院军事委员会的管理范围包括：武器装备的研发或与军事行动相关的航空航天活动；国防部和武装部队；军事研究和发展；核能的国家安全方面；军事人员的报酬；晋升和福利；特别服务系统；国防战略物资与重要物资；军事宣传活动。[36]

参议院军事委员会在第 108 届国会期间由 25 名成员组成，[37] 下设 6 个小组委员会，负责管理国家安全方面的问题。这 6 个小组委员会分别是：空降部队小组委员会、突发威胁与能力小组委员会、人员小组委员会、准备和管理支持小组委员会、海上力量小组委员会，以及战略部队小组委员会。

空降部队小组委员会，负责监督陆军、空军（战略部队和空运部队除外）和国民警卫队；突发威胁与能力小组委员会，负责管理防核武扩散和反恐计划、信息化战争和禁毒活动；人员小组委员会，负责审查军事人员的军事水平和人事问题；准备和管理支持小组委员会，负责审核军事准备和培训、后勤问题和常规武器基础设施等；海上力量小组委员会，负责审查海军和海军陆战队计划、特种部队、海上补给和空运物资；战略部队小组委员会，负责审查核力、国家情报计划、弹道导弹防御、能源部核计划和生化武器等。[38]

委员会最近召开的听证会包括：《突发威胁与能力》（*Emerging Threats and Capabilities*，1999年）、《控制出口对国家安全的影响》（*National Security Implications of Export Controls*，2000年）、《美国战略核力量的要求》（*U.S. Strategic Nuclear Force Requirements*，2000年）、《能源部洛斯阿拉莫斯实验室安全故障》（*Department of Energy Laboratories Security Failures at Los Alamos*，2000年）和《搜集到的国防部四年防务评估证据》（*To Receive Testimony on the Department of Defense's Quadrennial Defense Review*，2001年）等，这些听证会反映了国家安全政策的各种主题。

参议院军事委员会的网站 www.senate.gov/~armed_services/ 是一个有用的信息资源，提供了与该委员会相关的最近的历史活动。

参议院预算委员会

参议院预算委员会（Senate Budget Committee）负责监督联邦预算计划、支出和问题等。[39] 参议院最近与听证会有关的出版物包括：《欧洲公共养老金计划》（*Public Pension Programs in Europe*）、《北约东扩》（*NATO Enlargement*）、《欧盟的扩大》（*European Union Expansion*）、《EMU：政策建议与辩论》（*EMU: Policy Implications and Debate*，1998年）、《国防预算：当今武装力量之维护》（*Budgeting for Defense: Maintaining Today's Force*，2000年）、《2003财年总统预算申请：赢得战争、转型和改革的问题》（*The President's FY2003 Budget Request: Winning the War, Transformation, and Reform Issues*，2002年）。参议院预算委员会成立于1974年，在第108届国会期间由23名成员组成。[40]

参议院预算委员会的网站 www.senate.gov/~budget 列举了该委员会的成员和听证员的开场陈述、听证会的网络广播记录和预算图表。同时，该网站还提供了民主党和共和党委员会的预算收益和工作重点。

参议院能源和自然资源委员会

参议院能源和自然资源委员会（Senate Energy and Natural Resources Committee），是参议院委员会重组计划的一部分，成立于1977年。该委员会主要负责审核煤炭的生产、分布和使用政策；能源的监管和保护；能源的研究和开发；阿拉斯加海军石油储备；核能的非军事化应用等。[41]

在第 108 届国会期间，该委员会由 23 名成员组成，[42] 下设 4 个小组委员会：能源研究、研发、生产和监管小组委员会；森林和公共土地管理小组委员会；国家公园、历史古迹保护和娱乐小组委员会；水利和电力小组委员会。[43]

在第 106 届国会期间，参议院能源和自然资源委员会发布了 193 份报告，召开了 153 次监督听证会。[44] 该委员会及其小组委员会与国家安全政策听证会有关的出版物包括：《核废物储存与处理政策》（*Nuclear Waste Storage and Disposal Policy*，1999 年）、《中国间谍》（*Chinese Espionage*，1999 年）和《国家能源安全法》（*National Energy Security Act*，2000 年）等。参议院能源和自然资源委员会的网站 www.senate.gov/~energy/ 提供了更多委员会活动信息和小组委员会在国家能源政策、核废物和北极国家野生动物保护区石油钻探提案等问题上所持的立场等信息。

参议院外交关系委员会

与众议院国际关系委员会一样，参议院外交关系委员会（Senate Foreign Relations Committee）主要负责监督美国的外交政策和国务院行动。但是，后者的监督范围比前者更为广泛，因为参议院颁布的宪法性命令规定：参议院外交关系委员会可以建议总统人选提名，并对提名作出批准，还能批准美国与国外政府签订的条约。[45]

参议院外交关系委员会成立于 1816 年，该委员会在第 108 届国会期间由 19 名成员组成，[46] 下设 7 个小组委员会：非洲事务小组委员会；东亚和太平洋事务小组委员会；欧洲事务小组委员会；国际经济政策；出口和贸易促进小组委员会；国际行动小组委员会；近东和南亚事务小组委员会；西半球、和平部队、禁毒事务、反恐小组委员会。这些委员会处理的主题包括：各种美国外交援助计划、国际犯罪控制、知识产权和技术转让、美国与世界银行和世贸组织等国际政府组织间的关系等。[47]

外交关系委员会负责制定条约文件、提案和提名报告、听证会记录和刊物。该委员会印刷的外交政策等相关问题研究报告是由该委员会成员、专家成员或国会研究小组等编制而成的。参议院外交关系委员会最近的出版物有：

《外交关系法规》(*Legislation on Foreign Relation*，在众议院国际管理委员会的协同下每两年发行一次)、《美国对台湾的国防政策：需要彻底修订》(*U.S. Defense Policy toward Taiwan: In Need of an Overhaul*，2001年）和《国土防御战略》(*Strategies for Homeland Defense*，2001年）等。参议院外交关系委员会最近召开的听证会包括《2000财年外交事务预算和新千年大使馆的安全》(*Fiscal Year 2000 Foreign Affairs Budget and Embassy Security for a New Millennium*，1999年)、105–28号条约《全面禁止核试验条约最终审核》(*Final Review of the Comprehensive Nuclear Test Ban Treaty*，2000年）和《能源部与俄罗斯的防扩散计划》(*Department of Energy Non-Proliferation Programs with Russia*，2001年）等。

参议院外交关系委员会的网站www.senate.gov/~foregin提供了听证会、听证人的开场陈述和其他信息资源，包括民主党和共和党成员对该委员会管辖范围内各种问题的看法。

参议院政府事务委员会

参议院政府事务委员会（Senate Governmental Affairs Committee)，成立于1842年，负责管理行政部门的开支。[48]其现在的结构是由1977年参议院委员会重组形成的。当时，该委员会被称为“政府工作委员会”，后来才更名为政府事务委员会。[49]该委员会具有广泛的联邦政府机构和计划审核权。鉴于这个原因，该委员会还对国家档案和记录管理局、人口统计局、国土安全部和美国邮政总局等机构以及联邦各种行政部门计划、哥伦比亚特区事务、组织和美国核武出口政策管理、政府信息政策、联邦雇员分类、补偿和收益等行使监督权。[50]

在第108届国会期间，参议院政府事务委员会由17名成员组成，[51]下设3个小组委员会，分别为政府管理、重组和华盛顿特区监督小组委员会；常设调查小组委员会；国际安全、防扩散与联邦服务小组委员会。

国际安全小组委员会，是国家安全政策信息的重要制造者。该委员会最近的出版物包括：与核武扩散相关的《扩散引物》(*The Proliferation Primer*，1998年)、《既定事实：弹道导弹防御10年现状：参议员萨德·科翰所做的报告》(*Stubborn Things: A Decade of Facts about Ballistic Missile Defense: A Report by Senator Thad Cochran*，2000年)。此外，国际安全小组委员会还召开了一系列听证会，例如《美国核威慑力量安全性和可靠性》(*Safety and Reliability of the U.S. Nuclear Deterrent*，1997 年）、《全面禁止核试验条约与核不扩散》（*The Comprehensive Test Ban Treaty and Nuclear Nonproliferation*，1998 年）、《反弹道导弹条约未来趋势》（*The Future of the ABM Treaty*，2000 年）、《伊朗弹道导弹与大规模杀伤性武器计划》（*Iran's Ballistic Missiles and Weapons of Mass Destruction Programs*，2001 年）和《重要的国家安全技能和国土安全联邦劳动力法》（*Critical Skills for National Security and the Homeland Security Federal Workforce Act*，2002 年）。

参议院政府事务委员会的网站 www.senate.gov/~gov_affairs/ 提供了有关该委员会活动的信息，其中包括特别听证会的网络直播信息。

参议院情报特别委员会

参议院情报特别委员会（Senate Select Committee on Intelligence），成立于 1976 年，旨在加强国会对美国情报机构计划和行动的监督能力。[52] 该委员会在 2001 年公布的活动报告中指出：

> 参议院情报特别委员会的任务是，确保情报机构及时提供准确的情报，以识别并控制危及国家安全的威胁，支持行政机构和立法机构做出国家安全决策；确保美国军事指挥官在其提供的情报的支持下，能够在战场上快速取得决定性的胜利；确保所有情报活动和计划符合美国宪法和法律的规定。[53]

参议院情报特别委员会在第 108 届国会期间由 17 名成员组成，该委员会与众议院特别情报委员会一样负责监督情报主题的听证会。但是，参议院情报特别委员会比后者的监督责任更为广泛，还具有确定总统提名主要情报决策人的责任，比如，中央情报总监。[54] 参议院情报特别委员会的很多审议工作具有高度敏感性，这限制了其出版物不可对外公布，但是仍有大量出版物是对外公开的。

该委员会的出版物有：《美国先进卫星技术出口到中国的国家安全影响报告和中国的努力对美国政策影响的报告》[*Report on Impacts to U.S. National Security of Advanced Satellite Technology Exports to the People's Republic of China*（*PRC*），*and Report on PRC's Efforts to Influence U.S. Policy*，1999 年]。该委员会

出版的与听证会有关的出版物包括：《能源部反情报、情报和国家安全重组》（*Department of Energy Counterintelligence*，*Intelligence*，*and National Security Reorganization*，2000 年）、《总统国外情报咨询委员会向总统提交的报告：科学之利、安全之弊：美国能源部安全问题报告》（*The President's Foreign Intelligence Advisory Board's Report to the President: Science at Its Best*，*Security at Its Worst: A Report on Security Problems at the U.S. Department of Energy*，2000 年）、《洛斯阿拉莫斯国家实验室丢失的国家安全信息》（*Loss of National Security Information at the Los Alamos National Laboratory*，2001 年）和《对美国的现有威胁和潜在威胁》（*Current and Projected Security Threats to the United States*，2001 年）等。

参议院情报特别委员会的网址为 http: //intelligence.senate.gov/。美国政府印刷办公室的网站 www.access.gpo.gov/congress/senate/senate23.html 上列举了该委员会从 1997 年至今出版的出版物。

参议院司法委员会

参议院司法委员会（Senate Judiciary Committee）成立于 1816 年，涵盖的主题包括：破产、兵变和间谍活动；联邦法院和法官；移民和归化；刑事和民事诉讼程序，以及其他主题。[55] 该委员会在第 108 届国会期间由 19 名成员组成，[56] 下设 6 个小组委员会：行政监督与法院小组委员会；反垄断、竞争、商业和消费者权利小组委员会；宪法小组委员会；犯罪与毒品小组委员会；移民小组委员会；技术、恐怖主义和政府信息小组委员会。

技术小组委员会是一个重要且多产的国家安全政策文件制定者。其制定的国家安全政策文件包括：《生物武器：恐怖分子构成的威胁》（*Biological Weapons: The Threat Posed by Terrorists*，1998 年）、《国土防御：哈特－拉德曼报告之研究》（*Homeland Defense: Exploring the Hart-Rudman Report*，2002 年）、《国内应对大规模杀伤性武器恐怖袭击的能力》（*Domestic Response Capabilities for Terrorism Involving Weapons of Mass Destruction*，2002 年）等。参议院司法委员会发行了《21 世纪 FBI 改革：汉森间谍案教训》（*Reforming the FBI in the 21st Century: The Lessons of the Hanssen Espionage Case*，2002 年）。

参议院司法委员会的网站为 www.senate.gov/~judiciary/。

参议院国际麻醉品管制核心小组

美国国际麻醉品管制委员会成立于 1985 年，之后更名为参议院国际麻醉品管制核心小组（Senate Caucus on International Narcotics Control）。[57] 在第 108 届国会期间，该核心小组由 7 名成员组成，其主要任务是监督并鼓励政府计划和私人计划的实施，寻求机会以扩大毒品滥用与走私方面的国际合作。此外，该核心小组还具有大力宣传国际麻醉品控制条约和杜绝毒品计划的任务。[58]

参议院国际麻醉品管制核心小组负责召开听证会、发布美国各种禁毒政策报告，以及这些政策与国际安全政策问题的交集点报告，例如，《美国反毒禁毒活动和西半球毒品杜绝法案》（*U.S. Anti-Drug Interdiction Efforts and the Western Hemisphere Drug Elimination Act*，1998 年）、《毒品控制：美国—墨西哥最新的反毒活动》（Drug Control: Update on United States-Mexican Counternarcotics Efforts，1999 年）、《腐败对美国边境执法机构的持续威胁》（*The Continued Threat of Corruption to U.S. Border Law Enforcement Agencies*，1999 年 ）、《哥伦比亚：反暴动与禁毒》（*Colombia: Counter-Insurgency vs. Counter-Narcotics*，2000 年）、《总统年度认证过程审查》（*A Review of the President's Annual Certification Process*，2000 年）和《哥伦比亚计划：初始评估》（*Plan Colombia: An Initial Assessment*，2001 年）。

参议院国际麻醉品管制核心小组的网站 http: //drugcaucus.senate.gov 提供了一些链接，可跳转至该委员会的听证会、成员演讲和其他的信息资源。

欧洲安全与合作委员会

欧洲安全与合作委员会（Commission on Security and Cooperation in Europe，缩写为 CSCE）成立于 1976 年，负责监督西欧和东欧是否遵守《赫尔辛基最终法案》人权和人道援助的合作要求，是否遵守欧洲安全与合作组织（Organization for Security and Cooperation in Europe，缩写为 OSCE）的要求。[59]

在第 108 届国会期间，欧洲安全与合作委员会由 9 名行政机构代表、9 名参议员和另外 3 名来自行政分支机构的人员组成。[60] 欧洲安全与合作委员会的成员和职员负责定期召开听证会，发表一些与欧洲政治和安全问题，以及这些政策和安全问题是如何影响美国外交安全政策和国家安全政策的相关报告，例如，《战争犯罪问罪机制：成果和前景》（*Accountability for War Crimes: Progress and Prospects*，1999 年）、《车臣危机及其对俄罗斯民主的影响》（*The Chechen Crisis and Its Implications for Russian Democracy*，2000 年）和《摩尔多瓦：俄罗斯军队真正撤离？》（*Moldova: Are the Russian Troops Really Leaving?*，2001 年）等。登录欧洲安全与合作委员会的网站 www.csce.gov/，可以查看听证会记录、一些相关的新闻稿、《欧洲安全与合作委员会摘要》（*CSCE Digest*）简报，以及与欧洲安全相关的信息的链接。

国会支持机构

代表、参议员和委员会等专家除了向国会提供帮助外，还有一些国会支持机构也负责向国会提供更多帮助，对包括国家安全问题等在内的公共政策问题实施立法监督。

国会预算办公室

国会预算办公室（Congressional Budget Office，缩写为 CBO）依据《国会预算暨截留控制法案》于 1974 年成立，该办公室授予国会有效的联邦预算过程控制权。[61] 1975 年 2 月，国会预算办公室正式投入运营，爱丽丝 · 瑞福林（Alice Rivlin）任第一届主任。该办公室的任务是，向国会提供经济和预算资料，支持预算和立法过程。[62]

国会预算办公室负责预估待通过的立法的成本，提供联邦年度预算盈余和赤字预测、分析总统年度预算提案。国会预算办公室的代表经常出席国会委员会听证会，提供证词。[63]

国会预算办公室最近的国家安全政策出版物有：《战术空军前景展望》（*A Look at Tomorrow's Tactical Air Forces*，1997 年）、《移动美国部队：战略机动性选择》（*Moving U.S. Forces: Options for Strategic Mobility*，1997 年）、《国防预算选择》（*Budget Options for National Defense*，2000 年）、《海军预算：在当今资金基础上构建未来海军》（*Budgeting for Naval Forces: Structuring Tomorrow's Navy at Today's Funding Level*，2000 年）和《提高攻击性潜艇部队的任务能

力》(*Increasing the Mission Capability of the Attack Submarine Force*，2002 年)。

登录国会预算办公室的网站 www.cbo.gov，可以访问很多最新的报告，以及国会预算办公室分析员与国会成员之间，就联邦现有计划或拟定计划对预算会造成的影响展开的对话。

美国审计总署

美国审计总署(General Accounting Office，缩写为 GAO)成立于 1921 年，负责审计联邦机构是如何处置政府基金的，评估政府计划绩效(提交给国会)。[64] 美国审计总署蓝皮书中的报告对政府教育、环境政策、政府管理、国际关系和国家安全等各方面的计划进行了分析。虽然美国审计总署可能会对国会单个成员的请求做出回复，但是这些报告首先是应国会委员会和小组委员会主席和副主席的要求而编写。

在 1999 联邦财年期间，美国审计总署出版了 1163 份报告。[65] 到 2002 财年，美国审计总署华盛顿总部和亚特兰大、波士顿、芝加哥、洛杉矶和其他地方办公室的员工人数达 3200 名，预算额达 4.32 亿美元，联邦政府开支节省 370 亿美元。同年，美国审计总署代表在国会前做了 216 次证词。[66]

美国审计总署在国会监督委员会前所做的证词含有非常重要的政府计划绩效信息，但是这些在蓝皮书报告中并没有深入描述。例如，美国审计总署所做的国会证词有 :《国土安全 : 风险管理方法的主要因素》(*Homeland Security: Key Elements of a Risk Management Approach*，2001 年)、《国土安全 : 工作进展、方向和寻求合作》(*Homeland Security: Progress Made; More Direction and Partnership Sought*，2001 年)和《反恐活动 : 政府间合作制定国家策略，加强州和地方的准备工作》(*Combating Terrorism: Intergovernmental Cooperation in the Development of a National Strategy to Enhance State and Local Preparedness*，2002 年)。

美国审计总署制定的国家安全政策报告包括 :《国防贸易 : 改进影响国家安全的外资并购》(*Defense Trade: Identifying Foreign Acquisitions Affecting National Security Can Be Improved*，2000 年)、《防核武扩散 : 俄罗斯核武材料改进安全措施，有待进一步提高》(*Nuclear Nonproliferation: Security of Russia's Nuclear Material Improving; Further Enhancements Needed*，2001 年)、《信息安全 : 提高国防部事故应对能力面临的挑战》(*Information Security: Challenges to Improving DOD's Incident Response Capabilities*，2001年）、《欧洲安全：美国和欧洲对促进欧洲稳定和安全所做的贡献》（*European Security: U.S. and European Contributions to Foster Stability and Security in Europe*，2001年）和《导弹防御：国家导弹防御飞行试验早期主张之评审》（*Missile Defense: Review of Allegations about an Early National Missile Defense Flight Test*，2002年）。

蓝皮书报告和证词按照财年排列，依据编号列出。例如，GAO–02–125号报告，指的是美国审计总署在2002财年发布的第125份报告。国会证词则在其分类编号后加了T。例如，GAO–02–550T是指美国审计总署的官员在2002财年发表的第550次国会证词声明。美国审计总署的网站www.gao.gov/提供了最新的报告和证词。该网站还展示了美国审计总署与行政机构和国会官员之间的通信。

国会图书馆——国会研究服务部

国会研究服务部（Library of Congress—Congressional Research Service）作为国会图书馆的一部分，隶属于国会内部研究机构。国会研究服务部的前身是立法研究中心，它是依据1914年法律成立，它的角色由最初的立法命令编纂者演变成了问题客观分析的提供者。[67]《1970年立法重组法》将立法研究中心更名为国会研究服务部。[68]

国会研究服务部的首要任务是：向国会提供有效且高效的服务，及时满足国会的需求，履行国会赋予它的职责。[69]由它制定的指令产生的实际效果表现在，国会研究服务部的出版物仅限于国会成员及其职员使用，即使这些资金来自税收（美元）。一些国会成员已开始在互联网上公布国会研究服务部的出版物。[70]要获得国会研究服务部的信息，传统上必须向国会官员提出申请，或者向商业服务提供商，如Pennyhill出版社和美国大学出版社付费购买。但是，随着网站的传播，其访问量明显增长。很多政府组织和非盈利组织提供了不同等级浏览国会研究服务出版物的接入口。这些刊物包括6页以内的短篇报告、6页以上的长篇报告、问题简报，以及各部门和机构的年度拨款报告。

国会研究服务部的国家安全政策报告由该中心的外交事务、国防和贸易部编制而成，该部门现有80名左右的职员和65名政策分析员。[71]国务院外国记者中心（其网站为http: //fpc.state.gov/c4763.htm）和美国驻罗马、意大利大使馆（其网站为www.usembassy.it/policy/crs.htm）等政府网站都提供国会研究服务部国家安全政策和其他主题的大量报告。美国国家科学与环境委员会国家环境图书馆 http: //cnie.org/NLE/CRS/ 和美国科学家联盟 www.fas.org/man/crs 等非盈利组织也发布了国会研究服务部的报告，其中，国家环境图书馆已经搜集了国会研究服务部大量的自然资源政策报告。

登录这些网站，可以下载国会研究服务部下列这些国家安全政策报告：《航空情报、监视和侦察（ISR）：U–2 飞机和全球鹰 UAV 计划》[*Airborne Intelligence*, *Surveillance*, *and Reconnaissance*（*ISR*）: *The U-2 Aircraft and Global Hawk UAV Programs*，2000 年]、《中国：从美国卫星出口政策向导弹技术的转变——行动和时间表》（*China: Possible Missile Technology Transfers from U.S. Satellite Export Policy—Actions and Chronology*，2002 年）、《网络战》（*Cyberwarfare*，2001 年）、《情报和执法：打击对美国的跨国威胁》（*Intelligence and Law Enforcement: Countering Transnational Threats to the U.S.*，2001 年）、《纳恩 – 卢格减少威胁合作计划：专为国会发行》（*Nunn-Lugar Cooperative Threat Reduction Programs: Issues for Congress*，2002 年）和《伊拉克：美国设法改变其政权》（*Iraq: U.S. Efforts to Change the Regime*，2002 年）等。

技术评估局

技术评估局（Office of Technology Assessment，缩写为 OTA），成立于 1972 年，主要负责向国会及时地提供其认为其他联邦机构或现有国会支持机构不能提供的科学问题分析结果。如技术评估局授权法案所述，技术评估局的职能包括：

1. 识别现有的技术影响或可能的技术影响；
2. 找出因果关系；
3. 确定实施具体计划的备选技术方法；
4. 识别备选计划，实现规定的目标；
5. 预估并对比备选计划和方法；
6. 向相应的立法机构汇报分析结果；
7. 按照相应的立法机构指示开展其他活动。[72]

技术评估局一直在制定科学技术问题报告，直到 1995 年暂停运营。[73] 技术评估局的国家安全政策出版物包括：《军民一体化其他方法：中国和日本的军工业》（*Other Approaches to Civil-Military Integration: The Chinese and Japanese*

Arms Industries，1995 年)、《向我们的盟友提供武装支持：国防技术合作与竞争》(*Arming Our Allies: Cooperation and Competition in Defense Technology*，1990 年)、《美国军事力量：未来的需求、未来的选择》(*American Military Power: Future Needs*，*Future Choices*，1991 年)、《弹道导弹防御技术》(*Ballistic Missile Defense Technologies*，1995 年) 和《虚拟现实和战争仿真技术》(*Virtual Reality and Technologies for Combat Simulation*，1994 年)。

很多联邦政府托管图书馆也有技术评估局报告的存档。通过美国政府印刷办公室出版的《技术评估局传统的 CD–ROM》(*OTA Legacy CD-ROM*)，或登录普林斯顿大学伍德罗 · 威尔逊高级国际事务学院的网站 www.wws.princeton.edu: 80/~ota/，均可获取完整的电子版报告。2001 年，一些国会成员曾尝试重新组建技术评估局。[74]

注 释

1. 参 见 U.S. Constitution, Article I, Section 8, Clause 1 for congressional power to provide for the common defense; Article I, Section 8, Clause 2 for congressional borrowing authority; and Article I, Section 8, Clauses 11–18 for congressional war declaration authority, military funding authority, and military legal and regulatory authority。
2. 有关国会议案与决议立法历史查询信息，详见 Jerrold Zwirn, *Congressional Publications and Proceedings: Research on Legislation, Budgets, and Treaties,* 2nd ed. (Englewood, Colo.: Libraries Unlimited, 1988), 143–171。
3. U.S. Congress, Senate, "S. 1534: To Establish the Department of National Homeland Security," 107th Cong., 1st sess., October 11, 2001.
4. 有关国会图书馆国会议案集描述，参见 Library of Congress, " United States Congressional Publications Collection" (2000), 1 (http://lcweb.loc.gov/spcoll/248.html), accessed November 5, 2003。有关美国参议院图书馆和其占用的财产描述，参见 U.S. Senate, *United States Senate Library,* Senate Publication 106-26, 106th Cong., 2d sess., 2000。有关国会议案商业网络提供者的报道，参见 Joe Morehead, *Introduction to United States Government Information Sources,* 6th ed. (Englewood, Colo.: Libraries Unlimited, 1999), 110。
5. 参见 Morehead, *Introduction to United States Government Information Sources,* 101–132, 147–152. For additional coverage of congressional documentation, see Bernard D. Reams, comp., *Federal Legislative Histories: An Annotated Bibliography and Index to Officially Published Sources* (Westport, Conn.: Greenwood Press, 1994)。参 见 Lexis-Nexis Academic and Library Solutions, *Congressional Information Service (CIS) Index* (Bethesda,Md.: Lexis-Nexis Academic and Library Solutions, 1970–present), which indexes numerous congressional publications including the names of committee hearing witnesses。
6. Zwirn, *Congressional Publications and Proceedings,* 54–55, 57.

7. U.S. Congress, House Committee on Appropriations, "Report of Committee Activities, One Hundred Sixth Congress: January 6, 1999, through December 15, 2000, Pursuant to Clause 1(d) of Rule XI," H Rept 106-1039 107th Cong., 1st sess., 2001, 1, 25; and U.S. Congress, House Committee on Appropriations, "About the Committee: Full Committee" (n.d.), 1–2 (http://appropriations.house.gov/index.cfm?FuseAction=AboutTheCommitteeMemberList&SubcommitteeId=18), accessed March 25, 2004. 有关国会委员会成立日期，详见 *Congressional Quarterly's Guide to Congress,* 5th ed. (Washington, D.C.: CQ Press, 2000), 540。有关美国国会委员会开始和结束日期历史文件，参见 Walter Stubbs, comp., *Congressional Committees, 1789–1982: A Checklist* (Westport, Conn.: Greenwood Press, 1985)。
8. U.S. Congress, House Committee on Appropriations, "Report of Committee Activities," 33–34.
9. U.S. Congress, House Committee on Appropriations, "Report of Committee Activities," 35–38.
10. U.S. Congress,House Committee on Appropriations, "Report of Committee Activities," 14.
11. U.S. Congress, House Committee on Armed Services, *Report of the Activities of the Committee on Armed Services for the 106th Congress,* H Rept 106-1043, 107th Cong., 1st sess., 2001, 1. 有关国会政治如何影响国防支出之分析，参见 Barry S. Rundquist and Thomas M. Carsey, *Congress and Defense Spending: The Distributive Politics of Military Procurement* (Norman: University of Oklahoma Press, 2002)。
12. U.S. Congress, House Committee on Armed Services, *Report of the Activities of the Committee on Armed Services for the 106th Congress,* 3.
13. 关于 2003 年 2 月 28 日更新的委员会成员名单，参见 U.S. Congress, House Committee on Armed Services, "About the Committee" (20023), 1–2 (www.house.gov/hasc/about/members.html), accessed November 5, 2003。
14. U.S. Congress, House Committee on Armed Services, *Report of the Activities of the Committee on Armed Services for the 106th Congress,* 5. 有关第 107 届国会众议院军事委员会小组委员会成员名单，参见 U.S. Congress, House Committee on Armed Services, "Subcommittees" (n.d.), 1–4 (www.house.gov/hasc/subcommittees.html), accessed November 5, 2003。
15. U.S. Congress, House Committee on Armed Services, *Report of the Activities of the Committee on Armed Services for the 106th Congress,* 5.
16. 参见 House Armed Services Committee, "Panel Memberships" (2002), 1–3 (www.house.gov/hasc/about/panels.html), accessed November 5, 2003。
17. Joel D. Treese, ed., *Congressional Quarterly's Congressional Staff Directory: Members, Committees, Staffs, Biographies: 2003 Fall,* 68th ed. (Washington, D.C.: CQ Press, 2003), 688–689.
18. U.S. Congress, House Committee on Commerce, *Report of the Committee on Commerce for the One Hundred Sixth Congress,* H Rept 106-1047, 107th Cong., 1st sess., 2001, 1. (This committee was known as the Commerce Committee from 1995 to 2001. Its name was changed back to the Committee on Energy and Commerce at the beginning of the 107th Congress.)
19. *Congress A to Z: CQ's Ready Reference Encyclopedia of American Government,* 2nd ed. (Washington, D.C.: Congressional Quarterly, 1993), 118–119.
20. *Congress A to Z,* 162.
21. U.S. Congress, House Committee on Government Reform, *Activities of the House Committee on Government Reform, One Hundred Sixth Congress, First and Second Sessions, 1999–2000 (Pursuant to House Rule XI, I(d)),* H Rept 106-1053, 107th Cong., 1st sess., 2001, 9.
22. U.S. Congress, House Committee on Government Reform, *Activities of the House Committee on Government Reform,* 2.

23. U.S. Congress, House Permanent Select Committee on Intelligence, *Survey of Activities of the Permanent Select Committee on Intelligence during the 106th Congress,* H Rept 106-1054, 107th Cong., 1st sess., 2001, 1. 有关国会情报委员会早期的概述，参见 *Congress A to Z,* 192–193. 有关国会情报监督活动历史报道，参见 Frank John Smist, *Congress Oversees the United States Intelligence Community, 1947–1989* (Knoxville: University of Tennessee Press, 1990)。
24. U.S. Congress, House Permanent Select Committee on Intelligence, *Survey of the Activities of the Permanent Select Committee on Intelligence during the 106th Congress,* 2.
25. U.S. Congress, House Permanent Select Committee on Intelligence, "Committee Membership" (n.d.), 1 (http://intelligence.house.gov/committee_membership.htm), accessed November 5, 2003.
26. U.S. Congress, House Committee on International Relations, *Legislative Review Activities of the Committee on International Relations, One Hundred Sixth Congress: A Report Filed Pursuant to Section 136 of the Legislative Reorganization Act of 1946 (2 U.S.C. 190d), as Amended by Section 118 of the Legislative Reorganization Act of 1970 (Public Law 91-510), as Amended by Public Law 92-136,* H Rept 106-1049, 107th Cong., 1st sess., 2001, 91.
27. U.S. Congress, House Committee on International Relations, *Legislative Review Activities of the Committee on International Relations,* 6–15.
28. U.S. Congress, House Committee on International Relations, *Legislative Review Activities of the Committee on International Relations,* 15–16.
29. *Congressional Quarterly's Guide to Congress,* 452.
30. U.S. Congress, House Committee on the Judiciary, *Report on the Activities of the Committee on the Judiciary of the House of Representatives during the One Hundred Sixth Congress Pursuant to Clause 1(d) Rule XI of the Rules of the House of Representatives,* H Rept 106-1048, 107th Cong., 1st sess., 2001, 1–2.
31. Treese, *Congressional Quarterly's Congressional Staff Directory: 2003 Fall,* 737.
32. *Congressional Quarterly's Guide to Congress,* 452; and *Congress A to Z,* 20–21.
33. U.S. Congress, Senate Committee on Appropriations, "Membership" (n.d.), 1–7 (http://appropriations.senate.gov/members/members.htm/), accessed November 5, 2003.
34. Joel D. Treese, ed., *Congressional Quarterly's Congressional Staff Directory: Members, Committees, Staffs, Biographies: 2001 Spring,* 60th ed. (Washington, D.C.: Congressional Quarterly, 2001), 139–140, 142.
35. U.S. Congress, Senate Committee on Armed Services, *Report on the Activities of the Committee on Armed Services, 106th Congress First and Second Sessions,* S Rept 107-32, 107th Cong., 1st sess., 2001, 1.
36. U.S. Congress, Senate Committee on Armed Services, *Report on the Activities of the Committee on Armed Services,* 1–2.
37. U.S. Congress, Senate Armed Services Committee, "Members" (n.d.), 1 (www.senate.gov/~armed_services/members.htm), accessed November 5, 2003.
38. *Congressional Quarterly's Congressional Staff Directory: 2001 Spring,* 144–146.
39. 参见 *Congressional Quarterly's Guide to Congress,* 452; and *Congressional Quarterly's Congressional Staff Directory: 2001 Spring,* 148。
40. 有关委员会成员名单，参见 U.S. Congress, Senate Committee on the Budget, "Democratic Members" (n.d.), 1 (http://budget.senate.gov/democratic/democrats.html), accessed on March 25, 2004; and U.S. Congress, Senate Committee on the Budget, "Republican Members" (n.d.), 1 (www.senate.gov/~budget/democratic/republican.html), accessed March 25, 2003。
41. U.S. Congress, Senate Committee on Energy and Natural Resources, *History, Jurisdiction, and*

a Summary of Activities of the Committee on Energy and Natural Resources during the 106th Congress, S Rept 107-135, 107th Cong., 2d sess., 2002, vii.

42. U.S. Congress, Senate Committee on Natural Resources, "Members" (n.d.), 1 (www.senate.gov/~energy/about/about_members.html), accessed November 5, 2003.
43. *Congressional Quarterly's Congressional Staff Directory: 2001 Spring,* 153–155.
44. U.S. Congress, Senate Committee on Energy and Natural Resources, *History, Jurisdiction, and a Summary of Activities of the Committee on Energy and Natural Resources during the 106th Congress,* 3.
45. 参见 U.S. Constitution, Article II, Section 2, Clause 2 for the Senate's power to ratify treaties and confirm presidential nominations; and *Congressional Quarterly's Congressional Staff Directory: 2001 Spring,* 158。
46. *Congressional Quarterly's Guide to Congress,* 452. 有关民主党委员会和共和党委员会成员名单，参见 U.S. Congress, Senate Committee on Foreign Relations, "108th Congress Committee Members" (n.d.), 1 (http://foreign.senate.gov/committee), accessed November 5, 2003。
47. *Congressional Quarterly's Congressional Staff Directory: 2001 Spring,* 158–161.
48. *Congress A to Z,* 161.
49. U.S. Congress, Senate Committee on Governmental Affairs, *Activities of the Committee on Governmental Affairs: Report of the Committee on Governmental Affairs, United States Senate, and Its Subcommittees for the One Hundred Sixth Congress,* S Rept 107-20, 107th Cong., 1st sess., 2001, 11–12.
50. U.S. Congress, Senate Committee on Governmental Affairs, *Activities of the Committee on Governmental Affairs,* 12.
51. U.S. Congress, Senate Governmental Affairs Committee, "Membership" (www.senate.gov/~gov_affairs/index.cfm?Fuseaction-About.Membership), accessesd January 9, 2004.
52. U.S. Congress, Senate Select Committee on Intelligence, *Committee Activities: Special Report of the Select Committee on Intelligence, United States Senate, January 6, 1999, to December 15, 2000,* S Rept 107-51, 107th Cong., 1st sess., 2001, 1.
53. U.S. Congress, Senate Select Committee on Intelligence, *Committee Activities,* 1–2.
54. U.S. Congress, Senate Select Committee on Intelligence, "Members" (n.d.), 1 (http:// intelligence.senate.gov/members.htm), accessed November 5, 2003.
55. *Congressional Quarterly's Guide to Congress,* 452; and U.S. Congress, Senate Committee on the Judiciary, "Legislative Jurisdiction" (n.d.), 1 (www.senate.gov/~judiciary/jurisdiction.cfm), accessed November 5, 2003.
56. U.S. Congress, Senate Committee on the Judiciary, "Members" (n.d.), 1 (www.senate.gov/~judiciary/members.cfm), accessed November 5, 2003.
57. U.S. Congress, Senate Caucus on International Narcotics Control, "About the Caucus" (n.d.), 1–2 (http://drugcaucus.senate.gov/about.html), accessed November 5, 2003
58. U.S. Congress, Senate Caucus on International Narcotics Control, "About the Caucus," 2.
59. PL 94-304, "To Establish a Commission on Security and Cooperation in Europe," 90 *U.S. Statutes at Large,* 661–662.
60. PL 94-304. 参见 U.S. Congress, Commission on Security and Cooperation in Europe, "Commissioners" (2001), 1 (www.csce.gov/commissioners.cfm), accessed November 5, 2003。
61. PL 93-344, "To Establish a New Congressional Budget Process; to Establish Committees on the Budget in Each House; to Establish a Congressional Budget Office; to Establish a Procedure Providing Congressional Control Over the Impoundment of Funds by the Executive Branch; and

for Other Purposes," 88 *U.S. Statutes at Large,* 297–298, 302–305.

62. U.S. Congressional Budget Office, *A Profile of the Congressional Budget Office* (Washington, D.C.: Congressional Budget Office, 1990), 1.
63. U.S. Congressional Budget Office, *A Profile of the Congressional Budget Office,* 1–10.
64. PL 67-13, "An Act to Provide a National Budget System and an Independent Audit of Government Activities, and for Other Purposes," 42 *U.S. Statutes at Large,* 20, 23–27. 有关审计总署的起源和发展报道，参见 Roger R. Trask, *GAO History: 1921–1991* (Washington, D.C.: General Accounting Office, 1991); and Roger R. Trask, *Defender of the Public Interest: The General Accounting Office, 1921–1966* (Washington, D.C.: General Accounting Office, 1996)。
65. U.S. General Accounting Office, "About GAO Reports" (2003), 1–2 (www.gao.gov/about/aboutrpt.html), accessed November 5, 2003.
66. U.S. General Accounting Office, "GAO at a Glance" (n.d.), 1 (www.gao.gov/about/gglance.html), accessed November 5, 2003.
67. PL 63-127, "An Act Making Appropriations for the Legislative, Executive, and Judicial Expenses of the Government for the Fiscal Year Ending June Thirtieth, Nineteen Hundred and Fifteen, and for Other Purposes," 38 *U.S. Statutes at Large,* 454, 462–463.
68. 国会研究服务中心早期历史资料，请参见 James D. Carroll, "Policy Analysis for Congress: A Review of the Congressional Research Service," in U.S. Congress, Commission on the Operation of the Senate, *Congressional Support Agencies: A Compilation of Papers* (Washington, D.C.: Government Printing Office, 1976), 4–5; and PL 91-510, "An Act to Improve the Operation of the Legislative Branch of the Federal Government, and for Other Purposes," 84 *U.S. Statutes at Large,* 1140–1203。
69. 2 U.S.C. 166(b), *United States Code* (2000 edition).
70. Sens. John McCain (R-Ariz.) and Patrick J. Leahy (D-Vt.) in 2001 introduced S Res 21, "Directing the Sergeant-at-Arms to Provide Internet Access to Certain Congressional Documents, Including Certain Congressional Research Service Publications, Senate Lobbying and Gift Report Filings, and Senate and Joint Committee Documents."
71. Library of Congress, Congressional Research Service, "CRS Employment Opportunities: Foreign Affairs, Defense, and Trade Division" (2003), 1–4 (www.loc.gov/crsinfo/divwork/fdtwork.html), accessed November 5, 2003. The website also describes the work done by the division's various components, including the Defense Resources Section and Military Forces and Trade Reduction Section.
72. PL 92-484, "To Establish an Office of Technology Assessment for the Congress as an Aid in the Identification and Consideration of Existing and Probable Impacts of Technological Application; to Amend the National Science Foundation Act of 1950; and for other Purposes," 86 *U.S. Statutes at Large,* 797–798.
73. Providing for the closure of the Office of Technology Assessment (OTA) is PL 104-53, "Making Appropriations for the Legislative Branch for the Fiscal Year Ending September 30, 1996, and for Other Purposes," 109 *U.S. Statutes at Large,* 526. See also Hon. Amo Houghton, "In Memoriam: The Office of Technology Assessment, 1972–1995," *Congressional Record,* daily ed., 104th Cong., 1st sess., September 28, 1995, E1868–1870.
74. U.S. Congress, House of Representatives, "H.R. 2148: To Reestablish the Office of Technology Assessment," 107th Cong., 1st sess., June 13, 2001, introduced by Rep. Rush Holt (D-N.J.).

[第8章]

委员会和咨询机构

美国政府委员会和咨询机构，是重要的国家安全政策信息提供者。这些机构由总统或国会授权成立，负责研究公共政策方面的问题，制定包含解决问题的意见报告。政府委员会和咨询机构的有效期一般为一到两年。机构成员由专家组成，这些专家大都来自联邦、州和地方政府，以及学术、商业和非盈利组织认可的部门。[1]

在很多联邦政府托管图书馆里都可以查阅委员会和咨询机构的大部分报告，自20世纪90年代中期之后，在网上也可查阅到大部分的报告。[2]许多政府委员会的报告都对国家安全问题进行了考察。这些报告通常以委员会领导人的名字命名，而不是委员会的正式指定名称。例如，美国国家安全委员会/21世纪委员会（1998—2001），该委员会在继盖瑞·哈特（Gary Hart，科罗拉多州民主党，1975—1987年在任）和沃伦·B. 拉德曼（Warren B. Rudman，新罕布什尔州共和党，1980—1993年在任）前任议员担任主席后，更名为哈特－拉德曼委员会。但是，为了研究方便，本书作者在文中仍使用“美国国家安全委员会/21世纪委员会”，而不使用现在的名称“哈特－拉德曼委员会”。

罗纳德·里根政府

冷战、中东恐怖主义、中美洲亲苏颠覆活动和技术变革等国家安全问题一直是里根政府、国会和国家安全决策机构在20世纪80年代面临的问题。鉴于诸如此类的原因，很多委员会和咨询机构对这些问题进行了研究，并提供了一些意见。[3]

长期一体化战略委员会

长期一体化战略委员会（Commission on Integrated Long-Term Strategy），由国家安全委员会和国防部合并而成，存在于1986年10月—1988年1月。该委员会对未来20年预计会出现的国家安全问题进行了考察。这些问题包括：军事系统中先进技术的作用、美国在全球区域性冲突中的姿态，以及苏维埃社会主义共和国联盟周围进攻性军事系统与防御性军事系统间的相互关系。[4]

该委员会和附属工作小组（affiliated working group）制定的报告有《识别威慑力量》（*Discriminate Deterrence*，1988年）初期报告和《以自由之名：安全援助——美国在第三世界的政策工具》（*Commitment to Freedom: Security*，1988年）、《长射程智能常规武器系统》（*Extended-Range Smart Conventional Weapon Systems*，1988年）和《未来安全环境》（*The Future Security Environment*，1988年）等补充文件。

商船和国防委员会

商船和国防委员会（Commission on Merchant Marine and Defense）由PL 98–525于1984年10月19日成立，该委员会于1986年12月5日开始正式运行，当时其成员在参议院见证下宣誓。商船和国防委员会负责研究货物和人员运输问题，这些货物和人员是战争或国家应急国防必备的，美国商船应满足上述运输需求，而美国造船业也应满足战争时期或国家应急时期海军和商船建设规定的充足性要求。[5]

商船和国防委员会的工作和活动持续到1988年。该委员会出版的物包括：公开会议记录、《商船和国防委员会初步报告：事实认定与结论》（*First Report of the Commission on Merchant Marine and Defense: Findings of Fact and Conclusions*，1987年）、《商船和国防委员会第二次报告：建议书》（*Second Report of the Commission on Merchant Marine and Defense: Recommendations*，1987年）、《商船和国防委员会第三次报告：事实认证与结论》（*Third Report of the Commission on Merchant Marine and Defense: Findings of Fact and Conclusions*，1988年）和《商船和国防委员会第三次报告：附录》（*Third Report of the Commission on Merchant Marine and Defense: Appendices*，1988年）等。

军事人力特别工作组

军事人力特别工作组（Military Manpower Task Force）于1981年5月27日由里根总统组建，由国防部长贾斯柏·W. 温伯格（Caspar W. Weinberger）担任领导。特别工作组负责考察所有志愿军的状态，审查志愿军的人力资源、分析美国维和部队需保持的必备功能（1987年）、识别降低这些功能的不足、开发并推荐纠正这些不足的解决方案。[6]

《向总统提交的所有志愿军特别工作组状态与前景报告》（*A Report to the President on the Status and Prospects of the All-Volunteer Task Force*，1982年）对所有志愿军的表现给予了良好评价。报告的容涉及军事人员的教育与背景特征、再应征率、军事补偿、教育福利和再次开始征兵时应该考虑的问题等。

国家海洋和大气咨询委员会

国家海洋和大气咨询委员会（National Advisory Committee on Oceans and the Atmosphere，缩写为NACOA）成立于1971年8月16日，主要任务是审查联邦海事和大气科学服务计划的实施进度，向商业部部长建议如何履行国家海洋和大气管理局的机构指令。20世纪80年代中期，国会停止为国家海洋和大气咨询委员会提供资金。[7]

该委员会发布了海洋与大气政策的大量报告，其中与国家安全政策最相关的报告包括：《美国海岸警卫队：状态、问题和潜力》（*U.S. Coast Guard: Status, Problems, and Potential*，1983年）、《美国海上运输：限制和机遇：20世纪80年代国家海洋目标》（*Marine Transportation in the United States: Constraints and Opportunities: National Ocean Goals and Objectives for the 1980s*，1983年）和《航运、造船厂和海上补给：国家安全和联邦支援问题》（*Shipping, Shipyards, and Sealift: Issues of National Security and Federal Support*，1985年）。

中美洲国家两党委员会（基辛格委员会）

中美洲国家两党委员会（National Bipartisan Commission on Central America）成立于1983年7月19日，主要任务是向中美洲国家提供长期的政策选择。该委员会曾遭到过萨尔瓦多、危地马拉和尼加拉瓜等国家内战的冲击。美国前国务卿亨利·基辛格（Henry Kissinger）曾担任过该委员会的主席（1973—1977 年在任），所以该委员会又称基辛格委员会（Kissinger Commission）。[8]

中美洲国家两党委员会发布了《中美洲国家两党委员会报告》(*National Bipartisan Commission on Central America*，1984 年）和《中美洲国家两党委员会报告附录》(*Appendix to the Report of the National Bipartisan Commission on Central America*，1984 年)。这些重要的报告针对中美洲历史、政治、经济、人权和安全等主要问题，提供了一些建议和评价。报告附录包括：委员会章程；中美洲各个国家的描述性评价和委员会提交的论文，这些论文主题涉及社会发展；美国安全政策问题；地区外交选择；在中美；加勒比海中的苏联政权等。此外，还包括美国拉丁美洲经济援助计划历史和特别听证人在委员会前所做的证词。

美国国防管理特别工作委员会（国防管理蓝绶带授衔委员会或帕卡德委员会）

美国国防管理特别工作委员会（President's Blue Ribbon Commission on Defense Management）的成立，旨在审查国防采购流程的适合性和国防工业基地的充足性；评价国防部部长监督军事部门的特权；审查军事系统和新技术实时研发和部署程序；推荐提高国防资源分配效率和稳定性的方法。[9] 该委员会又被称为帕卡德委员会，因为惠普公司的总裁大卫·帕卡德（David Packard）曾担任该委员会的主席。

在 1985—1986 年存续期间，帕卡德委员会发布了一系列报告，提供了很多改善国防采购流程和管理流程的建议。帕卡德委员会发布的报告包括：《追求卓越：呈交给总统的最终报告》(*A Quest for Excellence: Final Report to the President*，1986 年)、《附录》(*Appendix*，1986 年）和补充各卷——《国防组织法律架构》(*The Legal Structure of Defense Organization: Memorandum*，1986 年)、《国家安全规划和预算》(National Security Planning and Budgeting，1986 年)、《呈交给总统的中期报告》(*An Interim Report to the President*，1986 年)、《行动论坛：呈交给总统的国防采购报告》(*A Formula for Action: A Report to the President on Defense Acquisition*，1986 年）和《行为和责任》(*Conduct and Accountability*，1986 年)。

总统战略力量委员会（斯考克罗夫特委员会）

总统战略力量委员会（President's Commission on Strategic Forces）成立于 1983 年，主要负责审查美国洲际弹道导弹战略现代化计划，尤其是 MX 导弹拟建部署计划等。福特政府（之后是乔治 · H. W. 布什政府）的国家安全顾问布伦特 · 斯考克罗夫特（Brent Scowcroft）担任该委员会的主席。该委员会发布了《总统战略力量委员会报告》（*Report of the President's Commission on Strategic Forces*，1983 年），该报告呼吁美国建立并部署 MX 弹道，研发单一的单弹头导弹，继续实施战略现代化计划，签署国际军备控制协议，以削减核武器、提高稳定性。[10]

总统私营部门成本控制调查行政委员会（格雷斯委员会）

总统私营部门成本控制调查行政委员会（President's Private Sector Survey on Cost Control）是由联邦政府在 1982 年 6 月 30 日依据总统令成立的。[11] 由 W. R. 格雷斯（W. R. Grace）和公司总裁杰 · 彼得 · 格雷斯（J. Peter Grace）担任该委员会的主席。该委员会对联邦政府成本与控制进行了私营部门调查，向总统、其他行政部门领导提供了有关降低联邦政府运营成本、提高运营效率的建议。格雷斯委员会在 1984 年 1 月 31 日解散。[12]

格雷斯委员会的出版物（关于国家安全政策以及加强这些计划成本效益、管理质量建议的出版物）包括：《关于空军部的报告》（*Report on the Department of the Air Force*，1983 年）、《关于陆军部的报告》（*Report on the Department of the Army*，1983 年）、《关于能源部、联邦能源管理委员会和核能管理委员会的报告》（*Report on the Department of Energy, the Federal Energy Regulatory Commission, and the Nuclear Regulatory Commission*，1983 年）、《关于海军部的报告》（*Report on the Department of the Navy*，1983 年）和《关于国防部长办公室的报告》（*Report on the Office of the Secretary of Defense*，1983 年）。

总统特别审查委员会（托尔委员会）

总统特别审查委员会（President's Special Review Board）又称托尔委员会

（Tower Commission），由前参议员约翰·托尔（John Tower 德克萨斯州共和党，1961—1985 年在任）担任主席。该委员会成立于 1986 年，于 1987 年解散，在此期间，该委员会审查了国家安全委员会的运营活动，揭示了国家委员会在向伊朗出售武器、用销售收入支持军队抵抗厄加拉瓜左派桑定政权时所起的作用。[13]《总统特殊审查委员会报告》（*Report of the President's Special Review Board*，1987 年）是托尔委员会出版的唯一文件。

乔治·H. W. 布什政府

乔治·H. W. 布什政府（George H. W. Bush Administration）在 1989—1993 年执政期间面临了一些重大的国家安全政策问题，其中包括：苏联的解体及其东欧卫星国的解体、德国统一、1990 年伊拉克入侵科威特，以及 1991 年开始的以将伊拉克军队驱逐科威特为目的的“沙漠风暴行动”、航空安全和恐怖主义等问题、专业军事教育动态、巴拿马军事干预、在制定军事决策时应该考虑的社会问题，如妇女也应该参军、参加战斗等。[14]

防务转换委员会

防务转换委员会（Defense Conversion Commission）隶属于美国国防部，于 1992 年成立，旨在考察经济对美国缩减军事人员、降低国防开支、加强或制定联邦计划可能带来的影响，以保留军事人员和非国防就业中的国防部文职人员。同时，该委员会还致力于考察政府机构与国防相关的公司间合作的可能性，以帮助这些企业实现向商业活动的转换。[15]《整顿撤军》（*Adjusting to the Drawdown*，1992 年）是该委员会制定的一份主要报告，该报告包含了该委员会提供的关于缩减国防开支，以降低对地方经济负面影响的意见。该报告同时还对国防工业政策和计划进行了综述，讨论了人员援助计划，并提供了相关资料。

众议院军事委员会军事教育小组（斯凯尔顿小组委员会）

众议院军事委员会军事教育小组委员会（House Armed Services Committee Panel on Military Education），由众议员斯凯尔顿（Ike Skelton）担任主席（密苏

里州民主党），所以它又被称为斯凯尔顿小组委员会（Skelton Panel）。斯凯尔顿小组委员成立于 1987 年（当时正处于 1986 年《戈德华特－尼科尔斯国防部改组法》实施期间），旨在向军事领导人灌输联合军种的理念。众议院军事委员会的主席、众议员莱斯·阿斯平（Les Aspin，威斯康星州民主党）表示：

> 军事教育小组委员会应该对国防部的计划进行审核，以满足 1986 年《戈德华特－尼科尔斯国防部改组法》中联合专业军事教育的要求，保证部队指挥和主管联合指挥之间相互联系。此外，军事教育小组委员会还应评估国防部当前的军事教育系统能力，以培养专业的军事战略家、联合作战员和战术家。[16]

该小组委员会在 1989 年发布了一份报告，这份报告描述了本次研究开展的方式，对专业军事教育进行了综述，表达了在军官中扩大联合教育作用的需求、分析了当前的专业教育质量。该小组委员会建议，构建一个国防部学校框架，在框架中注明各层次专业军事教育的主要目标，并将这些目标联系起来；允许聘请更多的文职教员来提高军事教育机构中教员的素质；将美国国防大学国家军事学院打造成研究与教育并行的国家战略研究中心，为国家提供军事战略；重点发展高级军事学院，如陆军战争学院；开设国家安全和军事战略之研究等实践性顶尖课程；在这些学院就读的中高年级学生需要定期参加论文考试，撰写的论文和报告必须通过教员的审核、评论，达到一定分数。[17]

总统航空安全与恐怖主义委员会

1988年 12 月 21 日，泛美航空公司 103 航班飞机爆炸事件导致很多美国人丧生。为了应对这一事件，1989 年 8 月成立了总统航空安全与恐怖主义委员会（President's Commission on Aviation Security and Terrorism）。该委员会研究并评估了预防航空恐怖袭击所采取的措施和政策，考察了现有的航空安全程序，审查了反恐备选方案，调查了与恐怖主义受害者家属相关的程序、政策和法律。[18]

《总统航空安全和恐怖主义委员会报告》（*The Report of the President's Commission on Aviation Security and Terrorism*，1990 年）指出，美国航空公司的航空安全谈判任务应该交由国防部来完成，联邦调查局应该协助联邦航空管理局评价美国国内空运系统当前面临的威胁和潜在威胁，呼吁国会对所有机场工作人员实施犯罪记录检查，与美国情报人员和联邦航空管理局共享美国执法人员收到的有关国家恐怖主义的报告信息，制定相关的流程，通知旅客存在潜在的恐怖威胁，建议州部门人员立时了解受害人的情感需求（如泛美航空公司103航班103名受害人），加强与其他国家的合作来完善美国的恐怖主义搜集情报程序。[19]

总统灾难性核事故委员会

总统灾难性核事故委员会（President's Commission on Catastrophic Nuclear Accidents）由国会成立于1988年，目的是在《普莱斯－安德森法》规定的73亿美元赔偿金的基础上另行寻找适当的方法，对灾难性核事故受害者进行赔偿。[20]

《总统灾难性核事故委员会报告》（*The Report to the Congress from the Presidential Commission on Catastrophic Nuclear Accidents*，1990年）中包括：该委员会听证会记录、文献资源和详细的参考书目。总统灾难性核事故委员会建议：通过行政程序解决此类事故中的索赔事项，加快案件的解决；对非正常致死索赔给予预定额度的赔偿；针对此类事故的潜在健康影响给予金钱和非金钱赔偿。[21]

总统科技顾问委员会

总统科技顾问委员会（President's Council of Advisors on Science and Technology，缩写为PCAST）隶属于总统行政办公室科技政策办公室（OSTP）。总统科技顾问委员会小组编制的报告《科学、技术和国家安全》（*Science，Technology，and National Security*）于1992年12月发布。报告内容讨论了影响国家安全的科技发展的各种情况，比如，美国政治稳定和军事优势、大规模杀伤性武器和运输系统的扩散，还指出了政府在发明、应用和购买精良技术方面效率非常低下。该报告指出了总统应该关注的六大关键领域：探索尖端科技，搜集和解释关键情报；减缓先进常规武器和大规模杀伤性武器的扩散；重新安排政府在应用技术和获取尖端国防和情报系统所使用的方法；为国家安全方面的职位吸引和保留合格的技术性人才；为防御技术的探索提供新的重点，以抵御扩散威胁；制定总统战略计划，维护美国的科技优势。[22]

总统女性军队服役安排委员会

总统女性军队服役安排委员会（Presidential Commission on the Assignment of Women in the Armed Forces）由国会于 1991 年 12 月 5 日成立，负责对限制女性军人服役的法律和政策进行审核。[23]《呈交给总统的报告》（*Report to the President*，1992 年）中包括文献研究、外国女性作战军事政策调查，以及美国当前关于女性作战的法律法规等内容。委员会提供的建议通常反映了小组成员所持的不同意见。该委员会建议：国防部应制定政策，保证任何合格人员不会因性别原因被拒之门外；军队中应根据性别设置不同的体能测试和标准；军队应针对需要肌肉力量、忍耐力和心血管能力的任务制定特殊的要求；国防部应制定相关政策，保证单身父（母）亲在参加海外行动时，其子女不会受到影响；女性不得加入直接地面作战部队，不得在其中担任职务。[24]

比尔·克林顿政府

克林顿于 1993 年上任，当时苏联解体宣告了冷战的结束，因此呈现出一个截然不同的国际安全环境。然而，这些事件并不代表美国享有全球性国家安全利益、担负国家安全利益责任的终结。克林顿政府还需要解决下面这些问题：巴尔干半岛的内战；卢旺达的种族大屠杀；本·拉登“基地”组织恐怖主义网络的扩大；对允许同性恋者公开服役这一提案的争论；美军参与索马里、海地和波斯尼亚等地区的维和事宜；互联网对军事行动的影响。[25]

虽然克林顿执政期间成立了大量的政府委员会，并由委员会通过互联网公布政府信息。然而，一旦这些委员会的法定年限到期，那些网站的持久性就无法得到保证。在一些情况下，其他政府机构能够继续维护委员会的网站，而在另一些情况下，美国科学家联盟等非盈利机构或北德克萨斯州大学图书馆等学术机构则承担起了这项任务。因此，这些委员会网站的网址可能并不包含 .gov 或 .mil。

人体放射性实验咨询委员会

人体放射性实验咨询委员会（Advisory Committee on Human Radiation Experiments）的成员由来自能源部、健康与人类服务部、司法部和退伍军人事务部的专业人员组成。该委员会由克林顿总统于 1994 年 1 月 15 日成立，负责完成能源部前身机构对人体所做的试验，并编写试验报告。报告称，受试者曾在正常的医疗程序中被故意暴露在过量的电离辐射中。[26]

《人类辐射试验咨询委员会：最终报告》（*The Advisory Committee on Human Radiation Experiments: Final Report*，1995 年）和两部增补卷指出，美国政府曾在 1944—1974 年期间，赞助过几千个人类辐射试验。这些试验在推动医学和人类健康发展的同时，对许多个体造成了巨大的伤害。在 1974 年之前，美国政府对这种情况的相关政策并不全面，在试验前没有征得受试者的同意，甚至有些军人也被用于核武器测试实验。[27] 政府曾经向受试者个人、家属和大众隐瞒了试验的情况，因此该委员会建议：政府应向人类辐射试验受试者或其家属道歉，并提供一定的资金补偿；国会则需考虑修订《1990 年辐射暴露补偿法案》条款，将在核武器计划发展中受到辐射的那些人群包括进去；科学家进行人类试验时，应将伦理道德作为中心要素；政府应公开这些试验的历史记录。[28]

负责评估国内对大规模杀伤性武器恐怖主义反应能力的顾问小组（吉尔摩委员会）

负责评估国内对大规模杀伤性武器恐怖主义反应能力的顾问小组（Advisory Panel to Assess Domestic Response Capabilities for Terrorism Involving Weapons of Mass Destruction），又称吉尔摩委员会（Gilmore Commission），由前州长詹姆斯·吉尔摩（James Gilmore，弗吉尼亚州共和党，1998—2002 年在任）任主席，是根据 1999 财年的《国防授权法案》成立的。该小组负责：评估联邦机构加强国内对涉及大规模杀伤性武器的突发事件的防备能力；审查针对此类事件应急响应开展的联邦培训项目的进展情况；发现这些项目中的不足，如通信、装备和规划需求资金不足；提供策略建议，与联邦机构之间进行有效协调，共同参与针对大规模杀伤性武器的响应工作；为州和地方政府划分适当的职能，为实现更加有效的地方响应能力提供资金。[29]

《呈交给总统和国会的第一份年度报告：评估威胁》（*The First Annual Report to the President and Congress: Assessing the Threat*，1999 年）建议：参与公民自由保护的各级政府官员应各尽其责；必须制定真正能够用于打击恐怖主义的国家策略，使州和地方官员以及执法和应急反应人员能够同心协力，共同打击恐怖主义；策略的制定必须将1995年俄克拉荷马市阿夫尔莱德·默拉联邦大楼爆炸事件中使用的传统高爆炸性或装配式武器考虑在内；国会应当组建联合监督委员会，更加有效地对计划进行审核，为州和地方政府拨款；应急响应装备供应商应更多地参与研发工作，以满足当地应急响应需求。[30]

吉尔摩委员会（2003年解散）随后制定的报告包括：《呈交给总统和国会的第二份年度报告：打击恐怖主义的国家策略》（*Second Annual Report to the President and Congress: Toward a National Strategy for Combating Terrorism*，2000年）、《呈交给总统和国会的第三份年度报告》（*Third Annual Report to the President and Congress: For Ray Downey*，2001年）和《呈交给总统和国会的第四份年度报告：实施国家战略》（*Fourth Annual Report to the President and Congress: Implementing the National Strategy*，2002年）。吉尔摩委员会的网站www.rand.org/nsrd/terrpanel/由兰德公司创建，网站内容包括：所有年度报告的内容、会议记录、该委员会成员的名单，以及公开的联系方式。

美国21世纪国家安全委员会（哈特–拉德曼委员会）

美国21世纪国家安全委员会（U.S. Commission on National Security/21st Century），又称哈特–拉德曼委员会（Hart-Rudman Commission），是国防部长于1998年在白宫和国会的支持下特许成立的，旨在对新兴的国际安全发展情况进行审查；针对新兴环境，设计一套适合美国的国家安全策略；评估当前国家安全机构的相关性和有效性；为这些机构提供适当的建议，帮助它们做出必要的改变。[31] 该委员会的主席由前参议员加里·哈特（Gary Hart）和沃伦·B.拉德曼（Warren B. Rudman）共同担任。

哈特–拉德曼委员会的报告包括：《新世界的到来：21世纪的美国安全，支持研究与分析》（*New World Coming: American Security in the 21st Century, Supporting Research and Analysis*，1999年）、《寻找国家策略：既要维护安全又要保证自由》（*Seeking a National Strategy: A Concert for Preserving Security and Promoting Freedom*，2000年）、《国家安全之路：结构与过程分析补充》（*Road Map for National Security: Addendum on Structure and Process Analyses*，2001年）和《国家安全之路：改变势在必行》（*Road Map for National Security:*

Imperative for Change，2001 年）。

哈特－拉德曼委员会建议：成立国家国土安全局，由它来处理国土安全问题；促使国家情报委员会将国土安全和非对称威胁等纳入分析范围；在 2010 年，促使联邦科技研发经费翻一番；促使财政部长加入国家安全委员会；国会和国防部长将四年防务评估工作移到总统任期上任的第二年；在与中央情报总监的交流中，国家安全委员会需在决定情报优先等级方面起重要作用；指导国会和行政部门领导制订计划，鼓励政府人员掌握国家安全和外交政策才能。[32]

哈特－拉德曼委员会的网站 www.nssg.gov/ 包含了报告的内容及其他资料。

保护和减少政府机密委员会

保护和减少政府机密委员会（Commission on Protecting and Reducing Government Secrecy）成立于 1994 年，由参议员丹尼尔·帕特里克·莫伊尼汉（Daniel Patrick Moynihan，纽约州民主党）和众议员拉里·康贝斯特（Larry Combest，德克萨斯州共和党）共同担任委员会主席。该委员会负责：审查政府信息加密的含义；提供建议以减少加密信息的数量；加强对需加密信息的保护；针对安全调查的授权提出建议。[33]《保护和减少政府机密委员会报告》（*Report of the Commission on Protecting and Reducing Government Secrecy*，1997 年）对保护和减少机密相关的问题进行了概述；对信息加密流程进行了反思；讨论了应如何权衡谨慎解密政府信息与公开访问政府信息的问题；考虑了应如何提高个人安全的问题；提出了信息安全在科技驱动时代的重要性。

保护和减少政府机密委员会建议：颁布法律，规定联邦信息加密和解密需遵循的原则；要求各个机构在请求信息加密时提供适当的理由；指导各个机构调整其记录管理和解密的程序，以实现记录访问量最大化，实现最大的公共利益；为联邦政府做好信息系统安全职业道路规划。[34]

访问网站 www.access.gpo.gov/congress/commissions/secrecy/ 可查阅在线的委员会报告。

美国情报界作用与能力委员会（布朗－拉德曼委员会）

1995 财年的《情报授权法案》是美国情报界作用与能力委员会

(Commission on Roles and Capabilities of the U.S. Intelligence Community) 成立的基础。该委员会评估了美国在冷战后情报活动的有用性和适用性。[35] 该委员会又称为布朗 – 拉德曼委员会 (Brown-Rudman Commission),这是因为委员会主席由前国防部长哈罗德 · 布朗 (Harold Brown,1977—1981 年在任) 和新罕布什尔前参议员沃伦 · B. 拉德曼 (Warren B. Rudman) 共同担任。

《为 21 世纪做准备 : 美国情报评估》(*Preparing for the 21st Century: An Appraisal of U.S. Intelligence*,1996 年) 强调 : 美国对维护情报能力的需求 ; 对协调应对全球犯罪的需求 ; 提高情报分析能力的必要性 ; 重建情报界的重要性 ; 太空侦察和技术搜集搜集管理的重要性 ; 政府机构和大众对联邦情报机构实施有效监管和问责机制的需求。

布朗 – 拉德曼委员建议 : 美国应保持超强的情报能力 ; 政策制定者应更多地参与情报工作 ; 美国应保留秘密行动的能力,以实现预期的政策目标 ; 大幅调整预算过程 ; 公开情报总体预算 ; 更多地依靠情报分析技术和情报分析知识,以定期为国会情报监督委员会培养新成员。[36]

要查阅布朗 – 拉德曼委员报告的内容,请登录网站 www.access.gpo.gov/intelligence/int/。

武装部队职责和使命委员会

武装部队职责和使命委员会 (Commission on Roles and Missions of the Armed Forces) 于 1993 年 11 月由国防部成立,其职能是 : 审查当前武装部队在后冷战时期的职责、使命和功能 ; 评估并报告其职责、使命和功能的交替分配 ; 为国防部提供建议,变更国防部对这些职责、使命和功能的定义和分配。[37]

《国防方向》(*Directions for Defense*,1995 年) 对武装部队职责和使命委员会的工作进行了概述 ; 提出了该委员会对于联合作战的想法 ; 表达了军事活动中对有效响应性支持的需求 ; 指出了在国防部行动中改善管理和方向的重要性。该委员会建议 : 要通过提高联合机构的规划和执行任务的能力,增强联合作战的能力 ; 将国防部基础设施的重点放在有效支持联合作战能力上 ; 改善国防部的决策过程,将部门使命看做决策的重点。[38]

联邦政府防止大规模杀伤性武器扩散组织评估委员会（多伊奇－斯派克特委员会）

联邦政府防止大规模杀伤性武器扩散组织评估委员会（Commission to Assess the Organization of the Federal Government to Combat the Proliferation of Weapons of Mass Destruction）成立于1998年，由前中央情报局局长约翰·多伊奇（John Deutch，1995—1996年在任）和参议员埃伦·斯派克特（Sen. Arlen Specter，宾夕法尼亚州共和党）共同担任委员会主席。

该委员会负责全面研究联邦政府组织防止大规模杀伤性武器扩散的能力。国会特别邀请多伊奇－斯派克特委员会评估美国与外国政府在防扩散事宜方面合作的有效性，并特别注重美国与外国情报界、联邦部门和机构与外国同行、联邦政府与国际政府组织之间的合作。[39]

该委员会发布的报告和附录《防止大规模杀伤性武器的扩散》（*Combating Proliferation of Weapons of Mass Destruction*，1999年）给出了国家安全委员会、国务院、国防部、商务部和情报界进行防扩散活动的清单；防扩散出口管制说明；为政府机构提供的关于提高防扩散能力的建议。

该委员会建议：国会应从行政机构处搜集所需的防扩散相关报告；行政管理和预算局应在总统预算中为防扩散活动设立单独的预算项目；美国应加强针对终端用户的出口控制与管理；加强美国出口控制系统的纪律；国务院应针对各个国家制定不同的防扩散策略；国防部应针对扩散问题设置高级职位；美国能源部应在助理能源部长的辅佐下统筹防扩散事宜；中央情报总监应保证针对首要扩散目标制定情报搜集计划。[40]

访问美国科学家联盟的网站www.fas.org/spp/starwars/program/deutch/，可获得上述报告的内容。

美国国家安全太空管理和组织评估委员会

美国国家安全太空管理和组织评估委员会（Commission to Assess U.S. National Security Space Management and Organization）是根据2000财年的《国防授权法案》成立的，负责审查：何种太空资产可用于支持美国军事行动；当前与国家安全太空资产业务相关的跨部门协调过程；国家安全太空情报方面和非情报方面的关系；设立参与国家安全太空任务的军事机构、类似实体或国防部官员的潜在成本和收益。[41]

《美国国家安全太空管理和组织评估委员会报告》(*Report of the Commission to Assess United States National Security Space Management and Organization*) 发布于2001年。该报告结果主要涉及：太空在国家安全中所起的作用，影响美国国家安全太空活动的组织、活动管理，改善军事太空管理活动可能的方法。该委员会建议：将太空活动作为美国国家根本利益；鼓励国防部开发和部署空间系统，以阻止针对美国的袭击，保护美国地面和太空利益；关注商用和民用太空部门在国内外经济事务和国家安全事务中的重要作用；为国防部、情报界和其他政府部门培养大批军事和太空专业人才。[42] 访问美该委员会的网站 www.defenselink.mil/pubs/space20010111.html，可获得上述报告的内容。

国防部基地关闭与调整委员会

国防部基地关闭与调整委员会 (Defense Base Closure and Realignment Commission) 成立于1990年，根据冷战后国防需求的下降，负责向国防部提出关于关闭或调整军事基地的建议。该委员会建议，在1990—1995年应进行三轮军事基地关闭工作，并发布了3份报告。[43]

该委员会的最终报告《国防部基地关闭与调整委员会呈交给总统的报告》(*Defense Base Closure and Realignment Commission Report to the President*, 1995年) 描述了国防部基地关闭与调整对政治和经济的负面影响；讨论了各个联邦机构能够为那些面临基地关闭或调整的组织提供哪些帮助。此外，该报告还给出了建议关闭或调整的132个基地的名称，并提供了详细的正当理由，解释了该委员会做出此类决策的依据。[44]

报告内容可参见其众议院文件104–96，这些文件可从“美国政府印刷办公室准入网站”www.gpoaccess.gov/ 上获得。

《IC21：21世纪的情报界》

《IC21：21世纪的情报界》(*IC21: The Intelligence Community in the 21st Century*) 包括1995—1996年众议院常设情报委员会专业人员的研究结果。1996年发表的一篇报告对情报界中可能的改组（以更加符合21世纪情报和国家安全的要求）进行了概述。

该报告是由众议院情报委员会的成员和员工在空军情报局、国家安全局和海军情报局等情报机构，以及 7 位中央情报局总监的监督下编写而成的。该报告涉及的内容包括：情报界管理、信号情报、图像情报、测量和签字情报、机密活动和国会监督。关于情报机构改革的历史背景，请参见国会研究服务处的报告《情报重组建议（1949—1996)》(*Proposals for Intelligence Reorganization*, *1949–1996*, 1996 年)。

《21 世纪的情报界》建议包括：中央情报处总监由总统统帅，负责直接指挥机密行动；扩大中央情报局总监在整个联邦外国情报机构中的人事权限；将中央情报局作为关键全源分析机构；众议院将其情报委员会设为常务委员会，其成员由众议院主席指定；秘密行动处的军事部门由可行性职业生涯规划的军事作战人员组成，这些人员必须拥有与其文职同行相同的专业资质。[45]

访问网站 www.access.gpo.gov/congress/house/intel/ic21/，可查看报告的相关内容。

美国海港犯罪与安全跨部门委员会

1999 年 4 月 27 日，根据总统备忘录，美国海港犯罪与安全跨部门委员会（Interagency Commission on Crime and Security in U.S. Seaports）对美国海港各种严重犯罪的本质、范围，以及海港整体安全性进行了分析；对承担港口安全责任的联邦机构的使命和权利进行了审核；对联邦、州和地方政府机构之间的港口安全协调工作进行了评估；提供了一些意见和建议，以帮助这些机构对海港犯罪活动做出回应。[46]

该委员会所有的调查结果都在《美国海港犯罪与安全跨部门委员会报告》（*Report of the Interagency Commission on Crime and Security in U.S. Seaports*, 2000 年）中公布。报告内容对各个部门及其职能进行了论述，比如，维护港口安全、美国海港安全实践、恐怖主义威胁、情报和信息管理在港口安全方面的作用，以及港口安全问题在国际上的意义。

该委员会提出的建议包括：加强跨部门、跨政府和私营企业解决恐怖主义等海港犯罪威胁方面的力度；调整当前的联邦政府数据库，确保海港犯罪信息处于即用状态，且具有可恢复性；针对国际贸易港口跨部门犯罪进行年度评估；制定一种机制，讨论、评估并提出海港安全方面的解决方案，注重新兴技术的应用；鼓励各个机构为外国情报机构制定特定的信息搜集要求，跟踪那些对国家安全具有潜在威胁的违禁商品在港口处的交易，如贩毒和大规模杀伤性武器的扩散。[47] 登录安全管理在线网站 www.securitymanagement.com/library/seaport1200.pdf，可查阅报告内容。

国家侦察局国家审查委员会

国家侦察局国家审查委员会（National Commission for the Review of the National Reconnaissance Office），负责审查国家侦察局的职责和使命、组织结构、技术能力、承包关系、商业影像使用、运载工具的采购和维修、采购机构，以及与其他联邦机构的关系。[48] 该委员会成立于 1999 年。

《处在十字路口的国家侦察局》（*The NRO at the Crossroads*）发表于 2000 年 11 月，其中提出了很多关于强化天基情报搜集活动的建议。建议包括：要求国防部长和中央情报总监为国家侦察局、国家安全局和国家影像制图局在活动任务分配、活动处理、活动推广和活动宣传方面分配适当的角色；确保国防部长和中央情报总监对国家侦察局当前和未来的技术应用能力有统一的认识，以满足事业伙伴和客户的需求；

组建太空侦察局，在国家侦察局局长的带领下，加强国家侦察局使用最佳太空技术处理情报问题的能力；促使两局通力合作，以实现国家侦察局系统策略和技术需求两方面的平衡。该委员会还强调了总统、国防部长和中央情报总监在制定清晰的国家政策、充分利用美国商用工业中的重要性。[49]

该委员会报告的网络版本，可参见美国科学家联盟的网站 www.fas.org/irp/nro/commission/。

国家恐怖主义委员会（布雷默委员会）

国家恐怖主义委员会（National Commission on Terrorism）成立于 1998 年 10 月，由前美国专门反恐大使 L. 保罗 · 布雷默（L. Paul Bremer）担任委员会主席。布雷默委员会（Bremer Commission）负责调查针对美国的国际恐怖主义。该委员会负责解决的特定问题包括：审核反恐法律、法规、政策和实践，以预防和惩治反美恐怖主义；评估当前美国的反恐法律、法规和指令的效力；判定恐怖主义是否在西半球建立了基础设施；评审行政部门与地方、州和外国机构的反恐合作是否有效；评估行政部门在预防核生化恐怖主义方面的成绩；针对美国反恐政策提出建议，以预防和惩处针对美国的国际恐怖主义。[50] 报告《根据公法 105–277 规定打击不断变化的国际恐怖主义》（*Countering the Changing Threat of International Terrorism Pursuant to Public Law 105-277*，2000 年）中给出了关于提高美国反恐政策质量的大量建议。例如，联邦调查局可全权调查恐怖组织或个人；联邦调查局可指派一名报告员干部，搜集、摘录和宣传与恐怖主义相关的信息；在伊朗和叙利亚停止支持恐怖主义之前，仍将其视为恐怖主义支持者；负责灾难性恐怖主义威胁响应的高级政府机构官员应参与每年的全国性演习、接受能力和协作精神测试；总统应负责长期开展具有综合性和协调性的灾难性恐怖主义研究和发展工作；国会应制定相关机制，审核总统的反恐预算。[51]

访问网站 www.access.gpo.gov/nct/，可获得布雷默委员会呈交的报告。众议院文件 106–250 可从“美国政府印刷办公室准入网站”www.gpoaccess.gov/ 获取。

国家重塑政府伙伴关系——国家绩效评估委员会

国家重塑政府伙伴关系委员会，也被称为国家绩效评估委员会（National Partnership for Reinventing Government/National Performance Review，缩写为 NPR），成立于 1993 年 3 月 3 日，由时任副总统阿尔 · 戈尔（Al Gore）领导。国家绩效评估委员会发表了关于提高联邦机构和部门管理与运营效率的大量报告。[52] 许多国家安全相关机构的报告都是以 1993 年的统一标题：《从繁文缛节到成果：构建一个少花钱、多办事的政府》（*From Red Tape to Results: Creating a Government That Works Better and Costs Less*）发表的。国家安全相关机构和项目的专题报告包括《国防部》（*Department of Defense*，1993 年）、《能源部》（*Department of Energy*，1993 年）、《联邦紧急事务管理署》（*Federal Emergency Management Agency*，1993 年）和《情报界》（*Intelligence Community*，1993 年）。

国家绩效评估委员会提供的国家安全方面的建议包括：为国防部建立统一的预算系统；要求联邦紧急事务管理署建立以客户为导向的、提前的灾难响应机制；要求情报界再次评估信息搜集实践，以迎接开放性信息缺口带来的挑战。[53]

国家绩效评估委员会的活动、建议书和报告的存档信息，可通过北德克萨斯大学图书馆政府文件部门创建的 Cyber Cemetery 网站 http: //govinfo.library.unt.edu/npr/ 获取。

总统海湾战争疾病研究咨询委员会

根据 1995 年 5 月 26 日的总统令，总统海湾战争疾病研究咨询委员会（President's Advisory Committee on Gulf War Veterans Illnesses）得以成立，目的是审核曾参与“沙漠风暴行动”的退役老兵可能接触的生化污染研究，评估政府机构对这些疾病做出的响应。[54]

该委员会在《最终报告》（*Final Report*，1996 年）中概述了政府对这些疾病的应对策略，列出了这些疾病的风险因素，如接触农药或生物战剂的风险因素。该报告提出的建议包括：提倡疾病研究应该将重点放在致病原因以及预防和治疗肌肉骨骼疾病上；国防部和退伍军人事务部应进行长期的死亡率研究，以调查海湾战争退伍老兵的癌症发病率。[55]

访问网站 www.gwvi.ncr.gov/toc-f.html，可查看报告的内容。

总统关键基础设施保护委员会

总统关键基础设施保护委员会（President's Commission on Critical Infrastructure Protection，缩写为 PCCIP），是根据总统令于 1996 年 7 月成立的。该委员会对美国关键基础设施中存在的经济和国家安全方面的漏洞进行了检查，比如，电信；电力和供水系统；银行和金融；紧急医疗、警务和消防服务；计算机系统。该委员会针对综合性法律、法规、政策和实施的变更提出了一些建议，以对关键基础设施建设提供保护。[56]

1997 年 10 月，总统关键基础设施保护委员会发表了题为《立足之本：保护美国基础设施》（*Critical Foundations: Protecting America's Infrastructures*）的报告。该报告发现，对美国关键基础设施漏洞的攻击有所增加，而进行一次有效攻击的成本却会越来越低。该委员会提倡：要更多地依赖产业－政府之间的合作，而不是仅仅依靠法律法规的约束；政府设施应首先采用最佳实践方法，改善安全规划；提供当地应急人员，获得额外的联邦资金，以完善化学、生物和放射性事件的检测、识别和管理方法；总统要负责在国家安全委员会组建国家基础设施保证办公室。[57]

访问网站 http: //permanent.access.gpo.gov/lps15260/PCCIP_Report.pdf，可查看本报告的内容。

航空安全和保安白宫委员会（戈尔委员会）

航空安全和保安白宫委员会（White House Commission on Aviation Safety and Security）成立于 1996 年 8 月 22 日，由时任副总统阿尔 · 戈尔担任委员会主席。戈尔委员会负责制定策略并提供策略建议，以提高国内和国际航空安全和保安。[58]《呈交给克林顿总统的最终报告：航空安全和保安白宫委员会》（*Final Report to President Clinton: White House Commission on Aviation Safety and Security*，1997）给出了该委员会对改善航空安全、提高航空交通管制安全性和效率、加强旅行安全及空难响应等方法的评估。戈尔委员会（Gore Commission）提出的建议包括：使用直白的英语，以绩效为基础改写联邦航空条例；颁布法规，保护航空工业的员工；报告违反安全或保安条例的事件；要求美国政府根据联邦法律和国际条约，确保国际空难罹难者家属能够收到合理的补偿，并受到公平待遇。[59]

访问机场经理贸易协会建立的网站 www.airportnet.org/depts/regulatory/gorefinal.htm，可查阅本报告的内容。

乔治·W. 布什政府

自 2001 年 9 月 11 日纽约世贸中心和五角大楼遭受"基地"组织的袭击以来，布什政府国家安全政策和优先顺序就发生了翻天覆地的变化。反恐战争的序幕从此拉开，乔治 · W. 布什总统针对为"基地"组织及其头目奥萨马 · 本 · 拉登提供庇护的阿富汗采取了军事行动。2003 年 3 月，布什发动伊拉克战争，推翻了萨达姆 · 侯赛因的复兴党政权。[60]

美国未来航空航天工业委员会

2001 财年的《国防授权法案》为美国未来航空航天工业委员会

（Commission on the Future of the U.S. Aerospace Industry）的成立提供了法律依据。该委员会主席由众议院科学委员会前主席罗伯特 · S. 沃克（Robert S. Walker，巴拿马州共和党，1977—1997年在任）担任，负责研究联邦政府的航空航天研究、发展和采购预算的充分性；判定当前航空产品、服务和技术出口控制系统，在保护国家安全和确保全球市场无限访问之间的平衡；评估美国和国际贸易法律和政策的质量，以维护美国航空业的竞争地位；审核美国航天发射基础设施的状态；对航空科学项目和工程高等教育项目支持的充足性进行评估。[61]

在完成近两年的工作后，该委员会发表了《最终报告》(*Final Report*，2002年)。本报告从总体上介绍了航天工业在航空运输、太空和国家安全方面的重要性。其次，讨论了政府在行业发展或衰退中起到的作用，给出了一些关于国际商业航空市场的信息，并介绍了航天工业的劳动力和研究进展。

美国未来航空航天工业委员会建议：联邦政府应建设加速跑道，将机场发展作为国家重点项目；国家航空航天局和国防部应发展并支持未来发射能力的需求；制定美国军事工业基础政策；消除商业航天产品和服务国防采购的障碍；组建政府内管理机构，以制定国家航天政策；成立联邦跨部门特遣小组，制定国家航天劳动力策略，以提高大众对该行业重要性和行业机会的理解；联邦政府应加大对基本航空研究的投资。[62]

美国未来航空航天工业委员会的网站 http: //permanent.access.gpo.gov/lps43534/AeroCommissionFinalReport.pdf 提供了《最终报告》、中期报告、各个委员的资料，以及会议记录和会议日程安排。

美国国家反恐怖主义袭击委员会

美国国家反恐怖主义袭击委员会（National Commission on Terrorist Attacks Upon the United States）成立于2002年11月，目的是针对2001年9月11日的恐怖袭击事件展开调查。组织条令规定：美国国家反恐怖主义委员会需负责评估并报告由政府机构提供的，关于恐怖袭击事实和发生条件的证据；对国会调查和总结，以及其他政府调查进行审核；负责美国境内此类事件的应急准备和即刻响应；向总统和国会报告其获得的发现和建议措施，预防恐怖袭击再次发生。[63]

至2004年初，该委员会仍在展开调查，并未发表最终报告。该委员会的网站 www.911commission.gov/ 公布了委员会成员的名单、两份期中报告、公众听证会上的目击者声明，以及这些听证会的网络广播。

美中经济与安全评估委员会

根据 2001 财年《国防授权法案》，美中经济与安全评估委员会（U.S.-China Economic and Security Review Commission）负责监视、调查美中双边贸易和经济纽带在国家安全方面的含义，并向国会报告调查结果。该委员会需提供一份关于中美货物和服务（中国用于军事系统或军用系统）贸易的报告，以说明中国对军事技术或军民两用技术的采购是否会造成大规模杀伤性武器的扩散；对中国官员发表的关于中国与美国或其亚洲同盟国家军事竞争的文章或声明进行分析；说明中国金融交易对美国国家安全利益的影响；解释中国对美国的贸易顺差能够增加中国的军事预算；整体评估中国对美国安全挑战的发展态势。[64]

该委员会在 2002 年《美中经济关系对国家安全的影响》（*The National Security Implications of the Economic Relationship between the United States and China*，2002 年 7 月）中发表了其初步调查结果。报告随附卷包括《文件附录》（*Documentary Annex*，2002 年，包括与委员会相关的大量论文）、《美中安全评估委员会召开前的听证会内容汇编》（*Compilation of Hearings Held Before the U.S-China Security Review Commission*，2002 年，对 8 次听证会的总结）和该委员会在 2001—2002 年技术通报会。

该委员会在年度报告中提出了大量的建议，包括：美国政府应增加对开发性中文资料的搜集、翻译和分析量，通过增加投资，扩大这些信息的普及范围；要求总统指定行政分支机构，负责协调所有政府间和联邦政府间投资项目数据库的整理；建立联邦授权企业报告系统，搜集相关信息，深入认识中美贸易和投资关系；除非中国实现其防止大规模杀伤性武器和技术向其他国家或组织扩散的承诺，否则禁止与中国合作发射卫星；继续国防部与台湾在安全相关问题上的对话；要求国防部与联邦调查局合作，评估中国对美国敏感性国防技术的意图；采取必要步骤，拒绝中国购买这些资源。[65]

2004 年初，美中经济与安全评估委员会已经成为一个较为活跃的组织。其网站 www.uscc.gov/，提供了关于委员会成员、听证会总结、年度报告、委员会相关论文，以及中国军事经典选辑翻译本。

注 释

1. 评估总统委员会的作品包括 David Flitner, *The Politics of Presidential Commissions* (Dobbs Ferry, N.Y.: Transnational Publications, 1986); David F. Linowes, *Creating Public Policy: The Chairman's Memoirs of Four Presidential Commissions* (Westport, Conn.: Praeger, 1998); Terrence R. Tutchings, *Rhetoric and Reality: Presidential Commissions and the Making of Public Policy* (Boulder, Colo.:Westview Press, 1979); and Thomas R.Wolanin, *Presidential Advisory Commissions: Truman to Nixon* (Madison: University of Wisconsin Press, 1975.)。
2. 这些作品的书目参考指南包括 Bernard A. Bernier Jr. and Karen A. Wood, comps., *Popular Names of U.S. Government Reports: A Catalog,* 4th ed. (Washington, D.C.: Library of Congress, 1984); and Steven D. Zink, *Guide to Presidential Advisory Commissions, 1973–1984* (Alexandria,Va.: Chadwyck-Healy, 1987)。对于国会委员会来说，美国政府印刷办公室每两年出版的 U.S. Government Printing Office, *United States Congressional Serial Set Catalog* (Washington, D.C.: Government Printing Office, 1981–present); and U.S. Congress, House Committee on Armed Services, *Defense Acquisition: Major U.S. Commission Reports (1949–1988), Volume 1,* 100th Cong., 2d sess., 1988。
3. 里根政府国家安全政策评估包括 William P. Snyder and James Brown, eds., *Defense Policy in the Reagan Administration* (Washington, D.C.: National Defense University Press, 1988);Michael M. Boll, *National Security Planning: Roosevelt through Reagan* (Lexington: University Press of Kentucky, 1988); and Jay Winik, *On the Brink: The Dramatic Behind-the-Scenes Saga of the Reagan Era and the Men and Women Who Won the Cold War* (New York: Simon and Schuster, 1996)。
4. U.S. Commission on Integrated Long Term Strategy, *Discriminate Deterrence: Report of the Commission on Integrated Long-Term Strategy* (Washington, D.C.: Department of Defense, 1988). 国会对委员会报告的回应，请参见 U.S. Congress, House Committee on Armed Services, Defense Burdensharing Panel, *Defense Burdensharing: The Costs, Benefits and Future of U.S. Alliances,* 101st Cong., 1st sess., 1989。
5. U.S. Commission on Merchant Marine and Defense, *Second Report of the Commission on Merchant Marine and Defense: Recommendations* (Washington, D.C.: Government Printing Office, 1987), 1. 更多关于美国商船活动的背景信息，请参见 Andrew Gibson and Arthur Donovan, *The Abandoned Ocean: A History of United States Maritime Policy* (Columbia: University of South Carolina Press, 2000)。
6. U.S.Military Manpower Task Force, *A Report to the President on the Status and Prospects of the All-Volunteer Task Force,* rev. ed. (Washington, D.C.: U.S.Military Manpower Task Force, 1982), xiii. 其他关于全志愿兵役制的背景信息，请参见 William Bowman and others, eds., *The All-Volunteer Force after a Decade: Retrospect and Prospect* (Washington, D.C.: Pergamon-Brassey's, 1986); and Robert K. Griffith, *The U.S. Army's Transition to the All-Volunteer Force, 1968–1974* (Washington, D.C.: U.S. Army Center of Military History, 1996)。
7. PL 92-125, "To Establish the National Advisory Committee on the Oceans and Atmosphere," 85 *U.S. Statutes at Large,* 344–345. 国家海洋和大气咨询委员会注资中止信息，请参见 e-mail message from Thomas Kitsos, executive director, U.S. Commission on Ocean Policy, to author,

April 14, 2003。

8. "Executive Order 12433: National Bipartisan Commission on Central America," *Federal Register,* 48, no. 141 (July 21, 1983), 33227–33228.
9. "Executive Order 12526: President's Blue Ribbon Commission on Defense Management," *Federal Register,* 50, no. 138 (July 18, 1985), 29203–29204. 国会对帕卡德委员会调查结果的回应，请参见 U.S. Congress, House Committee on Armed Services, Investigations Subcommittee, *Department of Defense Implementation of the Packard Commission Report of 1986* 101st Cong., 2d sess., 1990。
10. Zink, *Guide to Presidential Advisory Commissions,* 491. 国会反应，请参见 U.S. Senate Appropriations Committee, *S. Con. Res. 26: A Resolution to Approve Funding for the MX Missile* 98th Cong., 1st sess., 1983); and U.S. Congress, Senate Committee on Foreign Relations, *President's Commission on Strategic Forces,* 98th Cong., 1st sess., 1983。
11. "Executive Order 12369: President's Private Sector Survey on Cost Control," *Federal Register,* 47, no. 128 (July 2, 1982), 28899–28900.
12. 格雷斯委员会评价，请参见 Zink, *Guide to Presidential Advisory Commissions,* 456–459; U.S. Congress, House Committee on Armed Services, Grace Commission Panel, *Recommendations of the Grace Commission* (Washington, D.C.: Government Printing Office, 1987); Charles H. Levine, ed., *The Unfinished Agenda for Civil Service Reform: Implications of the Grace Commission Report* (Washington, D.C.: Brookings Institution, 1985); and Randall Fitzgerald and Gerald Lipson, *Porkbarrel: The Unexpurgated Grace Commission Story of Congressional Profligacy* (Washington, D.C.: Cato Institute, 1984)。
13. "Executive Order 12575: President's Special Review Board," *Federal Register,* 51, no. 232 (December 3, 1986), 43718–43719. 关于伊朗门事件的信息，请参见 Lawrence E.Walsh, *Final Report of the Independent Counsel for Iran/Contra Matters* (Washington, D.C.: U.S. Court of Appeals for the District of Columbia Circuit, Division for the Purpose of Appointing Independent Counsel, 1993); U.S. Congress, Senate Select Committee on Intelligence, *Were Relevant Documents Withheld from the Congressional Committees Investigating the Iran-Contra Affair?,* S Print 101-44, 101st Cong., 1st sess., 1989; Harold Hongju Koh, *The National Security Constitution: Sharing Power after the Iran-Contra Affair* (New Haven, Conn.: Yale University Press, 1990); and David P. Thelen, *Becoming Citizens in the Age of Television: How Americans Challenged the Media and Seized Political Initiative during the Iran-Contra Debate* (Chicago: University of Chicago Press, 1996)。
14. Examples of works on George H. W. Bush administration national security policy issues include George Bush and Brent Scowcroft, *A World Transformed* (New York: Knopf, 1998); and Philip Zelikow and Condoleezza Rice, *Germany Unified and Europe Transformed: A Study in Statecraft* (Cambridge,Mass.: Harvard University Press, 1995).
15. 委员会章程，请参见 U.S. Defense Conversion Commission, *Adjusting to the Drawdown: Report of the Defense Conversion Commission* (Washington, D.C.: Department of Defense, 1992), 85。
16. U.S. Congress, House Committee on Armed Services, *Report of the Panel on Military Education of the One Hundredth Congress,* 101st Cong., 1st sess., 1989), v, 11. 背景参考信息，请参见 U.S. Congress, House Committee on Armed Services, Panel on Military Education, *Professional Military Education,* 101st Cong., 2d sess., 1990。
17. U.S. Congress, House Committee on Armed Services, *Report of the Panel on Military Education of the One Hundredth Congress,* 2–7.
18. "Executive Order 12686 of August 4, 1989: President's Commission on Aviation Security and

Terrorism," *Federal Register,* 54, no. 152 (August 9, 1989), 32629–32630.

19. U.S. President's Commission on Aviation Security and Terrorism, *Report of the President's Commission on Aviation Security and Terrorism* (Washington, D.C.: Government Printing Office, 1990), 121, 123, and 125.
20. PL 100-408, "Price-Anderson Amendments Act of 1988," 102 *U.S. Statutes at Large,* 1074–1075.
21. U.S. Presidential Commission on Catastrophic Nuclear Accidents, *Report to the Congress from the Presidential Commission on Catastrophic Nuclear Accidents,* vol. 1 (Washington, D.C.: U.S. Presidential Commission on Catastrophic Nuclear Accidents, 1990), 5–10.
22. President's Council of Advisors on Science and Technology, *Science, Technology, and National Security* (Washington, DC: President's Council of Advisors on Science and Technology, 1992), v–vi.
23. U.S. Presidential Commission on the Assignment of Women in the Armed Forces, *Presidential Commission on the Assignment of Women in the Armed Forces: Report to the President* (Washington, D.C.: U.S. Presidential Commission on the Assignment of Women in the Armed Forces, 1992), A-2.
24. U.S. Presidential Commission on the Assignment of Women in the Armed Forces, *Presidential Commission on the Assignment of Women in the Armed Forces: Report to the President,* 1, 5, 7, 15, 24.
25. 克林顿政府国家安全政策评估，请参见 Frederick H. Fleitz, *Peacekeeping Fiascoes of the 1990s: Causes, Solutions, and U.S. Interests* (Westport, Conn.:Praeger, 2002); Bill Gertz, *Betrayal: How the Clinton Administration Undermined American Security* (Washington, D.C.: Regnery Publications, 1999) ; and Ryan C. Hendrickson, *The Clinton Wars: The Constitution, Congress, and War Powers* (Nashville: Vanderbilt University Press, 2002)。
26. "Executive Order 12891 of January 15, 1994: Advisory Committee on Human Radiation Experiments," *Federal Register,* 59, no. 13 (January 20, 1994), 2935–2937.
27. United States, Advisory Committee on Human Radiation Experiments, *Advisory Committee on Human Radiation Experiments: Final Report* (Washington, D.C.: Government Printing Office, 1995): 777–800.
28. United States, Advisory Committee on Human Radiation Experiments, *Advisory Committee on Human Radiation Experiments: Final Report,* 801–846.
29. PL 105-261, "Strom Thurmond National Defense Authorization Act for Fiscal Year 1999," 112 *U.S. Statutes at Large,* 2169.
30. U.S. Advisory Panel to Assess Domestic Response Capabilities Involving Weapons of Mass Destruction, *First Annual Report to the President and Congress: Assessing the Threat* (Washington, D.C.: U.S. Advisory Panel to Assess Domestic Response Capabilities Involving Weapons of Mass Destruction, 1999), 54–57, 60.
31. U.S. Commission on National Security/21st Century, *New World Coming: American Security in the 21st Century: Supporting Research and Analysis* (Washington, D.C.: U.S. Commission on Nationa Security/21st Century, 1999), iv, vi.
32. U.S. Commission on National Security/21st Century, *Road Map for National Security: Imperative for Change* (Washington, D.C.: U.S. Commission on National Security/21st Century, 2001), 14, 22, 31, 52, 69, 84, 112.
33. PL 103-236, "Foreign Relations Authorization Act, Fiscal Years 1994 and 1995," 108 *U.S. Statutes at Large,* 525–529. An accompanying overview on governmental secrecy is Daniel P. Moynihan, *Secrecy: The American Experience* (New Haven, Conn.: Yale University Press, 1998).

34. U.S. Commission on Protecting and Reducing Government Secrecy, *Report of the Commission on Protecting and Reducing Government Secrecy* (Washington, D.C.: Government Printing Office, 1997).

35. PL 103-359, "Intelligence Authorization Act for Fiscal Year 1995," 108 *U.S. Statutes at Large,* 3456–3461.

36. U.S. Commission on the Roles and Capabilities of the U.S. Intelligence Community, *Preparing for the 21st Century: An Appraisal of U.S. Intelligence* (Washington, D.C.: Government Printing Office, 1996), xv–xxv.

37. PL 103-160, "National Defense Authorization Act for Fiscal Year 1994," 107 *U.S. Statutes at Large,* 1738–1739.

38. U.S. Commission on Roles and Missions of the Armed Forces, *Directions for Defense* (Washington, D.C.: U.S. Commission on Roles and Missions of the Armed Forces, 1995), 1-9, 1-10.

39. PL 104-293, "Intelligence Authorization Act for Fiscal Year 1997," 110 *U.S. Statutes at Large,* 3471.

40. U.S. Commission to Assess the Organization of the Federal Government to Combat the Proliferation of Weapons of Mass Destruction, *Combating Proliferation of Weapons of Mass Destruction* (Washington, D.C.: U.S. Commission to Assess the Organization of the Federal Government to Combat the Proliferation of Weapons of Mass Destruction, 1999.)

41. PL 106-65, "National Defense Authorization Act for Fiscal Year 2000," 113 *U.S. Statutes at Large,* 81.

42. U.S. Commission to Assess United States National Security Space Management and Organization, *Report of the Commission to Assess United States National Security Space Management and Organization* (Washington, D.C.: U.S. Commission to Assess United States National Security Space Management and Organization, 2001), xxx. 对本报告的国会审查，请参见 U.S. Congress, Senate Committee on Armed Services, Subcommittee on Strategic Forces, *Report of the Commission to Assess United States National Security Space Management and Organization,* 107th Cong., 2d sess., 2002。

43. PL 101-510, "Defense Base Closure and Realignment Commission Act of 1990," 104 *U.S. Statutes at Large,* 1812.

44. 详细解释，请参见 U.S. Defense Base Closure and Realignment Commission,*Defense Base Closure and Realignment Commission Report to the President* (Washington, D.C.: U.S. Defense Base Closure and Realignment Commission, 1995): 1-1–1-125。

45. U.S. Congress, House Permanent Select Committee on Intelligence, *IC21: Intelligence Community in the 21st Century* (Washington, D.C.: Government Printing Office, 1996), 11, 13, 17, 30, 41.

46. U.S. Interagency Commission on Crime and Security in U.S. Seaports, *Report of the Interagency Commission on Crime and Security in U.S. Seaports* (Washington, D.C.: U.S. Interagency Commission on Crime and Security in U.S. Seaports, 2000), 176–178.

47. U.S. Interagency Commission on Crime and Security in U.S. Seaports, *Report of the Interagency Commission on Crime and Security in U.S. Seaports* xi–xii, xv, xvii.

48. PL 106-120, "Intelligence Authorization Act for Fiscal Year 2000," 113 *U.S. Statutes at Large,* 1621.

49. U.S. National Commission for the Review of the National Reconnaissance Office, *The NRO at the Crossroads* (Washington, D.C.: U.S. National Commission for the Review of the National Reconnaissance Office, 2000), 7–10, 12, 18. 委员会报告，另见 U.S. Congress, Senate

Committee on Armed Services, Subcommittee on Strategic Forces, *Report of the National Commission for the Review of the National Reconnaissance Office and the Report of the Independent Commission on the National Imagery and Mapping Agency,* 107th Cong., 2d sess., 2002, 43–228。

50. PL 105-277, "Making Omnibus Consolidated and Emergency Appropriations for the Fiscal Year Ending September 30, 1999, and for Other Purposes," 112 *U.S. Statutes at Large,* 2681-10–2681-13.
51. U.S. National Commission on Terrorism, *Countering the Changing Threat of International Terrorism Pursuant to Public Law 105-277* (Washington, D.C.: U.S. National Commission on Terrorism, 2000), iv–v.
52. "Remarks Announcing the National Performance Review," *Public Papers of the Presidents of the United States: William J. Clinton 1993,* vol. 1 (Washington, D.C.: Government Printing Office, 1994), 233–235. 关于国家绩效评估委员会的评论，请参见 Byron York, "Big Al's Big Scam," *American Spectator,* 29 (February 1996): 38–43。
53. U.S. National Performance Review, *From Red Tape to Results: Creating a Government That Works Better and Costs Less: Department of Defense* (Washington, D.C.: Government Printing Office, 1993), 47–48; U.S. National Performance Review, *Federal Emergency Management Agency* (Washington, D.C.: Government Printing Office, 1993), 9–11; and U.S. National Performance Review, *Intelligence Community* (Washington, D.C.: Government Printing Office, 1993), 13.
54. "Presidential Advisory Committee on Gulf War Veterans Illnesses—Executive Order 12961," *Federal Register,* 60, no. 104 (May 31, 1995), 28505–28507.
55. U.S. Presidential Advisory Committee on Gulf War Veterans Illnesses, *Final Report* (Washington, D.C.: U.S. Presidential Advisory Commission on Gulf War Veterans Illnesses, 1996), 92, 126.
56. "Executive Order 13010 of July 15, 1996: Critical Infrastructure Protection," *Federal Register,* 61, no. 138 (July 17, 1996), 37347–37348.
57. U.S. Commission on Critical Infrastructure Protection, *Critical Foundations: Protecting America's Infrastructures* (Washington, D.C.: U.S. Commission on Critical Infrastructure Protection, 1997), x, 23, 43, 51.
58. "Executive Order 13015 of August 22, 1996:White House Commission on Aviation Safety and Security," *Federal Register,* 61, no. 167 (August 27, 1996), 43937.
59. U.S.White House Commission on Aviation Safety and Security, *Final Report to President Clinton* (Washington, D.C.: U.S.White House Commission on Aviation Safety and Security, 1997), 11, 15, 27, 47.
60. 对反恐战争及反恐政策制定重要性的早期评估包括 Bob Woodward, *Bush at War* (New York: Simon and Schuster, 2002); Brian Michael Jenkins, *Countering Al Qaeda: An Appreciation of the Situation and Suggestions for Strategy* (Santa Monica, Calif.: RAND Corporation, 2002); Victor Davis Hanson, *An Autumn of War: What America Learned from September 11 and the War on Terrorism* (New York: Anchor Books, 2002); and Richard A. Clarke, *Against All Enemies: Inside America's War on Terror* (New York: Simon and Schuster, 2004)。
61. PL 106-398, "Floyd D. Spence National Defense Authorization Act for Fiscal Year 2001," 114 *U.S. Statutes at Large,* 1654A-300–1643A-302.
62. U.S. Commission on the Future of the United States Aerospace Industry, *Final Report* (Washington, D.C.: U.S. Commission on the Future of the United States Aerospace Industry, 2002), viii–ix, xi–xii, xvi, xviii.

63. PL 107-306, "Intelligence Authorization Act for Fiscal Year 2003," 116 *U.S. Statutes at Large,* 2408.
64. PL 106-398, 1654A-334, 1654A-336–1654A-337.
65. U.S. China-Security Review Commission, *Report to Congress: The National Security Implications of the Economic Relationship between the United States and China* (Washington, D.C.:U.S. China-Security Review Commission, 2002), 4–5, 7–9.

[第 9 章]

法律和法规资源

想要研究国家安全政策，必须熟悉美国国家安全政策流程所遵循的法律和法规。各个国家安全政策目标（如军事人员工资、武器系统购买、军官升迁和武器外销）的实现，必须以法律为依托。联邦法规可以指导各个机构执行并实施国会制定的政策和计划。这些法规为国防合同管理等主题提供了具体的技术和操作指导，为防务承包商提供战斗机技术规格、为军事基地制定环境标准等。通过诉讼案例，可以判定窃听和测谎检查等政府政策的合宪性，以及应付诉讼费用的金额。此外，对于间谍活动，可组建军事法庭进行审判，做出刑事处罚。

美国法律

法律一旦颁布，就会被送至国家档案馆联邦注册办公室，并以单行法或成册法的形式出版。根据国会要求，单行法按数字顺序排列。例如，公法 108–3 是第 108 届国会（2003—2005 年）制定的第三版公法。单行法的内容有多有少，少至一段，多则几百甚至上千页。单行法包括个法的完整内容及其要求，如特定武器系统所需费用，在军事基地纵火的刑事处罚和其他事项（包括法律的立法史，这对于追踪国会意图至关重要）。[1]

在大多数联邦政府托管图书馆中都可以找到单行法的纸质版本。此外，国会季刊、韦斯特出版公司和律商联讯等出版商还出版了纸质和电子版的单行法。通过“美国政府印刷办公室准入网站”服务站点 www.gpoaccess.gov/，可免费查看 1995 年至今颁布的单行法的电子版本。

美国联邦法律大全

作为单行法出版后，美国法律会被纳入《美国联邦法律大全》(*U.S. Statutes at Large*)，并由国家档案馆出版。该出版物包括单行法的内容，而这些单行法是根据国会要求按照数字顺序排列的。通常，从单行法的出版到编入《美国联邦法律大全》需要1年以上时间。《美国联邦法律大全》的其他特色有：标题索引、私法名称索引和俗名索引（该索引自1991年开始可用，主要涉及那些以俗名被认可的法律，例如：枪械管制的《布莱迪法案》）以及官方权利证书。[2] 例如，"113 Stat 887"是指《美国联邦法律大全》第113卷第887页。

"美国政府印刷办公室准入网站" www.gpo access.gov/ 中提供了公法的内容。在大多数联邦政府托管图书馆都可以找到公法的纸质版本。

《美国法典》

《美国法典》(*United States Code*)，是最重要的美国联邦法律出版物，由众议院法律修订委员会办公室出版。《美国法典》包含编纂格式统一的美国法律全文。《美国法典》每6年累积出版一次，2000年版为目前最完整的版本，每年都会更新。

《美国法典》共有50篇，涉及50个论题，囊括了美国法律、修正案和已废除或废止的参考法全文。各个论题又被细分为章和节，进一步划分和解释各法。[3]

《地方保安队法案》

鉴于美国在内战和重建中受到了严重的创伤，国会于1878年颁布了《地方保安队法案》(*Posse Comitatus Act*)。地方保安队法案规定，在民事执法（包括抓捕非军事罪犯）过程中，不得动用陆军军队。该法案目前仍有效力，且已将美国空军也包括在内。

法庭规定，地方保安队法案不适用于下列情况：民事执法过程中的间接军事干预；针对军事基地平民的民事执法；启用国民警卫队的情况；一些特殊情况，如总统行使宪法权利，维持秩序、行为或行动的实施（国会规定，不受地方保安队条款管制）。

关于法案中肯性的争论，网站 http: //purl.access.gpo.gov/GPO/LPS37253 给出了美国陆军战争学院 2003 年的一项研究，该研究认为，地方保安队法案限制了美国政府对敌行动的灵活性，从而可能造成巨大的灾难性损失，而且在此类事件中，军事力量的参与对非军事机构的工作非常重要，因此，应废止《地方保安队法案》。然而，《2002 年国土安全法案》第 780 节指出，《地方保安队法案》在限制武装执法方面效果显著。

《美国法典》中包括一个涉及多卷的主题和一个俗名索引。在该出版物中，涉及国家安全政策的章节包括第 10 篇及其附录（与美国军队相关）和第 50 篇及其附录（与战争和国防相关）。例如，《美国法典》第 10 篇第 131 章（用 10 USC 131 表示）介绍了国防部长办公室的义务与责任，第 50 篇第 216 章（50 USC 216）规定，财政部长有权禁止用于反对美国政府的物资运输。

在联邦政府托管图书馆中可以找到《美国法典》的纸质版本，其商业版由万律和律商联讯等法律出版社出版。登录“美国政府印刷办公室准入网站”和众议院法律修订委员会办公室的网站 http: //uscode.house.gov/，可以免费在线访问《美国法典》。

联邦法院体系

各种案件均经由联邦民事法院审理，该法院在政策制定方面有一定的影响，其影响范围涉及窃听、搜查令、防务合同和间谍活动等方面。军事法律案件则需通过一套（独立出来的）军事法庭体系来处理。

美国联邦法院体系由美国宪法授权，可在美国最高法院和国会认可的其他下级法院行使司法权。[4] 联邦法院体系的规模已经得以大大扩大，被分为三个等级：区级法院、上诉法院或巡回法院和美国最高法院。目前，联邦法院体系包括 94 个地区法院（649 名法官）、13 个上诉法院（179 名法官）和美国最高法院（9 名法官）。[5] 联邦法院的法官都是由参议院批准，由总统终身任命的。美国法院行政办公室由国会于 1939 年成立，负责管理美国法院体系。[6] 该办公室的网站 www.uscourts.gov/ 上有联邦法院系统的相关信息，包括：受理案件数量的统计信息、法院组成、《通信监察报告》（*Wiretap Reports*，1997 年至今）等出版物、一些相关的新闻稿，以及可跳转至各个地区和上诉法院网站的链接。

各个联邦法院网站的信息，包括：这些法院受理案件的形式、受理程序和法院意见等内容。这些法院网站的范围和质量不一，但是网站内容都包括与国家安全相关案件的有用信息，特别是华盛顿特区地区法院和上诉法院受理案件的信息。联邦法院意见可以从律商联讯和万律等网络商业服务提供商处获得，还可以从《联邦判例汇编》（*Federal Reporter*）和《联邦补充案例汇编》（*Federal Supplement*，可从各学术研究图书馆处获得）等商业印刷资源中查阅。

美国最高法院

美国最高法院（U.S. Supreme Court），是美国最高的法律实体，也是美国联邦案件的终审法院。最高法院的 9 名法官都由参议院批准，并由总统终身任命。最高法院只受理少数案件，大部分案件都会被驳回。最高法院有司法审查权，可撤销其认为与宪法不符的地方、州或联邦法律。[7]

最高法院的意见最初是以小册子的形式出版的，被称作“判决简报”。判决简报对案件事实进行了简单的描述，并总结了法院对案件的判决，还给出了法院意见的内容。首选意见是法院大多数人的裁决，法官会根据该项裁决对其判决和判决背后依据的基本原理进行解释。在协同意见书中，法官接受大多数人的意见，但是更希望能够突出这些意见与宪法的不同之处。如果法官不接受法庭的意见，就需要解释其持反对意见的原因。在某些情况下，如果法官只同意或接受部分的法庭意见，那么法官会将意见归档。法官在陈述个人意见时所用的语言可以比较激烈，这取决于具体案件的争议性，以及法官以书面形式表达观点的情绪。在下级联邦法院案件汇总中，也可能出现多种不同的观点。[8]

在以简报形式出版后，最高法院判决简报会再次以简装版和精装版《美国联邦最高法院判例报告》（*United States Reports*）出版。这些报告以数字顺序排列，从 1789 年最高法院建立之初到目前为止，已超过 500 卷。例如，508 U.S. 224 指的是《美国联邦最高法院判例报告》第 508 卷中第 224 页上的最高法院案例。最高法院意见也有商业版本，如律商联讯和万律出版的《美国最高法院判例汇编（律师版）》（*United States Supreme Court Reports Lawyers Edition*）和《最高法院判例汇编》（*Supreme Court Reporter*）。

最高法院的网站 www.supremecourtus.gov/ 包括 2000 年至今的法院意见和判决情况，以及一些其他有用的信息。律商联讯和万律等商业出版商为许多法律学校和高校图书馆服务，为他们提供最高法院的意见，不过该项服务是付费的。服务内容还包括一些摘要内容，记录了相关个人或组织针对个别案例向法院呈交的书面论证，就最高法院的某些判决给出的个人观点。登录网站 http: //supreme.lp.findlaw.com/supreme_court/briefs/，可以免费获取最高法院 1999 年至今案例简述的相关信息。

外国情报监视法庭

外国情报监视法庭（Foreign Intelligence Surveillance Court，缩写为 FISC）由国会于 1978 年成立，是《外国情报监视法》（FISA）的一部分，目的是规范一些外国情报信息的搜集，比如，关于美国境内外国势力或机构的相关信息。法律规定，必须在信息需求获得外国情报监视法庭的法官批准后，首席检察官才能申请电子监视、实地搜查，或要求查看其他记录信息。外国情报监视法庭包括 11 个地区法院法官，他们都由美国首席检察官任命。法官需要对情报政策和审查办公室的检察官所提出的首席检察官请求进行审查。[9]

外国情报监视法庭听证会会私下进行，其记录和调查结果也都是保密的。首席检察官申请外国情报监视法庭搜查令，并不是因为搜查目标受到《第四修正案》的保护，而是因为该搜查目标属于外国势力或该势力的下属机构。[10]

由于外国情报监视法庭具有机密性，所以没有建立网站。依从法院决定，2002 年 11 月，《外国情报监视法庭决议》（为 2001 年《美国爱国者法案》中的恐怖分子监视条款提供支持）得以出版。[11] 该判决可见司法部的网站 www.usdoj.gov/ag/fisaappealdecision.pdf。要查阅该判决和随附的意义分析，可登录法网新闻网站 http: //news.findlaw.com/，参见法律网络资源。

为了能够向公众公开外国情报监视法庭，参议员帕特里克·J. 莱西（Patrick J. Leahy，佛蒙特州民主党）、查尔斯·E. 格拉斯力（Charles E.

Grassley，爱荷华州共和党）和艾尔伦·斯派克特（Arlen Specter，宾夕法尼亚州共和党）于 2003 年引入了《国内监视法案》。立法部门要求首席检察官呈交一份年度报告，详细记录参与 FISA 研究的总人数，首席检察官批准将研究信息用于刑事诉讼的次数，以及向图书馆和教育机构作出的 FISA 请求数。[12]

登录司法部《信息自由法》的网站 www.justice.gov/04foia/readingrooms/oipr_records.htm，可以查看 1996 年至今的《提交给国会的〈外国情报监视法〉年度报告》。

《信息自由法》和《电子信息自由法》

《信息自由法》（FOIA）于 1966 年正式颁布，于 1967 年 7 月 4 日生效。该法案明确规定了公众访问联邦行政部门信息的法定权利。[13]《信息自由法》的条款要求各机构在《联邦公报》上刊登机构组织的办公地址、程序规格、实体规范、政策声明、文件索引和信息公开程序等信息。[14]《信息自由法》在颁布之后几经修改，而 1996 年通过的《电子信息自由法》扩大了《信息自由法》的责任范围，以电子格式公开政府记录，扩大了电脑记录和存储在联邦机构运作过程中的应用。[15]

针对个人查阅行政部门（内阁部门、军事部门、国有公司和政府控制公司和独立管制机构）记录的要求，《信息自由法》和《电子信息自由法》制定了一些程序。《信息自由法》和《电子信息自由法》不适用于选举出来的联邦官员，如总统、副总统、国会议员、联邦法官、私营企业、接受联邦合同或联邦拨款的个人、民间组织或州和地方政府。[16]

《信息自由法》和《电子信息自由法》并不包括外交政策或国家安全相关的信息、机构职员职务信息，其他法律豁免的信息，商业机密或商业机密活动信息、关于联邦政策制定程序政府内部沟通的信息、个人隐私信息、关于法律信息处理和调查的信息，以及金融机构信息或地理信息。[17]

要求获得政府记录的个人和组织，必须遵循指定程序，并为之支付相关的申请费用。他们可以请求撤销申请。被申请机构必须通过必要的程序，来定位信息，并针对 FOIA 或 EFOIA 信息申请，做出及时回应。[18]

司法部信息和隐私办公室的网站 www.usdoj.gov/oip/oip.html，是访问《信息自由法》和《电子信息自由法》信息的一个网关。网站上提供了司法部《〈信息自由法〉指南和〈隐私法〉概述》（*Freedom of Information Act Guide and Privacy Act Overview*，2002 年，每两年出版一次）以及期刊《〈信息自由法〉更新（1979—2000）》（FOIA Update，1979—2000 年）和《〈信息自由法〉邮报》（FOIA Post，2001 年至今）。这些出版物都提供了关于机构 FOIA 活动和相关诉讼的信息、与 FOIA 和 EFOIA 阅览室相关的信息（该信息是由此类法律范围内的联邦机构负责编辑的），以及一些网址链接，可跳转至联邦机构 FOIA 响应报告和联邦机构 EFOIA 网站（包括大量的报告和文件）。

联邦国家安全机构 FOIA 的网站包括中央情报局网站 www.foia.cia.gov/、国防威胁降低局网站 www.dtra.mil/foia/foia.html、能源部网站 www.ma.mbe.doe.gov/execsec/foia.htm 和联邦调查局网站 http: //foia.fbi.gov/。

军事法

美国军事法律体系庞大，包括士兵惩戒事项、军事行动规则、国外军事作战法律事项、战俘和被俘美国军人的妥善处理，以及美国军人在国内法律事宜中所扮演的角色。[19] 通过艾拉 · C. 埃克职业发展学院提供的军事法和法律网页 www.au.af.mil/au/awc/awcgate/awc-law.htm，可查阅关于军事法问题的介绍。

《军事审判统一法典》

《军事审判统一法典》（*Uniform Code of Military Justice*，缩写为 UCMJ），是主要的军事刑法汇编，适用于所有的美国军事人员。其内容包括：总则、美国或外国军事违法犯罪嫌疑人的逮捕或拘禁程序、对此类嫌疑人不经军事审判的惩罚措施、军事法庭的说明和管辖权、军事法庭的预审和审判程序、量刑、审判后程序和审核、处罚管理和军事上诉法院的功能等。《军事审判统一法典》的在线版本可通过空军大学的网站 www.au.af.mil/au/awc/awcgate/ucmj.htm 获得，国防部《美国军事法庭手册》（*Manual for Courts-Martial*，*United States*，2000 年）的在线版本可从美国海军军法署署长（JAG）网站 www.jag.navy.mil/documents/mcm2000.pdf 上找到。[20]

军事法庭

军事法庭，负责审判违反军事法的军事人员。军事法由各种军事机构的法律法规组成，是由总统通过行使宪法权利和军事指挥官权利而颁布的。军事法庭的任务是在军队中弘扬正义、维持秩序和纪律，增强军事机构的效率和有效性，保卫美国的国家安全。

关于军事法庭的更多信息、军事审判过程和法律保护等信息，可参见海军军法署网站 www.jag.navy.mil/documents/mcm2000.pdf 上的《美国军事法庭手册》。

美国军事上诉法院

美国军事上诉法院（U.S. Court of Appeals for the Armed Forces）是最终的上诉审裁处，尽管美国最高法院会对部分法院判决进行审核，但是对军事法庭判决的评审主要由军事上诉法院负责。该法院当前的组织结构形成于 1950 年，共有 5 个平民法官（由总统任命，并由参议院批准，任期 15 年）。该法院的法官需与各个部队的高级职业律师、海岸警卫队的高级顾问和国防部长指定的两名公众代表共同合作。美国军事上诉法院每年必须进行综合考察，向国会报告《军事审判统一法典》的发展情况，并对《军事审判统一法典》提出改进建议。[21]

网站 www.armfor.uscourts.gov/ 上包括该法院运作的相关信息。网站上公开的资源有：历史材料、该法院的司法权介绍（包括其在国防部内的组织安排）、现任和前任法官名单、1996 年至今法庭案件的意见内容、1997 财年至今的《年度报告》、法院规则和《军事审判统一法典》准则委员会公开的会议公告。[22]

军法署署长

军法署署长（Judge Advocates General，缩写为 JAG），是军事法律诉讼中的重要角色。当前军法署署长的职权范围，是由 1956 年的一项法律规定的。该法是对《美国法典》第 10 篇和第 32 篇中美国军事法规的修订。该法为各部队设置了军法署署长这一职位，以作为各部队的首席法务官。该系统自成立后一直沿用至今。[23]

军法署署长负责接受、校正和记录调查法庭和军事委员会的诉讼；负责军事审判员的任命，进行频繁的现场检查以监督军事审判的管理；招募和遴选军法署官员和候选官员；任命或解任军事审判员；在特定情况下修改或驳回军事法庭的裁决或宣判。各部队的军法署署长还可以针对其所属部队的法务人员行使直接监督权，为其他人员或官员提供法律建议，管理其责任范围内的法律项目。[24]

空军军法署

空军军法署（Air Force Judge Advocate General's Department）位于阿拉巴马州的麦克斯韦尔空军基地。其网站 http: //hqja.jag.af.mil/ 提供了空军军法署署长和副署长的履历和照片，以及针对现役和后备役人员的军法署招聘信息。

该部门的阅览室中提供了《空军刑事上诉法院》（*The Air Force Court of Criminal Appeals*，1998 年）、《民事代理人》（*The Civilian Attorney*，2000 年）和《军法署》（*Judge Advocate General's Department*，2000 年）等资料简报。此外，该阅览室中还有关于美国空军 JAG 学校以及课程资料的信息、《军事审判统一法典》的内容和学术杂志《空军法律评论》（*Air Force Law Review*，1994 年至今）中的文章，比如，《〈美国戒严法〉的实施》（2000 年）和《俎上之肉：集束弹药和战争法》（2001 年）。

陆军军法署

陆军军法总署（Army Judge Advocate General's Corps）在华盛顿特区、华楚卡堡、韩国和德国均设有办事处，可为美国陆军人员提供法律服务。其网站 www.jagcnet.army.mil/ 提供了陆军军法署署长的个人信息、空缺职位清单，以及关于弗吉尼亚州夏洛茨维尔美国陆军军法署学校的信息。关于军法署学校的资料包括：部门介绍和课程信息，如法务士官法、法庭书记官课程；战争法高级主题、国家安全法时事问题；战争、太空和海洋法；环境法军事事务。

军法署的出版物包括：学术期刊《陆军律师》（*Army Lawyer*，1971 年至今）和《军事法评论》（*Military Law Review*，1958 年至今）上的文章、《战争法研究资料》（*Law of War Research Materials*，2001 年）、《作战法手册》

（*Operational Law Handbook*，2003 年）、《刑法新发展课程案头书 26》（*26th Criminal Law New Developments Course Deskbook*，2003 年）和《军事设施行政法课程案头书 27》（*27th Administrative Law for Military Installations Course Deskbook*，2003 年）等课程相关资料。

《战争法》

《战争法》是美国和国际法律标准的一个纲要，主要监管战争中的法律行为。这些法律规定的一般原则是，是敌对双方都能遵守相同的战争规则，提前对可接受的战争极限做出规定，避免不必要的损伤，维护基本人权，减少混乱现象，协助人权侵犯现象的识别，辅助和平重建。

支配《国际战争法》的三个主要文件性法令集分别为：1907 年的《海牙公约》、1949 年的《日内瓦公约》和 1949 年《日内瓦公约》的《1977 年附加议定书》。1998 年国防部第 5100.77 号指令和《美国法典》（*United States Code*）第 10 篇第 801—940 节，也是美国《战争法》项目活动的文件和法令基础。

登录网站 www.au.af.mil/au/awc/awcgate/law/low-workbook.pdf，可获得 2000 年美国陆军军法署学校国际和作战法系出版的《战争法案头书》（*Law of War Deskbook*）。

法律与军事行动中心（CLAMO）承陆军部长之命于 1988 年成立，负责审查军事作战中出现的法律问题，并针对这些问题制定训练和资源政策。法律与军事行动中心是美国陆军军法署的中央数据库，为国内外军事作战提供法律支持，通过分析数据与信息、设置军事法律相关课程、总结作战和军事战斗训练经验、举办各种会议和座谈会，来为军法署（JAG）提供支持。[25]

法律与军事行动中心的网站 www.jagcnet.army.mil/CLAMO 上有大量的教育性资源，而其中有些资源并未对外公开。网站上的可用资源包括：《交战占领法》（*The Law of Belligerent Occupation*，1944 年）、《第 12333 号总统令与暗杀事件》（*Executive Order 12333 and Assassination*，1989 年）备忘录、《战争法研讨会案头书》（*Law of War Workshop Deskbook*，2000 年）、《军事审判员交战

规则手册》[*Rules of Engagement*（*ROE*）*Handbook for Judge Advocates*，2000 年]、《现代战争、现代法律和陆军军规：我们与 21 世纪合拍吗？》（*Modern War*，*Modern Law*，*and Army Doctrine: Are We In Step for the 21st Century?*，2002 年）、《军事审判员海军陆战队空地特遣部队部署手册》[*Deployed Marine Air-Ground Task Force*（*MAGTF*）*Judge Advocate Handbook*，2002 年]、《伊拉克刑法典》（*Iraq Penal Code*，2003 年）、《大型空爆炸弹武器的法律审查》[*Requested Legal Review of the Massive Ordnance Air Blast*（*MOAB*）*Weapon*，2003 年] 和《找出羊群中的狼：正义之师行动中的敌军战俘》（*Sorting the Wolves from the Sheep: Enemy Prisoner of War Operations during Operation Just Cause*，2003 年）。

海军陆战队军法官

海军陆战队军法官（Marine Corps Commandant Staff Judge Advocate，缩写为 SJA）负责向美国海军陆战队司令提供法律建议；监督和管理军事法、作战法和其他陆战队军法部门法律的实施；为海军陆战队首席辩护律师提供行政支持。[26]

海军陆战队军法官网站 http: //sja.hqmc.usmc.mil/ 上提供了很多公开的信息，比如，海军陆战队队员及其家属的法律咨询信息；组织结构图；军法署支持部门和法律运作部门等部门的信息；前任与现任海军陆战队军法官的照片和个人联系信息。

可访问的法律文件包括：《一般军事法庭：预审协议备忘录》（*General Court Martial: Memorandum of Pre-Trial Agreement*，未注明出版日期）和《一般军事法庭：审理结果》（*General Court Martial: Results of Trial*，未注明出版日期）。参考性法律出版物包括：《国防部第 5100.77 号指令：国防部战争法项目》（*DOD Directive 5100.77: DOD Law of War Program*，1998 年）、《依法验尿案例：出庭律师指南》（*Prosecuting Urinalysis Cases: A Guide for Trial Counsel*，2000 年）、《军事审判员简报》（*Judge Advocate Newsletter*，2001 年至今）、《军事法庭审理后海军陆战队的行政分离》（*Administrative Separation of Marines Following a Court Martial*，2002 年）和《关于国家安全起诉案件的军事法官手册：国家安全案件的起诉、辩护和解决》（*The Judge Advocate's Handbook for Litigating National Security Cases: Prosecuting*，*Defending*，*and Adjudicating National Security Cases*，未注明出版日期）。

海军军法署署长

海军军法署署长（Navy Judge Advocate General，缩写为NJAG）这职位，是海军部办公室的一部分，其任务是为海军部部长提供法律和政策建议，为海军作战部部长提供相关的建议和帮助，来制定和实施海军法律服务和政策。[27]

海军军法署署长网站www.jag.navy.mil/上包括：组织结构图；关于监察长、助理军事审判员（民法）、海事法庭和海事法部门、国家安全诉讼和情报法等海军军法署机构及人员的介绍；国内外海军法律和审判服务办公室所在的位置；海军军法署的招聘信息和要求。

该网站上公开的文件包括：《美国军事法庭手册》（*Manual for Courts-Martial, United States*，2000年）、《海军陆战队刑事上诉法院意见》（*Navy-Marine Corps Court of Criminal Appeals Opinions*，2000年至今）、《意见摘要》（*Digest of Opinions*）和《美国海军陆战队刑事上诉法院时间和程序规则》（*United States Navy-Marine Corps Court of Criminal Appeals Rules of Practice and Procedure*，未注明出版日期）。

其他军事法律事务资源

军事法律资源和服务并不仅仅限于各部队军法署所提供的资源和服务。各部队和国防部均设有法律总顾问办公室，负责为各个军种和办公室提供民事法律建议。

空军法律总顾问

空军法律总顾问（Air Force General Counsel，缩写为AFGC），负责为美国空军提供建设性法律意见，并履行其监管职责，引导并指示空军民事律师和军事律师提供的法律意见，与空军军法署的工作人员紧密合作，确保空军领导人员及其员工能够获得必要的法律援助，以完成使命。[28]

空军法律总顾问的网站www.safgc.hq.af.mil/上有一张组织结构图，还有对下属部门收购、承包、安装活动的介绍，以及与环境法、国际事务、军事事务和国家安全、人事政策和安全等级问题相关的介绍。

陆军法律总顾问

陆军法律总顾问（Army General Counsel，缩写为 AGC），是陆军部长的法律顾问和陆军部首席法务官员。陆军法律总顾问责任包括：协调美国陆军办公室的法律和政策建议，决定该部门在法律问题或程序中的立场，批准与陆军相关的立法建议，为部门代表提供专业指导和监督，保护陆军部在诉讼或其他法定程序中的利益，同时，陆军法律总顾问还是陆军指定的道德权威机构。[29]

陆军法律总顾问的网站 www.hqda.army.mil/ogc/ 提供了法律总顾问的资料，组织结构图、对陆军法律总顾问组织实体的介绍，及其在收购、土木工程和环境、道德和财政、运作和人事等方面的责任。该网站上的公开资源包括：《财政法课程大纲》（*Fiscal Law Course Outline*，2002 年）、《法律总顾问的道德责任概述》（*Overview of Office of General Counsel Ethics Responsibilities*，2002 年）、《收受贿赂》（*Receipt of Gifts from Prohibited Sources*，2002 年）和《对防务承包商的限制》（*Restrictions on Contact with Defense Contractors*，2002 年）。

海岸警卫队法律计划

海岸警卫队法律计划（Coast Guard Legal Program，缩写为 CGLP），负责为海岸警卫队员提供法律建议和支持，保证相关活动符合联邦法的精神和条款。[30]

海岸警卫队法律计划的网站 www.uscg.mil/legal/ 是一个非常丰富的资源库。网站信息包括：国土安全部海岸警卫队的信息、招聘信息，和海岸警卫队申诉办公室（负责裁定海岸警卫队民事处罚案件）的相关信息。

该网站上公开的出版物有：《法律简报（1933—1968）》（*Law Bulletin*，1933–1968）、《指挥官决策》（*Commandant Decisions*，1949 年至今）、《海岸警卫队刑事上诉法庭意见》（*Coast Guard Court of Criminal Appeals Opinions*，1997 财年至今）、《军事审判手册》（*Military Justice Manual*，2000 年）、《海岸警卫队法律实践集锦》（*Highlights of Coast Guard Legal Practice*，2002 年），此外还有海岸警卫队司令员的一些民事处罚上诉决议，以及拟议的和已采用的国土安全部条例的内容。

国际法律研究国防研究所

国际法律研究国防研究所（Defense Institute of International Legal Studies，

缩写为 DIILS）成立于 1992 年，是国防安全合作署的一部分，位于罗德岛的纽波特。其使命是为军事法律相关的主题提供专家意见，指导军事和非军事人员完成国内外军事法律方面的项目。[31]

网站 www.dsca.osd.mil/diils/ 提供了关于国际法律研究国防研究所开展活动的信息，包括军事行动国际法和决策者维和等课程的描述，还有诸如《法律新闻简报》（*Legal News*）现刊、《模型海事服务规范》（*Model Maritime Service Code*，1995 年）和《走读教育与住校计划（2003—2004）》（*Mobile Education and Resident Programs 2003–2004*，2003 年）等出版物，以及介绍战争法的幻灯片。

国防法律服务局

国防法律服务局（Defense Legal Services Agency，缩写为 DLSA），是国防部法律总顾问办公室的一部分。国防法律服务局的责任包括：为各个国防机构、国防部作战机构和其他指定组织提供法律建议和服务；为国防部立法案提供技术支持和援助；作为国防部的立法文件参考和分配中心，负责国防部过往立法文件的保存和维护；协调国防部道德行为；管理国防部安全调查审查项目。[32]

国防法律服务局的网站 www.defenselink.mil/dodgc/ 说明了该局的宗旨，设置了一些网址链接，可跳转至行为标准实验室、立法参考服务部和国防听证和上诉办公室等组织机构，同时还介绍了机构使命，展示其组织结构图，并对国防相关的立法进行评论。此外，该网站上的内容还包括国防部国会证词，并列出了联邦道德法规。该网站上可公开访问的国防法律服务局实体出版物有：《工业安全调查决议》（*Industrial Security Clearance Decisions*，1996 年至今）、《概述：工业安全项目》（*Overview: Industrial Security Program*，1997 年）、《决断性案头参考，行为标准办公室建议》（*Adjudicative Desk Reference*，*Advisories from the Standards of Conduct Office*，1997 年至今）、《员工行为标准指南》（*Employees Guide to Standards of Conduct*，2002 年）和《从政府机构离职后的就业限制（从国防部离职后，影响就业的潜规则）》[*Post- Government Service Employment Restrictions*（*Rules Affecting Your New Job after DOD*），2002 年]。

军事委员会

2001 年 9 月 11 日发生的恐怖袭击让美国在外交、财政、法律和军事方面做出大规模回应。美国政府采取的一项关键法律措施就是：美国总统乔治·W.布什于2001年12月13日下达军事命令，要求成立特别军事法庭，审判恐怖袭击的罪魁祸首。[33]

国防部法律总顾问办公室（OGC）负责制定针对恐怖分子的审判程序，并于2003年5月2日出炉。该套程序可通过国防部Defenselink网站www.dtic.mil/whs/directives/corres/mco.htm上的8份文件查看，这8份文件分别为：《军事委员会指示指南》（*Guidance on Military Commission Instructions*，2003年）、《犯罪与军事委员会审判的基础》（*Crimes and Elements for Trials by Military Commission*，2003年）、《检察长、检察官和助理检察官的职责》（*Responsibilities of the Chief Prosecutor*，*Prosecutors*，*and Assistant Prosecutors*，2003年）、《首席辩护律师、明细辩护律师和民事辩护律师》（*Responsibilities of the Chief Defense Counsel*，*Detailed Defense Counsel*，*and Civilian Defense Counsel*，2003年）、《民事辩护律师资格证书》（*Qualifications of Civilian Defense Counsel*，2003年）、《军事委员会人员的报告关系》（*Reporting Relationships for Military Commission Personnel*，2003年）、《判决》（*Sentencing*，2003年）和《行政程序》（*Administrative Procedures*，2003年）。

军事委员会审判

军事委员会的审判不同于军事法庭的审判。军事委员会在战时组建，是特别军事法庭，只在战时或武装冲突余波中存在。这些法院由国会或总统成立，仅负责审判战争犯罪或与战争相关的犯罪。

参与相关诉讼的人员，无论是法官、检察官或辩护律师，都必须拥有军事背景，因为只有这样，他们才能对军事犯罪做出恰当的判断。不同于军事法庭，军事委员会的审判可能在任何地点进行，因为这样更能保证机密和敏感信息不泄露出去，并保证参与军事审判人员的安全。

美国最高法院在1942年奎林案的裁定中证实了军事委员会的合宪性，该案件审判了德国派往美国的9名间谍。2001年11月13日，乔治·W.布什下达军事命令，要求成立军事委员会，以审判“基地”组织及其同盟派往美国执行恐怖袭击的恐怖分子。尽管法律界对该委员会的成立存在争议，但直到2004年4月为止，该委员会并未审判过任何恐怖分子。

关于军事委员会历史背景的信息，可参见在2002年3月和2003年11月发表的《陆军律师》。通过网站http: //purl.access.gpo.gov/GPO/LPS31585可以查看这些文章。

海军法律总顾问

海军法律总顾问（Navy General Counsel，缩写为NGC），负责为美国海军和海军陆战队提供法律建议和指导，帮助他们取得作战胜利。[34]

网站http: //ogc.navy.mil/提供了关于海军法律总顾问历史活动的信息；介绍了国防部法律总顾问办公室（OGC）服务领域诸如知识产权法等；列出了国防部法律总顾问办公室领导人的履历资料和国内外办事处的地址。该网站上的海军道德信息资源有：《道德顾问案头书》（*Ethics Counselor's Deskbook*，2002年）以及国防部法律总顾问办公室人员参与的诉讼案件的样本提案和简介。

法律总顾问办公室

法律总顾问是国防部的首席法务官，由总统提名并经国会批准。法律总顾问为国防部提供法律政策、监督和指导。法律总顾问的其他职责包括：为国防部长和副部长提供与国防部工作相关的各种法律建议，协调《信息自由法》否决的所有诉讼，制定国防部的立法方案，奠定国防部在立法和制定总统行政命令方面的地位。法律总顾问是国防部在国际谈判中的首席法律顾问。[35]

网站www.defenselink.mil/dodgc/对负责国际事务、财政事务、监察长、情报、采购与后勤、法律咨询、人事与健康政策和环境与设施的国防部法律总顾问办公室各位副法律总顾问进行了介绍。该网站上的其他可用资源包括《国防部第5500.17号指令：联合服务委员会在维护军队司法中的作用和责任》（*DOD Directive 5500.17: Roles and Responsibilities of the Joint Service Committee on Military Justice*，2002年）等内容。

美国政府文件监管问题

美国当前的监管结构源于《联邦登记法案》（*Federal Register Act*，1934

年）。在该法案下，联邦登记办公室得以在国家档案馆成立，成为用于存储和公布联邦法规的集中存储库。联邦法规是由行政机构根据《行政程序法》（*Administrative Procedure Act*，1946 年）制定的，该法规定公众有权对拟议机构法规展开讨论，参与联邦政策的制定程序。[36]

联邦法规的制定程序是由各个机构共同决定的正式程序，以管理和执行法律。相比组织章程，联邦法规通常包括更多详细和精确的标准。[37] 国家档案馆联邦登记办公室一共出版了三种主要出版物，组成了联邦监管出版物文集：《联邦公报》、《美国联邦法规》（*Code of Federal Regulations*）和《受影响部门清单》（*Lists of Sections Affected*）。

《联邦公报》

《联邦公报》每周发行 5 次（周一至周五），内容包括联邦机构已采用的规章制度、联邦机构拟议规章制度、公告和总统令等总统文件、政府机构公开会议的通知和拨款资格的通知，以及对之前《联邦公报》文件的校订。[38]

《联邦公报》中与国家安全相关的文件是“安全区：阿拉斯加州纽约湾海峡瓦尔迪兹港”。文章记述了海岸警卫队为什么采取文件中所述的行动，规章制度何时生效，以及负责规章制度执行的官员姓名和联系信息。该文章参考了《68 FR 26490》（即 2003 年 5 月 16 日《联邦公报》第 68 卷第 26490 页的内容）。

拟议的联邦机构法规包括，2003 年海岸警卫队关于在加利福尼亚州圣地亚哥市圣地亚哥港国家城市航海站附近，建立永久海上安全区的一项建议。该建议还解释了实施该建议的必要性，提供了参与评论的途径，还保证这些评估必定会在指定日期传达到海岸警卫队。

公告和总统令等总统文件，反映出总统是如何规定行政分支机构行为的。通常，公告更具象征意义。第 7660 号公告《2003 年国家前战俘表彰日》（*National Former Prisoner of War Recognition Day*，2003 年）规定，将 2003 年 4 月 9 日作为纪念前战俘的日子。总统令具有法律效力，不需要由国会颁布。例如，2003 年 5 月 14 日的第 13301 号总统令，将政府咨询委员会的成员从 4 位增加到了 5 位。新的总统令可以对之前的总统令进行修改、校正或废止。同公告一样，总统令也是从 1936 年《联邦公报》成立之日起开始连续编号的。总统发布公告和总统令的权力源自总统作为军队总司令的宪法权威和现有法律。[39]

《联邦公报》也会公开那些对各机构发出的公开会议的通知。各项通知中都会包括会议的日期、时间、地点以及与会组织成员的姓名和电话号码。

《统一日程》(*Unified Agenda*)，是《联邦公报》的附属出版物，为半年度期刊（一般会在4月和10月发行)。《统一日程》列出了各个机构在下半年中可能参与的监管活动。

《联邦公报》和《统一日程》以及其他联邦法律、立法和监管信息资源，都能从“美国政府印刷办公室准入网站”www.gpoaccess.gov/fr/和www.gpoaccess.gov/ua/中获得。公众可以搜索1994年至今的《联邦公报》，而1998年至今的《联邦公报》是可浏览的。此外，公众还可以搜索1994年至今的《统一日程》，或浏览2002年10月至今的《统一日程》。

另外一个联邦网站www.regulations.gov/上有一个下拉菜单，点击此菜单就可以轻松访问公众参与的联邦监管流程，了解即将刊登在《联邦公报》上的最新拟议联邦机构法规。

许多美国联邦政府托管图书馆中都存有大量的纸质版或缩微版的《联邦公报》、《统一日程》和其他联邦政府监管的出版物。

《美国联邦法规》

《美国法典》是对美国法律的汇编，而《美国联邦法规》(*Code of Federal Regulations*，缩写为CFR）则是对《联邦公报》上发表的联邦法规和规则的汇编。《美国联邦法规》共有50篇，涉及联邦法规的各个方面，到2004年为止，共有214卷。《美国联邦法规》每年都会按季度滚动更新。例如，第1—16篇在1月1日更新，第17—27篇在4月1日更新，第28—41篇在7月1日更新，第42—50篇在10月1日更新。[40]

第3—32篇包括总统令和国防文件等总统文件（关于本土安全的第6篇是于2004年添加的)。例如，中央情报局信息公开和机密性降级政策，可在32 CFR 1902.13中找到，也就是《美国联邦法规》第1902.13部分第32篇中。32 CFR 1902.13中的子部分a和b被列为“保密”，这就说明中央情报局信息公开和机密性降级政策暂时不会应用到这两个部分。《美国联邦法规》的入口端处会有《联邦公报》的引文，以指出该法规第一次被引用的时间。

通过“美国政府印刷办公室准入网站 ” www.gpoaccess.gov/cfr/，可浏览和搜索 1996 年至今的电子版《美国联邦法规》。此外，一些联邦机构还会在网站上上传《美国联邦法规》，以方便浏览管理。例如，可参见工业和安全局的网站 http: //w3.access.gpo.gov/bis/。美国联邦政府托管图书馆也会保留本年度《美国联邦法规》的各卷，法学院图书馆可能会保留重要的或综合性的《美国联邦法规》。很多图书馆还收藏了每年的《美国联邦法规》第 3 篇，因为这些篇章包含有总统行政命令、公告和相关法令的内容。

《受影响部门清单》

《受影响部门清单》（*Lists of Sections Affected*，缩写为 LSA）按月出版。从刊于年度《美国联邦法规》分册，到刊于《联邦公报》的这段时间里，会进行更新。《美国联邦法规》每年会更新 4 次，因此，《受影响部门清单》也必须在一年中发行四次，以与《美国联邦法规》监管变更保持一致。每年的 12 月份、3 月份、6 月份和 9 月份，分别是《受影响部门清单》第 1—16 篇、第 17—27 篇、第 28—41 篇和第 42—50 篇的参考发行时间。[41]

例如，2003 年 4 月《受影响部门清单》的第 12 页记录了 2003 年 1 月 1 日至 4 月 30 日《美国联邦法规》第 3 篇中总统行政命令的内容。该记录指出，第 13284 号总统令对第 13122 号总统令进行了修改，修改内容见 2003 年《联邦公报》第 4075 页。

又如，2003 年 4 月《受影响部门清单》的第 47 页记录了海军司令篇中的法规。这些法规可见 32 CFR 700.701（a）。2003 年 4 月发表的《受影响部门清单》指出，32 CFR 700.701（a）已经过校正，校正版参见 2003 年《联邦公报》第 2697 页。《受影响部门清单》包括 2002 年 7 月 1 日至 2003 年 4 月 30 日之间的共 32 项变更，变更内容的页码可参见 2002 年《联邦公报》的粗体部分。

通过美国政府印刷办公室准入网站 www.gpoaccess.gov/lsa/，可实现《受影响部门清单》的在线访问，在该网站上可浏览和搜索 1997 年至今的全部内容，除此以外，该网站还提供了 1986—2000 年的汇编版内容。

注 释

1. Joe Morehead, *Introduction to United States Government Information Sources,* 6th ed. (Englewood, Colo.: Libraries Unlimited, 1999), 137.
2. Morehead, *Introduction to United States Government Information Sources.*
3. Morehead, *Introduction to United States Government Information Sources,* 139; and U.S. Congress, Law Revision Counsel of the House of Representatives, *U.S. Code,* vol. 1 (Washington, D.C.: Government Printing Office, 2001), vii.
4. 联邦民事审判权的宪法渊源解释，请参见 U.S. Constitution, Article III, Sections 1–3。其他影响联邦法院系统问题的历史背景和当代见解，请参见 Russell R.Wheeler and Cynthia Harrison, *Creating the Federal Judicial System,* 2nd ed. (Washington, D.C.: Federal Judicial Center, 1994); and Richard A. Posner, *The Federal Courts: Challenge and Reform* (Cambridge, Mass.: Harvard University Press, 1996)。
5. Wheeler and Harrison, *Creating the Federal Judicial System,* 23, 26.
6. 参见 Administrative Office of U.S. Courts, "Federal Judiciary Frequently Asked Questions" (n.d.), 1 (www.uscourts.gov/faq.html), accessed October 30, 2003; and Wheeler and Harrison, *Creating the Federal Judicial System,* 23。
7. Morehead, *Introduction to United States Government Information Sources,* 267–268. 大量文献和分析材料构成了美国最高法院的历史和裁定规则。例如，Bernard Schwartz, *A History of the Supreme Court* (New York: Oxford University Press, 1993); and Forrest Maltzman and others, *Crafting Law on the Supreme Court: The Collegial Game* (New York: Cambridge University Press, 2000)。
8. 最高法院实务与程序评论，请参见 U.S. Supreme Court, "Rules of the Supreme Court of the United States" (2003) (www.supremecourtus.gov/ctrules/rulesofthecourt.pdf), accessed October 30, 2003。
9. 组织条例和目的，请参见 PL 95-511, "Foreign Intelligence Surveillance Act of 1978," 92 *U.S. Statutes at Large,* 1783–1798; and Lee S. Strickland, "Civil Liberties vs. Intelligence Collection: The Secret Foreign Intelligence Surveillance Act Court Speaks in Public," *Government Information Quarterly,* 20 (1) (2003): 2。
10. Strickland, "Civil Liberties vs. Intelligence Collection," 2. 司法部反间谍计划和联邦情报监视法庭的背景，请参见 U.S. General Accounting Office, *FBI Intelligence Investigations: Coordination within Justice on Counterintelligence Criminal Matters Is Limited* (Washington, D.C.: General Accounting Office, 2001)。关于法庭工作的其他见解，请参见 "An Interview with Judge Royce C. Lamberth," *The Third Branch: Newsletter of the Federal Courts,* 34 (6) (June 2002): 1–3 (www.uscourts.gov/ttb/june02ttb/interview.html), accessed October 30, 2003。
11. 内容请参见 United States Foreign Intelligence Surveillance Court of Review, "In Re: Sealed Case 02-2001: On Motions for Review of Orders of the United States Foreign Intelligence Surveillance Court (Nos. 02-662 and 02-968)" (2002), 1–56 (www.usdoj.gov/ag/fisaappealdecision.pdf), accessed October 30, 2003。
12. U.S. Congress, Senate, "S. 436: Domestic Surveillance Oversight Act of 2003," 108th Cong., 1st sess., February 25, 2003.
13. 组织法请参见 PL 89-554, "Freedom of Information Act," 80 *U.S. Statutes at Large,* 383. 参

见 U.S. Department of Justice, *Freedom of Information Act Guide and Privacy Act Overview* (Washington, D.C.: Government Printing Office, 2002), 5。

14. U.S. Congress, House Committee on Government Reform, *A Citizen's Guide on Using the Freedom of Information Act and the Privacy Act of 1974 to Request Government Records* (Washington, D.C.: Government Printing Office, 2002), 7–9.
15. PL 104- 231, "Electronic Freedom of Information Act Amendments," 110 *U.S. Statutes at Large,* 3048–3054.
16. U.S. Congress, House Committee on Government Reform, *A Citizen's Guide on Using the Freedom of Information Act and the Privacy Act of 1974 to Request Government Records,* 6.
17. U.S. Congress, House Committee on Government Reform, *A Citizen's Guide on Using the Freedom of Information Act and the Privacy Act of 1974 to Request Government Records,* 15–19.
18. U.S. Congress, House Committee on Government Reform, *A Citizen's Guide on Using the Freedom of Information Act and the Privacy Act of 1974 to Request Government Records,* 19–33.
19. 历史背景和军事法律参考来源，请参见 Richard H. Kohn, ed., *The United States Military under the Constitution of the United States, 1789–1989* (New York: New York University Press, 1991); Jack L. Rives, Richard A. Gittins, and Kirk L. Davies, eds.,*The Military Commander and the Law* (Maxwell Air Force Base, Ala.: AFJAGS Press, 1996); U.S. Congress, House Committee on Armed Services, *Compilation of Defense-Related Federal Laws (Other Than Title 10, United States Code): As Amended through December 31, 2000* (Washington, D.C.: Government Printing Office, 2001); U.S. Department of Defense,*Manual for Courts-Martial, United States* (Washington, D.C.: Government Printing Office, 2002); and Michael J. Davidson, *A Guide to Military Criminal Law* (Annapolis,Md.: Naval Institute Press, 1999)。
20. U.S. Air Force, Air University, Air War College, "Uniform Code of Military Justice" (n.d.), 1 (www.au.af.mil/au/awc/awcgate/ucmj.htm), accessed October 30, 2003.
21. 组织法请参见 PL 81-506, "To Unify, Consolidate, Revise, and Codify the Articles of War, the Articles for the Government of the Navy, and the Disciplinary Laws of the Coast Guard, and to Enact and Establish a Uniform Code of Military Justice," 64 *U.S. Statutes at Large,* 107–149。美国军事上诉法院的使命和责任，请参见 *U.S. Government Manual, 2002–2003* (Washington, D.C.: National Archives and Records Administration, 2002), 75。历史背景信息，请参见 Jonathan Lurie,*Military Justice: The U.S. Court of Appeals for the Armed Forces, 1775–1980* (Lawrence: University Press of Kansas, 2001)。关于军事司法系统的其他背景信息，请参见 William T. Generous Jr., *Swords and Scales: The Development of the Uniform Code of Military Justice* (Port Washington, N.Y.: Kennikat Press, 1973); and S. Sidney Ulmer,*Military Justice and the Right to Counsel* (Lexington: University Press of Kentucky, 1970)。
22. U.S. Court of Military Appeals, "Establishment" (n.d.), 1–2 (www.armfor.uscourts.gov/ Establis. htm), accessed October 30, 2003.
23. 各部队军法署组织法内容，请参见 PL 84-1028, "To Revise, Codify, and Enact into Law, Title 10 of the United States Code, Entitled 'Armed Forces,' and Title 32 of the United States Code, Entitled 'National Guard,'" 70A *U.S. Statutes at Large,* 164, 290, 495。历史背景信息，请参见 Frederic L. Borch, *Judge Advocates in Combat: Army Lawyers in Military Operations from Vietnam to Haiti* (Washington, D.C.: U.S. Army Office of the Judge Advocate General and Center of Military History, 2001)。
24. U.S. Air Force, Judge Advocate General, "Fact Sheet #2: The Judge Advocate General" (1998), 1–3 (http://afls14.jag.af.mil/dscgi/ds.py/Get/File-7564/r_02.htm), accessed October 30, 2003.
25. U.S. Army, Judge Advocate General's School, Center for Law and Military Operations, "The

Center for Law and Military Operations" (n.d.), 1 (www.jagcnet.army.mil/CLAMO/), accessed October 30, 2003.

26. U.S.Marine Corps, Staff Judge Advocate to the Commandant of the United States Marine Corps, "Organization" (n.d.), 1 (http://sja.hqmc.usmc.mil/SJAOrg.htm), accessed October 30, 2003.
27. U.S. Navy, Judge Advocate General, "OJAG Mission" (n.d.), 1 (www.jag.navy.mil/AboutUS/Mission3.html), accessed October 30, 2003. 历史背景信息，请参见 Jay M. Siegel, *Origins of the Navy Judge Advocate General's Corps: A History of Legal Administration in the United States Navy, 1775 to 1967* (Washington, D.C.: U.S. Navy Judge Advocate General's Corps, 1997)。
28. U.S. Air Force, General Counsel of the Air Force, "Mission and Role of the Office of the General Counsel" (n.d.), 1 (www.safgc.hq.af.mil/), accessed October 30, 2003.
29. U.S. Army, Office of the General Counsel, "Mission and Functions" (n.d.), 1–2 (www.hqda.army.mil/ogc/mis.htm), accessed October 30, 2003.
30. U.S. Coast Guard, "Mission" (2003), 1 (www.uscg.mil/legal/), accessed October 30, 2003.
31. U.S. Defense Institute of International Legal Studies, "Mission" (n.d.), 1 (www.dsca.osd.mil/diils/), accessed October 30, 2003.
32. U.S. Department of Defense, "Defense Legal Services Agency" (2003), 2 (www.defenselink.mil/dodgc/), accessed October 30, 2003.
33. 本命令内容，请参见 "Military Order of November 13, 2001," *Federal Register,* 66, no. 222 (November 16, 2001), 57833–57836。其他关于战争犯罪审判和军事委员会的背景信息，请参见 Eugene Davidson, comp., *The Trial of the Germans: An Account of the Twenty-Two Defendants before the International Military Tribunal at Nuremberg* (Columbia: University of Missouri Press, 1997); Howard Ball, *Prosecuting War Crimes and Genocide: The Twentieth-Century Experience* (Lawrence: University Press of Kansas, 1999); Gary Jonathan Bass, *Stay the Hand of Vengeance: The Politics of War Crimes Tribunals* (Princeton, N.J.: Princeton University Press, 2000); and Howard Ball,*War Crimes and Justice: A Reference Handbook* (Santa Barbara, Calif.: ABC-CLIO, 2002)。
34. U.S. Department of the Navy, Office of the General Counsel, "Purpose,Mission, and Vision" (2001), 1 (http://ogc.navy.mil/ogcwww/ogcmission.asp), accessed October 30, 2003.
35. U.S. Department of Defense, "Defense Legal Services Agency," 1.
36. 这些法律的原始内容，请参见 PL 74-220, "To Provide for the Custody of Federal Proclamations, Orders, Regulations, Notices, and Documents, and for the Prompt and Uniform Printing and Distribution Thereof," 49 *U.S. Statutes at Large,* 500–503; and PL 79-404, "Administrative Procedure Act," 60 *U.S. Statutes at Large,* 237–244。这些法律关键条款的解释，请参见 U.S. National Archives and Records Administration, Office of the Federal Register, *The Federal Register: What It Is and How to Use It* (Washington, D.C.: National Archives and Records Administration, 1992), 1。联邦监管程序评估及产生的各种冲突观点，请参见 Stanley A. Reigel, *Administrative Law: The Law of Government Agencies* (Ann Arbor,Mich.: Ann Arbor Science, 1982); David Schoenbrod, *Power without Responsibility: How Congress Abuses the People through Delegation* (New Haven, Conn.: Yale University Press, 1993); Bruce Alan Williams and Albert R. Matheny, *Democracy, Dialogue, and Environmental Disputes: The Contested Languages of Social Regulation* (New Haven, Conn.: Yale University Press, 1995); and U.S. Congress, Senate Committee on Governmental Affairs, Subcommittee on Oversight of Government Management and the District of Columbia, *Federal Regulations: Balancing Rights, Reason, and Responsibity,* 104th Cong., 1st sess., 1995。
37. Morehead, *Introduction to United States Government Information Sources,* 221.

38. Morehead, *Introduction to United States Government Information Sources,* 224.
39. Morehead, *Introduction to United States Government Information Sources,* 176–177.
40. U.S. Government Printing Office, "Code of Federal Regulations: About" (n.d.), 1 (www.gpoaccess.gov/cfr/about.html), accessed October 30, 2003.
41. U.S. Government Printing Office, "About the LSA (List of CFR Sections Affected)" (n.d.), 1–2 (www.gpoaccess.gov/lsa/about.html), accessed October 30, 2003.

[第 10 章]

华盛顿特区的科研机构和智库

在华盛顿特区、全美乃至世界各国，有大量的科研机构（通常被称为智库），可提供国家安全政策信息。[1] 政府部门会雇佣这些机构来完成研究或设计项目。这些机构的专家会被邀请到国会委员会来表明态度，选择支持或反对政策建议，或参与媒体采访，讨论待定法律事项。这些科研机构的研究基金由个人、非盈利组织、政府机构和商业实体提供，分别代表着不同的意识形态或哲学观点。

美国企业公共政策研究所

美国企业公共政策研究所（American Enterprise Institute for Public Policy Research，AEI），是一个思想形态上较为保守的研究机构，成立于 1943 年，现有员工 125 名，年度预算为 1200 万美元。其研究领域涉及外交和国防政策、社会和政治研究，以及国内外经济政策。[2]

美国企业公共政策研究所的网站 www.aei.org/ 提供了联合监管研究中心等组织机构的相关信息，一些新闻稿，以及国家安全政策学者的个人履历。

该网站提供了美国企业公共政策研究所的学者评论，如《建立导弹防御系统的优化方法》（*A Better Way to Build a Missile Defense*，2000 年）、《海外情报战的失败》（*Losing the Intelligence War Overseas*，2002 年）、《走近全球骑兵：海外基地重建和国防转型》（*Toward a Global Cavalry: Overseas Rebasing and Defense Transformation*，2003 年）和《伊拉克自由行动的教训》（*Lessons of Operation Iraqi Freedom*，2003 年）。其他出版物包括：《国家安全前景》（*National Security Outlook*，2002 年 12 月至今）等简报、《美国企业》（*The*

American Enterprise，2002 年至今）等期刊文章。

该网站还提供了由 AEI 出版社出版书籍的汇总信息，以及《越线：朝鲜的谈判策略》（*Over the Line: North Korea's Negotiating Strategy*，1999 年）、《复仇研究：世贸中心第一次遇袭和萨达姆·侯赛因与美国的战争》（*Study of Revenge: The First World Trade Center Attack and Saddam Hussein's War against America*，2002 年）、《保障国防和科技，促进商业发展》（*Safeguarding Defense, Technology, Enabling Commerce*，2002 年）和《劫后古巴》（*Cuba: The Morning After*，2003 年）等文章的节选。

ANSER 国土安全研究所

推动国家战略及结果实现（Advancing National Strategies and Enabling Results，缩写为 ANSER）国土安全研究所，成立于 1999 年，是一家非盈利性公共服务研究机构，旨在研究国土安全问题中出现的新的国家安全挑战，如危机管理、结果管理、威慑力和强制收购问题。[3]

ANSER 国土安全研究所的网站 www.homelandsecurity.org/ 提供了该究所的项目信息，包括：关键人员的履历资料，可跳转至国土安全机构办公室资源的链接，以及一些 PPT 演示文稿。该网站上的出版物包括：《国土安全每周简报》（*Weekly Homeland Security Newsletter*，2002 年至今）、《国土安全》期刊（*Journal of Homeland Security*，2000 年至今）和《ANSER 总结与分析：拟建国土安全部概览》（*ANSER Summary and Analysis: A Quick Look at the Proposed Department of Homeland Security*，2002 年）、《脏弹上的尘与土》（*The Down and Dirty on Dirty Bombs*，2002 年）和《国土安全国家战略：密林寻踪》（*The National Strategy for Homeland Security: Finding the Paths among the Trees*，2002 年）等报告。

军控协会

军控协会（Arms Control Association，缩写为 ACA），成立于 1971 年，共有 9 名员工，年度预算为 80 万美元，会员人数达 150 人。军控协会以有效军备控制和裁军政策为主题，并将其研究信息提供给媒体和美国政府官员。[4]

军控协会的网站 www.armscontrol.org/ 列出了理事会的成员名单，媒体事件总结（1999 年至今），一些相关的新闻稿（2001 年至今），以及主要的国际军备控制协议（如《化学武器公约》和《全面禁止核试验条约》）的全文。该网站还提供了 1997 年至今军控协会的期刊《今日军控》（*Arms Control Today*），以及大量以军控为主题的资料全文，其中包括《印度核理论草案》（*India's Draft Nuclear Doctrine*，1999 年）、《美国当前战略核力量》（*Current U.S. Strategic Nuclear Forces*，2002 年）、《美国 – 朝鲜核与导弹外交年表》（*U.S.-North Korean Nuclear and Missile Diplomacy*，2003 年）和《新核政策、新武器和新危险》（*New Nuclear Policies*，*New Weapons*，*New Dangers*，2003 年）。

美国大西洋理事会

美国大西洋理事会（Atlantic Council of the United States，缩写为 ACUS）成立于 1961 年，是前国务卿迪安 · 艾奇逊（Dean Acheson，1949—1953 年在任）和克里斯蒂安 · 赫脱（Christian Herter，1959–1961 年在任）以及另外一些人提出的建议。他们希望通过巩固美国公民团体，来支持由美国、加拿大和西欧各国组成的大西洋联盟。美国大西洋理事会的目的是，保证美国所处的领导地位，以无党派身份参与国际事务，并针对重要的国际问题展开讨论与辩论，开展教育事业和交换项目，如此，将来的美国领导人就能体会到美国在国际事务中的价值。[5]

美国大西洋理事会的网站 www.acus.org/ 提供了该理事会关键职员的相关信息、该理事会起源与发展的信息，以及音视频网络广播。美国大西洋理事会公开的出版物包括：《大西洋理事会简报》（*Atlantic Council Newsletter*，1999 年至今），以及《俄罗斯波罗的海政策：西方世界能期待什么，能做些什么》（*Russian Policy towards the Baltics: What the West Can Expect and What It Could Do*，1999 年）、《保加利亚国防工业》（*The Bulgarian Defence Industry*，2001 年）、《永远的同盟？北约布拉格峰会及后续事态》（*Permanent Alliance? NATO's Prague Summit and Beyond*，2001 年）、《新能力：北约部队的转型》（*New Capabilities: Transforming NATO Forces*，2002 年）、《难以捉摸的伙伴关系：美国和欧洲的近东政策和波斯湾政策》（*Elusive Partnership: U.S. and European Policies in the Near East and the Gulf*，2002 年）、《美国 – 利比亚关系：谨慎的

再次介入》（*U.S.-Libyan Relations: Toward Cautious Reengagement*，2003 年）、《亚洲的导弹防御》（*Missile Defense in Asia*，2003 年）和《国防工业的全球化：中国》（*Globalization of Defense Industries: China*，2003 年）等政策文件。

英美安全信息理事会

英美安全信息理事会（British-American Security Information Council，缩写为 BASIC），在华盛顿特区和英国伦敦均设有办事处，其自身为自由进步的独立分析与宣传组织，负责审查世界安全问题、核政策、军事战略、武器和裁军问题。[6]

英美安全信息理事会的网站 www.basicint.org/ 提供了《英美安全信息理事会报告》简报（*Basic Reports*，1995 年至今）和《掩体破坏：华盛顿在新核武器方面的努力》（*Bunker Busters: Washington's Drive for New Nuclear Weapons*，2002 年）、《共和党在美国国会上的胜利：核武器和导弹防御政策的意义》（*The Republican Victory in the U.S. Congress: What It Will Mean for Nuclear Weapons and Missile Defense Policies*，2002 年）、《欧洲政府在导弹防御方面的官方职责》（*European Governments Official Position on Missile Defence*，2003 年）、《美国在伊拉克使用的"非致死性"化学武器：是否违反了〈禁止化学武器公约〉？》（*U.S. Chemical 'Non-Lethal' Weapons in Iraq: A Violation of the Chemical Weapons Convention?*，2003 年）、《朝鲜危机》（*The Crisis in North Korea*，2003 年）和《暴怒的北约发起者：美国国会山视角》（*NATO's Angry Sponsors: The View from Capitol Hill*，2003 年）等报告和评论的全文。

布鲁金斯学会

布鲁金斯学会（Brookings Institution，缩写为 BI）成立于 1916 年，是一个无党派研究教育中心，专门研究经济政策、政府政策和外交政策。该学会拥有员工 250 人，年度预算达 3100 万美元。普遍认为，布鲁金斯学会是公共政策研究的第一智库。[7]

布鲁金斯学会的网站 www.brookings.edu/ 提供的信息包括：一些相关的新闻稿（2000 年 3 月至今）、可跳转至东北亚政策研究中心和萨班中东政策中心等组织机构的网页链接、国家安全政策在职学者的履历资料，以及布鲁金斯学者的所有演讲、文章和 RealPlayer 格式的视频片段。

该网站上公开的出版物包括：最近发表在期刊《布鲁金斯评论》（*Brookings Review*）上的文章、布鲁金斯学会书店中相关学者所著书籍的清单和简介、国家安全问题方面的文章和报告的全文。此类资源包括：《美国和伊朗：从围堵政策到共存》（*America and Iran: From Containment to Coexistence*，2001 年）、《减少反恐战争中对印巴关系的附带伤害》（*Reducing Collateral Damage to Indo-Pakistani Relations from the War on Terrorism*，2002 年）、《布什的国家安全战略：评估》（*The Bush National Security Strategy: An Evaluation*，2002 年）、《美国国土安全和美国联邦制的反思》（*Reflections on Homeland Security and American Federalism*，2002 年）、《解决朝鲜问题的“总体规划”》（*A "Master Plan" to Deal with North Korea*，2003 年）、《法国的教训：司法制度在反恐工作中的重要性》（*French Lessons: The Importance of the Judicial System in Fighting Terrorism*，2003 年）、《建设新伊拉克：干预力量的作用》（*Building the New Iraq: The Role of Intervening Forces*，2003 年）和《保护美国国土：一年后》（*Protecting the American Homeland: One Year On*，2003 年）。

卡内基国际和平基金会

卡内基国际和平基金会（Carnegie Endowment for International Peace，缩写为 CEIP）成立于 1910 年，其创始人是著名的实业家安德鲁 · 卡内基（Andrew Carnegie）。该基金会负责国际事务、美国外交政策，以及军事、政治和经济等问题的研究、讨论、出版和教育工作，它一直致力于推动国际间的合作。[8]

卡内基国际和平基金会的网站 www.ceip.org/ 提供了该基金会赞助活动的相关信息和网络广播、该基金会国家安全政策学者的履历资料，以及可跳转至该基金会出版物介绍的网页链接。该网站上还有一些相关的工作文件和其他基金会的出版物，比如：《第二阶段削减战略武器条约（START II）的兴衰：俄罗斯视角》（*The Rise and Fall of START II: The Russian Perspective*，1999 年）、《伟大丝绸之路上的毒品走私：中亚的安全环境》（*Drug Trafficking on the Great Silk Road: The Security Environment in Central Asia*，2000 年）、《在与恐怖主义的对抗中加强核安全：作为新合作区的印度和巴基斯坦》（*Enhancing Nuclear*

Security in the Counter Terrorism Struggle: India and Pakistan as a New Region for Cooperation，2002 年）、《核查朝鲜核裁军：技术分析》（*Verifying North Korean Nuclear Disarmament: A Technical Analysis*，2003 年）和《从胜利走向成功：伊拉克的战后政策》（*From Victory to Success: Afterwar Policy in Iraq*，2003 年）。

卡托研究所

卡托研究所（Cato Institute，缩写为 CI）成立于 1977 年，共有员工 100 人，年度预算为 1300 万美元。卡托研究所以自由者的视角，主要针对小政府、个人自由及和平展开政府问题的研究。[9]

卡托研究所的网站 www.cato.org/ 提供了该研究所主办会议的介绍，一些相关的新闻稿、卡托研究所国际安全政策专家的履历信息，以及卡托研究所员工制作的关于媒体焦点的 RealPlayer 格式网络广播。此外，该网站还有卡托研究所分析师所著书籍的介绍，包括《绊网：面对一个变革的世界，韩国和美国所采取的外交政策》（*Tripwire: Korea and U.S. Foreign Policy in a Changed World*，1996 年）、《中国的未来：建设性伙伴还是新兴的威胁？》（*China's Future: Constructive Partner or Emerging Threat?*，2000 年）、《远离巴尔干半岛这一是非之地》（*Exiting the Balkan Thicket*，2002 年）和《恶邻政策：华盛顿在拉美徒劳的禁毒战争》（*Bad Neighbor Policy: Washington's Futile War on Drugs in Latin America*）。

该网站上还有很多资料的全文信息，其中包括简报《政策报告》（*Policy Report*，1993 年至今），学术出版物《卡托杂志》（*CATO Journal*，1981 年至今）中的一些文章，以及《减少共同危险：改良俄罗斯预警系统》（*Reducing a Common Danger: Improving Russia's Early Warning System*，2001 年）、《新瓶装旧酒：国家建设与打击恐怖主义》（*Old Folly in a New Disguise: Nation Building to Combat Terrorism*，2002 年）、《联合攻击战斗机：多功能战斗机项目能否实　现？》（*Joint Strike Fighter: Can a Multiservice Fighter Program Succeed?*，2002 年）、《中国海峡两岸的军事平衡：美国在其中的意义》（*The China-Taiwan Military Balance: Implications for the United States*，2003 年）、《胜利之后：新的波斯湾军事态势》（*After Victory: Toward a New Military Posture in the Persian Gulf*，2003 年）和《战争伤亡：跨大西洋的关系和北约在第二次海湾战争后的

未来》（*Casualties of War: Transatlantic Relations and the Future of NATO in the Wake of the Second Gulf War*，2003 年）等政策报告和分析。

国防情报中心

国防情报中心（Center for Defense Information，缩写为 CDI）成立于 1972 年，共有员工 25 人，年度预算为 210 万美元。该智库视角偏左，他们主张美国削减过多的国防力量，减少多余的国防开支，避免核战争，限制军方在国内和国际政策上的影响。[10]

国防情报中心的网站 www.cdi.org/ 提供了其员工参加电视节目的文字记录、“最新动态”网页链接，以及该中心目前职员的资料。国防情报中心发表的报告包括：《军事侦察卫星》（*Military Reconnaissance Satellites*，2001 年）、《划分界限：太空武器控制之路》（*Drawing the Line: The Path to Controlling Weapons in Space*，2002 年）、《解脱束缚的导弹防御局（MDA）》[*The Unfettered Missile Defense Agency*（*MDA*），2003 年]、《古巴生物技术：第一手报告》（*Cuban Biotechnology: A First-Hand Report*，2003 年）和《与朝鲜的对峙：战争方案与后果》（*Stand-Off with North Korea: War Scenarios and Consequences*，2003 年）。

安全政策中心

安全政策中心（Center for Security Policy，缩写为 CSP），是一个较为保守的机构，成立于 1988 年，共有 4 名员工，年度预算为 85 万美元。安全政策中心的任务是通过交换外国和本国安全政策问题相关信息，为政府的行政和立法机构、媒体、工业领域和公众提供服务，同时，还要制定政策，帮助政策制定者解决这些问题。[11]

其网站 www.centerforsecuritypolicy.org/ 提供了安全政策中心的员工和理事会的信息、财务支持信息，以及该中心赞助活动的信息。该网站提供的出版物从记者专栏到报告，从 20 世纪 80 年代至今的应有尽有，其中包括：《“祸从口出”：美国反恐战争因危险泄密面临重重危机》（“*Loose Lips*”：*U.S. Capabilities Vital to War on Terror Being Jeopardized by Dangerous Disclosures*，2002 年）、《入侵：新的本土安全部能否解决美国移民政策危机？》（*Invasion:*

Will the New Homeland Security Department Address the Crisis in U.S. Immigration Policy?，2002 年）、《核扩散混合信号》（*Mixed Signals on Proliferation*，2003 年）和《伊斯兰教恐怖行动的如意算盘》（*Wishful Thinking about Islamist Terror*，2003 年）。

战略与预算评估中心

战略与预算评估中心（Center for Strategic and Budgetary Assessments，缩写为 CSBA）成立于 1983 年，有员工 7 人，年度预算为 50 万美元。[12] 该中心负责为美国政府、媒体和相关方提供各种信息，说明预算与国防战略之间的关系，保证美国军事技术转型所采纳的国防政策的有效性。[13]

战略与预算评估中心的网站 www.csbaonline.org/ 提供了关于该中心组织活动的信息、"新鲜事"网页、该中心的宗旨、职员名录和各种出版物内容。该网站上的出版物包括：《美国战斗机现代化的选择》（*Options for U.S. Fighter Modernization*，1999 年）、《关于国防部武器现代化需求的三个神话》（*Three Myths about DOD's Weapons Modernization Requirements*，2001 年）、《太空的军事用途：诊断性评估》（*The Military Use of Space: A Diagnostic Assessment*，2001 年）、《军事科技革命：初步评估》（*The Military-Technical Revolution: A Preliminary Assessment*，2002 年）、《伊拉克战争及战后占有期的潜在成本》（*Potential Cost of a War with Iraq and Its Post-War Occupation*，2003 年）和《2004 财年国防预算申请分析》（*Analysis of the FY2004 Defense Budget Request*，2003 年）。

战略与国际研究中心

战略与国际研究中心（Center for Strategic and International Studies，缩写为 CSIS）成立于 1962 年，是乔治城大学的附属机构。战略与国际研究中心共有 190 名员工，是一个无党派研究团体，负责发行各种相关的出版物，从战略和跨学科的观点出发，处理各种新兴的、与国内外安全事宜相关的问题。[14]

战略与国际研究中心的网站 www.csis.org/ 提供了该中心学者的个人信息，主题化的专家索引，对国土安全、中东能源和安全、俄罗斯和欧亚大陆及南亚等项目领域的介绍，一些相关的新闻稿（1997 年至今），该中心 1999 年至今赞助活动的介绍（其中包括一些文字记录和网络广播），以及该中心人员在国会的证词（1998 年至今）。

该网站上以全球国家安全为主题的出版物都是公开的，其中包括《政策文件与美洲》（*Policy Papers and the Americas*，1999 年至今）、《南亚监督》（*South Asia Monitor*，1998 年至今）、《华盛顿季刊》（*Washington Quarterly*，1999 年至今）和《土耳其最新消息》（*Turkey Update*）等期刊。该网站还提供了自 1998 年以来出版的大量报告，其中包括：《海湾军队的新平衡》（*The New Balance of Gulf Arms*，1999 年）、《伊朗和伊拉克的大规模杀伤性武器》（*Weapons of Mass Destruction in Iran and Iraq*，2000 年）、《持久的挑战：反恐策略和不对称战争》（*The Lasting Challenge: A Strategy for Counter-Terrorism and Asymmetric Warfare*，2001 年）、《美国关于统一朝鲜半岛的政策蓝图》（*A Blueprint for U.S. Policy toward a Unified Korea*，2002 年）、《核生化武器的防御》（*Protecting against the Spread of Nuclear*，*Biological*，*and Chemical Weapons*，2003 年）和《伊拉克战后重建：现场调查和建议》（*Iraq's Post-Conflict Reconstruction: A Field Review and Recommendations*，2003 年）。

生化军备控制研究所

生化军备控制研究所（Chemical and Biological Arms Control Institute，缩写为 CBACI）于 1993 年正式成立，专注于消灭化学和生物武器。该研究所通过研究分析、教育和培训项目，警示政府、工业、科学界和媒体的领导人这些武器问题的严重性。[15]

生化军备控制研究所的网站 www.cbaci.org/ 提供了该研究所的训练活动、员工资料和项目领域（生物科技、健康与安全、防扩散和恐怖主义等）等信息。该网站上公开的出版物包括：双月刊《调度》（1997 年 7 月至今），该研究所员工撰写的文章清单（1997 年至今）和纸质报告副本的订购信息。公开的文件和报告包括《农业生物战概述》（*Agricultural Biological Warfare: An Overview*，2000 年）、《美国的生物恐怖主义：威胁、准备与响应》（*Bioterrorism in the United States: Threat*，*Preparedness*，*and Response*，2000 年）、《传染病与冲突：作为全球安全挑战的健康》（*Contagion and Conflict:*

Health as a Global Security Challenge，2000年)、《利用生化品和放射性武器进行反恐：定义基本概念》(*Deterring Terrorism with CRBN Weapons: Developing a Conceptual Framework*，2001年)、《比勒陀利亚的影子：艾滋病毒/艾滋病的肆虐与南非的国家安全》(*Pretoria's Shadow: The HIV/AIDS Pandemic and National Security in Southern Africa*，2002年)、《我们应该了解些什么？我们应该告知哪些人？利用交流与信息反恐应对恐怖主义与其后果》(*What Should We Know? Whom Do We Tell? Leveraging Communication and Information to Counter Terrorism and Its Consequences*，2002年）和《降低生物武器的威胁：新思维与新方法》(*Reducing the Biological Weapons Threat: New Thinking New Approaches*，2003年)。

美国科学家联盟

美国科学家联盟（Federation of American Scientists，缩写为FAS）成立于1945年，共有2500名成员，有一个由18人组成的专业办公室，年度预算为300万美元。该联盟主要负责扩大科学问题之间的关联性，为公共政策问题提供科学建议。[16]

美国科学家联盟的网站www.fas.org/提供了一些相关的新闻稿（1997年至今)；"武器销售监视工程"、"中国核部队指南"、"巡航导弹：特殊武器引信"和"情报资源方案"等网页；《军售监察》(*Arms Sales Monitor*，1991年至今)、《公共利益报告》(*Public Interest Report*，1993年至今）和《保密信息》（*Secrecy News*，2000年9月至今）等期刊。

该网站上还有政府文件的重印本，其中有些已经从发行机构的网站上删除，如《委员会关于弹道导弹对美国威胁的评估报告：执行摘要》(*Report of the Commission to Assess the Ballistic Missile Threat to the United States: Executive Summary*，1998年)、《国家导弹防御局部署准备评审》(*National Missile Defense Deployment Readiness Review*，2000年)、《军事转型：情报、监督和侦察》(*Military Transformation: Intelligence, Surveillance, and Reconnaissance*，2002年）和《国土安全：保护大型客机免受恐怖导弹的袭击》(*Homeland Security: Protecting Airliners from Terrorist Missiles*，2003年)。

全球安全部

全球安全部（Global Security）旨在降低全球安全对核武器的依赖性和使用核武器的机会，增强美国常规军解决后冷战威胁的能力，提高美国情报界对新兴安全威胁的反应能力，降低诉诸武力的必要性，利用太空科技增进国际和平与安全。[17]

全球安全部的网站 www.globalsecurity.org/ 提供了各类主题的新闻报道（如 2003 年 8 月美国东北部的大停电）；波斯湾和伊拉克等全球安全热点的地图、卫星图和照片；2003 年 8 月美国派往利比里亚的维和部队的作战信息；2003 年揭发前利比里亚总统查尔斯 · 泰勒（Charles Taylor）战争罪行的法律文件；可跳转至国家安全相关报告的网址链接，比如，司法部总监察长关于联邦调查局处理罗伯特 · 汉森（Robert Hanssen）间谍案的报告；中央情报局关于伊拉克大规模杀伤性武器的国家情报评估；美国和外国媒体提供的国家安全新闻事件；《利比里亚：内战和地区冲突》（*Liberia: Civil War and Regional Conflict*，2003 年）等报告。

亨利·史汀生中心

亨利 · 史汀生中心（Henry L. Stimson Center，缩写为 HLSC）成立于 1989 年，是以 1929—1933 年美国国务卿亨利 · L. 史汀生（Henry L. Stimson）的名字命名的，这是一家非盈利的无党派机构，负责通过分析性研究和公共扩展项目，加强国际安全。[18]

亨利 · 史汀生中心的网站 www.stimson.org/ 上包括一些相关的新闻稿（1998 年 10 月至今）、由该中心发起的事件清单和相关介绍，以及该中心董事会成员的资料。该网站公开的出版物包括：《东亚安全季度更新》（*Quarterly Update on East Asian Security*，2002 年至今）等期刊和 1991 年至今的各类报告，比如，《南亚核风险降低措施》（*Nuclear Risk Reduction Measures in Southern Asia*，1998 年）、《毒岛：防止苏联复合型生化武器的扩散》（*Toxic Archipelago: Preventing Proliferation from the Former Soviet Chemical and Biological Weapons Complexes*，1999 年）、《台湾和美中关系》（*Taiwan and U.S.-PRC Relations*，2001 年）、《巴基斯坦和印度：核风险降低中心有助于巩固和平？》[*Pakistan and India: Can Nuclear Risk Reduction Centers* (*NRRCs*) *Help Strengthen Peace?*，2002 年]、《中国的外国高科技研发：风险、回报和美中关系的暗示》(*Foreign High-Tech R&D in China: Risks*, *Rewards*, *and Implications for U.S.-China Relations*，2003 年）和《太空保证还是太空垄断？反对太空武器化》(*Space Assurance or Space Dominance? The Case against Weaponizing Space*，2003 年)。

传统基金会

传统基金会（Heritage Foundation，缩写为 HF）成立于 1973 年，是美国主要的保守派智库之一，负责在自由企业、小政府、传统价值观和强化国防等领域，制定并推动保守派政策。[19]

传统基金会的网站 www.heritage.org/ 对该基金会的工作和研究进行了介绍。该网站上的资源包括，凯瑟琳和谢尔比 · 卡尔洛姆 · 戴维斯国际研究所（Kathryn and Shelby Cullom Davis Center for International Studies）等组织机构的信息、在职学者的个人信息，以及一些相关的新闻稿（1999 年至今）。此外，该网站还提供了 1991 年至今的国家安全方面的报告，其中包括：《提高能源武器实验室部门的安全》(*Improving Security at the Department of Energy's Weapons Laboratories*，1999 年)、《维切克岛军事准备能力的重要性》(*The Importance of Vieques Island for Military Readiness*，2001 年)、《保卫美国国土安全》(*Defending the American Homeland*，2002 年)、《保卫美国机场和水道安全：美国运输部的职责》(*Securing America's Airports and Waterways: The Role of the U.S. Department of Transportation*，2002 年)、《全球反恐战争中联盟的重要性》(*The Vital Role of Alliances in the Global War on Terrorism*，2002 年)、《和平的构建需要巴基斯坦恐怖主义的终结而不仅仅是停火的路线图》(*Road Map to Peace Requires an End to Palestinian Terrorism*，*Not Just a Cease-Fire*，2003 年)、《防止莫斯科核技术出口造成的美俄关系危机》(*Preventing a Crisis in U.S.-Russian Relations Over Moscow's Nuclear Technology Exports*，2003 年）和《美国在和平行动中扮演的角色：过去、远景和未来处方》(*The U.S. Role in Peace Operations: Past*，*Perspective*，*and Prescriptions for the Future*，2003 年)。

国防分析研究院

1947年，国防部长詹姆斯·福雷斯特尔（James Forrestal）成立了武器系统评估小组，旨在为军事武器系统和项目提供技术分析。在这之后，该小组又逐步演变为国防分析研究院（Institute for Defense Analyses，缩写为IDA）。国防分析研究院是一家由联邦政府资助的研究中心，负责为国防部长办公室、国防机构和参谋长联席会议，以及联合司令部提供国家安全方面的科学建议和技术建议。国防分析研究院实行机构自治，不直接服务于各军事部门、私人企业或外国政府。[20]

国防分析研究院的网站www.ida.org/提供了该研究院各部门及其工作范围的信息、该研究院官员和管理人员的名单，以及可跳转至“虚拟应急反应小组的虚拟城市”、“虚拟培训智库”和“国防科学研究小组”等项目的网站链接。此外，该网站还介绍了联合攻击战斗机替代品、未来远程拦截机、反装甲弹药的采购、作战识别弹道成像、无人机评估和导弹防御互操作性标准等当前研究项目。

此外，国防分析研究院的网站还公开了一些研究报告，其中包括：《水下结构对水下爆炸的反应基准》（*Benchmarks for Submerged Structure Response to Underwater Explosions*，1999年）、《网络核心战：创造和利用信息优势》（*Network Centric Warfare: Developing and Leveraging Information Superiority*，2000年）、《美国的主导地位和大国协作：对2002年国家安全战略的评论》（*American Primacy and the Major Power Concert: A Critique of the 2002 National Security Strategy*）和《三极稳定性：美俄中核关系的未来》（*Tripolar Stability: The Future of Nuclear Relations among the United States*，*Russia*，*and China*，2002年）。

政策研究所

政策研究所（Institute for Policy Studies，缩写为IPS）是一个在意识形态上左翼的机构，成立于1963年，负责推动美国和国际范围内的民主、公正、人权和多样化。[21]

政策研究所的网站www.ips-dc.org/提供了该研究所员工的资料、可跳转至“外交政策聚焦和核政策”等项目的网址链接，以及一些精选出来的报告，比如，《毒品战争：沉溺于失败》（*The War on Drugs: Addicted to Failure*，1998

年）、《美国的贫铀遗产》（*The Legacy of Depleted Uranium in the United States*，2003 年）、《美国强权之下的世界和平之后又是什么？》（*What Next for Pax Americana?*，2003 年）、《可怕的对称性：华盛顿与平壤》（*Fearful Symmetry: Washington and Pyongyang*，2003 年）和《海外核武器威胁：布什在肮脏游戏中使用的橄榄球》（*Nuclear Weapons Threats Abroad: Bush's Football in Dirty Game*）等。

以色列国家安全事务研究所

以色列国家安全事务研究所（Jewish Institute for National Security Affairs，缩写为 JINSA）成立于 1973 年，共有 1700 多名成员。该研究所的使命是为美国人提供教育，使其认识到高效军事能力在保卫美国利益中的重要性，让美国外交和国防政策群体意识到以色列在强化地中海和中东地区民主中的关键作用。[22]

以色列国家安全事务研究所的网站 www.jinsa.org/ 提供了该研究所董事会成员的资料，关于程序和系列讲座的信息、专业人员名册，以及一些报告和相关评论，其中包括：《谁是"恐怖分子"，为什么？》（*Who Is a "Terrorist" and Why?*，2002 年）、《实质违约？遣送检查员》（*Material Breach? Send the Inspectors Home*，2002 年）、《2002 年美伊战略关系：反恐、导弹防御和高科技研究仍为首要考虑因素》（*U.S.-Israel Strategic Relations in 2002: Counter-Terrorism, Missile Defense, and High-Tech Research Remain Priorities*，2002 年）、《美国军械厂中司空见惯的以色列制造》（*Israeli-Made Arms Commonplace in U.S. Arsenal*，2003 年）、《核走私：核恐怖主义的第一步》（*Nuclear Smuggling: A First Step to Nuclear Terrorism*，2003 年）和《情报的使用》（*Uses of Intelligence*，2003 年）等报告和相关评论。

国家公共政策研究所

国家公共政策研究所（National Institute for Public Policy，缩写为 NIPP），位于弗吉尼亚州的费尔法克斯，成立于 1981 年，共有员工 20 人。该研究所的目的是，对快速变化的外交政策和国际安全问题，包括后冷战威胁的有效性，美国及其盟国在防止大规模杀伤性武器扩散方面的能力、北大西洋公约组织和美国参与的其他安全协约的未来等问题进行审查。[23]

国家公共政策研究所的网站 www.nipp.org/ 提供了该研究所专业人员的资料；介绍了格鲁吉亚共和国国家安全改革等项目；展示了该研究所员工在《今日军控》(*Arms Control Today*)、《国防新闻》(*Defense News*) 和《华盛顿季刊》(*Washington Quarterly*) 等期刊上发表的文章内容。该网站上还有一些报告内容，比如，《美国核军力与军备控制的基本原理与需求（第1卷）：执行报告》(*Rationale and Requirements for U.S. Nuclear Forces and Arms Control; Volume 1: Executive Report*，2001 年)、《俄罗斯在导弹防御方面不断演变的观点：浮现出的和解状态》(*Evolving Russian Perspectives on Missile Defense: The Emerging Accommodation*，2002 年)、《对美国"非对称"威胁的理解》(*Understanding "Asymmetric" Threats to the United States*，2002 年)、《欧洲对美国弹道导弹防御的观点》(*European Perspectives on U.S. Ballistic Missile Defense*，2002 年)、《美国为何拒绝签署〈生物和毒素武器公约〉》(*Why the United States Rejected the Protocol to the Biological and Toxin Weapons Convention*，2002 年)，以及《战略进攻部队和核武态势评估的"新三位一体"》(*Strategic Offensive Forces and the Nuclear Posture Review's "New Triad"*，2003 年)。

国家安全档案馆

国家安全档案馆（National Security Archive，缩写为 NSA），是一家非盈利的研究机构，隶属于乔治 · 华盛顿大学。1985 年，一批记者和学者共同成立了国家安全档案馆，并通过出售出版物，在卡内基基金会、福特基金会和麦克阿瑟基金会等民间组织的支持下获得了近 180 万美元的年收入。国家安全档案馆的目的是作为一个研究机构，研究国际问题；作为一个档案馆，收藏依据《信息自由法》解密的美国政府文件。[24]

国家安全档案馆网站 www.gwu.edu/~nsarchiv/ 的内容包括：与档案馆馆藏文件相关的信息、每天的开放时间、研究员参观流程、一些相关的新闻稿（1997 年 5 月至今）、关于数字化国家安全档案等国家安全档案馆馆藏资料的订阅服务信息，以及一些可购买的微缩馆藏的介绍和样品文件，比如，

《美国的间谍与情报：组织、操作和管理（1947—1996）》（*U.S. Espionage and Intelligence: Organization, Operations, and Management, 1947–1996*, 1997年）、《美国核历史：导弹时代中的核军备和政治（1955—1968）》（*U.S. Nuclear History: Nuclear Arms and Politics in the Missile Age, 1955–1968*, 1997年）和《中国与美国：从敌对到和解（1960—1998）》（*China and the U.S.: From Hostility to Engagement, 1960–1998*, 1999年）。

登录国家安全档案馆的网页 www.gwu.edu/~nsarchiv/NSAEBB/，可查看电子简报丛书。丛书包括一篇叙述体概要和美国政府文件的内容（近几十年中重大外交和国家安全政策的演变），这些内容反映了美国的利益范围。该丛书的内容还在不断增加，丛书的标题及其出版物年份为：《1989年革命：苏联/东欧档案馆的新文件揭示为什么没有镇压》（*The Revolution of 1989: New Documents from Soviet/East Europe Archives Reveal Why There Was No Crackdown*, 1999年）、《美国卫星图（1960—1999）》（*U.S. Satellite Imagery, 1960–1999*, 1999年）、《中国的核武器计划：情报搜集和分析问题（1964—1972）》（*The Chinese Nuclear Weapons Program: Problems of Intelligence Collection and Analysis, 1964–1972*, 2000年）、《"沙漠风暴行动"十年后》（*Operation Desert Storm: Ten Years After*, 2001年）、《矛盾的任务：古巴机密文件对非洲历史的影响》（*Conflicting Missions: Secret Cuban Documents on History of Africa Involvement*, 2002年）、《〈禁止核试验条约〉的制定（1958—1963）》（*The Making of the Limited Test Ban Treaty, 1958–1963*, 2003年）和《朝鲜与核武器：解密的美国记录》（*North Korea and Nuclear Weapons: The Declassified U.S. Record*, 2003年）。

核管制研究院

核管制研究院（Nuclear Control Institute，缩写为NCI）成立于1981年，是一家独立的防核武扩散研究机构和宣传团体。核管制研究院致力于制定宣传策略，防止核武器的扩散，减少核武器数目的增加。[25]

核管制研究院的网站 www.nci.org/ 提供了可跳转至全球核武器新动态的网址链接、核管制研究院组织的活动及会议的相关信息，以及该研究院的员工资料。该网站上还有一些报告的全文，比如，《美国和俄罗斯武器级钚的处理：G–8面临的问题和可选项》（*Disposal of Weapons Plutonium in the U.S. and*

Russia: Issues and Options for the G-8，2000 年）、《放射性破坏和核电厂：移动目标集》（*Radiological Sabotage and Nuclear Power Plants: A Moving Target Set*，2000 年）和《对被辐射的高浓缩铀燃料人体防护标准的重新评估》[*A Reevaluation of Physical Protection Standards for Irradiated HEU*（*Highly Enriched Uranium*）*Fuel*，2002 年]。

波托马克政策研究所

波托马克政策研究所（Potomac Institute for Policy Studies，缩写为 PI），是一家独立的非盈利性的公共政策研究所，负责针对一些社会面临的关键科技问题展开讨论，其讨论内容涉及国家安全问题，比如，恐怖主义、非对称战争、新兴国家安全威胁和机会、具有国家安全意义的国家卫生政策和科技预测。[26]

波托马克政策研究所的网站 www.potomacinstitute.org/ 上有大量的信息资源，包括：本年度大事记；相关的新闻稿（1996 年至今）；国际恐怖主义研究中心、国家安全卫生政策中心和国家非常规思维中心等机构的介绍及相关的网站链接；简报《更新》（*Update*，2001 年至今）的内容；一些网址链接，可跳转至该研究所人员所著出版物的简介和订购网站 Amazon.com。这些出版物包括：《恐怖主义与医疗应对：美国的教训和政策选择》（*Terrorism and Medical Responses: U.S. Lessons and Policy Options*，2001 年）和《打击恐怖主义：十国政策》（*Combating Terrorism: Strategies of Ten Countries*，2002 年）等。

此外，该网站上还提供了大量的报告信息，如《MARITECH 项目对美国造船业和海军军舰建造全球竞争力的影响》（*MARITECH Program Impacts on Global Competitiveness of the U.S. Shipbuilding and Navy Ship Construction*，1998 年）、《地雷替代品：有机实时战场的塑造》（*Antipersonnel Landmine Alternatives: Organic Real Time Battlefield Shaping*，1999 年）、《跳出禁锢，走向未来：战士与科学家关于未来战争的对话》（*Out of the Box and into the Future: A Dialogue between Warfighters and Scientists on Far-Future Wars*，2000 年）、《国防部科技进步》（*Department of Defense Science and Technology Invigoration*，2002 年）、《应该做些什么？公众对生物恐怖主义的新观点》（*What Is to Be Done? Emerging Perspectives on Public Responses to Bioterrorism*，2002 年）和《信息技术、国家安全和隐私讨论的合理步骤》（*Rational Steps in the Information*

Technology, *National Security*, *and Privacy Debate*，2003 年）。

俄美核安全咨询委员会

俄美核安全咨询委员会（Russian American Nuclear Security Advisory Council，缩写为 RANSAC），是一个独立的非政府研究组织，成立于 1997 年。它的使命是支持美国、俄罗斯和其他苏联国家在减少威胁计划中的协作，同时解决核武器全球蔓延的危险。俄美核安全咨询委员会重中之重的任务包括：减少俄罗斯大规模杀伤性武器工厂的数量；确保核武器设施中的材料和技术的安全性；将此类设施的过剩劳力转移到和平事业上；限制核材料的生产和使用；处理过剩的武器和材料。[27]

其他关于俄美核安全咨询委员会活动的信息，请参见网站 www.ransac.org/。该网站上还有对俄美核安全咨询委员会成就的介绍，可跳转至美国和俄罗斯政府文件的一些链接，链接中涉及的问题包括：军控条约、国会委员会听证会关于威胁合作预算问题的处理方案等。该网站上公开的报告包括：《更新合作伙伴：关于加快苏联核材料保护行动的建议》（*Renewing the Partnership: Recommendations for Accelerated Action to Secure Nuclear Material in the Former Soviet Union*，2000 年）、《相关机构在俄罗斯威胁降低和防扩散项目中取得的成就》（*Accomplishments of Selected Threat Reduction and Nonproliferation Programs in Russia*，*By Agency*，2003 年）和《俄罗斯核设施裁员和改造策略：可选择的新方向》（*Strategies for Russian Nuclear Complex Downsizing and Redirection: Options for New Directions*，2003 年）。

恐怖主义研究中心

恐怖主义研究中心（Terrorism Research Center，缩写为 TRC）于 1996 年开始运作，是一家专门致力于研究恐怖主义、信息战和安全、关键基础设施和低强度政治暴力的独立机构。恐怖主义研究中心拥有一个国际恐怖主义网络，以及来自工业、政府和学术机构的信息战专家，可进行独立的研究。[28]

要了解更多关于恐怖主义研究中心活动的信息，可登录网站 www.terrorism.com/ 查阅。该网站公开的资料包括：可跳转至恐怖主义相关报道的链接；恐怖组织和恐怖袭击的概况；对该研究中心的人员发表过评论的媒体清单，如加拿大广播公司、《经济学家》和《纽约时报》；支持该研究中心的组织的名单，如波士顿大都会地区运输管理局、联邦调查局、参谋长联席会议、国家科学院和英国国防部。

恐怖主义研究中心还提供付费订阅服务，包括世界各地恐怖主义咨询服务和关于恐怖主义、信息战和其他主题的特殊咨询报告。该网站介绍了获得该项服务的相关信息。

恐怖主义研究中心公开的出版物有：《生化恐怖主义：你能相信你的保护伞吗？》（*Chemical and Biological Terrorism: Can You Trust Your Umbrella?*，2000年）、《受赞助的大规模杀伤性武器恐怖主义：不断增加的威胁？》（*Sponsored WMD Terrorism: A Growing Threat?*，2000年）和《网络恐怖主义和民营企业：新的威胁模型和风险管理启示》（*Cyberterrorism and Private Corporations: New Threat Models and Risk Management Implications*，2002年）。

威斯康星核军备控制研究项目

威斯康星核军备控制研究项目（Wisconsin Project on Nuclear Arms Control，缩写为WPNAC），由威斯康星大学麦迪逊分校法学教授加里·米尔霍林（Gary Milhollin）于1986年启动，其目的是减少包括核武器在内的大规模杀伤性武器的国际扩散。威斯康星核军备控制研究项目目前的地址位于华盛顿特区。[29]

威斯康星核军备控制研究项目的网站www.wisconsinproject.org/提供了米尔霍林及其他项目成员发表的各种报刊文章（1990年至今）、国会证词（1992年至今）和《风险报告》（*Risk Report*）光盘上一些未加密的信息（关于一些跨国公司向一些国家提供零件和技术，以生产大规模杀伤性武器）。此外，该网站上还上传了一些报告，如《美国对中国的出口（1988—1998）：核燃料扩散》（*U.S. Exports to China 1988–1998: Fueling Proliferation*，1999年），可跳转至Iraqwatch.org网站的链接（该网站揭露了伊拉克谋取大规模杀伤性武器的意图），和可跳转至联合国文件、美国政府文件，以及法国、俄罗斯、乌克兰和英国等国家政府文件的链接，这些文件介绍了这些组织或国家对伊拉克谋取此类武器的态度。

伍德罗·威尔逊国际学者中心

伍德罗·威尔逊国际学者中心（Woodrow Wilson International Center for Scholars，缩写为 WWICS），由国会于 1968 年成立，为了纪念第 28 任美国总统伍德罗·威尔逊。该中心共有员工 95 人，年度预算为 1500 万美元。[30] 伍德罗·威尔逊国际学者中心是一个无党派中心，负责公共政策问题的高级研究，为从广泛的历史性视角进行深度对话提供了一个中立性的论坛。[31]

伍德罗·威尔逊国际学者中心的网站 http: //wwics.si.edu/ 提供了 1998 年至今该中心主持的活动的相关介绍、该中心研究员和学者的资料、伍德罗·威尔逊学会出版社和其他出版商出版的该中心的研究员和学者著作的相关介绍、可跳转至"冲突预防项目"和"环境变化与安全项目"等项目的网站链接，以及期刊《威尔逊季刊》（*Wilson Quarterly*）中的一些文章。该网站上公开的报告包括：《冷战尚未结束时：1953 年苏联和平攻势和美国的回应》（*When the Cold War Did Not End: The Soviet Peace Offensive of 1953 and the American Response*，2000 年）、《乌兹别克斯坦和在中亚创建区域安全系统的挑战》（*Uzbekistan and the Challenges of Creating a Regional Security System within Central Asia*，2001 年）、《美国针对前南斯拉夫的政策》（*U.S. Policy toward the Former Yugoslavia*，2002 年）、《贫穷、恐怖主义和国家安全》（*Poverty*，*Terrorism*，*and National Security*，2003 年）和《赢得胜利：妇女在伊拉克战后冲突中的角色》（*Winning the Peace: Women's Role in Post-Conflict Iraq*，2003 年）。

注 释

1. 智库内部有大量文献资料，这些资料既可能对公共政策产生积极影响，又可能产生消极的影响，可参见 Donald E. Abelson, *American Think-Tanks and Their Role in U.S. Foreign Policy* (Houndsmills, United Kingdom, and New York:Macmillan Press and St.Martin's Press, 1996); David M. Ricci, *The Transformation of American Politics: The New Washington and the Rise of Think Tanks* (New Haven, Conn.: Yale University Press, 1993); Ron Theodore Robin, *The Making of the Cold War Enemy: Culture and Politics in the Military-Industrial Complex* (Princeton, N.J.: Princeton University Press, 2001); and James Allen Smith, *The Idea Brokers: Think Tanks and the Rise of the New Policy Elite* (New York: Free Press, 1991)。

2. “Associations Unlimited: The American Enterprise Institute” (2003) (www.galenet.com/servlet/AU), accessed August 12, 2003.
3. ANSER Institute for Homeland Security, “About the Institute” (2003), 1 (www.homelandsecurity.org/about.cfm), accessed September 10, 2003.
4. Arms Control Association, “About ACA:Mission” (2004), 1 (www.armscontrol.org/about.asp), accessed August 12, 2004.
5. Atlantic Council of the United States, “Mission and History” (n.d.), 1–2 (www.acus.org/history.html), accessed August 12, 2003.
6. British-American Security Information Council, “About Basic” (n.d.), 1 (www.basicint.org/about.htm), accessed August 12, 2003.
7. “Associations Unlimited: Brookings Institution” (2004) (www.galenet.com/servlet/AU), accessed April 1, 2004. 关于布鲁金斯学会的其他背景信息，可参见 Donald T. Critchlow, *The Brookings Institution, 1916–1952: Expertise and the Public Interest in a Democratic Society* (Dekalb, Ill.: Northern Illinois University Press, 1985); and James Allen Smith, *Brookings at Seventy-Five* (Washington, D.C.: Brookings Institution, 1991)。
8. “Associations Unlimited: Carnegie Endowment for International Peace” (2004) (www.galenet.com/servlet/AU), accessed April 1, 2004. 其他背景信息，请参见 Larry L. Fabian, *Andrew Carnegie's Peace Endowment: The Tycoon, the President, and Their Bargain of 1910* (Washington, D.C.: Carnegie Endowment for International Peace, 1985)。
9. “Associations Unlimited: Cato Institute” (2004) (www.galenet.com/servlet/AU), accessedApril 1, 2004.
10. “Associations Unlimited: Center for Defense Information” (2004) (www.galenet.com/servlet/AU), accessed April 1, 2004.
11. “Associations Unlimited: Center for Security Policy” (2004) (www.galenet.com/servlet/AU), accessed April 1, 2004.
12. “Associations Unlimited: Center for Strategic and Budgetary Assessments” (2004)(www.galenet.com/servlet/AU), accessed April 1, 2004.
13. Center for Strategic and Budgetary Assessments, “CSBA Mission Statement” (n.d.), 1 (www.csbaonline.org/6About_Us/1Mission_Statement/Mission_Statement.htm), accessed August 15, 2003.
14. 参见 James Allen Smith, *Strategic Calling: The Center for Strategic and International Studies, 1962–1992* (Washington, D.C.: Center for Strategic and International Studies, 1993), 1。机构创立信息和历史信息，请参见 “CSIS at a Glance” (2003), 1 (www.csis.org/about/), accessed August 15, 2003。
15. Chemical and Biological Arms Control Institute, “The CBACI Commitment” (n.d.), 1 (www.cbaci.org/commitment.htm), accessed August 15, 2003.
16. 美国科学家联合会的起源，请参见 Donald A. Strickland, *Scientists in Politics: The American Scientists Movements, 1945–46* (West Lafayette, Ind.: Purdue University Studies, 1968)。另见 “Associations Unlimited: Federation of American Scientists” (2004) (www.galenet.com/servlet/AU), accessed April 1, 2004。
17. Global Security, “Mission” (n.d.), 1 (www.globalsecurity.org/org/overview/mission.htm), accessed August 18, 2003.
18. Henry L. Stimson Center, “General Information” (2002), 1 (www.stimson.org/about/), accessed August 27, 2003.
19. Heritage Foundation, “About the Heritage Foundation” (2003), 1 (www.heritage.org/about/about/),

accessed August 19, 2003. 机构历史，请参见 Lee Edwards, *The Power of Ideas: The Heritage Foundation at 25 Years* (Ottawa, Ill.: Jameson Books, 1997)。

20. Institute for Defense Analyses, "About IDA" (n.d.), 1 (www.ida.org/IDAnew/Welcome/history.htm), accessed August 27, 2003.
21. Institute for Policy Studies, "Organizational Overview" (n.d.), 1 (www.ips-dc.org/overview.htm), accessed August 19, 2003. 高度批评性评估信息，请参见 S. Steven Powell, *Covert Cadre: Inside the Institute for Policy Studies* (Ottawa, Ill.: Green Hill Publishers, 1987)。
22. Jewish Institute for National Security Affairs, "JINSA Has a Two-Fold Mandate" (2003),1–2 (www.jinsa.org/about/about.html), accessed August 20, 2003.
23. "Associations Unlimited: National Institute for Public Policy" (2004) (www.galenet.com/servlet/AU), accessed April 1, 2004.
24. National Security Archive, "About the Archive" (n.d.), 1–2 (www.gwu.edu/~nsarchiv/nsa/the_archive.html), accessed August 20, 2003.
25. Nuclear Control Institute, "About NCI" (2003), 1 (www.nci.org/new/about-nci.htm), accessed August 22, 2003.
26. Potomac Institute for Policy Studies, "Who We Are" (2002), 1 (www.potomacinstitute.org/who/), accessed August 22, 2003.
27. Russian American Nuclear Security Council, "Mission" (2003), 1 (www.ransac.org/About%20Ransac/), accessed September 10, 2003).
28. Terrorism Research Center, "About the Terrorism Research Center" (2003), 1 (www.terrorism.com/modules.php?op=modload&name=About&file=index), accessed August 22, 2003.
29. Wisconsin Project on Nuclear Arms Control, "About Us" (2002), 1 (www.wisconsinproject.org/aboutus.html), accessed August 22, 2003. 其他背景信息，请参见 www.wisconsinproject.org/aboutus.html#profiles。
30. "Associations Unlimited:Woodrow Wilson International Center for Scholars" (2004), (www.galenet.com/servlet/AU), accessed April 1, 2004.
31. Woodrow Wilson International Center for Scholars, "About the Wilson Center" (2002), 1 (http://wwwics.si.edu/index.cfm?fuseaction=director.welcome), accessed August 27, 2003.

[第 11 章]

华盛顿特区以外的研究机构和智库

在华盛顿特区以外，还有许多面向国家安全且举足轻重的智库和信息服务机构。其中一些机构隶属于高等院校的附属机构，其教职员工进行国家安全政策方面的研究，以推动该领域内的学术发展，或取得签订联邦合同或商业研究合同的机会。还有一些机构则力图为其所属的机构、国家安全机构的当地政府服务机构，比如国防部或能源部，或相邻的国防工业企业，提供切实的商业利益。它们都会从联邦国防合同中获利，而具有政治敏锐性且手握权力的众议员和参议员会指定合同的代理商、企业，或大学。[1]

贝尔弗科学与国际事务中心

贝尔弗科学与国际事务中心（Belfer Center for Science and International Affairs，缩写为 BCSIA），隶属于位于马萨诸塞州坎布里奇的哈佛大学肯尼迪政府学院。该中心旨在“研究和宣传科学、技术、环境政策和国际事务交叉的国际安全领域知识”。[2]

贝尔弗科学与国际事务中心的网站 http: //bcsia.ksg.harvard.edu/ 上提供了该研究中心员工的资料；介绍了国际安全、科学、技术和公共政策等机构项目；附有最近的新闻稿和近期活动的公告与介绍。

贝尔弗科学与国际事务中心的出版物有《国际安全》（*International Security*），由麻省理工大学出版社发行，其中收录了 2002 年到近期的部分文章目录、摘要和文章正文。同时，麻省理工大学出版社还发行了贝尔弗科学与国际事务中心关于国际事务研究的专题丛书。贝尔弗科学与国际事务中心的学者发表的大量文章、杂志和报道，都可在网站查询，比如：《布什和普京当政期间美俄防扩散合作的前景》(*Prospects for U.S.-Russian Nonproliferation Cooperation under Bush and Putin*，2002 年)、《萨达姆能否被制服？历史证明答案是肯定的》(*Can Saddam Be Contained? History Says Yes*，2002 年)、《避免不必要的战争：中美危机管理的问题和前景》(*Preventing Inadvertent War: Problems and Prospects for Sino-American Crisis Management*，2002 年)、《正在改变的国民警卫队：美国国民警卫队与国土防御》(*A Changing Guard: The U.S. National Guard and Homeland Defense*，2003 年)、《21 世纪的核冲突》(*Nuclear Conflicts of the Twenty-first Century*，2003 年)、《俄罗斯：把握核恐怖的现实》(*Russia: Grasping Reality of Nuclear Terror*，2003 年）和《美国安全与同南高加索国家的军事合作：成功和不足》(*U.S. Security and Military Cooperation with the Countries of the South Caucasus:Successes and Shortcomings*，2003 年)。

民用生物防卫策略中心

民用生物防卫策略中心 (Center for Civilian Biodefense Strategies，缩写为 CCBS)，隶属于约翰霍普金斯大学彭博公共卫生学院，位于美国马里兰州的巴尔的摩市。该中心致力于防止生物武器的开发与使用；在此种干预失败时应该减少人类痛苦；为政府和国家安全、生物科学、医疗、公共卫生政策决策者提供独立的批判性分析；制定方案，帮助政策制定者意识到生物恐怖主义预防和响应中可能遇到的问题；促进生物科学和生物技术在科学领域合理的运用。[3]

登录民用生物防卫策略中心网站 www.hopkins-biodefense.org/，可查阅关于该中心的详细介绍，包括该中心职员履历资料和近期活动介绍等内容，以及《美国医学会杂志》(*American Medical Association*，缩写为 JAMA）上发表的与炭疽菌、肉毒菌、鼠疫、天花、土拉菌和病毒性出血热等生物战剂相关的情况说明和文章。

民用生物防卫策略中心的出版物包括：《生物防御季刊》(*Biodefense Quarterly*，1999 年至今)、该中心人员的国会证词（1999 年至今)、建议阅读书目、民用生物防卫策略中心人员著述文章清单和其中部分文章的网页链接，以及可跳转至推荐的政府和学术生物防御网站的链接。

全球和平与冲突研究中心

全球和平与冲突研究中心（Center for Global Peace and Conflict Studies，缩写为 CGPACS），是加州大学欧文分校的一个多学科项目。该中心致力于增进学者、学员和大众对国际冲突与合作的了解。全球和平与冲突研究中心组建了一些工作小组，如宗教；伦理和安全工作小组；国际环境合作工作小组；国际治理工作小组；安全与和平建设工作小组。这些工作小组的使命包括主持会议和生产研究产品。[4]

关于全球和平与冲突研究中心的其他信息，请参见其网站 http: //hypatia.ss.uci.edu/gpacs/cgpacs.html。网站上还包括该中心主持的活动、职工资料、该中心人员的著作介绍，以及《人道主义干预：早期阶段》（*Humanitarian Intervention: The Early Years*，2000 年）、《人道主义干预的道德基础》（*The Moral Basis of Humanitarian Intervention*，2000 年）和《21 世纪"开放的天空"：导弹防御新方法和全球公共商品》（"*Open Skies*'" *for the 21st Century: A New Approach to Missile Defense and the Global Public Good*，2002 年）等工作文书的内容。

传染病研究和政策中心

传染病研究和政策中心（Center for Infectious Disease Research and Policy，缩写为 CIDRAP），位于明尼苏达大学明尼阿波利斯分校，该中心通过开展广泛的跨学科研究，鼓励医疗专业人员、公共政策制定者和公众采用有科学根据的最佳实践方法，致力于减少传染性疾病造成的病痛与死亡。[5]

传染病研究和政策中心的网站 www.cidrap.umn.edu/cidrap/ 上包括跳转至生物恐怖主义、炭疽菌、肉毒菌和化学恐怖主义等内容的网站链接。这些网站提供了相关法律和政策以及医师、专业医学或公共健康组织发表的文章等内容。该网站还对该中心主持的会议进行了总结，会议主题包括：加强食品系统生物安全性、生物恐怖主义，以及食品安全。

国际安全和合作中心

国际安全和合作中心（Center for International Security and Cooperation，缩

写为 CISAC)，隶属于斯坦福大学国际问题研究所，是一个从事国际安全问题相关研究和培训的多学科机构。该中心的创建契机源于斯坦福大学对二战后国际军备竞赛的研究和探索。随着 1970 年斯坦福大学军备控制和裁军项目的建立，该大学成为美国最早一批配置优秀研究人员及研究资源的学术机构之一，主要研究有关冷战的关键性课题，并探究美苏双方拥有的能摧毁对方的空前能力。[6]

国际安全和合作中心的网站 http://cisac.stanford.edu/ 介绍了正在进行的研究项目（比如，生化武器问题、苏联种族冲突及巩固亚洲安全稳定等）、相关的课程、奖学金项目（国外的大学和研究机构一般提供很多研究补助金计划，即全额奖学金项目，资助学生完成学业和科研工作）、跳转至核恐怖主义的网页链接，以及快讯《监控》(*Monitor*，1999 年至今)。

该中心的网站还展示了大量的报告，包括《2010 年中国的安全困境》（*China's Security Dilemma to the Year 2010*，1997 年)、《高效运算、国家安全应用，以及 20 世纪末的出口控制政策》（*High-Performance Computing, National Security Applications, and Export Control Policy at the Close of the 20th Century*，1998 年)、《中国在南亚核试验问题的观点》（*Chinese Perspectives on the South Asian Nuclear Tests*，1999 年)、《里海能源地缘政治的发展：地区合作还是冲突》（*The Geopolitics of Energy Development in the Caspian Region: Regional Cooperation or Conflict*，1999 年)、《沟通核风险：告知公众关于核恐怖主义的风险和现实》（*Communicating Nuclear Risk: Informing the Public about the Risks and Realities of Nuclear Terrorism*，2002 年)、《中国人民解放军空军：转换空中力量均衡及对印度安全的挑战》[*People's Liberation Army Air Force (PLAAF): Shifting Airpower Balance and Challenges to India's Security*，2002 年]、《集装箱安全报告》（*Container Security Report*，2003 年)，以及《核武器对付埋藏的生物制剂的效力》（*Effectiveness of Nuclear Weapons against Buried Biological Agents*，2003 年)。

国际贸易与安全中心

国际贸易与安全中心（Center for International Trade and Security，缩写为 CITS)，位于佐治亚大学。该中心建于 1987 年，是东西方政策中心，开展以下方面的研究：政治、经济及安全问题、国际贸易和技术转让，以及这些问题与恐怖主义、大规模核武器和美国备战等之间的关系。[7]

国际贸易与安全中心的网站 www.uga.edu/cits/ 展示的内容包括：职员的履历简介、《出口管理快讯》（*Export Control Newsletter*，2002 年至今）、关于各国（如中国、俄罗斯、乌克兰及美国）出口管理的评估信息、出口管理资料库包括美国商务部工业安全局（U.S. Bureau of Industry and Security），以及美国财政部海外资产管理控制办公室（Office of Foreign Assets Control）的信息资源链接。该网站还提供了国际防止武器扩散组织的链接，如澳大利亚集团与导弹技术控制组织（Missile Technology Control Regime）、佐治亚大学各班级的介绍和课程大纲，以及国际贸易与安全中心学者的论文被引用的情况等。

防扩散研究中心

防扩散研究中心（Center for Nonproliferation Studies, 缩写为 CNS），位于加州的蒙特雷市（Monterey），隶属于蒙特雷国际研究学院。该中心创立于 1989 年，有超过 65 名的专家和研究生研究助理担任全职工作，他们遍布在蒙特雷、华盛顿特区和哈萨克斯坦的阿拉木图等办事处。该中心的任务是培训防扩散方面的专家、传递及时的信息和相关分析，从而防止大规模杀伤性武器的扩散。[8]

防扩散研究中心的网站 http://cns.miis.edu/ 提供了该中心的职员履历简介；该组织运行的项目介绍及其网址链接，如新独立国家防扩散项目 [Newly Independent States（NIS）Nonproliferation Program]、防扩散研究与评估项目（Proliferation Research and Assessment Program），以及东亚防扩散项目（East Asia Nonproliferation Program）、近期的新闻稿、该中心人员所作的国会证词、有关生化武器和导弹等方面的资源链接，以及有关中东和非洲、新独立国家与欧洲和南亚等方面资源的链接。

防扩散研究中心的网站上还有许多出版物可供查阅，其中包括摘自学术期刊《防扩散评论》（*Nonproliferation Review*，1993 年至今）、每月《新独立国家出口管理快讯》（*NIS Export Control Newsletter*，2003 年 1 月至今）的文章，以及一些报告，如《哈萨克斯坦境内的苏联生物武器设施：过去、现在和将来》（*Former Soviet Biological Weapons Facilities in Kazakhstan: Past, Present, and Future*，1999 年）、《朝鲜研发弹道导弹的历史》[*A History of Ballistic Missile Development in the DPRK*（*North Korea*），2000 年]、《弹道导弹防御与东北亚安全：来自华盛顿、北京和东京的观点》（*Ballistic Missile Defense and Northeast*

Asian Security: Views from Washington, Beijing, and Tokyo，2001 年）、《履行〈禁止化学武器公约〉的挑战及对策》（*The Chemical Weapons Convention Implementation Challenges and Solutions*，2001 年）、《"9 · 11" 之后：防止大规模恐怖主义和武器扩散》（*After 9/11: Preventing Mass Destruction Terrorism and Weapons Proliferation*，2002 年）、《太空的未来安全：商业、军事和军备控制之间的取舍》（*Future Security in Space: Commercial, Military, and Arms Control Trade-Offs*，2002 年），以及《导弹扩散、导弹防御和太空安全方面的新挑战》（*New Challenges in Missile Proliferation, Missile Defense, and Space Security*，2003 年）。要获取国际防扩散组织和制度机制的详细情况，可以访问网页 http://cns.miis.edu/pubs/inven。

哥伦比亚大学国际事务在线

哥伦比亚大学国际事务在线（Columbia International Affairs Online，缩写为 CIAO），是哥伦比亚大学出版社于 1991 年开设的订阅服务，提供范围广泛的国际事务领域的奖学金资助项目，比如大学研究机构论文、来自非政府组织的资源、基金会研究项目、会议论文集、图书、杂志和政策简报等。[9]

要获取关于订阅哥伦比亚大学国际事务在线的信息，可以访问其网站 www.ciaonet.org/，许多高校图书馆都提供这项订阅服务。该网站上有编委们的名单、来自各个组织，如非洲政策信息中心（Africa Policy Information Center）、奥地利国防学院（Austrian National Defence Academy）、耶鲁大学战略与国际研究中心及国际安全研究所 [Center for Strategic and International Studies, and International Security Studies（Yale University）] 等的资源；摘自诸如《国际安全》(*International Security*)、《国家利益》(*National Interest*) 和《战略分析》(*Strategic Analysis*) 之类的期刊刊发的文章。

哥伦比亚大学国际事务在线的订阅者还能访问参与该订阅服务的其他机构的报告和书刊，比如《第二个核时代》（*The Second Nuclear Age*，1999 年）、《东南欧的军民关系：对国家观点及对和平伙伴关系标准的适应过程的调查》（*Civil-Military Relations in Southeast Europe: A Survey of the National Perspectives and of the Adaptation Process to the Partnership for Peace Standards*，2001 年）、《暴力的和平：拉丁美洲的军事化洲际交涉》（*Violent*

Peace: Militarized Interstate Bargaining in Latin America，2001 年）、《印度对恐怖主义的袭击：军方的选择》（*An Indian Assault on Terrorism: The Military Option*，2002 年）、《中国的崛起和美国军队：向前看》（*China's Rise and the U.S. Army: Leaning Forward*，2002 年），以及《伊拉克石油的明天》（*Iraq's Oil Tomorrow*，2003 年）。

解密档案参考系统

解密档案参考系统（Declassified Documents Reference System，缩写为 DDRS），是一项提供解密档案材料的订阅服务，该系统包含了超过 50 万页的解密档案材料，涵盖了冷战、越战及后续的历史性事件。它包含来自诸如联邦调查局、国务院及白宫等美国政府机构的文件，还提供诸如内阁会议的会议纪要、中央情报局的情报研究和报告、国家安全委员会的政策声明，以及总统会议等的材料。[10]

许多规模较大的学术研究图书馆都订阅了解密档案参考系统，该系统是汤姆森与盖尔公司（Thomson and Gale）的子公司原始资料媒介公司（Primary Source Media）推出的产品。通过访问 www.galegroup.com/，可以获取订阅服务的信息。

东西方中心

东西方中心（East-West Center，缩写为 EWC），坐落在夏威夷的火奴鲁鲁，成立于 1960 年，现有 160 名员工，每年有 2000 万美元的预算。该中心的使命是，作为一个国家研究与教育机构，致力于推动美国与亚太的关系，通过共同研究和培训，加深相互的理解，打造一个美国作为其重要伙伴的亚太共同体。[11]

东西方中心的网站 www.eastwestcenter.org/ 提供了该中心所主办活动的相关信息、该中心学者的履历简介、奖学金申请表，以及该中心出版物的文本，其中包括：《在东北亚的民主美国：美国战略、战区导弹防御系统与盟军防御关系》（*Democratic America in Northeast Asia: U.S. Strategy, Theater Missile Defense, and Allied Defense Relationships*，2002 年）、《改变韩国对后冷战时代及美韩同盟的认知》（*Changing Korean Perceptions of the Post-Cold War Era and the U.S.-ROK Alliance*，2003 年），以及《海岸警备队：维护地区秩序与稳定的新力量》（*Coast Guards: New Forces for Regional Order and Stability*，2003 年）。

外交政策研究所

外交政策研究所（Foreign Policy Research Institute，缩写为 FPRI）位于宾夕法尼亚州的费城，于 1955 年成立。它的任务是确保学术研究能够影响政策走向，使其朝有利于美国国家利益的方向发展。外交政策研究所在反恐战争、南亚核扩散、美国与中俄等国的关系、宗教信仰和种族划分对国际政治的影响，以及西方文化如何影响美国与其大西洋同盟的国际关系等方面开展研究。[12]

外交政策研究所的网站 www.fpri.org/ 展示了如下信息：外交政策研究所主办的活动（2002 年至今）列表、冠名系列讲座及演讲文本的信息、精选演讲的网络音频 [比如 2003 年 3 月 4 日肯尼思 · 波拉克（Kenneth Pollack ）关于伊拉克的演讲]，以及外交政策研究所的机构组成，包括国防工作小组（Defense Task Force）、民族冲突项目（Ethnic Conflict Program ）和中东项目（Middle East Program）。

外交政策研究所可在其网站上查阅的出版物包括：期刊《和平真相：中东和平进程简报》（*Peacefacts: A Briefing on the Middle East Peace Process*，1995 年至今）、学术期刊《奥比斯》（*Orbis*，2002 年至今）的目录，以及外交政策研究所公报中评论系列的文本（1995 年至今），其中有代表性的有《为什么核武器仍然是王牌：21 世纪的威慑与安全》（*Why Nukes Still Trump: Deterrence and Security in the 21st Century*，2000 年）、《地理和地缘政治教程》（*Teaching Geography and Geopolitics*，2002 年）、《我们的孩子应从 9 · 11 事件中学到什么？》（*What Our Children Should Learn about 9/11/2001*，2002 年 ）、《反战运动的精神》（*The Spirit of the Antiwar Movement*，2003 年）、《韩国和平运动》（*A Korea Peace Initiative*，2003 年），以及《灯火管制和国土安全问题》（*The Blackout and the Question of Homeland Security*，2003 年）。

胡佛战争、革命与和平研究所

胡佛战争、革命与和平研究所（Hoover Institution on War, Revolution, and Peace，缩写为 HI）位于加州的斯坦福大学。该机构由赫伯特 · 胡佛（Herbert Hoover，美国总统，1929—1933 年在任）于 1919 年创建，起初该研究所是有关第一次世界大战起因和影响的图书资料收集中心。后来该机构发展成为世界上有关 20 世纪政治、经济和社会变迁的综合性图书馆和档案馆之一。20 世纪 40 年代晚期，该研究所开始招募学者，并使用其文献馆藏进行研究，逐渐发展成为一家重要的研究中心，专注于国内和国际政治发展、自由市场在构建自由社会中的角色等课题。[13]

胡佛战争、革命与和平研究所的网站 www-hoover.stanford.edu/ 介绍了该机构的研究项目，项目包括国际竞争和全球合作、国家安全，以及理查德 · M. 斯凯夫（Richard M. Scaife）对共产主义终结的倡议等。可查阅的出版物包括：从期刊《胡佛文摘》（*Hoover Digest*，1996 年至今）选出的文章、期刊《政策评论》（*Policy Review*，1995 年至今）、《中国领导力观察》（*China Leadership Monitor*，2002 年至今），以及国家安全方面的书刊和报告，如《用武力和外交对付无赖政权》（*Using Power and Diplomacy to Deal With Rogue States*，1999 年）、《网络犯罪和恐怖主义的跨国规模》（*The Transnational Dimension of Cyber Crime and Terrorism*，2001 年）、《哥伦比亚的战争和缺乏治理问题：缉毒警、游击队员和美国政策》（*War and Lack of Governance in Colombia: Narcos, Guerillas, and U.S. Policy*，2001 年），以及《我们美丽的新世界：9 · 11 事件的影响》（*Our Brave New World: Essays on the Impact of September 11*，2002 年）。

哈德逊研究所

哈德逊研究所（Hudson Institute）由赫曼 · 卡恩（Herman Kahn）于 1961 年建立，位于纽约哈得孙河畔的克罗顿。赫曼 · 卡恩是一位著名的未来主义思想家和作家，作品包括《论热核战争》(*On Thermonuclear War*)。该机构起初关注军事问题，随后将重点转向国内的社会和经济问题。1984 年，该研究所将总部迁到了印第安纳州的波利斯，并保留了在华盛顿特区和其他地方的办事处。如今，哈德逊研究所致力于推动公共政策领域提出新理念，并开展创新性研究。[14]

要了解更多关于哈德逊研究所及其工作的信息，可以访问网站 www.hudson.org/。该网站上可查阅的资料包括：该组织结构的介绍，如中欧和欧亚研究中心、中东政策中心，以及国家安全研究项目等；以前和近期的活动信息；新闻通稿（2000 年至今）；常驻学者的履历简介；相关的演讲、国会证词和研究人员的评论文章等。

该网站上可查阅的出版物包括：该研究所的《年度报告》（*Annual Report*，

1999 年至今）、摘自《美国前景》（*American Outlook*，2002 年至今）的一些文章，以及一些报告，如《反恐战争的替代策略》（*An Alternative Strategy for the War on Terrorism*，2002 年）、《石油、恐怖主义和沙特阿拉伯的问题》（*Oil, Terrorism, and the Problem of Saudi Arabia*，2002 年）等。

外交政策分析研究所

外交政策分析研究所（Institute for Foreign Policy Analysis，缩写为 IFPA），附属于塔夫茨大学（Tufts University）弗莱彻法律与外交学院（Fletcher School of Law and Diplomacy），坐落在马萨诸塞州的坎布里奇。该研究所成立于 1976 年，是独立的无党派研究组织，专门从事国家安全、外交政策、政治经济及政府，以及劳资关系问题等方面研究。[15]

外交政策分析研究所的网站 www.ifpa.org/ 提供的内容包括：该机构活动的信息，如 2002 年 10 月 8 日举行的“朝鲜半岛的导弹防御与防扩散计划：探索美韩双方的反应和选择”（*Missile Defense and Counterproliferation Planning on the Korean Peninsula: Exploring U.S. and ROK Responses and Options*）研讨会，以及主要研究人员的履历简介。该网站还介绍了外交政策分析研究所的研究项目，如“美国在中亚军事活动的长远规划”（Planning for Long-Term U.S. Military Engagement in Central Asia）、“国土防御和后果管理”（Homeland Defense and Consequence Management），以及“朝鲜半岛统一后的东北亚问题：筹备日美同盟”（Northeast Asia after Korean Unification: Preparing the Japan-U.S. Alliance）等。

该网站上可查阅的出版物包括：期刊《中东的安全问题》（*Security Issues in the Middle East*，2000—2002 年），还有一些相关的报告，如《评估巡航导弹谜题：防御挑战何其大？》（*Assessing the Cruise Missile Puzzle: How Great a Defense Challenge?*，2000 年）、《面对国土安全的挑战：海上和其他关键维度》（*Meeting the Homeland Security Challenge: Maritime and Other Critical Dimensions*，2002 年）、《国土安全和特别行动：分类程序、能力与运转问题》（*Homeland Security and Special Operations: Sorting-Out Procedures, Capabilities, and Operational Issues*，2002 年）、《朝鲜调解 / 重新统一后的东北亚安全局势：筹备美日同盟》（*Northeast Asian Security after Korean Reconciliation/ Reunification: Preparing the U.S.-Japan Alliance*，2002 年），以及《北约在波

罗的海地区扩张的战略与操作影响》(*Strategic and Operational Implications of NATO Enlargement in the Baltic Region*，2002 年）等。

约翰·M. 奥林战略研究所

约翰 · M. 奥林战略研究所（John M. Olin Institute for Strategic Studies，缩写为 JOISS）建于 1989 年，隶属于马萨诸塞州坎布里奇的哈佛大学魏德海国际事务中心（Weatherhead Center for International Affairs)。该研究所从事安全和战略方面的研究，以理清美国及其盟友面临的安全问题。该中心努力培养和储备国家安全及战略方面的优秀学者，他们未来大多供职于学术机构、研究机构和政府部门。[16]

约翰 · M. 奥林战略研究所的网站 www.wcfia.harvard.edu/olin/ 展示的内容包括：该研究所提供的奖学金信息、所属学者的履历简介、在读学生和毕业生的名单，以及在 2002 年 11 月宗教与恐怖主义研究会议上的论文等。该网站公开的出版物包括：该研究所的《年度报告》(*Annual Report*，1999/2000 至今)、魏德海中心的工作文书链接（1993 年至今)，以及一些研究论文，如《宝剑变成短剑：骑墙派与改革派的国防部灵魂之争》(*Swords into Stilettos: The Battle between Hedgers and Transformers for the Soul of DOD*，2000 年)、《多边冲突管理：科索沃的案例》(*Multilateral Conflict Regulation: The Case of Kosovo*，2000 年)、《不可分割的领土与民族之战》(*Indivisible Territory and Ethnic War*，2001 年)，以及《新全球战争中的宗教》(*Religion in the New Global War*，2002 年)。

约翰·霍普金斯大学高等国际研究院

约翰 · 霍普金斯大学高等国际研究院（John Hopkins Center for Strategic and Advanced International Studies，缩写为 SAIS）总部的办公地点在马里兰州的巴尔的摩市，在华盛顿特区、意大利的博洛尼亚和中国的南京都设有办事处。该研究中心建立于第二次世界大战期间，主要使命是储备未来的政府领导，使其肩负处理战后余波给美国带来的新的全球责任。1950 年，该中心被纳入约翰 · 霍普金斯大学，并开设了国际关系方向的研究生课程。约翰 · 霍普金斯大学高等国际研究院设有国际公共政策学位的一年制硕士项目，主要面向美国和其他国家的在职商务人士及政府专业人员。[17]

该研究中心的网站提供的内容包括：该中心的新闻稿（1997 年至今）、课程计划说明、焦点事件的网上直播，以及该中心学者们的履历简介。在网站上可查阅的出版物包括：期刊《SAIS 报告》（*SAIS Reports*，2000 年至今）、学术期刊《SAIS 评论》（*SAIS Review*，1995 年至今）、约翰 · 霍普金斯大学出版社的缪斯项目（*Project Muse*）服务的访问链接，以及一些相关的研究报告，包括《日本到 2015 年的军事能力》（*Japan's Military Capability in 2015*，1998 年）、《潜在的威胁：中国崛起对美国安全的挑战》（*Posing Problems without Catching Up: China's Rise and the Challenge for American Security*，2000 年）、《欧洲暴动：新老恶魔》（*The European Intifada: Demons Old and New*，2002 年）及《水政治学的地缘政治学：中东与北美围绕水的谈判》（*The Geopolitics of Hydropolitics: Negotiations Over Water in the Middle East and North Africa*，2003 年）。

MIT 安全研究项目

麻省理工学院安全研究项目（MIT Security Studies Program，缩写为 SSP），位于马萨诸塞州的坎布里奇，是麻省理工学院国际研究中心下属的研究生研究和教育项目。安全研究项目提供设计大战略、技术、军备控制，以及官僚政治问题等方面的研究课程。该项目的教职人员包括工程师、自然科学家和社会学家，致力于培养未来学者和国家安全政策决策者。[18]

要了解安全研究项目的研究和项目信息，可以访问其网站 http://mit.edu/ssp/。该网站公开了项目研究人员的履历简介及其研究方向；嘉宾演讲的信息；一些课程的介绍，包括：《国防政治学》（*Defense Politics*）、《军事组织创新》（*Innovation in Military Organizations*）和《武器系统的技术和政策》（*Technology and Policy of Weapons Systems*）；课程讲义和教学大纲。

可在该网站查阅的出版物包括：安全研究项目的《年度报告》（*Annual Report*，1998/1999 年至今）、研究期刊《突破》（*Breakthroughs*，2000 年至今），以及一些研究报告和工作文书，其中包括《冷战后的反潜战》（*Antisubmarine Warfare after the Cold War*，1997 年）、《城镇战：选择、问题和未来》（*Urban Warfare: Options, Problems, and the Future*，1999 年）、《确保进入与力量投射：新安全环境中的海军》（*Assuring Access and Projecting Power: The Navy in the New Security Environment*，2001 年）、《直升机在美国陆军航空兵

部队中的革新》（*The Helicopter Innovation in United States Army Aviation*，2001年）、《三叉戟部队的未来》（*The Future of the Trident Force*，2002年）、《美国和欧洲的国家安全空间政策：趋势与选择》（*National Security Space Policy in the U.S. and Europe: Trends and Choices*，2002年），以及《橙剂政治学》（*The Political Science of Agent Orange*，2002年）[1]。

国家亚洲研究局

国家亚洲研究局（National Bureau of Asian Research，缩写为NBAR）位于华盛顿州西雅图市，是无党派非营利性机构，对亚洲详细的政策开展研究，致力于与美洲和亚洲的决策者展开交流。[19]

网站www.nbr.org/提供的内容包括：国家亚洲研究局董事会和董事会顾问成员的名单与个人简介、国家亚洲研究局主办过的活动信息（1990年至今）、访问亚洲研究各个组织的网站链接，以及该机构的组织结构信息，包括亚洲安全研究中心、欧亚大陆政策研究中心，以及东南亚研究中心。

在网站上可查阅的国家安全主题的报告包括：《亚洲对美国导弹防御系统的反应》（*Asian Reactions to U.S. Missile Defense*，2000年）、《俄罗斯与全球安全：核军备控制与防扩散的途径》（*Russia and Global Security: Approaches to Nuclear Arms Control and Nonproliferation*，2001年）、《中印美三边关系：后冷战时代的战略关系》（*The China-India-U.S. Triangle: Strategic Relations in the Post-Cold War Era*，2002年）、《战略亚洲（2002—2003）：亚洲余震》（*Strategic Asia 2002—2003: Asian Aftershocks*，2002年），以及《亚洲研究局分析：对朝鲜半岛未来的观点》（*NBR Analysis: Perspectives on the Future of the Korean Peninsula*，2003年）。

鹦鹉螺研究所

鹦鹉螺研究所（Nautilus Institute，缩写为NI）位于加州伯克利，成立于1982年，现有12名职员。[20]它主要解决3个方面的问题：全球气候变化、核

[1] 译注：橙剂，是美军在越战期间使用的一种化学剂。

战争威胁与全球不安全，以及超越伦理治理界限的全球经济活动。[21]

鹦鹉螺研究所的网站 www.nautilus.org/ 提供的内容包括：研究所项目的访问链接（如能源、安全与环境、全球和平与安全项目），以及政府与其他研究机构关于国家安全问题（如核不扩散问题）的一些报告。该网站以电子邮件的形式提供鹦鹉螺研究所的活动信息，并公开捐赠名录。可访问的报告包括：《朝鲜半岛情况变化及其对未来安全的影响》（*The Changing Situation of the Korean Peninsula and Its Impact on Future Security*，未注明出版日期）、《威慑的矩阵：美国战略指挥部队结构研究》（*The Matrix of Deterrence: U.S. Strategic Command Force Structure Studies*，2001 年）、《基地组织核计划：以截获文件为突破口》（*Al-Qaeda's Nuclear Program: through the Window of Seized Documents*，2002 年）、《朝鲜半岛无核区：俄罗斯的视角》（*Nuclear Free Zone on the Korean Peninsula：A Russian View*，未注明出版日期）、《朝鲜导弹威胁评估》（*Assessment of the North Korean Missile Threat*，2003 年），以及《钚菠萝：防止朝鲜核武的极端选择》（*Plutonium Pineapples: Avoiding Awful Choices Over North Korean Nuclear Forces*，2003 年）等。

太平洋发展、环境与安全研究所

太平洋发展、环境与安全研究所（Pacific Institute Studies in Development, Environment, and Security，缩写为 PISDES）位于加州的奥克兰市，成立于 1987 年，是一家独立的非营利性研究机构。它的主要使命是对公共政策进行研究和分析，重点研究领域包括：环境政策、可持续发展，以及国际安全，并特别关注环境政策和国家安全之间的关系。[22]

其网站 www.pacinst.org/ 提供的内容包括：该研究所的在研项目信息（如环境与安全，水与可持续性）、相关的新闻稿（1999 年至今）、“最新动态”网页、部分志愿者和委员会成员的个人简介，以及赞助该研究所开展研究的相关信息等。还有一部分该研究所的报告，其中包括：《新的警惕：识别和降低环境恐怖主义风险》（*A New Vigilance: Identifying and Reducing the Risks of Environmental Terrorism*，2001 年）和《火与水：对军备控制与跨界水资源协议中的技术、制度和社会问题的检查》（*Fire and Water: An Examination of the Technologies, Institutions, and Social Issues in Arms Control and Transboundary*

Water-Resources Agreements，2002 年）。

军备控制、裁军和国际安全计划

军备控制、裁军和国际安全计划（Program in Arms Control, Disarmament, and International Security，缩写为 PACDIS），是位于伊利诺伊大学厄本那香槟分校的一个跨学科研究、教学和公共服务项目。该项目于 1978 年揭牌，主要研究领域包括：能源利用技术与安全；南亚、东欧和俄罗斯；军事史；人权。该计划受联邦政府机构、伊利诺伊州政府和私营企业等方资助，组织研讨会和会议，并编写相关的出版资料，展示研究人员和学生的研究成果。[23]

网站 www.acdis.uiuc.edu/ 提供的内容包括：关于军备控制、裁军和国际安全计划研究图书馆馆藏文献的信息、跳转至南亚国家安全研究机构的网站链接、一些相关课程的介绍（比如国际战争与和平）、研究人员的履历及其研究方向，以及在研活动的介绍。可获取的出版物包括：快讯《剑与犁》（*Swords and Ploughshares*，2002 年春季至今）和一些研究报告，如《核试验的终结》（*End of Nuclear Testing*，1996 年）、《“核”巴基斯坦的经济与政治前景》（*Economic and Political Prospects of Nuclear Pakistan*，2003 年）、《巴基斯坦的军民关系：近期军事干预的事例》（*Civil-Military Relations in Pakistan: The Case of the Recent Military Intervention*，1999 年 10 月 12 日），以及《巴基斯坦安全环境的启示》（*Its Implications for Pakistan's Security Milieu*，2003 年）。

科学与全球安全计划

科学与全球安全计划（Program on Science and Global Security，缩写为 PSGS）成立于 1975 年，隶属于普林斯顿大学伍德罗·威尔逊公共与国际事务学院（Woodrow Wilson School of Public and International Affairs），位于新泽西州的普林斯顿。该机构的任务是尽力为核军备控制、裁军，以及防扩散政策倡议，提供技术基础，并将核军备控制、裁军和各种防扩散政策的选择告知美国与其他国家的科学家、公众和政府。[24]

科学与全球安全计划的网站 www.princeton.edu/~globsec/ 提供的内容包括：威尔逊学院的新闻稿（2001 年至今）、一些课程的介绍（比如，国际关系主题、防止大规模杀伤性武器）、支持该项目开展工作的各组织的网站链接，比如，美国科学家联盟（Federation of American Scientists）和福特基金会（Ford Foundation）。可在网站上访问的出版物包括：摘自学术期刊《科学与国际安全（1989—2002）》（*Science and International Security*，1989–2002）的一些文章，以及更多近期期刊和报告的目录，其中包括再版的美国政府出版物《核武器的影响》（*The Effects of Nuclear Weapons*，1977 年）和科学与全球安全计划编写的出版物，比如《商业侦察卫星图像在核实已公布和未公布的钚反应堆方面的应用》（*The Application of Commercial Observation Satellite Imagery for the Verification of Declared and Undeclared Plutonium Production Reactors*，1999 年）、《俄罗斯封闭核城市的转型与创造就业》（*Conversion and Job Creation in Russia's Closed Nuclear Cities*，2000 年）、《核老虎的尾巴：南亚在指挥控制上的问题》（*A Nuclear Tiger by the Tail: Some Problems of Command and Control in South Asia*，2001 年），以及《违反军备控制和防扩散约定的基本方面》（*Elementary Aspects of Noncompliance in the World of Arms Control and Nonproliferation*，2002 年）。

防务可选择项目

防务可选择项目（Project on Defense Alternatives，缩写为 PDA）位于马萨诸塞州的坎布里奇，成立于 1991 年。它的工作目标是调整国家和国际安全政策，使其适应后冷战时代的挑战和机遇。该项目关注的课题包括：保证可靠且经济的防卫，而不是激进型的防卫；推进军事架构的完善，使其有助于缓解国际关系紧张、促进危机稳定或减少军备竞赛；缩减重要的军事开支和军队规模；加强军备管理和国际关系的逐步非军事化；进一步推动集体安全和全球维和机构的发展。[25]

防务可选择项目的网站 www.comw.org/pda/ 提供的内容包括：该机构咨询委员会和职员的名单与个人简历、在研项目主要涉及领域的介绍（包括“新型战争”、“战争与恐怖主义、世界秩序及合作安全的错综复杂的关系”。该网站还提供了部分特别课题的访问链接，比如，收录了美国在阿富汗和伊拉克军事行动的《战争报告》（*War Report*）、《军事事务争论的解决》[*Revolution in Military Affairs (RMA) Debate*]、《中国军力报告》（*Chinese Military Power*），以及《国防战略评论》（*Defense Strategy Review*）。

该网站还可查阅一些报告的完整文本和评述，包括《建立南非安全的自信》（*Building Confidence into the Security of Southern Africa*，1996 年）、《应对不确定因素：美国军事规划的新逻辑》（*Dealing with Uncertainty: The New Logic of American Military Planning*，1998 年）、《处在关键阶段的德国国防规划》（*German Defense Planning in a Crucial Phase*，2001 年）、《2003 年伊拉克战争中的平民伤亡：账目和报表概要》（*Civilian Casualties in the 2003 Iraq War: A Compendium of Accounts and Reports*，2003 年），及《"9 · 11"与军事转型的意义》（*9/11 and the Meaning of Military Transformation*，2003 年）。

兰德公司

兰德公司（RAND Corporation）于 1945 年 12 月开始运行兰德项目（Project RAND），该公司与陆军航空队（Army Air Force）和道格拉斯飞行器公司（Douglas Aircraft Company）关系密切。[26] 该公司于 1946 年 5 月发行了旨在描述人造卫星潜在的设计、性能和用途的《实验性环球航天飞船的初步设计》（Preliminary Design of an Experimental World-Circling Spaceship）。1948 年 5 月 14 日，兰德公司在加州被整合成为非营利性公司，并对外宣称自己的组织使命是："促进和强化其科学、教育及慈善目的，维护美国的公共福利及安全。"[27] 兰德公司位于加州的圣莫妮卡市，并在华盛顿特区和其他地方设有办事处。

在开展国家安全政策研究和履行公共政策导向研究方面，兰德公司可以说已经成为无可争议的优秀研究机构，它所从事的研究涉及多个社会科学领域。兰德公司得益于美国各政府机构，特别是美国空军的密切关系和支持。公司是独立和非营利性的，并且努力推动客观的、无党派倾向的和严谨的学术研究，以处理那些包括国家和国际安全在内的社会问题。[28]

兰德公司的网站 www.rand.org/ 提供的内容包括：新闻通稿（1995 年至今）；对公司工作给予支持的政府、公司和学术单位的名单；对各分支机构的介绍及其网站链接，比如，阿罗约中心（Arroyo Center，主要从事美军研究）、国家安全研究部及其下属的亚太政策中心、中东公共政策中心，以及俄罗斯和欧亚大陆中心；空军项目；国际安全和国防政策中心。该网站还列出了兰德公司职员的国会证词（1999 年至今），以及按照姓名与学科特长排序的兰德公司学者名单等。

在该网站上可查阅的出版物包括：期刊《兰德评论》（*Rand Review*）及其前身《兰德研究评论》（*RAND Research Review*，1993 年至今），参考出版物如《兰德精选摘要：兰德出版物指南》（*Selected RAND Abstracts: A Guide to RAND Publications*，1998 年至今）、兰德经典著作的精选文本，诸如《计算机系统的安全控制：国防科学委员会计算机安全工作组的报告》（*Security Controls for Computer Systems: Report of Defense Science Board Task Force on Computer Security*，1979 年），以及颇有影响力的战略家阿尔伯特·沃尔斯泰特（Albert Wohlstetter）的专著，比如《1960 年后的战略力量防卫》（*Defending a Strategic Force after 1960*，1954 年）。

可在线获取的兰德公司阿罗约中心出版物包括：《另一种灵活：打造更具弹性的美军》（*Agility by a Different Measure: Creating a More Flexible U.S. Army*，2000 年）、《水上闪电：未来光力的评估选项》（*Lightning Over Water: Assessing Options for Future Light Forces*，2000 年）、《保持军事薪酬竞争力：平民工资增长的前景及其后果》（*Keeping Military Pay Competitive: The Outlook for Civilian Wage Growth and Its Consequences*，2001 年）、《未来空中和导弹威胁》（*Future Air and Missile Threats*，2002 年）、《增进城镇战中的通信交流》（*Improving Communications In Urban Warfare*，2002 年），及《军械库和军工厂管理》（*Managing the Army's Arsenals and Ammunition Plants*，2003 年）。

亚太政策中心（Center for Asia-Pacific Policy）的出版物包括：《台湾的地区安全、防卫政策和武器采购流程》（*Taiwan's National Security, Defense Policy, and Weapons Procurement Processes*，1999 年）、《中国使用武力的模式：从历史和条令著作中获得的证据》（*Patterns in China's Use of Force: Evidence from History and Doctrinal Writings*，2000 年）、《印度的新兴核态势》（*India's Emerging Nuclear Posture: Between Recessed Deterrent and Ready Arsenal*，2001 年）、《1999/2000 年东帝汶干预行动后的澳大利亚外交和国防政策》（*Australian Foreign and Defense Policy in the Wake of the 1999/2000 East Timor Intervention*，2001 年）、《韩国对朝鲜政策的争论：问题与影响》（*The South Korean Debate Over Policies toward North Korea: Issues and Implications*，2002 年）、《东南亚的恐怖主义与不对称冲突》（*Terrorism and Asymmetric Conflict in Southwest Asia*，2002 年）、《印度尼西亚的军事和民主：挑战、政治和权力》（*The Military and*

Democracy in Indonesia: Challenges, Politics, and Power，2002 年）、《中亚与南高加索冲突的根源：给美军的启示》（*Faultlines of Conflict in Central Asia and the South Caucasus: Implications for the U.S. Army*，2003 年），以及《亚洲信息革命》（*The Information Revolution in Asia*，2003 年）。

中东公共政策中心（Center for Middle East Public Policy）提供的资源包括：《面对伊拉克：自海湾战争以来的美国政策和武力动用》（*Confronting Iraq: U.S. Policy and the Use of Force since the Gulf War*，2000 年）、《北约地中海计划的未来：进展与后续计划》（*The Future of NATO's Mediterranean Initiative: Evolution and Next Steps*，2000 年）、《伊朗后革命时代的安全政策》（*Iran's Security Policy in the Post-Revolutionary Era*，2001 年）、《处在阿富汗和伊拉克阴影下的中东》（*The Middle East in the Shadow of Afghanistan and Iraq*，2003 年）、《新的波斯湾安全系统》（*A New Persian Gulf Security System*，2003 年），以及《不确定时代中的土耳其外交政策》（*Turkish Foreign Policy in an Age of Uncertainty*，2003 年）等。

俄罗斯与欧亚大陆中心（Center for Russia and Eurasia）的出版物包括：《美俄对动用武力的决策》（*U.S. and Russian Policymaking with Respect to the Use of Force*，1996 年）、《俄罗斯人种政治关系和中心边缘关系的分歧及共识》（*Conflict and Consensus in the Ethno-Political and Center Periphery Relations in Russia*，1998 年）、《乌克兰和里海：美国的机遇》（*Ukraine and the Caspian: An Opportunity for the United States*，2000 年）、《评估俄罗斯的衰退：趋势分析及其对美国及美国空军的影响》（*Assessing Russia's Decline: Trends and Implications for the United States and U.S. Air Force*，2002 年）、《俄罗斯与信息革命》（*Russia and the Information Revolution*，2002 年），以及《走出核阴影：提高核安全与增进美俄关系的分阶段方法》（*Beyond the Nuclear Shadow: A Phased Approach for Improving Nuclear Safety and U.S.-Russian Relations*，2003 年）等。

空军项目（Project Air Force）的出版物包括：《空军基地面对传统巡航导弹和弹道导弹攻击的脆弱性：技术、方案及美国空军的响应》（*Airbase Vulnerability to Conventional Cruise Missile and Ballistic Missile Attacks: Technologies, Scenarios, and U.S. Air Force Responses*，1999 年）、《作为强制性手段的空军力量》（*Air Power as a Coercive Instrument*，1999 年）、《北约与里海安全：遥远的使命》（*NATO and Caspian Security: A Mission Too Far*，1999 年）、

《支持远征的航空航天部队》(*Supporting Expeditionary Aerospace Forces: An Operational Architecture for Combat Support, Execution, Planning, and Control*, 2002年)、《空间武器与地球战争》(*Space Weapons Earth Wars*, 2002年)、《战略评估：21世纪美国航空航天力量》(*Strategic Appraisal: United States Air and Space Power in the 21st Century*, 2002年),以及《征服最终的高地：在太空的军事用途方面的后续计划》(*Mastering the Ultimate High Ground: Next Steps in the Military Uses of Space*, 2003年)。

兰德公司网站的内容包含如何订购该公司的报告印刷版,并提供了兰德公司的出版物、可进行学术研究的图书馆书目清单等信息。

李奇微国际安全研究中心

李奇微国际安全研究中心(Ridgway Center for International Security Studies,缩写为RCISS)位于宾夕法尼亚州匹兹堡市的匹兹堡大学(University of Pittsburgh),成立于1988年,隶属于该大学的公共国际事务研究院。该研究中心以美国陆军上将马修·李奇微(Matthew Ridgway)的名字命名,致力于培养在国际安全方面崭露头角的政策分析员和学者,探究美国和国际社会面临的新安全挑战。该研究中心重视的关键领域包括：从事毒品、武器走私及贩卖人口日益壮大的跨国犯罪组织、大规模杀伤性武器扩散、由国家统制削弱导致的地区冲突、日趋紧张的民族矛盾,以及传统势力与不安定因素。[29]网站www.gspia.pitt.edu/ridgway/展示的内容包括：李奇微国际安全研究中心的研究人员名单、研究人员各自的研究方向、军事及其他有关国家安全的网站的访问链接,以及较早出版的精选专著,其中包括：《核恐怖主义：是耸人听闻还是事态严重》(*Nuclear Terrorism: Sensational or Serious*, 1995年)、《在以尼基飓风救灾行动中的国民警卫队：案例分析》(*The National Guard in Disaster Relief Operations Hurricane Iniki: A Case Study*, 1996年)、《多少的问题：美国国防战略、预算和军队结构(1940—1998)》(*Questions of How Much: U.S. National Defense Strategies, Budgets, and Force Structure 1940–1998*, 1998年),以及《请弹劾我的总司令：美国军法第88条和美国军方》(*Please Impeach My Commander in Chief: Article 88 and the U.S. Military*, 1999年)等。

斯特拉特福公司

斯特拉特福公司（Stratfor），是一家全球商业情报公司，位于德克萨斯州的奥斯汀市。该公司成立于 1997 年，为客户提供地缘政治分析及国家和产业导向的预测分析，以此来评估他们的活动和任务的潜在风险与机遇。[30]

其网站 www.stratfor.com/ 提供的内容包括：斯特拉特福公司所采用的研究与数据搜集方法链接、公司领导的履历、斯特拉特福公司纸质版和电子版分析报告的参考资料、关于如何免费接收《斯特拉特福周刊》（*Stratfor Weekly*）情报分析电子邮件的说明，以及订阅信息等。

在斯特拉特福公司的网站上，还可以免费访问 2003 年 9 月的分析报告，其中包括：《伊拉克临时管理委员会：美国的机会窗口》（*Iraqi Governing Council: A Window of Opportunity for the U.S.*，2003 年）、《回旋效果：美国暂停援助与安第斯山脉缉毒战》（*Boomerang Effect: U.S. Aid Suspension and the Andes Drug War*，2003 年），以及《乌干达动乱可能威胁美国与苏丹之间的关系》（*Trouble in Uganda Could Threaten U.S. Relations with Sudan*，2003 年）。

三角安全研究所

三角安全研究所（Triangle Institute for Security Studies，缩写为 TISS），成立于 1958 年，是由来自杜克大学（Duke University）、北卡罗来纳大学（North Carolina State University）和北卡罗来纳大学教堂山分校（University of North Carolina–Chapel Hill）的个人和组织组成的一个跨学科研究组织。三角安全研究所职员的研究领域涉及个人、组织、民众和国家安全等国内与国际安全问题。该机构的资金来源于其上级机构、私人机构（如福特基金会），以及政府机构（如陆军战争学院）等。该研究所由一个由 7 人组成的执行委员会管理，并开展日常研究和公共宣传工作。[31]

三角安全研究所的网站 www.duke.edu/web/tiss/ 提供的内容包括：精选出来的会议和研讨会列表、各期《快讯》（*Newsletter*，1995 年至今）、近期活动日历，以及研究活动的相关信息，如战争和军民关系研究等。还有一些信息资源包括：往期会议的信息摘要、由该研究所军民关系研究项目编写的一本书的目录。这本书是《士兵和平民：军民隔阂与美国国家安全》（*Soldiers and*

Civilians: The Civil-Military Gap and American National Security)，由麻省理工学院出版社于 2001 年出版。

注 释

1. 以下出版物从不同的方法论和意识形态的视角解读了该现象以及其他相关的情况。例如参见 , John L. Boies, *Buying for Armageddon: Business, Society, and Military Spending since the Cuban Missile Crisis* (New Brunswick, N.J.: Rutgers University Press, 1994); James N. Dertouzos, *Defense Spending, Aerospace, and the California Economy* (Santa Monica, Calif.: RAND Corporation, 1993); Gregory M. Hooks, *Forging the Military-Industrial Complex: World War II's Battle of the Potomac* (Urbana: University of Illinois Press, 1991); Ann Markusen and others, *The Rise of the Gunbelt: The Military Remapping of Industrial America* (New York: Oxford University Press, 1991); Ann Markusen and others, *The Political Economy of Military Spending in the United States* (New York: Routledge, 1992); United States Congress, House Committee on Small Business, *Pentagon's Procurement Policies and Programs with Respect to Small Business,* 107th Cong., 2d sess., 2002; and U.S. Congress, Office of Technology Assessment, *A History of the Department of Defense Federally Funded Research and Development Centers,* 104th Cong., 1st sess., 1995。
2. Belfer Center for Science and International Affairs, "About BCSIA" (2003), 1 (www.bcsia.ksg.harvard.edu/about.cfm?program=CORE&pb_id=5), accessed August 27, 2003.
3. Center for Civilian Biodefense Strategies, "Mission" (2002), 1 (www.hopkins-biodefense.org/pages/center/mission.html), accessed August 28, 2003.
4. Center for Global Peace and Conflict Studies, "About CGPACS" (2002), 1 (http://hypatia.ss.uci.edu/gpacs/cgpacs.html), accessed August 29, 2003.
5. Center for Infectious Disease Research and Policy, "Mission and Activities" (2003), 1 (www.cidrap.umn.edu/cidrap/center/mission/), accessed August 29, 2003.
6. Center for International Security and Cooperation, "About CISAC" (n.d.), 1 (http://cisac.stanford.edu/about/), accessed August 29, 2003.
7. Center for International Trade and Security, "History" (2003), 1–2 (www.uga.edu/cits/about/history.htm), accessed September 3, 2003.
8. Center for Nonproliferation Studies, "About CNS" (2003), 1 (http://cns.miis.edu/cns/),accessed September 3, 2003.
9. Columbia International Affairs Online, "About CIAO" (n.d.), 1 (www.ciaonet.org/admin/about.html), accessed September 3, 2003.
10. Gale Group, "Declassifed Documents Reference System" (n.d.), 1 (www.gale.com/pdf/facts/ddrs.pdf), accessed September 3, 2003.
11. "Associations Unlimited: East-West Center," (n.d.) (www.galenet.com/servlet/ AU),accessed September 3, 2003.
12. Foreign Policy Research Institute, "About FPRI" (2003), 1 (www.fpri.org/about/), accessed September 3, 2003.
13. Hoover Institution, "Our History" (n.d.), 1 (www-hoover.stanford.edu/Main/brochure/history.html), accessed September 4, 2003.

14. Hudson Institute, "History" (2003), 1 (www.hudson.org/learn/index.cfm?fuseaction=history), accessed September 4, 2003; and Hudson Institute, "Mission Statement" (2003), 1. (www.hudson.org/learn/index.cfm?fuseaction=mission_statement), accessed September 4, 2003. 关于赫尔曼·卡恩的详细履历介绍，参见 Sharon Ghamari-Tabrizi, *American National Biography,* vol. 12 (New York: Oxford University Press, 1999), 336–339。
15. Institute for Foreign Policy Analysis, "About IFPA" (n.d.), 1 (www.ifpa.org/about/about.htm), accessed September 4, 2003.
16. John M. Olin Institute for Strategic Studies, "Homepage" (2002), 1 (www.wcfia.harvard.edu/olin/), accessed September 5, 2003.
17. Paul H. Nitze School of Advanced International Studies, "About SAIS" (2001), 1–2(www.sais.jhu.edu/general/), accessed September 5, 2003.
18. Massachusetts Institute of Technology, Security Studies Program, "Welcome to the MIT Security Studies Program" (2003), 1 (http://mit.edu/ssp/), accessed September 8, 2003.
19. National Bureau of Asian Research, "Homepage" (2003), 1–2 (www.nbr.org/), accessed September 9, 2003.
20. "Associations Unlimited: Nautilus Institute" (n.d.) (www.galenet.com/servlet/AU), accessed September 9, 2003.
21. Nautilus Institute, "About the Nautilus Institute" (2001), 1 (www.nautilus.org/admin/about.html), accessed September 9, 2003.
22. Pacific Institute Studies in Development, Environment, and Security, "Overview" (n.d.), 1 (www.pacinst.org/overview.html), accessed September 9, 2003.
23. Program in Arms Control, Disarmament, and International Security, "Program Information" (2003), 1 (www.acdis.uiuc.edu/), accessed September 10, 2003.
24. Program on Science and Global Security, "S&GS Welcome" (n.d.), 1 (www.princeton.edu/~globsec/), accessed September 10, 2003.
25. Project on Defense Alternatives, "Mission Statement" (n.d.), 1 (www.comw.org/pda/about.html), accessed September 10, 2003.
26. RAND Corporation, "RAND's History: 50 Years of Service to the Nation" (2003), 2 (www.rand.org/history/), accessed September 12, 2003. 关于更多兰德起家的详细新闻报道，参见 Martin J. Collins, *Cold War Laboratory: RAND, the Air Force, and the American State, 1945–1950* (Washington, D.C.: Smithsonian Institution Press, 2002)。
27. RAND Corporation, "RAND's History," 2.
28. RAND Corporation, "RAND's History," 1–5; and Collins, *Cold War Laboratory,* 29–68.
29. Matthew B. Ridgway Center for International Security Studies, "About the Center" (n.d.), 1 (www.gspia.pitt.edu/ridgway/home/about/vision.asp), accessed September 12, 2003.
30. Stratfor, "About Us:Who We Are" (2003), 1 (www.stratfor.com/corp/Corporate.neo?s=ABO), accessed September 12, 2003.
31. Triangle Institute for Security Studies, "About TISS" (2003), 1 (www.duke.edu/web/tiss/about/about.html), accessed September 12, 2003.

[第 12 章]

外国和国际政府组织

外国政府与科研机构提供有价值的国家安全信息资源，这些资源代表了多元的政治立场和研究方法。他们可以影响国际安全的趋势及其发展。

与美国不同，澳大利亚、加拿大和英国这三个英联邦国家实行的是议会民主制，就是联邦行政体系和立法体系并不完全分立。例如，英国首相在英国议会下院占有一个席位，并且具有选民资格，而美国总统则没有众议院和参议院的席位。[1]但是与美国相似的是，这三大英语国家的政府发布了许多重要的国家安全信息，而且会向公众开放，其中大部分信息就在政府机构的网站上。由于《保密法》，部分国家如英国对信息的公开访问权限加以限制，该《保密法》规定了如何应对敏感的国家安全信息可能被解密或公开的情况。澳大利亚、加拿大和英国有着许多与国家安全相关的利益诉求，一系列复杂的历史因素也使它们在重大的国家安全利益方面达成了许多共识。这些共识有时与美国的国家安全政策一致，有时又与之相左。总体上来说，在 21 世纪早期，他们的观点更加面向全球化，而美国则关注军事上的卓越地位。

像印度、新西兰、新加坡和南非这些国家，以及北大西洋公约组织、欧洲安全与合作组织（Organization for Security and Cooperation in Europe，缩写为 OSCE）和联合国这些国际政府间组织，也在互联网上对外免费公布了相关的资源。

澳大利亚

澳大利亚的政府出版物都很关注该国与美国密切的军事合作，比如，“持久自由军事行动”（阿富汗）和“伊拉克自由行动”。这些出版物表达了澳大利亚在区域性重要战略问题上的观点，这些问题包括：在其邻国印度尼西亚发生的骚乱、国际海上通道安全的重要性等。[2]

国防部

澳大利亚国防部负责澳大利亚的国防事务和国家利益。[3] 该部网站 www.defence.gov.au/ 上有在任部长的个人简介、1998 年至今历任部长的媒体报道和演讲、与澳大利亚陆海空三军的网站链接，以及国防政策相关的文档。

像这样的资源包括《防务年度报告》（*Defence Annual Report*，1997—1998 年至今）、《澳大利亚国防军期刊》（*Australian Defence Force Journal*，1997 年至今）、《国防和工业战略政策说明》（*Defence and Industry Strategic Policy Statement*，1998 年）、《防卫大臣在柯林斯级潜艇及相关问题上的报告》（*Report to the Minister of Defence on the Collins Class Submarine and Related Matters*，1999 年）、《2000 年防卫：我们未来的国防军》（*Defence 2000: Our Future Defense Force*，2000 年），以及《澳大利亚的国家安全：国防最前沿》（*Australia's National Security: A Defence Update*，2003 年）。

澳大利亚皇家空军

澳大利亚皇家空军（Royal Australian Air Force，缩写为 RAAF），组建于 1921 年，部队参与了第二次世界大战、朝鲜战争，越南战争，以及多次国际维和行动。[4] 其网站 www.defence.gov.au/raaf/ 提供了澳大利亚皇家空军的领导力及各项行动信息，其中包括像 F–111 战斗机这样的皇家空军飞机的详细信息、图片、空军训练信息，以及标注了澳大利亚皇家空军基地的地图。

航空航天中心

澳大利亚皇家空军的航空航天中心（Aerospace Centre），于 1989 年在新南威尔士州的澳大利亚皇家空军的费尔贝恩基地（RAAF Base Fairbairn）成立。该中心的使命是帮助澳大利亚国防军增进对空中力量合理利用的理解。该中心发展并修订了军队的相关规定，并将该规定用于澳大利亚皇家空军的训练活动和与社区的交流活动中。[5]

该中心的网站 www.defence.gov.au/RAAF/aerospace/ 包含澳大利亚皇家空军的历史信息、即将召开的会议公告，以及一些出版物，比如《澳大利亚皇家空军实力手册》（*Royal Australian Air Force Air Power Manual*，1998 年）、《对空军基地发动袭击的历史》（*A History of Attacks on Air Bases*，1999 年）、《锁定科索沃——一个官僚和正当合法的噩梦：美国与澳大利亚互相利用的暗示》（*Kosovo Targeting—A Bureaucratic and Legal Nightmare: The Implications for US/Australian Interoperability*，2001 年），以及《空间行动：澳大利亚的视角》（*Space Operations: An Australian Perspective*，2001 年）。

澳大利亚皇家陆军

澳大利亚皇家陆军（Royal Australian Army，缩写为 RAA），于 1901 年 3 月 1 日组建，当时英军调派了 28923 名英属殖民地的士兵到这支新组建的澳大利亚陆军。澳大利亚的军队之前都由各个州分别管辖，直到《国防法案》（*Defence Act*）于 1903 年 10 月 22 日开始生效，这种局面才结束。[6]

澳大利亚皇家陆军的网站 www.defence.gov.au/army/ 包括相关的新闻稿、部队薪金待遇、澳军工作时的视频、军服和历史信息，以及一些军官的个人简介。相关的出版物包括：《陆军的环境成就》（*Army Environmental Achievements*，1997 年）、《陆军材料手册技术规则》（*Technical Regulation of Army Material Manual*，2002 年），以及《陆战的基本原理》（*The Fundamentals of Land Warfare*，2002 年）。

陆战研究中心

陆战研究中心（Land Warfare Studies Centre，缩写为 LWCS），坐落在澳大利亚的首都堪培拉（Canberra）。该中心的任务是提高军队对陆战的理解和认知，提供针对陆战的制度性和应用性研究，以及促进在陆军内部的更专业更具学术性的研讨。[7]

陆战研究中心的网站 www.defense.gov.au/army/LWSC/ 提供相关的报告、业务论文，比如：《澳大利亚陆军指导和供养地面部队运转的能力》（*The Capacity of the Australian Army to Conduct and Sustain Land Force Operations*，1999 年）、《从“沙漠风暴行动”到东帝汶：澳大利亚、亚太以及联合运作的新时代》（*From Desert Storm to East Timor: Australia, the Asia-Pacific, and*

“*New Age*” *Coalition Operations*，2000 年）、《从传奇到学习：加里波利和第一次世界大战的军事革命》（*From Legend to Learning: Gallipoli and the Military Revolution of World War I*，2000 年）、《第一招的能力：两栖作战与澳大利亚防御政策（1901—2001）》（*A Capability of First Resort: Amphibious Operations and Australian Defence Policy 1901—2001*，2002 年）、《东帝汶稳定运转期间的信息战》（*Information Operations during Operation Stabilise in East Timor*，2002 年），以及《澳美陆军合作：未成年搭档的问题》（*Australian Army Cooperation with the Land Forces of the United States: Problems of the Junior Partner*，2003 年）。

澳大利亚皇家海军

澳大利亚皇家海军（Royal Australian Navy，缩写为 RAN），作为联军的一部分，负责海域环境下的作战和胜利，维护澳大利亚主权以及区域安全。[8]

澳大利亚皇家海军的网站 www.navy.gov.au/ 包括：领导层的简介、在线虚拟舰队航行、每艘舰船的信息、官兵招募信息、澳大利亚皇家海军参加针对伊拉克的“猎鹰行动”（Operation Falconer）的信息，以及诸如《调查委员会关于 1998 年 5 月 5 日澳大利亚皇家海军舰艇失火的报告》（*Report of the Board of Inquiry into the Fire in the HMAS Westralia on 5 May 1998*，1998 年）这样的文档等。

海上力量中心

澳大利亚皇家海军的海上力量中心（Sea Power Centre，缩写为 CPC）位于堪培拉，负责促进对海事问题和海事战略的研究、探讨和认识。海上力量中心的网站 www.navy.gov.au/spc/ 提供关于该中心的活动和一些出版物的文本信息，这些文本包括《澳大利亚海事准则》（*Australian Maritime Doctrine*，2000 年）、《寻求解决方案：澳大利亚皇家海军和舰对空导弹能力的取得》（*Struggling for a Solution: The RAN and the Acquisition of a Surface to Air Missile Capability*，2000 年）、《亚太地区海军战略的发展（1500—2000）》（*The Development of Naval Strategy in the Asia-Pacific Region 1500—2000*，2000 年），以及《海上战略与群岛内弧的防卫》（*Maritime Strategy and Defence of the Archipelagic Inner Arc*，2001 年）。

澳大利亚情报机构

澳大利亚的情报机构负责情报工作，并分析与澳大利亚国家安全特别利益相关的区域，比如东南亚。他们提供的资源其中有一些可以通过各机构的网站公开获取。[10]

澳大利亚秘密情报局

澳大利亚秘密情报局（Australian Secret Intelligence Service，缩写为ASIS），是澳大利亚境外情报的搜集机构，主要负责获取并传播境外可能影响澳大利亚国家利益的组织和个人的能力、动机以及活动等方面的信息。澳大利亚秘密情报局的报告涉及国防、国际关系、经济、国际维和与军备扩张威胁等信息。这个组织既不是警察机构，也不是执法机构，法律禁止其策划或执行准军事行动。[11]

澳大利亚秘密情报局组建于 1952 年，但直到 1977 年才为世人所知。它搜集其他联邦部门认为有需要的情报，并将情报上报外交部长。澳大利亚秘密情报局要遵照《2001 年情报服务法案》（*2001 Intelligence Services Act*）的要求工作，并向议会联合委员会汇报，该委员会同时也监督着澳大利亚其他的情报机构。[12]

网站 www.asis.gov.au/ 中详细介绍了秘密情报局的各项任务、包括筛选标准在内的招募要求，还提供了澳大利亚其他情报机构的网址，以及一些出版物的文本，比如《2001 年情报服务法案》及《保护澳大利亚人隐私的规定》（*Rules to Protect the Privacy of Australians*，2001 年）。

澳大利亚安全情报组织

澳大利亚安全情报组织（Australian Security Intelligence Organisation，缩写为 ASIO），根据 1949 年本 · 齐夫利（Ben Chifley）总理给安全局长的一份备忘录组建的。[13] 其职责是搜集各方面的信息，并编发情报，以提醒可能危及澳大利亚国家安全的政府活动或状况。澳大利亚安全情报组织关注间谍活动、恐怖主义、带有政治动机的暴力行为，以及外国干预活动。该组织向司法部长汇报工作。[14]

澳大利亚安全情报组织的网站 www.asio.gov.au/ 对其为 2000 年的悉尼奥运会、2002 年在昆士兰州举行的英联邦首脑会议（Commonwealth Heads of

Government meeting）提供安保工作作了详细介绍，并对2001—2002年该组织的活动情况进行了回顾，还发布了相关的招聘信息和具体要求，以及一些相关出版物的信息，比如《澳大利亚安全情报组织的现状：澳大利亚安全情报组织掠影》（*ASIO Now: A Snapshot of Australia's Security Intelligence Organisation*，2000年）、《向议会的年度报告》（*Annual Report to Parliament*，1995—1996年至今），以及《总体规划（2002—2006）》（*Corporate Plan 2002–2006*，未注明出版日期）等。

澳大利亚国防情报组织

澳大利亚国防情报组织（Defence Intelligence Organisation，缩写为DIO），主要负责提供情报评估服务，给政府决策以及该国军事行动的规划和实施提供支持。澳大利亚国防情报组织的情报分析主要针对亚太地区，涉及战略、军事、政治、经济及技术等领域。[15]

其网站www.defence.gov.au/dio/罗列了澳方支持的国际维和行动、招聘信息，以及《亚太地区的国防经济趋势（2000—2001）》（*Defence Economic Trends in the Asia-Pacific*，*2000–2001*）。

国防信号局

国防信号局（Defence Signals Directorate，缩写为DSD），是澳大利亚国家通信情报和信息安全机构。它的核心任务是搜集国外的通信情报，为澳大利亚政府和国防部队提供信息安全保障。[16]

国防信号局的网站www.dsd.gov.au/发布了招聘信息、该组织的历史沿革及简介、有关澳大利亚超级计算机的信息、计算机安全公告，以及《澳大利亚通信——电子安全指令33》（*Australian Communications–Electronic Security Instruction 33*，未注明出版日期）等。

情报和安全监察部

情报和安全监察部（Inspector General of Intelligence and Security，缩写为IGIS），是独立运行的机构，历来就是总理机构设置的一部分。1986年通过的议会法令决定建立该组织。情报和安全监察部为澳大利亚各情报机构提供独立的评估，并确保它们依法运行，遵照内阁的指导和指示，并且尊重人权。[17]

其网站 www.igis.gov.au/ 内容包括授权法案的文本、新闻稿、招聘信息，以及一些相关出版物的信息，比如《年度报告》（*Annual Reports*，1986—1987 年至今）和《2002 年 10 月 12 日巴厘岛恐怖袭击》（*Bali Terror Attack of 12 October 2002*，2002 年）等。

国家评估办公室

国家评估办公室（Office of National Assessments，缩写为 ONA），是一个独立的机构，直接向总理汇报工作。它对国际政治、战略级经济问题提供分析性评估，以协助总理和其他决策者在政策制定及规划方面作出决定。该机构参考情报及公开资源材料，汇编成评估报告。[18]

国家评估办公室的网站 www.ona.gov.au/ 公开了组织结构图、招聘信息，以及一些相关出版物的信息，比如《本期预算表》（*Current Budget Statement*）和《2003—2006 年总体规划》（*ONA Corporate Plan for 2003–2006*，2001 年）等。国家评估办公室的分析性报告不对外公开。

澳大利亚国家审计署

澳大利亚国家审计署（Australian National Audit Office，缩写为 ANAO），为澳大利亚议会提供审计服务和政府项目绩效的独立分析。[19]

澳大利亚国家审计署的网站 www.anao.gov.au/ 提供了该机构所开展活动的相关信息，以及 1995 年至今的审计报告文本，比如，与国家安全相关的报告：《澳大利亚国防部队部署东帝汶的管理》（*Management of Australian Defence Force Deployments to East Timor*，2002 年）、《澳大利亚国防部队燃料管理》（*Australian Defence Force Fuel Management*，2002 年）、《澳大利亚境内航空安全》（*Aviation Security in Australia*，2003 年）、《国防军械维修的安全与适宜性》（*Defence Ordnance Safety and Suitability for Service*，2003 年），以及《海军的战备完好性》（*Navy Operational Readiness*，2003 年）。

澳大利亚议会

澳大利亚议会（Australian Parliament），是包括参众两院在内的两院制立法机构（bicameral legislature）。议会是商议、讨论并最终敲定国家安全决策的重要国家机构，其成员包括在任的政府各部长。其网站 www.aph.gov.au/ 包含澳大利亚国家安全政策、澳大利亚政府其他方面活动的大量信息资源。[20]

网站上像这样的资源包括：澳大利亚法律文本、1996 年至今的立法议案的文本、议会召开会议期间的即时网上直播、1981 年至今的记载参众两院辩论的《议会议事录》（*Hansard*）的可浏览文本、议会活动和委员会简介，以及 1996 年至今提交给议会的文件列表。

澳大利亚议会委员会对澳大利亚国家安全方案和政策进行监督，其网页上包含了很多重要信息。

外交、国防与贸易联合常务委员会

外交、国防与贸易联合常务委员会（Joint Standing Committee on Foreign Affairs, Defence, and Trade，缩写为 JFADT），对提交至议会的有关外交、国防和贸易等课题作出评论并形成报告，这些课题由相关部门或该委员会本身提交。[21]

外交、国防与贸易联合常务委员会的网站 www.aph.gov.au/house/committee/jfadt/ 公开了该委员会成员的名单、听证会的记录，以及 1997 年至今各个报告的文本，其中包括《澳大利亚国防投入》（*Funding Australia's Defence*，1998 年）、《探寻澳大利亚北部国防建设》（*Visit to Defence Establishments in Northern Australia*，1999 年）、《从幻象到实力：迈向更加高效和过硬的部队》（*From Phantom to Force: Towards a More Efficient and Effective Army*，2001 年）、《不公正的审判？针对澳军空降部队暴行的指控》（*Rough Justice? An Investigation into Allegations of Brutality in the Army's Parachute Battalion*，2001 年）、《探访澳大利亚部署在国际反恐部队的军队》（*Visit to Australian Forces Deployed to the International Coalition against Terrorism*，2002 年），以及《国防年度报告评论（2001—2002）》（*Review of Defence Annual Report 2001—2002*，2003 年）。

澳大利亚安全情报局、澳大利亚秘密情报局及国防信号局的议会联合委员会

澳大利亚安全情报局、澳大利亚秘密情报局及国防信号局的议会联合委员会（Parliamentary Joint Committee on ASIO, ASIS, and DSD，缩写为

PJCAAD)，负责审查这几个情报机构的经费开支情况、情报搜集活动和运行情况，以及与这些机构相关的立法工作。[22]

PJCAAD 的网站 www.aph.gov.au/house/committee/pjcaad/ 上有该委员会各委员的花名册、历史信息、听证会的记录，以及 1998 年至今的报告文本。这样的报告包括：《侦查简报：ASIO 报告活动的性质、范围及适宜性》（*A Watching Brief*：*The Nature, Scope, and Appropriateness of ASIO's Reporting Activities*，2000 年）、《关于澳大利亚安全情报组织修正案（恐怖主义）的咨询报告》[*An Advisory Report on the Australian Security Intelligence Organisation Amendment (Terrorism) Bill*，2002 年]，以及《2001—2002 年度报告》（*Annual Report 2001–2002*，2002 年）等。

议会图书馆

澳大利亚议会图书馆（Australian Parliamentary Library，缩写为 APH）及其网站 www.aph.gov.au/library/ 为澳大利亚议员和公众提供了多项有关澳政府政策（如国家安全政策）的查询服务。自 1996 年至今的研究论文均可在该图书馆查阅。有关国家安全的报告有：《澳大利亚印度尼西亚安全协定——问题及影响》（*The Australian-Indonesian Security Agreement——Issues and Implications*，1996 年)、《想人所不能想：澳大利亚高科技风险背后的漏洞》（*Thinking about the Unthinkable: Australian Vulnerabilities to High-Tech Risks*，1998 年)、《军事威胁对安全问题：澳大利亚战略环境初现》（*Military Threats versus Security Problems: Australia's Emerging Strategic Environment*，1999 年)、《国防政策承受的压力：国防预算危机》（*Pressures on Defence Policy: The Defence Budget Crisis*，2000 年)、《中国和台湾：从引爆点到重新定义"一个中国"》（*China and Taiwan: From Flashpoint to Redefining One China*，2000 年)、《印度尼西亚的内部冲突：起因、症状及可承受的解决方式》（*Internal Conflict in Indonesia: Causes, Symptoms, and Sustainable Resolution*，2001 年)，以及《多变的战略环境下的印美关系》（*India-U.S. Relations in a Changing Strategic Environment*，2002 年)。

加拿大

加拿大是美国的北方邻国，也是北约的成员国之一。作为说两种语言（英语和法语）的国家，加拿大在英联邦（由前英国殖民地组成）和法语国家组织（La Francophonie，由前法国殖民地组成）中均非常活跃。加拿大与美国同样属于北美防空联合司令部（North American Aerospace Defense Command，缩写为 NORAD），但是加拿大一直努力保持其国家安全政策的特色，与美国区分开来。比如，加拿大军队参加了“持久自由军事行动”（阿富汗），但是没参加“伊拉克自由行动”。在参加全球范围内的国际维和行动时，加拿大军队总是设法让自己师出有名。[23]

加拿大各政府机构的国家安全政策方面的出版物往往表现出一种加拿大人的发散思维，它们关注加拿大在北极圈捍卫国家主权的意图和能力、军队总体能力、国际军事趋势，以及其他相关问题。

国防部

加拿大国防部（Department of National Defence，缩写为 DND）和加拿大军队负责保卫加拿大的利益及价值观，与美国一道致力于北美共同防务，维护世界和平与国际安全。[24]

加拿大国防部和加拿大统一军队的网站是 www.dnd.ca/。该网站内容包括：主要官员的简介、新闻稿，当前军事行动的进展消息、招募要求等。可供查阅的报告及政策文档包括：《1994 年国防政策白皮书》（*1994 Defence Policy White Paper*，1994 年）、《计划及优先事项的报告》（*Report on Plans and Priorities*，1999—2000 年至今）、《时刻保卫国家：21 世纪的加拿大民兵》（*In Service of the Nation: Canada's Citizen Soldiers for the 21st Century*，2000 年）、《通信安全机构专员年度报告（2001—2002）》（*Annual Report of the Communications Security Establishment Commissioner 2001–2002*，2002 年），以及《调查委员会——塔尔纳克农场》（*Board of Inquiry–Tarnak Farm*，2002 年），这份报告包括了 2002 年在阿富汗的坎大哈（Kandahar）附近发生的友军误伤事件——4 名加拿大士兵被美军 F–16 战斗机误杀。

2000 年至今，加拿大国防部的网站还转载了专业军事期刊——《加拿大军事期刊》（*Canadian Military Journal*）的一些文章。转载的文章包括：《不对称战争与北美执法部门特种部队的使用》（*Asymmetric Warfare and the Use of Special Operations Forces in North American Law Enforcement*，2001 年）、《再访波斯尼亚：

一位新近国家指挥官的视角》(*Bosnia Revisited: A Recent National Commander's Perspective*，2002 年)，以及《监视与加拿大国内海上安全》(*Surveillance and Canadian Maritime Domestic Security*，2003 年)。

加拿大国防部历史和遗产理事会

加拿大国防部历史和遗产理事会（DND Directorate of History and Heritage，缩写为 DHH)，致力于保护并宣传加拿大军队的历史和遗产，巩固加拿大军队的统一性。[25] 加拿大国防部历史和遗产理事会是加拿大国防部在整合内部职能的基础上于 1996 年 9 月 1 日成立的。

历史和遗产理事会的网站 www.forces.gc.ca/hr/dhh/ 提供了加拿大军队历史文档的链接，其中包括加拿大曾经参加的代号为"霸王行动"(Operation Overlord) 的故事。可获取的完整版出版物包括：《加拿大远征军（1914—1919)：加拿大军队在第一次世界大战中的正史》(*Canadian Expeditionary Force, 1914–1919: Official History of the Canadian Army in the First World War*，1964 年)、《民主的飞机场：加拿大与英联邦空军培训计划（1939—1945)》(*Aerodrome of Democracy: Canada and the British Commonwealth Air Training Plan, 1939–1945*，1983 年)，以及《17 世纪以来加拿大军队历史：加拿大军事历史会议记录，渥太华，2000 年 5 月 5 日至 9 日》(*Canadian Military History since the 17th Century: Proceedings of the Canadian Military History Conference, Ottawa, 5–9 May 2000*，2001 年)。

加拿大空军

从组织上说，加拿大空军隶属于统一的加拿大军队的一部分，但它还有独立的身份。它的任务是训练并保持空军的预备战力，以满足加拿大国防任务的需要。[26]

加拿大空军的网站 www.airforce.dnd.ca/ 提供了空军部队组织结构的详细情况、个别部队的信息，如驻扎在阿尔伯塔省冷湖（Cold Lake，Alberta）的第四侧翼部队及其历史背景、2001 年至今的新闻稿，以及雪鸟特技飞行队（Snowbirds aerobatic team）的相关资讯。公开供查阅的文档包括《2001 年国防计划导则与空军》(*Defence Planning Guidance 2001 and the Air Force*，2000 年)、《空军参谋部总长计划导则》(*Chief of the Air Staff Planning Guidance*，

2001 年），以及《昏暗角落：加拿大部队的航空条令》（*Out of the Sun: Aerospace Doctrine for the Canadian Forces*，2002 年）。

加拿大陆军

加拿大陆军，由 19500 名现役士兵和 15500 名预备役士兵组成，负责加拿大及北美的防御。加拿大陆军还参与过对阿富汗、东帝汶，以及科索沃的国际维和任务。[27]

加拿大陆军的网站 www.army.forces.gc.ca/ 介绍了加拿大部队在世界各国部署的情况，上面还有一些新闻稿、军队领导人的简介、个别部队的简介，以及像《陆军战略》（*The Army Strategy*，2002 年）之类的文档。

加拿大海军

加拿大海军，保护加拿大海军及海上的利益，并参与各项活动。[28] 要了解关于加拿大海军及其活动的更多信息，可以访问其网站 www.navy.dnd.ca/。可供查询的资源包括：新闻稿、招聘信息、对舰艇和虚拟参观舰艇的简介 [如轻型护卫舰加拿大皇家海军舰艇（HMCS）“哈利法克斯”号、加拿大皇家海军潜水艇“维多利亚”号]，以及对第二次世界大战有重要影响的历史信息等。

加拿大情报机构

加拿大的情报机构在加拿大国家安全政策方面起着重要的作用。它们也与美国和其他盟国的情报机构展开密切的合作。

加拿大国家安全情报局

加拿大国家安全情报局（Canadian Security Intelligence Service，缩写为 CSIS）依照议会法令于 1984 年成立。它的主要职责是搜集、分析并保存对加拿大国家安全有潜在威胁的情报或其他活动，并为各联邦政府机构提供安全评估，[29] 不过已被加拿大皇家骑警（Royal Canadian Mounted Police，RCMP）管理的那些机构除外。

加拿大国家安全情报局的网站 www.csis-scrs.gc.ca/ 内容包括该局的组织法规、组织结构图、加拿大情报活动的历史评论、招聘信息、新闻稿，以及一个名为“新动态”的网页。可公开获取的出版物包括《年度公开报告》(*Public Reports*，1991 年至今)、《全球化背景下的跨国犯罪活动》(*Transnational Criminal Activity: A Global Context*，2000 年)、《HIV—艾滋病与非洲安全：对加拿大的威胁》(*HIV-AIDS and the Security Sector in Africa: A Threat to Canada*，2001 年)，以及《核武器扩散》(*Nuclear Weapons Proliferation*，2002 年)。

加拿大国家安全情报局总监

加拿大国家安全情报局总监（Inspector General Canadian Security Intelligence Service，缩写为 IGIS)，成立于 1984 年，目的是监督并审查加拿大国家安全情报局的活动，为加拿大国家安全情报局的相关事宜向加拿大总检察长提供建议。[30]

加拿大国家安全情报局总监的网站 www.sgc.gc.ca/igcsis/index_e.asp 介绍了该机构的组织活动，还公开了一些出版物，比如，《加拿大国家安全情报局总监的战略观点》(*A Strategic Perspective for the Inspector General of CSIS*，2002 年)。

加拿大皇家骑警刑事情报项目组

加拿大皇家骑警刑事情报项目组（Royal Canadian Mounted Police Criminal Intelligence Program)，是加拿大主要立法机构中的一个组成部分。[31] 其负责管理犯罪信息和情报，能帮助加拿大皇家骑警察觉并遏制危及加拿大国家安全的犯罪行为。[32]

加拿大皇家骑警刑事情报项目组的网站 www.rcmp.ca/crimint/ci_main_e.htm 提供了项目组的各个活动以及一些报告的介绍，比如：《黑客：加拿大警方的看法》(*Hackers: A Canadian Police Perspective*，2001 年)、《毒品恐怖主义与加拿大》(*Narcoterrorism and Canada*，2001 年)、《基地组织与钻石业的联系》(*Link between Al Qaida and the Diamond Industry*，2002 年)，以及《加拿大的大麻种植：发展历程和当下趋势》(*Marihuana Cultivation in Canada: Evolution and Current Trends*，2002 年）等。

安全情报审查委员会

安全情报审查委员会（Security Intelligence Review Committee，缩写为 SIRC)，是加拿大国家安全情报局的外部评审机制，也负责调查针对加拿大国家安全情报局的投诉，并做出裁决。该机构向总检察长（solicitor general）汇报工作。除了具有调查权外，安全情报审查委员会自 1984 年起还负责为安全调查投诉提出建议。这些投诉多涉及联邦政府雇员或个人向政府领导层送礼或提供变相服务的情况。[33]

安全情报审查委员会的网站 www.sirc-csars.gc.ca/ 包括组织背景介绍、现任和已卸任的委员名单，以及投诉加拿大国家安全情报局的程序等信息。可供查阅的出版物包括：递交给总检察长的《年度报告》(1984—1985 年至今)，以及安全情报审查委员会处理过的报告题目的列表，其中大多数报告都属于绝密或机密等级。

公共安全总检察长

公共安全总检察长（Solicitor General Public Safety，缩写为 SGPS)，是总管加拿大皇家骑警和加拿大国家安全情报局两大机构最重要的执法官员。总检察长直接对议会负责。[34]

其主要网站是 www.sgc.gc.ca/。公共安全网站 www.safecanada.ca/ 提供了加拿大政府情报机构和国家与国土安全资源的链接，其中这些资源涵盖了加拿大国家安全情报局和加拿大国防部报告中涉及的有关边界安全、军备控制、大规模杀伤性武器，以及军队问题等。网站还提供了一些相关的出版物，比如《加拿大安全和情报界：保护加拿大及加拿大人安全》(*The Canadian Security and Intelligence Community: Helping Keep Canada and Canadians Safe and Secure*，2001 年)。

加拿大议会

加拿大议会，是包括了众参两院的两院制立法机构。在国家安全政策规划上，许多议员都发挥了重要的作用。[35] 加拿大议会的网站 www.parl.gc.ca/ 上可查阅已提交的法案，还有众议院《议会议事录》（1994 年至今）和参议院《议会议事录》（1996 年至今）中辩论的文字整理稿、议员的信息，以及委员会网页的链接。加拿大政治频道（CPAC）的网址 www.cpac.ca/ 和议会的网站上都有加拿大议员的辩论和委员会听证会的网上播音。

众议院国防及退伍军人事务常务委员会

众议院国防及退伍军人事务常务委员会（House of Commons Standing Committee on National Defence and Veterans Affairs）的主要职责是监督加拿大的国防预算和军队。其网站 www.parl.gc.ca/InfoCom/CommitteeMain.asp?Language=E&CommitteeID=3281&Joint=O 上有委员会成员的花名册、1995 年至今历次听证会的记录稿，以及一些报告的文本，其中包括《勇往直前：加拿大官兵生活质量改善的战略计划》（*Moving Forward: A Strategic Plan for Quality of Life Improvements in the Canadian Forces*，1998 年）、《加拿大军队的战备状态：对恐怖主义威胁的应急响应》（*State of Readiness of the Canadian Forces: Response to the Terrorist Threat*，2001 年），以及《直面我们的责任：加拿大军队的战备状态》（*Facing Our Responsibilities: The State of Readiness of the Canadian Forces*，2002 年）。

议会图书馆

加拿大议会图书馆，负责在公共政策事务上及时为议员提供全面可靠的研究和分析，以支持议会的立法功能。议会图书馆还致力于让公众了解加拿大议会的事务。[36]

议会图书馆网站 www.parl.gc.ca/common/Library.asp?=Language=E&Parl=37&Ses=2 提供加拿大议会活动的相关信息，比如《军备控制与裁军》（*Arms Control and Disarmament*，1999）之类的报告文本，以及诸如《C-17 法案：公共安全法案》（*Bill C-17: The Public Safety Act*，2002 年）之类分析某一立法的报告。

总审计长办公室

总审计长办公室（Office of Auditor General，缩写为 OAG），是为加拿大议会和国家服务的独立办公室。总审计长办公室开展对政府各项目的独立审计工作与研究，以确保这些项目的财政资源得到有效和高效的利用。总审计长办公室自 1878 年开始履行自身职责。[37]

总审计长办公室的网站 www.oag-bvg.gc.ca/ 提供了新闻通稿、组织信息、招聘信息，以及总审计长办公室工作人员和总审计长对议会委员会提交的报告文本。该网站还提供了1981年至今呈交议会的年度报告、年度报告的Quicktime视频节选，以及这些年度报告中涉及国家安全机构计划与运行方面的文本，比如《其他审计观察——国防——私密佣金/给军车再加油的回扣》（*Other Audit Observations—National Defence—Secret Commissions/ Kickbacks for Refueling Military Vehicles*，1999年）、《状态报告第四章：国防：北约在加拿大的飞行训练》（*Status Report—Chapter 4—National Defence—NATO Flying Training in Canada*，2002年）、《第八章：国防：堆在仓库从来不用的军事卫星通信系统》（*Chapter 8—National Defence—Military Satellite Communication System Is Unused and Placed in Storage*，2002年），以及《第三章：加拿大反洗钱战略》（*Chapter 3—Canada's Strategy to Combat Money Laundering*，2003年）。

英国

英国，在不列颠帝国的全盛时期统治着世界近25%的领土和人口。尽管帝国时代早已过去，英国却因其拥有核武器军械库、北约组织成员国的身份，以及与美国在国家安全方面的密切合作，在全球安全事务上仍然具有重要的影响。例如，英国军队积极参加了"持久军事行动"和"伊拉克自由行动"，英国与美国政府也定期商讨国际安全事务。[38]

首相办公室

首相是英国政府最有权力的官员，也是英国三军总司令。尽管在动用英国军队的问题上，议会有权过问，但是决定权本质上还是集中在首相及其内阁手中。[39]

要了解关于现任首相各种活动的信息，可以访问www.pmo.gov.uk/。该网站可供访问的内容有首相办公室的介绍、1997年至今首相托尼·布莱尔（Tony Blair）发表的演讲文本、布莱尔在伊拉克问题上的讲话（单独档案）、内阁成员的简介、英国立法程序的介绍、新闻简报，以及从2000年1月12日至今首相回应下院议员问询的网上视频（视频格式为RealPlayer或Windows Media）。

网站还有一些其他的内容，包括诸如《伊拉克大规模杀伤性武器：英国政府评估报告》(*Iraq's Weapons of Mass Destruction: The Assessment of the British Government*，2002 年）和《伊拉克：基础设施的隐匿、欺骗和威胁》(*Iraq: Its Infrastructure of Concealment, Deception, and Intimidation*，2003 年）等政策文档。

内阁办公室——情报安全委员会

内阁办公室（Cabinet Office)，负责处理政府事务、协调安全、情报，以及国内应急事务等，以保护英国应对颠覆性活动的挑战。[40] 要了解关于内阁及其运行情况的更多信息，可以访问其官网 www.cabinet-office.gov.uk/。

内阁办公室下设的情报安全委员会（Intelligence Security Committee）成立于 1994 年，为议会监督军情六处（Secret Intelligence Service，MI–6)、政府通信总部（Government Communications Headquarters，缩写为 GCHQ)，以及英国安全局，又称军情五处（Security Service，MI–5）的工作。委员会的 9 名委员分别来自下院和上院的多个政党。委员人选经由首相与各在野党党首磋商后确定。委员会定期向首相提交特别报告，每年向首相汇报一次。尽管部分敏感的材料需要删除，但是大部分的委员会分析报告仍可在其网站 www.cabinet-office.gov.uk/intelligence/ 中找到。[41]

对外公开的可查阅文件包括：委员会的《年度报告》(1997—1998 年至今）和对这些报告的《政府回应》、《国家情报机器》(*National Intelligence Machinery*，2000 年)、《米特罗欣调查报告》(*Mitrokhin Inquiry Report*，2000 年)、《对 2002 年 10 月 12 日巴厘岛恐怖爆炸案发前的情报、评估和建议的调查》(*Inquiry into Intelligence, Assessments, and Advice Prior to the Terrorist Bombings on Bali 12 October 2002*，2002 年)，以及《情报监督》(*Intelligence Oversight*，2002 年)。

英国内政部

英国内政部（Home Office，缩写为 HO)，是英国主要的执法机构，负责英格兰和威尔士的内部事务，以及诸如移民、护照、贩毒和恐怖主义等关乎国内安全的事务。[42]

英国内政部的网站 www.homeoffice.gov.uk/ 列出了有罪的恐怖分子组织的

名单；民众在家中、上班或旅游时遇到恐怖袭击可以采取的防范措施；与英国反恐相关的法律；维护关键基础设施（如通信设备及公共事业设备）安全的基本步骤。

该网站上还可以找到 1992 年以来的研究报告和数据，包括《一切照旧：恐怖爆炸后的经济复苏》（*Business as Usual: Maximising Business Resilience to Terrorist Bombings*，1999 年）、《2002 年 9 月以来的反恐行动》（*Counter-Terrorist Action since September 2002*，2002 年）、《机场安保》（*Airport Security*，2002 年），以及《消除民众接触化学、生物、放射性或核物质或材料的污染：战略性国家指导》[*The Decontamination of People Exposed to Chemical, Biological, Radiological, or Nuclear (CBRN) Substances or Material: Strategic National Guidance*，2003 年]。

国防部

英国国防部（British Mimistry of Defence，缩写为 MOD），负责防卫英国本国、英国的海外领地、英国的人民及利益，并加强国际和平安全。[43] 尽管此前，英王亨利八世（King Henry VIII）于 1546年建立海军局（Navy Board），于 1666 年初建立陆军部（War Office）总管陆军事务，由此开启了由政府管理军事机构的时代。英国国防部的现代制度结构却要从 1964 年和 1971 年英国各军事机构的整编融合开始算起。[44]

英国国防部的网站 www.mod.uk/ 提供了许多有关英国军事和国防政策的信息资源，外界可以登录访问。这些材料包括：英国国防部主要官员的信息、该部的文职人员和服役军人的招聘信息、国防部下属组织的相关介绍，诸如国防学院（Defence Academy）和国防科技咨询委员会（Defence Scientific Advisory Council），以及这些组织的网站链接。在该网站上还能查阅国防部的部分出版物和报告，其中包括《科索沃：危机中吸取的教训》（*Kosovo: Lessons from the Crisis*，2000 年）、《国防采办》（*Defence Acquisition*，2001 年）、《部队中的女兵》（*Women in the Armed Forces*，2002 年）、《国防产业政策》（*Defence Industrial Policy*，2002 年）、《政府开支计划 2003/2004—2005/2006》（*The Government's Expenditure Plans 2003/2004–2005/2006*，2003 年），以及《伊拉克的行动：首次反思》（*Operations in Iraq: First Reflections*，2003 年）。

英国皇家空军

英国皇家空军（Royal Air Force，缩写为RAF），组建于1918年4月1日，负责目前英国的各项军事航空活动。[45]其网站 www.raf.mod.uk/ 上的内容包括：英国皇家空军的历史、任务和相关活动的材料。该网站提供的信息还包括：其组成机构、基地位置、招聘信息、选取的图片和 RealPlayer 格式的网上视频，以及一些出版物，包括《英国空军条令》（*British Air Power Doctrine*，1999年）、《北约空对空加油文档》（*NATO Air-to-Air Refueling Document*，2000年），以及学术期刊《空军实力评论》（*Air Power Review*，2000年至今）。

英国陆军

英国陆军（Royal Army，缩写为RA），是英国的地面武装力量。英国陆军在组织形式上是由众多兵团组成的，这些兵团在地理上都占据显要战略位置，在军事行动中发挥着重要的作用。[46]英国陆军的网站 www.army.mod.uk/ 内容包括：2001年7月至今的新闻通稿、招聘信息、英国军队驻扎全球地点的列表、各个部门和兵团的网站链接，如英国第一装甲师（1st UK Armored Division）、冷溪近卫步兵团（Coldstream Guards）、女王卫队（Queen's Dragoon Guards），苏格兰场（Scots Guards）；正在进行的军事行动介绍，如“真理行动”（Veritas，阿富汗）和“目标行动”（Telic，伊拉克）；“目标行动”长官的简介；以及相关装备的图片和说明，如狙击步枪、3级化学剂监控仪，以及“挑战者”主战型坦克等。

可在网站上查阅的政策文档和报告包括：《英国军队的价值观和标准》（*Values and Standards of the British Army*，2000年）、《军事法庭指南》（*Military Courts Guide*，2002年），以及《陆军持续不断的态度调查问题》（*Army Continuous Attitude Survey Questions*，未注明出版日期）。

英国皇家海军

英国皇家海军（Royal Navy，缩写为RN），负责为英国外交政策和对外贸易的发展创造并维持良好的环境。英国皇家海军以坚持和维护英国国家利益为目标，保证军队快速部署和持续作战的能力。[47]

英国皇家海军的网站 www.royal-navy.mod.uk/ 上有相关的招聘信息、组织成员介绍（如海军航空兵和潜艇部队）、单舰介绍（如“无敌”号航空母舰）、正在进行的海军活动和演习介绍，以及交互式多媒体节目，比如“你想成为英国海军指挥官吗？”在该网站上还可以查阅到1999年至今的新闻通稿，比如《未来海军》（*The Future Navy*，2000年），以及一些报告，比如《海军战略计划：下一个15年》（*Naval Strategic Plan: The Next Fifteen Years*，2001年）。

英国情报机构

英国情报机构（British Intelligence Agencies，缩写为BIA），负责为政府官员提供现在和即将出现的对英国利益构成威胁的信息。这些机构有着复杂的历史，有时还颇有争议。他们的工作所产生的信息等级会随着情况发生变化。[48]

英国政府通信总部

英国政府通信总部（Government Communications Headquarters，缩写为GCHQ），向外交大臣汇报工作。其职责包括确认信号情报（SIGINT）和信息。英国政府通信总部的SIGINT活动有助于政府在国家安全、军事行动以及执法等方面作出决策，它是对付恐怖主义和预防严重犯罪的重要部门。该机构的信息安全保障职能努力确保政府通信与信息系统安全；远离黑客攻击；协助政府官员保护好关键的基础设施（如电力和水）免受干扰或破坏。[49]

英国政府通信总部的网站www.gchq.gov.uk/提供了关于该机构活动的历史信息，包括英国信号情报介绍、该领域内重要人物的姓名及其成就、面向私营企业的征购信息、招聘信息、2001年至今的新闻稿，以及英国政府通信总部所使用技术的一般说明，比如计算机的体系结构和网络体系、软件开发、远程通信等。

英国安全局

英国安全局通常被称为军情五处(MI–5)，建立于1909年10月秘密勤务局成立之时。秘密勤务局保护英国海军港口免遭德军间谍活动侵入。[50]英国安全局的职责包括维护英国国内安全，抵御间谍活动、恐怖主义、破坏活动，以及国外机构或势力借由工业、政治或暴力等手段颠覆议会民主制等威胁。[51]英国安全局的法定基准源自于《1989年安全服务法案》（*1989 Security Service*

Act），该法案规定英国安全局受内政大臣的管理；《1994 年情报服务法案》（*1994 Intelligence Services Act*），该法案要求英国安全局向情报与安全委员会报告；以及《2000 年调查性权利规定法案》（*1998 Human Rights Act*）（*2000 Regulation of Investigatory Powers Act*），该法案确定了安全局官员有权进行通信拦截，以及依据《1998 年人权法案》对各项针对安全局服务的投诉进行审查。[52]

网站 www.mi5.gov.uk/ 提供了关于英国安全局的服务及活动的更多信息，包括该机构的工作目标以及价值观、招聘信息、该局工作和活动的简要介绍、对其他权力机构的责任、历史信息、该局的各项行动揭秘，以及该局解密的信息资源详情等。

英国秘密情报局

英国秘密情报局，也就是人们通常所说的军情六处（MI–6），听命于外交大臣。它于 1909 年与秘密勤务局一道成立。[53] 根据《1994 年情报服务法案》规定，英国秘密情报局的职责是获取并提供可能威胁英国国家安全的信息，这些信息往往是那些在不列颠群岛以外的个人或组织的行动或企图。[54]

英国秘密情报局没有可以公开访问的网站。但是有与其活动相关的一些信息可以从外交和联邦事务部（Foreign and Commonwealth Office）的网站 www.fco.gov.uk/、内阁办公室的情报与安全委员会，以及议会辩论的记录稿件等处获取。

英国国家档案馆——公共档案馆

英国国家档案馆（National Archives）于 2003 年 4 月原公共档案馆（Public Record Office）和历史文献委员会（Historical Manuscripts Commission）合并后建立，并成为研究英国国史尤其是英国政府文献方面的重要机构。[55]

国家档案馆的网站 www.nationalarchives.gov.uk/ 列出了已经公开发布的一些文件，其中包括从 2003 年“机密与间谍”展会上新近解密的文件、图片，政府各机构处可供查阅的记录和图片信息，以及作为数字信息保存下来的档案等。

国家审计署

国家审计署（National Audit Office，缩写为 NAO），向议会汇报中央政府财政支出的情况，并对政府部门和机构开展财政审计。[56] 在给国库的审计员的一份 1314 年文献中首次提到了英国政府审计。《1983 年国家审计法案》（*1983 National Audit Act*）使审计署成为下院的一部分，并赋予了审计长向议会报告的权利，报告内容主要涉及政府机构如何经济有效地使用公共资金。[57]

国家审计署的网站 www.nao.gov.uk/ 上的内容包括：对该机构工作作出的总体评价、正在进行的项目（如战地直升机的信息）、1999 年至今的《年度报告》以及 1998—1999 议会年至今在各个政府机构独立项目上的报告。国家审计署的报告包括《国防部：培养新的飞行员》（*Ministry of Defence: Training New Pilots*，2000 年）、《国防部：国防设备合作的利益最大化》（*Ministry of Defence: Maximising the Benefits of Defence Equipment Cooperation*，2001 年）、《国防部：直升机后勤》（*Ministry of Defence: Helicopter Logistics*，2002 年）、《国防部：对德文波特港核潜艇设施的建设》（*Ministry of Defence: The Construction of Nuclear Submarine Facilities at Devonport*，2002 年），以及《国防部：终身管理》（*Ministry of Defence: Through-Life Management*，2003 年）。

英国议会

议会是英国主要的立法机构，也是英国政治、立法和国内安全信息的主要来源。议会辩论，特别是在下院进行的那些辩论，往往都包含与英国国内安全政策相关的重要信息。在每周例行的“首相质询”（Prime Minister's Questions）环节中，下院（地位虽不及上院，但政治权力很大）的议员们就公共政策的相关问题对首相提出质询，其中也包括国内安全问题。[58] 民众可通过 www.parliament.uk/ 访问英国议会的网站。许多议会的辩论场景和委员会听证会都通过 www.parliamentlive.tv/ 进行网上播放。

下院和上院的辩论

议会网站上有从《议会议事录》发现的英国议会辩论的完整文本，记载了下院辩论（1988 年 11 月至今）和上院辩论（1994 年 11 月至今）的印刷出版物。下院辩论的参与者包括像首相、国防大臣和内政大臣这样的英国国内安全政策至关重要的决策者，而他们全都是上院的成员。当首相在“首相质询”中回答议员们提出的问题时，也是下院开始辩论的时候。

能从议会网站上找到的其他有用的综合资源还包括：1988年至今的公法文本、1996年至今上院对法律案件的裁定情况、提交议会的立法议案的文本以及这些议案的进展信息、议员们的简介，以及议会程序和立法程序的指导手册等。

下院国防委员会

下院国防委员会（House of Commons Defence Committee）由11名成员组成，监督国防部和其他相关组织进行的国防开支、行政管理和政策等工作。[59]

国防委员会的网站 www.parliament.uk/parliamentary_committees/defence_committee.cfm 上有现任委员的花名册、新闻通稿、即将召开的会议公告、1997年至今的委员会报告文本，以及1999年至今的听证会记录稿等。国防委员会的报告包括《〈欧洲常规武装力量条约〉的修改》（*The Adaptation of the Treaty on Conventional Forces in Europe*，2000年）、《出口控制与防核扩散法案草案》（*Draft Export Control and Nonproliferation Bill*，2001年）、《恐怖主义的威胁》（*Threat from Terrorism*，2001年）、《北约的未来》（*The Future of NATO*，2002年）、《军控与裁军（审查）法案》（*Arms Control and Disarmament (Inspections) Bill*，2003年），以及《导弹防御：政府响应》（*Missile Defence: Government Response*，2003年）等。

下院内政事务委员会

下院内政事务委员会（House of Commons Home Affairs Committee）负责检查内政部以及包括皇家检察署（Crown Prosecution Service）在内的相关政府机构的开支、政策和行政管理等方面的工作。[60]

该机构的网站 www.parliament.uk/parliamentary_committees/home_affairs_committee.cfm 上的内容包括：委员会11名委员的名单、新闻通稿、即将召开的会议公告、2001年至今的听证会记录稿，以及1997年至今的委员会报告的文本等。内政事务委员会在国家安全问题方面的报告包括：《秘密服务问责制》（*Accountability of the Secret Service*，1999年）、《边境管制》（*Border Controls*，

2001 年)、《反恐、犯罪与安全法案》(*The Anti-Terrorism, Crime, and Security Bill*, 2001 年),以及《引渡法》(*Extradition Bill*, 2002 年)。

下院图书馆研究报告

下院图书馆研究报告为英国议会的议员们提供有关公共政策问题的一系列客观真实的信息。[61] 从 1998 年至今,这些报告在网站 www.parliament.uk/parliamentary_publications_and_archives/research_papers.cfm 都能查阅得到。这样的报告包括:《地雷法案》(*The Landmines Bill*, 1998 年)、《欧洲国防:从珀特沙赫到赫尔辛基》(*European Defence: From Portschach to Helsinki*, 2000 年)、《反恐、犯罪与安全法第六、七部分:病原体,毒素和大规模杀伤性武器 》(*The Anti-Terrorism, Crime, and Security Bill Parts VI and VII: Pathogens, Toxins, and Weapons of Mass Destruction*, 2001 年)、《反恐、犯罪与安全法 2001:信息披露》(*The Anti-Terrorism, Crime, and Security Act 2001: Disclosure of Information*, 2002 年)、《国防统计数据》(*Defence Statistics*, 2002 年)、《弹道导弹防御》(*Ballistic Missile Defence*, 2003 年)、《伊拉克的冲突》(*The Conflict in Iraq*, 2003 年),以及《伊拉克:军事占领》(*Iraq: Law of Occupation*, 2003 年)。

其他外国政府

国家安全是一个全球关注的问题,涉及地域、文化和道德等多个不同的方面,却以独特的方式影响着每一个国家。

印度

在全球国家安全发展方面,印度的重要性体现在 1998 年该国进行的核试验,与邻国巴基斯坦在克什米尔争议地区的安全对抗,对斯里兰卡内战的关注和定期干预,以及与中国之间有争议的关系等方面。[62]

印度国防部的网站 http://mod.nic.in/ 上有关于印度军事和国家安全政策方面的信息。可查阅的资源包括:部门的组织结构介绍、招聘和培训信息、关于国防研究和发展的新闻报道,以及访问印度军队网站 http://armedforces.nic.in/ 的链接。网站上公布的出版物包括:《时事通讯》(*Sainak Samachar*,

2000 年至今)、国防部的《年度报告》(*Annual Report*，1999/2000 至今)、《改进国家安全系统 ：给部长小组的建议》(*Reforming the National Security System: Recommendations of the Group of Ministers*，2001 年)，以及《国家安全环境 ：概述》(*National Security Environment: An Overview*，未注明出版日期)。

以色列

以色列政府给出的国家安全信息反映出，该国在面对国家安全问题时的观点，比如巴勒斯坦在自杀式炸弹袭击中表现出来的敌意，以色列正在面临的周边阿拉伯国家在安全方面的挑战，以及和美国之间的复杂关系，美国有其在中东地区安全利益并希望看到以色列和其邻国保持持久和平关系。[63]

以色列国防军（IDF）的网站 www.idf.il/ 提供了以色列国防军曾实施的军事行动信息、2000 年至今的新闻稿、以色列国防军重要官员的姓名、1948 年至今的参谋长名单、诸如空军和国防大学之类的以色列国防军的组织成员的信息，以及以色列军方的基本指导原则。该网站还提供了一些报告和数据，包括《紧急状态下的民事防御 ：对平民的指导说明》(*Civil Defense in a State of Emergency: Instruction for the Civilian Population*，未注明出版日期)、《自 2000 年 9 月以来的恐怖事件月度分析》(*Monthly Analysis of All Terrorist Incidents since September 2000*，2003 年)、《真实警报 ：家庭民事防御》(*In the Event of a Genuine Alert: Information on Civil Defense for the Family*，2003 年)，以及《在杰宁打响的战争 ：以色列国防军对大赦国际组织报告的回应》(*The Battle in Jenin: The Israel Defence Force's Response to the Report by Amnesty International*，2003 年）等。

新西兰

新西兰在大多数涉及国家安全的问题上与美国和澳大利亚结盟。但是由于美国仍保有大量核武器，进入 20 世纪 80 年代后新西兰越发表现出担忧情绪。新西兰国防部在保卫国家及国家利益的问题上向政府建言，并负责获取军事装备，以及审核与评估新西兰的军队。[64]

新西兰国防部的网站 www.defence.govt.nz/ 有很多材料阐述了关于新西

兰国内和国际安全问题的观点，其中包括新闻稿、部门组织信息，以及军购活动的进展。可查阅的政策文档和报告包括：《空中作战能力选择的评论》（*Review of the Options for an Air Combat Capability*，2001 年）、《海上力量评论》（*Maritime Force Review*，2002 年）、《至 2004 年 6 月 30 日新西兰国防军部门预测报告》（*Departmental Forecast Report of the New Zealand Defence Force for the Year Ending 30 June 2004*，2003 年），以及《国防长远发展规划》（*Defence Long-Term Development Plan*，2003 年）等。

新加坡

亚洲的城市岛国新加坡，是重要的国际贸易中心，也是通往东南亚、印度尼西亚、大洋洲和中国南海的大门。第二次世界大战对新加坡产生了深远的影响，它被日本侵占，而且很有可能被卷入波及东南亚海运的国际危机和冲突。[65]

新加坡国防部网站 www.mindef.gov.sg/ 的内容包括：入伍报名通道、新闻稿、军事训练活动等信息、与新加坡各军事分支机构的网站链接、相关国家法令的文本、《新加坡军队的故事》[*The Singapore Armed Forces (SAF) Story*] 的 RealPlayer 格式视频，以及相关的一些出版物，比如《保卫 21 世纪的新加坡》（*Defending Singapore in the 21st Century*，2000 年）和年刊《生存、安全与成功》（*Survival, Security, and Success*，2001 年至今）。

南非

南非是撒哈拉沙漠以南最富有、最强大的国家。因占据着战略要地好望角，南非在非洲和区域性国际安全事务中扮演着潜在的重要角色。目前，南非仍在消除种族隔离制度，并必须应对艾滋病（人体免疫缺损病毒 / 获得性免疫缺陷综合征）高感染率对该国带来的影响。[66]

南非国防部网站 www.mil.za/ 的内容包括：南非军事政策的相关信息、各分支军队的网站链接、相关部门对艾滋病的政策，以及 2000 年至今的新闻稿。可查阅的报告包括：《民主国家的国防：南非国防白皮书》（*Defence in a Democracy: South African White Paper on Defence*，1996 年）、《国防部年度报告》（*Department of Defence Annual Report*，1997 年至今）、《南非国防方针的确立：2015 年及未来愿景》（*A Determination of South African Defence Requirements: A Vision for 2015 and Beyond*，2000 年）、月刊杂志《南非战士》（*South African Soldier*，2001 年 5 月至今），以及《2002/2003 年国防部战略规划》（*Strategic Plan for Department of Defence 2002/2003*，2002 年）。

国际政府组织

国际政府组织主要以几种形式存在，它可以是区域性的集团组织，如北约，北约的成员国有着相同的国际安全目标；也可以是实体性组织，就像联合国，致力于在与区域或全球性国际安全政策相关的问题上产生影响；还可以是联合国的成员组织，如国际原子能机构（International Atomic Energy Agency，缩写为 IEA），致力于防止核武器扩散。

欧洲议会——外交、人权、共同安全及国防政策委员会

自 1979 年起，欧洲议会（European Parliament）成为欧盟（European Union）的立法机构。欧洲议会共有 626 名议员，每 5 年换届选举一次，在其常驻地——法国的斯特拉斯堡通过了一系列影响大多数欧洲人的公共政策领域的法律。[67] 欧洲议会的网站 www.europarl.eu.int/ 公布了议会下属的外交、人权、共同安全及国防政策委员会（Committee on Foreign Affairs, Human Rights, Common Security, and Defence Policy）提供的一些信息资源。

委员会负责监督与欧盟共同外交与安全政策的相关事务，这其中包括国防和裁军政策，与非欧盟国家及与欧盟外交与安全政策相关的国际政府组织之间的关系，以及其他外交与安全政策事务等。[68]

其网站 www.europarl.eu.int/committees/afet_home.htm 的内容包括：委员会 138 名委员及候补委员的简介、会议日程表及会议议程、可访问欧盟关于安全政策的文档的网页链接、1995 年至今听证会的记录稿，以及 1994 年至今委员会报告的文本。可查阅的委员会报告包括：《委员会关于会议指导授权委员会与前南斯拉夫马其顿共和国就达成稳定和联合协定的谈判的建议报告》（*Report on the Commission Recommendation for a Council Direction Authorising the Commission to Negotiate a Stabilisation and Association Agreement with the*

Former Yugoslav Republic of Macedonia，2000 年）、《基于委员会依据〈欧盟行为准则〉执行条款第 8 条在外派军队第 4 次年度报告上作出的报告》（*Report on the Council's Fourth Annual Report According to Operative Provision 8 of the European Union Code of Conduct on Army Exports*，2003 年），以及《新的欧洲安全和防务体系：优先事项和不足》（*Report on the New European Security and Defence Architecture: Priorities and Deficiencies*，2003 年）。

欧盟共同外交与安全政策

欧盟共同外交与安全政策试图统一整个欧盟在外交与安全政策领域的步伐。2003 年，英国、法国和德国等成员国在是否对伊拉克采取军事行动的问题上产生了分歧，这证明了达成所谓的政策统一有多么困难。[69]

网站 www.europa.eu.int/institutions/cfsp/index_en.htm 于 2002 年开始运行，提供欧洲安全研究所（European Institute for Security Studies，缩写为 ISS）和欧盟卫星中心（European Union Satellite Centre，缩写为 EUSC）的链接。[70]

坐落在巴黎的欧洲安全研究所负责，研究和论证与欧盟相关的安全和国防问题，与欧盟内外的国家安全研究所保持联系，为欧盟官员提供分析，并联系各国，促成美国、加拿大与欧洲各国在安全问题上的跨洋对话。[71] 欧洲安全研究所的网站 www.iss-eu.org/ 提供招聘信息、机构活动的信息，以及像《沙约报告》（*Chaillot Reports*）和不定期论文这样的研究报告全文的网页链接。类似这样的材料还有《从合作到融合：欧洲国防和航空航天产业》（*From Cooperation to Integration: Defence and Aerospace Industries in Europe*，2000 年）、《巴尔干半岛地区南部：来自该地区的观点》（*The Southern Balkans: Perspectives from the Region*，2001 年）、《扩大：一个新的北约》（*Enlargement: A New NATO*，2001 年）、《国际恐怖主义与欧洲》（*International Terrorism and Europe*，2002 年）、《欧盟在俄罗斯的合作降低威胁活动》（*EU Cooperative Threat Reduction Activities in Russia*，2003 年），以及《欧盟和中东危机》（*The European Union and the Crisis in the Middle East*，2003 年）等。

欧盟卫星中心（EUSC），位于西班牙马德里市附近的托雷永郡（Torrejon），其职责包括分析和探索地理空间卫星的卫星图像，以支持欧盟共同外交和安全政策的目标。[72] 欧盟卫星中心网站 www.eusc.org/ 上的内容包括：

该中心的任务、招聘信息、新闻稿，以及该中心提供的课程信息，比如，利用商业卫星图像解读核设施等。除了一份摘自欧盟官方杂志的《欧盟卫星中心员工管理规章制度》（*Staff Regulations of the European Union Satellite Centre*，2002 年）可供查阅，欧盟卫星中心没有提供其他与其工作相关的任何报告。

北大西洋公约组织

北大西洋公约组织（North Atlantic Treaty Organization，缩写为 NATO），位于比利时的布鲁塞尔。它是军事联盟，成员国包括美国、加拿大，以及数量逐渐增多的欧盟国家，这些成员国致力于维护本国国家安全，实现民主治理。北约组织于 1949 年成立。[73]

要了解更多关于北大西洋公约组织的活动的信息，可以访问网站 www.nato.int/，其中的内容包括：联盟组建的历史原因、在阿富汗正在进行的北约行动的消息，以及 Windows Media 格式的视频剪辑。可查阅的出版物包括：《北大西洋公约》（1949 年）原作的文本、北约新增成员国的文本，比如《新增立陶宛共和国的北大西洋公约议定书》（*Protocol of the North Atlantic Treaty on the Accession of the Republic of Lithuania*，2003 年）。其他信息资源和文本还有期刊《北约评论》（*NATO Review*，1991 年至今）、《北约手册》（*NATO Handbook*，2001 年）、《北约－乌克兰行动计划》（*NATO-Ukraine Action Plan*，2002 年）、《阿尔巴尼亚杀伤性地雷的处理》（*The Disposal of Albania's Anti-Personnel Mine Stockpiles*，2003 年）、《布拉格峰会和北约的转变》（*The Prague Summit and NATO's Transformation*，2003 年），以及 1949 年至今的所有北约部长级峰会的文本。

欧洲安全与合作组织

欧洲安全与合作组织（Organization for Security and Co-operation in Europe，缩写为 OSCE）的总部位于奥地利的维也纳，由来自中亚、欧洲和北美的 55 个成员国家组成。欧洲安全与合作组织的目的是发挥预警作用，以预防成员国之间在军备控制计划、预防性外交、信任建立和安全措施、人权、选举监督观察，以及各种其他活动方面可能产生的冲突。[74]

欧洲安全与合作组织网站 www.osce.org/ 的内容提供了与其工作相关的信息。可访问的资源包括：记录欧洲安全与合作组织活动的 Quicktime 格式和 RealPlayer 格式的视频、正在进行的项目的介绍，以及一些出版物，比如《关于 OSCE 活动的年度报告》（*Annual Report on OSCE Activities*，1993 年至今）和《手册》（*Handbook*，2002 年）等。

联合国

联合国努力在国际安全发展方面扮演重要角色，它在国际冲突地区部署了大量维和部队。其附属机构，比如安全理事会（Security Council）和国际原子能机构，都试图在国际安全事务中产生重要的影响。[75]

联合国的网站 www.un.org/ 提供了可访问联合国成员单位的网站链接、新闻中心准备的新闻稿、在线广播、涉及诸如伊拉克和利比里亚之类的国际危机方面的信息；联合国秘书长和其他负责人发布的简报文本；许多联合国机构的文件；诸如和平与安全、人权和国际法等特定科目资源的访问链接。

许多联合国文档的纸印本可以在全球的联合国托管图书馆找到。联合国达格·哈马舍尔德（Dag Hammarskjold）图书馆 www.un.org/Depts/dhl/deplib/countries/ 有这些处所的列表。一些商业公司也提供对联合国信息资源的访问，如 Readex 公司的“连通联合国”（Access UN）。

安全理事会

联合国安理会（UN Security Council），依据联合国准则负责维护世界和平与安全；调查可能引起国际摩擦的冲突；针对这些冲突给出建设性的解决方法；确定采取何种适当措施对抗国际侵略者；对这些侵略者采取军事行动。2003 年，美国对伊拉克发动战争之前，安理会成员国就是否对伊开战产生重大分歧，这暴露出了安理会在促进或者加强国际安全方面的薄弱。[76]

安理会网站 www.un.org/Docs/sc/ 的内容包括：介绍安理会各项任务和活动的相关资料，比如联合国组织文件的文本、《联合国宪章》（*United Nations Charter*）、当年各国向安理会汇报自身所面临的安全威胁的报告、安理会组织结构的相关信息、安理会的《年度报告（2001—2002）》（*Annual Report 2001–2002*，2002 年），以及精选的一些安理会会议的网络直播（2001 年至今）。其他资料还包括：安理会会议记录稿（1994 年至今）、安理会所有决议的文本（1946 年至今）、安理会主席发布的新闻声明（2001 年至今），以及安理会各代表团的报告，其中包括《安理会赴东帝汶和印度尼西亚代表团的报告》（*Report of the Security Council Mission to East Timor and Indonesia*，2000 年）、《安理会赴前南斯拉夫共和国的科索沃和贝尔格莱德特派团的报告》（*Report of the Security Council Mission to Kosovo and Belgrade, Federal Republic of Yugoslavia*，2002 年），以及《安理会派遣西非代表团的报告》（*Report of the Security Council Mission to West Africa*，2003 年）等。

安理会反恐怖主义委员会

安理会反恐怖主义委员会（Security Council Counterterrorism Committee），依据《安理会 1373 号决议》成立于 2001 年 9 月 28 日，该决议将此前 9 月 11 日发生的犯罪行为定性为恐怖袭击。该委员会由安理会 15 个成员国派遣的代表组成，监督该决议的履行情况，并致力于提高各国应对恐怖主义的能力。[77]

网址 www.un.org/Docs/sc/committees/1373/ 的内容包括：该委员会组建的相关信息、遭受恐怖主义影响的各个国家如何得到技术和其他方面援助的相关信息、与有关专家及安理会一道打击恐怖主义的指导方针，以及现有的国际反恐怖主义公约的列表等。若干国家的报告描述了各自的反恐活动。

联合国监测、核查和视察委员会

联合国监测、核查和视察委员会（United Nations Monitoring, Inspection, and Verification Commission，缩写为 UNMOVIC，简称监核会），依据《联合国安理会 1284 号决议》于 1999 年 12 月 17 日创建。其工作目标是接替前联合国特别委员会（United Nations Special Commission, 缩写为 UNSCOM），解除伊拉克持有的大规模杀伤性武器，并确保伊拉克遵守与联合国达成的协议，即伊方不再制造类似违禁武器。[78]

网站 www.unmovic.org/ 提供监核会的领导人和重要人员的列表、其前任部门联合国特别委员会的网站链接，还有从 2002 年 11 月至 2003 年 3 月在伊拉克巴格达发布的新闻简报文本。该网站还可以查阅到监核会的许多报告，如《执行主席第一期季度报告》（*First Quarterly Report of the Executive Chairman*，2000 年）、《联合国监测、核查和视察委员会的组织计划》（*Organizational Plan for the United Nations Monitoring, Verification, and Inspection Commission*，2000 年）、2002—2003 年监核会上报联合国安理会的工作简报的文本，《执行主席第 12 期季度报告》（*Twelfth Quarterly Report of the Executive Chairman*，2003 年）、《工作方案草案》（*Draft Work Programme*，2003 年），以及《悬而未决的解除武装问题：伊拉克违禁武器计划》（*Unresolved Disarmament Issues: Iraq's Proscribed Weapons Programmes*，2003 年）等。

国际原子能机构

国际原子能机构（International Atomic Energy Agency，缩写为 IAEA），总部位于奥地利的维也纳，协助联合国成员国开发核能和技术用于和平途径，发展核安全标准，确保通过该机构检查系统的各个成员国能遵守《防止核扩散条约》和其他防核扩散协定的义务。[79]

国际原子能机构网站 www.iaea.org/worldatom/ 上的内容包括：相关的新闻稿、招聘信息、精选出来的 Quicktime 格式和 RealPlayer 格式视频剪辑、国际原子能机构在伊拉克和朝鲜展开检查的信息，以及像《防止核扩散条约》（1970 年）这样的国际核法律协定等信息资源。可查阅的完整文本的出版物包括：《IAEA 防护设施术语表》（*IAEA Safeguards Glossary*，2001 年）、《管理机构对核设施的监督检查与强制执行：安全指导》（*Regulatory Inspection of Nuclear Facilities and Enforcement by the Regulatory Body: Safety Guidance*，2002 年）、《国家核能配置方案》（*Country Nuclear Power Profiles*，2002 年），以及《核能法手册》（*Handbook on Nuclear Law*，2003 年）等。

裁军事务部

联合国裁军事务部（Department for Disarmament Affairs，缩写为 DDA）协助联合国秘书长、各成员国，以及其他从事消除大规模杀伤性武器、非法武器贩运和增加武器储备的机构等，以促进国际裁军的工作。[80]

裁军事务部的网站 http://disarmament.un.org/dda.htm 提供的内容包括：裁军事务部的组织结构、1997 年至今联合国大会的相关决议和决定，以及该机构的活动介绍，这些活动涵盖了大规模杀伤性武器、常规武器、恐怖主义及在非洲、南北美洲及亚洲等区域的裁军等多个领域。可访问的出版物包括：《联合国裁军年鉴》（*UN Disarmament Yearbook*，1997 年至今）选录、季刊《联合国裁军事务部最新动态》（*DDA Update*，1998 年 10 月至今）的完整文本与报告、《裁军：基本方针》（*Disarmament: A Basic Guide*，2001 年）、《有关恐怖主义和裁军的研讨会》（*Symposium on Terrorism and Disarmament*，2001 年）、年刊《联合国常规武器登记册》（*United Nations Register of Conventional Arms*，2001 年至今）、《包括军事开支透明度等军事事项的客观信息》（*Objective Information on Military Matters, Including Transparency of Military Expenditures*，2001 年至今），以及《21 世纪裁军日程》（*A Disarmament Agenda for the 21st Century*，2002 年）。

禁止化学武器组织

禁止化学武器组织（Organisation for the Prohibition of Chemical Weapons，缩写为 OPCW），位于荷兰的海牙，负责执行《1992 年禁止化学武器公约》（*1992 Chemical Weapons Convention*，缩写为 CWC）中的规定。《1992 年禁止化学武器公约》力争将化学武器从世界的军械库中消除，并提倡将化学品用于以和平为目的的国际合作，以促进国际安全、稳定和经济发展。[81]

禁止化学武器组织的网站 www.opcw.org/ 上提供了化学武器的发展、国际裁减军备所做努力的相关信息、《禁止化学武器公约》预计的国际化学武器销毁时间表、《禁止化学武器公约》武器检查和确认过程及相关评论、《禁止化学武器公约》负责人的演讲，以及 1997 年至今的新闻稿等。

可查阅的出版物包括：《1978 年禁止生物武器公约》、《1992 年禁止化学武器公约》，以及其他国际裁减军备协定的文本，比如《国家实施的立法的综合方法：东加勒比国家组织制定的典范法案》（*An Integrated Approach to National Implementing Legislation: Model Act Developed by the Organisation of Eastern Caribbean States*，2000 年），以及签署《1992 年禁止化学武器公约》的国家数目信息等。

联合国裁军研究所

联合国裁军研究所（United Nations Institute for Disarmament Research，缩写为 UNIDIR），位于瑞士的日内瓦。作为联合国的一个政府间实体，该机构致力于裁军和安全方面的研究，以帮助国际社会的裁军思路、决定和决策。[82]

裁军研究所网站 www.unidir.org/ 的内容包括：研究活动的介绍（如埋布地雷或导弹、维和及轻武器等领域）、该机构的相关介绍、数据库的介绍（如联合国“轻武器会议”)，以及各国裁军研究机构及其所在地的列表等。可查阅的完整版出版物包括：期刊《裁军论坛》(*Disarmament Forum*，1999 年至今）以及一些相关的报告，其中包括《导弹防御、威慑与军备控制：目标是矛盾的还是一致的？》(*Missile Defence, Deterrence, and Arms Control: Contradictory Aims or Compatible Goals?*，2002 年）和《轻武器追查机制的范围及影响》(*The Scope and Implications of a Tracing Mechanism for Small Arms and Light Weapons*，2003 年）等。还有一些摘自其他出版物的文章，其中包括《裁军——重新思考标价：对军备控制的成本与收益方法的调查》(*Disarmament—Rethinking the Price Tag: A Methodological Inquiry into the Costs and Benefits of Arms Control*，2002 年）和《南亚的地区的内部冲突与区域安全：途径、观点和政策》(*Internal Conflict and Regional Security in South Asia: Approaches, Perspectives, and Policies*，2003 年）等。网站还提供了裁军研究所相关出版物的目录列表。

注 释

1. 议会的政府架构的有关概述，参见 Sydney Dawson Bailey, *British Parliamentary Democracy* (Boston: Houghton Mifflin, 1971)。
2. 澳大利亚国家安全历史和政策的工作压力综合测试的案例，包括 Carl Oatley, *Australia's National Security Framework: A Look to the Future* (Canberra, Australia: Australian Defence Studies Centre, 2000); Peter Dennis and others, *The Oxford Companion to Australian Military History* (Melbourne, Australia: Oxford University Press, 1995); David M. Horner and others, *The Australian Centenary History of Defence,* 7 vols. (Melbourne, Australia: Oxford University Press, 2001); and Xavier Pons, *A Sheltered Land* (St. Leonards, New South Wales: Allen and Unwin, 1994)。
3. Australia, Department of Defence, “Homepage” (n.d.), 1 (www.defence.gov.au/), accessed October 30, 2003.
4. Royal Australian Air Force, “Genesis of the Air Force” (n.d.), 1 (www.defence.gov.au/raaf/history/air_force_fought/genesis.htm), accessed October 30, 2003. 有关其他背景，参见 Alan Stephens, *Power Plus Attitude: Ideas, Strategy, and Doctrine in the Royal Australian Air Force* (Canberra, Australia: AGPS Press, 1992); and Alan Stephens, *The Australian Centenary History of Defence,* Vol. 2: *The Royal Australian Air Force* (South Melbourne, Australia: Oxford University Press, 2001)。
5. Royal Australian Air Force, Aerospace Centre, “About the Aerospace Centre” (n.d.), 1 (www.

defence.gov.au/RAAF/aerospace/about.htm), accessed October 30, 2003.

6. 澳大利亚陆军发展的历史上和同时代的新闻报道，参见 Royal Australian Army, Army History Unit, “Australian Army-History” (n.d.), 1 (www.defence.gov.au/army/ahu/history/federation.htm), accessed October 30, 2003; Jeffrey Grey, *The Australian Centenary History of Defence,* Vol. 1: *The Australian Army* (Melbourne, Australia: Oxford University Press, 2001); David Horner, ed., *The Army and the Future: Land Forces in Australia and South-East Asia* (Canberra, Australia: Directorate of Departmental Publications, Defence Centre for Director of Army Activities and Public Affairs, 1993); John L.Mordike, *An Army for a Nation: A History of Australian Military Developments, 1880–1914* (North Sydney, Australia: Allen and Unwin, 1992);Michael Evans, *Forward from the Past: The Development of Australian Army Doctrine, 1972–Present* (Canberra, Australia: Land Warfare Studies Centre, 1999); Australia, Directorate of Army Public Affairs, *The Australian Army: A Brief History,* rev. ed. (Canberra, Australia: Defence Publishing Service, 2000); Albert Palazzo, *The Australian Army: A History of Its Organisation 1901–2001* (South Melbourne, Australia: Oxford University Press, 2001); and John G. Caligari, *The Army's Capacity to Defend Australia Offshore: The Need for a Joint Approach* (Canberra, Australia: Australian National University, Strategic and Defence Studies Centre, 2000)。
7. Australian Army, Land Warfare Studies Centre, “Our Charter” (n.d.), 1 (www.defence.gov.au/army/LWSC/mainpages/about.htm), accessed October 30, 2003.
8. 关于更多历史背景，参见 Royal Australian Navy, “Royal Australian Navy” (n.d.), 1 (www.navy.gov.au/), accessed October 30, 2003。另见 David M. Stevens, *The Australian Centenary History of Defence,* Vol. 3: *The Royal Australian Navy* (Melbourne, Australia: Oxford University Press, 2001); David Stevens and John Reeve, eds., *Southern Trident: Strategy, History, and the Rise of Australian Naval Power* (Crows Nest, New South Wales: Allen and Unwin, 2001); Navy Public Relations, *History of the Royal Australian Navy* (Sydney, Australia: Navy Public Relations, 1990); Thomas R. Frame, *Pacific Partners: A History of Australian-American Naval Relations* (Sydney, Australia: Hodder and Stoughton, 1992); and John Bach, *The Australia Station: A History of the Royal Navy in the South West Pacific, 1821–1913* (Kensington, New South Wales: New South Wales University Press, 1986)。
9. Royal Australian Navy, Sea Power Centre, “Defence Instructions (Navy) ADMIN 3-103” (n.d.), 1–2 (www.navy.gov.au/spc/orgstrucmission.htm), accessed October 30, 2003.
10. 澳大利亚情报的背景，参见 Jeffrey Richelson and Desmond Ball, *The Ties That Bind: Intelligence Cooperation between the UKUSA Countries—The United Kingdom, the United States of America, Canada, Australia, and New Zealand* (Sydney, Australia: George Allen and Unwin, 1985); Anthony Bergin and Robert Hall, eds., *Intelligence and Australian National Security* (Canberra, Australia: Australian Defence Studies Centre, 1994); and Wayne Gobert, *The Origins of Australian Diplomatic Intelligence in Asia, 1933–1941* (Canberra, Australia: Australian National University, Strategic and Defence Studies Centre, 1992)。
11. Australian Secret Intelligence Service, “About ASIS” (2003), 1–2 (www.asis.gov.au/aboutasis.html), accessed October 30, 2003.
12. Australian Secret Intelligence Service, “About ASIS,” 2–3.
13. 参见 Australian Security Intelligence Organisation, “About ASIO: Prime Minister's Memorandum to the Director-General of Security, Being a Directive for the Establishment and Maintenance of a Security Service” (2003). 1 (www.asio.gov.au/About/Timeline/Content/Directive.htm), accessed October 30, 2003; and Frank Cain, *The Australian Security Intelligence Organization: An Unofficial History* (Richmond,Victoria, Australia: Spectrum Publications, 1994)。

14. Australian Security Intelligence Organisation, “What Is ASIO” (2003), 1 (www.asio.gov.au/About/Content/what.htm), accessed October 30, 2003.

15. Australia, Defence Intelligence Organisation, “DIO: About DIO” (n.d.), 1 (www.defence.gov.au/dio/maindx.htm), accessed October 30, 2003.

16. Australia, Defence Signals Directorate, “About DSD” (n.d.), 1 (www.dsd.gov.au/about_dsd/), accessed October 30, 2003.

17. Australia Inspector General of Intelligence and Security, “About IGIS” (n.d.), 1 (www.igis.gov.au/about.html), accessed October 30, 2003.

18. Australia, Office of National Assessments, “About ONA” (n.d.), 1 (www.ona.gov.au/), accessed October 30, 2003.

19. Australian National Audit Office, “About Us” (2000), 1 (www.anao.gov.au/WebSite.nsf/Lookup%20CorporateDocuments/About%20US!OpenDocument), accessed October 30, 2003. 关于组织的历史，参见 John Wanna, Christine Ryan, and Chew Ng, *From Accounting to Accountability: A Centenary History of the Australian National Audit Office* (St. Leonard's, New South Wales: Allen and Unwin, 2001)。

20. 关于背景，参见 Gordon Stanley Reid and Martyn Forrest, *Australia's Commonwealth Parliament 1901–1988: Ten Perspectives* (Melbourne, Australia:Melbourne University Press, 1988)。

21. Australia, Parliament, Joint Standing Committee on Foreign Affairs, Defence, and Trade, “Committee Establishment, Role, and History” (2002), 1 (www.aph.gov.au/house/committee/jfadt/establ.htm), accessed October 30, 2003.

22. Australia, Parliament, Parliamentary Joint Committee on ASIO, ASIS, and DSD, “Committee Establishment, Role, and History” (2002), 1 (www.aph.gov.au/house/committee/pjcaad/role.htm), accessed October 30, 2003.

23. 加拿大国家安全政策出版物审查的各个方面的举例，包括 John Gellner, *The Defence of Canada: Requirements, Capabilities, and the National Will* (Toronto, Canada: Canadian International Institute of International Affairs, 1985); Nathaniel French Caldwell, *Arctic Leverage: Canadian Sovereignty and Security* (New York: Praeger, 1990); Ann Denholm Crosby, *Dilemmas in Defence Decision-Making: Constructing Canada's Role in NORAD, 1958–96* (New York: St.Martin's Press, 1997); John A. English, *Lament for an Army: The Decline of Canadian Military Professionalism* (Concord, Ontario, Canada: Irwin, 1998); Greg Donaghy, ed., *Canada and the Early Cold War, 1943–1957* (Ottawa, Canada: Department of Foreign Affairs and International Trade, 1998); David Rudd and Nicholas Furneaux, *Fortress North America? What Continental Security Means for Canada* (Toronto, Canada: Canadian Institute of Strategic Studies, 2002); Norman Hillmer and Maureen Appel Molot, eds., *A Fading Power:Canada among Nations 2002* (Don Mills, Ontario, Canada: Oxford University Press, 2002); Andrew Richter, *Avoiding Armageddon: Canadian Military Strategy and Nuclear Weapons, 1950–63* (Vancouver, Canada: University of British Columbia Press, 2002); and Canada, Department of National Defence, *Canadian Security and Military Preparedness: The Government's Response to the Report of the Standing Senate Committee on National Security and Defence* (Ottawa, Canada: Department of National Defence, 2002)。

24. Canada, Department of National Defence, “About DND/CF:Main Roles” (2002), 1 (www.forces.gc.ca/site/about/roles_e.asp), accessed October 30, 2003.

25. Canada, Department of National Defense, Directorate of History and Heritage, “About Us” (2002), 1 (www.forces.gc.ca/hr/dhh/engraph/about_e.asp), accessed October 30, 2003.

26. Canadian Forces, “Air Force:Mission and Roles” (2002), 1 (www.airforce.dnd.ca/today1_e.htm),

accessed October 30, 2003. 关于历史背景，参见 William Alexander Binney, *The Creation of a National Air Force* (Toronto and Ottawa, Canada: University of Toronto Press and Department of National Defence, Canadian Government Publications Centre, Supply and Services Canada, 1986); and Brereton Greenhouse and Hugh A. Halliday, *Canada's Air Forces, 1914–1999* (Montreal, Canada: Art Global, 1999)。

27. 关于当前的使命宣言与历史背景，参见 Canadian Forces, "Army Life:Mandate" (2003), 1 (www.army.forces.gc.ca/lf/English/1_1_1.asp), accessed October 30, 2003; Canada, Department of National Defense, *The Future Land Force: Canada's Army into the 21st Century* (Ottawa, Canada: Department of National Defense, 1994); and J. L. Granatstein, *Canada's Army: Waging War and Keeping the Peace* (Toronto, Canada: University of Toronto Press, 2002)。

28. 关于更多加拿大海军的历史及政策背景，参见 Marc Milner, *Canada's Navy: The First Century* (Toronto, Canada: University of Toronto Press, 1999);Michael L. Hadley and others, eds., *A Nation's Navy: In Quest of Canadian Naval Identity* (Montreal and Kingston, Canada:McGill-Queen's University Press, 1996); and Peter T. Haydon and Ann L. Griffiths, eds., *Canada's Pacific Naval Presence: Purposeful or Peripheral* (Halifax, Canada: Centre for Foreign Policy Studies, 1999)。

29. Canadian Security Intelligence Service, "The CSIS Mandate" (2001), 4–5 (www.csis-scrs.gc.ca/eng/backgrnd/back1_e.html), accessed October 30, 2003. 源于更多历史背景，参见 Richard Cleroux, *Official Secrets: The Story Behind: The Canadian Security Security Intelligence Service* (Montreal, Canada:McGraw-Hill Ryerson, 1990); and J. L. Granatstein and David Stafford, *Spy Wars: Espionage and Canada from Gouzenko to Glasnost* (Toronto, Canada: Key Porter Books, 1990).

30. Canada, Department of the Solicitor General, "Inspector General, Canadian Security Intelligence Service" (2002), 1 (www.sgc.gc.ca/igcsis/index_e.asp), accessed October 30, 2003.

31. 加拿大皇家骑警和对其历史的情报活动的观点的背景资料，参见 Nora Kelly, *The Royal Canadian Mounted Police: A Century of History 1873–1973* (Edmonton, Canada: Hurtig, 1973); and Steve Hewitt, *Spying 101: The RCMP's Secret Activities at Canadian Universities, 1917–1977* (Toronto, Canada: University of Toronto Press, 2002)。

32. Royal Canadian Mounted Police, Criminal Intelligence Program, "Using Intelligence to Prevent Crime" (2003), 1 (www.rcmp.ca/crimint/ci_aboutcid_e.htm), accessed October 30, 2003.

33. Canada, Security Intelligence Review Committee, "General Functions" (2001), 1 (www.sirc-csars.gc.ca/4000.html), accessed October 30, 2003.

34. Department of the Solicitor General of Canada, "Overview of the Organization" (2002), 1 (www.sgc.ca/about/overview_e.asp), accessed October 30, 2003.

35. 内参资料及概述，参见 Allan Kornberg and William Mishler, *Influence in Parliament, Canada* (Durham, N.C.: Duke University Press, 1976)。

36. Canada, Parliamentary Library, "Virtual Library" (n.d.), 1 (www.parl.gc.ca/common/Library.asp?Language=E&Parl=37& Ses=2), accessed October 30, 2003.

37. Canada, Office of the Auditor General, "Vision" (2003), 1 (www.oag-bvg.gc.ca/domino/oag-bvg.nsf/html/menue.html), accessed October 30, 2003. 更多的制度背景资料，参见 Sonja Sinclair, *Cordial but Not Cosy: A History of the Office of the Auditor General* (Toronto, Canada:McClelland and Stewart, 1979); Fergus M. Thompson, "Legislative Financial Audit in Canada: A Developmental History of the Auditor General's Office," M.A. thesis, Carleton University, 1981; and Canada, Office of the Auditor General, *Auditing for Parliament* (Ottawa, Canada: Office of the Auditor General, 1991)。

38. 有关英国国家安全政策著作，包括 Internal Centre for Security Analysis, *Coalitions and the Future of UK Security Policy: A Whitehall Paper* (London, England: Royal United Services Institute for Defense Studies, 2000); Andrew W. Cox and Stephen Kirby, *Congress, Parliament, and Defence: The Impact of Legislative Reform on Defence Accountability in Britain and America (Basingstoke, United Kingdom: Macmillan, 1986); Stuart Croff and others,* Britain and Defense, 1945–2000: A Policy Re-evaluation (Harlow, United Kingdom: Longman, 2001); Lawrence Freedman, *The Politics of British Defence, 1979–1998* (Basingstoke, United Kingdom, and New York:McMillian and St.Martin's Press, 1999); and Dan Keohane, *Security in British Politics, 1945–99* (Basingstoke, United Kingdom:Macmillan, 2000)。
39. 对英国的首相们和他们行使权力的分析，包括 James P. Barber, *The Prime Minister since 1945* (Oxford, England: Basil Blackwell, 1991); David Dilks, *The Office of Prime Minister in Twentieth-Century Britain* (Hull, England: University of Hull Press, 1993); Dennis Kavanagh and Anthony Seldon, *The Powers behind the Prime Minister: The Hidden Influence of Number Ten* (London, England: HarperCollins, 1999); and Patricia Lee Sykes, *Presidents and Prime Ministers: Conviction Politics in the Anglo-American Tradition* (Lawrence: University Press of Kansas, 2000)。
40. United Kingdom, Cabinet Office, "An Introduction to the Cabinet Office" (2002), 1 (www.cabinet-office.gov.uk /min-org/organisation/), accessed October 30, 2003. 关于历史背景和同时代观点，参见 Peter Hennessy, *The Blair Centre: A Question of Command and Control? A Political Commentary* (London, England: Public Management Foundation, 1999); Richard Kenneth Mosley, *The Story of the Cabinet Office* (London, England, and New York: Routledge and Kegan Paul and Humanities Press, 1969); and John F. Naylor, *A Man and an Institution: Sir Maurice Hankey, the Cabinet Secretariat, and the Custody of Cabinet Secrecy* (Cambridge, England: Cambridge University Press, 1984)。
41. United Kingdom, Cabinet Office, Intelligence and Security Committee, "Intelligence and Security Committee" (2003), 1 (www.cabinet-office.gov.uk/intelligence), accessed October 30, 2003.
42. United Kingdom,Home Office, "Welcome to the Home Office" (2003), 1 (www.homeoffice.gov.uk/), accessed October 30, 2003. 关于制度背景资料，参见 Jill Pellew, *The Home Office, 1848–1914: From Clerks to Bureaucrats* (London, England:Heinemann Educational, 1982)。
43. United Kingdom,Ministry of Defence, "Defence Mission" (2002), 1 (www.mod.uk/aboutusmission.htm), accessed October 30, 2003。
44. United Kingdom,Ministry of Defence, "History" (2002), 1 (www.mod.uk/aboutus/history.htm), accessed October 30, 2003. 关于更多国防部背景资料，参见 Paul Smith, ed., *Government and the Armed Forces in Britain, 1856–1990* (London, England: Hambledon, 1996); and Franklyn A. Johnson, *Defence Ministry: The British Ministry of Defence, 1944–1974* (London, England: Duckworth, 1980)。
45. United Kingdom, Royal Air Force, "The Royal Air Force-History" (2003), 6 (www.raf.mod.uk/history/line1780.html), accessed October 30, 2003. 关于更多历史背景资料，还可参见 Chaz Bowyer, *History of the RAF* (Twickenham, United Kingdom: Hamlyn, 1985); Sir David Lee, *Flight from the Middle East: A History of the Royal Air Force in the Arabian Peninsula and Adjacent Territories, 1945–1972* (London, England: Her Majesty's Stationary Office, 1980); and Roy C. Nesbit, *An Illustrated History of the RAF* (London, England: Hutchinson, 1980)。
46. 关于历史背景资料，参见 Corelli Barnett, *Britain and Her Army, 1509–1970: A Military, Political, and Social Survey* (London, England: Allen Lane, 1970); Christopher Chant, *The Handbook of British Regiments* (London, England: Routledge and Kegan Paul, 1988); Eric Grove,

The Army and British Security after the Cold War: Defence Planning for a New Era (Camberley, United Kingdom: Strategic and Combat Studies Institute, 1996); Ian V. Hogg, *The British Army in the 20th Century* (London, England: Ian Allan, 1985); and David Chandler, gen. ed., *The Oxford History of the British Army* (Oxford, England: Oxford University Press, 1996)。

47. 参 见 United Kingdom, Royal Navy, "Today's Royal Navy" (2003), 1 (www.royal-navy.mod.uk/static/content/3788.html), accessed October 30, 2003; Paul M. Kennedy, *The Rise and Fall of British Naval Mastery,* 3d ed. (London, England: Fontana, 1991); Arthur J.Marder, *From the Dreadnought to Scapa Flow: The Royal Navy in the Fisher Era, 1904–1919,* 5 vols. (London, England: Oxford University Press, 1961–1970); J. R. Hill, ed., *The Oxford Illustrated History of the Royal Navy* (Oxford, England: Oxford University Press, 1995); and David A. Thomas, *A Companion to the Royal Navy* (London, England: Harrap, 1988)。
48. 关于整个英国情报公司或特定机构历史的例子，包括 Richard J. Aldrich, *The Hidden Hand: Britain, America, and Cold War Secret Intelligence* (London, England: John Murray, 2001); Christopher Andrew, *Her Majesty's Secret Service: The Making of the British Intelligence Community* (New York: Viking, 1986); Stephen Dorril, *The Silent Conspiracy: Inside the Intelligence Services in the 1990s* (London, England: Heinemann, 1993); Richard J. Aldrich, ed., *Espionage, Security, and Intelligence in Britain, 1945–1970* (Manchester, England:Manchester University Press, 1998); Francis H. Hensley, *British Intelligence in the Second World War: Its Influence on Strategy and Operations,* 6 vols. (London: Her Majesty's Stationary Office, 1979–1990); and Nigel West, *The Friends: Britain's Post-War Secret Intelligence Operations* (Dunton Green, United Kingdom: Coronet, 1988)。
49. 参见 United Kingdom, Government Communications Headquarters, "About GCHQ: FAQ" (2002), 1 (www.gchq.gov.uk/about/), accessed October 30, 2003。关于更多的政府通讯总部和英国情报密码使用方法的背景资料，参见 Francis H. Hensley and Alan Stripp, eds., *Codebreakers: The Inside Story of Bletchley Park* (Oxford, England: Oxford University Press, 2001); Ted Enever, *Britain's Best Kept Secret: Ultra's Base at Bletchley Park* (Stroud, United Kingdom: Bramley, 1999); and Hugh Lanning and Richard Norton-Taylor, *A Conflict of Loyalties: GCHQ 1984–1991* (Cheltenham, United Kingdom: New Clarion, 1991)。
50. United Kingdom, Security Service, "A Brief History of the Service: Introduction" (n.d.), 1 (www.mi5.gov.uk/history/history_1.htm) accessed October 30, 2003.
51. United Kingdom, Security Service, "The Law—Security Service Act 1989, Chapter 5—The Security Service" (n.d.), 1 (www.mi5.gov.uk/law/law1_1.htm), accessed October 30, 2003.
52. United Kingdom, Security Service, "Accountability and Funding—Oversight in Law" (n.d.), 1 (www.mi5.gov.uk/accountability_funding/accountability_1.htm), accessed October 30, 2003.
53. 关于 MI-6 历史来源的信息，参见 Andrew, *Her Majesty's Secret Service,* 59–61; Oliver Hoare, ed., *British Intelligence in the Twentieth Century: A Missing Dimension?* (London, England: Frank Cass, 2003); and Alan Judd, *The Quest for C: Sir Mansfield Cumming and the Founding of the British Secret Service* (London, England: HarperCollins, 1999)。
54. United Kingdom, Her Majesty's Stationary Office, "Intelligence Services Act 1994" (2000), 1 (www.legislation.hmso.gov.uk/acts/acts1994/Ukpga_19940013_en_2.html), accessed October 30, 2003.
55. 参见 United Kingdom, National Archives, "About the National Archives" (2003), 1 (www.nationalarchives.gov.uk/about/default.htm), accessed October 30, 2003; United Kingdom, Public Records Office, *The Public Records Office: Souvenir Guide* (Kew, England: PRO Publications, 1998); and United Kingdom, Public Records Office, *SOE Operations in the Balkans: A Guide to the Records in the*

Public Record Office (Kew, England: Public Record Office, 1998)。

56. 参见 United Kingdom, National Audit Office, "About Us: The Role of the National Audit Office" (n.d.), 1 (www.nao.gov.uk/about/role.htm), accessed October 30, 2003; and United Kingdom, National Audit Office, *Helping the Nation Spend Wisely* (London, England: National Audit Office, 2003)。
57. United Kingdom, National Audit Office, "About Us: The History of the National Audit Office" (n.d.), 1–2 (www.nao.gov.uk/about/history.htm), accessed October 30, 2003.
58. 关于英国议会机构上的历史概述，参见 Jeffrey Goldsworthy, *The Sovereignty of Parliament: History and Philosophy* (Oxford, England: Clarendon Press, 1999); History of Parliament Trust, *The History of Parliament on CD-ROM* (Cambridge, England: Cambridge University Press with the History of Parliament Trust, 1998); and Peter Spufford, *Origins of the English Parliament* (London, England: Longmans, 1967)。
59. United Kingdom, Parliament, House of Commons, Defence Committee, "Defence Committee" (2003), 1 (www.parliament.uk/parliamentary_committees/defence_committee.cfm/), accessed October 30, 2003.
60. United Kingdom, Parliament, House of Commons, Home Affairs Committee, "Home Affairs Committee" (2003), 1 (www.parliament.uk/parliamentary_committees/home_affairs_committee.cfm), accessed October 30, 2003.
61. United Kingdom, Parliament, House of Commons Library, "Library Research Papers" (2003), 1 (www.parliament.uk/parliamentary_publications_and_archives/research_papers.cfm), accessed October 30, 2003.
62. 反映印度国家安全政策问题的重要著作，包括 Damon Bristow, *India's New Armament Strategy: A Return to Self-Sufficiency?* (London, England: Royal United Services Institute for Defence Studies, 1995); Devin T. Hagerty, *The Consequences of Nuclear Proliferation: Lessons from South Asia* (Cambridge,Mass.: MIT Press, 1998); Ross Babbage and Sandy Gordon, eds., *India's Strategic Future: Regional, State, or Global Power?* (New York: St.Martin's Press, 1992); George Perkovich, *India's Nuclear Bomb: The Impact on Global Proliferation* (Berkeley: University of California Press, 1999); Brahma Chellaney, ed., *Securing India's Future in the New Millenium* (New Delhi, India: Orient Longman, 1999); and Jasjit Singh, *India's Defence Spending: Assessing Future Needs* (New Delhi, India: Knowledge World in association with Institute for Defence Studies and Analyses, 2000)。
63. 以色列国家安全方面的示例著作，包括 Eliot A. Cohen and others, *Knives, Tanks, and Missiles: Israel's Security Revolution* (Washington, D.C.:Washington Institute for Near East Policy, 1998); Uri Bar-Joseph, ed., *Israel's National Security towards the 21st Century* (London, England: Frank Cass, 2001); and Ariel Levite, *Offense and Defense in Israeli Military Doctrine* (Boulder, Colo.:Westview Press, 1990)。
64. New Zealand,Ministry of Defence, "Homepage" (2003), 1 (www.defence.govt.nz/), accessed October 30, 2003. 关于更多新西兰国家安全状况的背景资料，参见 George Bowen, *Defending New Zealand: New Zealand's Search for Security 1945–1985* (Auckland, New Zealand: Addison Wesley Longman, 1997); and New Zealand,Ministry of Defence, *The Shape of New Zealand's Defence: A White Paper* (Wellington, New Zealand:Ministry of Defence, 1997)。
65. 关于新加坡安全状况方面的观点，参见 Choy Dawen and others, *Creating the Capacity to Change: Defence Entrepreneurship for the 21st Century* (Singapore: Pointer, Journal of the Singapore Armed Forces and Singapore Armed Forces Technology Institute Military History Institute, 2003); Tim Huxley, *Defending the Lion City: The Armed Forces of Singapore* (St.

Leonards, New South Wales: Allen and Unwin, 2000); and Singapore,Ministry of Defence, *Defending Singapore in the 21st Century* (Singapore:Ministry of Defence, 2000)。

66. 南非安全状况分析，包括 Anton DuPlessia, *South Africa and the South Atlantic Ocean: A Maritime-Strategic Analysis* (Pretoria, South Africa: University of Pretoria Institute for Strategic Studies, 1987); and Peter Stiff,*Warfare by Other Means: South Africa in the 1980s and 1990s* (Alberton, South Africa: Galago Publications, 2001)。
67. European Parliament, "Overview of the European Parliament" (2002), 1 (www.europarl.eu.int/presentation/default_en.html), accessed October 30, 2003. 关于更多该机关的背景资料，参见 Richard S. Katz and Bernhard Wessels, eds., *The European Parliament, the National Parliaments, and European Integration* (Oxford, England, and New York: Oxford University Press, 1999); and Francis Jacobs and others, *The European Parliament* (New York: Stockton Press, 1995)。
68. European Parliament, "Rules of Procedure of the European Parliament: Annex VI Powers and Responsibilities of Standing Committees, 15th ed." (2003), 1 (www2.europarl.eu.int/omk/sipade2?PROG=RULES-EP&L=EN&REF=RESP-AFET), accessed October 30, 2003.
69. 关于共同欧盟安全政策的适宜性及有效性的各种评价的示例，参见 Andrew M. Dorman, *European Adaptation to Expeditionary Warfare: Implications for the U.S. Army* (Carlisle Barracks, Pa.: U.S.Army War College Strategic Studies Institute, 2003); Trevor C. Salmon and Alistair J. K. Shepherd, *Toward a European Army: A Military Power in the Making?* (Boulder, Colo.: Lynne Rienner Publishers, 2003); and U.S. Congress, House Committee on International Relations, *European Common Foreign, Security, and Defense Policies: Implications for the United States and Atlantic Alliance,* 106th Cong., 2d sess., 2000。
70. European Union, "Decentralised Bodies of the European Union: Common Foreign and Security Policy" (n.d.), 1 (www.europa.eu.int/institutions/cfsp/index_en.htm), accessed October 30, 2003.
71. European Union, Institute for Security Studies, "An Institution at the Service of CFSP" (2002), 8 (www.iss-eu.org/about/brochure.pdf), accessed October 30, 2003.
72. European Union Satellite Centre, "The Centre" (n.d.), 1 (www.eusc.org/html/centre.html), accessed October 30, 2003.
73. 参见 North Atlantic Treaty Organization, "What Does NATO Do?" (n.d.), 1 (www.nato.int/issues/faq/index.htm#A1), accessed October 30, 2003. For institutional historical background, see Don Cook, *Forging the Alliance: NATO, 1945–1950* (London, England: Secker and Warburg, 1989); Peter Duignan, *NATO: Its Past, Present, and Future* (Stanford, Calif.: Hoover Institution Press, 2000); and Gustav Schmidt, ed., *A History of NATO: The First Fifty Years* (New York: Palgrave, 2001)。
74. Organization for Security and Cooperation in Europe, "About the OSCE" (n.d.), 1 (www.osce.org/general/), accessed October 30, 2003. 关于机构的历史背景资料，参见 Stuart Croft and others, *The Enlargement of Europe* (Manchester, England, and New York:Manchester University Press and St.Martin's Press, 1999); P. Terrence Hopman, *Building Security in Post–Cold War Eurasia: The OSCE and U.S. Foreign Policy* (Washington, D.C.: U.S. Institute of Peace, 1999); and Janie Leatherman, *From Cold War to Democritic Peace: Third Parties, Peaceful Change, and the OSCE* (Syracuse, N.Y.: Syracuse University Press, 2003)。
75. 联合国及其试图影响国际安全政策制定方面的历史概述，包括 Dimitris Bourantonis, *The United Nations and the Quest for Nuclear Disarmament* (Aldershot, United Kingdom, and Brookfield, Vt.: Dartmouth, 1993);Max Harrelson, *Fires All around the Horizon: The UN's Uphill Battle to Preserve the Peace* (New York: Praeger, 1989); Townsend Hoopes and Douglas Brinkley, *FDR and the Creation of the UN* (New Haven, Conn.: Yale University Press, 1997); and Evan

Luard, *A History of the United Nations,* 2 vols. (New York: St.Martin's Press, 1982)。

76. 参见 United Nations Security Council, "UN Security Council: Functions and Powers" (n.d.), 1 (www.un.org/Docs/sc/unsc_functions.html), accessed October 30, 2003。关于更多安理会的背景资料，参见 Andrew Boyd, *Fifteen Men on a Powder Keg: A History of the U.N. Security Council* (New York: Stein and Day, 1971); Bruce Russet, ed., *The Once and Future Security Council* (New York: St.Martin's Press, 1997); Istvan S. Pogany, *The Security Council and the Arab-Israeli Conflict* (New York: St.Martin's Press, 1984); and Daneesh Sarooshi, *The United Nations and the Development of Collective Security: The Delegation by the UN Security Council of its Chapter VII Powers* (New York: Oxford University Press, 2000)。
77. United Nations Security Council Counter-Terrorism Committee, "Mandate" (2003), 1 (www.un.org/Docs/sc/committees/1373/), accessed October 30, 2003.
78. United Nations Monitoring,Verification, and Inspection Commission, "UNMOVIC: Basic Facts" (2003), 1 (www.un.org/Depts/unmovic/new/pages/index.asp), accessed October 30, 2003.
79. International Atomic Energy Agency, "IAEA Mission Statement" (2003), 1 (www.iaea.org/worldatom/About/Profile/mission.html), accessed October 30, 2003. 关于历史综述，参见 David Fischer, *History of the International Atomic Energy Agency: The First Forty Years* (Vienna, Austria: International Atomic Energy Agency, 1997)。
80. United Nations, Department for Disarmament Affairs, "Vision Statement" (2003), 1 (http://disarmament2.un.org/dda-vision.htm), accessed October 30, 2003.
81. Organisation for the Prohibition of Chemical Weapons, "OPCW Mission Statement" (n.d.), 1 (www.opcw.org/html/intro/mission_statement.html), accessed October 30, 2003. 关于更多背景资料，参见 Thomas Bernauer, *The Chemistry of Regime Formation: Explaining International Cooperation for a Comprehensive Ban on Chemical Weapons* (Geneva, Switzerland: United Nations Institute for Disarmament Research, 1993); and Lisa Woollomes Tabassi, comp. and ed., *OPCW: The Legal Texts* (The Hague and Cambridge,Mass.: T. M. C. Asser Press and Kluwer Law International, 1999)。
82. United Nations Institute for Disarmament Research, "About UNIDIR" (2003), 1(www.unidir.org/html/en/about.html), accessed October 30, 2003.

[第13章]

国外研究机构

并不仅仅只有美国热衷于国家安全政策的研究，实际上，从事国家安全研究的机构遍布全球。这些机构可能是由政府资助的，其中一部分是学术机构，也有一部分是商业组织。这些机构代表了多元的国家立场和意识形态，这为从美国之外看待某些问题提供了新的视角和见解。

澳大利亚

澳大利亚的国家安全政策研究机构的主要研究领域包括：澳大利亚军事政策、影响澳大利亚国家安全的相关问题，如印尼和其他地区的骚乱，以及澳大利亚参与“伊拉克自由行动”的影响等。

澳大利亚国防研究中心

澳大利亚国防研究中心（Australian Defence Studies Centre，缩写为ADSC）位于澳大利亚的首都领地坎贝尔市(Champbell)，隶属于新南威尔士大学（University of New South Wales）和澳大利亚国防学院（Australian Defence Force Academy）。该中心成立于1987年，主要从事澳大利亚国防应用研究。该中心重点研究澳大利亚的国防和安全问题，包括与澳大利亚毗邻的亚洲和其他太平洋国家的相关问题。[1]

网站 http://idun.its.adfa.edu.au/ADSC/ 的内容有近期活动的公告、驻院学者和访问学者的介绍，以及澳大利亚国防研究中心相关人员撰写的出版物信息。有些报告可以查阅，包括工作文件，比如《在科索沃的武力使用》（*The Use of Military*

Force in Kosovo，2000 年）、《安全、偷渡和澳大利亚的新阿富汗难民》（*Security, People-Smuggling, and Australia's New Afghan Refugees*，2001 年）、《澳大利亚－印度的安全关系：共同利益与各自利益？》（*Australia-India Security Relations: Common Interest or Common Disinterest?*，2001 年），以及《部长、媒体和军队：对某些海上事件的思考》（*Ministers, Media, and the Military: Reflections on Certain Maritime Incidents*，2002 年）等。

澳大利亚战略政策研究所

澳大利亚战略政策研究所（Australian Strategic Policy Institute，缩写为 ASPI），位于澳大利亚的首都领地巴顿（Barton）。该研究所是政府资助的独立的研究机构，主要负责教育民众，让他们了解本国面临的安全挑战，并协助联邦政府优化政策决策，让军队更好地应对这些挑战等。[2]

要了解关于澳大利亚战略政策研究所的更多信息，可以登录网站 www.aspi.org.au/。可以查阅到的资料包括：澳大利亚战略政策研究所组织结构方面的信息（包括预算与管理项目组、运行与效能项目组和战略与国际项目组在内）、2001 年至今的新闻发布稿、活动预告，以及一些相关的出版物。

可以访问的出版物包括：《跨越巴厘岛：澳大利亚战略政策研究所的战略评估》（*Beyond Bali: ASPI's Strategic Assessment*，2002 年）、《9 · 11 后的澳大利亚防务：焦点概览》（*Australia's Defence after September 11: A Quick Guide to the Issues*，2002 年）、《澳大利亚海军造船及修船行业发展路线图》（*Setting a Course for Australia's Naval Shipbuilding and Repair Industry*，2002 年）、《共建和平：澳大利亚与伊拉克的未来》（*Building the Peace: Australia and the Future of Iraq*，2003 年）、《危险与机遇：澳大利亚和朝鲜危机》（*Danger and Opportunity: Australia and the North Korea Crisis*，2003 年），以及《战争的命脉：2003 年国防预算及路线图》（*Sinews of War: The Defence Budget of 2003 and How We Got There*，2003 年）。用户登录该网站可以阅读这些出版物，并通过电子邮件发表评论。

战略与国防研究中心

战略与国防研究中心（Strategic and Defence Studies Centre，缩写为SDSC），成立于1966年，位于澳大利亚的堪培拉，该中心隶属于澳大利亚国立大学亚太研究学院（Australian National University's Research School of Pacific and Asian Studies）。战略与国防研究中心主要研究有关东亚和太平洋地区的战略问题，特别是东南亚和太平洋西南地区与澳大利亚战略利益有关的问题。[3]

网站 http://rspas.anu.edu.au/sdsc/ 提供了战略与国防研究中心战略与防务研究项目的相关信息、该中心研究人员的相关信息和研究方向、战略与国防研究中心的波音图书馆（Boeing Library）的信息、追溯到20世纪80年代的精选研究报告和相关出版物的目录和摘要。网站的"观点"（viewpoint）栏目还提供了最近的评论全文，其中包括《浓雾重重的伊拉克的情报》（*Pea Soup of Intelligence on Iraq*，2003年）和《关于伊拉克大规模杀伤性武器的情报研究：消失的生物武器》（*Intelligence on Iraq's WMD: The Case of the Missing Biological Weapons*，2003年）。

保加利亚——安全与国际研究所

安全与国际研究所（Institute for Security and International Studies，缩写为ISIS），位于保加利亚的索非亚市（Sofia），是国际关系与安全网络（International Relations Security Network）的一部分，该网络是由北美及欧洲各国倡导的"和平伙伴关系计划"（Partnership for Peace）创设的信息服务机构。安全与国际研究所主要从事于研究保加利亚国内外的安全政策、欧洲一体化和欧洲大西洋安全机构、巴尔干和黑海的区域安全，并对安全领域的课题进行定量分析，并开展计算机仿真实验。[4]

登录网站 www.isn.ethz.ch/isis/ 可以查询到安全与国际研究所近期的活动和项目，以及人员配备等信息，也可以访问该研究所的《年度报告》（*Annual Report*，1995年至今）、期刊《巴尔干区域概览》（*Balkan Regional Profile*，1999年至今）和《黑海盆地区域概览》（*Black Sea Basin Regional Profile*，1999年至今）中的文章。也可以在线浏览大量报告，如《东南欧的军民关系：关于国家立场和民众对和平伙伴关系标准的适应过程的调查》（*Civil-Military*

Relations in South Eastern Europe: A Survey of the National Perspectives and of the Adaptation Process to the Partnership for Peace Standards，未注明出版时间）、《巴尔干地区的信心与安全：透明化在国防预算中的作用》（*Confidence and Security in the Balkans: The Role of Transparency in Defence Budgeting*，1996年）、《东南欧的安全风险与不稳定因素：给欧盟区域分化整合策略的建议》（*Security Risks and Instabilities in Southeastern Europe: Recommended Strategies to the EU in Process of Differentiated Integration of the Region by the Union*，2000年）、《巴尔干人与高加索人：形成一个新的地缘经济、地缘政治、地缘战略区域的概念基石》（*The Balkans and the Caucasus: Conceptual Stepping-Stones towards the Formation of a New Single Geoeconomic, Geopolitical, and Geostrategic Region*，2002年）及《控制、合作与专长：保加利亚防务计划中的平民与军队》（*Control, Cooperation, Expertise: Civilians and the Military in Bulgarian Defence Planning Experience*，2003年）等。

加拿大

加拿大的国家安全研究机构主要致力于研究核扩散和恐怖主义等安全问题，并分析加拿大的军事力量在国际维和、其他军事行动中所扮演的角色。这些机构也提供了一些方面的信息资源，如有关加拿大军队的优势和劣势、现有政府开支和军队能力条件下这些部队的角色等。

加拿大战略研究所

加拿大战略研究所（Canadian Institute of Strategic Studies，缩写为CISS）位于加拿大的多伦多，成立于1976年。加拿大战略研究所是一个独立的信息和研究中心，主要致力于研究加拿大的战略和安全问题。加拿大战略研究所还为加拿大民众和政府提供多项延展服务，如专题研讨、发行出版物，以及组织教育活动等。[5]

登录加拿大战略研究所的网站 www.ciss.ca/，可以查询其近期活动、研究人员的简介、采访其工作人员的相关信息，以及成员信息等。该网站还包括加拿大战略研究所出版的《战略展望》（*Strategic Outlook*）系列出版物（1999

年至今）的摘要信息、该研究所出版的其他丛书，以及《麦克诺顿论文集》（*McNaughton Papers*）系列的相关介绍。该网站提供的全文访问资源包括：《评论》（*Commentary*）中的观点评述系列文章，如《弹尽粮绝？加拿大军队与伊拉克》（*Is the Cupboard Bare? The Canadian Forces and Iraq*，2002 年）、《金正日、萨达姆与核威胁》（*Kim, Saddam, and the Nuclear Danger*，2002 年）、《敌人的敌人：伊斯兰辅助者组织、伊拉克和伊朗之间不寻常的关联》（*The Enemy of My Enemy: The Odd Link between Ansar Al-Islam, Iraq, and Iran*，2003 年），和《伊拉克国内不正当的乐观情绪？》（*Unjustified Optimism in Iraq?*，2003 年）等。

卡尔顿大学安全与国防研究中心

卡尔顿大学安全与国防研究中心（Centre for Security and Defence Studies—Carleton University，缩写为 CSDS），隶属于位于加拿大渥太华的卡尔顿大学。该中心的成员与教职员工大都来自于卡尔顿大学的许多学科和院系。该中心致力于提高国际冲突分析能力、国防与安全研究领域本科和研究生阶段的教学水平；支持在加拿大政府、学校董事会、媒体，以及非政府机构中开展国防安全推广活动；推动安全问题特别是与加拿大相关的课题的研究和出版。卡尔顿大学安全与国防研究中心的研究工作主要围绕着四个跨学科模块：军力与治国方略；合作、维和与和平建设；军队与社会；情报与政策。这四个模块共同构成了该研究中心的核心研究内容、教学模式，以及推广活动。[6]

登录网站 www.carleton.ca/csds/ 可以查询卡尔顿大学安全与国防研究中心的相关信息。在线资源还包括：事件列表（2000 年至今）、模拟北约会议的一个网站链接、跨学科项目模块的相关信息，以及卡尔顿大学安全与国防研究中心教职员工的详细资料。另外，也可以访问该研究中心 1970 年至今发表的部分研究论文的全文，比如《让一切成为可能：21 世纪中国人民解放军的跨海峡行动》（*Making the Impossible Possible: The PLA's Cross-Strait Operations in the 21st Century*，1999 年）、《加拿大通信安全局从冷战时期到全球化时代的变迁》（*Canada's Communications Security Establishment from Cold War to Globalisation*，2000 年）、《未来加拿大国防政策的情报与信息优势》（*Intelligence and Information Superiority in the Future of Canadian Defence*

Policy，2001 年）、《加拿大防务与加美战略伙伴关系》（*Canadian Defence and the Canada-U.S. Strategic Partnership*，2002 年），以及《解决复杂问题：反恐决策的分析架构》（*Countering Complexity: An Analytical Framework to Guide Counter-Terrorism Policy-Making*，2003 年）。

国防会议协会

国防会议协会（Conference of Defence Associations，缩写为 CDA），位于加拿大渥太华，成立于 1932 年，现拥有超过 60 万会员。国防会议协会致力于研究国防与安全问题，推动加拿大军力健康高效地发展。[7]

国防会议协会的网站 www.cda-cdai.ca/ 包括与加拿大国家安全问题相关的其他协会的网站链接、公开演讲的文本资料，以及国防会议协会工作人员提供的议会委员会的证词。该网站还包括了一些报告和出版物的文本资料，比如《稳定与繁荣：国防投资的优势》（*Stability and Prosperity: The Benefits of Investment in Defence*，2000 年）、年度会议的《会议录》（*Proceedings*，2001 年至今）、《左右为难：加拿大军队战备状态评估》（*Caught in the Middle: An Assessment of the Operational Readiness of the Canadian Forces*，2001 年），以及《一个岌岌可危的国家：加拿大军力的衰退》（*A Nation at Risk: The Decline of the Canadian Forces*，2002 年）等。

加拿大 21 世纪安全理事会

加拿大 21 世纪安全理事会（Council for Canadian Security in the 21st Century，缩写为 CCS21），位于加拿大的卡尔加里，在美国“9 · 11 恐怖袭击事件”之后，一些希望加拿大政府开展国防和安全政策评估的个人在 2001 年创立了该组织。[8]

加拿大 21 世纪安全理事会的网站 www.ccs21.org/ 包括了个别组织成员的信息，包括前军事人员和学者的介绍、联系方式，以及该理事会工作目标的详细介绍。该网站还提供一些研究报告的原文，如《加拿大安全与国防政策的未来：重要基础设施保护和国防部政策与战略》（*The Future of Canada's Security and Defence Policy: Critical Infrastructure Protection and DND Policy and Strategy*，未注明出版日期）、《21 世纪的加拿大国防与安全：保卫国家》（*Canadian Defence and Security in the 21st Century: To Secure a Nation*，2001 年）、《加拿大与非洲：安全政策研究》（*Canada and Africa: Security Policy Paper*，未注明出版日期）、《国防出口规定：保持加拿大国防工业的生机活力》（*Defence Export Regulations: Sustaining a Viable Canadian Defence Industry*，2001 年），及《人民防务评论》（*The People's Defence Review*，2002 年）等。

国际安全研究小组

国际安全研究小组（Research Group in International Security，缩写为 REGIS），成立于 1996 年，它是由位于加拿大蒙特利尔的蒙特利尔大学（University of Montreal）和麦吉尔大学（McGill University）共同出资创办的研究机构。参与该机构研究活动的主要是从事国际安全领域研究的学者、学生和其他人员。该机构致力于通过开设综合性本科和研究生课程，培养能胜任政府或非政府安全组织的工作的学生，扶持优秀的学术研究人员，广泛传播关于国际安全的科学知识，确保获取这些知识的渠道通畅，增进讲英语和讲法语的国际安全研究人员彼此间的交流，并促进蒙特利尔大学与麦吉尔大学在安全研究领域的合作和资源共享等。[9]

登录国际安全研究小组的网站 ww2.mcgill.ca/regis/，可以查询该研究机构教职员工的基本信息、该机构资助的活动信息、本科及研究生课程的介绍、相关项目的信息，以及该机构学者的出版物链接。此外，该网站还提供部分研究报告的全文，如《区域和平何时（如何）实现：战争向和平的过渡》[*When (and How) Regions Become Peaceful: Explaining Transitions from War to Peace*，2001 年]、《全球和跨大西洋的归属版图：21 世纪的美国和欧洲》（*International and Transatlantic Images of Belonging: The United States and Europe in the 21st Century*，2001 年）、《攻防理论有未来吗？》（*Does Offense-Defense Theory Have a Future?*，2001 年）以及《安全空间的规范建设：轻型武器问题的出现》（*Norm-Building in Security Spaces: The Emergence of the Light Weapons Problematic*，2001 年）等。

卡尔加里大学——军事与战略研究中心

卡尔加里大学军事与战略研究中心（University of Calgary—Centre for Military and Strategic Studies，缩写为 CMSS）成立于 1981 年，1999 年起使用这一名称。[10] 该研究中心主要工作目标包括研究加拿大军人、加拿大军事、安全与国防方面的问题；调查国际军事、安全与国防问题；为军事人员和民众提供高级研修课程；倡导有见地的公开研讨与分析。[11]

卡尔加里大学军事与战略研究中心的网站 www.stratnet.ucalgary.ca/ 包括该研究中心工作人员的简介及其科研活动信息，以及战略研究专业的研究生课程信息，其中包括课程的详细描述，比如《二战时期的加拿大》（*Canada in the Second World War*）和《应用伦理学与军事力量》（*Applied Ethics and Military Force*）。

该网站还提供了大量刊发文章的摘要和部分文章的全文，这些出版物有：《军事与战略研究期刊》（*Journal of Military and Strategic Studies*，2000 年至今）、通讯《新闻与观点》（*News and Views*，1999 年至今）、《军事与战略研究座谈会年度纪要》（*Annual Military and Strategic Studies Colloquium Proceedings*，1999、2000 年），以及一些报告，如《基准：媒体对加拿大军力的报道（1994—2000）》（*Benchmark: Media Coverage of the Canadian Forces 1994–2000*，2001 年）、《加拿大国防政策评论中的公众参与》（*Public Participation in a Canadian Defence Policy Review*，2002 年），和《加拿大武力的专业素质：官僚、包容与独立》（*Professionalism in the Canadian Armed Forces: Bureaucracy, Inclusiveness, and Independence*，2003 年）等。

马尼托巴大学——国防与安全研究中心

马尼托巴大学国防与安全研究中心（University of Manitoba—Centre for Defence and Security Studies，缩写为 CDSS）坐落在加拿大的温尼伯市（Winnipeg），隶属于马尼托巴大学政治研究系（University of Manitoba's Political Studies Department）。该研究中心成立于 1986 年，自 1993 年起开始使用现在的机构名称。该研究中心与加拿大的其他组织及部分国际组织合作，进行关于国内和国际安全问题的跨学科研究。[12]

马尼托巴大学国防与安全研究中心的网站 www.umanitoba.ca/centres/defence/ 给出了该中心研究人员的相关信息及其研究领域，这些研究领域包括：欧洲安全建筑、北美安全、裂变材料，以及核技术扩散等。该网站还提供了该中心 1988 年以来的文章目录，这些文章曾发表在《1992 年加拿大国防工业与欧洲：初步调查》（*Canada's Defence Industries and Europe 1992: A Preliminary Investigation*，1990 年）、《加拿大与弹道导弹防御系统》（*Canada and Ballistic Missile Defence*，1998 年），以及《加拿大的安全和国防政策：大陆主义与国际主义》（*Canadian Security and Defence Policy: Continentalism and Internationalism*，2002 年）等上。

约克大学——国际与安全研究中心

约克大学国际与安全研究中心（York Centre for International and Security Studies，缩写为 YCISS），位于加拿大多伦多的约克大学，主要致力于研究国际和平与安全问题，推动这一领域内跨学科合作项目和学术项目的开展。[13]

约克大学国际与安全研究中心的网站 www.yorku.ca/yciss/ 提供了该研究中心教职人员和研究学者的简介、该研究中心过去和近期开展的活动信息、助学项目，以及该中心研究领域的方法论描述等。

此外，网站也提供了该研究中心的一部分专题选刊（1990 年至今）和研究报告（1991 年至今）系列的文章全文。其中专题选刊包括：《加拿大国防部战略思想发展（1950—1960）》（*The Evolution of Strategic Thinking at the Canadian Department of National Defence, 1950–1960*，1996 年）、《黝黑面孔与彩带游行：将利维坦置于拉科塔与欧美的战争构想中》（*Blackened Faces and Ticker Tape Parades: Situating the Leviathan in Lakota and Euroamerican Conceptions of War*，1998 年）、《全球文化变迁与禁止反步兵地雷的跨国运动：研究议程》（*Global Cultural Change and the Transnational Campaign to Ban Antipersonnel Landmines: A Research Agenda*，2000 年），以及《将和平建设理念融入排雷行动方案》（*Incorporating Peacebuilding into Mine Action Programmes*，2002 年）等。研究报告包括《海事战略与新海洋法：东南亚地区的赢家与输家》（*Maritime Strategy and the New Law of the Sea: Losers and Gainers, With a Focus on Southeast Asia*，1996 年），和《国土防卫与再 / 领土化》（*Homeland Defence and the Re/Territorialization of the State*，2003 年）等。

丹麦——国际事务研究所

丹麦国际事务研究所（Danish Institute of International Affairs，缩写为 DIIA），位于丹麦的哥本哈根，成立于 1995 年。该研究所致力于推动丹麦在国际事务和外交政策领域的研究、分析和信息交流活动。该研究所的组织结构包括一个研究分析部，2002 年 12 月 31 日后，该部门更名为国际事务研究所。[14]

该中心网站 www.dupi.dk/ 包括丹麦国际事务研究所以往主办过的活动和研究项目的相关介绍，如《冷战时期丹麦的安全政策定位》（*Denmark's Security Policy Position during the Cold War*），以及丹麦国际事务研究所图书馆的介绍。同时，该网站还提供一部分英语刊物，如该中心的研究报告系列，其中包括《格陵兰的地缘政治现实与政经状况》（*Greenland's Geopolitical Reality and Its Political-Economic Consequences*，2001 年）、《过去 50 年的丹麦安全政策——长期的基本安全政策优先级》（*Danish Security Policy Over the Last 50 Years—Long-Term Essential Security Priorities*，2001 年）、《打击国际恐怖主义：联合国和全球能力建设》（*Countering International Terrorism: The United Nations and Global Capacity Building*，2002 年）、《新型战争：战略文化与恐怖主义之战》（*A New Kind of War: Strategic Culture and the War on Terrorism*，2003 年），以及《和平主义还是激进主义：走向欧洲安全与防御政策框架内的共同战略文化？》（*Pacifism or Activism: Towards a Common Strategic Culture within the European Security and Defence Policy?*，2003 年）等。

芬兰——国际事务研究所

芬兰国际事务研究所（Finnish Institute of International Affairs，缩写为 FIIA）成立于 1961 年，位于芬兰的赫尔辛基。该研究所是一个私立机构，由外交政策研究基金会（Foundation for Foreign Policy Research）管理。该研究所的工作目标是让芬兰民众通晓国际事务，并保持与大学和政府决策机构的密切合作关系。

芬兰国际事务研究所的核心研究领域包括：芬兰的外交和安全政策、北欧－波罗的海区域安全（Nordic-Baltic regional security）、欧盟外交和安全政策，以及俄罗斯—欧盟关系等。[15]

要了解关于芬兰国际事务研究所的更多信息，可以登录网站 www.upi-fiia.fi/。可以查阅到的资料包括：该所研究领域的相关描述、联系人的信息、外交政策研究基金会各个研究项目的主管介绍、芬兰国际事务研究所曾主办的各项活动的相关信息（1999 年至今），以及与研究所有关的网站链接。可以在线浏览的安全政策报告包括：《朝鲜半岛：金大中的朝韩联盟设想是否现实？》（*The Korean Peninsula: Is Kim Dae-Jung's Pursuit of a Korean Confederation Realistic?*，1999 年）、《欧盟对俄共同战略的制定》（*The Making of the European Union's Common Strategy on Russia*，2000 年）、《欧盟北部成员国：各国对新安全领域的解读》（*The Northern EU: National Views on the Emerging Security Dimension*，2000 年）、《欧盟对俄的共同战略：解读共同外交与安全政策（CFSP）》（*The EU Common Strategy on Russia: Learning the Grammar of the CFSP*，2001 年）、《俄西北部的软安全问题及对外界的启示》（*Soft Security Problems in Northwest Russia and Their Implications for the Outside World*，2001 年）、《下一个轮到你了！芬兰的北约之路与俄罗斯》（*Et Tu Brute! Finland's NATO Option and Russia*，2002 年），以及《提倡人类自由的均势战略：回顾芬兰的战略决策》（*Maintaining a Balance of Power That Favors Human Freedom: The Finnish Strategic Experience*，2003 年）等。

德国——国际政治与安全研究所

德国国际政治与安全研究所（German Institute for International Politics and Security，缩写为 GIIPS）是一个独立的研究所，主要任务是为德国的外交和安全政策提供建议。该研究所于 1962 年在德国慕尼黑附近的艾本霍森（Ebenhausen）建立，后于 2001 年迁至柏林。德国国际政治与安全研究所有 150 名员工，由德国政府资助。[16]

德国国际政治与安全研究所的网站 www.swp-berlin.org/ 提供德英双语信息。其中英语的资源包括：该所研究人员的详细信息、研究领域、各个研究项目的介绍，比如，关于欧盟扩大、欧洲与大西洋安全，以及俄联邦与新独立国家的研究。

登录该网站还可浏览德国国际政治与安全研究所的部分研究报告，如《打击恐怖主义犯罪网络》（*Combatting the Terrorist-Criminal Nexus*，2001年）、《德国与中东：利益与选择》（*Germany and the Middle East: Interests and Options*，2002年）、《高加索地区与中亚的安全挑战——以德国和欧洲视角分析》（*Security Challenges in the Caucasus and Central Asia—A German and European Perspective*，2003年）、《伊拉克战争之后：莱万特的反响》（*After the Iraq War: Repercussion in the Levante*，2003年），以及《伊朗和它的邻国：对战略区域的不同认识》（*Iran and Its Neighbors: Diverging Views on a Strategic Region*，2003年）等。

印度

印度的国家安全研究中心主要从事对以下各领域的研究，比如，印度和巴基斯坦的核武库、印度与中国的安全关系、国际恐怖主义、克什米尔[1]在印度的国家安全政策决策中的地位等。

国防研究与分析所

国防研究与分析所（Institute for Defence Studies and Analysis，缩写为IDSA）位于印度的新德里（New Delhi）。该所创立于1965年，是一个独立的研究机构，主要从事对印度国内和国际安全问题的广泛研究。该中心由印度国防部和外交部拨款资助。[17]

要了解关于国防研究与分析所的更多信息，可以登录网站www.idsa-india.org/。可以查阅到的信息包括：该中心任职人员和组织结构介绍、招聘信息，以及近期活动的相关信息等。此外，通过该网站还可以浏览刊载在《战略分析》（*Strategic Analysis*，1997年至今）上的部分期刊文章，以及印度国防研究与分析所近期出版的出版物简介，如《查谟和克什米尔的圣战者们：肖像画廊》

[1] 译注：克什米尔，是南亚次大陆西北部（青藏高原西部和南亚北部的交界处）的一个地区，位于印度、巴基斯坦、中国、阿富汗四国之间，曾为英属印度的一个邦。大部分地区现为印度和巴基斯坦分别控制（东北阿克塞钦和喀喇昆仑走廊属于中国，已并入新疆、西藏两自治区，虽同属克什米尔地区但不存在主权争议）。

(*Jihadis in Jammu and Kashmir: A Portrait Gallery*，2002 年）和《伊拉克战争 2003：“单边主义”的兴起》(*Iraq War 2003: Rise of the “Unilateralism*，2003 年)。

和平与冲突研究中心

和平与冲突研究中心（Institute for Peace and Conflict Studies，缩写为 IPCS）位于印度的新德里，创立于 1996 年。作为独立的理论研究中心，和平与冲突研究中心重点研究南亚的安全问题。该研究中心聚集了众多战略思想家、学者，以及印度前武警官兵，他们共同研究和分析印度的国家安全焦点问题，如军备控制、裁军，防扩散、印巴关系，以及中国的安全政策等。[18]

该中心网站 www.ipcs.org/ 包括最新消息、和平与冲突研究中心主办的历次研讨会的摘要信息（1997 年至今)、安全问题的在线论坛（如“伊拉克自由行动”等)，以及印度和平与冲突研究中心在研究项目上的描述，比如印巴间爆发核战争的可能性等。网站上还包括刊载在《和平与冲突》(*Peace and Conflict*) 的期刊文章（2002 年至今)，和一些报道和评论文章，如《克什米尔：前方的路》(*Kashmir: The Road Ahead*，2002 年)、《印美关系：促进协同作用》(*India-U.S. Relations: Promoting Synergy*，2003 年)、《重新定义防扩散规范》(*Redefining the Non-Proliferation Norm*，2003 年)、《先发制人：能否维护印度国家利益？》(*Preemptive Strike: Will It Secure Indian Interests?*，2003 年)，和《巴基斯坦的伊斯兰学校》(*Madrassas in Pakistan*，2003 年）等。

以色列

以色列的国家安全研究机构从事一系列课题的研究，包括以色列军队的战备状态、对抗恐怖主义、区域安全问题，如石油和水资源的问题，以及对重要历史和当代军事行动的描述和分析。

贝京 – 萨达特战略研究中心

贝京 – 萨达特战略研究中心（Begin-Sadat Center for Strategic Studies，缩写为 BSCSS）位于以色列的拉马特甘市（Ramat-Gan)，隶属于巴伊兰大学（Bar-

Ilan University)。该研究中心创立于 1991 年，是加拿大犹太裔领袖托马斯 · 赫克特（Thomas Hecht）为了纪念以色列前总理梅纳赫姆 · 贝京（Menachem Begin，1977—1983 年在任）和埃及前总统安瓦尔 · 萨达特（Anwar Sadat，1970—1981 年在任）而创建的。

贝京－萨达特战略研究中心主要致力于研究有关中东和平与安全问题的政策驱动性，也为相关领域的学术会议提供赞助和支持。该中心的主要研究领域包括：以色列的战略思维，与国家安全、恐怖主义和低强度暴力相关的公众舆论，东地中海地区安全，军事工业，以色列未来的国防力量，以及其他相关的课题。[19]

关于贝京－萨达特战略研究中心的其他信息，请参见其网站 www.biu.ac.il/Besa/。网站上还包括研究人员的简介和该中心 1997 年至今曾主办的活动信息。此外，该网站还提供贝京－萨达特战略研究中心部分出版物的全文，如《巴伊兰大学学报》（*The Bar-Ilan University Bulletin*，1997 年至今）和《国际事务中东分析》（*Middle East Review of International Affairs*，1997 年至今），以及一些研究报告，如《先进技术与未来战争》（*Advanced Technology and Future Warfare*，1996 年）、《以色列在犹地亚和撒玛利亚的利益导图》（*Maps of Israeli Interests in Judea and Samaria*，1997 年）、《“秃鹰与蛇”反游击空战：黎巴嫩南部的战争》（*The Vulture and the Snake Counter Guerilla Air Warfare: The War in Southern Lebanon*，1998 年）、《致命之选：以色列的定点清除政策》（*Fatal Choices: Israel's Policy of Targeted Killing*，2002 年），以及《中东的军备控制与反核扩散运动：2000—2001 年》（*Arms Control and Nonproliferation Developments in the Middle East: 2000–1*，2000 年）等。

高级战略与政治研究所

高级战略与政治研究所（Institute for Advanced Strategic and Political Studies，缩写为 IASPS）位于以色列的耶路撒冷，创立于 1984 年，该所以保守派思想为指导，致力于培养以色列各大顶尖高校经济学和战略研究方面的毕业生。[20]

该所的网站 www.iasps.org.il/ 包括高级战略与政治研究所提供的奖学金项目的相关信息、该所的研究人员撰写的报刊专栏，以及各组织实体的相关信息，比如，经济政策研究部和战略研究部等。

该网站还提供IASPS战略研究报告的全文，如《沙特阿拉伯的政权更迭：并不沉默的斗争》（*Succession in Saudi Arabia: The Not So Silent Struggle*，1997年）、《阿富汗漩涡》（*The Afghan Vortex*，2000年）、《水资源的地缘政治》（*The Geopolitics of Water*，2000年）、《土耳其：里海石油与天然气资源的关键区域》（*Turkey: The Key to Caspian Oil and Gas*，2001年），以及《俄罗斯与中东的真空地带》（*Russia and the Mideast Vacuum*，2001年）等。

雅菲战略研究中心

雅菲战略研究中心（Jaffee Center for Strategic Studies，缩写为JCSS）隶属于以色列的特拉维夫大学（Tel Aviv University）。该研究中心创立于1977年，并以赞助者梅尔·雅菲夫妇的名字冠名。该研究中心由国际和以色列的理事会管理，主要开展对国际安全问题特别是以色列国家安全的跨学科和无党派研究。[21]

雅菲战略研究中心的网站www.tau.ac.il/jcss/提供该研究中心的最新信息、该中心曾主办的各项活动的介绍（2000年至今）、任职学者的个人简介、该中心研究人员在各大媒体露面的记录，以及部分国家安全研究中心的网站链接。网站还包括该研究中心部分出版物的全文，如《JCSS简报》（*JCSS Bulletin*，1995年至今）、期刊《战略评价》（*Strategic Assessment*，1998年至今）、专栏文选《特拉维夫文摘》（*Tel Aviv Notes*，2000年至今），以及最新版年鉴《中东战略平衡》（*Middle East Strategic Balance*）等。登录该网站有可浏览部分研究报告，如《面纱之上：以巴关系》（*Beyond the Veil: Israel-Pakistan Relations*，2000年）、《埃及和以色列的军备控制和区域安全：论区域军备控制》[*Egypt and Israel in Arms Control and Regional Security (ACRS): Concerns in a Regional Arms Control Process*，2001年]、《关于2002年以色列国家安全的公众舆论》（*Israel Public Opinion on National Security 2002*，2002年），以及《杰宁战役：以色列通信战略的案例研究》（*The Battle of Jenin: A Case Study in Israel's Communication Strategy*，2003年）。

日本——国际政策研究所

日本国际政策研究所（Institute for International Policy Studies，缩写为

IIPS）位于日本东京，1988 年由日本前首相中曾根康弘（Yasuhiro Nakasone）创建。该所主要致力于研究与日本和国际社会相关的国际安全、经济、能源，以及环境问题。[22]

要了解关于日本国际政策研究所的更多信息，可以登录网站 www.iips.org/。可以查阅到的信息包括：该机构的背景信息、在研项目的介绍、该所研究学者的介绍，以及该所资助各项活动的信息等。登录该网站也可浏览该中心的一部分出版物，比如，期刊《亚太评论》（*Asia-Pacific Review*，1994 年至今）的目录和刊载文章的摘要，和部分政策文件（1992 年至今），如《企业风险与信息安全》（*Corporate Risk and Information Security*，2001 年）、《能源安全：战略视角分析》（*Energy Security: Strategic Viewpoints*，2002 年）及《9 · 11 事件后的范式转变及其对东亚的影响》（*The Post-9/11 Paradigm Shift and Its Effects on East Asia*，2003 年）。

新西兰——战略研究中心

新西兰战略研究中心（New Zealand—Centre for Strategic Studies，缩写为 CSS）隶属于新西兰惠灵顿的维多利亚大学（Victoria University）。该中心成立于 1993 年，该机构的使命是增进新西兰对其 21 世纪外部安全环境的理解，推动对这些安全问题的研究和评估。[23]

要了解关于新西兰战略研究中心的活动和研究的更多信息，可以登录网站 www.vuw.ac.nz/css/。可查阅的信息包括：任职人员的简介、该研究中心主办过的研讨会，以及该中心学者的出版物信息等。登录该网站还可以浏览部分出版物的全文，如期刊《战略简报》（*Strategic Briefing Papers*，1999 年至今），和报告《军务变革：以新西兰的视角分析（第一部分）》（*Revolution in Military Affairs: A New Zealand View, Part I*，1998 年）、《海盗行为：新西兰的处境与国防力量》（*Piracy: The Context for New Zealand and Its Defense Force*，1999 年）、《俄罗斯在亚洲：不受欢迎的入侵者还是乐于助人的伙伴？》（*Russia in Asia: Unwelcome Intruder or Accommodative Player?*，2000 年）及《新西兰的有组织非法移民的背景及风险分析：与政策相关的研究》（*The Context and Risk of Organised Illegal Immigration to New Zealand: An Exploration in Policy Relevant Research*，2000 年）等。

巴基斯坦——伊斯兰堡战略研究所

伊斯兰堡战略研究所（Institute of Strategic Studies—Islamabad，缩写为 ISSI），是一个非盈利的研究机构，致力于增进对区域和全球战略问题（特别是这些问题对巴基斯坦的影响方面）的广泛理解和客观分析。[24]

登录网站 www.issi.org.pk/，可以查询该研究所学者的详细信息和研究领域的相关介绍、印巴在克什米尔地区控制区域图，以及与南亚和国际安全相关的网站链接等。此外，登录该网站还可以浏览期刊《战略研究》（*Strategic Studies*，2000 年至今），关于核军备控制、阿富汗问题，和中亚问题等的论题概述（2001 年至今），以及部分学术论文，如《核安全和恐怖主义：以印度为例》（*Nuclear Safety and Terrorism: A Case Study of India*，2001 年）、《布什主义：威慑论的重新定义》（*The Bush Doctrine: Redefining Deterrence*，2002 年），和《印度的群族暴力：古吉拉特邦的印度教与穆斯林之间的骚乱》（*Communal Violence in India: Hindu-Muslim Riots in Gujarat*，2002 年）等。

新加坡——国防与战略研究所

国防与战略研究所（Institute of Defense and Strategic Studies，缩写为 IDSS）是新加坡南洋理工大学（Singapore's Nanyang Technological University）的一个独立研究实体，于 1996 年建立。该研究所的任务是研究安全、战略和国际问题等；提供战略研究、国防管理及国防科技方向的通识教育和研究生教育；推动合作交流项目的开展并组织其他亚太战略和政策共同体参加相关议题的研讨会。[25]

网站 www.idss.edu.sg/ 提供了对国防与战略研究所员工和各项活动的新闻报道、管理层和员工的名单、他们各自的研究方向，以及国防与战略研究所开设课程的介绍（课程包括国防科技管理、东南亚外交政策和安全问题，以及特定主题的战略研究——中国安全和军事政策等）。

国防与战略研究所提供的 1998 年至今的工作文书及相关出版物包括：《国防与战略研究所关于印度尼西亚伊斯兰教未来的小组对话：寻求平衡》

（*IDSS Panel Dialogue on the Future of Indonesia's Islam: The Quest for an Equilibrium*，未注明出版日期）、《危机与转变：新时期下的东盟》（*Crisis and Transformation: ASEAN in the New Era*，2001 年）、《后毛泽东时代中国海军的概念重建：职能、战争、武器和组织》（*Reconceptualizing the PLA Navy in Post-Mao China: Functions, Warfare, Arms, and Organization*，2002 年）、《在龙影下寻找安全：新兴亚洲秩序下的中国和东南亚各国》（*Seeking Security in the Dragons Shadow: China and Southeast Asia in the Emerging Asian Order*，2003 年）、《反恐战争与印度尼西亚民主的未来》（*The War on Terror and the Future of Indonesian Democracy*，2003 年），以及《北京公众舆论中民族主义的关联》（*The Correlates of Nationalism in Beijing Public Opinion*，2003 年）。

南非

南非的研究机构从事与国家安全政策主题相关的研究，涵盖的领域广泛，比如武装冲突中钻石的角色、娃娃兵、恐怖主义，以及一些国家（如津巴布韦）的安全形势等。

冲突解决中心

冲突解决中心（Centre for Conflict Resolution，缩写为 CCR），隶属于南非的开普敦大学（University of Cape Town）。冲突解决中心致力于寻求建设性和合作性的途径，进行调解、培训、教育及研究活动，来解决冲突、减少暴力。[26]

要了解关于冲突解决中心及其活动的更多信息，可以访问其网站 http://ccrweb.ccr.uct.ac.za/。该网站提供了冲突解决中心活动与出版物的相关信息，比如最近几期的期刊《第二轨道》（*Track Two*）和《非洲的危机解决和冲突管理》（*Crisis Resolution and Conflict Management in Africa*，1998 年）、《民族冲突及其管理》（*Ethnic Conflict and Its Management*，1998 年）及《南非小型武器生产、出口及所有权综述》（*An Overview of Small Arms Production, Export, and Ownership in South Africa*，2000 年）等报告。

安全研究所

安全研究所（Institute for Security Studies，缩写为 ISS）总部位于南非的比勒陀利亚市（Pretoria），并在开普敦设有分支机构。安全研究所于 1991 年成立，是一家非盈利研究机构，共有来自非洲 6 个国家的 50 名雇员。该机构的职责是开展地区和国家安全的应用研究、传播研究成果，以激励其他国家，特别是非洲各国，以促进它们之间的政治和安全合作。安全研究所的研究方向主要集中在武器管理、非洲安全分析、和平任务、犯罪和安全部门改革等领域。[27]

安全研究所的网站 www.iss.co.za/ 内容有该组织的信息、该机构曾主办活动的介绍。另外，通过该网站还可以访问有关非洲安全问题的完整出版物，包括一些时事通讯，比如《聚焦非洲小型武器》（*Focus on Small Arms in Africa*，2002 年至今）和学术期刊《非洲安全评论》（*African Security Review*）和其前身（1992 年至今）。

从 1996 年至今可访问的安全研究所不定期论文专集包括《非洲的预警和冲突》（*Early Warning and Conflict in Africa*，1996 年）、《维和的复兴：南非对刚果共和国冲突的解决方法》[*Renaissance Peacekeeping: A South African Solution to Conflict in the Democratic Republic of Congo (DRC)*，1999 年]、《南非警察总署边境检查部队：对新分离的职责的评估》[*South African Police Service (SAPS) Border Control Units: An Evaluation of the New Detached Duties*，2001 年]、《南非武装冲突和执法合作中的钻石和其他宝石》（*Diamonds and Other Precious Stones in Armed Conflicts and Law Enforcement Cooperation in Southern Africa*，2002 年）、《南非的艾滋病、安全和治理：探究影响》（*AIDS, Security, and Governance in Southern Africa: Exploring the Impact*，2003 年）以及《弥补南非战略防御计划的开支》（*Offsetting the Costs of South Africa's Strategic Defence Package*，2003 年）。

该网站还提供了研究所从 1996 年至今编写的专题论文。有代表性的出版物包括《法国—南非对话：非洲的可持续安全》（*Franco-South African Dialogue: Sustainable Security in Africa*，2000 年）、《恐惧笼罩城市：南非城市中的恐怖主义》（*Fear in the City: Urban Terrorism in South Africa*，2001 年）、《非洲和恐怖主义：加入全球的战役中》（*Africa and Terrorism: Joining the Global Campaign*，2002 年）、《监控港口：南非的非法贩运》（*Policing the Ports: Illicit*

Trafficking in South Africa，2003 年）、《从娃娃兵到准战士：埃塞俄比亚的女兵、遣散和重新整合》（*From Child Soldier to Ex-Fighter: Female Fighters, Demobilisation, and Reintegration in Ethiopia*，2003 年）以及《津巴布韦骚乱：难题与前景》（*Zimbabwe's Turmoil: Problems and Prospects*，2003 年）。

可在线获取的资源包括：安全研究所已经出版的书刊的介绍、精选书籍的文本，比如《被围困的社会（卷三）：南非的武器管理》（*Society under Siege Vol. III: Managing Arms in South Africa*，2000 年）以及《安哥拉的战争经济：石油和钻石的角色》（*Angola's War Economy: The Role of Oil and Diamonds*，2000 年）等。

斯里兰卡——区域战略研究中心

区域战略研究中心（Regional Centre for Strategic Studies，缩写为 RCSS），位于斯里兰卡的首都科伦坡，是一个独立的非政府合作机构，专注于研究南亚国际和战略问题。该机构的目标是为研究南亚战略研究提供便利，为相关领域的学者和专家正在进行的研究提供资助和协调，同时与研究这些课题的其他机构开展合作。[28]

要了解斯里兰卡区域战略研究中心活动的更多细节，可以访问其网站 www.rcss.org/。通过该网站可获取的资源包括：隶属该研究中心的学者编写的出版物的介绍，斯里兰卡区域战略研究中心《快讯》（*Newsletter*，1999 年至今），以及 1998 年至今的报告，比如《应对无序：结束南亚内战的策略》（*Coping with Disorder: Strategies to End Internal Wars in South Asia*，2000 年）、《南亚的防卫开支：印度与巴基斯坦》（*Defence Expenditures in South Asia: India and Pakistan*，2000 年）、《第三代印度人对克什米尔争端的看法》（*Third-Generation Indian Perceptions of the Kashmir Issue*，2001 年）及《政府与国防开支：来自南亚的观点》（*Government and Defence Spending: Views from South Asia*，2001 年）。

瑞典——斯德哥尔摩国际和平研究所

斯德哥尔摩国际和平研究所（Stockholm International Peace Research

Institute，缩写为 SIPRI）是由瑞典议会在 1966 年建立的一个法律基金会。它的职责是开展研究来促进国际和平与国际间冲突的相关和平决议，以及军备控制和军事武器等方面的研究。尽管该研究所的总体意识形态立场与欧洲社会民主政党（European Social Democratic political parties）的立场相近，但它仍力求在研究中采用它认为确凿的事实和数据来编写公正的资料。[29]

斯德哥尔摩国际和平研究所的网站 www.sipri.se/ 有“最新消息”网页；其中包括斯德哥尔摩国际和平研究所项目的介绍，比如，武装冲突和冲突管理、军备转让、欧洲安全和军备控制，以及俄罗斯安全议程等；由研究所的学者们所作的 Quicktime 格式演讲视频；军费开支和国家出口控制系统的数据库；斯德哥尔摩国际和平研究所图书馆的信息；招聘信息。

由斯德哥尔摩国际和平研究所编写的出版物包括《斯德哥尔摩国际和平研究所年鉴》(*SIPRI Yearbook*)，该年鉴的 1993 年至今的章节摘录可以在线浏览。该网站还提供了 1969 年至今斯德哥尔摩国际和平研究所的出版物的目录列表，以及订购这些出版物的信息，其中许多出版物都由牛津大学出版社出版。可访问的完整的报告包括：《预防暴力冲突：对政治意志、战略和有效工具的寻求》（*Preventing Violent Conflict: The Search for Political Will, Strategies, and Effective Tools*，2000 年）、《新安全维度：北约之后的欧洲与欧盟扩张》（*The New Security Dimensions: Europe after NATO and the EU Enlargements*，2001 年）、《导弹防御和〈反导条约〉：现状报告》（*Missile Defence and the ABM Treaty: A Status Report*，2001 年）、《已通过的欧洲常规武装力量条约和波罗的海诸国加入北约的许可》（*The Adapted CFE Treaty and the Admission of the Baltic States to NATO*，2002 年）、《高加索和中亚的军备与裁军》（*Armament and Disarmament in the Caucasus and Central Asia*，2003 年）以及《〈联合国常规武器的登记册〉的未来》（*The Future of the United Nations Register of Conventional Arms*，2003 年）等。

瑞士

联合国的许多机构设立在瑞士，而且瑞士在国家安全问题上的传统军事中立政策有助于推动瑞士境内各机构在国家安全政策方面的研究。瑞士的国家安全研究机构分析的课题涉及军备控制、欧洲安全政策，以及恐怖主义等。

安全研究中心

安全研究中心（Center for Security Studies，缩写为 CSS），成立于 1986 年，现有研究人员和教学人员近 75 人。瑞士安全研究中心隶属于坐落在苏黎世（Zurich）的瑞士联邦理工学院（Swiss Federal Institute of Technology）。该研究中心从事研究、教学，并与其他学术研究机构进行网络交流，为瑞士政府提供咨询服务。[30]

瑞士安全研究中心的网站 www.fsk.ethz.ch/ 提供了该研究中心正在进行的研究项目的介绍，诸如《俄罗斯外交和安全政策区域化》（*Regionalization of Russian Foreign and Security Policy*）、《北约与华约平行历史项目》（*Parallel History Project on NATO and the Warsaw Pact*）、《信息时代的安全》（*Information Age Security*）及《欧洲东南部军队的民主化》（*Democratization of Armed Forces in Southeastern Europe*）；CSS 人员的简介和研究方向；瑞士安全研究中心曾主办项目的列表等。

网站上公开了大量的英文报告，包括《俄罗斯军事和安全政策区域化：库尔斯克州的案例》（*Regionalization of Russian Foreign and Security Policy: The Case of Kursk Oblast*，2001 年）、《互联网与不断变化的国际关系和安全》（*The Internet and the Changing Face of International Relations and Security*，2001 年）、《国际关键信息基础设施圆桌会议：盘点八国的保护做法》（*The International Critical Information Infrastructure Roundtable: An Inventory of Protection Practices in Eight Countries*，2002 年）、《恐怖主义的变化："新恐怖主义"、影响的扩展性以及相互威胁认知的动态》（*The Transformation of Terrorism: The "New Terrorism," Impact Scalability, and the Dynamic of Reciprocal Threat Perception*，2003 年）、《破解欧洲安全和防卫政策的难题》（*Unraveling the European Security and Defence Policy Conundrum*，2003 年）以及《准备好迎接和平了吗？在北爱尔兰履行〈北爱和平协议〉(1998—2002)》（*Ready for Peace? The Implementation of the Good Friday Agreement in Northern Ireland 1998–2002*，2003 年）。

日内瓦安全政策中心

日内瓦安全政策中心（Geneva Centre for Security Policy，缩写为 GCSP），

是位于日内瓦的国际基金会，作为瑞士参与和平伙伴关系的一个组成部分。日内瓦安全政策中心的职责包括：为外交官、其他外交部和国防部官员提供专家级的国际安全政策培训；界定、参与并推动国际安全研究及会议；促进与各国政府、专家和专门研究安全政策的机构的合作。[31]

日内瓦安全政策中心的网站 www.gcsp.ch/ 上的内容包括：培训教程的介绍，已召开的会议、发表的论文，以及毕业生信息的介绍。此外，该网站还提供精选的会议文献资料的完整版，比如，《土耳其与西方世界》(*Turkey and the West*，2001 年）及各类论文，比如《被动分期付款的军备控制：伊拉克和朝鲜》(*Arms Control in Reluctant Installments: Iraq and North Korea*，2000 年)、《多边军控协议的影响：核试验遵守协议问题》(*Implementation of Multilateral Arms Control Agreements: Question of Compliance, Nuclear Tests*，2000 年)、《恐怖主义：威胁和响应》(*Terrorism: Threat and Responses*，2001 年)，以及《欧盟的欧洲共同安全与防务政策的发展及其对瑞士可能产生的影响》(*The Development of a Common European Security and Defence Policy by the European Union and Its Possible Consequences for Switzerland*，2001 年）等。

国际关系与安全网

国际关系与安全网（International Relations and Security Network，缩写为 IRSN)，隶属于位于瑞士苏黎世的联邦理工学院下属的安全研究中心。国际关系与安全网现有专职员工 30 名和 70 个世界各国的合作机构，它致力于在从事国际安全问题研究的个人和组织中促进知识和信息的交换，从而推动信息技术和国际安全社会的整合。[32]

国际关系与安全网的网站 www.isn.ethz.ch/ 上有员工的名单、路透社关于国际安全问题的新闻报道、国际安全相关会议的日期、由斯德哥尔摩国际和平研究所和其他来源汇总建立的“国际关系和安全趋势事实”数据库、国际安全的首字母缩略词，以及访问国际安全研究机构的网站链接等。通过该网站可查阅的出版物包括：双月通讯《俄罗斯地区报告》(*Russian Regional Report*，1996 年至今)、期刊《信息和安全》(*Information and Security*，1998 年至今)，以及访问其他国际安全研究机构编写的出版物链接等。

中国台湾地区——台湾安全研究所

台湾安全研究所（Taiwan Security Research，缩写为 TSR），成立于 1997 年，隶属于台北市台湾大学政治学系。它的职责是提供那些会影响台湾和亚太地区安全事务的目标和均衡信息。[33]

台湾安全研究所的网站 http://taiwansecurity.org/ 提供了相关的新闻和其他信息资源，涉及的主题很多，诸如美中会晤、中国人民解放军、飞弹部署与防御、中国台湾政坛、日本政策，以及源自国际媒体和学术资源的中国经济和社会发展等。此外，通过该网站还可以查阅到台湾安全研究所从 1998 年至今的论文，其中包括《海峡两岸政治谈判的挑战》(*The Challenge to Political Negotiation across the Taiwan Strait*，1998 年)、《台湾关系法：持久的协定还是易磨损的框架？》(*The Taiwan Relations Act: Durable Agreement or Fraying Framework?*，1999 年)、《航行在台湾海峡：威慑、大国统治与美中关系》(*Navigating the Taiwan Strait: Deterrence, Escalation Dominance, and U.S-China*，2002 年)、《“台独”和美国的反应》(*Taiwan Independence and the U.S. Response*，2002 年)，以及《台湾海峡 II：战争的风险》(*Taiwan Strait II: The Risk of War*，2003 年)。

阿联酋——战略研究中心

阿联酋战略研究中心（Emirates Center for Strategic Studies and Research，缩写为 ECSSR）位于阿联酋的阿布扎比市（Abu Dhabi）。它致力于研究阿联酋和波斯湾（Persian Gulf）地区的国家安全和经济健康，促进思想和信息上的学术交流，并通过培训项目协助和推动阿联酋民众的职业发展。[34]

阿联酋战略研究中心的网站 www.ecssr.ac.ae/ 上有关于阿联酋的信息，比如，战略研究中心这样的组织实体的介绍，以及该中心赞助的会议和讲座的信息和摘要等。更多内容包括：阿联酋战略研究中心出版物的摘要，比如《太空 / 导弹防御、防扩散以及安全政策规划》(*Air/Missile Defense, Counter-Proliferation, and Security Policy Planning*，1999 年)、《南亚势力的均衡》(*The Balance of Power in South Asia*，2000 年）以及《波斯湾：未来安全与英国的政策》(*The Gulf: Future Security and British Policy*，2000 年）等，还有研究论文的摘要，比如《整个中东地区超常规的军备控制和裁军的途径》（*Integrated Middle East Regional Approaches to Unconventional Arms Control and Disarmament*，1999年）、《在波斯湾和里海盆地之间的伊朗：战略和经济影响》（*Iran, Between the Gulf and the Caspian Basin: Strategic and Economic Implications*，2000年），以及《土耳其与以色列的关系：从边缘到中心》（*Turkish-Israeli Relations: From the Periphery to the Center*，2001年）。

英国

无论在历史上还是今天，英国都在国际安全事务中扮演着重要的角色。英国的研究机构在军民关系与裁军、英国的军事政策，以及他国国家安全政策制定等方面开展研究。

裁军外交研究所

坐落在英国伦敦的裁军外交研究所（Acronym Institute for Disarmament Diplomacy，缩写为AI），作为裁军情报评估部门，始建于1995年，并于1997年使用现在的机构名称。裁军外交研究所的主要任务是与决策者和非政府组织一起，通过发布信息和主张提供谈判的机会来推动防扩散与核裁军工作。[35]

裁军外交研究所的网站 www.acronym.org.uk/ 显示了近期即将召开的国际裁军会议的日程表，以及与裁军相关的主题的新闻报道，这些主题包括《1992年禁止化学武器公约》、《全面禁止核试验条约》、英国裁军政策，以及南亚的核发展。通过该网站可以访问的出版物包括：快讯《裁军评论》（*Disarmament Review*，1996年至今）及部分报告，如《全面禁止核试验条约：签署并不意味着封存》（*A Comprehensive Test-Ban Treaty: Signed But Not Sealed*，1997年）及《防扩散条约：具有挑战性的时代》（*The Non-Proliferation Treaty: Challenging Times*，2000年）。

中东欧军民关系互联网资源中心

中东欧军民关系互联网资源中心（Civil-Military Relations in Central and

Eastern Europe Internet Resource Center，缩写为 CMR），隶属于伦敦大学国王学院（University of London's Kings College）。该中心研究中东欧共产主义政权解体后军民关系发生的变化。其研究目标包括：确定这些地区军民关系的发展模式、研究这些人际关系和它们的相对重要性的变化，以及由北约、欧盟以及欧洲安全与合作组织等评估这些变化的影响和针对中东欧的外延政策。[36]

网址 http://civil-military.dsd.kcl.ac.uk/ 有中东欧军民关系互联网资源中心筹资渠道的列表、该中心主办过的活动的介绍、联系信息，以及军民关系资源的文献索引等。可查询的论文范例包括：《中东欧军队的民主控制：了解军民关系的框架》（*Democratic Control of the Armed Forces in Central and Eastern Europe: A Framework for Understanding Civil-Military Relations*，1999 年）、《中东欧军队的职业化：背景概述》（*Professionalization of Armed Forces in Central and Eastern Europe: A Background Paper*，2000 年）以及《后共产主义欧洲的军队和社会：正统和改变》（*The Armed Forces and Society in Post-Communist Europe: Legitimacy and Change*，2002 年）。

冲突、安全与发展小组

冲突、安全与发展小组（Conflict, Security, and Development Group，缩写为 CSDG），位于伦敦大学国王学院，应英国国际发展署（British Department for International Development）要求于 1999 年成立，目的是研究安全部门改革的实施中和政策的执行中面临的挑战。[37]

冲突、安全与发展小组的网站 http://csdg.kcl.ac.uk/ 显示了其小组成员的名单列表及其研究领域，以及该机构的相关介绍。通过该网站可以查阅的出版物包括：《新闻简报》（*Bulletin briefings*，1999 年至今），从学术期刊《冲突、安全与发展》（*Conflict, Security, and Development*，2001 年至今）中选取的文章，以及学术论文，如《在民主的尼日利亚进行的安全改革》（*Security Reform in Democratic Nigeria*，2000 年）、《重组东南亚的安全部门》（*Reforming Southeast Asia's Security Sectors*，2001 年）、《预算外的军费开支与国家收入：相关问题和捐赠者的政策观点》（*Off-Budget Military Expenditure and Revenue: Issues and Policy Perspectives for Donors*，2002 年），以及《后冲突社会中的安全部门改革》（*Security Sector Transformation in Post-Conflict Societies*，2002 年）。

冲突研究中心

冲突研究中心（Conflict Studies Research Centre, 缩写为 CSRC），位于英格兰萨理郡（Surrey）的坎伯利（Camberley），成立于 1972 年，隶属于英国军队理论和发展理事会（British Army's Doctrine and Development Directorate）。该中心的任务是分析中东欧和苏联的长期不稳定性，以及他们在军事与安全上的做法。[38]

英国冲突研究中心的网站 www.csrc.ac.uk/ 提供了“最新消息”的网页、访问俄罗斯和东欧的安全方面的网站链接，以及该中心的相关信息和联络方式。从 1999 年至今可查阅的完整报告包括：季刊《俄罗斯年表》(*Russian Chronology*，1998 年至今）和一些专题论文，如《小型武器转让和裁军：是塔吉克斯坦在 20 世纪 90 年代的安全主旨吗？》（*Small Arms Transfers and Disarmament: A Security Leitmotif for Tajikistan in the Late 1990s?*，1999 年 ）、《车臣：战争暴行和压力》(*Chechnya: Dynamics of War Brutality and Stress*，2001 年)、《俄罗斯地面部队最高指挥部的消遣：为未来战争做好准备？》(*The Recreation of Russia's Ground Forces High Command: Prepared for Future War?*，2002 年)、《俄罗斯军队中人力资源的问题》（*Manpower Problems of the Russian Armed Forces*，2002 年)、《弗拉基米尔 · 普京和俄罗斯的特殊服务》(*Vladimir Putin and Russia's Special Services*，2002 年)、《新的乌克兰安全政策文件：行动的坚实基础？》（*New Documents on Ukraine's Security Policy: A Sound Basis for Action?*，2003 年)、《族裔民族主义者 / 分裂主义者的恐怖主义的观点》（*Perspectives on Ethno-Nationalist/Separatist Terrorism*，2003 年)，以及《乌兹别克斯坦与来自伊斯兰极端主义的威胁》(*Uzbekistan and the Threat from Islamic Extremism*，2003 年)。

国际战略研究所

国际战略研究所（International Institute for Strategic Studies，缩写为 IISS）位于英国伦敦。该机构成立于 1958 年，有 50 名雇员和 2140 名左右成员。[39] 该机构的任务是为政治家、外交官、军方、新闻工作者、学者及一般公众提供有关国际战略的客观信息。[40]

要了解关于国际战略研究所项目和活动的详细信息，可以访问网站 www.iiss.org/。资料包括媒体引用的国际战略研究所的专家观点或出版物、该机构中各个专家的简介及其研究方向，以及该机构研究项目的信息，如欧洲安全、中东、新恐怖主义，以及俄罗斯和欧亚大陆等。

该网站还提供了国际战略研究所当下的快讯和期刊《俄罗斯地区的前景》（*Russian Regional Perspectives*）的完整文本。此外，还可以查阅到一些文章的摘要，包括期刊《幸存者》（*Survival*，2000 年至今）中摘录的文章、最新的年刊《军事平衡》（*Military Balance*），及国际战略研究所阿德菲论文专集（1996 年至今）等。阿德菲论文专集或许在许多大学的研究图书馆中都能找到，有些书刊如《弹道导弹防御和战略稳定》（*Ballistic Missile Defence and Strategic Stability*，2000 年）、《德国军事改革与欧洲安全》（*German Military Reform and European Security*，2001 年）、《分裂的印度尼西亚：对地区安全的影响》（*Disintegrating Indonesia: Implications for Regional Security*，2002 年）、《伊拉克徘徊在十字路口：政权更迭阴影下的国家和社会》（*Iraq at the Crossroads: State and Society in the Shadow of Regime Change*，2003 年）及《东南亚的政治伊斯兰：温和派、激进派和恐怖分子》（*Political Islam in Southeast Asia: Moderates, Radicals, and Terrorists*，2003 年）。

简氏信息集团

简氏信息集团（Jane’s Information Group，缩写为 JIG）总部位于英格兰萨理郡的库尔森，在世界各地均设有办事处。简氏信息集团成立于 1898 年，是有关国际安全问题的情报与分析方面的领军者，以其准确、权威和客观公正在业内享有盛誉。该机构提供与国防相关的消息和分析，某国国家安全和威胁的评估，军事系统和装备信息，世界各国军队的作战序列和军事部署的信息，以及国际地缘政治情报和消息分析等。[41]

该机构的网站 www.janes.com/ 提供了简氏信息集团的业务及其服务的相关信息，这些信息在国际上的许多高校和军事图书馆中都能找到。在该网站上还能查阅相关的出版物，包括：《情报评论与国际防务评论》（*Intelligence Review and International Defence Review*）这样的期刊和诸如《全世界的飞机》（*All the World’s*

Aircraft)、《简氏战舰》(*Jane's Fighting Ships*)、《简氏陆基防空系统》(*Jane's Land-Based Air Defence*)、《简氏导弹与火箭》(*Jane's Missiles and Rockets*)，以及《简氏海军武器系统》(*Jane's Naval Weapons Systems*) 等年度汇编。订阅人也可通过网站获得这些出版物的印刷版。

兰卡斯特大学——防务与国际安全研究中心

防务与国际安全研究中心 (Centre for Defence and International Security Studies，缩写为 CDISS)，成立于 1990 年，隶属于兰卡斯特大学政治与国际关系系 (Lancaster University's Department of Politics and International Relations)，致力于英国和其他国家国防与安全事务相关的跨学科研究。[42]

防务与国际安全研究中心的网站 www.cdiss.org/ 介绍了该中心在航天实力、军民关系、军事技术、海道安全，以及其他学科等领域的研究项目。出版物包括：《中国的导弹威胁：照片集》(*The Chinese Missile Threat: A Photo Essay*，1996 年)、《超音速飞行器：回到未来》(*Hypersonic Vehicles: Back to the Future*，1997 年)，以及《朝鲜舞水端里发射车》(*North Korea's Musudan-Ri Launch Vehicle*，1999 年)。该网站还罗列了与弹道导弹相关的预期的研究课题。

英国皇家联合军种国防研究所

英国皇家联合军种国防研究所 (Royal United Services Institute，缩写为 RUSI)，位于英国伦敦，由威灵顿公爵于 1831 年创建。该研究所致力于推动国防和国际安全问题的研究、探讨和汇报，并为其服务群体提供决策建议，它的服务群体包括了政府、军方、政坛、外交、学术、商业、媒体、执法及其他有兴趣的个人和组织。[43]

英国皇家联合军种国防研究所的网站 www.rusi.org/ 通过电子邮件的订阅方式提供最新的新闻发布稿和信息。

该网站还提供了访问"亚洲"、"欧洲安全"、"国土安全和复原力"、"中东和北非"及"英国军队"等研究项目的相关网站链接。网站上还有当期的期刊《中国军事指南》(*Chinese Military Guide*)。此外，该网站还展示了英国皇家联合军种国防研究所出版物的目录表，包括《RUSI 期刊》(*RUSI Journal*，2000

年2月至今）及时事通讯《简讯》（*Newsbrief*，2000年1月至今）等。其成员能够查阅这些出版物和其他出版物的全文。

该网站还提供了英国皇家联合军种国防研究所的白厅论文（Whitehall Papers）专集（1990年至今）中大多数卷的目录。收录的文章包括《波兰部队的转变——为加入北约做准备》（*The Transformation of the Polish Armed Forces—Preparing for NATO*，1999年）、《爱琴海：桥梁还是障碍》（*The Aegean Sea: Bridge or Barrier*，2001年）、《抱成一团：技术革新时代下的军事互通性》（*Hanging Together: Military Interoperability in an Age of Technical Innovation*，2003年）以及《冲突中的帝国：欧洲与美国日渐增多的裂痕》（*Empires in Conflict: The Growing Rift between Europe and the United States*，2003年）等。

注 释

1. Australian Defence Studies Centre, "Who We Are" (2003), 1 (http://idun.its.adfa.edu.au/ADSC/who.htm), accessed September 17, 2003.
2. Australian Strategic Policy Institute, "About Us" (n.d.), 1–2 (www.aspi.org.au/about.cfm), accessed September 17, 2003.
3. Strategic and Defence Studies Centre, "About the SDSC" (n.d.), 1 (http://rspas.anu.edu.au/sdsc/aboutus.html), accessed September 18, 2003.
4. Institute for International Security Studies, "Objectives" (n.d.), 1 (www.isn.ethz.ch/isis/alle/objectives.htm), accessed September 18, 2003.
5. Canadian Institute of Strategic Studies, "About Us" (n.d.), 1 (www.ciss.ca/aboutus.htm), accessed September 18, 2003.
6. Centre for Security and Defence Studies, "About the Centre" (n.d.), 1 (www.carleton.ca/csds/about_the_centre.html), accessed September 19, 2003.
7. Conference of Defence Associations, "About CDA" (2003), 1 (www.cda-cdai.ca/about.htm), accessed September 19, 2003.
8. Council for Canadian Security in the 21st Century, "Welcome to the Council for Canadian Security in the 21st Century WWW Site" (2003), 1 (www.ccs21.org/main.htm), accessed September 22, 2003.
9. Research Group in International Security, "Programme Information" (2000), 1–2 (ww2.mcgill.ca/regis/themes.htm), accessed August 19, 2003.
10. Centre for Military and Strategic Studies, "History" (n.d.), slide 2 (www.stratnet.ucalgary.ca/about/ report/2), accessed September 22, 2003.
11. Centre for Military and Strategic Studies, "About CMSS—Centre Objectives" (n.d.), 1 (www.stratnet.ucalgary.ca/about/object.html), accessed September 22, 2003.
12. Centre for Defence and Security Studies, "Information about CDSS" (n.d.), 1 (www.umanitoba.ca/

centres/defence/), accessed September 23, 2003.
13. York Centre for International and Security Studies, “Welcome” (n.d.), 1 (www.yorku.ca/yciss/welcome/welcome_main.htm), accessed September 24, 2003.
14. Danish Institute of International Affairs, “About DUPI” (n.d.), 1 (www.dupi.dk/www.dupi.dk/htdocs/re_en_omd/), accessed September 25, 2003.
15. Finnish Institute of International Affairs, “What Is the FIIA” (n.d.), 1 (www.upi-fiaa.fi/english/institute/institute_main.htm), accessed September 25, 2003.
16. German Institute for International Politics and Security, “Stiftung Wissenschaft und Politik (SWP)” (2003), 1 (www.swp-berlin.org/english/index_e.html), accessed September 26, 2003.
17. Institute for Defence Studies and Analysis, “Homepage” (n.d.), 1 (www.idsa-india.org/), accessed September 26, 2003.
18. Institute of Peace and Conflict Studies, “About Us” (2002), 1 (www.ipcs.org/ipcs/aboutUs.jsp?status=Objectives&mod=a), accessed September 26, 2003.
19. Begin-Sadat Center for Strategic Studies, “About Us” (n.d.), 1–2 (www.biu.ac.il/Besa/about.html), accessed September 29, 2003.
20. Institute for Advanced Strategic and Political Studies, “About Us” (n.d.), 1 (www.israeleconomy.org/about.htm), accessed September 29, 2003.
21. Jaffee Center for Strategic Studies, “About JCSS” (n.d.), 1–3 (www.tau.ac.il/jcss/about.html), accessed September 29, 2003.
22. Institute for International Policy Studies, “About IIPS” (n.d.), 1 (www.iips.org/page2.html), accessed October 1, 2003.
23. Centre for Strategic Studies, “Welcome to the CSS” (n.d.), 1 (www.vuw.ac.nz/css/), accessed October 1, 2003.
24. Institute of Strategic Studies Islamabad, “Homepage” (n.d.), 1 (www.issi.org.pk/), accessed October 1, 2003.
25. Institute of Defence and Strategic Studies, “About Us” (n.d.), 1 (www.idss.edu.sg/abuts_01.htm), accessed October 1, 2003.
26. Centre for Conflict Resolution, “About the Centre for Conflict Resolution” (n.d.), 1 (http://ccrweb.ccr.uct.ac.za/about.html), accessed October 2, 2003.
27. Institute for Strategic Studies, “Approach and Focus: History of the ISS” (n.d.), 1(www.iss.co.za/about/app_focus.htm), accessed October 8, 2003.
28. Regional Center for Strategic Studies, “About RCSS” (n.d.), 1 (www.rcss.org/about.html), accessed October 3, 2003.
29. Stockholm International Peace Research Institute, “About SIPRI: A Brief History of SIPRI” (n.d.), 1 (http://about.sipri.se/history/), accessed October 3, 2003. 关于更多历史背景资料，参见 Frank Blackaby, *How SIPRI Begun: SIPRI Continuity and Change 1966–1996* (Stockholm, Sweden: Stockholm International Peace Research Institute, 1996)。
30. Center for Security Studies, “About Us” (n.d.), 1 (www.fsk.ethz.ch/about/about_us/about_us.htm), accessed October 4, 2003.
31. Geneva Centre for Security Policy, “About the GCSP” (2000), 1 (www.gcsp.ch/e/_navtop.htm), accessed October 4, 2003.
32. International Relations and Security Network, “Welcome” (2002), 1 (www.isn.ethz.ch/extended/index.cfm?service=about), accessed October 4, 2003.
33. Taiwan Security Research, “About TSR” (n.d.), 1 (http://taiwansecurity.org/TSR-About-TSR.htm), accessed October 4, 2003.

34. Emirates Center for Strategic Studies and Research, "ECSSR Mission" (n.d.), 1 (www.ecssr.ac.ae/03uae.intro3.html), accessed October 6, 2003.
35. Acronym Institute for Disarmament Diplomacy, "About the Acronym Institute" (2003), 1(www.acronym.org.uk/acroinst.htm), accessed October 6, 2003.
36. Civil-Military Relations in Central and Eastern Europe, "Project Aims and Objectives" (2000), 1–2 (http://civil-military.dsd.kcl.ac.uk/project/aims_and_objectives.htm), accessed October 6, 2003.
37. Conflict, Security, and Development Group, "Profile" (n.d.), 1–2 (http://csdg.kcl.ac.uk/Profile/profile.html), accessed October 6, 2003.
38. Conflict Studies Research Centre, "About CSRC" (2001), 1 (www.csrc.ac.uk/pages/about_csrc.htm), accessed October 6, 2003.
39. "Associations Unlimited: International Institute for Strategic Studies" (n.d.), 1 (www.galenet.com/servlet/AU), accessed October 7, 2003.
40. International Institute for Strategic Studies, "About IISS" (n.d.), 1 (www.iiss.org/aboutiiss.php), accessed October 7, 2003.
41. Jane's Information Group, "About Jane's" (n.d.), 1 (www.janes.com/company/about/), accessed October 7, 2003. 关于简氏信息集团（JIG）创始人弗雷德·简的绘像及一本简氏信息集团重要刊物——《简氏战舰》的历史回顾，参见 Bert Chapman, "The Origins and Development of Jane's Fighting Ships," *Reference Services Review,* 21 (1) (1993): 71–78。
42. Centre for Defence and International Security Studies, "About CDISS" (1997), 1 (www.cdiss.org/descript.htm), accessed October 7, 2003.
43. Royal United Services Institute, "About the Institute" (2001), 1 (www.rusi.org/about.html), accessed October 8, 2003. 关于英国皇家联合军种国防研究所的更多历史背景资料，参见 Michael D. Welch, *Science and the British Officer: The Early Days of the Royal United Services Institute for Defence Studies, 1829–1869* (London, England: Royal United Services Institute for Defence Studies, 1998)。

[第14章]

索引、期刊、丛书和学者信息精选

商业化发行的期刊索引、学术类出版社出版的主要期刊、专题丛书，以及相关学者的信息，都会增强人们对国家安全问题和理论的理解。

期刊索引

期刊索引，在国家安全政策类文献中随处可见。美国和其他国家的许多学术研究图书馆在其馆藏中都有这些索引的纸质版或者电子版文档。要获取这些文献信息，需要索引出版商与订购该索引的图书馆之间谈判，并达成协议。电子文献资源仅限于学术机构的学生和教师使用。在一些情况下，用户需要用他们的大学学生证或工作证注册一个账号，才能在线访问索引。在其他情况下，非本机构的使用者则不必注册账号，他们可以通过大学图书馆系统的计算机终端或者大学互联网协议（IP）域名 IP 能涵盖指定校园内的所有计算机内的计算机访问数据库。

美国空军大学图书馆的军事期刊索引

“美国空军大学图书馆的军事期刊索引”（Air University Library Index to Military Periodicals，缩写为 AULIMP），由美国空军大学图书馆在阿拉巴马州（Alabama）的麦克斯韦尔空军基地（Maxwell Air Force Base）编写而成，将 1989 年至今的军事期刊编入其中。公众可以通过网站 www.au.af.mil/au/aul/muir1/aulimp.htm 免费访问。用户可以在当地图书馆查阅是否藏有这些文章的纸质版或者电子版文献资源。

《美加：历史与生活》

《美加：历史与生活》（*America: History and Life*，缩写为 AHL），由位于美国加州圣塔巴巴拉的美国书目中心——克利欧出版社（ABC-Clio）出版。该索引涵盖了 1450 年至今关于美国和加拿大历史的文章、论文、专著章节，以及书籍。在大多数大中型学术研究图书馆中，都可以使用这一索引。

美国政府出版物目录

"美国政府出版物目录"（Catalog of Government Publications，缩写为 CGP），是由美国政府印刷办公室出版的。"美国政府出版物目录"是美国政府出版物的在线月度目录，其中涵盖了联邦政府托管图书馆（Federal Depository Library）获准录用的出版物。公众可以通过网址 www.gpoaccess.gov/cgp/ 免费访问"美国政府出版物目录"，它涵盖了自 1994 年 1 月至今的出版物。同时，该目录骄傲提供大量出版物的在线版本链接，以及详尽的书目信息，以便用户在联邦政府托管图书馆查找纸质出版物。另外，美国政府印刷办公室还出版了一个相关的产品——《新电子图书》（*New Electronic Titles*）网站 www.access.gpo.gov/su_docs/locators/net，可以在线访问 2000 年到现在的美国政府最新出版物的电子版全文。《新电子图书》每月会在三四个工作日内收录相关的出版物。

《美国国会信息服务索引》

《美国国会信息服务索引》（Congressional Information Service Index，缩写为 CIS Index），虽然不是严格意义上的学术期刊索引，但仍是众多研究政府及国家安全政策相关人员需要的重要研究资源。《美国国会信息服务索引》由律商联讯的子公司——美国国会信息服务公司出品，该公司坐落在美国马里兰州的贝塞斯达（Bethesda）。该索引涵盖了 1970 年至今的国会委员听证会及其出版物资料。该索引的印刷版本为月度目录和摘要选集，并集结成年度目录和年度摘要选集，以及一本立法历史年鉴。《美国国会信息服务索引》提供详尽的国会出版物的著录信息，以及在国会委员会作证的证人姓名等信息。另外，美国国会信息服务公司还提供一项相关的网络服务——“美国国会数据库”（Congressional Universe）[1]。

Ebsco Host 军事政治情报分析数据库

Ebsco Host 军事政治情报分析数据库（Ebsco Host's Military and Government Collection，缩写为 EHMGC），提供 20 世纪 80 年代中期以来的 300 余种军事及政府相关领域的期刊索引，其中包括一部分期刊的全文。

文献总监处分类系统

文献总监处分类系统（Superintendent of Documents Classification System），是一套对美国政府印刷办公室发布给各联邦政府托管图书馆的美国政府出版物进行文档分类的系统。美国政府印刷办公室依照各出版物的联邦机构进行编目，负责维护和更新该系统。文献总监处每个编码中的每个字母、数字和标点符号都代表着重要的信息，如发布该文件的机构、该出版物的类型，以及出版年份。例如，在文献总监处分类系统中，编号为 D 1.1:003 的一份出版物，为 2003 财年美国国防部致国会年度报告。SuDoc 编号在 D 1.2 条目下的出版物为国防部一般出版物，如《欧洲常规武装力量条约》（*CFE Treaty, Conventional Armed Forces in Europe Treaty*）、《实施的实地观察：实地观察机构和欧洲常规武装力量条约实施的历史沿革（1990—1996）》[*On-Site Inspections under the CFE Treaty: A History of the On-Site Inspection Agency and CFE Treaty Implementation*，1990–1996.（D 1.2:C 76/12）]。国防部一般出版物的其他编号条目包括：D 103 为美国陆军工程兵部队（U.S. Army Corps of Engineers）出版物；D 114 为美国陆军军事历史中心（U.S. Army Military History Center）出版物；D 205 为美国海军执法署（Navy

[1] 译注：“美国国会数据库”提供了关于美国国会 211 年左右的全文信息资料，其中包括：国会情报系统索引、历史索引、国会议员传记、委员会任务、选举记录、证词、议案、华盛顿内部消息、财务数据和相关的法令信息资源等

Judge Advocate General）出版物；D 221 为美国海军历史中心（Naval Historical Center）出版物；D 301 为美国空军部（Air Force Department）出版物。登录美国政府印刷办公室的网页 www.access.gpo.gov/su_docs/fdlp/pubs/explain.html，可以查阅文献总监处分类系统的相关信息。

如果发行出版物的政府机构名称有变化，或该机构的职能发生变更，SuDoc 编码也会随之调整。例如，美国海关发行的出版物在 SuDoc 分类系统中归属于 T 17 条目，此时该机构隶属于财政部。而在 2003 年，美国海关划归为新成立的美国国土安全部（Department of Homeland Security），该机构的出版物在 SuDoc 分类系统中的编码就随之调整为 HS 4.100。类似的 SuDoc 编码调整信息可以在联邦政府托管图书馆大多数的在线目录系统中查询。

《历史文摘》

《历史文摘》（*Historical Abstracts*，缩写为 HA），由美国书目中心－克里欧出版社出版，提供 1450 年至今关于美国历史和世界历史的文章、论文、图书章节，以及书目等文献检索。

《律商联讯政府期刊索引》

《律商联讯政府期刊索引》（*LexisNexis Government Periodicals Index*，缩写为 GPI）是律商联讯的子公司美国国会信息服务公司的产品。它提供了 1988 年以来的 170 种美国政府机构期刊的索引目录。

《公共事务情报社文献题录》

《公共事务情报社文献题录》（*Public Affairs Information Service International*，缩写为 PAIS）是在线计算机图书馆联盟（Online Computer Library Consortium，缩写为 OCLC）的产品，该联盟位于美国俄亥俄州都柏林镇。公共事务情报社文献题录提供学术性公共事务文献的访问权限，文献包括期刊文章、书籍、专著章节和美国政府公文选集。查询此项服务，可以登录网站 www.pais.org/。众多学术图书馆订阅了《公共事务情报社文献题录》的纸质版和电子版文献服务。

《参谋学院期刊自动索引》

《参谋学院期刊自动索引》(*Staff College Automated Periodicals Index*，缩写为 SCAMPI)，是由联合部队参谋学院图书馆、国防大学图书馆和国防技术信息中心联合提供的。该索引提供了 1997 年以来的科普类和学术类军事专业出版物、美国审计总署和美国智库兰德公司的报告选集。《参谋学院期刊自动索引》的网站 www.dtic.mil/dtic/scampi/ 也提供索引中的期刊文献目录和各期刊的网页链接。

《世界政治科学文摘》

《世界政治科学文摘》(*Worldwide Political Science Abstracts*，缩写为 WPSA)，由位于马里兰州贝塞斯达的英国剑桥科学文摘公司（Cambridge Scientific Abstracts）出版。《世界政治科学文摘》提供 1975 年至今政治学领域内的期刊文章索引，以及 1960—1974 年的回溯报道。

学术期刊

许多国家都出版各种各样的学术期刊。这些期刊论述了军民关系、国防经济学、军事社会学、核战略，以及恐怖主义等主题。[1] 学术期刊还会评论书籍和其他学术文献。这些期刊刊发那些已通过同行评议的文章。在这一程序中，在该领域担任期刊编委的专家和学者们对提交上来的文章内容进行审查，来决定这些文章是否适合刊发。

在美国和其他国家的高校图书馆中，可以找到许多学术期刊的印刷版和电子版。然而，其中的许多期刊是由盈利性出版商出版的。结果是，在网络上免费获得这些文章基本不大可能。已经订阅了期刊印刷版的高等院校图书馆可能还与出版商协商并签订合同来购买这些期刊的电子版本。这样的协议也许会限定与该高校有关联的用户——比如，只有持有学校身份识别号码的教职员工和学生才能访问电子期刊。协议可能还会规定，只有在该所高校的 IP 地址范围内，或者只有该校图书馆的计算机才能访问（电子期刊）。

《乌利希国际期刊指南》（*Ulrich's International Periodicals Directory*）是一本对学术和主流期刊非常有用的指南。这部年度卷集由鲍克公司（R. R. Bowker）出版，是在众多高校图书馆参考资料区中精确查找期刊信息的主要资源。

期刊数据库（JSTOR）和远程登录（TDNet）这两个平台可供人们访问众多学科的大量电子期刊。期刊数据库，为访问许多社会科学学科近期及历史的各期学术期刊提供了通道。要了解更多关于期刊数据库的信息，可以访问网站 www.jstor.org/。[2] 远程登录是一家以色列公司，提供多所高校图书馆和科研机构的众多学科的电子期刊文章的访问服务。

《军队与社会》

《军队与社会》（*Armed Forces and Society*）由马里兰大学（University of Maryland）主持的"军队与社会"校际研讨会（国际学生联合会，IUS）发行。它是由业务出版社（Transaction Publishers）出版的季刊，国际标准刊号（International Standard Serial Number，ISSN）是 0095–327X。要了解这本期刊和 IUS 的基本信息，可访问网站 www.bsos.umd.edu/ius/main/Journal.htm。《军队与社会》创刊于 1975 年，近期刊登的文章包括：《指向平民的霸权——台湾民主下的军民关系》（*Toward Civilian Supremacy: Civil-Military Relations in Taiwan's Democratization*，2002 年秋）及《文化、国籍及兵役的重建》（*The Reconstruction of Culture, Citizenship, and Military Service*，2003 年春）等。

《天文政治：关于太空强国和政策的国际期刊》

《天文政治：关于太空强国和政策的国际期刊》（*Astropolitics: The International Journal of Space Power and Policy*）于 2003 年创刊，由英国的弗兰克·卡斯（Frank Cass）出版社出版。这本期刊每年发行三期，国际标准刊号是 1477–7622，该刊的网址是 www.astropolitics.org/。已刊登的文章有《图腾和禁忌：去极化的太空武器化的辩论》（*Totem and Taboo: Depolarizing the Space Weaponization Debate*，2003 年季），以及《太空武器的出现》（*The Advent of*

Space Weapons，2003 年夏）等。

《内战》

《内战》（*Civil Wars*）是弗兰克·卡斯出版社出版的一份季刊，国际标准刊号是 1369–8249。要了解关于《内战》的基本信息，可以通过访问弗兰克·卡斯出版社的网站 www.tandf.co.uk/journals/titles/13698249.asp 查询。该刊创刊于 1998 年。刊登过的文章有《阿尔及利亚内战冲突的开启与扩大因素》（*The Initiating and Magnifying Factors in Algeria's Civil Conflict*，2001 年春季），以及《车臣：旷日持久的后苏联时代冲突的起因》（*Chechnya: The Causes of a Protracted Post-Soviet Conflict*，2002 年冬）等。

《冷战史》

《冷战史》（*Cold War History*）是伦敦经济与政治科学学院（London School of Economics and Political Science）国际历史系主办的一份期刊，并由弗兰克·卡斯出版社出版，每年出版三期，国际标准刊号（ISSN）是 1468–2745。该刊创刊于 2000 年，要了解《冷战史》的基本信息，可以通过访问网址 www.tandf.co.uk/journals/titles/14682745.asp 查询。该刊刊登过的文章有《惹火苏联人：一个超级联盟、一个超级大国和柏林墙的修建》（*Driving the Soviets Up the Wall: A Super-Ally, a Superpower, and the Building of the Berlin Wall*，2000 年 8 月），以及《赫鲁晓夫和柏林危机：从内部透视苏维埃的边缘政策》（*Khruschev and the Berlin Crisis: Soviet Brinksmanship Seen from Inside*，2003 年 1 月）等。

《比较战略》

《比较战略》（*Comparative Strategy*）由公共政策国家研究所（National Institute for Public Policy，临近华盛顿特区）和雷丁大学（University of Reading，位于英国）的战略研究中心共同主办，并由泰勒–弗朗西斯出版集团（Taylor and Francis Group）出版。该期刊为季刊，国际标准刊号（ISSN）

是 0149–5933。要了解其基本信息，可以访问网址 www.tandf.co.uk/journals/titles/01495933.asp。该刊自 1982 年起出版。近期刊登的文章有《演变中的俄罗斯导弹防御观点：新兴的住所》（*Evolving Russian Perspectives on Missile Defense: The Emerging Accommodation*，2002 年 10—12 月）及《推进自由和民主：打响与伊斯兰恐怖主义的思想战》（*Promoting Freedom and Democracy: Fighting the War of Ideas against Islamic Terrorism*，2003 年 7—9 月）等。

《现代安全策略》

《现代安全策略》（*Contemporary Security Policy*）由弗兰克 · 卡斯出版社出版，每年三期。国际标准刊号（ISSN）是 1352–3260，该刊创刊于 1980 年。要了解关于该刊的基本信息，可以通过访问网址 www.tandf.co.uk/journals/titles/13523260.asp 查询。该刊近期刊登的文章有《和查理曼大帝一起旅行：隐喻、神话和法德安全与防卫合作的未来》（*Travels with Charlemagne: Metaphor, Myth, and the Future of Franco-German Security and Defence Cooperation*，2002 年 4 月）及《核恐怖的风险：盗窃和破坏核武器设施暴露出的弱点》（*Risks of Nuclear Terror: Vulnerabilities to Theft and Sabotage at Nuclear Weapons Facilities*，2002 年 12 月）等。

《CQ 周报》

《CQ 周报》（*CQ Weekly Report*）曾用刊名《国会季刊周报》（*Congressional Quarterly Weekly Report*），1998 年 4 月更名为《CQ 周报》，由位于华盛顿特区的国会季刊公司（Congressional Quarterly Inc.）出版。该刊自 1945 年起出版，国际标准刊号是 0010–5910。这本期刊对国会立法活动进行了编年记录。要了解关于该刊的基本信息，可以通过访问网址 www.cq.com 查询。近期刊发的与国家安全政策相关的文章有：《国土安全法案势头强劲未受资金不足所扰》（*Homeland Security Bill's Momentum Unfazed by Cries of Underfunding*，2003 年 7 月 12 日），以及《获利的国土部门》（*Homeland Department Gets the Dollars, Along with a Number of Strings*，2003 年 9 月 27 日）等。

《国防研究》

《国防研究》（*Defence Studies*）由弗兰克·卡斯出版社出版，每年三期。国际标准刊号（ISSN）是 1470–2436，创刊于 2001 年。要了解有关《国防研究》的基本信息，可以通过访问其网址 www.tandf.co.uk/journals/titles/14702436.asp 查询。该刊刊登的比较有代表性的文章有《西方对技术的依赖会是应对未来冲突的灵丹妙药还是其致命弱点？》（*Is the West's Reliance on Technology the Panacea for Future Conflict or its Achilles' Heel*，2001 年夏），《后冷战时期战略研究持续相关性》（*The Continuing Relevance of Strategic Studies in the Post-Cold War Era*，2001 年夏），以及《网络核心战与战争艺术的死亡》（*Network Centric Warfare and the Death of Operational Art*，2002 年春）等。

《欧洲安全》

《欧洲安全》（*European Security*）1992 年创刊，每年发行三期，由弗兰克·卡斯出版社出版，国际标准刊号为 0966–2839。要了解关于该刊的办刊目标及内容，可以登录网站 www.tandf.co.uk/journals/titles/09662839.asp 查询。该刊刊登的特色文章如《欧洲安全与国防政策：如何影响欧盟应对安全挑战的策略》（*The European Security and Defence Policy:What Impact on the EU's Approach to Security Challenges?*，2002 年夏），以及《西班牙在西地中海的安全诉求》（*Spain's Pursuit of Security in the Western Mediterranean*，2002 年夏）等。

《情报与国土安全》

《情报与国土安全》（*Intelligence and National Security*）是由弗兰克·卡斯出版社出版的季刊，1986 年创刊，国际标准刊号为 0268–4527。要了解更多相关的内容，可登录网站 www.tandf.co.uk/journals/titles/02684527.asp 查询。该刊刊发的文章有：《玻璃屋的问题：苏联征聘和部署党卫队为间谍和破坏者》（*The Problem with Glass Houses: The Soviet Recruitment and Deployment of SS Men as Spies and Saboteurs*，2000 年秋）、《神秘的变化：澳大利亚国家情报评价体系的

演变》（*Enigmatic Variations: The Development of National Intelligence Assessment in Australia*，2001 年夏），以及《后现代情报学》（*Towards Postmodern Intelligence*，2002 年秋）等。

《国际情报与反情报杂志》

《国际情报与反情报杂志》（*International Journal of Intelligence and Counterintelligence*）是由泰勒－弗朗西斯出版社发行的季刊，1988 年创刊，国际标准刊号为 0885–0607。要了解更多关于该刊的信息，可以登录网站 www.tandf.co.uk/journals/titles/08850607.asp 查询。该刊刊发的代表性文章有：《共和党在克林顿时期的情报监督》（*GOP Oversight of Intelligence in the Clinton Era*，2002 年 1 月）、《美国审计总署抗衡中情局：与强大势力的艰苦斗争》（*GAO versus the CIA: Uphill Battles against an Overpowering Force*，2002 年 7 月）、《党派之争与情报监督的削弱》（*Partisanship and the Decline of Intelligence Oversight*，2003 年春），以及《巴基斯坦三军情报局：隐形的政府》（*Pakistan's ISI: The Invisible Government*，2003 年秋）等。

《国际维和》

《国际维和》（*International Peacekeeping*）是由弗兰克·卡斯出版社出版的季刊，1994 年创刊，国际标准刊号为 1353–3312。要了解该刊刊发的文章，可以登录网站 www.tandf.co.uk/journals/titles/13533312.asp 查阅。该刊近期刊发的文章有：《提高联合国的冲突预防能力》（*Improving the UN's Capacity for Conflict Prevention*，2002 年春）、《艾滋病对和平援助行动的全球性影响》（*The Global Impact of HIV/AIDS on Peace Support Operations*，2002 年秋），以及《冲突预防：新瓶装旧酒》（*Conflict Prevention: Old Wine in New Bottles*，2003 年春）等。

《国际安全》

《国际安全》（*International Security*）由哈佛大学的约翰·F. 肯尼迪政府学

院（John F. Kennedy School of Government）下属的贝尔福科学与国际事务研究中心（Belfer Center for Science and International Affairs，缩写为 BCSIA）主办，并由麻省理工学院出版社（Massachusetts Institute of Technology Press）出版。该刊是季刊，创刊于 1976 年。国际标准刊号是 0162–2889。要了解关于《国际安全》的基本信息，可以访问贝尔福中心的网址 http://bcsia.ksg.harvard.edu/ 和出版社的网址 http://mitpress.mit.edu/ 查询。《国际安全》近期刊载的文章有：《美国和西亚的恐怖主义：9 · 11 及以后》（*The United States and Terrorism in Southwest Asia: September 11 and Beyond*，2001 年冬）、《航行在台湾海峡：威慑、大国统治与美中关系》（*Navigating the Taiwan Strait: Deterrence, Escalation Dominance, and U.S.-China Relations*，2002 年秋）、《核威慑理论、核扩散与国家导弹防卫》（*Nuclear Deterrence Theory, Nuclear Proliferation, and National Missile Defense*，2003 年春），以及《下议院的命令：美国霸权的军事基础》（*Command of the Commons: The Military Foundations of U.S. Hegemony*，2003 年夏）等。

《战场技术杂志》期刊

《战场技术杂志》（*Journal of Battlefield Technology*）由位于澳大利亚首都地区的雷德希尔（Red Hill）的阿哥斯出版社（Argos Press）出版，每年发行三期。该刊创刊于 1998 年，国际标准刊号是 1440–5113。要了解关于该刊的基本信息，或最新一期杂志的文章首页和文章摘要，以及各期目录，可以通过访问网站 www.argospres.com/jbt/ 查询。《战场技术杂志》已刊载的文章有《现代战场上的迫击炮技术开发》（*Technology Insertion to Develop Mortar Systems for the Modern Battlefield*，2002 年 7 月），以及《预测弹头自然碎片的方法》（*A Method for Predicting Natural Fragmentation of Warheads*，2003 年 7 月）等。

《冷战研究杂志》

《冷战研究杂志》（*Journal of Cold War Studies*）是由哈佛大学冷战研究项目组编写，由麻省理工学院出版社出版的季刊。该刊创刊于 1999 年，国际标准刊号是 1520–3972。要了解该刊的基本信息，可以通过访问网址 www.fas.

harvard.edu/~hpcws/journal.htm 和 MIT 出版社的网址 http://mitpress.mit.edu/ 查询。《冷战研究杂志》已刊载的文章有：《冰层下的冷战：军方寻求远程核任务，1959–1963》（*Cold War under Ice: The Army's Bid for a Long-Range Nuclear Role, 1959–1963*，2001 年秋）、《卡特政府与意大利：把共产党员排除在权力之外 》（*The Carter Administration and Italy: Keeping the Communists Out of Power without Interfering*，2002 年夏），以及《监控民主德国全境的前奏：认知斯塔西的运转和威胁（1945—1953)》（*The Prelude to Nationwide Surveillance in East Germany: Stasi Operations and Threat Perceptions, 1945–1953*，2003 年春）等。

《冲突与安全法杂志》

《冲突与安全法杂志》（*Journal of Conflict and Security Law*）是牛津大学出版社（Oxford University Press）出版的半年刊。该刊创刊于 1996 年，国际标准刊号是 1467–7954。要了解该刊的基本信息，可以通过访问网址 www3.oup.co.uk/jnls/list/jconsl/ 查询。《冲突与安全法杂志》近期刊发的文章有：《从零开始：东帝汶国防军的军事纪律体系》（*Starting from Scratch: The Military Discipline System of the East Timor Defence Force*，2002 年 10 月），以及《联合国安理会与和平的新威胁：回到未来》（*The UN Security Council and New Threats to Peace: Back to the Future*，2003 年 12 月）等。

《意外事件及危机管理杂志》

《意外事件及危机管理杂志》（*Journal of Contingencies and Crisis Management*）是由布莱克威尔出版社（Blackwell Publishing）出版的季刊。该刊 1993 年创刊，国际标准刊号是 0966–0879。要了解该刊的基本信息，可以通过访问网址 www.blackwellpublishing.com/journal.asp?ref=0966-0879 查询。《意外事件及危机管理杂志》近期刊载的文章有：《雷区与本地社区的适应性分析》（*Landmines and Local Community Adaptation*，2002 年 6 月），以及《监视与安全：一种狡猾的安全》（*Surveillance and Security: A Dodgy Relationship*，2003 年 3 月）等。

《军事伦理学杂志：使用武力的规范与标准》

《军事伦理学杂志：使用武力的规范与标准》(*Journal of Military Ethics: Normative Aspects of the Use of Military Force*) 是泰勒 – 弗朗西斯出版集团发行的半年刊。该刊创刊于 2002 年，国际标准刊号是 1502–7570。要了解有关该刊的基本信息，可以通过访问网址 www.tandf.co.uk/journals/titles/15027570.asp 查询。该刊近期刊发的文章有：《军事欺骗的道德约束》(*The Moral Limits of Military Deception*，2002 年 1 月)，以及《"国际社会"在正义战争传统中的作用——直面对人道主义干涉的挑战》(*The Role of the 'International Community' in Just War Tradition—Confronting the Challenges of Humanitarian Intervention*，2003 年 7 月) 等。

《军事史杂志》

《军事史杂志》(*Journal of Military History*) 是由位于堪萨斯州 (Kansas) 莱文沃思市的军事史学会 (Society for Military History) 出版的季刊。该刊创刊于 1937 年，国际标准刊号是 0026–3931。要了解有关该刊的基本信息以及 1997 年以来各刊的目录，可以通过访问网 www.smh-hq.org/jmh/ 查询。该刊近期刊发的文章有：《南方人依靠上帝恩惠而普鲁士人靠常识：詹姆斯 · 朗斯特里特和美国南北战争中的指挥实践》(*Southern by the Grace of God But Prussian by Common Sense: James Longstreet and the Exercise of Command in the U.S. Civil War*，2002 年 10 月)、《一个向内看的时代：美国陆军 (1973—1976)》(*An Inward Looking Time: The United States Army, 1973–1976*，2003 年 4 月)，以及《黑人和山姆大叔：二战时期欧洲战场上的塔斯基吉飞行队和美国陆军航空兵》(*Jim Crow and Uncle Sam: The Tuskegee Flying Units and the U.S. Army Air Forces in Europe during World War II*，2003 年 7 月) 等。

《斯拉夫军事研究杂志》

《斯拉夫军事研究杂志》(*Journal of Slavic Military Studies*) 是由弗兰克 · 卡斯出版社出版的季刊。该刊创刊于 1988 年，国际标准刊号是 1351–

8046。要了解有关该刊的基本信息，可以通过访问网址 www.tandf.co.uk/journals/titles/13518046.asp 查询。《斯拉夫军事研究杂志》近期刊载的文章有：《俄罗斯化学武器：是扩散，还是销毁？》（*Russian Chemical Weapons: Proliferation or Destruction?*，2002 年 3 月）、《面向 21 世纪的俄罗斯和北约：波黑和科索沃地区的冲突与维和》（*Russia and NATO toward the Twenty-first Century: Conflicts and Peacekeeping in Bosnia-Herzegovina and Kosovo*，2002 年 6 月），以及《俄罗斯海上威慑的未来》（*The Future of the Russian Sea-Based Deterrent*，2003 年 3 月）等。

《战略研究杂志》

《战略研究杂志》（*Journal of Strategic Studies*）是由弗兰克 · 卡斯出版社出版的季刊。该刊创刊于 1978 年，国际标准刊号是 0140–2390。要了解有关编辑焦点的基本信息，可以通过访问网址 www.tandf.co.uk/journals/titles/01402390.asp 查询。近期占据《战略研究杂志》显要位置的文章有：《北约的新战略观念：清晰的蓝图，还是模糊的概念？》（*NATO's New Strategic Concept: Coherent Blueprint or Conceptual Muddle?*，2000 年 9 月）、《第二个核时代：南亚和东亚内扩散的悲观情绪与冷静的乐观主义》（*The Second Nuclear Age: Proliferation Pessimism versus Sober Optimism in South Asia and East Asia*，2001 年 9 月），以及《不确定路线：战区导弹防御与海峡两岸竞赛》（*Uncertain Courses: Theater Missile Defence and Cross-Strait Competition*，2002 年 9 月）等。

《低强度冲突与执法》

《低强度冲突与执法》（*Low Intensity Conflict and Law Enforcement*）由弗兰克 · 卡斯出版社出版，每年发行三期。该刊创刊于 1994 年，国际标准刊号是 0966–2847。要了解该刊的基本信息，可以通过访问网址 www.tandf.co.uk/journals/titles/09662847.asp 查询。该刊刊载的文章有：《世界空运组织：危机管理的失败和强制性外交政策的滥用》（*Waco: Failures in Crisis Management and the Misapplication of Coercive Diplomacy*，2000 年春）、《打击玻利维亚境内可卡因非法交易的替代策略》（*An Alternative Strategy for Fighting Cocaine Trafficking in*

Bolivia，2002 年秋），以及《跨国威胁：从裂缝中坠落》（*Transnational Threats: Falling Through the Cracks*，2003 年春）等。

《国家利益》

《国家利益》（*National Interest*）是位于纽约市的国家事务公司出版的季刊，该刊于 1985 年创刊，国际标准刊号是 0084–9382。要了解有关该刊的基本信息，可以通过访问网址 www.nationalinterest.org/ 查询。《国家利益》近期刊发的文章有：《战争法则：奥萨马 · 本 · 拉登如何逃脱》（*The Law of War: How Osama Slipped Away*，2001 年冬—2002 年）、《重铸大西洋同盟》（*Reforging the Atlantic Alliance*，2002 年秋）、《帝国的迁移与活力》（*Migration and the Dynamics of Empire*，2003 年春），以及《拴住战争的猎犬》（*Leashing the Dogs of War*，2003 年秋）等。

《国家杂志》

《国家杂志》（*National Journal*）是由位于华盛顿特区的美国国家期刊集团（National Journal group）出版的周刊，《国家杂志》刊发的文章涉及美国联邦政府政策和政治沿革与发展。其国际标准刊号为 0027–9560，创刊于 1969 年。要了解有关该刊的基本信息，可以通过访问网址 www.nationaljournal.com/ 查询。《国家杂志》近期刊发的文章有：《面对现实：欧洲强权已不复存在》（*Get Used to It: Europe Is Not a Status Quo Power*，2002 年 12 月 21 日）、《伊拉克并非越南》（*Iraq Is Not Vietnam*，2003 年 4 月 12 日），以及《亚洲瓶中的核蝎子》（*Nuclear Scorpions in the Asian Bottle*，2003 年 10 月 4 日）等。

《美国海军学院月刊》

《美国海军学院月刊》（*Proceedings: U.S. Naval Institute*）是由美国海军、美国海军陆战队、美国海岸警卫队的团体会员和利益集团，以及位于美国马里兰州安纳波利斯的美国海军学院联合出版的月刊。其国际标准刊号为 0041–798X，创刊于 1874 年。要了解有关该刊的基本信息，可以通过访问网址 www.usni.org/proceedings/proceedings.htm 查询。《美国海军学院月刊》近期刊发的文章有：《性别差异与军民差异》（*Gender and the Civil-Military Gap*，2000 年 1 月）、《我们是否已经经历转型》（*Are We Already Transformed?*，2002 年 1 月）、《海上勇士：论人力资本最大化》（*Sea Warrior: Maximizing Human Capital*，2003 年 6 月），以及《海岸警卫队参与海外战争计划的必要性》（*Coast Guard Must Play in Overseas War Plans*，2003 年 10 月）等。

《安全研究》

《安全研究》（*Security Studies*）是由弗兰克·卡斯出版社出版的季刊，国际标准刊号为 0963–6412，创刊于 1991 年。要了解有关该刊的基本信息，可以通过访问网址 www.tandf.co.uk/journals/titles/09636412.asp 查询。该刊刊发的代表性文章有：《不可能的任务？非洲大湖地区的极端冲突预防》（*Mission Impossible? Preventing Deadly Conflict in the African Great Lakes Region*，2001 年秋）、《建立法国的军事原则：国际强权与国内利益抗衡中的决策者》（*Shaping Military Doctrine in France: Decisionmakers between International Power and Domestic Interests*，2001 年冬—2002 年）、《熊与凤凰：美国与欧洲防务共同体，1950—1954》（*Between the Bear and the Phoenix: The United States and the European Defense Community*，*1950–1954*，2002 年夏），以及《人道主义军事干预的实施特性》（*The Operational Identity of Humanitarian Military Intervention*，2002 年秋）等。

《小规模战争与叛乱》

《小规模战争与叛乱》（*Small Wars and Insurgencies*）创刊于 1990 年，由弗兰克·卡斯出版社出版，每年发行三期，国际标准刊号为 0959–2318。要了解该刊的基本信息，可以通过访问网址 www.tandf.co.uk/journals/titles/09592318.asp 查询。《小规模战争与叛乱》近期刊发的文章有：《反革命战争中的特殊力量：以南非为例》（*Special Forces for Counter Revolutionary Warfare: The South African Case*,，2001 年夏）、《FM 3–0 行动：基于美军条例的人道主义行动效果》（*FM 3-0*

Operations: The Effect of Humanitarian Operations on U.S. Army Doctrine，2002 年春），以及《意志的冲突：真主党在黎巴嫩南部与以色列的心理战》（*A Clash of Wills: Hizballah's Psychological Campaign against Israel in South Lebanon*，2002 年秋）等。

《冲突与恐怖主义研究》

《冲突与恐怖主义研究》（*Studies in Conflict and Terrorism*）创刊于 1978 年，是泰勒－弗朗西斯集团出版的双月刊，国际标准刊号为 1057–610X。要了解该刊的基本信息，可以通过访问网址 www.tandf.co.uk/journals/titles/1057610X.asp 查询。该刊刊发的代表性文章有：《邪教、暴力和宗教恐怖主义：从国际视角出发》（*Cults, Violence, and Religious Terrorism: An International Perspective*，2001 年 10 月）、《如何知晓我们战胜了恐怖主义？论衡量标准》（*How Do We Know We're Winning the War against Terrorists? Issues in Measurement*，2002 年 5 月）、《同归于尽：论自杀式恐怖主义和利用化学、生物、放射性及核武器的恐怖主义的关系》（*Die and Let Die: Exploring Links between Suicide Terrorism and Terrorist Use of Chemical, Biological, Radiological, and Nuclear Weapons*，2003 年 1 月）、《萨达姆·侯赛因：有关其获得、持有及可能转移至恐怖主义组织的大规模杀伤性武器的政治心理分析结果》[*Saddam Hussein: Political Psychological Profiling Results Relevant to His Possession, Use, and Possible Transfer of Weapons of Mass Destruction (WMD) to Terrorist Groups*，2003 年 9 月] 等。

《生存》

《生存》（*Survival*）是由国际战略研究所（International Institute for Strategic Studies）主办的季刊，由牛津大学出版社出版，国际标准刊号为 0039–6338，创刊于 1959 年。要了解该刊的基本信息，可以通过访问网址 http://survival.oupjournals.org/ 查询。该刊近期刊发的文章有：《沙特在核问题上的选择》（*A Saudi Nuclear Option*，2001 年夏）、《塔利班出现后的西南亚》（*South-West Asia after the Taliban*，2002 年春）、《巴勒斯坦的战略僵局（2002

年冬—2003 年)》(*The Palestinian Strategic Impasse*，2002 年冬—2003 年)，以及《中国与美国：前景堪忧？》(*China and America: Trouble Ahead?*，2003 年秋）等。

《恐怖主义与政治暴力》

《恐怖主义与政治暴力》(*Terrorism and Political Violence*) 由弗兰克·卡斯出版社出版。国际标准刊号为 0954–6553，创刊于 1989 年。要了解该刊的基本信息，可以通过访问网址 www.tandf.co.uk/journals/titles/0956553.asp 查询。该刊近期刊发的文章有：《力不从心：恐怖分子寻求力量、控制和权利》(*Beating the Water: The Terrorist Search for Power, Control, and Authority*，2000 年夏)、《生化武器袭击目标转向农业：对美国农业的影响评估》(*Covert Biological Weapons Attacks against Agricultural Targets: Assessing the Impact against U.S. Agriculture*，2001 年秋)，以及《保家卫国的军队：地方保安队法案与国内反恐的法律环境中的军队角色》(*Troops Defending the Homeland: The Posse Comitatus Act and the Legal Environment for a Military Role in Domestic Counter Terrorism*，2002 年秋）等。

《全球犯罪》

《全球犯罪》(*Global Crime*) 曾用名《跨国有组织犯罪》(*Transnational Organized Crime*)，是由弗兰克·卡斯出版社出版的季刊，该刊文主要探究跨国犯罪行为，例如，贩运毒品、人口和武器，以及洗钱等行为。[3] 国际标准刊号为 1357–7387，创刊于 1999 年。要了解该刊的基本信息，可以通过访问网址 www.tandf.co.uk/journals/titles/13577387.asp 查询。该刊近期刊发的具有代表性的文章有：《跨国有组织犯罪与恐怖主义的联系》(*The Links between Transnational Organized Crime and Terrorism*，2000 年冬）和《中国的有组织跨国犯罪行为：活动、模式与新趋势》(*Transnational Chinese Organized Crime: Activities, Patterns, and Emerging Trends*，2002 年秋冬）等。

《美国国会图书馆标题表》

《美国国会图书馆标题表》(*Library of Congress Subject Headings*，缩写为 LCSH）是为了方便用户通过图书馆在线目录查找某一主题词或学科下的书目，是由美国国会图书馆编制的一部综合性主题词表。在大多数图书馆，用户可以通过联机公众检索目录（Online Public Access Catalogs, 缩写为 OPAC）利用关键词搜索到馆藏的书籍。虽然用户需要花些时间学习如何使用《美国国会图书馆标题表》，但是《美国国会图书馆标题表》的确能够使联机公众检索目录的检索更精准。比如，如果我们用标题词“美国军队，拨款，开支”(United States Armed Forces Appropriations and Expenditures）联机公众检索目录中检索，得到的结果要比用笼统的“美国、军队、开支”(American and military and spending）的检索结果要准确得多。

另外，当我们通过某个标题词检索一本书的时候，与这本书相关的由国会图书馆分类的其他标题词也会显示出来。用户只需点击那些标题词，图书馆的联机公众检索目录就会检索到那些主题下的书目信息，而这并不是用户最初检索的书目信息。很多学术图书馆都收录了美国国会图书馆负责编制和更新的多卷本《美国国会图书馆标题表》。

专著丛书

为了使读者进一步认识和了解某一学科或多学科的书籍信息，出版商发行了专著丛书。此类出版物对历史进行概述和分析，提出开创性的理论，涵盖多学科领域，促进往往有争议的学术争论，甚至在某些特定学科内被奉为经典。许多高校图书馆根据其读者的兴趣领域，购买和收集了学术出版社出版的专著丛书中全部或部分品种。

在大多数公共和高校图书馆的联机公众检索目录中，通过书名就能检索对应的专著丛书。因此，可以很容易确定专著丛书中有多少图书品种，研究人员也能很快确定图书馆中有多少种书。许多学术出版社出版了以国家安全为主题的专著丛书，都可以在亚马逊之类的在线书商那里买到。

《共产主义年告》——耶鲁大学出版社

《共产主义年告》(*Annals of Communism*)，由耶鲁大学出版社出版。这套丛书涵盖了俄罗斯国内及党内档案中不对西方或俄罗斯学者公开的关于苏联和国际共产主义历史的文件。[4]耶鲁大学出版社的网站 www.yale.edu/annals/ 显示，自 1995 年以来共出版了 15 部图书。以国家安全为主题的著作包括：哈维·克莱尔（Harvey Klehr）等人合著的《美洲共产主义的神秘世界》(*The Secret World of American Communism*，1998 年)、阿奇·盖提（Arch Getty）和奥莱格·诺莫夫（Oleg Naumov）合著的《通往恐怖之路：斯大林与布尔什维克的自我毁灭，1932—1939》(*The Road to Terror: Stalin and the Self-Destruction of the Bolsheviks*，*1932–1939*，1999 年)，以及罗纳德·拉多什（Ronald Radosh）等人合著的《西班牙背叛：西班牙内战中的苏联》(*Spain Betrayed: The Soviet Union in the Spanish Civil War*，2001 年)。

该网站还包括该丛书即将出版的信息，包括：《暗杀谢尔盖·基洛夫与大清洗》(*The Assassination of Sergei Kirov and the Great Terror*)，三卷本《古拉格史 1918—1989》(*The History of the Gulag,*，*1918–1989*)，以及《包围列宁格勒》(*The Siege of Leningrad*)。

BCSIA 国际安全研究——麻省理工学院出版社

《贝尔福科学与国际事务研究中心国际安全研究》丛书（*The Belfer Center for Science and International Affairs Studies in International Security series*）由麻省理工学院出版社出版。贝尔福科学和国际事务研究中心隶属于哈佛大学的约翰·F. 肯尼迪政府学院。

据麻省理工学院出版社网站 http://mitpress.mit.edu/ 显示，截至 2004 年 4 月，该丛书出版了 37 种图书。1994 年至今的图书包括：里查德·福肯瑞斯（Richard Falkenrath）等人合著的《美国的致命弱点：核生化恐怖主义及隐蔽攻击》(*America's Achilles' Heel: Nuclear, Biological, and Chemical Terrorism and Covert Attack*，1998 年)、乔舒亚·莱德伯格（Joshua Lederberg）主编的《生

化武器：遏制威胁》(*Biological Weapons: Limiting the Threat*，1999 年)、范彼得（Peter Feaver）与理查德·科恩（Richard Kohn）所著的《军民：军民差距与美国国家安全》(*Soldiers and Civilians: The Civil-Military Gap and American National Security*，2001 年），以及朱丽叶·卡耶姆（Juliette Kayyem）和罗宾·班吉（Robyn Pangi）主编的《第一个到达：国家与地方反恐》(*First to Arrive: State and Local Responses to Terrorism*，2003 年)。

《剑桥国际关系研究》

《剑桥国际关系研究》(*Cambridge Studies in International Relations*）由剑桥大学出版社出版。据剑桥大学出版社网站 www.cup.org/ 显示，截至 2004 年 4 月，该丛书出版了 118 种图书。该丛书最早的图书出版于 1990 年，包括：基斯·克劳斯（Keith Krause）的《武器和国家》(*Arms and the State*，1995 年)、维瓦·奥纳·巴尔特库斯（Viva Ona Bartkus）的《分离的动态》(*The Dynamic of Secession*，1999 年)、道格拉斯·雷姆基（Douglas Lemke）的《战争与和平的地区》(*Regions of War and Peace*，2002 年），以及帕特里克·M. 摩根（Patrick M. Morgan）的《即刻威慑》(*Deterrence Now*，2003 年)。

《军事研究贡献》

《军事研究贡献》(*Contributions in Military Studies*）由普雷格出版社（Praeger Press）的分社——格林伍德出版社（Greenwood Press）出版。据 2004 年 4 月格林伍德的网站 www.greenwood.com/ 搜索显示，该丛书出版了 1972 年以来的 226 种图书。具有代表性的著作有：巴特·布拉舍（Bart Brasher）的《从内部开始精简美国军队（1987—2015)》(*Implosion: Downsizing the U.S. Military, 1987–2015*，2000 年)、弗兰克·多尼尼（Frank Donnini）的《轰炸机作战：美国空军为现代战略飞机项目而战》(*Battling for Bombers: The U.S. Air Force Fights for Its Modern Strategic Aircraft Programs*，2000 年)、比尔维尔·辛格（Bilveer Singh）的《后冷战时代澳大利亚与印度尼西亚的防务关系》(*Defense Relations between Australia and Indonesia in the Post–Cold War Era*，2002 年），以及理查德·施魏泽（Richard Schweitzer）的《十字

架和战壕：第一次世界大战中英美士兵的宗教信仰和疑虑》（*The Cross and the Trenches: Religious Faith and Doubt among British and American Great War Soldiers*，2003 年）等。

《康奈尔安全事务研究》

《康奈尔安全事务研究》（*Cornell Studies in Security Affairs*）由康奈尔大学出版社出版。据康奈尔大学出版社网站 www.cornellpress.cornell.edu/ 显示，截至 2004 年 4 月共出版了从 1984 年以来的 61 种图书，包括：克里斯·德姆查克（Chris Demchak）的《军事组织，复杂机器：美国军队的现代化》（*Military Organizations, Complex Machines: Modernization in the U.S. Armed Forces*，1991 年）、史蒂芬·范·埃弗拉（Stephen Van Evera）的《战争起因：武力与冲突的根源》（*Causes of War: Power and the Roots of Conflict*，1999 年）、戴尔·科普兰（Dale Copeland）的《全球战争起源》（*The Origins of Major War*，2000 年）、本杰明·朗伯斯（Benjamin Lambeth）的《美国空军力量的转变》（*The Transformation of American Air Power*，2000 年），以及 P. W. 辛格（P. W. Singer）的《企业战士：私有化军事工业的崛起》（*Corporate Warriors: The Rise of the Privatized Military Industry*，2003 年）。

杜威十进制图书分类系统

许多公共图书馆、规模稍小的高校图书馆以及部分规模较大的高校图书馆，都采用杜威十进制图书分类系统（Dewey Decimal classification system）著录图书。该系统通过编号系统，即采用从 000 到 999 的十进位数字形式，将人的知识领域进行分类，并据此对书籍进行分类。大体来说，数字 300–399 代表社会科学学科，900–999 代表历史和地理。杜威编目号码中的字母和数字代表了书籍所属的学科、作者，以及出版年份等文献著录信息。例如，《地面战争：一本世界百科全书》（*Ground Warfare: An International Encyclopedia*）这本书的杜威十进制分类码是 355.003 G918 2002；《从战区导弹防御系统到反导弹进攻行动：近期的战略方法》（*From Theater Missile Defense* to Antimissile Offensive Actions: A Near-Term Strategic Approach）的杜威十进制分类码是 358.17 K868f 1999；《民族反对国家：民族冲突和主权式微的新途径》（*Nation against State: A New Approach to Ethnic Conflicts and the Decline of Sovereignty*）的杜威十进制分类码是 940 G715N 1993。在线计算机图书馆联盟（Online Computer Library Consortium）的网站 www.oclc.org/dewey/ 上有关于杜威十进制分类系统的介绍。

《东欧研究》——德州农工大学出版社

《东欧研究》（*Eastern European Studies*），由德州农工大学出版社（Texas A&M University Press）出版。据德州农工大学出版社的网站 www.tamu.edu/upress/ 显示，截至 2004 年 4 月，该丛书出版了 1995 年以来的 26 种图书。具有代表性的图书有：诺曼·西格（Norman Cigar）著的《波黑的种族屠杀："民族清洗"政策》（*Genocide in Bosnia: The Policy of "Ethnic Cleansing"*，1995 年）、菲利普·科恩（Philip Cohen）著的《塞尔维亚的秘密战争：鼓吹和对历史的欺骗》（*Serbia's Secret War: Propaganda and the Deceit of History*，1997 年）、斯塔西斯·奈吉斯（Stasys Knezys）和罗曼纳斯·塞德里卡斯（Romanas Sedlickas）合著的《车臣战争》（*War in Chechny*，1999 年）、查尔斯·施雷德（Charles Shrader）著的《波斯尼亚中部的穆族与克族内战，1992—1994》（*The Muslim-Croat Civil War in Central Bosnia: A Military History, 1992–1994*，2003 年），以及约翰娜·格朗维尔（Johanna Granville）著的《第一块多米诺骨牌：1956 年匈牙利危机中的国际决策》（*The First Domino: International Decision Making during the Hungarian Crisis of 1956*，2004 年）。

《外交政策、安全和战略研究》——麦吉尔－皇后大学出版社

《外交政策、安全和战略研究》（*Foreign Policy, Security, and Strategic Studies*），由麦吉尔－皇后大学出版社（位于加拿大魁北克省蒙特利尔市和安大略省金斯顿市）出版。据该出版社网站 www.mqup.mcgill.ca/ 介绍，2004 年 4 月，这套丛书从 1999 年至今出版了 7 种图书，包括：夏尔－菲利普·大卫（Charles-Philippe David）和雅克·莱维斯克（Jacques Levesque）合著的《北约

的未来：扩张、俄罗斯和欧洲安全》（*The Future of NATO: Enlargement, Russia, and European Security*，1999 年）、T. V. 保罗（T. V. Paul）著的《武力与审慎：为什么国家要放弃核武器？》（*Power versus Prudence: Why Nations Forgo Nuclear Weapons*，2000 年）、尼古拉斯·盖默尔（Nicholas Gammer）著的《从维和到调解：加拿大对南斯拉夫危机的回应》（*From Peacekeeping to Peacemaking: Canada's Response to the Yugoslav Crisis*，2001 年），以及埃莉诺·斯隆（Elinor Sloan）著的《军事革命》（*The Revolution in Military Affairs*，2002 年）等。

《现代战争研究》——堪萨斯大学出版社

《现代战争研究》（*Modern War Studies*）是堪萨斯大学出版社出版的一套丛书。截至 2004 年 4 月，这套丛书共出版了 131 种图书，在堪萨斯大学出版社的网站 www.kansaspress.ku.edu/ 中都能找到。该丛书自 1986 年出版至今，包括：巴里·斯坦纳（Barry Steiner）著的《伯纳德·布罗迪和美国核战略的基础》（*Bernard Brodie and the Foundations of American Nuclear Strategy*，1991 年）、迈克尔·皮尔曼（Michael Pearlman）著的《挑起战争和美国式的民主：1700 年至今围绕超越军事战略的斗争》（*Warmaking and American Democracy: The Struggle Over Military Strategy, 1700 to the Present*，1999 年）、杰弗里·里彻逊（Jeffrey Richelson）著的《美国的空间守护者：DSP 卫星和国家安全》（*America's Space Sentinels: DSP Satellites and National Security*，1999 年）、大卫·斯通（David Stone）著的《铁锤与来复枪：苏联的军事化进程（1926—1933）》（*Hammer and Rifle: The Militarization of the Soviet Union, 1926–1933*，2000 年）、乔纳森·卢里（Jonathan Lurie）著的《美国的军事司法：美国武装部队的上诉法院（1775—1980）》（*Military Justice in America: The U.S. Court of Appeals for the Armed Forces,1775–1980*，2001 年）、詹姆斯·科拉姆（James Corum）与雷·约翰逊（Wray Johnson）合著的《小规模战争中的制空权：与叛乱分子和恐怖分子的战斗》（*Airpower in Small Wars: Fighting Insurgents and Terrorists*，2003 年）、罗伯特·斯蒂芬（Robert Stephan）著的《斯大林的秘密战争：苏维埃对纳粹的反间谍活动（1941—1945）》（*Stalin's Secret War: Soviet Counterintelligence against the Nazis, 1941–1945*，2003 年）等。

《新冷战史》——北卡罗来纳大学出版社

《新冷战史》（*The New Cold War History*），是由北卡罗来纳大学出版社（University of North Carolina Press）出版的丛书，它试图重新解读苏联、东欧及中国的档案公开后的这一历史时期。[5] 据北卡罗来纳大学出版社网站 http://uncpress.unc.edu/ 显示，截至 2004 年 4 月，该丛书自 1998 年出版了 13 种书。包括：翟强（Qiang Zhai）著的《中国与越南战争（1950—1975）》（*China and the Vietnam Wars, 1950–1975*，2000 年）、陈兼（Chen Jian）著的《毛泽东的中国与冷战》（*Mao's China and the Cold War*，2001 年）、M. E. 萨洛特著（M. E. Sarotte）的《与魔鬼打交道：民主德国、缓和与东方政策（1969—1973）》（*Dealing with the Devil: East Germany, Détente, and Ostpolitik, 1969–1973*，2001 年）、皮埃尔 · 艾丝琳（Pierre Aselin）著的《苦涩的和平：华盛顿、河内和缔结巴黎协定》（*A Bitter Peace: Washington, Hanoi, and the Making of the Paris Agreement*，2002 年），以及威廉 · 格伦 · 格雷（William Glenn Gray）著的《德意志的冷战：四海一心孤立东德（1949—1969）》（*Germany's Cold War: The Global Campaign to Isolate East Germany, 1949–1969*，2003 年）等。

《核时代丛书》——斯坦福大学出版社

《核时代丛书》（*Nuclear Age Series*），由斯坦福大学出版社出版 1989 年至今出版或再版了核时代下涉及国家安全方面的 16 种书。据斯坦福大学出版社网站 www.sup.org/ 显示，这些书包括：梅尔文 · 莱弗勒（Melvyn Leffler）著的《力量优势：国家安全、杜鲁门政府和冷战》（*A Preponderance of Power: National Security, the Truman Administration, and the Cold War*，1992 年）、格雷格 · 赫尔肯（Gregg Herken）著的《主要选择：从原子弹到战略防御计划（SDI）的总统的科学建议》（*Cardinal Choices: Presidential Science Advising from the Atomic Bomb to SDI*，2000 年）、劳伦斯 · 惠特纳（Lawrence Wittner）著的《面向废核：世界核裁军运动史（1971 年至今）》（*Toward Nuclear Abolition: A History of the World Nuclear Disarmament Movement, 1971–Present*，2003 年），以及谢尔登 · 斯特恩（Sheldon Stern）著的《避免"最后的失败"：约翰 · F. 肯尼迪和古巴导弹危机会议的秘密》（*Averting "Final Failure" : John F.*

Kennedy and the Secret Cuban Missile Crisis Meetings，2003 年）等。

《普林斯顿国际历史与政治研究》

《普林斯顿国际历史与政治研究》（*Princeton Studies in International History and Politics*），是由普林斯顿大学出版社出版的丛书。据普林斯顿大学出版社网站 www.pup.princeton.edu/catalogs/series/psihp.html）显示，截至 2004 年 4，1993 年至今该丛书出版了 33 种书，包括：托马斯·克里斯滕森（Thomas Christensen）著的《有用的敌人：伟大战略、国内动员和中美洲冲突（1947—1958)》（*Useful Adversaries: Grand Strategy, Domestic Mobilization, and Sino-American Conflict, 1947–1958*，1996）、彼得·利伯曼（Peter Liberman）著的《征服的代价？开发被占有的工业社会》（*Does Conquest Pay? The Exploitation of Occupied Industrial Societies*，1998 年）、格雷·乔纳森·巴斯（Gary Jonathan Bass）著的《阻止犯罪之手：战争犯罪法庭的政治》（*Stay the Hand of Vengeance: The Politics of War Crimes Tribunals*，2000 年）、亚伦·弗里德伯格（Aaron Friedberg）著的《在军政国家的阴影下：美国的反国家主义与其冷战的大战略》（*In the Shadow of the Garrison State: America's Anti-Statism and Its Cold War Grand Strategy*，2000 年），以及塔米·戴维斯·比德尔（Tami Davis Biddle）著的《防空作战中的叙事与事实：英美战略轰炸思想的演变（1914—1945)》（*Rhetoric and Reality in Air Warfare: The Evolution of British and American Ideas about Strategic Bombing, 1914–1945*，2002 年）等。

《史密森尼航空航天史丛书》

《史密森尼航空航天史丛书》（*Smithsonian History of Aviation and Spaceflight Series*），由史密森尼学会出版社（Smithsonian Institution Press）出版，探究了航空航天是如何变革人文、军事、政治以及社会理念的。[6] 据史密森尼学会图书馆（Smithsonian Institution Libraries）的在线目录 www.siris.si.edu 显示，截至 2004 年 4 月，该丛书从 1993 年至今共出版了 41 种书。史蒂芬·麦克法兰（Stephen McFarland）和威斯利·菲利普·纽顿（Wesley Phillips Newton）合著的《在天上指挥：空中优势压倒德国的战役（1942—1944)》

（*To Command the Sky: The Battle for Air Superiority Over Germany, 1942–1944*，1991 年）、史蒂芬·麦克法兰（Stephen McFarland）著的《美国追求的定点轰　炸（1910—1945）》（*America's Pursuit of Precision Bombing, 1910–1945*，1995 年）、德韦恩·戴（Dwayne Day）等人主编的《天空之眼：科罗纳间谍卫星的故事》（*Eye in the Sky: The Story of the Corona Spy Satellites*，1999 年）、安东尼·克里斯托弗·凯恩（Anthony Christopher Cain）著的《被遗忘的空军 1930：年代法国空军条令》（*The Forgotten Air Force: French Air Doctrine in the 1930s*，2002 年）、马丁·柯林斯（Martin Collins）著的《冷战实验室：兰德公司、空军和美国（1945—1950）》（*Cold War Laboratory: RAND, the Air Force, and the American State, 1945–1950*，2002 年），以及史蒂文·扎洛加（Steven Zaloga）著的《克里姆林宫的核剑：俄罗斯战略核力量的兴衰（1945—2000）》（*The Kremlin's Nuclear Sword: The Rise and Fall of Russia's Strategic Nuclear Forces, 1945–2000*，2002 年）等。

《加拿大军事史研究》——加拿大英属哥伦比亚大学出版社与加拿大战争博物馆

《加拿大军事史研究》（*Studies in Canadian Military History*），是由加拿大英属哥伦比亚大学出版社与加拿大战争博物馆（University of British Columbia Press and Canadian War Museum）联合出版的丛书，用多元思维方式和多学科研究方法来探究加拿大军事史。[7] 据加拿大英属哥伦比亚大学出版社网站 www.ubcpress.ca/books/series_military.html 介绍，从 2002 年至今，截至 2004 年 4 月，该丛书出版了 4 种书，包括：约翰·格里菲斯·阿姆斯特朗（John Griffith Armstrong）著的《哈利法克斯大爆炸与皇家加拿大海军：调查与阴谋》（*The Halifax Explosion and the Royal Canadian Navy: Inquiry and Intrigue*，2002 年）、安德鲁·里克特（Andrew Richter）著的《避免大对决：加拿大在核武器与军事战略上的思考（1950—1963）》（*Avoiding Armageddon: Canadian Thinking on Nuclear Weapons and Military Strategy, 1950–1963*，2002 年）、威廉·约翰斯顿（William Johnston）著的《巡逻之战：加拿大军队在韩国的行动》（*A War of Patrols: Canadian Army Operations in Korea*，2003 年），以及朱利安·格温（Julian Gwyn）著的《护卫舰与前桅：北美中队在诺瓦斯高沙省水域（1745—

1815)》（*Frigates and Foremasts: The North American Squadron in Nova Scotian Waters, 1745–1815*，2003 年）等。

美国国会图书馆分类系统

在美国，大多数大中规模的高校图书馆都采用美国国会图书馆分类系统（Library of Congress Classification System），著录馆藏书籍和期刊。该系统由美国国会图书馆开发并维护，它基于字母与数字分类系统，将人类知识分为多个领域。分类书籍时用到的字母和数字代表了学科、作者和出版年份等信息。例如，字母“E”和“F”表示分类的书籍是关于美国历史的；“J”关于政治学；“U”关于军事学；“V”关于航海学。

在代表政治学的字母“J”的分类中，从 JZ 2 到 JZ 6530 之间的分类码代表国际关系方面的书籍，而 JZ 6378 至 JZ 6405 之间的分类码则代表关于武装冲突、战争和秩序等国际关系的书籍。例如，《战争的惯例：占领、抵抗与法律》（*Traditions of War: Occupation, Resistance, and the Law*）这本书的分类码是 JZ 6387.N33 1999。

关于军事科学的书一般分布在多个学科的细分类中，比如，UB 表示军事管理类，UB 250 至 UB 271 表示军事情报类；UG 表示与美国空军军事工程学相关的书，UG 622 至 UG 1435 表示空战类，UG 730 至 UG 735 表示防空系统类。例如，《窥探国土：历史上的军事情报》（*Go Spy the Land: Military Intelligence in History*）的分类号是 UG 250.G6 1992；《空军力量：一百周年的评价》（*Air Power: A Centennial Appraisal*）的分类号是 UG 625.M37 1994；《新兴的盾牌：空中力量与大陆防空的革命（1945—1960)》（*The Emerging Shield: The Air Force and the Evolution of Continental Air Defense, 1945–1960*）的分类号是 UG 733.S33 1990。

要了解关于美国国会图书馆分类系统的详细信息，可以访问 http://lcweb.loc.gov/catdir/cpso/lcco/lcco.html，该网站是由国会图书馆编目政策与支持办公室负责维护的。

《国际安全和军备控制研究》——斯坦福大学出版社

《国际安全和军备控制研究》(*Studies in International Security and Arms Control*),是斯坦福大学出版社出版的丛书,自 1976—1994 年共出版了 5 种。访问斯坦福大学出版社的网站 www.sup.org/,可以查阅这些书。包括:约翰·刘易斯(John Lewis)和薛理泰(Xue Litai)合著的《中国研制原子弹》(*China Builds the Bomb*,1988 年)、谢尔盖·贡恰罗夫(Sergei Goncharov)与他人合著的《不确定的伙伴:中国、毛泽东与朝鲜战争》(*Uncertain Partners: China, Mao, and the Korean War*,1994 年),以及约翰·刘易斯和薛理泰合著的《中国的战略制海权:核时代下军队现代化的政治》(*China's Strategic Seapower: The Politics of Force Modernization in the Nuclear Age*,1994 年)等。

《战争、社会和军事研究》——内布拉斯加大学出版社

《战争、社会和军事研究》(*Studies in War, Society, and the Military*),是内布拉斯加大学出版社(University of Nebraska Press)出版的丛书。据内布拉斯加大学出版社的网站 www.nebraskapress.unl.edu/ 显示,从 1997 年至今,截至 2004 年 4 月,该丛书一共出版了 10 本。其中包括:杰瑞·库珀(Jerry Cooper)著的《国民警卫队的崛起:美国民兵组织的演变(1865—1920)》(*The Rise of the National Guard: The Evolution of the American Militia,1865–1920*,1997 年)、威廉·萨特(William Sater)与霍尔格·赫维希(Holger Herwig)合著的《大幻灭:智利军队的独裁化》(*The Grand Illusion: The Prussianization of the Chilean Army*,1999 年)、哈罗德·温斯顿(Harold Winston)与大卫·梅茨(David Mets)主编的《改变的挑战:军事机构和新的现实(1918—1941)》(*The Challenge of Change: Military Institutions and New Realities, 1918–1941*,2000 年)、马克·格里姆斯利(Mark Grimsley)与克利福德·罗杰斯(Clifford Rogers)主编的《平民在战争路上》(*Civilians in the Path of War*,2002 年),以及肯尼斯·波拉克(Kenneth Pollack)著的《阿拉伯人作战:军队的战斗力(1948—1991)》(*Arabs at War: Military Effectiveness, 1948–1991*,2002 年)等。

《德州农工大学军事史丛书》

《德州农工大学军事史丛书》(*Texas A&M University Military History Series*)，是由德州农工大学出版社出版的丛书。该专集中的书的出版年份。据德州农工大学出版社网站 www.tamu.edu/upress/ 显示，该丛书从 1987 年至今，2004 年 4 月共出版了 94 种书，包括：帝摩斯 · 梅（Timothy May）著的《战争机器：美国军事的技术转换，1929—1940》(*War Machines: Transforming Technologies in the U.S. Military, 1920–1940*，2001 年）、杰夫 · 道尔（Jeff Doyle）与他人合著的《澳大利亚的越南战争》(*Australia's Vietnam War*，2002 年)、克雷格 · 汉娜（Craig Hannah）著的《争夺空中优势：越战中的战术空军司令部》(*Striving for Air Superiority: The Tactical Air Command in Vietnam*，2002 年)、詹姆斯 · R. 罗奇三世（James R. Locher III）著的《波托马克河上的胜利：〈戈德华特 – 尼科尔斯国防部改组法〉统一五角大楼》(*Victory on the Potomac: The Goldwater-Nichols Act Unifies the Pentagon*，2002 年）、张晓明（Xiaoming Zhang）著的《红色翅膀飞越鸭绿江：中国、苏联和朝鲜的空战》(*Red Wings Over the Yalu: China, the Soviet Union, and the Air War in Korea*，2002 年)，以及约瑟夫 · 麦卡卢斯（Joseph McCallus）主编的《绅士战士：约翰 · 克利福德 · 布朗与菲美战争》(*Gentleman Soldier: John Clifford Brown and the Philippine-American War*，2003 年）等。

学者

学者们广泛参与国家安全政策的争论，探讨涵盖了以下诸多方面：非对称战争、军民关系、国土安全、军事采购、核战略思想，以及军事革命。目前，从事国家安全政策研究的美国和国际学者至少有几百人，甚至多达一千余人。这些学者大多在全球的学术机构或智库从事研究工作。因此，他们能得到所在机构的支持，有机会将自己的研究通过多种方式和载体传播出去，比如学术期刊文章、书籍、政府签约报告、记者招待会、电视或其他媒体节目、课堂授课，以及互联网等。还有一大部分学者在政府任职。[8]

下面将重点介绍 8 位学者，他们所从事的研究能够很好地呈现 20 世纪后期到 21 世纪早期关于国家安全政策研究讨论的焦点。这 8 位学者分别是：

艾略特·科恩（Eliot Cohen）、安东尼·科德斯曼（Anthony Cordesman）、詹姆斯·科拉姆（James Corum）、科林·格雷（Colin Gray）、约翰·米尔斯海默（John Mearsheimer）、麦克·沃汉伦（Michael O'Hanlon）、巴瑞·波森（Barry Posen）、劳瑞·伍尔泽（Larry Wortzel）。他们的研究呈现出多种多样的意识形态和方法论。

艾略特·科恩

艾略特·科恩（Eliot Cohen）是约翰斯·霍普金斯大学（Johns Hopkins University）保罗·尼采高级国际研究院（Paul H. Nitze School Advanced International Studies，缩写为 SAIS）教授，战略研究项目负责人，于 1977 年、1979 年和 1982 年从哈佛大学获得学士学位、硕士学位和博士学位。科恩是美国政治学学会（American Political Science Association）、国际战略研究所（International Institute for Strategic Studies）和校际武装力量与社会研讨会（Inter-University Seminar on Armed Forces and Society）的会员。与此同时，科恩还在哈佛大学和美国海军军事学院任教。[9]

科恩的研究领域是军事机构与政治文化之间的关系、政治目标与军事手段之间的关系，以及决定军事胜利的因素等。科恩认为，他的研究领域属于政治学范畴，他一直信奉克劳塞维茨（Clausewitz）的格言：战争是政治靠其他手段的延续。[10]

科恩的专著包括：《突击队与政治家：现代民主国家的精英部队》（*Commandos and Politicians: Elite Military Units in Modern Democracies*，马萨诸塞州剑桥：哈佛大学国际事务研究中心，1978 年）、《士兵与公民：兵役制度的困境》（*Soldiers and Citizens: Dilemmas of Military Service*，纽约州伊萨卡：康奈尔大学出版社，1985 年）、《海湾战争空中力量概述》（*Gulf War Airpower Survey*，五卷，华盛顿：美国空军部，1993 年），以及《最高统帅：战争时期的士兵、政治家与将领》（*Supreme Command: Soldiers, Statesmen, and Leaders in Wartime*，纽约：自由出版社，2002 年）。科恩的文章在《外交事务》（*Foreign Affair*）和《国际安全》（*International Security*）等期刊上发表。[11]

《最高统帅：战争时期的士兵、政治家与将领》一书，以亚伯拉罕·林肯（Abraham Lincoln）、温斯顿·丘吉尔（Winston Churchill）、乔治·克列孟梭（Georges Clemenceau），和大卫·本–古理安（David Ben-Gurion）等政治家为案例，进行深入的研究，阐释了他们如何通过积极参与部署和以敏锐的战略眼光领导各自的军队在战役中获胜。这些军事政治家对属下的将领不断地提出质疑，激励他们对战役发表各自的新见解，并在作战中坚持明确的政治和军事目标。[12]

登录高级国际研究院的网页 http://apps.sais-jhu.edu/faculty_bios/faculty_bio1php ? ID=12，可以查询艾略特 · 科恩的履历。

安东尼·科德斯曼

安东尼 · 科德斯曼（Anthony Cordesman）主持美国战略与国际研究中心（Center for Strategic and International Studies, 缩写为 CSIS）阿利 · 伯克战略讲席（Arleigh A. Burke Chair in Strategy）。主要研究领域是中东和南亚安全、美国国家安全、国防情报，以及军力平衡。他经常在美国广播公司新闻频道（ABC News）的节目中担任国家安全分析师。

安东尼 · 科德斯曼在美国政府部门担任多个要职，包括国防部长办公室（Office of Secretary of Defense）的情报评估主任、亚利桑那州参议员约翰 · 麦凯恩（John McCain）的国家安全事务助理，以及美国国防部、能源部和国务院的一系列要职。在战略与国际研究中心的任期内，科德斯曼参与了关于波斯湾和美国国土安全的一系列项目。[13]

科德斯曼曾在《中东政策》（*Middle East Policy*）和《参数》（*Parameters*）等期刊发表文章。他的专著包括：《海湾与西方：战略关系与军事现实》（*The Gulf and the West: Strategic Relations and Military Realities*，科罗拉多州博尔德：西景出版社，1988 年）；《伊朗转型期中的军事力量》（*Iran's Military Forces in Transition*，康涅狄格州西港：普雷格出版社，1999 年）；《科索沃战争中的空军与导弹部署经验》（*Lessons of the Air and Missile Campaign in Kosovo*，康涅狄格州西港：普雷格出版社，2001 年）；《战略威胁与国家导弹防御系统》（*Strategic Threats and National Missile Defenses*，康涅狄格州西港：普雷格出版社，2002 年）；《恐怖主义、非对称战争与威胁》（*Terrorism, Asymmetric Warfare, and Threats*，康涅狄格州西港：普雷格出版社，1999 年）。

登录高级国际研究院的网页 http://csis.org/experts/4cordesm.htm，可以查询有关安东尼 · 科德斯曼的信息，及其关于当代国家安全问题的一些文章。

詹姆斯·科拉姆

詹姆斯 · 科拉姆（James Corum），是美国空军大学（Air University）高级航空航天研究院（Advanced Air and Space Studies）比较军事学教授。1975 年获得冈扎加大学（Gonzaga University）学士学位，1977 年获得布朗大学（Brown University）历史学硕士学位，1984 年获得牛津大学（Oxford University）历史文献硕士学位，1990 年获得王后大学（Queens University）历史学博士学位。詹姆斯 · 科拉姆曾在美国陆军服役，还在王后大学当过讲师。自 1991 年起，他一直在美国空军大学高级航空航天研究院任教。[14]

詹姆斯 · 科拉姆的研究领域包括德国军事史以及空军在军事行动中的作用。他的专著包括：《闪电战的起源：汉斯 · 冯 · 塞克特和德国军事改革》（*The Roots of Blitzkrieg: Hans von Seeckt and German Military Reform*，劳伦斯：堪萨斯大学出版社，1992 年），阐述了一战至二战期间德国军事模式的形成过程；《德国空军：空战行动的实施（1918—1940）》（*The Luftwaffe: Creating the Operational Air War, 1918–1940*，劳伦斯：堪萨斯大学出版社，1997 年），阐述了两次世界大战期间德国军事航空的模式及战略的发展与沿革；《小规模战争中的空军力量：打击叛乱与恐怖主义》（*Airpower in Small Wars: Fighting Insurgents and Terrorists*，劳伦斯：堪萨斯大学出版社，2003 年），研究了空军在 20 世纪发生的一系列反暴动和反恐行动中发挥的作用，这些行动包括希腊内战、法国在越南和阿尔及利亚的殖民干预，以及拉丁美洲正在进行的缉毒行动。

科勒姆是美国历史协会（American Historical Association）和军事史协会（Society for Military History）的会员。[15] 他在《航天动力学报》（*Aerospace Power Journal*）、《军事史》（*Journal of Military History*）、《战略研究》（*Journal of Strategic Studies*），以及《新西兰军队》（*New Zealand Army Journal*）等期刊上发表文章。登录高级航空航天研究院（School of Advanced Air and Space Studies）的网页 www.au.af.mil/au/sass/Corum%20vitae.htm，可以查询詹姆斯 · 科拉姆的出版作品以及他参与的学术活动。

科林·格雷

科林 · 格雷（Colin Gray）是英国雷丁大学国际政治与战略研究教授。他从曼彻斯特大学（Manchester University）获得学士学位，从牛津大学（Oxford University）获得博士学位。他在兰卡斯特大学（University of Lancaster）、英属哥伦比亚大学（University of British Columbia）、赫尔大学（Hull University），以及约克大学（York University）都担任学术职务。曾在国际战略研究所（International Institute for Strategic Studies）和哈德逊研究所（Hudson Institute）任职。他还是国家公共政策研究所（National Institute for Public Policy）的创始人之一。曾担任美国和英国政府在国家安全方面的顾问。他的研究领域包括：现代战略研究、美国外交与国防政策、战略理念的思想史、军务变革，以及大规模杀伤性武器等。[16]

科林 · 格雷的文章在《比较战略》（*Comparative Strategy*）、《国际安全》（*International Security*）、《联合部队季刊》（*Joint Force Quarterly*）、《海军战争学院评论》（*Naval War College Review*）、《参数》（*Parameters*），以及《战略评论》（*Strategic Review*）等期刊发表。科林 · 格雷的专著包括：《纸牌屋：军备控制为何终将失败》（*House of Cards: Why Arms Control Must Fail*，纽约州伊萨卡：康奈尔大学出版社，1992 年）、《战争并非因武器而起：政策、战略与军事技术》（*Weapons Don't Make War: Policy, Strategy, and Military Technology*，劳伦斯：堪萨斯大学出版社，1993 年）、《第二个核时代》（*The Second Nuclear Age*，科罗拉多州博尔德：林恩 · 瑞纳出版社，1999 年）、《混乱局势下的战略分析：军务改革与历史佐证》（*Strategy for Chaos: Revolutions in Military Affairs and the Evidence of History*，英国伦敦：弗兰克 · 卡斯出版社，2002 年），以及《治安官：新世界秩序下的美国防务》（*The Sheriff: America's Defense of the New World Order*，列克星敦：肯塔基大学出版社，2004 年）。[17]

有关科林 · 格雷的简介及其出版的专著信息，可以登录网页 www.rdg.ac.uk/AcaDepts/lp/PolIR/polsbiogs/ CSG.html 查询。

约翰·米尔斯海默

约翰 · 米尔斯海默（John Mearsheimer）是芝加哥大学（University of Chicago）温得尔 · 哈里森（R. Wendell Harrison）杰出政治学教授，担任国际安全政策项目的主任，自 1982 年起在芝加哥大学任教。1970 年毕业于西点军校（U.S. Military Academy），获得学士学位。1974 年毕业于南加州大学

（University of Southern California），获得硕士学位。1981年毕业于康奈尔大学（Cornell University），获得博士学位。他曾在美国陆军和空军服役，曾在美国军备控制与裁军署（U.S. Arms Control and Disarmament Agency）实习，并在布鲁金斯学会担任研究员。米尔斯海默是校际武装力量与社会研讨会（Inter-university Seminar on Armed Forces and Society）的会员，2003年当选美国艺术与科学院（American Academy of Arts and Sciences）院士。[18]

约翰·米尔斯海默的专著包括：《常规威慑》（*Conventional Deterrence*，纽约州伊萨卡：康奈尔大学出版社，1983年）、《利德尔·哈特与历史的重量》（*Liddell Hart and the Weight of History*，纽约州伊萨卡：康奈尔大学出版社，1983年），以及《大国政治的悲剧》（*The Tragedy of Great Power Politics*，纽约：诺顿出版社，2001年）。《常规威慑》一书阐述了战争的起源，以及常规武装力量在威慑性战争中的角色。米尔斯海默分析了盟军在1939年3月至1940年5月期间对进攻德国的推诿，以及在此期间德国是如何决定发动战争的，也阐述了常规威慑在阿拉伯－以色列冲突中的角色，并依据当时的北约－华约常规力量的结构和模式，对20世纪80年代初期在中欧的常规威慑进行了展望。

《利德尔·哈特与历史的重量》一书批判地分析了英国军事战略家巴兹尔·亨利·利德尔·哈特爵士（Sir Basil Henry Liddell Hart，1895—1970年）。在这本书中，米尔斯海默描述并评价了哈特的军事理论的本质，着重阐述了哈特提倡的军事战略中的“间接路线”，考察了利德尔·哈特关于战术、战略与大战略的军事理论的起源及沿革，探讨了利德尔·哈特是否应被认为是二战初德国闪电战模式的思想先驱，并评价了利德尔·哈特在两次世界大战的战间期制定的政策，还分析了利德尔·哈特如何通过英国政府对纳粹德国的战前绥靖政策来重塑其政治声望。[19]

在《大国政治的悲剧》一书中，米尔斯海默提出了“进攻性现实主义”的概念，它导致国家为了自我生存而战，为了争取国际优势而战。在本书中，米尔斯海默通过历史上的和现代的战争案例，阐释了这种动荡是国际政治、经济和军事生活中的固有组成部分，并呼吁美国政府应坚持这一行之有效的现实主义原则。[20]

米尔斯海默的文章在《外交事务》（*Foreign Affairs*）、《外交政策》（*Foreign Policy*）、《国际安全》（*International Security*）和《新共和》（*The New Republic*）等期刊发表。要了解关于米尔斯海默的信息，可以登录网站http://

political-science.uchicago.edu/faculty/mearsheimer.html 查阅。

麦克·沃汉伦

麦克 · 沃汉伦（Michael O'Hanlon）是布鲁金斯学会国防战略高级研究员，哥伦比亚大学（Columbia University）和乔治敦大学（Georgetown University）国际关系客座教授。1982 年获得普林斯顿大学的学士学位，1987 年获得工学硕士学位，1988 年获得文学硕士学位，1991 年获得博士学位。他曾在美国国防分析研究院（Institute for Defense Analyses）担任助理研究员，还曾在美国国会预算办公室（Congressional Budget Office）担任国防和外交政策预算分析员。[21]

麦克 · 沃汉伦的研究领域包括：军备条约、亚欧安全问题、国土安全、伊拉克政策、军事技术，以及美国国家战略与预算。[22] 他的文章在《外交事务》、《国际安全》、《奥比斯》和《生存》等期刊发表。此外，他还是美国外交关系委员会和国际战略研究所的成员。[23]

麦克 · 沃汉伦独著或与人合著了多部专著，包括：《用武力拯救生命：人道主义干预的军事标准》（*Saving Lives with Force: Military Criteria for Humanitarian Intervention*，华盛顿：布鲁金斯学会出版社，1997 年）、《如何成为一只廉价老鹰：1999 年和 2000 年的国防预算》（*How to Be a Cheap Hawk: The 1999 and 2000 Defense Budgets*，华盛顿：布鲁金斯学会出版社，1998 年）、《不光彩的胜利：北约拯救科索沃之战》（*Winning Ugly: NATO's War to Save Kosovo*，华盛顿：布鲁金斯学会出版社，2000 年）、《保卫美国：以限制性的国家导弹防御系统为例》（*Defending America: The Case for Limited National Missile Defense*，华盛顿：布鲁金斯学会出版社，2001 年），以及《朝鲜半岛危机：如何应对核国家朝鲜》（*Crisis on the Korean Peninsula: How to Deal with a Nuclear North Korea*，纽约：麦格劳－希尔出版社，2003 年）。

要了解关于麦克 · 沃汉伦的信息，以及他对当前安全政策的相关评论，可以登录网站 www.brookings.edu/scholars/mohanlon.htm 查询。

巴瑞·波森

巴瑞 · 波森（Barry Posen）是麻省理工学院（Massachusetts Institute of

Technology）政治学教授，参与该校的安全研究项目。1974 年获得西方学院（Occidental College）的学士学位，1976 年和 1981 年先后获得加州大学伯克利分校（University of California-Berkeley）的硕士学位和博士学位。1984—1987 年，在普林斯顿大学任政治学助理教授。自 1987 年起，在麻省理工学院任教。此外，巴瑞 · 波森还是美国外交关系委员会和国际战略研究所的成员。[24]

巴瑞 · 波森的专著包括：《军事学说的根源：两次世界大战战间期的法国、英国和德国》（*The Sources of Military Doctrine: France, Britain, and Germany between the World Wars*，纽约州伊萨卡：康奈尔大学出版社，1984 年）和《无意的战争升级：常规战争与核危机》（*Inadvertent Escalation: Conventional War and Nuclear Risks*，纽约州伊萨卡：康奈尔大学出版社，1991 年）。《军事学说的根源：两次世界大战战间期的法国、英国和德国》一书阐释了两次大战战间期的英国、法国和德国的军事发展模式如何影响其在二战爆发期间具体的军事行动，并探究了这些国家的军事发展模式与美苏战略平衡之间可能存在的关联。《无意的战争升级：常规战争与核危机》一书则论述了传统军事行动与核武力结合必将增加冲突升级的压力。[25] 巴瑞 · 波森的文章在《外交政策》（*Foreign Policy*）、《国际安全》（*International Security*）、《安全研究》（*Security Studies*）和《全球政治》（*World Politics*）等期刊发表。要了解关于巴瑞 · 波森出版的专著信息，及其近期的教学大纲，可以登录网址 http://web.mit.edu/polisci/faculty/B.Posen.html 查阅。

劳瑞·伍尔泽

劳瑞 · 伍尔泽（Larry Wortzel）担任美国传统基金会（Heritage Foundation）旗下的凯瑟琳和斯尔必 · 库洛姆 · 戴维斯国际研究院（Kathryn and Shelby Cullom Davis Institute for International Studies）副主席兼主任。他从佐治亚州的哥伦布州立大学（Columbus College）获得学士学位，后来又获得了夏威夷大学（University of Hawaii）玛诺分校（Manoa）的硕士和博士学位。劳瑞 · 伍尔泽曾任美国驻华使馆武官，美国陆军战争学院（U.S. Army War College）战略研究所（Strategic Studies Institute）主任，之后于 1999 年加入美国传统基金会。[26]

劳瑞 · 伍尔泽的研究领域包括中国问题、亚洲问题、情报、国家安全，以及军事战略。他的文章在《简氏情报评论》（*Jane's Intelligence Review*）和《参数》（*Parameters*）等期刊发表。他编著的出版物包括：《中国的军事现代化》(*China's Military Modernization*，康涅狄格州西港：格林伍德出版社，1988 年)、《当代中国军事史词典》(*Dictionary of Contemporary Chinese Military History*，康涅狄格州西港：格林伍德出版社，1999 年)、《21 世纪的中国武装力量》(*The Chinese Armed Forces in the 21st Century*，宾夕法尼亚州卡莱尔：美国陆军战争学院战略研究所，1999 年)、《亚太问题——新千年之际的美国国家安全》(*The Asia-Pacific in the U.S. National Security Calculus for a New Millennium*，宾夕法尼亚州卡莱尔：美国陆军战争学院战略研究所，2000 年)，以及《历史的教训：中国人民解放军建军 75 周年》(*The Lessons of History: The Chinese People's Liberation Army at 75*，宾夕法尼亚州卡莱尔：美国陆军战争学院战略研究所，2003 年)。

要了解更多关于劳瑞·伍尔泽的基本信息、近期发表的文章，及其在媒体的活动等，可以登录美国传统基金会的网址 www.heritage.org/About/Staff/LarryWortzel.cfm 查询。

注 释

1. 虽然稍显过时，但很有参考价值的军事期刊评论，参见 Michael Unsworth, ed., *United States and Selected International Journals and Newspapers* (New York: Greenwood Press, 1990)。
2. 关于期刊数据库（JSTOR）的历史，参见 Roger C. Schonfeld, *JSTOR: A History* (Princeton, N.J.: Princeton University Press, 2003)。
3. Frank Cass Publishers, "Transnational Organized Crime" (2003), 1 (www.frankcass.com/jnls/toc.htm), accessed October 22, 2003.
4. Yale University Press, "Annals of Communism" (n.d.), 1 (www.yale.edu/annals/AOC_statement.html), accessed October 24, 2003.
5. University of North Carolina Press, "Series Descriptions," (n.d.), 4 (http://uncpress.unc.edu/bm-series.html), accessed October 23, 2003.
6. Smithsonian National Air and Space Museum, "NASM Publications: Smithsonian History of Aviation and Spaceflight Series" (2003), 1 (www.nasm.edu/nasm/pubs/avseries.html), accessed October 23, 2003.
7. University of British Columbia Press, "Studies in Canadian Military History Series" (n.d.), 1 (www.ubc press.ca/books/series_military.html), accessed October 23, 2003.
8. 一个例子是康多丽扎·赖斯（Condoleezza Rice），曾在乔治·W. 布什政府任国家安全顾问。参见 Biography Resource Center, "Condoleezza Rice" (2003), 1–5 (www.galenet.com/servlet/BioRC), accessed October 25, 2003。
9. Biography Resource Center, "Eliot Asher Cohen" (2003), 2 (www.galenet.com/servlet/BioRC), accessed October 25, 2003.

10. Biography Resource Center, "Eliot Asher Cohen."
11. Biography Resource Center, "Eliot Asher Cohen."
12. Biography Resource Center, "Eliot Asher Cohen," 1–2.
13. Center for Strategic and International Studies, "Anthony Cordesman" (2003), 1 (http://csis.org/html/4cordesm.htm), accessed October 27, 2003.
14. 参见 Biography Resource Center, "James Sterling Corum" (2003), 2 (www.galenet.com/servlet/BioRC), accessed October 28, 2003; and Air University, School of Advanced Air and Space Studies, "Curriculum Vitae: James Sterling Corum" (n.d.), 1 (www.au.af.mil/sass/Corum%20 vitae.htm), accessed October 28, 2003。
15. Biography Resource Center, "James Sterling Corum."
16. 参 见 Reading University Politics Department, "Professor Colin S. Gray" (n.d.), 1 (www.rdg.ac.uk/AcaDepts/lp/PolIR/polsbiogs/CSG.html), accessed October 28, 2003; and U.S. Army War College,*Maintaining Effective Deterrence: Biographical Sketch of the Author* (Carlisle Barracks, Pa.: U.S. Army War College, Strategic Studies Institute, 2003), iv (www.carlisle.army.mil/ssi/pubs/2003/maindetr/maindeter. pdf), accessed October 28, 2003。
17. U.S. Army War College, *Maintaining Effective Deterrence.*
18. 参 见 University of Chicago, Political Science Department, "John Mearsheimer" (2003), 1(http://political-science.uchicago.edu/faculty/mearsh.htm), accessed October 28, 2003; and Biography Resource Center, "John Joseph Mearsheimer" (2002), 2 (www.galenet.com/servlet/BioRC), accessed October 28, 2003。
19. John J.Mearsheimer, *Liddell Hart and the Weight of History* (Ithaca, N.Y.: Cornell University Press, 1988), 5–9.
20. John J.Mearsheimer, *The Tragedy of Great Power Politics* (New York:W.W. Norton and Company, 2001), 402.
21. Biography Resource Center, "Michael Edward O'Hanlon" (2002), 3 (www.galenet.com/servlet/BioRC), accessed October 29, 2003.
22. Brookings Institution, "Scholars:Michael O'Hanlon" (n.d.), 1 (www.brookings.edu/scholars/mohanlon.htm), accessed October 29, 2003.
23. Brookings Institution, "Michael O'Hanlon," (2002), 1 (www.brookings.edu/rios/data/sources/onepagebio/e7dac134818bff3b4bd390a141465.pdf), accessed October 29, 2003.
24. Biography Resource Center, "Barry R. Posen" (2002), 1 (www.galenet.com/servlet/BioRC), accessed October 29, 2003.
25. Barry R. Posen, *Inadvertent Escalation: Conventional War and Nuclear Risks* (Ithaca, N.Y.: Cornell University Press, 1991), ix.
26. 参见 U.S. Army War College Strategic Studies Institute, *The Asia-Pacific in the U.S. National Security Calculus for a New Millennium: Biographical Sketches of the Authors* (Carlisle Barracks, Pa.: U.S. Army War College Strategic Studies Institute, 2000), v (www.carlisle.army.mil/ssi/pubs/2000/calculus/calculus.pdf), accessed October 29, 2003; and Heritage Foundation, "About the Heritage Foundation—Our Staff: Larry M.Wortzel, Ph.D." (2003), 1–3 (www.heritage.org/About/Staff/LarryWortzel.cfm), accessed October 29, 2003。

英汉术语对照

Aberdeen Proving Ground（APG） 阿伯丁试验场
Acronym Institute for Disarmament Diplomacy 裁军外交研究所
Advanced Air and Space Studies 高级航空航天研究院
Advanced Military Studies Program（AMSP）高级军事研究计划
Advanced Operational Arts Studies Fellowship（AOASF） 高级作战艺术研究计划
Advisory Committee on Nuclear Waste 核废料安全咨询委员会
Advisory Committee on Reactor Safeguards 反应堆安全防卫咨询委员会
Aerospace Centre 航空航天中心
Aerospace Power Journal 《航天动力学报》
Africa Center for Strategic Studies（ACSS） 非洲战略研究中心
Africa Policy Information Center 非洲政策信息中心
Agencywide Documents Access and Management System 机构内文件访问和管理系统
Agent Orange 橙剂
Agricultural Research Service 农业科学研究院
Air Combat Command（ACC） 空战司令部
Air Command and Staff College（ACSC） 空军指挥与参谋学院
Air Force Audit Agency（AFAA） 空军审计局
Air Force Command and Control and Intelligence，Surveillance，and Reconnaissance Center（AFC2ISRC） 空军指挥、控制、情报、监视与侦察中心
Air Force Communications Agency（AFCA） 空军通信局
Air Force Department 美国空军部
Air Force Doctrine Center（AFDC） 空军条令中心
Air Force Flight Test Center（AFFTC） 空军飞行试验中心
Air Force Historical Research Agency（AFHRA） 空军历史研究局
Air Force History Support Office（AFHSO） 空军历史支持局
Air Force Information Warfare Center（AFIWC） 空军信息战中心
Air Force Institute of Technology（AFIT） 空军技术学院
Air Force News Agency（AFNA） 空军新闻局
Air Force Office of Scientific Research（AFOSR） 空军科学研究办公室
Air Force Research Laboratory（AFRL） 空军研究实验室
Air Force Safety Center（AFSC） 空军安全中心
Air Force Space Command（AFSC） 空军太空司令部
Air Intelligence Agency（AIA） 空军情报局
Air National Guard（ANG） 空军国民警卫队
Air University Library Index to Military Periodicals 《美国空军大学图书馆的军事期刊索引》
Air University（AU） 美国空军大学
Air War College（AWC） 空军战争学院
America: History and Life 《美加：历史与生活》
American Academy of Arts and Sciences 美国艺术与科学院
American Enterprise Institute for Public Policy Research（AEI） 美国企业公共政策研究所
American Forces Information Service（AFIS） 美国军队信息局
American Historical Association 美国历史协会
American Legion 美国退伍军人协会

American Medical Association（JAMA）《美国医学学会杂志》
American Political Science Association　美国政治学学会
Amnesty International　国际特赦组织
Animal and Plant Health Inspection Service（APHIS）　动植物卫生检验署
Annals of Communism　《共产主义年度报告》
Ansar Al-Islam　伊斯兰辅助者组织
ANSER Institute for Homeland Security ANSER　国土安全研究所
Anthrax Vaccination Immunization Program（AVIP）　炭疽疫苗免疫计划
Archipelagic Inner Arc　群岛内弧
Archival Research Catalog（ARC）　档案研究目录
Argonne National Laboratory（ANL）　阿贡国家实验室
Arleigh A. Burke Chair in Strategy　阿利 · A. 伯克战略讲座
Armed Forces and Society　《军队与社会》
Arms Control Association（ACA）　军控协会
Army Air Force　陆军航空队
Army Chemical School（ACS）　陆军化学兵学校
Army Intelligence and Security Command　陆军情报与安全司令部
Army Mountain Warfare School（AMWS）　陆军山地战技学校
Army National Guard（ANG）　陆军国民警卫队
Army Research Institute for the Behavioral and Social Sciences　陆军行为和社会科学研究所
Army Research Laboratory（ARL）　陆军研究实验室
Army Science Board（ASB）　陆军科学委员会
Army's Adjutant Generals Office　美军军务局
Army-Navy Staff College（NSC）　海军参谋学院
Arroyo Center　阿罗约中心
Asia-Pacific Center for Security Studies（APCSS）　亚太安全研究中心
Asia-Pacific Review　《亚太评论》
Assembled Chemical Weapons Alternatives（ACWA）　已组装化学武器评估
Assistant Secretary of State　助理国务卿
Astropolitics: The International Journal of Space Power and Policy　《天文政治：关于太空强国和政策的国际》期刊
Atlantic Alliance　大西洋联盟
Atlantic Council of the United States（ACUS）　美国大西洋理事会
Atomic Energy Commission　原子能委员会
Australia Group　澳大利亚集团
Australian Defence Force（ADF）　澳大利亚国防军
Australian Defence Force Academy　澳大利亚国防学院
Australian Defence Studies Centre　澳大利亚国防研究中心
Australian Defence Studies Centre（ADSC）　澳大利亚国防研究中心
Australian National Audit Office（ANAO）　澳大利亚国家审计署
Australian National University's Research School of Pacific and Asian Studies　澳大利亚国立大学亚太研究学院
Australian Parliament　澳大利亚议会
Australian Secret Intelligence Service（ASIS）　澳大利亚秘密情报局
Australian Security Intelligence Organisation（ASIO）　澳大利亚安全情报组织
Australian Strategic Policy Institute　澳大利亚战略政策研究所
Austrian National Defence Academy　奥地利国防学院
Ballistic Missile Defence　弹道导弹防御系统
Bar-Ilan University　巴伊兰大学
Begin-Sadat Center for Strategic Studies　贝京 – 萨达特战略研究中心
Belfer Center for Science and International Affairs　贝尔弗尔科学与国际事务研究中心
Berlin Crisis　柏林危机
Bloomberg School of Public Health at Johns Hopkins University　约翰 · 霍普金斯大学彭博公共卫生学院
British Department for International Development　英国国际发展署
British-American Security Information Council　英美安全信息理事会
British Army's Doctrine and Development Directorate　英国军队理论和发展理事会
Brookhaven National Laboratory　布鲁克黑文国家实验室
Brookings Institution　布鲁金斯学会
Brown University　布朗大学
Bulgaria-Institute for Security and International Studie　保加利亚——安全与国际研究所
Cabinet Office-Intelligence Security Committee　英国政府内阁办公室——情报安全委员会

Cable Satellite Public Affairs Network　卫星公共事务网络
Cambridge Studies in International Relations　《剑桥国际关系研究》
Canada's Communications Security Establishment　加拿大通信安全局
Canadian Institute of Strategic Studies　加拿大战略研究所
Canadian Security Intelligence Service（CSIS）　加拿大国家安全情报局
Canadian War Museum　加拿大战争博物馆
Carnegie Endowment for International Peace　卡内基国际和平基金会
Catalog of Government Publications　《美国政府出版物目录》
Cato Institute　卡托研究所
Cebrowski Institute for Information Innovation and Superiority（CINFINIS）　塞布罗斯基信息创新与信息优势研究所
Center for Asia-Pacific Policy　亚太政策中心
Center for Civilian Biodefense Strategies　民用生物防卫策略中心
Center for Civil-Military Relations（CCMR）　军民关系中心
Center for Contemporary Conflict（CCC）　当代冲突中心
Center for Counterproliferation Research（CCR）　防扩散研究中心
Center for Defense Information　国防情报中心
Center for Global Peace and Conflict Studies　全球和平与冲突研究中心
Center for Hemispheric Defense Studies（CHDS）　半球防务研究中心
Center for Infectious Disease Research and Policy　传染病研究和政策中心
Center for International Security and Cooperation　国际安全和合作中心
Center for International Threat Reduction　国际威胁降低中心
Center for International Trade and Security　国际贸易与安全中心
Center for Joint Services Electronic Warfare（CJSEW）　多军种电子战中心
Center for Middle East Public Policy　中东公共政策中心
Center for Military History（CMH）　军事历史中心
Center for Naval Warfare Studies（CNWS）　海战研究中心
Center for Nonproliferation Studies　防扩散研究中心
Center for Northeast Asian Policy Studies　东北亚政策研究中心
Center for Russia and Eurasia　俄罗斯和欧亚大陆中心
Center for Strategic and Budgetary Assessments　战略与预算评估中心
Center for Strategic and International Studies（CSIS）　战略与国际研究中心
Center for Strategic and International Studies, and International Security Studies (Yale University)　战略与国际研究中心及国际安全研究所（耶鲁大学）
Center for Strategic and International Studies（CSIS）　美国战略与国际研究中心
Center for Strategic Leadership（CSL）　战略领导中心
Center for Technology and National Security Policy（CTNSP）　技术与国家安全政策中心
Center for the Study of Intelligence　情报研究中心
Center on Terrorism and Irregular Warfare（CTIW）　反恐与非常规战争中心
Central Command（CENTCOM）　中央司令部
Central Identification Laboratory（CILHI）　中心鉴定实验室
Central Intelligence Agency（CIA）　中央情报局
Centre for Security and Defence Studies—Carleton University　卡尔顿大学安全与国防研究中心
Conventional Armed Forces in Europe Treaty　欧洲常规武装力量条约
Chemical Biological Incident Response Force（CBIRF）　生化事故响应部队
Chemical Incident Reports Center　化学事件报道中心
Chemical Safety and Hazard Investigation Board　化学安全与危险调查局
Chemical Weapons Convention（CWC）　《禁止化学武器公约》
Chief of Naval Operations（CNO）　海军作战部长
Civilian Health and Medical Programs for Uniformed Services（CHAMPUS）　军内文职人员医疗保健计划
Civil-Military Relations in Central and Eastern Europe Internet Resource Center　中东欧军民关系互联网资源中心
Classification Management Committee　类管理委员会
Clean Air Act Amendments　《清洁空气法修正案》
Clean Air Act　《清洁空气法》
Coast Guard Academy（CGA）　美国海岸警卫队学院
Coast Guard Chief Petty Officers Association　美国海岸警卫队军士长协会
Coast Guards　海岸警卫队
Code of Federal Regulations　美国联邦法规
Cold War History　《冷战历史》
College of Aerospace Doctrine，Research，and Education（CADRE）　航空航天理论、研究和教育学院

College of Distance Education（CDE） 远程教育学院
College of Naval Command and Staff（CNCS） 海军指挥参谋学院
College of Naval Warfare（CNW） 海军作战学院
Columbia International Affairs Online 哥伦比亚大学国际事务在线
Columbus College 哥伦布州立大学
Combat Studies Institute（CSI） 战斗研究所
Combined Arms and Services Staff School（CAS3） 联合军兵种参谋学校
Combined Arms Research Library（CARL） 美军联兵研究图书馆
Command and General Staff College（CGSC） 美国陆军指挥与参谋学院
Command and Staff College（CSC）指挥与参谋学院
Command, Contral, Communication, Computer, intelligence（C4I） 指挥、管理、通信、计算机和情报
Common Foreign and Security Policy（CFSP） 共同外交与安全政策
Commonwealth Heads of Government meeting 英联邦首脑会议
Comparative Strategy 《比较战略》
Comprehensive Nuclear Test Ban Treaty（CTBT）《全面禁止核试验条约》
Computer Security Resource Center 计算机安全资源中心
Computer System Security and Privacy Advisory Board 计算机系统安全与隐私建议委员会
Conference of Defence Associations 国防协会会议研究所
Conflict Studies Research Centre 冲突研究中心
Conflict, Security, and Development Group 冲突、安全与发展小组
Congressional Budget Office 美国国会预算办公室
Congressional Information Service Index 《美国国会信息服务索引》
Congressional Quarterly Weekly Report 《国会季刊周报》
Congressional Universe 《国会大全》
Contemporary Security Policy 《现代安全策略》
Contributions in Military Studies 《军事研究贡献》
Cornell Studies in Security Affairs 《康奈尔安全事务研究》
Cornell University 康奈尔大学
Corps of Engineers（USACE） 美国陆军工程兵团
Critical Infrastructure Assurance Office（CIAO） 关键基础设施保障办公室
Critical Infrastructure Protection 关键基础设施保护
Crown Prosecution Service 皇家检察署
CSB Mission and History 公务员事务局职责和历史
Cuban Missile Crisis 古巴导弹危机
Danish Institute of International Affairs 丹麦国际事务研究所
David Ben-Gurion 大卫·本－古理安
Declassified Documents Reference System 解密档案参考系统
Defence Academy 国防学院
Defence Intelligence Organization（DIO） 澳大利亚国防情报组织
Defence Scientific Advisory Council 国防科技咨询委员会
Defence Seuvrity Cooperation Agency（DSCA） 国防安全合作署
Defence Signals Directorate（DSD） 国防信号局
Defence Studies 《国防研究》
Defense Advisory Committee on Women in the Services（DACOWITS） 国防部女性军职人员咨询委员会
Defense Environmental Network and Information Exchange（DENIX） 国防环境网络信息交换站
Defense Information Technology Testbed（DITT） 国防信息技术测试平台
Defense Intelligence Agency advisory committees 国防情报局顾问委员会
Defense Intelligence Agency（DIA） 国防情报局
Defense Logistics Agency 国防后勤局
Defense Mapping Agency 国防测绘局
Defense Modeling and Simulation Office（DMSO） 国防部建模与仿真办公室
Defense Nuclear Facilities Safety Board 国防核设施安全委员会
Defense Policy Board 国防政策委员会
Defense Science Board 国防科学委员会
Defense Security Service Academy 国防安全学院
Defense Security Service 国防保密业务处
Defense Special Weapons Agency 国防特种武器局
Defense Supply Agency 国防供应局
Defense Task Force 国防工作小组
Defense Technical Information Center 国防技术信息中心

Defense Threat Reduction Agency　国防威胁降低局
Department for Disarmament Affairs　裁军事务部
Department of Command，Leadership and Management（DCLM）　指挥、领导和管理系
Department of Energy Intelligence Agencies　美国能源部情报局
Department of Military Strategy，Planning，and Operations（DMSPO）　军事战略规划作战系
Department of National Security and Strategy（DNSS）　国家安全战略系
Department of State Bureau of Intelligence and Research　国务院情报研究局
Department of the Treasury　财政部
Department of Transportation　运输部
Dewey Decimal Classification System　杜威十进制图书分类系统
Department of Transportation Office of Intelligence and Security　运输部情报安全局
Directorate of Defense Trade Controls　防务贸易控制理事会
Directorate of Science and Technology　科学技术部门
Division of Military Information　军事信息处
DND Directorate of History and Heritage　加拿大国防部历史和遗产理事会
DOD's Office of Inspector General（DODIG）　国防部总监察长办公室
Douglas Aircraft Company　道格拉斯飞行器公司
East Asia Nonproliferation Program　东亚防扩散项目
Eastern European Studies　《东欧研究》
Electronic Freedom of Information Act（EFOIA）《电子信息自由法》
Emirates Center for Strategic Studies and Research　阿联酋战略研究中心
Energy Information Administration　能源信息管理局
Energy Research and Development Administration　能源研究和发展管理局
Enlisted Professional Military Education（EPME）　从军人员专业军事教育学院
Environmental Protection Agency　环境保护局
Eprint Network　网上打印网络
Ethnic Conflict Program　民族冲突项目
European Command（USEUCOM）　欧洲司令部
European Institute for Security Studies　欧洲安全研究所
European Security　《欧洲安全》
European Social Democratic political parties　欧洲社会民主政党
European Union Code of Condult　欧盟行为准则
European Union Satellite Centre　欧盟卫星中心
Expeditionary Warfare School（EWS）　远征作战学校
Federal Computer Incident Response Center　联邦计算机事故反应中心
Federal Depository Library　联邦政府托管图书馆
Federal Depository Library Program（FDLP）"联邦政府托管图书馆计划"
Federal Emergency Management Agency　联邦紧急事务管理署
Federal Information Systems Security Educators Association　联邦信息系统安全教育工作者协会
Federal Maritime Commission　联邦海事委员会
Federation of American Scientists　美国科学家联盟
Finnish Institute of International Affairs　芬兰国际事务研究所
Fire Dynamic Simulator　火灾动态模拟器
Ford Foundation　福特基金会
Foreign and Commonwealth Office　外交和联邦事务部
Foreign Broadcast Information Center　外国广播信息中心
Foreign Policy Research Institute　外交政策研究所
Foreign Policy, Security, and Strategic Studies　《外交政策、安全和战略研究》
Foundation for Foreign Policy Research　外交政策研究基金会
Freedom of Information Act　《信息自由法》
General Accounting Office（GAO）　美国审计总署
Geneva Centre for Security Policy　日内瓦安全政策中心
German Institute for International Politics and Security　德国国际政治与安全研究所
Global Crime　《全球犯罪》
Goldwater-Nichols Act　《戈德华特－尼科尔斯国防部改组法》
Government Communications Headquarters（GCHQ）　英国政府通信总部
Government Printing Office　（美国）政府印刷办公室
Hanford Plant　汉福德工厂
Heritage Foundation　美国传统基金会
Historian's Office　档资办公室

Historical Abstracts 《历史文摘》
Historical Manuscripts Commission 历史文献委员会
History and Museums Division（HMD） 历史和博物馆处
Home Office 英国内政部
Hoover Institution on War, Revolution, and Peace（美国）胡佛战争、革命与和平研究所
House of Commons Defence Committee（英国）下院国防委员会
House of Commons Home Affairs Committee（英国）下院内政事务委员会
House of Commons Library Research Reports（英国）下院图书馆研究报告
House of Commons Standing Committee on National Defence and Veterans Affairs （英国）下院国家防卫及退伍军人事务常务委员会
Hudson Institute 哈德森研究所
Idaho National Engineering and Environmental Laboratory 爱达荷国家工程和环境实验室
Illicit Trafficking 非法贩运
Industrial College of the Armed Forces（ICAF） 武装部队工业学院
Infantry School（IS） 步兵学校
Information Bridge 信息桥
Information Resources Management College（IRMC） 信息资源管理学院
Information Security Oversight Office 信息安全监督办公室
Information Security Resource Center 信息安全资源中心
Inspector General of Intelligence and Security（IGIS） 情报和安全监察部
Installations and Logistics Department（I&LD） 设备与后勤服务部
Institute for Defence Studies and Analysis（IDSA） 国防研究与分析所
Institute for Defense Analyses（IDA） 美国国防分析研究院
Institute for Foreign Policy Analysis（IFPA） 外交政策分析研究所
Institute for National Strategic Studies（INSS） 国家战略研究所
Institute for Peace and Conflict Studies（IPCS） 和平与冲突研究中心
Institute of Defense and Strategic Studies（IDSS）（新加坡）国防与战略研究所
Institute of Medicine 医学研究所
Intelligence and National Security 《情报与国土安全》
Interagency Security Classification Appeals Panel 跨部门安全分类上诉委员会
International Atomic Energy Agency（IAEA） 国际原子能机构
International Federal Aviation Administration（FAA） 联邦航空管理局
International Institute for Strategic Studies（IISS） 国际战略研究所
International Journal of Intelligence and Counterintelligence 《国际情报与反情报》
International Nuclear Safety Program（INSP） 国家核安全计划
International Peacekeeping 《国际维和》
International Relations Security Network 国际关系与安全网络
International Security 《国际安全》
International Security and Defense Policy Center 国际安全和国防政策中心
International Standard Serial Number（ISSN） 国际标准期刊号
Inter-university Seminar on Armed Forces and Society 校际武装力量与社会研讨会
Jane's Information Group 简氏信息集团
John F. Kennedy School of Government at Harvard University 哈佛大学约翰·肯尼迪行政学院
John Hopkins Center for Strategic and Advanced International Studies 约翰·霍普金斯大学高等国际研究院
John M. Olin Institute for Strategic Studies 约翰·M. 奥林战略研究所
Johns Hopkins University 约翰·霍普金斯大学
Joint Chiefs of Staff（JCS） 参谋长联席会议
Joint Electronic Library（JEL） 联合电子图书馆
Joint Forces Command（USJFCOM） 联合部队司令部
Joint Forces Quarterly 《联合部队季刊》
Joint Forces Staff College（JFSC） 联合部队参谋学院
Joint Planning and Execution Committee（JPEC） 联合作战计划与执行委员会
Joint Standing Committee on Foreign Affairs, Defence, and Trade（JFADT） 外交、国防及贸易联合常务委员会
Joint Surveillance Target Attack Radar System（JSTARS） 联合监视目标攻击雷达系统
Journal of Battlefield Technology 《战场技术》期刊
Journal of Cold War Studies 《冷战研究》期刊
Journal of Conflict and Security Law 《冲突与安全法》期刊
Journal of Contingencies and Crisis Management 《意外事件及危机管理》
Journal of Military Ethics: Normative Aspects of the Use of Military Force 《军事伦理学期刊 使用武力的规范与

标准》期刊
Journal of Military History 《军事历史》期刊
Journal of Slavic Military Studies 《斯拉夫军事研究》期刊
Journal of Strategic Studies 《战略研究》期刊
Journal Storage（JSTOR） 期刊数据库
Kathryn and Shelby Cullom Davis Institute for International Studies 凯瑟琳和斯尔必·库洛姆·戴维斯国际研究院
Knolls Atomic Power Laboratory 诺尔斯原子能实验室
Land Warfare Studies Centre 陆战研究中心
Lawrence Berkeley National Laboratory 劳伦斯伯克利国家实验室
Lawrence Livermore National Laboratory 劳伦斯利弗莫尔国家实验室
LexisNexis 律商联讯
LexisNexis Government Periodicals Index 《律商联讯政府期刊索引》
Library of Congress Classification System 美国国会图书馆分类系统
Library of Congress Subject Headings 《美国国会图书馆标题表》
London School of Economics and Political Science 伦敦经济与政治科学学院
Los Alamos National Laboratory 洛斯阿拉莫斯国家实验室
Low Intensity Conflict and Law Enforcement 《低强度冲突和法律实施》
Manhattan Project “曼哈顿计划”
Marine Corps Combat Development Command（MCCDC） 海军陆战队作战发展司令部
Marine Corps Institute（MCI） 海军陆战队学院
Marine Corps Research Center（MCRC） 海军陆战队研究中心
Marine Corps Systems Command（MCSC） 海军陆战队系统司令部
Marine Corps University（MCU） 海军陆战队大学
Marine Corps War College（MCWAR） 海军陆战队战争学院
Marine Corps Warfighting Laboratory（MCWL） 海军陆战队战争实验室
Maxwell Air Force Base 麦克斯韦尔空军基地
McGill University 麦吉尔大学
Medical Research Institute of Chemical Defense（USAMRICD） 美国陆军防化医学研究所
Military History Institute（MHI） 军事历史研究所
Military Sealift Command（MSC） 军事海运司令部
Missile Defense Agency（MDA） 导弹防御局
Missile Technology Control Regime 导弹技术控制组织
MIT Security Studies Program 麻省理工学院安全研究项目
Modeling and Simulation（M&S） 建模与仿真
Modern War Studies 《现代战争研究》
Monterey Institute of International Studies 蒙特雷国际研究学院
Multizone Airflow and Contaminant Transport Analysis Software 多区域气流和污染物运移分析软件
NARA's National Archives Information Locator 公家档案信息定位
National Academy of Engineering （美国）国家工程学院
National Academy of Sciences （美国）国家科学院
National Archives and Records Administration 国家档案和记录管理局
National Archives 国家档案馆
National Audit Office 国家审计署
National Bureau of Asian Research 国家亚洲研究局
National Bureau of Standards 国家标准局
National Command Authorities 国家指挥当局
National Defense University（NDU） 国防大学
National Geospatial-Intelligence Agency 国家地理空间情报局
National Imagery and Mapping Agency 国家图像和测绘局
National Industrial Security Program Policy Advisory Committee 国家产业安全方案方针咨询委员会
National Industrial Security Program 国家产业安全方案
National Infrastructure Protection Center 国家基础建设保护中心
National Institute for Public Policy 公共政策国家研究所
National Institute of Standards and Technology 国家标准技术研究所
national institutes of health 国立卫生研究院
National Interest 《国家利益》
National Journal 《国家杂志》
National Maritime Intelligence Center 国家海事情报中心
National Nuclear Security Administration 国家核能安全管理局

National Reconnaissance Office　国家侦察局
National Research Council　国家研究委员会
National Security Action Memorandums　国家安全行动备忘录
National Security Council　国家安全委员会
National Security Decision Directives　国家安全决策指令
National Security Planning Group　国家安全规划小组
National Simulation Center　国家仿真中心
National Spent Nuclear Fuel Program　国家核废料计划
National Strategic Gaming Center（NSGC）　国家战略博弈中心
National Transportation Program　国家运输计划
Nautilus Institute　鹦鹉螺研究所
Naval Aerospace Medical Research Laboratory（NAMRL）　海军航空航天医学研究实验室
Naval Air Systems Command（NAVAIR）　海军航空系统司令部
Naval Command College（NCC）　海军指挥学院
Naval Facilities Engineering Command（NAVFAC）　海军设施工程司令部
Naval Historical Center（NHC）　海军历史中心
Naval Postgraduate School（NPS）　海军研究生院
Naval Sea Systems Command（NAVSEA）　海军海上系统司令部
Naval Treaty Implementation Program（NTIP）　海军条约实行方案
Naval Vessel Register（NVR）　海军舰艇注册名录
Naval War College Review　《海军战争学院评论》
Naval War College（NWC）　海军战争学院
Navy Board　海军局
Navy International Programs Office（NIPO）　海军国际项目办公室
Navy Judge Advocate General　美国海军执法署
Navy Personnel Research，Studies，and Technology（NPRST）　海军人员调查研究技术部
Navy Warfare Development Command（NWDC）　海军作战发展司令部
Near East-South Asia Center for Strategic Studies（NESA-CSS）　近东南亚战略研究中心
Nellis Air Force Gunnery and Bombing Range　内尔尼斯空军射击和轰炸范围
Network Centric Innovation Center（NCIC）　网络中心创新中心
Nevada Operations Office　内华达州事务办公室
Nevada Test Site　内华达试验场
New Brunswick Laboratory　新布伦士威克实验室
New Electronic Titles　《新电子图书》
New Zealand Army Journal　《新西兰军队》期刊
Newly Independent States（NIS）　新独立国家
Nixon Presidential Materials Staff　尼克松总统资料管理员
Nonproliferation Program　防扩散项目
Nordic-Baltic regional security　北欧－波罗的海区域安全
North American Aerospace Defense Command（NORAD）　北美防空联合司令部
North Atlantic Treaty Organization　北大西洋公约组织
North Carolina State University　北卡罗来纳大学
Northern Command（NORTHCOM）　北方司令部
Northwest National Security Analysis Team　西北国家安全分析组
Nuclear Age Series　《核时代专集》
Nuclear Emergency Search Team　核紧急事态搜寻队
Nuclear Nonproliferation Treaty（NPT）　《防止核扩散条约》
Nuclear Regulatory Commission　核能管理委员会
Nuclear Regulatory Commission　美国核能管理委员会
Nuclear Safeguards and Nonproliferation Support Program　核安全措施和防扩散支持方案
Nuclear Waste Policy Act　《核废物政策法案》
Nuclear Waste Technical Review Board　核废物技术审查委员会
Nuclear，Energy，Science，and Technology Office　原子能、能源、科学和技术办公室
Oak Ridge National Laboratory　橡树岭国家实验室
Occidental College　西方学院
Occupational Safety and Health Administration　职业安全和健康管理局
Office of Army International Affairs　陆军国际事务办公室
Office of Assistant Secretary for Aviation and International Affairs　负责航空和国际事务的助理部长办公室
Office of Auditor General　总审计长办公室
Office of Civilian Radioactive Waste Management　民用放射性废物管理办公室

Office of Contingency Planning and Peacekeeping　应急规划和维护和平办
Office of Cyber Security and Special Reviews　网络安全和特殊评论办公室
Office of Economic Adjustment（OEA）　经济调节办公室
Office of Electricity and Natural Gas Analysis　电气和天然气分析办公室
Office of Emergency Management Oversight　应急管理监督办公室
Office of Energy Emergencies　能源应急办公室
Office of Enforcement　执行办公室
Office of Environment, Safety, and Health Evaluations　环境、安全和健康评估办公室
Office of Environmental　Management 环境管理办公室
Office of Foreign Assets Control　美国财政部海外资产管理控制办公室
Office of Foreign Assets Control　外国资产管制办公室
Office of Independent Oversight and Performance Assurance　独立监督和性能保证办公室
Office of Inspector General　总监察长办公室
Office of Intelligence Policy and Review　情报政策和审查办公室
Office of International Programs　国际交流项目办公室
Office of International Security Operations　国际安全事务办
Office of Investigations　调查署
Office of Management and Budget　行政管理和预算局
Office of Management and Information Resources　管理和信息资源办公室
Office of Mine Action Initiatives and Partnerships　排雷行动计划与合作办公室
Office of National Assessments（ONA）　国家评估办公室
Office of National Drug Control Policy　国家药品政策管制办公室
Office of Naval Intelligence and the Naval Criminal Investigative Service　海军情报局和海军犯罪调查处
Office of Naval Research（ONR）　海军研究办公室
Office of Net Assessment（ONA）　净评估办公室
Office of Newly Independent States, Russian, and Middle Eastern Affair　处理新独立国家、俄国和中东事务的办公室
Office of Nuclear Material Safety and Safeguards　核材料安全和安全保障办公室
Office of Nuclear Materials Management Policy　核材料管理政策办公室
Office of Nuclear Reactor Regulation　核反应堆法规办公室
Office of Nuclear Security and Incident Response　核能安全和核事故紧急应变署
Office of Policy and International Affairs　政策和国际事务办公室
Office of Safeguards and Security Evaluations　保障措施和安全评估办公室
Office of Science and Technology Policy　科技政策办公室
Office of Scientific and Technical Information　科技信息办公室
Office of Secretary of Defense　国防部长办公室
Office of Site Closure　站点关闭办公室
Office of Strategic Services　战略情报局
Office of the Chief of Naval Operations（OPNAV）　海军作战部长办公室
Office of the Command Historian　司令部档资办公室
Office of War Crimes Issues　战犯议题办公室
Online Computer Library Consortium（OCLC）　在线计算机图书馆联盟
Online Public Access Catalogs（OPAC）　《在线公众检索目录》
Operation Desert Storm　沙漠风暴行动
Operation Enduring Freedom　持久自由行动
Operation Falconer　猎鹰行动
Operation Iraqi Freedom　伊拉克自由行动
Operation Just Cause　正义事业行动
Operation Urgent Fury　紧急狂暴行动
Organisation of Eastern Caribbean States　东加勒比国家组织
Organization for Security and Cooperation in Europe　欧洲安全与合作组织
Organization for the Prohibition of Chemical Weapon　禁止化学武器组织
Pacific Command（PACOM）　太平洋司令部
Pacific Institute Studies in Development, Environment, and Security　太平洋发展、环境与安全研究所
Pacific Northwest center　西北太平洋中心
Pacific Northwest Laboratory（PNL）　西北太平洋实验室
Pakistan—Institute of Strategic Studies—Islamabad　巴基斯坦——伊斯兰堡战略研究所
Panama Canal Treaty　巴拿马运河条约
pantex army ordnance plant　潘太克斯陆军军械工厂
Parameters　《参数》

Parliamentary Joint Committee on ASIO, ASIS, and DSD　澳大利亚安全情报局、澳大利亚秘密情报局、及国防通信处的议会联合委员会
Partnership for Peace　“和平伙伴关系”计划
Paul H. Nitze School of Advanced International Studies（SAIS）　保罗·H. 尼采高级国际研究院
Peace Watch　《和平关注》
People's Liberation Army Air Force（PLAAF）　中国人民解放军空军
Philippine-American War　菲美战争
Plans, Policies, and Operations Department（PP&O）　计划、政策和作战部
Posse Comitatus Act　《地方保安队法案》
President's Daily Brief　《总统每日简报》
President's Foreign Intelligence Advisory Board　总统外国情报顾问委员会
Presidential Libraries Act of 1955　《1955 年总统图书管法案》
Presidential Libraries　总统图书馆
Primary Source Media　原始资料媒介公司
Princeton Studies in International History and Politics　《普林斯顿国际历史与政治研究》
Proceedings: U.S. Naval Institute　《美国海军学院月刊》
Program Analysis and Evaluation（PA&E）　项目分析评估办公室
Program in Arms Control, Disarmament, and International Security　军备控制、裁军和国际安全计划
Program on Science and Global Security　科学与全球安全计划
Programs and Resources Department（P&R）　项目和资源部
Project Air Force　空军项目
Project on Defense Alternatives　防务可选择项目
Project RAND　兰德项目
Proliferation Research and Assessment Program　防扩散研究与评估项目
Public Affairs Information Service International　《公共事务情报社文献题录》
Public Record Office　公共档案馆
Queen's Dragon Guards　女王卫队
R.Wendell Harrison Distinguished Professor　“温得尔·哈里森杰出贡献”教授
RAAF Base Fairbairn　澳大利亚皇家空军的费尔贝恩基地
Reorganization Plan No.7　“7 号改组计划”
Research Group in International Security（REGIS）　国际安全研究小组
Ridgway Center for International Security Studies（RCISS）　李奇微国际安全研究中心
Royal Australian Air Force　澳大利亚皇家空军
Royal Australian Army　澳大利亚皇家陆军
Royal Australian Navy　澳大利亚皇家海军
Royal Canadian Mounted Police Criminal Intelligence Program　加拿大皇家骑警刑事情报项目组
Royal Canadian Mounted Police（RCMP）　加拿大皇家骑警
Royal United Services Institute　英国皇家联合军种国防研究所
Saban Center for Middle East Policy　萨班中东政策中心
Safeguarding National Security Information　维护国家安全信息
Safety Bulletin　《安全专讯》
Safety Division（SD）　安全处
sandia national laboratories　桑迪亚国家实验室
savannah river site　萨瓦那河核工厂
School for Command Preparation（SCP）　指挥预修学校
School for National Security Executive Education（SNSEE）　国家安全执行教育学校
School of Advanced Air and Space Studies（SAASS）　美国高级航空航天研究学校
School of Advanced Military Studies（SAMS）　高级军事研究学院
School of Advanced Warfighting（SAW）　高级作战学校
School of Marine Air Ground Task Force（MAGTF）　海军陆战队空地特遣部队
Scientific Advisory Board（SAB）　科学咨询委员会
Scots Guards　苏格兰场
Sea Power Centre　海上力量中心
Secret Intelligence Service　军情六处
Secret Service Bureau　秘密勤务局
Secretary of War　作战部长
Security Council Counterterrorism Committee　安理会反恐怖主义委员会
Security Intelligence Review Committee　安全情报审查委员会
Security Studies　《安全研究》
Senate Armed Services Committee　参议院军事委员会

Shipping Act 《航运法》
Small Wars and Insurgencies 《小规模战争与叛乱》
Smithsonian History of Aviation and Spaceflight Series 《史密森尼航空航天历史专集》
Snowbirds aerobatic team 雪鸟特技飞行队
Society for Military History 军事历史协会
Soldier and Biological Chemical Command（SBCCOM） 陆军士兵和生物化学司令部
South African Police Service 南非警察总署
Southern Command（SOUTHCOM） 南方司令部
Space and Missile Defense Command（SMDC） 空间与导弹防御司令部
Space and Missile Systems Center（SMSC） 航天和导弹系统中心
Space and Naval Warfare Systems Command（SPAWAR） 空间和海战系统司令部
Space and Naval Warfare Systems Command（SRDC） 航天器设计研究中心
Space Policy Directorate（SPD） 太空政策理事会
Special Operations Command（SOCOM） 特种作战司令部
Sri Lanka-Regional Centre for Strategic Studies 斯里兰卡—区域战略研究中心
Staff College Automated Periodicals Index 《参谋学院期刊自动索引》
Stanford University's Institute of International Studies 斯坦福大学国际问题研究所
State Department Division of Historical Policy Research 国务院历史政策研究部
Statistical Information Analysis Division（SIAD） 统计信息分析部
Stockholm International Peace Research Institute 斯德哥尔摩国际和平研究所
Strategic and Defence Studies Centre 战略与国防研究中心
Strategic Command（STRATCOM） 战略司令部
Strategic Leadership Development（CSLD） 战略领导发展中心
Strategic Petroleum Reserve 战略石油储备
Strategic Review 《战略评论》
Stratfor 斯特拉特福公司
Studies in Canadian Military History 加拿大《军事历史研究》
Studies in Conflict and Terrorism 《冲突与恐怖主义研究》
Studies in International Security and Arms Control 《国际安全和军备控制研究》
Studies in War, Society, and the Military 《战争、社会和军事研究》
Superintendent of Documents Classification System 《文献总监处分类系统》
Surface Warfare Directorate（SWD） 水面战指挥部
Survival 《生存》
Swiss Federal Institute of Technology 瑞士联邦理工学院
Tactical Air Command 战术空军司令部
Taiwan Relations Act 台湾关系法
Taiwan Security Research 台湾安全研究所
Tariff Act 《关税法》
Tel Aviv University 特拉维夫大学
Terrorism and Political Violence 《恐怖主义与政治暴力》
Texas A&M University Military History Series 《德克萨斯农工大学军事历史专集》
The 1st UK Armored Division 英国第一装甲师
The 2001 Intelligence Services Act 《2001 情报服务法案》
Training and Doctrine Command（TRADOC） 训练与条令司令部
Training and Education Command（TECOM） 训练和教育司令部
Transnational Organized Crime 《跨国有组织犯罪》
Transportation Command（TRANSCOM） 运输司令部
Triangle Institute for Security Studies 三角安全研究所
U.S. Air Force Academy（USAFA） 美国空军
U.S. Air Force Security Service 美国空军安全勤务处
U.S. Air Force's Technical Applications Center 美国空军技术应用中心
U.S. Arms Control and Disarmament Agency 美国军备控制与裁军署
U.S. Army Corps of Engineers 美国陆军工程兵部队
U.S. Army Military History Center 美国陆军军事历史中心
U.S. Army War College（USAWC） 美国陆军战争学院
U.S. atomic energy program 美国原子能方案
U.S. Bureau of Industry and Security 美国商务部工业安全局
U.S. Chemical Safety and Hazard Investigation Board 美国化学安全与危害调查委员会
U.S. Coast Guard Intelligence Coordination Center and Naval Information Warfare Activity. 美国海岸警卫情报协调中心和海军信息作战部

U.S. Coast Guard　海岸警卫队
U.S. Code　《美国法典》
U.S. Fire Administration　美国消防管理局
U.S. General Services Administration　美国总务管理局
U.S. Geological Survey.　美国地质调查局
U.S. Institute of Peace　美国和平研究所
U.S. International Trade Commission　美国国际贸易委员会
U.S. Military Academy（USMA）　美国军事学院
U.S. Naval Academy（USNA）　美国海军学院
U.S. Secret Service　美国特勤局
U.S. Tariff Commission　美国关税委员会
Ulrich's International Periodicals Directory　乌利希国际期刊指南
Union of Soviet Socialist Republics　苏维埃社会主义共和国联盟
United Nations Charter　《联合国宪章》
United Nations Institute for Disarmament Research　联合国裁军研究所
United Nations Monitoring, Inspection, and Verification Commission　联合国监测、核查和视察委员会（简称监核会）
United Nations Special Commission　联合国特别委员会
University of British Columbia　英属哥伦比亚大学
University of Calgary—Centre for Military and Strategic Studies　卡尔加里大学军事与战略研究中心
University of California–Berkeley　加州大学伯克利分校
University of California–Irvine　加州大学欧文分校
University of Cape Town　开普敦大学
University of Georgia　佐治亚大学
University of Hawaii Manoa　夏威夷大学玛诺分校
University of Illinois at Urbana-Champaign　伊利诺伊大学厄本那香槟分校
University of Lancaster　兰卡斯特大学
University of London's Kings College　伦敦大学国王学院
University of Manitoba—Centre for Defence and Security Studies　马尼托巴大学国防与安全研究中心
University of Maryland　马里兰大学
University of Minnesota–Minneapolis　明尼苏达大学明尼阿波利斯分校
University of Montreal　蒙特利尔大学
University of New South Wales　新南威尔士大学
University of North Carolina–Chapel Hill　北卡罗来纳大学教堂山分校
University of Pittsburgh　匹兹堡大学
University of Reading　雷丁大学
University of Southern California　南加州大学
Victoria University　维多利亚大学
Virtual Library　虚拟图书馆
Weatherhead Center for International Affairs　魏德海国际事务中心
westinghouse savannah river company　西屋萨瓦那河公司
WHINSEC　西半球安全合作机构
White House Communications Agency　白宫通信局
White House Situation Room　白宫战情室
Woodrow Wilson School of Public and International Affairs in Princeton　普林斯顿大学伍德罗·威尔逊公共与国际事务学院
Worldwide Political Science Abstracts　《世界政治科学文摘》
Y–12 National Security Complex　Y–12 国家安全中心
Yasuhiro Nakasone　中曾根康弘（日本前首相）
York University　约克大学

金城出版社
国家安全与保密参考书目

策划：朱策英

《情报研究与分析入门》 ［美］杰罗姆·克劳泽 原著 ［美］简·戈德曼 改编

简介：本书全面探讨了情报研究与分析的各个阶段，重点讨论了情报研究的规范程序和适用的分析方法，优秀情报分析人员的必备特质，以及如何提升情报产品的质量。这部国防情报学经典力作，享誉业界40载，堪称美国情报培训的“红宝书”，是情报研究与分析入门必备教材。它既适合国家安全、情报工作的从业者学习，也可供相关研究人士参阅。

《战略情报的批判性思维》 ［美］凯瑟琳·弗森 伦道夫·弗森 著

简介：本书关注如何在情报工作中应用批判性思维，系统阐述了20个重点问题，介绍了其中的各种实用技巧，以及简单易懂的解决办法。作者还通过政治、经济、军事、信息技术和健康等方面的情报分析案例，帮助读者加强对战略情报批判性思维实践应用的理解。这是一部情报工作者高效思考力指南，情报分析的三大黄金标杆教科书之一。

《情报搜集技术》 ［美］罗伯特·克拉克 著

简介：本书是首部系统论述情报搜集技术的专著，集中讨论了各种技术搜集手段，情报搜集中特征的基本概念，为实现情报目的而进行特征搜集的传感器和搜集平台，以及情报搜集策略与管理问题；还重点探讨了情报搜集技术在国家安全领域的三大用途，读者从中可以一窥美国情报界强大的情报搜集能力、发展动向及维护国家安全的最新思维。

《情报：从秘密到政策》 ［美］马克·洛文塔尔 著

简介：本书详细阐述情报的概念、历史、流程、搜集、分析、反情报、隐蔽行动等问题，重点讨论情报在美国国家安全决策中的重要作用。书中还介绍了美国情报工作的发展，勾勒出美国情报界的内部机制，探讨了情报工作的伦理与道德问题，简要概述了世界主要大国的情报机构情况。本作品享有极高声誉，多次再版修订，已成为全美外交、国关、国安、情报等诸多学科的权威教材，长期被哥伦比亚、斯坦福、麻省理工等知名院校选用和推荐。

《情报分析心理学》 ［美］小理查兹·J. 霍耶尔 著

简介：本书主要探讨了人类在判断不完整或模糊信息过程中的认知心理问题，以及这些不可避免的问题如何对情报分析产生影响，而我们又怎样有效克服这些影响。全书由思维机制、思维工具、认知偏见和情报分析的改进等四部分组成。作为中情局权威理论家的代表作，本书既是美国情报机构培训员工的经典教科书，也是中情局情报官员的必备参考读物，无数次再版加印。

《情报分析：以目标为中心的方法》 ［美］罗伯特·克拉克 著

简介：针对美国情报界在“9·11事件”和伊拉克战争中的情报失误，作者创造性地提出运用“以目标为中心”的情报分析方法，完善情报分析的逻辑过程，形成“确定目标—问题分解—建立模型—评估数据—填充模型—进行预测”的情报分析流程。全书涵盖了情报分析中的各类关键问题，如情报周期、反情报、情报分类、征候与预警、情报模型、情报来源、情报搜集、情报评估、拒止与欺骗、预测方法、团队互动，等等，称得上是一部名副其实的情报分析教科书。

《斯诺登档案：世界头号通缉犯的内幕故事》（修订版）　［英］卢克·哈丁　著

简介：本书对“斯诺登事件”进行了全面介绍和解读。它详细追踪了斯诺登的泄密动机、获取机密文件的方式、媒体的报道过程及事件的后续发展，讲述了事件背后媒体与政府的博弈较量、各国的攻防策略，披露了美英等国监控全球的手段和规模。作为该事件的全球首部权威著作，本书不仅曝光了西方国家的安全战略秘密，而且还披露了他们怎样监控中国的内幕。无论个人、企业和国家，都可从书中获得启迪和警示。

《数据与监控：信息安全的隐形之战》　［美］布鲁斯·施奈尔　著

简介：在现今世界，我们大量的个人数据会被政府和企业监控，用于分析控制我们；政治自由与公平、商业公平与平等，甚至隐私以及安全等都因监控岌岌可危。本书对政府、企业和民众分别给出切实可行的建议，探讨如何才能有效应对监控，保护信息安全和隐私。作者被西方媒体誉为“网络安全教父”。

《恐怖主义如何终结：恐怖活动的衰退与消亡》　［美］奥德丽·克罗宁　著

简介：了解恐怖运动如何被铲除或消灭的规律和历史经验，有助于加速终结恐怖组织，同时减少不必要的恐惧与过度反应。通过精心研究各种恐怖组织，本书总结出终结恐怖组织的六种方法，分别系统、深入地对其加以论述，辅以实际数据、案例研究和图表。本书极具历史性、实践性和经典性，论证严谨，是反恐领域的一部不可多得的标杆性读物。

《国家安全与情报政策研究：美国安全体系的起源、思维和架构》

［美］伯特·查普曼　著

简介：本书总结和收集了大量以美国为主的世界各国国家安全政策资料，既有公开的政府管理机构文件和网络资源，也有解密的安全政策文件，还有对独立组织与智囊机构研究文章、专著和期刊的评介。作者重点介绍了美国国家安全思想和架构的起源和发展历程，以及作为其国家安全基石的情报政策的历史变迁，还涉及其他一些国家和地区的相关内容。本书具有极强的资料性和实用性，是一部研究国家安全历史和知识的重要案头书。

《秘密情报与公共政策：保密、民主和决策》　［美］帕特·霍尔特　著

简介：本书围绕保密与民主这一核心，重点探讨了国家安全情报怎样为国家政策服务，以及政策实施过程中如何通过公共控制机制等对公众进行保密或公开，以及如何进行监督管理。全书讲述了美国安全情报的起源与演变，介绍了与国家安全政策制定相关的四大情报活动，穿插了一些情报利用、误用、滥用等的经典案例，并展望了情报和政策两者的未来关系。

《21世纪犯罪情报：公共安全从业者指南》　［美］理查德·赖特　等主编

简介：本书全面、系统、深入地介绍了以美国为主的西方国家犯罪情报工作的过去、现在和未来，论述了犯罪情报工作的思想、流程、方法、工具和实践。全书内容丰富、逻辑清晰、史料翔实、案例适用。在理论上，它揭示了犯罪情报工作的基本规律；在实践上，它提供了犯罪情报工作的方法工具。

《网络战：信息空间攻防历史、案例与未来》 ［美］保罗 · 沙克瑞恩 等著

简介：通过梳理网络战的经典案例，本书系统探讨了其历史、现实和未来。以跨学科的研究方法，作者有机融合理论与实例，涵盖了从个人、组织机构到国家的网络安全问题，细致阐述了网络空间的生存之道。全书语言生动，通俗易懂，既可供信息技术与军事人士研读，也是普通读者的必读佳作。

《全民监控：大数据时代的安全与隐私困境》 ［英］约翰 · 帕克 著

简介：阿桑奇、斯诺登等的接连爆料警示我们，“全民监控”的时代已经来临。为了获得全方位的监控能力，西方国家利用闭路系统、窃听设备、身份识别技术、定位追踪装置等随时随地监视民众。全书涉及国家安全、信息安全、个人隐私等问题，为人们敲响了监控无处不在的警钟。本书案例丰富、数据翔实、语言生动，是读者迅速掌握隐私与信息安全知识的必读之作。

《骗中骗：克格勃与中情局的无声战争》 ［美］爱德华 · 爱泼斯坦 著

简介：本书以美国反间谍头目詹姆斯·安格尔顿之死为缘起，追踪了苏联从建国伊始到冷战末期“欺骗对手”的各种行动，以及美国是如何应对和接招的。通过中情局与克格勃在情报与反情报上的较量，作者向读者呈现了一场看不见硝烟的战争。本书是西方反情报代表作，既可作为饭后茶余之消遣，亦能当作国家安全研究的重要资料。

《情报术：间谍大师杜勒斯论情报的搜集处理》 ［美］艾伦 · 杜勒斯 著

简介：本书作者以第一人称的视角展开，着重阐述了情报的实用技巧——情报如何搜集和处理，以及形成的结果怎样为制定国家政策服务。本书是“间谍大师”、中情局任期最长局长、美国现代情报系统缔造者杜勒斯的收官之作。凭借美国战略情报局与中情局的独特任职优势，作者娴熟地将情报学知识、亲身经历和各种间谍事件与趣闻轶事有机融为一体，具备极高的可读性。

《谁来监管泄密者？：国家安全与新闻自由的冲突》 ［美］盖里 · 罗斯 著

简介：2010 年“维基揭秘事件”，2013 年“斯诺登泄密事件”……据统计，近年媒体泄密在所有未授权信息泄露中比例最高，对国家安全和利益影响也最甚。通过美国政府历史上重大的泄密案例和事件，作者探讨了未授权信息泄露背后的动机、代价、法律困境和解决之道，以期望提醒全美情报系统：对手是如何获取美国情报的，对手获得情报后会取得怎样的优势。本书内容具有较强的时代性，在互联网信息时代普及国家安全意识的目的十分明显，对我国相关读者同样具备较强的借鉴意义。